청소년소설,
어떻게 읽을 것인가

**청소년소설,
어떻게 읽을 것인가**

초판 인쇄 2019년 2월 15일
초판 발행 2019년 2월 20일

지 은 이 선주원
펴 낸 이 박찬익
편 집 장 황인옥
책임편집 강지영

펴 낸 곳 (주)박이정
주   소 서울시 동대문구 천호대로 16가길 4
전   화 (02)922-1192~3
팩   스 (02)928-4683
홈페이지 www.pjbook.com
이 메 일 pijbook@naver.com
등   록 2014년 8월 22일 제305-2014-000028호

I S B N 979-11-5848-414-9 (93370)

* 책값은 뒤표지에 있습니다.

이 저술은 2016년 5월부터 2018년 4월까지 이루어진 한국연구재단의 인문저술지원사업
(2016S1A6A4A01020159)의 지원에 의해 수행되었음.

청소년소설,
어떻게 읽을 것인가

선주원 지음

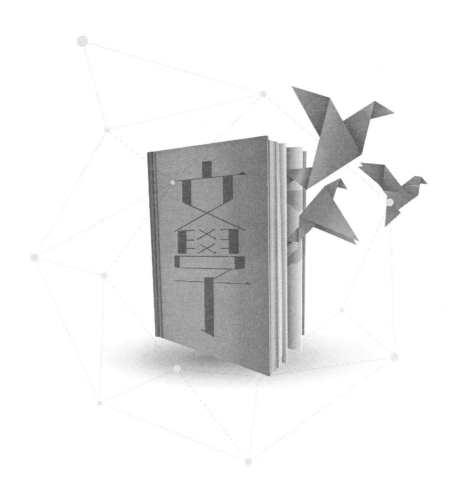

(주)박이정

머리말

오늘날 우리의 삶은 정신없이 펼쳐지는 일상에서 너무나 바쁘게 전개되고 있다. 그 가운데서도 대학 입시를 준비하고, 미래의 삶을 설계하고 도모해야 하는 청소년들의 삶은 정상적인 여유조차 누리지 못한 가운데, 수많은 난제들과 고민 속에서 전개되고 있다. 이 때문에 청소년들의 삶은 대학 입시에 모든 것을 저당 잡힌 채 '견뎌야만' 하는 시간들로 채워지고 있다. 그 과정에서 많은 청소년들은 삶의 의미를 온당하게 찾지 못한 채 방황하면서 소중한 시간들을 낭비하고 있다. 그런데 문제는 소중한 삶의 시간들에서 방황하는 청소년들의 숫자가 날로 많아지고 있다는 점이다. 이러한 문제는 청소년들이 삶이 갖는 의미를 충분히 인식하지 못한 채, 삶을 그저 견디고 채워가야 하는 것으로만 배웠기 때문에 발생하고 있다. 또한 자신의 삶을 객관화시켜 성찰하는 시간을 갖지 못한 채, 소중한 삶의 시간들을 자신만의 색깔로 채우기보다는 견디면서 성과를 산출해야 하는 생활을 강요받고 있기 때문에 생겨나고 있다.

청소년들이 처한 이러한 상황을 해소하기 위해서는 그들이 각자의 삶을 객관화시켜 성찰할 수 있는 기회를 제공하면서, 그러한 성찰을 통해 새로운 삶을 설계하도록 할 필요가 있다. 이를 위해서는 청소년들이 자기중심성에서 벗어나 타자와의 대화적 관계 형성을 통해 삶에 대한 확장된 인식을 하고, 상상력을 발휘하여 새로운 삶을 모색하고 영위할 수 있는 가능성을 제공할 필요가 있다. 이를 위해 의미 있는 자료는, 청소년들이 독자로서 타자의 삶을 객관적으로 인식하면서 삶의 다층적 현상을 성찰하는 가운데 자아 성장을 도모할 수 있게 하는 자료인, 청소년소설이다. 청소년소설은 독자로서 청소년들이 타자의 삶에 대한 확장된 인식을 통해 자아 이해의 심화를 통한 자아 성장의 기반을 제공하는 자료로서 기능할 것이기 때문이다. 이런 점에서 볼 때, 정체성을 형성하고 갱신하여 새로운 삶을 실천해야 하는 청소년들에게 청소년소설들은 많은 가치를 갖는다고 할 수 있다.

저자는 이 책을 통해 청소년들이 특정한 계기에 의해 성장을 도모하면서 정체성을 갱신하는 양상을 "시련으로서의 여행과 모험을 통한 성장과 정체성 형성", "가족의 해체와 분리를 통한 성장과 정체성 형성", "원형적 공간과 시간으로부터의 분리를 통한 성장과 정체성 형성", "자기, 타자, 세계와의 새로운 관계 형성을 통한 성장과 정체성 형성", "사춘기적 자아와의 결별을 통한 성장과 정체성 형성", "학교폭력에 대한 대응을 통한 성장과 정체성 형성", "첫사랑과 거침없는 성 담론의 표출을 통한 성장과 정체성 형성", "성폭력과 임신, 동성애 등에 대한 대응을 통한 성장과 정체성 형성", "가족 해체 과정에서 가족의 의미 발견을 통한 성장과 정체성 형성", "다문화사회에 대한 인식을 통한 성장과 정체성 형성" 등을 통해 구체적으로 살펴보았다. 이러한 것들을 살펴봄으로써, 청소년소설에 형상화된 많은 청소년들이 그 시기의 핵심적인 이슈인 성장과 정체성의 갱신을 위해 분투하고 있음을 알 수 있었다.

　그러한 분투는 일종의 통과의례처럼 이루어지는 것이기는 하지만, 날로 복잡해지고 치열해지는 경쟁으로 인해 점차 어렵고도 어려운 과정에 놓여 있다. 이러한 상황에서 요구되는 것은 독자로서 청소년들이 갖추어야 할 타자 지향의 윤리이다. 타자 지향의 윤리는 타자에 대한 배려와 존중을 통해 자아의 위상을 설정하고, 그러한 위상 설정에 의해 자아 성장을 위한 발판을 마련하는 것이다. 날로 치열해지는 경쟁의 상황에서 타자 지향의 윤리가 의미를 갖는 것은 주체로서 청소년들의 삶이 타자와의 얽힘과 관계맺음에 의해서 이루어질 수밖에 없기 때문이다. 이런 점에서 본다면, 청소년 독자들이 청소년소설을 읽는 과정에서 정체성을 형성하고 갱신하기 위해 우선적으로 고려해야 할 것은 타자인 작중인물과의 관계 설정이다. 이 관계 설정은 청소년 독자가 자신과 작중인물이 맺는 간접적 표상의 문제를 어떻게 바라보는가에 따라 달라진다. 청소년 독자는 표상 활동을 통해 소설의 세계나 작중인물의 의식과 자신의 이념 체계 간의 길항 상황을 경험한다. 이러한 경험 과정에서 청소년 독자들은 작중인물과 끊임없이 상호작용을 하면서 청소년 인물의 삶을 자신의 삶과 연계한다. 그렇기 때문에 청소년 독자가 청소년소설들을 읽는 행위는 작중인물의 의식과 사건들에 대한 이해를 하면서, 자신의 삶에 대한 성찰을 통해 존재론적 인식의 토대를 마련하는 행위라 할 수 있다. 또한 작중인물과 자신의 존재론적 차이에 대한 인식을 통해 윤리적 실천으로서 서사적 정체성을 형성하는 행위라 할 수 있다.

이 책은 청소년소설 읽기를 통해 청소년들이 자신을 객관적으로 이해하면서 서사적 정체성을 형성하고 갱신하기 바라는 마음에서 집필되었다. 아울러 청소년 독자들이 다양한 청소년소설들을 읽으면서 각자의 마음에 새겨진 마음의 상처를 치유하고 건전하고 단단한 삶의 길로 나아가기를 바라는 마음에서 집필되었다. 그리고 상처받은 청소년뿐만 아니라 그렇지 않은 청소년들도 지친 삶에서 잠시나마 쉬어가는 그늘이나 안식처를 발견하는 기분을 느껴보기 바라는 마음에서 집필되었다. 이러한 필자의 마음이 많은 청소년들에게 전달되기를 바란다. 험난하고 고달픈 청소년기를 살아가는 모든 청소년들에게 희망과 기쁨이 넘치기를 진심으로 바란다.

모쪼록 이 책이 청소년소설과 청소년 소설교육에 대해 고민하고 있는 많은 사람들에게 저자의 생각을 공유하는 자료가 되기를 바란다. 아울러 청소년소설과 청소년 소설교육에 대한 저자의 생각도 더욱 성숙해지는 계기가 되길 바란다. 끝으로 어려운 출판 여건 속에서도 본서의 출판을 허락해주신 박이정의 박찬익 사장님께 깊은 감사를 드리며, 청소년소설과 청소년 소설교육에 대한 많은 분들의 애정이 더욱 빛나기를 바란다.

2019년 정초에 저자 씀

차 례

머리말_4

1 청소년의 삶과 성장, 그리고 청소년소설 읽기_10

　1) 청소년의 삶과 청소년소설_10
　2) 청소년소설에 나타난 청소년의 정체성 형성의 양상_12

2 시련으로서의 여행과 모험을 통한 성장과 정체성 형성_16

　1) 고통스런 도보여행을 통한 성장의 오아시스 발견_17
　2) 상처를 안고 있는 자들끼리의 여행을 통한 고래 찾기 과정과
　　성장의 계기 마련_23

3 원형적 공간과 시간으로부터의 분리를 통한 성장과 정체성 형성_41

　1) '위저드 베이커리'에서의 환상적 경험을 통한 성장의 계기 마련_41
　2) 동굴에서의 통과제의적 수련의 경험과 성장의 계기 마련_54
　3) 약수터라는 원형적 공간에서의 경험과 용서를 통한 성장의 계기 모색_59
　4) 프루스트 클럽이라는 원형적 공간과의 결별을 통한 성장의 계기 마련_67

4 사춘기적 자아와의 결별을 통한 성장과 정체성 형성_78

　1) 사춘기적 자아와의 결별과 그 의의_78
　2) 가부장적 아버지로부터의 해방과 성장의 계기 마련_79

3) 여자 친구에 대한 이해를 통한 사춘기적 자아와의 결별과 성장의 계기
   마련_87

4) 형제간의 경쟁을 통한 사춘기적 자아와의 결별 및 성장_91

5) 청소년 간의 우정과 사랑을 통한 성장과 정체성 형성_97

6) 문학에 대한 열정을 통한 성장과 정체성 형성_103

7) 이모의 삶 이해를 통한 사춘기적 자아와의 결별 및 성장의 계기 마련_109

5 학교폭력에 대한 대응을 통한 성장과 정체성 형성_120

1) 청소년의 삶과 폭력_120

2) 학교폭력에 대한 청소년의 인식 및 학교교육_124

3) 청소년소설에 나타난 학교폭력에 대한 작중인물의 대응 양상 이해하기_126

4) 맺음말_152

6 첫사랑과 거침없는 성 담론의 표출을 통한 성장과 정체성 형성_154

1) 청소년기와 첫사랑_154

2) 청소년의 첫사랑과 거침없는 성 담론_155

3) 동정(童貞) 없는 세상과 동정(同情) 없는 세상에서의 성 경험_167

4) 성에 대한 관심과 성급한 어른 되기_173

7 성폭력과 임신, 동성애 등에 대한 대응을 통한 성장과 정체성 형성_187

1) 청소년기와 성폭력, 임신, 동성애_187

2) 청소년소설에 나타난 청소년의 성과 임신_189

3) 성폭력의 상처와 차가운 시선_211

4) 동성애에 대한 관심과 사회의 편견 _216

5) 작중인물의 성 문제를 활용한 청소년의 성 정체성 함양 방법_226

8 자기, 타자, 사회와의 새로운 관계 형성을 통한 성장과 정체성 형성_231

1) 자기 이해와 자아 성장_231

2) 타자와의 관계 형성을 통한 자아 성장_241

3) 타자와의 관계 형성을 통한 정체성 형성의 양상_244

4) 학교라는 제도와의 새로운 관계 형성을 통한 성장의 계기 모색_250

9 가족의 해체 과정에서 가족의 의미 발견을 통한 성장과 정체성 형성_264

1) 가족 해체의 사회상과 청소년소설_264

2) 가족로망스와 가족의 해체를 서사화한 청소년소설의 의의_266

3) 가족 해체의 서사를 구현한 청소년소설 읽기_268

4) 가족들의 가출을 통한 가족의 의미에 대한 성찰_301

10 다문화 사회에 대한 인식을 통한 성장과 정체성 형성_314

1) 다문화 사회 현실과 청소년소설_314

2) 다문화 사회를 반영한 청소년소설 읽기_317

3) 다문화 청소년소설에 대한 이해를 통한 정체성 형성_363

11 청소년소설에 나타난 청소년의 가출 양상과 청소년의 성장_367

1) 청소년의 삶과 가출_367

2) 청소년 가출의 형상화로서 청소년소설_371

3) 청소년의 학업 고민과 가출의 양상_373

4) 가정불화와 가족의 해체에 따른 가출의 양상_386

5) 부정적 자아 형성에 따른 가출의 양상_399

12 청소년소설 읽기를 통한 정체성 갱신과 성장의 의의_415

참고문헌_418

(1)

청소년의 삶과 성장,
그리고 청소년소설 읽기

1) 청소년의 삶과 청소년소설

청소년소설은 청소년 인물을 주인공으로 내세워 그들의 고민과 갈등을 통한 성장의 과정을 형상화한 소설로, 청소년들을 주된 독자층으로 한다. 청소년 인물의 고민과 갈등을 통한 성장의 과정은 서사적 존재로서 자아 정체성의 형성과 깊은 연관을 갖는다. 고민과 갈등을 통해 청소년 인물들은 자신의 상황에 대한 확장된 인식을 통해 자아 성찰을 도모하기 때문이다. 아울러 자아 성찰을 통해 청소년 인물들은 삶의 서사를 만들고 이해하는 존재로서, 삶을 위한 서사적 행위 속에 공유적 자아로서 타자와의 관계 형성을 통해 정체성을 새롭게 형성하는 토대를 마련할 수 있기 때문이다.

많은 청소년소설들은 청소년 인물이 유아기적 상태에서 벗어나 자아의 내적 성숙을 통해 사회적 공동체와 화해하거나 공동체로 편입하는 과정을 보여주는데, 이러한 모습은 라캉이 언급한 상상계에서 상징계로 옮겨가면서 사회화되는(성장을 하는) 경험을 드러낸다.[1] 또한 청소년 인물이 어른들의 사회에 대한 이해와 해석을 바탕으로 새로운 세계로의 모험과 탐색을 하는 과

---

1 라캉은 주체의 경험에 대한 질서를 나타내기 위해 상상계, 상징계, 실재계라는 용어를 사용했다. 그에 따르면, 상상계는 거울단계로서, 상상계에서 주체는 타인과 다른 자신의 모습을 구별하지 못하는 단계로 유아기적 편안한 상태에 있다. 상징계는 언어와 사회의 법칙이 있는 보편적 질서의 세계로 자아가 형성되는 시기이며, 아버지의 권위와 법이 인정받는 세계이다. 실재계는 물자체, 즉 언어를 넘어서 존재하는 우리가 알 수 없는 리얼리티를 말한다.(마단 사럽, 전영백 역, 2005:43-51)

정을 드러낸다. 그러기에 청소년소설에 나타난 청소년 인물의 성장 서사는 미성숙했던 인물이 세계에 대한 모험과 탐색, 그리고 어른들의 사회에 대한 이해와 해석을 통해 성숙한 자아를 형성하거나 시행착오를 통해 어른들의 사회로 편입하는 과정을 보여준다.

2010년 이후에는 많은 청소년소설들이 창작되어 청소년 문학의 저변 확대에 기여하고 있다. 박상률, 김려령, 김숨, 정유정, 신여랑, 이옥수, 전아리, 김혜정, 임태희, 김혜진 등과 같은 작가들에 의해 많은 청소년소설들이 창작되고 있는 상황이다. 그들이 창작한 여러 청소년소설들은 청소년 인물이 사회화와 성장을 경험하는 과정을 보여줌으로써, '지금-여기'에 있는 청소년들이 경험하는 삶의 현상, 자아 성찰을 통한 성장의 양상을 보여주고 있다. 그들이 그리는 청소년 인물의 삶은 첫사랑에서부터 가출이나 죽음 등에 이르기까지 매우 다양한데, 청소년들이 경험하는 다양한 삶의 양상을 형상화함으로써 청소년 인물이 자신만의 고립된 상상계의 경계에서 벗어나 타자와의 관계 형성을 통해 상징계로 진입하는 순간의 아픔을 보여준다. 청소년 인물이 자아의 성장을 도모하는 모습은 위악적인 어른들의 세계가 보여주는 '악의 발견'을 통한 통과제의적 사회화와 초월적 삶의 지향을 통한 일상 너머의 '가치 탐색'의 양상으로 나타난다.(나병철, 2007:290-292)

악의 발견을 통한 사회에의 편입 혹은 진입은 위악적인 어른들의 세계에 저항하다가 그것을 받아들이는 모습으로 형상화되는데, 이러한 모습은 채만식의 《소년은 자란다》나 김주영의 《고기잡이는 갈대를 꺾지 않는다》 등을 통해 구체적으로 드러나 있다. 이 소설들에서는 청소년 인물이 위악적인 어른들의 세계에 저항하다가 점차 그것을 받아들이거나 타협하면서 그 세계에 편입되는 이중적인 통과제의의 과정을 보여주기 때문이다.

한편, 현실적 삶의 극복 지향을 통해 일상 너머의 가치를 탐색하는 양상은 박민규의 《핑퐁》, 김애란의 《달려라 아비》, 구병모의 《위저드 베이커리》 등에서 확인된다. 이 소설들에서는 청소년 인물이 현실의 갈등과 고통을 경험하면서 현실 너머의 세계 혹은 내면의 가치를 발견하고 새로운 현실을 추구하는 양상을 보여준다. 이를 통해 일상에서 이탈되는 순간에 청소년 인물이 분열과 고통 속에 방황을 하면서도 환상적 세계 경험을 통해 세계와 새로운 연대를 형성하면서 성장하는 모습을 보여준다.

2) 청소년소설에 나타난 청소년의 정체성 형성의 양상

청소년 시기에 정체성 형성의 문제는 매우 중요하다. 어떤 정체성을 형성하느냐에 따라 삶의 태도와 그에 따른 양상이 달라지기 때문이다. 그렇기 때문에 많은 청소년소설들은 청소년들의 정체성 형성을 중요한 이슈로 다루면서, 청소년의 자아 발견과 확장 그리고 성장을 형상화하여 청소년 독자의 자아 성찰을 촉진한다.

정체성은 주체와 타자의 관계를 토대로 형성된다. 정체성은 항상 자신이 아닌 것, 즉 타자와의 관련을 통해 이루어진다. 정체성은 타자와의 차이 안에서, 타자와의 차이를 통해서만 상상되고 형성될 수 있기 때문이다. 개인은 타자와의 관계를 통해서 '나는 누구인가?'를 끊임없이 질문한다. 소설 읽기에서 이러한 질문에 대한 답은 작중인물에 대한 이해, 특히 작중인물의 의식 상태에 대한 이해에서 얻어질 수 있다. 작중인물의 성장 과정과 이를 통한 정체성의 형성 과정에 대한 이해에 의해 독자들은 자신에 대한 존재론적 인식, 즉 정체성 형성을 위한 토대를 마련할 수 있기 때문이다. 특히, 청소년 독자들은 자신과 비슷한 또래의 청소년 인물의 성장 과정에 대한 이해를 통해 청소년기에 지향해야 할 삶의 참 모습과 가치에 대한 인식을 하고, 자신을 성찰적으로 해석하는 경험을 할 수 있다.

서사와 관련지어 정체성의 문제는 서사적 정체성을 통해 논의될 수 있는데, 이에 대해서는 리쾨르(P. Ricoeur)의 논의를 참고할 필요가 있다. 폴 리쾨르(Paul Ricoeur)는 시간, 이야기, 존재, 행위, 윤리가 갖는 상관관계를 정체성의 관점에서 분석하였다.(폴 리쾨르, 김동윤 옮김, 1997) 그의 서사 이론은 모든 인간 행위는 시간의 성격을 띠며, 그것이 인간의 시간이 되기 위해서는 서술되어야 한다는 기본적인 인식에서 출발한다. 그리고 리쾨르는 자아란 스스로 인지될 수 없고 항상 문화적·상징적 매개를 통해 이해된다고 주장함으로써 타자성이 배제된 데카르트의 자아관을 비판한다. 인간의 모든 행위는 시간의 성격을 지니며, 인간의 시간이 서술되어야 함은 리쾨르가 강조한 공유적 자아와 연관된다. 리쾨르가 말한, '나'와 '너'와 '그'가 모두 함께 나눌 수 있는 자아, 즉 공유적(共有的) 자아 또는 '르 수아(le soi)'는 시간의 현상 속에서 서술되어 해석되어야 하기 때문이다.

리쾨르의 관점에 따른 정체성은 공유적 자아와 관련된 서사적 정체성이다. 서사적 정체성은 인간 삶 자체가 서사이며, 주체는 서사적 존재라는 전제를 기반으로 한다. 그리고 주체가 자신의 삶의 이야기를 말하고, 다시 말하는 과정에서 서사적 정체성이 형성된다는 전제를 기반으로 한다. 서사적 존재로서 주체는 타자나 타자화된 자아에게 자신의 삶의 방식과 태도, 현실 등을 말함으로써 자기 이해를 도모하며, 타자의 이야기에 대한 이해를 통해 자신의 삶의 이야기를 다시 말함으로써 서사적 정체성에 대한 성찰을 도모한다. 따라서 주체가 자신의 삶의 이야기를 말할 때 서사적 정체성은 과정 중에 있게 되며, 비종결적이고, 에피소드가 일어남에 따라 지속적으로 재생성되는 것이 된다. 이러한 서사적 정체성은 어떠한 정체성이 진정한 것이라는 것을 말하는 것이 아니다. 주체가 지속적으로 자신의 삶의 이야기를 해석하고 재해석함으로써, 자신의 실존을 끊임없이 만들어가는 것이 중요함을 말한다.

서사적 정체성은 타자들과의 상호작용을 통해 구성되기 때문에 타자 지향의 윤리성(최인자, 2009)과 깊은 연관이 있다. 우리는 타자들의 이야기를 듣는 주체이며, 타자들은 우리의 이야기를 듣는 주체이다. 타자들은 우리의 이야기의 저자이며, 우리는 타자들의 이야기의 저자이다. 서사에는 자신과 타자의 이야기가 얽혀 있다. 우리의 삶에 대한 이야기에는 타자, 사회, 문화의 이야기가 포함된다. 따라서 서사적 정체성은 주체 내부에 고정된 실체를 발견하는 문제가 아니라 타자와의 관계를 통해 자신의 실체를 풀어내는 것과 관련된다. 그런데 청소년소설은 청소년 인물이 타자와 맺는 관계를 보여주기 때문에, 작중인물의 서사적 정체성은 타자와의 관계에 의해 지속적으로 만들어진다.(고미숙, 2001:23) 그리고 청소년소설을 수용하는 독자의 서사적 정체성도 작중인물과의 관계를 통해 지속적으로 생성될 수 있다.

청소년소설은 청소년들이 현실을 이겨내고 보다 나은 삶을 설계할 수 있는 통로를 마련하여, 이상적 가치의 상승과 내면화를 도모하고 현실에 보다 잘 대응할 수 있는 존재로 성장할 수 있게 한다. 물론 이러한 과정에는 서사적 존재로서 청소년 인물이 이상적 가치와의 교섭을 통해 점차 일상적 현실에서 벗어나 잘삶을 도모하는 존재로 나아가는 것을 전제한다. 잘삶을 도모함으로써 청소년 인물은 자기중심적 삶의 패턴에서 벗어나, 타자, 세계와 상호교섭하면서 어른들의 세계에 진입하기 위한 통과제의의 과정을 무난하게 거칠 수 있다. 통과제의적 과정인 성숙의 과정을 거치면서 청소년 인물들은 '지금-여기'의 삶에 토대를 두면서도 그러한 삶의 현상에만 얽매이지 않고 이상적 소망을 현실화하기 위한 성숙을 위해 노력을 할 수 있다. 이러한 노력을 통해 청소년 인물들은 유아기적 삶과의 분리, 청소년 세계로의 전이, 어른들의 세계로의 편입의 과정을 무난하게 거칠 수 있다.

청소년 인물이 경험하는 성장은 유아기적 삶과의 분리, 청소년 세계로의 전이, 어른들의 세계로의 편입 과정을 거치면서, 청소년 인물들이 자기, 타자, 세계와 상호 교섭적인 경험을 하게 한다. 청소년 인물들은 점차 유아기적 삶의 양상들에서 벗어나 일상의 삶에서 쓸쓸함을 겪거나 성장에 장애를 초래하는 열악한 사건들에 직면하게 되고, 그 과정에서 유아기적 편안한 삶의 상태에서 벗어나 자신에게 닥쳐오는 여러 장애들을 극복해야만 하는 상황을 맞이한다. 아울러 그러한 상황을 해결하기 위해 현실에서 벗어난 환상의 세계나 일상을 벗어난 공간에 들어서서 경이로움이나 아름다움, 낯섦을 느끼는 분리의 단계에 접어들기도 한다.

청소년 인물들은 청소년 세계로의 전이 과정을 통해 여러 고민과 갈등 상황에 치하게 되며, 그러한 상황들을 해소하는 과정에서 점차 삶에 대한 확장된 인식을 통한 깨달음을 얻게 된다. 이 단계에서 청소년 인물들은 자연의 질서나 어른들의 사회적 질서, 공동체적 삶의 가치, 타자의 위상 등을 인식하면서 점차 자아를 확장해 나간다. 자아의 확장과 더불어 청소년 인물들은 자신의 성장을 위해 무엇이 필요하며, 성장을 위해 어떤 노력을 해야 하는지를 깨닫게 된다. 이러한 깨달음을 통해 청소년 인물들은 보다 확장된 자아, 성장하는 자아의 모습을 보이게 된다.

한편 청소년 인물들은 위악적인 어른들의 세계를 접하면서 그에 저항하기도 하지만, 점차 어른들의 세계를 이해하고 그에 편입하려는 시도를 한다. 그러한 과정들에 대한 경험을 통해 청소년 인물들은 어른들과의 관계 설정을 새롭게 하면서 자신의 정체성을 갱신하기도 한다. 이러한 과정을 통해 청소년 인물들은 이상적 자아가 아닌 현실을 새롭게 변혁하려는 의지를 갖는 인물로 성장하게 된다. 그러나 그러한 변혁에의 의지는 어른들의 세계로 편입하는 순간 약화되며, 청소년 인물들의 최대 관심사는 '어떻게 하면 어른들처럼 살 수 있는가?'가 된다. 이러한 그들의 모습은 어른들의 세계에 대한 연대나 유대에 의해 생겨날 수도 있지만, 그들이 어른들의 세계와의 싸움에서 졌기 때문에 만들어진 것이라 할 수 있다. 공고하고 거대한 어른들의 위악적인 세계와의 대결에서 실패하고, 어른들의 세계에 편입함으로써 청소년 인물들은 '어른되기'의 의미가 무엇인지를 점차 분명하게 인식하면서, 현실에 토대를 둔 삶의 의미와 가치, 그리고 새로운 미래 형성의 길을 찾는다.

청소년소설에 형상화된 청소년 인물들의 성장과 정체성 형성의 과정은 자기, 타자, 세계와의 관계 속에서 이루어지는데, 그것은 현실에 대한 저항과 좌절, 위악적인 어른들의 세계로의 편입, 환상적 세계의 표상과 현실의 긍정(유대감 형성) 등으로 구체화된다. 이러한 구체화는 자기 내면의 갈등과 고통에 의한 성장의 계기 마련, 가족이나 친구, 어른들과의 관계에 의한 성장의 계기 마련, 학교나 학원, 공동체 등과의 관계 속에서 마련되는 성장의 계기 마련 등에 따라 달라질 수 있다.

- 자기 내면의 갈등과 고통에 의한 성장의 계기
- 가족이나 친구, 어른들과의 관계에 의한 성장의 계기

• 학교나 학원, 공동체 등과의 관계에 의한 성장의 계기

많은 청소년소설들은 위에 제시된 계기들에 의해 성장을 도모하는 청소년 인물들의 모습을 "시련으로서의 여행과 모험을 통한 성장과 정체성 형성", "가족의 해체와 분리를 통한 성장과 정체성 형성", "원형적 공간과 시간으로부터의 분리를 통한 성장과 정체성 형성", "자기, 타자, 세계와의 새로운 관계 형성을 통한 성장과 정체성 형성", "사춘기적 자아와의 결별을 통한 성장과 정체성 형성", "학교폭력에 대한 대응을 통한 성장과 정체성 형성", "첫사랑과 거침없는 성 담론의 표출을 통한 성장과 정체성 형성", "성폭력과 임신, 동성애 등에 대한 대응을 통한 성장과 정체성 형성", "가족 해체 과정에서 가족의 의미 발견을 통한 성장과 정체성 형성", "다문화 사회에 대한 인식을 통한 성장과 정체성 형성" 등을 통해 구체적으로 형상화하고 있다. 이러한 형상화들을 통해 많은 청소년소설들은 청소년 시기의 핵심적인 이슈가 성정과 정체성의 형성임을 여실하게 드러낸다.

청소년소설 읽기를 통한 서사적 정체성 형성에서 중요한 것은 청소년 독자와 타자인 작중인물의 관계 설정이다. 이 관계 설정은 청소년 독자가 자신과 작중인물이 맺는 간접적 표상의 문제를 어떻게 바라보는가에 따라 달라진다. 청소년 독자는 표상 활동을 통해 자신이 읽은 소설의 세계나 작중인물의 의식과 자신의 이념 체계 간의 길항 상황을 경험한다. 이러한 경험 과정에서 청소년 독자들은 작중인물과 끊임없이 상호작용을 하면서 청소년 인물의 삶을 자신의 삶과 연계한다. 그렇기 때문에 청소년 독자가 청소년소설 작품을 읽는 행위는 작중인물의 의식과 사건들에 대한 이해를 하면서, 자신의 삶에 대한 성찰을 통해 존재론적 인식의 토대를 마련하는 행위라 할 수 있다. 또한 작중인물과 자신의 존재론적 차이에 대한 인식을 통해 하나의 윤리적 실천으로서 서사적 정체성을 형성하는 행위라 할 수 있다.

물론 청소년 독자들은 자기와는 이질적인 존재, 늘 현재하는 현존으로 소환할 수 없는 작중인물을 그 실체가 아닌 흔적으로 만난다. 그것도 극적인 성장의 순간에 만난다. 극적인 성장의 순간에 작중인물은 자신의 참 모습과 지향을 청소년 독자에게 보여주면서, 청소년 독자가 그의 삶의 순간들을 성찰하게 한다. 또한 청소년 독자들이 존재론적 차원에서 작중인물의 삶을 자신의 삶과 연계하면서 작중인물을 자신의 삶을 성찰하게 하는 상관자로 여기게 한다.

그러면 청소년소설들에서 청소년들의 성장과 정체성 형성이 구체적으로 어떻게 형상화하고 있는지, 그리고 청소년 독자가 그러한 것들을 어떻게 읽을 수 있는지를 다음의 장들을 통해 살펴보자.

[2]

시련으로서의 여행과 모험을 통한 성장과
정체성 형성

　일반적으로 청소년은 미성숙한 존재로서 성장의 과정에 놓여 있다. 청소년의 미성숙함은 나중에 이루어질 성장이 현재는 없다는 것을 가리키는 것이 아니라, 현재 성장할 '능력'이 있음을 가리킨다. 미성숙은 '성장하는 힘'을 뜻하는 것으로, 다른 사람의 도움과 가소성(可塑性)[2]에 달려 있기 때문이다. 그러기에 청소년에게 삶은 곧 성장을 지향하는 것이 된다.

　삶 자체가 성장을 지향하는 청소년들에게 성장은 저절로 이루어지지 않는다. 일종의 통과제의로서 시련의 과정을 거친 후에 이루어진다. 통과제의의 과정으로서 시련을 거칠 때 청소년들은 일상에서 일탈해 분열과 방황을 경험하며, 그러한 경험의 과정에서 자신도 모르게 성장하고 정체성을 새롭게 형성하게 된다. 그런데 청소년의 정체성은 결정된 것이 아니라 미결정 상태에 있으며, 끊임없이 타자와의 관계 속에서 새롭게 자기 자신을 형성해가는 과정 속에서 이루어진다. 그러기에 청소년들은 불안정한 미결정성의 상태에서 끝없는 완성의 '과정'을 추구한다.(나병철, 2007:173) 그러나 그러한 완성은 이루어질 수 없기 때문에 청소년은 언제나 지속적인 성장 혹은 성숙을 지향할 수밖에 없다. 이러한 지향은 청소년의 의도에 의해서 혹은 의도하지 않는 가운데 이루어진다. 특히 모험으로서 험난한 여행의 과정을 통해 청소년들은 자신도 모르게 성

2　듀이는 가소성을 경험을 통해 학습하는 능력, 하나의 경험에서 배운 것을 나중의 문제 사태를 해결하는 데에 활용하는 능력이라고 했다. 이것은 이전 경험의 결과에 비추어 행위를 수정하는 능력이다. 이러한 가소성은 소년 주인공을 내세운 성장소설에서, 소년이 유토피아적 세계와 새롭게 경험하는 세계와의 화해를 통해 속악한 어른들의 세계에 적응할 수 있게 한다.(존 듀이, 이홍우역, 2010:95-108 참조)

장의 계기를 마련할 수 있다.

　청소년 인물이 모험으로서 험난한 여행 과정을 통해 성장의 계기를 마련하는 양상을 보여주는 소설들은 '여로형 소설'에서 확인할 수 있다. 여로형 소설들은 작중인물이 의도한 것이든 의도하지 않은 것이든, 여행을 하는 과정에서 자신, 타자, 세계에 대한 새로운 인식을 하여 성장의 계기를 마련하는 양상을 보여준다. 그러기에 여로형 소설에 형상화된 인물들은 일종의 통과제의인 험난한 여행 과정에서 편안했던 과거의 삶과 결별하고 자아와의 분열을 거치며, 그 과정에서 극심한 고통 속에 자아의 확장을 도모하게 된다. 예를 들어, 염상섭의 〈만세전〉, 〈해바라기〉, 김승옥의 〈무진기행〉 등에 형상화된 작중인물은 여행의 과정에서 안락했던 기존의 삶의 질서에서 벗어나 험난한 삶의 상황에 놓인 가운데, 삶에 대한 환멸감을 갖거나 기존 삶의 분열 혹은 위악적인 기성세대의 삶과 타협하게 된다. 이러한 양상들은 작중인물들이 험난한 여정을 통해 자아를 찾아가는 과정을 보여주는 것이라 할 수 있다. 특히 청소년 인물들이 험난한 여행의 과정을 통해 자아를 찾고 정체성의 형성을 도모하는 양상을 보여주는 소설들에서는 성장하는 존재로서 인물들이 상상계적 질서에서 벗어나 상징계적 질서를 인식하고, 그것에 적응하는 과정을 통해 성장하는 모습을 보여준다.

　그러면 김혜정의 《하이킹 걸즈》, 정유정의 《내 인생의 스프링 캠프》 등과 같은 청소년소설에 형상화된 작중인물의 험난한 여행 과정과 그 과정에서의 성장의 양상을 구체적으로 살펴보자.

1) 고통스런 도보여행을 통한 성장의 오아시스 발견

　김혜정의 《하이킹 걸즈》(2008, 비룡소)는 가출과 폭력, 왕따 등을 경험한 은성이와 보라가 자신들의 고통을 타인에게 폭력을 가하거나 남의 물건을 훔치는 것으로 해결하는 것에 대한 처벌로서 하게 된 실크로드 도보여행에서 일어난 에피소드를 담고 있다. 그들의 인솔자인 30대 미주 언니와 함께 여행하는 동안 은성이와 보라는 여러 사건들을 겪으면서 갈등을 일으키는데, 미주 언니는 길 안내뿐 아니라 인생의 안내자로서 두 소녀가 과거와 미래, 가족에 대해 성숙한 생각을 하도록 이끈다.

　미혼모의 딸로서 학교폭력을 저지른 은성이와 절도 사건을 저질렀던 보라의 험난했던 실크로드 도보여행은 스스로의 선택이기보다는 교도 프로그램의 하나로 소년원에 가는 대신 선택된 것이었다.

"실크로드에는 언제쯤 도착해요? 오늘 안에는 갈 수 있는 거예요?"

나는 식사를 거의 마친 미주 언니에게 물었다. 순간 미주 언니와 보라가 동시에 나를 쳐다보았다.(중략)

"이은성, 여기가 실크로드잖아. 우리가 지금 걷고 있는 이 길이 실크로드라고. 너 지금 농담하는 거지? 웃으라고 한 말이지?"

"여기가 실크로드라고요? 무슨 소리에요? 여긴 그냥 시골 길이잖아요. 이게 무슨 비단길이야. 내가 그것도 모를까 봐? 짜증 나, 정말."(21-22)

미혼모의 딸인 은성이는 엄마가 자신을 늘 혹처럼 귀찮아한다고 여기기 때문에 엄마와 늘 불편하다. 자신을 끔찍하게 아껴주던 할머니가 돌아가시자 은성이는 마음 붙일 곳이 없어졌다. 그러다가 은성이는 존재하지 않는 아버지를 상상하면서, 아버지의 부재로 인해 점차 탈선을 하게 된다. 그것은 자신에게 아버지가 없다고 놀리는 친구를 때림으로써 학교 폭력을 저지른 것이다. 이 때문에 은성이는 소년원에 가는 대신 실크로드 도보여행을 가게 되었다.

처음 친구를 때린 건 초등학교 1학년 때였다. 같은 아파트에 살던 여자 애였다.(중략)

그 아이는 "아빠도 없대요, 아빠도 없대요."라고 놀렸다. 순간 나도 모르게 그 아이를 주먹으로 마구 때렸다. 아빠가 없다는 사실이 창피해서 때린 게 아니었다. 이유가 무엇이든, 놀림받고 있다는 게 싫어서 때린 것뿐이었다.

그 일로 할머니가 학교에 오게 되었다. 할머니는 선생님과 아이의 부모에게 사과했다. 할머니는 집에 돌아오며 내게 아이를 때린 이유에 대해 물었다.

내 이야기를 들은 할머니는 버럭 화를 내면서 잘했다고, 다시는 그딴 아이와 놀지 말라고 했다.(132-133)

위의 예문에서 알 수 있듯이, 은성이가 친구를 때린 것은 친구로부터 아빠가 없다는 놀림을 받았기 때문이다. 은성이의 폭력은 친구로부터 놀림을 당해서 일어난 일이었지만, 이 상황에서 은성이는 폭력의 가해자이기도 하지만, 아버지가 없다고 놀렸던 친구에게 폭력을 당한 피해자이기도 하다.

유지연은 운이 없었다. 왜 하필 나를 건드린 건지. 나는 '개은성' 혹은 '미친 주먹'으로 통했다. 한번 때리기 시작하면 귀신에라도 홀리는지 경찰이 와서 말려도 절대 멈추지 않는다.

물론 운이 없었던 건 나도 마찬가지였다. 왜 하필 유지연이었을까? 유지연네 집은 돈이 아쉽지도 않은 데다 자신들의 손상된 자존심을 회복시키는 방법은 그것이라고 판단했는지 결코 합의해 주지 않았다. 결국 나는 구치소에 들어가 판결을 기다려야만 했다.(35)

위의 예문에서 알 수 있듯이, 은성이는 아버지가 없는 자신을 놀린 유지연을 때렸는데, 유지연네의 집에서 합의를 해주지 않았기 때문에 구치소에 들어가 판결을 기다려야만 하는 처지가 되었다. 그때 소년원에 들어가 처벌을 받는 대신 실크로드 도보여행을 제의받자 주저하지 않고 실크로드 도보여행을 선택한다. 그것이 얼마나 험난한 것인지를 몰랐기 때문이다.

우리의 여행 일정은 총 70일로, 6월 22일부터 8월 30일까지 실크로드를 여행하기로 되어 있었다.(중략)

1, 200킬로미터를 20으로 나누면 60이었다. 나답지 않게 머리가 빨리 돌아갔다.

"그러면 60일이지 왜 70일이에요?"

미주 언니에게 따졌다. 60일과 70일은 엄연히 다르다.

10일에 한 번씩 쉬는 날이 있잖아. 10일을 걸은 다음에 하루는 쉴 거야. 그렇게 따지면 우리가 실크로드에 머무는 시간은 70일 정도가 되는 거지."(24-25)

위의 예문에서는 은성이가 막상 실크로드 도보여행을 하기로 했지만 험난한 일정에 놀라는 것을 보여준다. 은성이는 찜통더위에 매일 걷는 것이 불가능하다고 생각한다. 도보여행이라고는 하지만 아무도 감시하지 않을 것이기 때문에 걷든, 버스나 기차를 타든 아무 상관이 없다고 생각한 것이다. 은성이가 생각하기에 자신들은 감시자들의 눈에서 멀리 떨어져 있기 때문이었다.

그러나 은성이 일행은 미주 언니를 비롯한 많은 사람들의 감시 속에 있었다. 그러기에 그들은 도보여행을 할 수밖에 없었는데, 은성이는 실크로드 도보여행을 하면서 너무나 힘들어 포기하고 돌아가는 것이 더 낫겠다는 생각을 하게 된다.

"아니, 너는 아직 한참 멀었어. 지금 너는 사고 쳐놓고, 그걸 못 견디겠으니까 그만두겠다는 거야. 넌 한국에서도 그랬어. 네가 사고를 치면 할머니나 엄마가 수습을 했어, 안 그래? 넌 다른 사람이 수습한다는 걸 아니까 그걸 믿고 문제를 일으켰던 거야. 하지만 세상은 네 생각처럼 만만한 곳이 아니야. 이것조차 하지 못하면서 무슨 어른이 되겠다고 그래?"

"함부로 말하지 마요! 언니가 뭘 알아요? 이번엔 일부러 그런 게 아니라고요! 왜 자꾸 나한테만 잘못했다고 그래요?"

"네가 잘못을 했으니까."(127-128)

　　위의 예문에서는 실크로드 도보여행을 포기하고 돌아가는 것이 더 낫겠다는 은성이를 미주 언니가 꾸짖고 있다. 미주 언니가 보기에, 은성이는 자신이 저지른 일들의 뒤처리를 어른들이 해결해 주기를 늘 바라왔다. 그러기에 은성이는 세상을 너무 만만하게 생각해 왔다. 미주 언니가 보기에 세상을 만만하게만 생각한 은성이는 아직 어른이 될 준비가 안 되어 있다.

　　한편 이 소설에서 보라는 엄마의 강압에 못 이겨 공부도 하고 학원도 다녔지만, 엄마 때문에 자신이 좋아하는 만화를 포기해야 했다. 엄마에게 억눌려 있던 보라는 자신을 괴롭히는 반 아이들에게 저항하지 못한다. 보라는 아이들로부터 폭행을 당했을 때나 엄마에게 억압받았을 때 터질 것 같은 심정을 도둑질로 발산했다. 그러기에 보라의 도둑질은 학교폭력에서 벗어나고자 해서 일어난 것이라 할 수 있다. 이러한 보라의 상황은 그가 학교폭력의 피해자이면서도 도둑질을 한 가해자가 되게 만들었다. 도둑질을 들킨 보라는 소년원에 가는 대신 교정 프로그램에 따라 실크로드 도보여행을 하게 되었고, 그 과정에서 은성이와 함께 하게 되었다.

　　"훔치지 않으면 죽을 것 같았어. 엄만 내가 좋아하는 만화 따윈 다 소용없는 거라고 그리지 못하게 했고, 내 만화책을 모두 찢어버렸어. 학교 애들은 툭하면 날 괴롭히고 때렸어. 돈도 없이 매점에서 물건을 사 오라고 했고, 내 숙제 노트를 빼앗아서 찢어 버리고, 곰팡이가 쓴 빵을 먹으라고 했어. (중략) 아이들이 나를 괴롭히고 때릴 때마다 가슴이 터질 것 같았어. 누구에게도 말 못하는 심정이 어떤지 언니는 잘 모를 거야. 어떻게라도 하지 않으면 미칠 것 같았어. 그럴 때마다 물건을 하나씩 훔쳤어. 그래서 성공하면, 긴장감이 사라지면서 마음이 안정돼."

　　보라의 눈에서는 수도꼭지를 틀어 놓은 것처럼 쉬지 않고 눈물이 흘렀다.(188-189쪽)

　　보라는 학교에서 친구들로부터 폭력을 당할 때마다 미칠 것 같은 심정을 달래기 위해 도둑질을 했다. 물론 도둑질은 그 어떤 이유에서도 정당화될 수 없지만, 그가 학교폭력에 시달리면서 도둑질을 했다는 점을 고려하면 보라의 상처가 얼마나 컸는지를 알 수 있다. 보라는 학교폭력의 피해이면서도 도둑질을 함으로써 가해자가 되었기 때문이다. 이 점은 은성이도 마찬가지이다.

"은성이 너, 지금 떳떳해? 아무렇지도 않아? 지금 백 퍼센트 네가 잘했다고 생각하는거야? 아니잖아, 네 마음도 무겁잖아."

아무 말도 하지 못했다.

"네가 나처럼 후회하지 않았으면 해. 너를 보면 자꾸 과거의 내가 떠오른다고."(137)

위의 예문에서 미주 언니는, 자신의 잘못을 다른 사람의 탓으로만 돌리는 은성이를 꾸짖으면서 은성이가 후회하지 않는 삶을 살기를 바란다. 미주 언니 자신도 과거에 은성이처럼 많은 일탈적 행동을 했었고, 그것을 참회하는 의미에서 사회교정 프로그램인 실크로드 도보여행을 인솔하고 있기 때문이다.

"사람은 누구나 후회를 해. 후회하지 않고 사는 사람은 없을 거야. 그래도 조금 덜 후회하며 살 수 있으면 얼마나 좋을까 싶어. 지금 네 나이, 가장 열정이 넘치는 나이잖아. 온몸에 힘이 불끈불끈 솟는 때잖아. 그런데 그 시간은 다시 돌아오지 않는 게 문제야. 십대의 에너지는 십대에 다 써 버려야 되는 것 같아. 에너지는 축적되는 게 아니라서."

아무 말도 하지 않았다. 열정, 힘, 에너지……. 지금이 가장 최고라는 이것들을 나는 어디에 쏟고 있는 것일까?(139)

위의 예문에서 미주 언니는 사람은 누구나 후회하면서 살지만, 그래도 조금은 덜 후회하면서 사는 것이 좋다고 말한다. 그러면서 은성이와 같은 십대의 청소년들이 다시는 돌아오지 않는 청소년기에 십대의 에너지를 좋은 일에 다 쏟아 붙는 성실한 삶을 살기를 당부하고 있다.

은성이는 미혼모의 딸이라는 놀림 때문에 학교폭력을 일삼게 되었는데, 이 때문에 그는 실크로드 도보여행 중에 자신이 '고장 난 자동차'같다고 생각한다. 미혼모의 딸로서 세상과 화해할 수 없었기 때문이다.

난 꼭 고장 난 자동차 같다. 오른쪽으로 핸들을 돌리면 바퀴는 왼쪽으로 가다가 결국 펑하고 터져 버린다. 언제쯤 내 삶을 능숙하게 운전할 수 있을까? '어른'이라는 자격증을 따고 나면 조금 나을까? 그거 도대체 언제쯤 딸 수 있는 거지?(중략)

물음표가 머릿속을 점령해 버렸다. 오늘밤도 물음표를 세며 잠을 청해야 할 듯하다.(141-142쪽)

미혼모의 딸이라는 꼬리표 때문에 은성이는 고장 난 자동차와 같은 삶을 살면서 학교폭력을 일삼게 되었다. 이는 그가 폭력의 가해자이지만, 다른 면에서는 놀림의 피해자였음을 보여준다. 이러한 삶을 살아온 것은 보라도 마찬가지이다. 보라는 도둑질을 한 가해자이지만, 끊임없는 학교폭력에 시달렸던 피해지였기 때문이다.

은성이와 보라는 도보여행을 함께 하면서 서로 부딪치지만, 보라가 여행 일정에서 벗어나 도망가자 은성이는 그를 보호하기 위해 따라간다. 보라는 '난 한국에 돌아가지 않을 거'(157쪽)라고 하면서 도망을 쳤다. 그 길에서 보라는 '너무 신난다'(213쪽)라고 하면서 자유로움을 표현한다. 이 자유로움을 통해 보라는 엄마나 어른들의 지시에 따른 삶이 아닌 자신의 선택에 따른 삶을 잠시나마 느낀다. 그러나 교정 프로그램인 도보여행에서 도망을 간다는 것은 교정의 과정에서 일탈을 하는 것이다.

보라와 은성이가 떠난 도망의 길은 오아시스가 아닌 신기루만이 보이는 고난의 길이었다. 그들은 도보여행에서의 보호자인 미주 언니와 헤어진 채 스스로의 힘으로 모든 것을 해야 했다. 그러나 그들은 여전히 서툴렀기에 결국 경찰에 의해 보호자인 미주 언니에게 인계된다.

"소장님, 저희 끝까지 걸으면 안 돼요?"
보라가 울음을 삼키며 말했다.
"보라야, 억울한 네 마음은 충분히 알아. 하지만 너희는 규정을 어겼고, 도보 여행은 취소됐어. 물론 이제까지 아이들이 도망쳐서 취소된 건 보통 여행 초기에 일어난 일이었고, 너희는 여행을 다 마칠 즈음에 그런 거지만 규정은 규정이잖니."
역시 어쩔 수 없겠지……. 난 고개를 숙였다.(중략)
나는 무릎을 꿇고 애원했다. 소년원에 가기 싫어 이곳에 왔지만, 더 이상 소년원은 내게 문제가 되지 않았다.
"여기에서 포기하고 한국에 돌아가면, 앞으로 계속 포기만 할 거 같아요. 이젠 더 이상 포기하고 싶지 않아요."
보라가 다시 울먹였다.(246-247)

실크로드 도보여행과 도망은 보라와 은성이의 성장을 촉진하는 계기가 되었다. 그들은 그러한 과정들을 통해 스스로가 피해자이면서 가해자였음을 깨닫고, 서툴지만 스스로의 힘으로 버티고 견뎌야 한다는 것을 알게 되었다.

"있잖아, 언니. 저기, 이건 그냥 내 생각인데 말이지. 언니네 엄마 말이야."

"우리……엄마?"

놀라서 보라를 쳐다보았다. 하지만 보라는 시선을 물병에 고정한 채, 계속해서 물병만 만지작거렸다.

"저기…… 우리 나이에 아이를 낳은 거라면……, 그때 언니네 엄마는 어른이 되기를 강요받았을 거야. 그런데 갑자기 어른이 된 사람은 완벽한 어른이 될 수 없을 거야. 어른인 척할 수밖에 없는 거지. 그냥 그런 생각이 들었어."(267)

위의 예문에서 은성이는 어른들도 많은 어려움 속에 살고 있음을 이해하고 있다. 그러면서 어른이 되기 위해서는 많은 준비가 필요함을 인식한다. 갑자기 어른이 된 사람은 완벽한 어른이 되지 못한 채, 어른인 척할 수밖에 없다는 것을 알았기 때문이다. 그렇기 때문에 은성이는 실크로드 도보여행이라는 시련을 통해 장차 어른이 될 준비를 할 수 있게 되었다. 어른이 된다는 것은 시련을 이겨내는 것이며, 그러한 과정을 통해 차근차근 성장하는 것임을 이해했기 때문이다. 그렇기 때문에 은성이는 여전히 물음표 투성이의 삶에서 자신이 원하는 것이 무엇인지를 찾고, 그것을 위해 열심히 살아갈 힘을 얻게 된다. 이러한 힘을 얻음으로써 은성이는 성장을 위한 오아시스를 자신 안에서 찾을 수 있게 되었다.

2) 상처를 안고 있는 자들끼리의 여행을 통한 고래 찾기 과정과 성장의 계기 마련

정유정의 《내 인생의 스프링캠프》(2007, 비룡소)는 다섯 인물(네 명의 사람과 한 마리의 개)의 좌충우돌 길 떠남의 과정과 고래 찾기를 통해 청소년 인물들의 정체성 형성의 과정을 보여준다. 소설의 인물들은 뜻하지 않게 휘말린 여행 과정에서 사람에 대한 이해란 각자를 조용히 인정하는 것임을 깨달으며 성장해 간다.

소설 속 인물들인 준호, 승주, 정아, 할아버지, 개 루스벨트 등은 모두 각자의 상처를 간직한 채 수원 근교 Y읍에서 신안 근처 안개섬까지 우여곡절을 겪으면서 함께 걸어간다. 그들은 교통 수단을 이용하지 못한 가운데 함께 걸으면서 서로를 이해하며 성장한다. 그들이 성장하게 되는 계기는 꼬리에 꼬리를 물고 긴장감 있게 전개되는 사건과 그러한 사건들을 통해 서로를 이해하는 과정이다.

이 소설에서 주인공은 김준호인데, 준호는 아홉 살 때인 1980년 5월에 집을 나간 아버지가 지금까지 돌아오지 않고 있지만, 매일 아버지의 귀가를 기다리며 아버지의 흔적을 쫓고 있다. 준호의 아버지는 좋은 아버지의 모습을 보여주었기에 준호에게 각별한 존재로 기억되고 있다. 국어교사였던 아버지는 시인을 꿈꾸면서 준호에게 여러 시들을 들려주었고, 준호가 글쓰기를 좋아하게 만들었다. 그렇지만 어느 날 엄마와 싸운 후 집을 나간 아버지는 아직까지 귀가하지 않은 채 준호가 아버지의 부재를 뼈저리게 느끼게 하고 있다. 아버지가 돌아오지 않는 가운데 준호가 열다섯 살이 되던 해 여름, 준호의 어머니는 임신을 한 채 동네 사진사와 결혼을 하고 제주도로 신혼여행을 떠난다.

엄마가 신혼여행을 떠난 뒤, 준호는 아버지를 보고 싶은 마음과 허전한 마음을 달래기 위해 단짝 친구 규환이를 둘만의 아지트인 '토끼풀 언덕'에서 만난다. 규환이는 데모를 하다가 수배 중인 형에게 전달해 줄 것이 있어서 혼자서 전라도 무안을 가게 되었다고 말한다. 준호는 규환이가 무안으로 가는 길을 동행하고 싶어하지 않았다. 그 길은 경찰의 눈을 피해야 하는 고난의 길이었기 때문이다. 그러던 중 술에 취해 늘 딸 정아에게 폭력을 가하는 정아의 아버지와 개 루스벨트로부터 같은 반인 정아를 도와주려다가 규환이가 크게 다치는 사고가 벌어진다. 규환이가 사고로 병원에 입원하게 되자, 준호는 데모를 하다가 수배 중인 규환의 형 '주환'에게 돈 봉투를 전하는 일을 규환이를 대신해서 하게 된다. 이 때문에 준호는 야밤에 '승주'네 주조장 트럭을 타고 신안 임자도 근처로 가게 된다.

한편 주조장 집 아들인 차승주는 극성인 엄마 때문에 절에서 생활하게 되었는데, 매일 같이 이루어지는 고된 억압을 견디지 못해 중들과 엄마의 눈을 피해 도망치기로 했다. 승주는 부잣집 아들이지만 엄마의 과보호 때문에 친구들도 사귀지 못했다. 그러던 중 '토끼풀 언덕'에서 몰래 이루어진 준호와 규환의 대화를 엿듣고 규환의 여행에 동참하기로 한다. 그렇지만 뜻하지 않게 규환이가 사고를 당해 준호가 규환의 일을 대신하게 되자 준호와 동참하게 된 것이다.

한편 박정아는 술을 마시고 폭행을 일삼는 개장수 아버지를 피해 매일 도망치는 것이 일상이 되어버린 인물이다. 정아의 엄마는 아버지의 폭력 때문에 반불구가 되었고, 언니는 아버지의 폭력을 견디다 못해 집을 나가버렸다. 정아도 언니처럼 집을 나가고 싶지만 엄마 때문에 차마 집을 나가지 못하고 있다. 그러던 중, 여느 때처럼 술에 취한 아버지가 자신을 때리려 하자, 정아는 속옷 차림으로 도망을 치게 되었다. 그러던 와중에 우연히 야밤에 여행을 떠나려는 준호, 승주와 동행을 하게 되었고, 정아의 아버지가 풀어놓은 개 루스벨트도 트럭에 함께 타게 되었다.

한편 정체불명의 할아버지는 사실 억울하게 갇혔던 정신병원을 탈출해 월향도로 가는 길에 준호, 승주, 정아 등과 동행을 하게 되었다. 할아버지는 젊어서 사랑하는 아내를 잃었으며, 우연히 얻게 된 딸마저도 잃자 정처 없이 떠돌다가 억울하게 삼청교육대에 끌려갔고, 그 뒤에 정신병원에 강제 수용된 사람이었다. 여행 도중에 할아버지는 청소년들인 준호, 승주, 정아 등을 번번이 위기에서 구출해주며, 삶의 신산함과 쓸쓸함을 준호 등에게 일깨워준다. 또한 신산한 삶 가운데서도 희망의 끈이 있음을 고래이야기를 통해 알려준다.

이와 같은 사연들 때문에 동행하게 된 그들의 여행은, 트럭 기사에게 발각되어, 도중에 장성 근처 낯선 동네에서 내려 도망을 치게 됨으로써 수많은 사건들의 소용돌이로 휘말려든다. 준호는 규환이가 부탁한 가방을 승주에게 빼앗기고, 자기 말만 들으면서 떨어지지 않는 루스벨트를 떼어내지 못한 채 힘겨운 여행을 한다. 게다가 곳곳에서 검문을 하고 있는 경찰을 피해야 하고, 루스벨트에게 공격을 당한 뒤로 그들에게 복수하기 위해 뒤쫓아 오는 트럭 기사에게 쫓기게 된다. 이 때문에 준호 일행은 버스나 기차를 타지 못하고 산이나 들을 걸으면서 험난한 여행을 하게 된다. 또한 곳곳에서 벌어지는 시위 현장을 목격하면서, 시위와 진압을 피해야 했다. 이러한 과정에서 그들은 각자의 마음을 조금씩 보이면서 소통을 하고, 그 과정에서 서로에 대한 연민과 위로를 통해 유대감을 형성한다.

그러면 이 소설에 등장하는 인물들이 각자 어떤 상처를 안고 있는지를 밝히고, 험난한 여행의 과정에서 그들이 서로를 어떻게 위로하고 유대감을 형성했는지를 살펴보자. 먼저 준호가 안고 있는 마음의 상처부터 살펴보자. 준호는 아홉 살 때 '다녀 오마'라고 한 후 사라져버린 아버지를 육년 동안이나 기다리는 상처를 안고 있다.

> 그날도 그랬다. 꼭 보듬어서 무릎에 앉히고 시 한 편을 들려주었다. 여느 때처럼 자장가로 들렸으며 여느 때처럼 못 알아들었다. 그래도 여느 때 듣던 시인들의 시가 아니라는 것은 알고 있었다. 언젠가는 시인 김민규로 불릴 아버지의 시였다. 낭송을 시작하며 아버지가 제목과 작자를 분명하게 밝혔다. 「바다」는, 김민규라고. 틀림없이 「호수」만큼 뜨겁고 아름다운 시였을 것이다.
>
> 어머니는 아버지의 실종을 죽음으로 받아들였다. 내가 그 얘기만 꺼내면 불같이 화를 냈다. 멋대로 집을 나가 저세상까지 가 버렸으니 그만 잊어버리라고. 시인이 아니라 시를 가르치는 사람이었다고.
>
> 분하고, 분하고, 분했다. 어머니의 말을 반박할 수 없어 더욱 분했다. 아버지가 들려준 시를 한 구절만 기억하고 있었더라면, 서재의 습작 노트만 남아 있었더라면……
>
> 나는 아버지의 죽음을 받아들이지 않았다. 돌아오지 않는 것과 돌아가신 것은 완전히 다른

문제였다. 아버지는 멋진 시를 쓰려고 긴 여행을 하는 중이라 믿었다. 얌전히 기다리면 여행을 끝내고 꼭 돌아오리라 믿었다.(202-203)

위의 예문에서 알 수 있듯이, 어머니는 아버지가 죽었다고 생각하지만 준호는 아버지가 죽었다고 생각하지 않는다. 준호는 언젠가 시인 '김민규'로 불릴 아버지를 기다리고 생각하면서, 아버지를 얌전히 기다리면 아버지가 언젠가는 돌아올 것이라는 희망을 간직하고 있다. 그것만이 아버지의 부재를 견딜 수 있게 하는 힘을 주기에. 그러기에 준호는 아버지가 썼던 서재를 서성이면서 1980년 5월에 고등학교 교사였던 아버지가 떠난 뒤로 항상 아버지를 기다린다. 그렇지만 엄마는 옆집에 살던 사진사와 새로 결혼을 한다. 사진사의 아이를 임신한 엄마는 인생의 새 봄을 맞이하고 있지만, 그 아들인 준호는 여전히 아버지를 기다리며 슬픔에 잠겨 있다.

> 그러나 땅꼬마의 키가 164센티미터로 자란 그날까지 아버지의 행방은 물론, 생사 여부조차 알 수 없었다.
> 어머니는 사진작가를 만난 이후부터 아버지에게 화를 내지 않았다. 이제 아버지는 미운 사람도, 야속한 이도, 남편도, 뭣도 아니라고 했다. 잊었다고 했다. 나는 아니었다. 포기할 수가 없었다. 잊을 수가 없었다. 밉고 야속하면서도 어쩔 수 없이, 어찌할 수 없게 그리웠다. 서늘한 바람이 코끝을 톡 쐈다.(204)

위의 예문에서 알 수 있듯이, 준호의 엄마는 아버지를 잊었다고 했지만 준호는 아버지를 잊을 수가 없을 뿐만 아니라 포기할 수도 없다. 그렇기에 준호는 아버지가 밉고 야속하면서도 어찌할 수 없이 아버지가 그립다. 이와 같이 준호는 아홉살 이후 늘 아버지를 기다리고 그리워하면서 살아가는 마음의 상처를 안고 있다.

다음은 차승주가 안고 있는 마음의 상처를 살펴보자. 차승주는 그의 어머니 구 여사가 나이 마흔을 넘기고 얻은 늦둥이로 오대 독자이다. 본래는 형이 둘이나 있었다는데 모두 어렸을 때 돌연사했다. 이 때문에 승주의 어머니는 승주를 지나치게 과보호해 왔다. 승주의 아버지는 막걸리 왕국의 황제일 뿐만 아니라 읍내 시장 건물과 읍내 사람들이 디디고 다니는 땅의 절반을 소유하고 있는 땅 부자였다.

이런 부모 밑에서 태어났지만, 승주는 자신을 그들의 기준에 맞추어 키우는 부모 때문에 상처받는다. 승주의 부모는 승주의 입장이 아닌 자신들의 기준에 맞추어 사랑을 표현해 왔다. 자본력을 바탕으로 승주의 모든 일을 간섭하는 부모님 때문에 승주는 늘 왕따일 수밖에 없었다.

> 소문에 의하면 승주는 항상 '죽을 몸'이었다. 책가방 속엔 책보다 약이 더 많았으며 해를 거
> 듭할수록 그 가짓수가 기하급수적으로 늘어났다. 어느 날 갑자기 아들이 죽을지 모른다는 구
> 여사의 강박관념도 점점 병적으로 변해 갔다. 물론 승주가 죽었던 적은 한 번도 없었다. 그저
> 전교생의 '왕따'였을 뿐이다. 엄청난 덩치에 안하무인 성격, 아들 코에 손톱자국만 나도 관련자
> 의 사돈네 팔촌까지 처벌 대상으로 삼는 어머니와 아들의 담임을 맡으면 일 년치 월급을 고스
> 란히 저축하게 만들어 준다는 학부모 회장 아버지, 교무실에 자기 책상을 가진 수십 명의 연합
> 비호 세력……. 그 많은 부담을 감수하고 놀아 주는 착한 놈이 없었다는 얘기다. 친구가 없으
> 니 엄마 몰래 도망쳐 봐야 갈 곳도 없었다. 기껏 해야 남의 집 창문에 기관총질이나 해대고 도
> 망치는 게 다였다.(146)

위의 예문에서 알 수 있듯이, 승주는 부모의 지나친 과보호 때문에 친구를 한 명도 사귀지
못한 채 집에서만 지내거나 학교에서 가서는 왕따가 된다. 이 때문에 승주는 '전교 왕따, 비만
아동, 생활이 결코 행복하지 않은 아이'가 된다. 더군다나 승주의 엄마는 승주의 살을 뺀다고
하면서 승주를 절에 넣었다. 그렇지만 절의 중은 사기꾼이었고, 승주의 탈장을 고친다는 미명
하에 돌팔이 침술로 승주를 힘들게 한다. 이 때문에 승주는 절을 도망쳐 나와 준호 일행과 함
께 험난한 여행에 동참하게 되었다.

> "근데 저 사기꾼 땡중이 날마다 대침을 꽂는단 말이야. 탈장 고친다고 불알 밑에다 대침을
> 박는다니까. 그걸 어떻게 참아. 얼마나 무서운 줄 알기나 해? 염병할. 알 리가 있겠어. 엄마한테
> 언제 불알 같은 게 있어 봤어야 알지.(284)

위의 예문은 승주가 얼떨결에 술을 물인 줄로 알고 마신 후에 술주정을 하는 내용이다. 승주
는 자신의 삶을 사사건건 간섭하면서 자율권을 주지 않은 엄마에 대한 반항 때문에 절을 나왔
다. 그리고 엄마가 중에게 속아서 자신을 옥죄는 것에 대한 반항을 하고 있다. 이처럼 승주는
사랑이라는 이름으로 자신을 지나치게 옥죄는 부모로부터 상처를 받고 있다.

이번에는 박정아가 안고 있는 마음의 상처를 살펴보자. 정아는 개장수인 아버지가 술에 취하
면 막무가내로 폭력을 행사하기 때문에 학교조차 정상적으로 다닐 수 없는 처지에 있다. 그리
고 가정에서 폭력을 휘두르는 아버지에게 맞아 엄마가 절름발이가 된 상황에 있다.

개장수 부녀의 달리기는 종종 보아온 광경으로 일종의 사냥이었다. 개장수는 사냥꾼, 정아는 사냥감, 루스벨트는 사냥개. 일이 벌어질 때마다 정아의 옷차림만 달랐을 뿐 결말은 대부분 같았다. 정아는 머리채를 휘어 잡히고 루스벨트의 감시를 받으며 짐승처럼 끌려갔다. 동네 사람들은 어지간해서는 개장수 부녀의 일에 끼어들지 않았다. 개장수를 막거나 정아를 숨겨 줬다가 낭패를 당한 사람이 한둘이 아니었다.(27-28)

위의 예문에서 알 수 있듯이, 개장수인 아버지는 술에 취하면 정아의 머리채를 휘어 잡고 짐승처럼 끌고 다녔다. 이러한 삶의 과정에서 정아는 말할 수 없는 마음의 상처를 받았다. 또한 아버지의 폭력에 적극적으로 대항하지 못한 채, 무서운 아버지로부터 딸을 지키려는 생각을 맞는 것으로 표현하는 엄마로부터도 크나큰 상처를 받았다. 그러기에 정아는 학교에서 성깔이 고울 리가 없다. 성적은 다른 아이들을 압도할 만큼 좋지만, 아무와도 친해지지 못한 채 곧잘 아버지의 폭력을 피해 이상한 옷차림으로 등교하는 일이 많았다. 또한 집에서 개를 기르는 일꾼으로 살아가고 있다. 집에서 술만 먹을 뿐 개들을 돌보지 않는 아버지를 대신해서 개들에게 "밥 주기, 씻기기, 아프면 보살피기, 견사 청소."(116)를 도맡아한다. 전에는 언니와 함께 했지만, 언니가 아버지의 폭력을 피해 집을 나간 후로는 오로지 혼자 하고 있다. 이런 정아에게 아버지란 존재는 '미친 개'로 인식된다.

"너, 그런 미친개를 아빠로 가져 봤어? 이빨 자국, 담뱃불 자국, 허리띠 자국, 목 졸린 자국, 그런 거 때문에 학교 못 가 봤어? 살겠다고 솟옷 바람으로 거리를 내달리고 남의 집 담장 홀떡홀떡 넘어 본 적 있어? 머리채 잡혀 끌려 다니느라 가르마 옆이 텅 비어 봤어? 맞고 살다 반편이가 된 엄마 붙들고, 나를 낳은 엄마가 증오스럽다고 퍼부어 준 적 있느냔 말이야?"
아무려니, 했다. 정아가 거짓말을 한다고 생각하진 않았지만 다 믿기지도 않았다. 걸핏하면 얻어맞고 도망 다니는 건 알고 있었지만 설마 친아버지가 그 정도로 악랄할까 싶었다.
"아니지? 꿈에서도 안 당해 봤지? 내 말 믿기지도 않지? 그럼 그런 충고 하지 마. 그건 귀하게 자란 부잣집 외아들이 날마다 그러고 사는 개장수 딸한테 할 말이 아냐. 세상에는 자기가 그 입장이 되지 않으면 절대로 이해할 수 없는 진실이 있는 법이거든. 이해하지 못하는 것에 대해서는 침묵하는 게 혜택 받은 자의 예의야. 알아들어, 김준호?"(119-120)

"말이 나온 김에 하나 더 말해 줄게. 내가 맞을 만한 이유가 있다면 딱 하나뿐이야. 맞장 뜰 힘이 없어 맞아 줄 수밖에 없다는 거. 내가 남자였다면, 아니 덩치가 조금만 더 컸어도, 그 인간은 벌써 내 손에 죽었어."(120)

위의 예문들에서 알 수 있듯이, 정아는 온갖 방법으로 자신에게 폭력을 행사하는 아버지 때문에 학교에 갈 수 없는 날이 많았다. 그러기에 아버지를 '미친 개'로 인식하면서, 자신이 아버지에게 맞는 이유는 단 하나, '맞장 뜰 힘'이 없기 때문이라고 말한다. 아울러 "맞고 살다 반편이가 된 엄마 붙들고, 나를 낳은 엄마가 증오스럽다고 퍼부"(120)었다. 이처럼 정아는 부모 때문에 말할 수 없을 만큼 많은 마음의 상처를 안고 살아가고 있기에, 성깔이 거칠 수밖에 없었다. 그랬던 정아가 얼떨결에 준호 일행과 함께 한 여행의 과정을 통해 자신의 인생이 간직하고 있는 비밀을 점차 이해하면서 마음의 위로를 얻게 되었다.

다음에는 할아버지가 안고 있는 마음의 상처를 살펴보자. 이름이 박양수였던 할아버지는 언젠가부터 안개섬에서 살면서 행실이 바르고 성실하게 살았다. 이 때문에 마을 사람들에게 인정을 받고, 포경선을 사는 꿈을 꿀 수 있었다. 그리고 어여쁜 색시를 맞이해서 살 꿈에 젖어 살았지만, 개망나니 선주 아들이 색시를 겁탈한 사건 때문에 인생의 행로가 헝클어지게 되었다. 개망나니 선주 아들은 할아버지의 색시를 겁탈한 후에 죽었는데, 할아버지는 그 사건에 대한 누명을 쓰고 쫓겨 다니는 신세가 되었다.

"박양수 꿈이 포경선을 사는 거였더란다. 목선 말고 철선 말이여. 꿈이 있으믄 행실도 다른 벱이라, 바다에 나가믄 벌타령으로 일하는 벱이 없고 뭍에서는 헛짓거리 하는 벱이 없었지야.(중략) 근본도 모르는 놈이제만 좋은 집서 중매도 들어오고 그랬응게. 덕택에 분에 안 맞게 이쁜 색시 만나서 장개를 들게 된 거여. 재미났지야. 살 맛 났지야. 세상에 부러울 것이 없었지야. 그란디 그 재미가 질게 못 갔다. 장개들기 며칠 전에 바다에 갔다 돌아왔드만 그 새에 뭔 일이 나 부렀드란다. 개망나니 선주 아들놈이 지 색시를 채다가 어떻게 해 분 거라. 젊디젊은 사내놈이 그 꼴을 보고 멀쩡할 거이냐? 피가 거꾸로 솟아 뿔제. 그길로 작살을 움켜쥐고 그놈 집으로 달음박질해서는……."(중략)

"그것이사 암도 모르제. 몹쓸 짓만 허던 천하의 잡놈인게로 어떤 원 맺힌 손에 죽었든가, 박양수 돈에 눈독들이던 어떤 놈이 맘 묵고 일을 저질렀든가……, 그랬것지야. 야튼, 그러저러해서 팔도로 도망 댕기는 신세가 된 거여. 누명쓰고 가막소 가느니 차라리 거렁뱅이로 죽을란다 맘묵은 거제. 월향도로 들어간 거는 도망댕긴 지 삼 년 남짓 됐을 때여. 사람 하나 없는 알섬이제만 살 만 허것드란다. 그래, 가진 돈 다 털어서 가랑잎만 한 전마선 한 척에 염소 두 마리 사서 움막 짓고 눌러앉었다지야. 그물 땡기고 염소 치믄서 겨우 풀칠만 하고 사는디 살기사 살제만 그거이 어디 사는 거는 것이것냐? 펄펄 나는 고래를 잡던 놈이 그물질로 잡고기나 잡고 살라니 갑갑허기가 말로는 못했제. 거그다 은제 가막소 갈지 모르는 판에 식솔이 생기것냐,

어쩌것냐. 사는 재미도 희망도 없는 놈이 고기 잡어 돈을 번들 또 어따 쓰것냐. 술이나 처 묵는 주정뱅이가 돼 부렀제."(183-185)

위의 예문에서 알 수 있듯이, 할아버지는 개망나니 선주 아들을 죽였다는 누명을 쓴 채 삼 년간을 쫓겨 살다가 아무도 살지 않는 월향도라는 섬에 들어가서 조그만 전마선을 사서 그물 질로 고기를 잡으며 살게 되었다. 그렇지만 그물질로 고기를 잡으며 사는 생활은 고래를 잡던 할아버지에게 답답하기 그지없는 것이었다. 그러기에 할아버지는 사는 재미도 희망도 없는 가 운데 술주정뱅이가 되고 말았다. 술주정뱅이가 되어 살던 할아버지에게 어느 날, 누군가가 할아 버지의 배에 어여쁜 여자아이, 월규를 버리고 갔다. 그런 월규를 거두어 살면서 할아버지는 새 로운 희망을 간직하면서 열심히 살게 된다. 어린 월규가 듣는 고기 때 소리를 따라 고기를 잡 으며 행복하게 살아간다. 그렇지만 할아버지의 행복에 찬 삶은 오래가지 못했다. 야맹증에 걸 린 월규를 치료하기 위해 1980년 5월에 광주로 갔다가 광주의 소용돌이에 휩쓸려서 월규를 잃 고 말았기 때문이다.

나는 그때의 광주를 상상해 보려고 했다. 잘되지 않았다. 시민들에게 총을 쏘는 군인이라니. 대체 왜……

"일요일 아침에 갸를 찾았다. 지가 입원했던 그 대학병원에 누워 있드라야. 등에 총을 맞았 드란다. 어떤 남자가 업고 왔드란다. 어떻게든 살려 볼라고 했제만 피를 너무 많이 흘려서 방 도가 없더란다."

얼마간 침묵이 흘렀다. 할아버지는 비바람에 떨어져 나가 필터만 남은 담배를 아무 정신없 이 빨아 대고 함빡 젖은 눈두덩을 마구 비볐다. 공연한 것을 물었다고 나는 후회했다.

"화장을 해서 목에 걸고 그날로 광주를 빠져나왔다. 아무 정신도 없이 몇날 메칠을 걸어서 월향도까장 왔어야. 그놈을 바다에 뿌리고 난 게 그때사 통곡이 터지는디……. 더 살고 싶은 염이 안나더라. 내가 뭔 낯으로 살 것냐. 새끼를 내 손으로 죽인 거나 똑같은디. 그런디 쓸모도 없는 목숨이 질기기도 질겨서 맘대로 죽어지지도 않더란 말이다. 날마다 술만 처묵었지야. 취 해 자빠지믄 나만 살아남은 것이 견딜만 했응게.(후략)"(328-329)

위의 예문에서 알 수 있듯이, 시민들에게 총을 쏘는 군인들 때문에 어린 월규는 등에 총을 맞 고 죽게 되었다. 일요일 아침에 대학 병원에 죽은 채 누워 있는 월규를 발견한 할아버지는 월규 를 화장한 후 몇날 며칠을 걸어서 월향도 앞바다에 뿌린다. 월규를 바다에 뿌린 후 할아버지는 다시 삶의 끊을 놓은 채 술에 의지해서 살게 된다. 그러다가 삼청교육대에 끌려가 온갖 고생을 하다가 나온 후에는 다시 정신병자로 내몰려 국립 은애병원에 갇혀서 살게 되었다. 그러다가 국립 은애병원에서 탈출한 후 준호 일행과 함께 여행을 하게 된 것이다.

이번에는 험난한 여행의 과정을 그들이 어떻게 서로를 위로하면서 유대감을 형성하고 있는지를 살펴보자. 소설에서 서로에 대한 위로를 통해 유대감을 형성하고 있는 존재는 준호와 정아이다. 그리고 청소년 인물들과 할아버지이다. 얼떨결에 시작된 여행이었지만, 함께 걷는 길 위에서 작중인물들은 각자 상처 받은 내면을 조금씩 내보이면서 서로에 대한 위로를 통해 유대감을 쌓아간다.

준호 일행의 여행은 매우 힘겨운 것이었다. 그것은 주조장 트럭을 몰래 타고 가다가 트럭 기사에게 발각되어서 장성 근처 낯선 동내에 내려 도망치는 신세가 되면서부터 시작된다. 준호는 규환이 부탁한 가방을 승주에게 뺏기고, 자기 말만 듣는 '루스벨트'를 떼 내지 못한 채 일행과 함께 힘겨운 여정을 계속한다. 또한 주환이 형을 잡기 위해 곳곳에 검문을 서고 있는 경찰을 피해야 하고, 자기들을 쫓아오는 트럭 기사를 피해야 했다. 그러기에 준호 일행은 버스나 기차를 타지 못한 채 산이나 들을 걸어서 길을 계속하게 된다. 그들이 걷게 되었던 길은 편한 길이 아니라, 전국에서 이어지던 시위와 진압으로 인해 곳곳에서 이어지던 검문을 피해 다녀야 했던 길이었다.

길의 막바지 함평에 이르러 준호 일행의 여정은 더욱 힘들어진다. 그것은 '승주'의 어머니 '구여사'가 자기 아들이 국립 은애정신병원 탈주자인 '박양수'라는 사람에게 유괴를 당했다고 신고를 해서 용의자인 할아버지가 공개 수배를 당했기 때문이다. 그 과정에서 경찰과 트럭 기사를 피해 철로를 걷다가 급하게 오는 기차 때문에 황급한 지경을 당했던 '승주'가 술을 물로 착각하고 마시게 되었다. 이 때문에 준호와 할아버지는 술에 취한 '승주'와 '루스벨트'를 수레에 태워 끌면서 비오는 황톳길을 걷는다. 계속 미끌어지는 수레를 밀며 준호는 다음의 예문과 같은 생각을 하게 된다.

닥치는 대로 미워하고 저주하고 혐오하고 증오하고 나자, 한 가지 의문만 남았다.

나는 왜 이 길을 가고 있는 것일까. 누구를 위해, 무엇을 위해…….

얼마 후 죽고 싶은 마음이 사라졌다. 미움과 증오, 왜 이 길을 가는가에 대한 의문도 사라졌다. 생각 자체가 사라졌다. 몸은 이제 관성으로 움직였다. (중략) 그때 우리에게 나아가는 것 말고 어떤 길이 있었겠는가. 멈추기만 하면 그 자리에 쓰러져 다시는 일어나지 못할 것 같은데.

앞을 가로막는 산에게 넌 왜 하필 거기 있느냐고 따져 봐야 입만 아플 텐데. 산은 비켜주지 않는다. 그러므로 우리가 가야 했다. 진구렁 황톳길이 그것을 혹독하게 가르쳐 주었다.(294)

위의 예문에서 알 수 있듯이, 준호는 수레를 밀며 진구렁 황톳길을 걸으면서 "나는 왜 이 길을 가고 있는 것일까. 누구를 위해, 무엇을 위해……."라는 생각을 하게 된다. 이 생각 속에 준호는 "나아가는 것 말고 어떤 길"도 없는 선택의 여지가 없는 것임을 깨닫는다. 나아가 삶도 많은 고민 가운데 선택의 여지가 없이 계속 나아가야 하는 것임을 깨닫는다.

"만세!"
만세. 수줍게 마중 와 준 바다를 위한 만세. 우리를 바다로 인도해 준 할아버지를 위한 만세. 무수한 산을 넘어 마침내 바다에 이른 우리 자신을 위한 만세.
황톳길과의 싸움은 다섯 시간을 꼬박 채웠다. 그래도 우리의 길고 고통스러운 여정에 신의 가호가 있었음을 믿는다. 비바람은 과열된 체온을 식히고 갈증과 탈진을 막아 주었다. 비바람 때문에 길이 험했으나 비바람 덕택에 우리가 진구렁에 쓰러져 눕지 않고 비바람으로 인해 길과 산이 텅 비어 있었다.(302-303)

위의 예문에서 알 수 있듯이, 멈추기만 하면 그 자리에 쓰러져서 다시는 일어날 수 없을 것 같았던 험난한 여정을 견디고 나아가는 과정은 청소년인 준호가 내적으로 한층 성숙해지는 시련의 과정이었다. 그런 시련의 과정을 견디면서 산을 넘어 바다에 다다른 준호는 자신의 일행을 매우 대견하게 생각한다. 준호의 이런 생각은 통과제의로서의 시련을 견딘 자만이 할 수 있는 것이며, 이러한 생각에는 한층 성숙한 내면이 담겨 있다. 그기에 준호는 비바람 불었던 진구렁 황톳길의 여정에 감사하면서, 자신뿐만 아니라 다른 인물들에게 위로를 할 수 있는 존재가 된다.

험난한 여정의 과정에서 한층 성숙해진 준호는 정아의 처지를 점차 이해하면서 정아와 속 깊은 대화를 하게 된다. 준호는, 속눈썹에 침울함과 분노가 빗방울처럼 매달려 있던 정아로부터 "세상에서 제일 무서운 인간은 바로 우리 집에 있어."(135)라는 말을 들으며, 정아를 진정으로 이해하게 된다. 그기에 준호는 여행의 과정에서 정아가 "정말로 혼자 어디로 가 버릴까 봐"(162) 신경을 곤두세운다. 그러면서 규환이가 자신에게 전에 했던 말, "그래도 예쁘잖아"에 동의하고 싶어진다.

그렇지만 준호는 경찰이 검문을 하고 트럭 기사가 따라붙는 여행을 일행과 할 수 없다고 생각했기에, 혼자 도망친다. 도망치면서도 준호는 정아를 생각한다.

> 달리기를 멈췄다. 무릎에 손을 짚고 숨을 헐떡이며 나 자신에게 화를 냈다.
> 몰라. 묻지 마. 나 능력 없어. 돌아가지 않는다는 애를 내가 어떻게 책임져?
> 목소리는 잠잠해졌다. 그러나 다그치는 존재가 없다고 해서 홀가분해지는 건 아니었다. 시간이 흐를수록, 떨쳐 버리려 할수록 더욱 쫓기는 심정이 되어 갔다. 정아가 주연을 맡은 비극적인 장면들이 집요하게 따라다녔다. 한량없이 거리를 배회하는 방랑자 정아. 전봇대에 붙은 '숙식 제공, 월 200만 원 보장'이라는 전단지를 들여다보는 구직자 정아. 식당 앞에서 밥을 구걸하는 거지 정아. 허기와 피곤에 지쳐 길바닥에 쓰러진 행려병자 정아.
> 환영은 잘라내면 돋아나고 잘라내도 돋아나는 도마뱀의 꼬리 같았다. 꼬리는 자를 때마다 비약적으로 커지고 튼튼해지다가 결국엔 공룡 꼬리가 되어 앞을 가로막았다. 짙은 화장에 가슴이 깊게 팬 드레스를 입고, 빨간 등이 켜진 유리 박스에 앉아 눈웃음을 치는 정아 말이다.(210-211)

위의 예문에서 알 수 있듯이, 준호는 혼자 도망치면서도 정아를 생각한다. 정아가 술집에 취직해서 인생을 망가뜨릴까 봐 걱정한다. 준호의 이런 걱정은 환영이 되어, 계속 돋아난다. 그러기에 준호는 혼자 도망치는 것을 포기하고 다시 일행에게로 되돌아온다. 일행에게 되돌아와 준호는 정아와 소통을 하면서 서로의 소원을 말한다. 이를 통해 준호는 다시 한 번 자신의 상처가 무엇인지를 깨달으면서 정아로부터 위안을 얻는다.

> "넌 소원이 뭐야?"
> 정아가 물었다. 다소 느닷없고 맥락 없는 질문이었다.
> "간절히 바라는 거, 소원, 없어?"
> 소원, 내 소원. 아홉 살 이래 내 소원은 오로지 하나뿐이었다. 아버지가 돌아오는 것. 날마다는 아니지만 가끔보다는 자주 아버지의 꿈을 꾸었다. 두 개의 꿈을 교대로 반복해서 꾸었다. 아버지와 헤어지던 마지막 오후가 재현되는 꿈. 아버지가 서재 문을 열고 들어와 "들어와, 땅꼬마"라고 말해 주는 꿈. 첫 번째 꿈을 꾼 새벽이면 볼이 뻣뻣해지도록 이불 속에서 울었다. 두 번째 꿈을 꾼 날엔 서재 앞에 앉아 아침을 맞고는 했다. 두 개의 꿈은 조수와 갯바위였다. 절망이라는 조수, 희망이라는 갯바위.(261-262)

위의 예문에서 알 수 있듯이, 준호는 소원이 무엇이냐는 정아의 말을 듣고 집을 나가 생사조차 알 수 없는 아버지를 다시 생각한다. 그러면서 아버지가 다시 돌아온 꿈과 아버지가 없는 서재에서 혼자 아침을 맞이하는 꿈을 생각하면서 두 개의 꿈이 희망과 절망의 교차이며, 그러한 교차의 과정에서 사신이 점차 커가고 있음을 인식한다. 그러나 그러한 커감에는 위로가 필요함을 알게 된다. 그러면서 준호는 자신뿐만 아니라 정아가 갖고 있는 슬픔과 분노를 감지한다.

> 정아는 무심한 어조로 말을 이어갔다. 그러나 그 무심한 목소리 밑에서 꿈틀대는 슬픔과 분노를, 나는 또렷하게 감지할 수가 있었다.
> "지난봄에 언니한테서 처음으로 연락이 왔어. 용케 학교 주소를 알아내서 소포를 보냈는데 열어 보니까 옷이야. 하늘하늘한 파란 원피스, 파란 속치마, 하늘색 리본, 편지. 옷 만드는 공장에서 일한대. 언니가 천 떠다가 직접 만든 옷이래. 반지하지만 방도 한 칸 얻었대. 엄마 놔두고 나 혼자 도망오래. 내가 원하면 어떻게든 대학교까지 보내 주겠대. 그렇게 기다리던 구원의 손길이 왔는데, 선뜻 갈 수가 없었어. 언니가 나간 뒤에 엄마가 어떻게 됐는지 뻔히 봤으니까. 나마저 떠나 버리면 반편이 우리 엄마, 절름발이 우리 엄마, 그 인간 손에 아주 죽을까 봐. 죽여서 아무도 몰래 묻어 버릴까 봐……."
> 문득 떠올랐다. 집에 돌아가 무조건 빌라고 말하던 내 모습이. 세상에서 가장 무서운 인간은 우리 집에 있다고 대답하던 정아의 우울한 눈이.(264-265)

위의 예문에서 알 수 있듯이, 정아는 집을 버리고 자신에게로 오라는 언니에게 가지 못한다. 그것은 자신마저 떠나 버리면 반편이 엄마가 아버지에게 죽임을 당할까 봐서이다. 이런 정아의 우울한 눈빛을 보면서 준호는 정아의 슬픔과 분노를 진정으로 이해하게 된다. 그기에 준호는 "엄마에게 버림받고 싶다고 소원하는" 정아의 참담함을 헤아릴 수 있게 된다. 아울러 여행이 끝나면 엄마에게 돌아가겠다는 정아에게 "왜냐고"도 묻지 못한다. 정아의 참담함과 슬픔의 깊이는 자신의 어떠한 말로도 쉽게 위로할 수 없는 것이었기 때문이다.

그기에 준호는 자신과 정아를 "버림받은 적이 있는 사내아이와 버림받기를 원하는 여자 아이"(268)로 여기면서 인생의 쓸쓸함을 생각한다.

> "엄만 아빠를 잊었다더라. 용서하고 잊어버렸대. 나도 그랬으면 좋겠어. 그래서 그 남자와 곧 태어난다는 그 남자의 아이를 가족으로 받아들일 수 있으면 좋겠는데 그게 잘 안 돼. 잊을 수도 없고 용서도 안 되고 포기도 안 돼. 밉고 야속하고. 그런데도 그리워서……."

눈자위에서 그렁대던 눈물이 기어이 넘쳐흘렀다. 정아가 손끝으로 눈물을 닦아 주었다. 아기를 달래듯 볼을 다정하게 만져 주었다.

"하느님은 참 괴상한 방식으로 공평해. 사랑이 있는 쪽에는 사람을 빼앗고 사람이 있는 쪽에서는 사랑을 빼앗아 가고."

웃음기가 어린 어조였다. 그러나 마땅히 사랑해야 할 이를 사랑하지 못하는 그녀의 슬픔이 고스란히 묻어나고 있었다.

정아의 손에 내 손을 얹었다. 단지 그것뿐이었는데도 나는 그녀의 체온에서 깊은 위안을 느꼈다. 마음을 괴롭히던 스산한 슬픔도 차차 가라앉았다.

곰곰이 생각해 봤다. 어머니의 결혼과 규환의 부상과 느닷없이 시작된 여행, 이 도식의 어느 지점에 정아가 있었는지. 알고 싶었다. 그녀는 어쩌다 내게 마음을 열어 상처를 보여 주고, 품을 빌려 주고 위로와 연민을 보내 주는지. 그리고 원했다. 그녀에게도 내 체온이 위안이 돼 주기를.(358-359)

위의 예문은 준호와 정아가 서로를 진정으로 이해하는 가운데 서로에게 위안이 되고 있음을 보여준다. 준호의 눈물을 손으로 닦아주는 정아, 마땅히 사랑해야 할 아버지와 엄마를 사랑하지 못하는 정아의 슬픔을 이해하는 준호. 그러기에 준호와 정아는 손에 손을 얹고서 서로의 슬픔을 차차 잊고서 서로의 체온이 서로에게 깊은 위안이 되기를 바란다. 이러한 그들의 모습은 험난한 여행의 과정에서 상처를 내보이면서 서로의 슬픔을 깊이 이해하고 위로하는 성숙한 과정을 보여주는 것이라 할 수 있다. 또한 그들이 현재의 모습을 돌아보고 성찰하면서 앞으로의 삶을 모색하는 계기가 되고 있다. 그러기에 그들의 모습은 소통을 통한 위로와 타자에 대한 사랑을 실천한 것이라 할 수 있다.

아울러 어른들로부터 상처를 받은 청소년들이 또래들끼리의 소통과 유대감 형성을 통해 상처를 극복하고 성장의 길에 접어들고 있음을 보여준다. 이러한 모습은 청소년 인물들이 자신과 비슷한 상처를 안고 있는 타자의 존재를 인식하고, 타자의 상처에 대한 이해를 통해 자기 이해와 자기애를 실천하는 한 양상이라 할 수 있다. 그리고 진정한 자기애를 가능하게 하는 존재는 타자임을 인식하는 것이라 할 수 있다.

작중인물 간의 진정한 유대감 형성은 준호, 정아, 승주 등과 할아버지와의 관계에서도 이루어지는데, 이는 준호의 서술을 통해 구체화된다. 여행에 불쑥 동행하게 된 할아버지의 정체를 궁금해 하던 준호는 '승주'의 엄마 '구여사'의 신고로 할아버지의 이름이 박양수이며, 그는 국립 은애정신병원을 탈출한 인물임을 알게 된다.

할아버지를 봤다. 몇 가지 얘기를 제외하면, 국립은애정신병원을 탈출한 위험인물 박양수 씨는 우리가 들은 바 있는 월향도의 늙은 어부와 동일 인물이었다. 의심했던 부분이 사실로 확인된 셈이지만 새삼스레 할아버지가 두렵거나 하진 않았다. 단지 머리가 분주할 뿐이었다.(274)

위의 예문에서 알 수 있듯이, 준호나 정아, 승주는 월향도에서 그의 딸 월규와 함께 살았던 박양수라는 인물이 자신들과 함께 여행을 하고 있는 할아버지임을 알게 된다. 그렇지만 할아버지를 새삼 두렵게 생각하지는 않는다. 이는 여행을 통해 그들 간의 유대감이 형성되었기 때문이다. 또한 할아버지의 지난했던 삶에 대해 애처로움을 느꼈기 때문이다.

묻고 싶은 것이 많았다. 월규가 죽은 게 사실인지, 친한 영감님은 왜 할아버지의 배를 자기 것이라고 우기는지, 그가 신고해 버릴 게 분명한데도 월향도로 갈 것인지. 묻지 못한 건 할아버지의 눈빛이 너무나 스산해서였다. 기를 질리게 했던 형형한 빛은 흔적도 없이 사라졌고 구부정한 목과 비에 젖은 잿빛 머리칼은 쇠잔하고 쓸쓸한 느낌을 자아냈다. 노쇠한 늑대의 뒷모습처럼.(311-312)

위의 예문에서 알 수 있듯이, 준호는 할아버지의 너무나 스산한 눈빛을 보면서 그의 딸이 죽었음에도 불구하고 할아버지가 왜 월향도로 가려하는지 궁금하지만 묻지 못한다. 그것은 할아버지의 "구부정한 목과 비에 젖은 잿빛 머리칼이 너무나 쇠잔하고 쓸쓸한 느낌"을 주었기 때문이다. 너무나 쇠잔하고 쓸쓸한 느낌을 주는 할아버지의 지나간 삶에 대한 이해를 통해 그와의 유대감을 형성했기 때문이다. 그러기에 준호의 눈에는 할아버지가 미친 인간이 아닌 지극히 평범한 아버지로서 딸을 먼저 보낸, 그리고 혼자만 살아남은 것에 대한 죄책감에 시달리는 인물로 인식된다.

"(전략) 인자 내 딸 만나는구나, 만나기만 하믄 우리 둘만 살 데로 가불란다, 맘묵었어야. 그런디 집이 아니라 감호소란 데로 보내는 거여. 내가 미쳐서 집에 못 보낸다여. 병원에 입원해서 고쳐야 한다여. 아주 환장을 허것더라야."

할아버지는 먼지가 풀풀 일 듯한 메마른 웃음을 토해냈다.

"느그들 눈에도 내가 미친 놈으로 보이더냐?"

아니라고 생각했다. 할아버진, 살아남은 죄책감에 시달리는 한 인간일 뿐이었다. 죽은 딸을 그리워하는 불행한 아비일 뿐이었다. 그리고 나는 그리움이 사람을 얼마나 황폐하게 하는지 누구보다 잘 알고 있었다.

"나 멀쩡혀다. 안 미쳤다. 고래는 인자 꿈도 안 뀌야. 내 소원은 우리 월규하고 둘이 암도 모르는 먼 바다로 가는 것뿐이여."

할아버지의 눈에 몽환의 그늘이 드리워졌다. 그 그늘 위로 딸과 고래의 환영을 쫓아 꿈속의 바다를 떠도는 하얀 배가 겹쳐졌다. 빈 그물을 끌며 새벽빛 속을 걸어오던 월야도에서의 할아버지가 겹쳤다.(333)

위의 예문에서 알 수 있듯이, 준호의 눈에 비친 할아버지는 딸과 고래의 환영을 쫓아 꿈속의 바다를 떠도는 불쌍한 인물이다. 그러기에 할아버지는 딸에 대한 그리움에 때문에 황폐해진 인물로 그들에게 위로받아야 할 존재로 여겨진다. 할아버지가 이러한 존재로 여겨지는 것은 험난한 여행을 통해 그들 간에 유대감이 형성되었기 때문이다.

우리는 서로를 외면하고 있었지만 꿰뚫어 볼 수가 있었다. 할아버지의 기억에서 우리 앞으로 뛰어나온 세상과 삶과 사람들, 그 황량함을 감당하지 못해 하얗게 질려 버린 서로의 모습을.(334)

위의 예문에서 알 수 있듯이, 준호, 정아, 승주, 그리고 할아버지 등은 모두 황량함 가운데 각자 감당해야 할 상처를 안고 있는 인물들이다. 그러기에 그들은 모두 고통의 삶을 견뎌왔으며, 그러한 견뎌냄을 통해 서로를 이해할 수 있는 경험들을 하게 되었다. 이러한 삶의 경험을 통해 그들은 서로를 배척하는 존재가 아니라 이해해야 할 존재, 그리고 삶에서 하얗게 질려버린 서로의 모습을 위로해야 할 존재로 여기게 된다. 그러한 위로 속에서 그들은 할아버지가 말한 자연의 아름다움과 숭고함을 경험한다.

물기둥이 치솟았다. 꿈이 아니야 하듯, 고래 한 마리가 힘차게 솟구쳐 오르고 있었다.(중략)

이윽고 열 마리 가량의 고래들이 한꺼번에 수면 위로 부상했다. 그들은 흰 물줄기를 내뿜으며 파도 위를 증기 기관차처럼 내달렸다. 꼬리지느러미만 해면 위로 내밀고 회전해 작은 회오리를 일으키는 놈도 있었다. 뒤집어져서 흰 배만 내놓고 떠다니기도 했다. 모로 누운 채 가슴지느러미로 물결을 두들기기도 했다. 물줄기를 스프링클러처럼 내기도 했다.

어느 순간, 그들은 바다를 박차고 날아올랐다. 하나, 둘, 셋……. 차례차례 내 심장으로 들어

왔다. 모두 들어왔다. 그사이 세상은 멈춰 있었다. 바람과 파도, 대기의 움직임과 시간, 모든 것이 멈췄다. 나 자신의 존재감마저 잊었다. 절벽의 한 부분인 양 미동도 하지 않았다. 우리 모두 약속한 듯이 그랬다. 어쩌면 말을 하거나 움직여서 우리 안으로 막 들어온 그들을 놀라게 할까 두려웠는지도 모르겠다.(364-365)

위의 예문에서 알 수 있듯이, 준호, 정아, 승주 등은 할아버지한테 들었던 고래를 직접 보게 된다. 고래를 보면서 그들은 자신들 안으로 이제 막 들어온 고래들이 놀랄까 봐 말을 하지도 못하고 움직이지도 못한다. 이러한 그들의 경험은 자연과 하나 되어 고래를 찾은 숭고한 순간을 온몸으로 느끼는 것이며, 이러한 느낌을 통해 그들은 그들의 여행이 주는 순간적인 깨달음을 얻는다. 이러한 에피파니와 같은 깨달음을 통해 그들은 하나가 되어 서로를 위로할 수 있는 유대감을 쌓고, 그러한 유대감 속에 사람을 사람답게 하는 삶의 의미를 성찰한다. 그러나 그들의 성찰과 유대감은 그들의 여행이 어느 순간 얼떨결에 시작되었듯이, 여행이 끝나자 각자의 마음속에만 간직된다.

> 우리들의 여행은 거기서 끝났다.(중략)
> Y읍에 도착하자마자 우리는 뿔뿔이 흩어졌다. 다음에 보자는 인사도 나누지 못했다.(중략)
> 할아버지, 우리 고래를 봤어요. 진짜 고래요. 얼마나 근사했는지 몰라요. 할아버지도 계셨으면 좋았을 텐데……. 그러나 다시는 할아버지와 만나지 못했다. 국립은애정신병원을 탈출한 위험인물 박양수를 체포했다는 뉴스도 듣지 못했다. 나는 할아버지가 온전한 자유를 향해 탈출했을 거라 생각하려 애썼다.(375-376)

위의 예문에서 알 수 있듯이, 각자의 마음속에 간직된 그들의 유대감은 각자가 안고 있던 마음의 상처를 씻을 수 있는 힘을 주는 것이었다. 그러기에 준호, 정아, 승주 등은 여행 후에 할아버지를 다시는 만나지 못했어도, 할아버지가 온전한 자유를 얻었을 것이라 생각하면서 자신들의 마음에 쌓여 있던 상처도 조금은 치유되었음을 느낀다.

> 푸름 마을을 지나오며 안개섬의 새벽을 생각했어. 우리가 봤던 낯선 것들, 아름다운 것들, 빛나는 것들. 아니 어떤 말도 그들을 칭하는데 적당하지 않을 거야. 세상 깊숙한 곳에 숨어 있다가 조심스레 모습을 드러낸 것 같았던 그들을, 나는 그냥 '비밀'이라 부르기로 했어. 내 인생의 첫 비밀. 어쩌면 우리가 함께 한 며칠은 우리 인생의 비밀을 찾아가는 법을 가르친 신의 특별

한 수업이었는지도 몰라.

세상에는 신이 내 몫으로 정해 놓은 '비밀'이 더 있을 거라고 생각해. 그렇지? 그렇다고 동의해 줘.

참혹한 대가를 치렀지만 난 자유를 얻었어. 비밀을 찾아가는 법도 배웠어. 그러니 이젠 나를 믿을 테야. 우리들 여행의 끝에 무엇이 있었는지 잊지 않을 거야. 나를 무릎 꿇리려 드는 게 있다면 큼직한 감자를 먹여 주겠어. 이래봬도 내가 깡이 좀 되잖아.

우리는 다시 못 만나게 될지도 몰라. 그래도 날 기억해 줄래? 네 아빠만큼은 아니더라도 가끔 나를 생각해 줄래? 그러면 나, 기죽지 않을 것 같아.(381-382)

위의 예문은 정아가 자신의 엄마와 함께 마을을 떠나면서 준호에게 남긴 편지이다. 편지를 통해 알 수 있듯이, 준호, 정아, 승주 등은 얼떨결에 시작한 여행의 과정에서 통과제의적 어려움을 겪었지만, 그러한 어려움을 이겨내면서 각자의 삶을 견뎌낼 깡을 갖게 되었다. 또한 세상에는 신이 각자의 몫으로 정해 놓은 '비밀'이 있으며, 그러한 비밀을 찾아 각자의 인생을 열심히 사는 것이 참다운 삶의 의미임을 깨닫게 되었다. 이러한 깨달음을 통해 그들은 험난했던 여정 과정에서 서로에게 주었던 위안과 그러한 위안을 통한 유대감의 형성이 삶에서 얼마나 소중한 것이었는지를 깊이 인식하게 되었다.

이 소설은 소설가로 살아가는 청년 준호가 과거를 회상하는 형식으로 되어 있다. 청년이 된 준호는 청소년기의 어느 날 얼떨결에 시작하게 된 통과제의와 같았던 여행을 회상하면서, 여행 과정에서의 서로에 대한 위안, 그리고 고래를 찾게 됨으로써 경험했던 자연과의 교감을 말한다.

정아는 다시 만나지 못했다. 하지만 그녀와 연관된 것은 대부분 잊지 않았다. 때로 그립고 때로 궁금하다. 어떤 비밀을 찾아냈는지. 열다섯의 어느 여름날, 우리에게 찾아들었던 미열같은 감정을 기억하고 있는지. 아니, 나를 기억하는지.

아버지의 소식도 알지 못한다. 어머니가 알고 있는 건 두 가지 뿐이었다. 교사 시절, 아버지가 재야 운동권 사람들과 교류했다는 것. 그해 5월 아버지가 간 곳이 광주라는 것. 그걸 토대로 수소문을 해봤지만 끝내 행적을 찾을 수 없었다.(중략)

어머니의 인생이 행복했는지는 의문이다. 살아 계시는 동안 아등바등 돈만 벌었으니까. 사진작가는 작품전이다, 사업이다 하며 닥치는 대로 썼다. 그리하여 돌아가실 즈음엔 빚만 남았다. 사진작가는 장례가 끝난 직후 종적을 감춰 버렸다. 내게는 성이 다른 열 살짜리 여자 아이가 남았다.(384-385)

위의 예문에서 알 수 있듯이, 청년이 된 준호는 여행이 끝난 후에 다시는 정아를 만나지는 못했지만, 정아가 열다섯의 어느 여름날 미열 같았던 감정을 기억하기 바란다. 아울러 정아가 그의 인생에서의 비밀을 잘 찾았기를 바란다. 이러한 바람 속에 준호는 통과제의와 같았던 험난했던 여행이 자신의 성숙을 위한 계기가 되었음을 깨닫는다. 특히 정아, 할아버지, 승주 등과의 교감을 통한 유대감 형성과 고래를 보았던 경험이 자신의 소설 쓰기의 자양분이 되고 있음을 깨닫는다.

이상에서 살펴보았듯이, 정유정의 《내 인생의 스프링캠프》는 열다섯 살 청소년들이 얼떨결에 같이 하게 된 험난했던 여행 과정을 통해 정신적으로 성숙하게 되는 과정을 그리고 있다. 또한 각자의 마음속에 간직했던 상처를 서로에게 보이면서 소통하고, 그러한 과정에서 서로에게 위안이 되고 유대감을 형성했던 과정을 보여준다. 이를 통해 이 소설은 청소년들이 어른들의 세계에 진입하기 위해서는 통과제의적 시련을 견뎌내야 하며, 그러한 시련을 이겨내는 과정에서 타자의 존재가 자신에게 위안을 줌을 인식하는 것을 보여준다. 또한 타자의 위안이 주체의 성장에 토대가 되며, 그러한 타자에 대한 인식을 통해 주체가 정체성을 새롭게 형성하여 자아의 성숙을 도모하는 것을 보여준다.

[3]

원형적 공간과 시간으로부터의 분리를 통한
성장과 정체성 형성

1) '위저드 베이커리'에서의 환상적 경험을 통한 성장의 계기 마련

환상은 가시적인 세계인 현실 세계 너머에 존재하는 불가시적인 세계의 언표(言表)로서 현실과의 연관성을 전제로 한다. 환상(the fantastic)은 라틴어 '판타스티쿠스(phantasticus)'에서 유래한 말로, 어원상 '나타나 보이게 하다', '착각을 주다', '기이한 현상이 드러나다' 등의 뜻을 내포하고 있다.(이재실, 1996:20) 그러기에 환상은 실재하지 않는 것을 마치 현실인 듯이 눈앞에 드러내 보이는 것, 말해질 수 없는 것을 말해질 수 있게 만든다.

불가능하고 설명할 수 없으며, 낯설고 비현실적인 환상은 역설적으로 현실의 실체와 의의에 대한 회의를 불러오고, 이를 통해 우리가 새로운 존재 영역으로 나아갈 수 있게 한다. 그리고 현실이 제약하는 인식 틀에서 벗어나 비현실을 인식하고, 이를 통해 가변적인 현실 인식과 다원적인 존재성에 대한 인식을 할 수 있게 한다. 아울러 은폐되어 있던 타자의 욕망을 발견하는 비현실로의 모험을 할 수 있게 한다. 그러기에 환상은 이성과 합리성에 근간을 두는 인식 체계를 전복시키기 위해 개인의 불확실한 체험을 통해 표현되지만, 그 체험은 사회화할 수 없고 증거할 수 없기 때문에 애매한 개인적 망설임으로 남는다. 따라서 환상은 존재 차원의 문제이기보다는 인식 차원의 문제가 된다고 할 수 있다.

환상과 문학 작품의 관계에 대한 연구는 환상을 하나의 장르로 보고자 하는 견해와, 문학의 본질 또는 창작 원리로 이해하고자 하는 견해로 나뉜다. 전자에 속하는 대표적인 사람이 구조주의자 츠베탕 토도로프이고 후자에 속하는 대표적인 사람이 톨킨, 캐서린 흄 등이다.

토도로프에 의하면, 환상이란 초자연적인 사건에 대해 독자나 작중인물이 갖는 지각의 애매성 또는 망설임으로 정의된다. 즉, "환상이란 자연의 법칙밖에 모르는 사람이 분명 초자연적인 양상을 가진 사건에 직면해서 체험하는 망설임이다."(토도로프, 1996:128) 초자연적인 줄연이 합리적으로 설명되면 괴기, 즉 설명된 초자연이 되고, 합리적인 것이 불가능한 경우는 경이, 즉 수용된 초자연이 된다. 그는 "환상 문학은 독자로 하여금 낯선 성격에 대해 머뭇거리고 주저하도록 한다."(토도로프, 1996:124)고 주장했는데, 이때의 주저함을 작중인물이 경험할 수도 있다. 여기에는 특정의 독서 방식, 예를 들면 시적(詩的)이거나 알레고리적 해석 태도를 거부하는 방식도 포함된다. 토도로프의 이러한 논지는 환상의 경계와 범주에 대한 미학적 토대가 되어 왔다.

이러한 망설임으로서의 환상은 현실적인 것과 상상적인 것 사이에서 규정되는데, 환상이 성립되기 위해서는 세 가지 조건이 충족되어야 한다. 첫째, 작품이 독자로 하여금 작중인물들의 세계를 살아있는 사람들의 세계로 간주하고 언급된 사건들을 자연적으로 이해해야 할지 아니면 초자연적으로 이해해야 할지를 망설이도록 만들어야 한다. 둘째, 이러한 망설임은 작중인물에 의해서도 경험될 수 있다. 동시에 그 망설임은 재현(표상)되며 작품의 주제들 가운데 하나가 된다. 소박한 독서의 경우, 현실의 독자는 자신을 작중인물과 동일시한다. 셋째, 독자는 텍스트와 관련하여 어떤 특정한 태도를 취해야 한다. 즉, 그는 '시적'인 해석과 알레고리적인 해석을 거부해야 한다. 이 세 가지 요구가 동등한 가치를 지니는 것은 아니다. 첫째와 셋째 조건은 환상문학의 장르 구성의 요건이 된다. 그러나 둘째 조건은 충족되지 않을 수도 있다. 그렇긴 하지만 대부분의 환상들은 이 세 가지 요구들을 충족시킨다.(토도로프, 1996:133)

불가시적인 세계의 언표로서 현실과 밀접한 관련성을 갖는 환상은 환상적 시간과 공간 속에서 형상화된다. 환상적인 공간은 통상 저승, 땅속, 베이커리의 오븐 속 등과 같은 장소로 드러나며, 이러한 장소에서 작중인물은 현실에서 벗어난 혹은 잠시 현실을 잊은 상태로 살아간다. 그러나 환상적 공간에 머물러 있다고 하더라도 작중인물은 '지금-여기'의 현실과 완전히 동떨어져서는 살 수 없기 때문에, 그는 항상 현실의 시간과 공간을 생각할 수밖에 없고 그것들의 규제를 받으며 살아간다. 그리고 작중인물이 점차 환상적 공간에서 벗어나 현실의 공간과 법칙을 받아들이고 나름대로 자기화하는 순간, 그는 성장하는 존재가 된다. 그러기에 작중인물이 성장한다는 것은 안온하고 평온한, 그렇지만 영원할 수는 없으며 언젠가는 벗어나야 하는 시간과 공간에서 벗어나는 것이다. 따라서 작중인물은 고통스럽고 다가가기 싫지만, 가야만 하는 현실의 공간을 유아기와는 다르게 받아들이면서 점차 환상적 공간에서 벗어나야 한다. 환상적 공간에서 벗어나야만 작중인물은 유아기적 삶이 아닌 청소년으로서 삶을 새롭게 개시(開示)하여 정체성을 모색할 수 있기 때문이다.

청소년소설에서 작중인물이 환상적 공간에서 점차 벗어나면서 자신의 삶을 유아기와는 다르게 인식하고, 그 과정에서 삶을 새롭게 성찰하는 성장하는 존재가 되는 모습은 구병모의 《위저드 베이커리》를 통해 확인할 수 있다. 구병모의 《위저드 베이커리》(2009, 창비)는 위저드 베이커리라는 환상적 공간에서 가출한 '나'가 성장하는 과정을 그리고 있다. 이 소설에서 '나'는 재혼한 아버지 때문에 초등학교 교사인 새엄마와 함께 살게 되었지만, 아버지의 아내로서의 역할에만 충실하고자 하는 새엄마 때문에 가출을 한다. 가출을 한 '나'는 마법사의 빵집인 위저드 베이커리에 머물면서 마법의 빵 만드는 것을 도우면서 점차 자신의 존재성을 깨닫고 성장하는 존재가 된다.

문을 열고 나왔다. 순간 이 보잘것없는 동네 빵집을 둘러싼 곳이 음울한 숲으로 느껴졌다. 그 숲에는 한 마법사가 살면서 매일같이 다른 재료로 과자를 만들어내며, 바람 한 점 불 때마다 나뭇잎들이 서로의 살을 비비며 숲 속의 냄새를 밖으로 내보내곤 했답니다-와 같은 말로 시작될 법한, 민담 속에 나오는 그런 숲.(중략)

……대체 누구에게 물어본다는 거지?

이대로 돌아가 집 현관문을 연다는 건, 그곳에 내 얘기를 들어줄 사람이 아무도 없음을 확인하는 일이었다. 그러기에 지금 이 난감한 가게에서 빵을 사갖고 나온 거잖아. 빵 한 입에 우유 한 모금 물고서, 건조하지도 눅눅하지도 않은 오늘분의 감정을 꼭꼭 씹어, 마음속 깊숙이 담아둔 밀폐 용기에 가두기 위해.(13)

위의 예문은 주인공이 새엄마 배 선생으로부터 인정받지 못하는 생활을 하다가 집을 나온 후 돌아갈 곳이 없음을 보여주고 있다. 주인공은 자신의 얘기를 들어줄 사람이 아무도 없는 집에서 철저한 외로움을 느끼다가 가출한 후 건조하지도 눅눅하지 않은 하루분의 감정을 빵을 씹는 것으로 해소하고 있다. 그러면서 그는 마법사의 빵집에 강한 인상을 받는다. 그가 본 마법사의 빵집은 민담 속에 등장하는 빵집이 아니라, 보잘것없는 모습으로 동네 한 가운데에 있었기 때문이다.

달리면서 생각한다. 갈 데가 없어. 피씨방 같은 데서 밤이라도 보내야 할 텐데, 너무 갑작스럽게 터진 일이어서 백 원짜리 동전 하나도 못 들고 나왔다. 말할 일이 없으니 쓸 일도 거의 없는 휴대전화는 책상 옆 가방 속에 둔 채로다. 그게 있었다 한들 사정이 달랐을까. 친구라고 부를 만한 누군가가 있기를 해, 나의 더듬거리는 말마디의 행간 속에서 아무것도 묻지 않고 두 팔 벌려줄 누군가가 나한테 있기를 하냐고. 마지막으로 소식을 들은 지 육 년쯤 되는 이모와 외할머니는 이제 연락처는 관두고 생사도 모른다. 나는 언제까지, 어디까지 달릴 수 있을까. 그런 공간적 한계를 깨달았을 때 떠오른 곳이 여기였다.(중략)

무슨 빵집이, 이런 길에서 한밤중에 빵 먹는 사람이 어디 있다고 24시간 영업을 해요?(19)

위의 예문에서 알 수 있듯이, 주인공은 새엄마로부터 쫓겨난 뒤 갈 데가 없음을 인식한다. 갑자기 쫓겨났기 때문에 주인공은 백 원짜리 동전 하나도 못 들고 나왔을 뿐만 아니라 휴대전화조차 들고 나오지 못했다. 주인공은 이모와 외할머니와 소식이 끊긴지 육 년이나 지났고, 그들의 생사조차 모른다. 집에서 쫓겨난 뒤 무작정 달리다가 주인공이 떠올린 곳이 위저드 베이커리였다.

주인공이 지금과 같은 상황에 처하게 된 것은 그의 엄마가 자살로 생을 마감했기 때문이다. 주인공의 엄마는 아버지의 불륜을 참지 못하고, 목매달아 자살을 했다. 엄마가 자살을 했을 때 주인공은 너무나 어렸기 때문에 엄마의 부재가 장차 어떤 의미로 다가올지를 알 수 없었다. 그저 모든 것이 두려울 뿐이었다.

삼 개월 뒤의 어느 날, 어린이집에서 돌아와 보니 엄마가 또 없었다. 대신 낯모르는 아저씨들이 서너 명 와서 우리 집 구석구석을 사진으로 찍어대고 있었다. 정신을 잃은 외할머니가 거실 구석에 뉘어져 있었고, 집 안에서는 원인을 알 수 없는 지린내가 진동했으며, 천장의 샹들리에에는 아빠의 허리띠가 동그란 고리 모양으로 묶인 채 흔들리고 있었다.

저게 왜 저기 걸려 있지?

알 수 없었다. 분명한 건 엄마가 사라졌으나 내 몸은 집에 있었기에 나는 어디까지나 안도하고 있었다는 사실이다. 엄마가 없었음에도 나의 현실 자체는 달라진 게 없다는 느낌. 엄마의 껍데기와 사는 거나, 엄마가 없는 거나 뭐가 다른데.(110-111)

위의 예문에서 알 수 있듯이, 아버지의 불륜을 참지 못하고 자살한 엄마를 본 주인공은 자신이 안게 된 상처를 처음에는 제대로 인식하지 못했다. 집에서 엄마가 사라졌음에도 주인공은 자신이 여전이 집에 있다는 것에 안도까지 했었기 때문이다. 그것은 엄마가 주인공에게 애정을 주지 않았기 때문이다. 그러기에 주인공은 엄마의 껍데기와 사는 것과 엄마 없이 사는 것이 다르지 않다고까지 생각했다. 그 후 주인공은 아버지가 재혼을 하자 새엄마인 배 선생의 여덟 살 난 딸 무희와 함께 살게 되었다. 그렇지만 어느 날 무희를 성추행한 것으로 오인 받고 배 선생으로부터 쫓겨나게 되었다.

주인공은 새엄마와 함께 살았던 과거를 회상하면서 한때는 아버지의 부인에 대한 예우로 자신이 어머니라고 불렀던 새엄마를 배 선생으로 지칭한다. 그러면서 배 선생과 함께 살았던 시절의 생활은 삶의 접점이 관절 빠진 뼈마디만큼이나 삐걱거리는 것이었음을 회상한다. 이러한 회상을 통해 주인공은 자신의 힘들었던 생활을 살펴주지 않았던 아버지에 대한 원망의 마음을 드러낸다.

주인공의 아버지는 가족 그 누구도 살갑게 돌아보는 법이 없는, 타고난 가부장적 인물이었다. 그러기에 주인공과 그의 아버지는 거의 대화를 나누지 않았다. 아버지는 배 선생의 적당한 사회적 지위 때문에 그녀와 재혼을 하면서 호화로운 재혼식을 올리지 않으려고 했으나, 혼인신고만 간략하게 하고 구차하게 살림부터 살기를 원치 않았던 배 선생 때문에 화려한 재혼식을 올렸다.

> 배 선생은 최초의 결혼 생활이 실패로 돌아간 뒤 그것을 새 남편에게서 보상받고 싶어 했으나, 아버지는 기대에 부응해주지 않았다. 그럴 만도 하지. 아버지는 단지 '남는 장사'를 위해 결혼한 거였으니까. 따로 사는 할머니를 챙겨 주고 살림을 도맡아주며 사회적 지위까지 괜찮은 여자를 얻기 위해 결혼 시장에 목돈을 지불했는걸.
> 그러나 그녀의 개인적 아픔을 이해한다고 해서 전처 아들인 내가 그 상처를 보듬어줄 의리나 책임 따위 없잖아? 더구나 그 전처가 어떻게 세상을 떠났는지 대강 아는 내가. 부탁이야, 아버지를 증오하지 않고 평범하게 살아가는 것만으로도 배터리가 모자라, 제발. 나는 언젠가 스스로를 감당할 수 있을 만큼 무언가를 두 손에 쥐게 되면, 그대로 떠나버릴 사람이야. 그때까지만 나를 참아주면 안 될까, 당신. 그냥 좀 무거운 공기가 옆에 있다고 생각해주면 안 될까. 당신이 필사적으로 그리고 싶었던 가족사진, 그것이 영원한 화석이 될 때까지, 거기서 나 좀 빼주면 안 될까.(33)

위의 예문에서 알 수 있듯이, 배 선생은 최초의 결혼 생활에서의 실패를 새 남편에게서 보상받고 싶어 했지만, 아버지는 그것을 보상해주지 않았다. 아버지가 배 선생과 재혼한 것은 살림을 도맡아 주며 사회적 지위까지 괜찮은 여자를 얻기 위한 것뿐이었기 때문이다. 그러기에 배 선생은 자신의 아픔을 전처의 아들인 주인공에게 얻고자 했으나, 주인공은 그것을 감당할 수 없었다. 그러기에 주인공과 배 선생은 물과 기름처럼 서로 융화할 수 없게 되었다. 이로 인해 집에서 배 선생은 사사건건 주인공을 배척하면서 그의 자리를 없애버렸다.

그러기에 주인공은 별다른 방어기제가 작동하지 않았음에도 배 선생을 소 닭 보듯 하게 되었고, 이것은 주인공에 대한 배 선생의 반감을 더욱 크게 하였다. 그러기에 주인공과 배 선생은 각자가 들이마실 공기의 부피를 침범하지 않는 가운데, 적당한 긴장감 속에서 살아갔다.

> 배 선생이 내게 사소한 장면들을 하나하나 얹어주어 무게감과 압박감을 키운 것 못지않게, 그녀 자신에게도 누적되는 고통들이 있었으리라는 짐작은 쉽게 갔다. 따로따로 떼어놓고 보면 아무것도 아닌 일들, 그러나 마치 원소들이 모여 분자를 이루는 것처럼.
> ……그렇지만 그게 내 탓은 아니잖아. 나는 단지 거기 존재했을 뿐인데.(35-36)

위의 예문에서 알 수 있듯이, 주인공은 배 선생과의 관계에서 일상의 사소한 것들로부터도 무게감과 압박감을 느끼며 살아왔다. 주인공은 자신이 '단지 거기 존재했을 뿐인데'집에서 배 선생으로부터 고통을 받으며 살아왔다. 그러기에 주인공은 집에서 철저히 좁아진 입지를 느끼게 되었는데, 주인공의 이런 생활을 아버지는 철저히 모른 채 한다. 배 선생이 자신의 아들을 벌레 보듯 한다는 것조차 모른다. 그렇지만 이런 생활마저도 무희를 주인공이 성추행한 것으로 배 선생한테 오인 받음으로써 불가능하게 되었다.

> 아니에요! 아냐! 내가 왜! ……이런 외침이, 항변이 목구멍 밖으로 터져 나왔는지 어땠는지 알 수 없었다. 바로 이어서 무수히 내 머리를 후려치는 주먹이, 손바닥이 감각과 인식을 방해했다.(중략) 아버지가 이쪽을 보고 있었다. 적어도 아버지의 부인을, 그렇게 할 수는 없었다. 주먹이 떨어지는 압력을 조금 덜기 위해서 까지는 아니지만 어쩌다 보니 그 자리에 무릎을 꿇고 엎드리게끔 되었다. 목덜미로, 등으로 슬리퍼 신은 발이 쏟아졌다.(중략)
> 아버지의 얼굴은 무희의 말을 딱히 믿는 것처럼 보이지는 않으나, 그렇다고 해서 나를 감쌀 만큼 자애와 이성에 가득 차 있지도 않았다. 전체적으로는 모호함으로 넘쳐 있었다.
> 나, 아닌 거 알죠? 내가 그럴 리 없다는 거 믿어줄 거지요? ……이것도 말이 되어 내 몸 밖으로 나왔는지, 머릿속에서만 맴돌았는지 알 수 없었다. 하여튼 분명한 것은 마침내 발길질을 거둔 배 선생이 격앙된 얼굴로 아버지 옆을 지나쳐 송수화기를 들었다는 것이다.
> "……여보세요? 거기 경찰서죠. 소년범을 신고하려고 하는데요."(53-54)

위의 예문에서 알 수 있듯이, 주인공은 배 선생에게 무희를 성추행한 파렴치한 인물로 오해받고 가차 없는 폭력을 당했다. 그런데 그런 주인공을 보면서 그의 아버지는 모호한 태도로 일관하면서 주인공을 변호하지 않는다. 그런 아버지에게 주인공은 자신의 무죄를 말로 표현하지 못한 채, 자신을 소년범으로 신고하려는 배 선생을 피해 거리로 뛰쳐나왔다. 주인공이 집을 뛰쳐나가기 직전에 그의 동생 무희와 눈이 살짝 마주쳤는데, 무희는 전혀 주인공을 변호하지 않았다. 고통스러운 순간을 벗어나고 싶은 마음에 순간적으로 곁에 있는 '아무나'인 주인공을 지목했을 뿐이라는 사실을 말하지도 않았다. 주인공이 집을 뛰쳐나가기 전에 그의 아버지는 주인공의 시선을 피하며 뒷짐만 지고 있었고, 무희의 눈은 왠지 조금은 죄책감을 느끼는 것처럼 보였다.

집에서 뛰쳐나온 주인공은 갈 데가 없어 위저드 베이커리에 있는 마법사의 오븐 속으로 몸을 숨기게 되었다. 주인공이 그곳에 들어가게 된 것은 선택의 여지가 없었기 때문이다.

그래도 그 솥을 보자 그전까지 그에 대해 가졌던 또라이 의혹은 씻은 듯이 사라졌다. 솔직히 이 상황을 어떻게 받아들여야 할지는 알 수 없었지만, 왠지 이것이 가장 자연스러운 해명 같았다. 내 앞에 어느 날 미지의 존재나 마법사가 실제로 나타난다면 – 생각해본 적 없었다. 그러나 당황하거나 볼을 꼬집어보기보다는 이상하리만치 편안하고 긍정적인 심정이 되었다. 절대신이나 영혼처럼 눈에 보이지 않는 것도 믿을 수 있는데, 하물며 이렇게 눈에 보이는 것임에야.(68)

위의 예문에서 알 수 있듯이, 주인공은 마법사의 오븐 속에서 이상하리만치 편안하고 긍정적인 심정으로 점차 안정을 얻는다. 그곳에서 주인공은 낮 동안 인간이었다가 해가 지면 새의 모습으로 돌아가는 파랑새와 함께 점장인 마법사의 일을 도우면서 생활하게 된다. 마법사는 평소에는 잠을 거의 자지 않다가 한 달에 단 하루, 보름 되는 날에는 스물네 시간 꼬박 죽은 듯이 잠을 잔다. 마법사는 물질계의 균형을 맞추기 위해 죽을 때까지 썩 개운치 않은 채로 수면 부족에 시달리면서 자기 목숨을 노리는 것들과 싸워야 한다. 그런 마법사를 보면서 주인공은 마법사란 참으로 고단한 삶이란 생각을 한다.

마법사는 눈으로 보이지 않는 우주의 모든 요소에 오감이 열려 있는 자. 양극성의 원리에 의해 하나의 힘은 그와 반대 극에 있는 다른 힘을 자석처럼 끌어당긴다는 거였다. 마법사는 그 자기장 안에서 생동하는 원소의 움직임까지 감지할 수 있다. 그리고 자기 자신도 우주를 구성하는 대원리에 종속된 한 개의 원소에 지나지 않음을 깨닫는다. 의지와 무관하게 누군가는 탄생하고 누군가는 흙으로 돌아가 분해되는 것처럼, 자신이 아무리 숙명을 거부해도 어느새 그것에 따라 움직이고 있음을.

　　무형의 의지라는 것이 자신의 삶의 자리를 결정할 수만 있다면. 그럼 나는 처음부터 이곳에 들어올 일이 없었을 터다. 늘 강조했듯이 나는 단지 거기 있었을 뿐인데. 단지 거기 있었을 따름인 내게, 배 선생은 왜.(120-121)

　위의 예문에서 알 수 있듯이, 우주를 구성하는 대원리는 우리 모두가 우주를 구성하는 한 개의 원소에 지나지 않는 것으로, 우리 자신이 아무리 숙명을 거부해도 어느새 그것에 따라 움직이고 있다는 것이다. 그러나 주인공은 우주를 구성하는 대원리를 아직 분명하게 이해하지 못한 가운데, 무희를 성추행했다는 파렴치한 오해를 뒤집어쓰고 집에서 쫓겨난 자신의 숙명을 받아들이지 못하고 있다. 그러기에 주인공은 "현실이란 그넷줄이나 위로 튀어 오르는 공과 같이 얼마나 건조하고 절망적인지. 언제나 눈에 보이는 곳까지밖에 오르지 못하며, 땅이 잡아당기는 힘을 뿌리치지 못하고 다시 내려오니까."(139)라고 인식하고 있다.

　　지금의 나는 마법사네 빵가게라는 안전한 결계 속에서 땅에 떨어지기를 도리질하고 있다. 이곳에 평생 머물 수 없고 언젠가는 내려와야 하는 걸 아는데. 내가 움직이지 않으면 아무것도 바뀌지 않는데. 알고는 있다. 내가 집으로 돌아가야 싸움의 끝을 볼 수 있고, 아버지 또는 배 선생과 삼자대면을 해야 할 것이며, 그동안 배 선생이 어떤 조치를 취했느냐에 따라 약간의 복잡한 조사를 받을지도 모른다는 걸. 그리고 이 가족이란 명분과 틀을 지키기 위해서 나는 영문도 모른 채 잘못을 빌어야 할 것임을. 그런데 배 선생이 그때까지 나에 대해 오해를 하고 있다면, 과연 나의 아버지와 결혼생활을 유지하려고는 할지 의문이었다.

　　그래도 이 모든 일에서 피해 갈 수는 없다는 것을.

　　현실은 쓴데 입속은 달다.(139-140)

　위의 예문에서 알 수 있듯이, 주인공은 마법사네 빵가게라는 환상적 공간에 머물면서 자신의 현실과 거리를 둔 채 머물러 있다. 그러나 주인공은 자신이 평생 마법사네 빵가게라는 환상적 공간에만 머물 수는 없고, 배 선생과의 싸움을 끝내기 위해서는 언젠가 다시 현실로 돌아가야 함을 인식한다. 그러면서 가족이란 명분과 틀을 지키기 위해서는 자신이 영문도 모른 채 잘못을 빌어야 한다고 생각한다. 이런 생각 속에 주인공은 현실을 쓰디 쓴 것으로 받아들인다.

눈을 떴다. 현실로 눈을 뜬 게 아니라 일종의 장면 전환과도 같이 시공이 넘어가 두 번째 꿈을 꾸고 있음을, 눈앞의 화목한 가족을 보고 알 수 있었다. 그 가족은 나라는 구성원이 빠짐으로써 비로소 행복해 보였다.

아버지와 배 선생과 무희가 한 식탁에 원을 그리며 앉아 있었다. 여느 가족과 조금도 다를 바 없는 단란한 저녁 식사 풍경이었다.

나는 내 몸을 내려다보았다. 현실의 나이와 일치하는 몸으로 돌아와 있었다. 그런데 식탁에 앉은 아버지와 배 선생은 조금씩 더 나이 들어 보였으며, 무희도 거의 내 나이만큼 훌쩍 자라 있었다. 무희는 어깨를 덮는 긴 생머리에 감색 교복 차림이었다. 어찌된 일인지 알 것 같았다. 그것은 내가 없어주기만 하면 행복하게 그려질 그들의 미래 구상도였다.

그걸 보는 순간 나는 꿈에서 깨어 현실로 돌아가더라도 몸은 영원히 돌아갈 곳이 없을지 모른다는 걸 깨달았다.(153)

위의 예문에서 주인공은 꿈을 통해 자신이 아버지, 배 선생, 무희에게로 돌아갈 수 없는 현실을 본다. 그의 꿈에서 그를 제외한 가족들은 모두 화목하고 단란한 모습 속에 있다. 그들의 그러한 모습을 보면서 주인공은 자신이 꿈에서 깨어 현실로 돌아가더라도 몸이 영원히 돌아갈 곳이 없음을 인식한다. 이러한 그의 인식은 그가 마법사네 오븐 속이라는 환상적 공간에 있지만, 늘 그가 있었던 현실을 벗어나지 못하고 있음을 보여준다. 그러기에 주인공은 "상처는 새로 돋는 살의 전제 조건."(157)이라는 생각을 하게 한다.

내가 돌아갈 곳은 일종의 화해와 미래의 바람직한 전망을 목적으로 한 곳이 아니다. 부딪칠 것은 오로지 오해로 인한 냉대 아니면 폭력. 그 시간을 무사히 견뎌낸다면, 그리고 내가 아무런 잘못도 없음이 밝혀지고 나면, 그다음에는 계획보다 좀 이르긴 하지만 아버지에게 부탁해야지. 세 분이 사시고 저 이 집에서 떠나도 되나요? 아버지는 귓등으로도 안 들을 테고, 배 선생은 지금 어디서 대놓고 시위하는 개수작이냐고 소리를 지를 테지. 여보, 애 말하는 거 들었지? 당신 아들이 처음부터 나와 무희를 옆집 강아지만도 못하게 봤다는 거 알겠지? 당신부터가 내 아들, 네 엄마, 하고 싸고돌았으니 그런 거 아냐? 그렇게 말함으로써, 처음부터 당신을 인정하지 않고 마음을 닫아건 게 내 쪽이며 가정을 무너뜨린 주범이 나라는 걸 효과적으로 드러낼 테지.(201-202)

위의 예문에서 알 수 있듯이, 주인공은 자신이 돌아갈 현실이 화해와 미래에의 바람직한 전망을 목적으로 하지 않는 곳임을 인식하고 있다. 그가 부딪칠 현실은 오로지 오해로 인한 냉대 아니면 폭력만 있는 곳으로 인식된다. 그러기에 그는 자신을 제외한 세 사람이 집에서 화목하게 살고 사신은 집을 떠나는 것이 현실을 해결하는 방안이라고 생각한다.

> ……무엇보다도 사람의 감정은 어째서, 뜨거운 물에 닿은 소금처럼 녹아 사라질 수 없는 걸까. 때로 어떤 사람들에게는 참치 통조림만도 못한 주제에.
> 그러다 문득 소금이란 다만 녹을 뿐 사라지지는 않는다는 걸 깨닫는다. 어떤 강제와 분리가 없다면 언제고 언제까지고 그 안에서.(185)

위의 예문에서 알 수 있듯이, 주인공은 사람의 감정이란 사라질 수 없는 것임을 깨달으면서, 자신과 배 선생의 관계는 좋아질 수 없는 것임을 인식한다. 이런 인식 속에 그는 어찌되었던 마냥 현실을 떠나 환상적 공간에만 있을 수는 없다는 생각을 한다. 환상적 공간에서조차도 그가 마법사와 파랑새의 짐이 되었다고 생각하기 때문이다.

주인공은 현실에 나가지도 못하고 마법사의 오븐 속에만 있는 자신이 마법사나 파랑새의 짐이 되고 있다는 생각 속에 어찌되었던 현실로 나가야 한다는 생각을 한다. 그러면서 그는 자신이 최소한 자기 역할을 할 수 있는 존재였더라면 지금 느끼는 절망이나 무력감은 없었을 것이란 생각을 한다. 그런 가운데 주인공은 마법사가 만들어준 타임 리와인더라는 마법의 빵을 받는다.

> 다시 한 발짝씩 떼어놓기 시작했다. 그는 아무런 조건 없이 이걸 내게 주었다. 아마도 그가 다룰 수 있는 마법 가운데 최선의 힘이 여기 들어 있을 터다. 그는 허락한 것이다. 존재하는 모든 생명이 책임을 나누어서 진다고, 시간을 얼마든지 원하는 대로 감아도 좋다고.
> 잊고 있었던 사실을 되새기고는 일단 걷는다. 되돌릴 수 있는 시간은 명확해졌다. 인연은 어떻게든 바꿀 수 있으나 운명을 돌이킬 수 없다고 그랬다. 엄마를 살아오게 할 수는 없다. 그러면 자연스럽게 선택할 수 있는 시점은 배 선생을 만나기 이전이다. 그것이 살아 있는 모든 것들에 대해 지나치게 부담을 주는 시간 되감기라면, 최소한 배 선생과 미묘하게 사이가 틀어지기 전의 시점. 그것조차 무겁다면, 그러면 언제로? 무희에게 그런 일이 일어나기 전의 시간으로? 그런데 무희가 대체 언제부터 그런 일을 당했는지 내가 정확히 아나? 게다가 운이 좋아 그때로 되돌린들, 나의 선택 사항과 완전히 무관한 길을 걷게 될 무희가 또다시 같은 일을 겪

지 않으리라는 보장이 있나?(211-212)

위의 예문에서 알 수 있듯이, 주인공은 마법사로부터 시간을 되돌릴 수 있는 타임 리와인더란 마법의 빵을 받는다. 마법의 빵을 들고 주인공은 드디어 환상적 공간인 마법사의 오븐에서 나와 세상으로 향한다. 세상으로 향하면서 그는 배 선생을 만나기 이전 혹은 배 선생과 미묘하게 사이가 틀어지기 전의 평안했던 과거의 시간으로 돌아가고자 한다. 그것이 안 되면 무희가 성추행을 당하기 전으로 돌아가고자 한다. 주인공의 이런 희망은 그가 받아들여야 할 현실이 녹록치 않은 것이지만 배 선생에 대해서도 조금은 이해할 수 있는 가능성을 준다.

> 아무도 탓할 것은 없다. 처음부터도 서로 잘해보자거나 친해지자는 노력 대신 우리는 각자 택했던 것이다. 배 선생은 통제와 압력 또는 권력에의 욕망을, 나는 나대로 거기에 전혀 감응하지 않는 냉소와 무관심을. 배 선생의 일련의 태도들은 약간 왜곡되긴 했으나 그것도 나름대로 '내 엄마가 되고 싶어 하는'(엄마의 요건 가운데 지배력 행사에만 집착한?) 몸부림의 일종이었을 터다. 내가 아버지에 대한 한 점의 분노도 없이, 가족의 기원과 속성에 순종하며 그녀의 욕망 아래로 미끄러져 들어가 주었더라면 모든 일이 지금과는 달라졌을까.(213)

위의 예문에서 알 수 있듯이, 주인공은 자신과 배 선생의 틀어진 관계에 대해 아무도 탓할 것은 없다고 생각한다. 배 선생이 통제와 압력을 행사했지만, 자신도 거기에 전혀 감응하지 않는 냉소와 무관심을 보임으로써 관계가 틀어지는 데 일조했기 때문이다. 그러기에 주인공은 배 선생이 엄마의 요건 가운데 지배력 행사에만 집착한 몸부림을 쳤음을 이해하게 된다. 그러나 주인공의 이러한 이해는 오래가지 못한다. 그것은 그가 집에 돌아왔을 때 무희를 성추행하고 있는 아버지를 보게 됨으로써, 그의 가정은 완전히 무너지고 말았기 때문이다.

주인공은 처음에 무희를 성추행하고 있는 아버지를 보면서 경악스러움을 금치 못한다. 그러면서 오욕칠정과 백팔번뇌를 한 그릇에 쑤셔 넣은 듯한 아버지의 표정을 본다. 그런 아버지의 표정을 보면서 주인공은 꿈속에서조차 자신의 봉변에 무표정하거나 무관심했던 아버지의 얼굴을 상기한다. 아버지가 무희를 성추행했다는 사실을 안 배 선생은 아버지의 멱살을 잡고 흔들다가 이 모든 상황이 주인공 때문에 일어난 일이라고 한다. 그러면서 배 선생은 집으로 돌아온 주인공에게 돌아가라고 소리친다.

"네놈이…… 다 네놈 때문에!"

그러니까 왜 그게 다 나 때문이냐고. 배 선생이 나한테로 몸을 던지는 것이 슬로모션으로 비쳤다. 거의 동시에 나는 무릎을 굽혀 바닥에 떨어진 타임 리와인더를 줍고 있었다. 이제 입에 넣어야 한다. 부수어야 한다. 잠깐, 언제로 돌려? 몇 년도로? 우리가 처음 만난 게 언제였더라? 아 씨발! 이 모든 생각이 0.1초 사이에 머릿속을 뒤흔들며, 어느새 나도 모르게 절규하고 있었다.

"돌아가! 돌아가! 돌아가! 돌아가! 돌아가!"(218)

위의 예문에서 알 수 있듯이, 배 선생은 남편이 무희를 성추행하게 된 것이 모두 주인공 때문이라고 하면서 주인공에게 돌아가라고 소리친다. 그 와중에 주인공이 들고 있던 타임 리와인더가 깨짐으로써 주인공은 배 선생과 관계를 회복할 수 있는 기회를 영영 상실하고 만다. 또한 주인공의 아버지와 배 선생의 관계도 완전히 끝나고 만다. 그 후 주인공의 아버지는 회사에서 면직된 채 징역 2년에 집행유예 3년을 선고받았으며, 변호사 비용과 배 선생에 대한 위자료를 물어주느라 집이 망하고 말았다 .이 때문에 주인공은 아파트를 비워줘야 했고, 재개발의 광풍에서 가장 멀리 떨어져 있는 지역의 다세대 주택 1층 방을 얻어 살게 되었다.

이러한 과정은 위저드 베이커리라는 환상적 공간에서의 위안을 통해 현실로 돌아갈 힘을 얻었던 주인공이 뜻하지 않게 아버지의 잘못을 목격하고, 그 과정에서 배 선생이 떠나게 되자 그로부터 상처 받기 이전의 상태로 돌아가 현실에 정착할 수 있는 토대가 되었다. 이 때문에 주인공은 현실에서 마법이 모두 풀린 듯한 느낌을 갖게 된다.

그로써 나는 내 곁에 있었거나 내게 걸려 있던 마법이 모두 풀린 듯한 느낌이 들었다. 사실 타임 리와인더가 부서졌을 때부터, 아니 그들이 떠났을 때부터 마법은 모두 사라져 버렸는데도.

상황이 최악의 정점까지 치닫고 나서 이틀 뒤, 위저드 베이커리에 가보았더랬다. 빠르기도 하지. 가게는 비워져 있었고 유리문은 열린 채로 휑뎅그렁한 내부를 고스란히 드러냈으며, 간판도 떼어져 있었다. 쇼윈도에는 견고딕체로 '내부 수리 중'이라고 쓰인 A4 용지가 붙어 있었다. 두 명의 일꾼이 가게 안팎을 드나들며 벽과 바닥을 떼려 부수고 있었다.

결국 내게 남은 것은 그들에 대한 기억과, 그가 준 물건 두 가지. 이제는 아무 데도 쓸 수 없는 그저 머랭 쿠키 조각밖에 안 되는 것과, 나를 닮은 부두인형.(240)

위의 예문에서 알 수 있듯이, 주인공은 타임 리와인더가 깨지고, 배 선생과 무희가 떠나간 뒤에 마법에 풀린 듯이 다시 현실에 적응할 수 있게 되었다. 또한 새로운 현실에 적응하면서 그가 한때 머물렀던 위저드 베이커리에 다시 가보았지만 그곳은 흔적조차 없이 사라지고 없었다. 그러나 주인공은 그가 한때 머물렀던 환상적 공간과 삶에 대한 기억을 안고 현실을 살아간다. 그러기에 주인공은 배 선생이 떠나간 뒤로 3년이 지나자 주술이 풀린 듯, 말을 더듬지 않고 조금씩 할 수 있게 되었다. 또한 타임 리와인더를 쓰지 못하게 한 불의의 사고가 지금의 자신을 만들었다는 걸 알기에, 앞으로의 현실을 견딜 수 있을 것 같은 자신감을 갖는다. 아울러 "누군가가 씹다 뱉어버린 껌 같은 삶이라도 나는 그걸 견디어 그 속에 얼마 남지 않은 단물까지 집요하게 뽑을 것이다."(242)고 다짐한다. 이러한 다짐 속에 주인공은 자신이 한때 머물렀던 환상적 공간인 마법사의 빵집과 이별을 하면서 진정으로 성장하는 존재가 되어간다. 물론 환상적 공간에 대한 그리움을 간직하면서 말이다.

> 세월이 흘러도 나이를 먹지 않는 그들이, 지금의 나를 보면 뭐라고 할지를 생각한다.
> 머릿속에서 이성의 목소리가 내게 말을 건넨다. 추억은 그대로 상자 속에 박제된 채 남겨두는 편이 좋아. 그 상자는 곰팡이나 먼지와 함께, 습기를 가득 머금고서 뚜껑도 열지 않은 채 언젠가는 버려져야만 하지. 환상은 환상으로 끝났을 때 가치 있는 법이야. 한때의 상처를 의탁했던 장소를 굳이 되짚어가는 건 앞으로 나아가는 데에 도움이 되지 않아. 아직도 어린 시절의 마법 따위를 믿는 녀석은 어른이 될 수 없다고.
> 그러나 나는 그 목소리를 무시하고 더욱 빨리 달린다. 추억이라니. 환상이라니. 그 모든 것은 내게 있어서는 줄곧 현재였으며 현실이었다. 마법이라는 건 또한 언제나 선택의 문제였을 뿐 꿈속의 망중한이 아니었다.
> 위저드 베이커리의 간판이 멀리서부터 보였다. 이렇게 달리니 꼭 언젠가 그날 같아서 웃음이 난다. 그러나 그때는 나를 붙드는 현실에서 격렬히 도망치다가 그곳에 다다랐을 뿐이다.
> 지금은 나의 과거와, 현재와, 어쩌면 올 수도 있는 미래를 향해 달린다.(248)

위의 예문에서 알 수 있듯이, 주인공은 환상이 환상으로 끝났을 때 가치가 있다는 것을 인식하면서, 한때의 상처를 의탁했던 장소를 굳이 되짚어가는 것은 앞으로의 삶에 도움이 되지 않음을 깨닫는다. 아울러 주인공은 그가 가지고 있는 추억이나 환상은 자신의 현실과 분리되지 않은 현실이었음을 깨닫고, 자신의 과거와 현재, 그리고 다가올 미래를 향해 달려간다. 그리고 주인공은 그가 한때나마 머물렀던 환상적 공간이 그의 현재를 있게 한 힘이었으며, 그러한 힘에 의해 그가 현실을 당당하게 살아갈 수 있음을 알게 된다. 주인공의 이러한 모습은 환상적 공간에서의 떠남을 통해 그가 성장하는 존재가 되었음을 드러낸다.

2) 동굴에서의 통과제의적 수련의 경험과 성장의 계기 마련

박지리의 《합★체》(2013, 사계절출판사)는 고등학생인 쌍둥이 형제가 동굴에 머물면서 수련하는 과정을 통해 정신적·신체적으로 성장하는 과정을 보여준다. 쌍둥이 형제가 계도사의 안내에 따라 계룡산에 있는 형제동굴에서 24일간 수련을 하면서 성장하는 과정은, 일정 기간 동안 동굴에서 마늘과 쑥만 먹어야 했던 단군신화 속의 곰과 호랑이의 통과제의적 경험을 연상시킨다.

이 소설의 두 주인공 쌍둥이 형제 오합과 오체는 난쟁이 아버지를 둔 탓에 키가 매우 작다. 그들은 매우 작은 키 때문에 친구들로부터 난쟁이라는 놀림을 받을 뿐만 아니라 농구 수업에서 공을 잡아보지도 못하고 체육선생님으로부터 무시를 당한다. 둘은 외모는 닮았으나 성격과 성적은 정반대다. 오합은 수학여행 중에도 공부를 할 정도로 공부를 열심히 하고 성적도 좋지만, 체력은 좋지 않고 내성적인 성격을 갖고 있다. 반면에 오체는 체력은 좋지만 공부에 별 관심이 없고 다혈질에 외향적인 성격을 갖고 있다. 오체는 오합을 형으로 대우하지 않으면서 자신과 이름이 비슷한 혁명가 '체 게바라'를 마음 속 형님으로 모신다.

소설의 서사는 오체가 마을 뒷산에 있는 북쪽 약수터에서, 백발에 흰 도복, 흰 고무신을 신은 한 노인을 만나는 데서 본격적으로 시작된다. 신체검사를 앞두고 조금이라고 키를 키워보고자 인적이 드문 약수터에서 농구를 하던 오체는 뱀에 물린 약수터 노인을 구해준다. 노인은 스스로를 계룡산에서 도를 닦은 '계도사'라고 칭하고는 오체가 고등학생이고 얼굴이 같은 쌍둥이가 있다는 사실과 키가 작아 고민이라는 것을 금방 알아맞힌다. 이 때문에 오체는 계도사에게 점차 끌리면서, 그가 안내한 대로 계룡산 형제동굴에 들어가 수련을 하기로 결심한다.

> "아 세상 만물이 다 같으면 그건 공장에서 찍어 낸 복제품 아니겠느냐. 긴 놈이 있으면 짧은 놈이 있고, 점 난 놈이 있으면 안 난 놈이 있고, 대머리가 있으면 장발이 있고, 그게 이 우주의 순리 아니냐."
>
> 체는 입도 뻥긋하지 않은 자기 속마음을 습자지 댄 듯 꿰뚫어 보는 노인에게 내심 놀랐지만 놀라움은 곧 불만으로 바뀌었다.
>
> 그 우주의 순리란 놈은 도대체 나한테 무슨 원한이 있어서 하필이면 나를 짧은 놈으로 만들어 놨느냐고요. 세상천지 긴 놈도 쎄고 쎘는데.(34)

위에서 알 수 있듯이, 오체는 작은 키에 대해 엄청난 불만을 갖고 있다. 그는 난쟁이였던 아버지의 유전자를 물려받아 키가 작아서 세상살이가 고단함을 느낀다. 이 때문에 오체는 라이벌 구병진이 자신을 난쏘공이라고 놀려대자 싸움을 벌이고, 그 뒤 학교를 뛰쳐나와 방학식 날에도 학교에 가지 않고 약수터로 향한다. 굳이 큰 키를 원하지도 않지만 남들처럼 평범한 키를 가졌으면 좋겠다는 체의 소원을 들은 계도사는 체에게 오합과 함께 계룡산 형제동굴에 가서 33일 동안 수련을 하라고 말한다. 또한 앞으로 하게 될 일의 모든 결정은 스스로 하는 것임을 명심하라고 말한다.

오체는 계도사의 말에 따라 평소와 다르게 오합을 형이라 부르며 애원한 끝에, 둘은 어머니께 편지 한 통을 남기고 계룡산 형제동굴로 수련을 떠난다. 그들이 떠나는 수련은 일종의 통과제의적 입사의식으로 개인적인 목적에 의한 자발적 결정에 따른 것이기는 하지만, 일상에서 벗어나 동굴에 머물면서 기존과는 다른 삶을 지향한다는 점에서 단군신화에 등장하는 곰과 호랑이를 연상시킨다. 단군신화에서 웅녀가 되는 곰은 동굴에 들어가 21일 동안 인간이 되기 위한 수련의 과정 즉 통과제의의 과정을 거쳤는데, 체와 합도 키가 크기 위해 계룡산 형제동굴에 들어가 통과제의의 과정을 거치기로 했기 때문이다.

체와 합이 들어간 계룡산은 샘, 온갖 나무와 열매, 동굴과 폭포, 푸른 하늘과 수많은 별이 있는 아름다운 곳이다. 아름다운 계룡산에서 체와 합은 스스로가 선택한 수련을 통해 키가 크기 위한 통과제의 과정을 거치면서 서로를, 그리고 키가 작았던 아버지를 이해하게 된다.

> 합이 체를 향해 고개를 돌리며 물었다.
> "너 아버지가 창피했냐?"
> "……."
> 합이 들고 있던 이파리를 빙글빙글 돌리며 말했다.
> "너 모르지, 그때 아버지 얼굴이 어땠는지. 나는 아버지가 그런 얼굴 한 거 처음……."
> 체가 합의 말을 자르며 입을 열었다.
> "아버지가 창피한 게 아니라……."
> "아니라?"
> "아버지 그때 무슨 우산 쓰고 왔는지 기억나냐? 우리가 유치원 때 썼던 개구리 우산 쓰고 왔잖아. 안 그래도 작은데 개구리 우산까지 쓰니깐 어른이 아니라 진짜 애 같았단 말이야. 아버지게 창피했던 게 아니라 그냥 그 우산이 싫어서……."(175)

위의 예문에서 알 수 있듯이, 합과 체는 자신들이 유치원 때 아버지가 쓰고 왔던 개구리 우산을 기억한다. 그러면서 그런 우산을 쓰고 왔던 아버지가 진짜 애 같았지만, 아버지가 창피하지는 않았음을 말한다. 그러나 그들에게 키가 작은 것은 콤플렉스이기 때문에, 도사가 알려준 동굴에서의 수련을 통해 새로운 존재가 되고자 한다. 더군다나 그들이 수련을 하게 된 형제동굴은 부활과 재생의 장소이다. 형제동굴은 "마치 하늘에서 내린 두레박을 받기 위해 지반이 쑥 내려앉은 것처럼 주변 산지보다 몇 척은 낮은 곳이었다. 주위가 온통 나무로 가려져 밖에서는 영락없이 산등성이로 보이지만 그 나무를 헤치고 들어가면 가마솥 같은 구덩이가 있고 그 한가운데로 조그만 샘이 흐르고 있"(118)다. 또한 첫눈에 봐도 계룡산의 온 정기가 뭉쳐 있는 곳이다. 이처럼 부활과 재생의 장소인 형제동굴에서 오체와 오합은 계도사로부터 전해들은 비기를 실천한다. 그 비기란 하루 네 번 수련을 하는 것인데, 첫 번째는 아침 여섯 시에 단전호흡 천 번, 두 번째는 정오에 뜀뛰기 천 번, 세 번째는 오후 여섯 시에 물구나무서서 걷기 번갈아 천 번, 네 번째는 저녁 9-11시 사이에 잠을 자는 것이다. 이러한 실천 내용들은 엄청난 비기라기보다는 생체 리듬에 따라 생활하는 평범한 것들이다.

이러한 실천을 통해 체와 합은 자연의 일부가 되어 자연의 시간에 따라 생활하는 조화로운 일상을 경험하면서, 그동안 길들여졌던 인위적인 생체 리듬에서 점차 벗어난다. 이로 인해 둘은 '합체'라는 말을 제일 싫어할 정도로 앙숙이었던 관계에서 벗어나 서로가 또 다른 자신의 모습임을 인정하게 된다. 그러면서 그들은 각자 키가 크면 제일 먼저 하고 싶은 일을 생각한다. 키가 크면 체가 가장 먼저 하고 싶은 일은 키가 좀 크다고 거들먹거리는 사람들을 비웃어 주는 것이다.

> 체는 오래전부터 가슴속에 만들어 두었던 리스트를 활짝 펼쳤다. 키 크면 할 일들. 조회 시간에 맨 뒷줄에 서 보기, 교실 맨 뒷자리에 앉기, (중략) 그러나 무엇보다도 가장 먼저 해야 할 일은 구병진 밟아 주기였다. 키가 커져서 나가면 다시는 난쟁이니, 난쏘공이니 하는 헛소리를 못하게 구병진을 마구 밟아 줄 생각이었다. 키 좀 크다고 세상에서 제일 잘난 것처럼 거들먹거리는 목을 닭 모가지 꺾듯 확 비틀어 버리고 싶었다.(172)

위에서 알 수 있듯이, 체는 형제동굴에서 수련을 한 후 키가 크면 그동안 작은 키 때문에 당했던 수모들을 되갚아주고 싶은 소망을 갖고 있다. 이런 체와는 달리 합은 키가 크는 것도 중요하지만 자신만의 생존 수단으로서 공부를 더 잘해야겠다는 생각을 한다. 합은 세상에 공부만큼 정직한 것은 없다는 생각 속에 공부를 자신의 생존 수단으로 생각한다. 그러면서 체에게 각자의 생존 수단 한 가지씩은 만들어야 한다고 말한다. 그렇지 않으면 이 세상에게 잡아먹힐 것이기 때문이다.

계룡산 형제동굴에서 수련을 한지 21일이 지났는데도 키가 크지 않자 둘은 충실하게 따르던 수련에 대한 의구심을 갖게 된다. 이로 인해 예민해진 둘은 사소한 일에도 부딪힌다. 꼭 자라야 하는 키만은 전혀 변화의 기미가 보이지 않았기 때문이다. 서울을 떠나올 때 입었던 짧은 바지가 여전히 맞았고 동굴 입구의 높이도 처음과 똑같았다. 그러기에 체는 고개를 푹 꺾은 채 자신이 하고 있는 수련에 의구심을 갖게 된 것이다.

체와 합은 수련을 함에도 키가 크지 않자 계도사를 의심하면서 좌절하다가 다시 희망을 품는 것을 반복하면서 형제동굴에서 하루하루를 보낸다. 그러다가 수련 24일째 되던 날 동굴 안에서 바깥세상의 소식을 들을 수 있는 유일한 수단인 휴대용 라디오를 통해 들은 사연 때문에 수련을 그만두게 된다. 사연의 내용은 이렇다. 계룡산에 전해지는 전설에 의하면 용 두 마리가 승천한다는 날처럼 안개가 몹시 짙은 그날, 구로동 궁동에 사는 어떤 순경이 라디오에 사연을 보냈다. 사연의 내용은 "어떤 아주머니가 계도사라는 노인에게 돈을 뺏길 뻔하고 성추행까지 당했다는 신고를 받고 그 노인을 지구대로 데려와서, 가족을 수소문해서 이야기를 들어 보니 그 노인은 치매에 걸린 노인이었다."는 것이었다. 이 사연을 듣고 체는 짐승 같은 울부짖음을 내뱉으면서 형제동굴에서의 수련생활을 끝낸다.

형제동굴에서의 수련생활을 끝내고 집으로 돌아온 둘은 엄마에게 엄청 혼이 나지만, 계룡산에서 무슨 일을 했는지에 대해서는 일절 함구한다. 집에 돌아온 체와 합은 개학 후에 예전처럼 다시 학교에 다니게 되었는데, 합은 새벽에 일찍 일어나 계룡산에서처럼 약수터 근처에서 수련을 계속한다. 그러자 체도 합의 수련에 동참하면서 점차 서로를 이해하게 된다.

그 후 체와 합은 일상생활 가운데 동굴에서처럼 매일 네 시에 라디오를 듣는데 양천구에 사는 어떤 사람이 보낸 사연 때문에 다시 놀라게 된다. 양천구에서 사연을 보낸 사람도 그들처럼 계도사의 안내로 계룡산에서 수련생활을 했으며, 수련생활 후 새로운 삶을 살게 되었다고 했기 때문이다. 양천구에 사는 사람이 보낸 사연은 '자신이 고등학교 시절 수능시험 날 너무 답답하여 1교시 시험만 치른 후 자살을 하기 위해 나무에 목을 매었으나, 계도사의 도움으로 목숨을 건진 후 계룡산 시간동굴이라는 곳에서 33일간 수련을 하고 나서 새로운 삶을 찾게 되었다.'는 것이었다.

양천구에 사는 사람의 사연을 들으면서 체와 합은 자신들의 수련도 그들의 키를 크게 했고, 삶에 대한 새로운 인식을 가져왔음을 알게 된다. 그래서 그들은 세상 사람들이 계도사를 치매 노인이라고 생각하더라도, 자신들에게는 진정한 도사라고 생각한다. 계도사의 말처럼 체와 합은 춘추 교복이 칠푼 바지가 되도록 정말로 키가 컸고, 말랐던 북쪽 약수터에서는 다시 물이 나왔기 때문이다.

이 소실에서 합과 체에게 인생의 가르침을 준 사람은 계도사와 아버지이다. 계도사는 합과 체에게 자연의 생체 리듬을 회복시켜서, 그들의 키가 크게 했을 뿐만 아니라 진정한 삶의 의미를 일깨워주었기 때문이다. 마찬가지로 난쟁이였던 아버지도 합과 체에게 인생의 의미를 일깨워주었다. 자기가 백설공주였다면 한 번밖에 안 본 왕자님보다 자기를 보살펴 준 난쟁이 중 한 명과 결혼했을 거라 주장하는 합과 체의 어머니는 아버지를 연예인이라고 부른다. 그러나 합과 체의 아버지는 연예인이기보다는 공으로 공연을 하는 난쟁이 쇼쟁이다. 아버지는 난쟁이라는 이유 때문에 많은 사람들로부터 놀림을 당하지만, 합과 체에게는 인생의 의미를 일깨워주는 존재이다.

> "합, 체, 니들은 아버지가 가지고 노는 이런 공 말고, 너희들의 공을 찾아야 해. 너희만의 진짜 공."(40)

자신들만의 진짜 공을 찾으라는 아버지의 말은 각자의 삶에 맞는 생계 수단을 찾으라는 의미이다. 그것이 합에게는 공부일 것이고, 체에게는 운동일 것이다. 인생의 의미를 일깨워주었던 아버지로 인해 합과 체는 상상계적 동일시와 편안함의 상태에서 벗어나 상징계의 질서로 유연하게 들어갈 수 있었고, 형제동굴에서의 수련과정을 통해 삶의 이치를 깨닫게 된 것이다.

난쟁이였던 아버지는 코끼리와 합동 공연을 마친 후 코끼리를 운송하는 트럭에 치여 어이없는 죽음을 당한다. 이 때문에 합과 체는 사춘기 시절, 즉 결정적 성장의 시기에 아버지의 부재를 경험한다. 그렇지만 아버지의 부재에도 불구하고 합과 체는 계도사의 도움으로 자연의 리듬과 이치를 깨닫고 점차 서로를, 그리고 아버지를 이해하는 존재로 성장해 간다.

> "그래, 그래서 쇠공이나 유리공 같은 건 아무리 강하고 예뻐도 절대 좋은 공이 될 수 없는 거지. 개네들은 쏘기도 어렵지만 일단 쏴도 다시 튀어 오르지 않고 땅에 박히거나 깨져 버리니까. 벽에 부딪혀도 거기서 더 힘을 얻어 다시 힘차게 튀어 오를 수 있는 힘인 탄력도, 이게 좋은 공이 가져야 할 조건 중에서 가장 중요한 거란다. 합, 체, 아버지 말이 이해가 가느냐?"(42)

위에서 알 수 있듯이, 아버지가 말한 공 같은 사람은 그 본성과 분수에 맞게 원만한 삶을 사는 사람, 다시 말하면 자연의 리듬과 생체 조건에 따라 올바른 가치관과 태도를 지닌 채 순리대로 살아가는 사람이다. 물론 그 과정에는 벽에 부딪히면 다시 튀어 오르는 공처럼 역경을 이겨내면서도 도전을 멈추지 않는 자기 치열함이 있어야 한다. 자기 치열함을 통해 삶을 개척할 때, 그것은 계룡산의 형제동굴에서의 수련 과정처럼 일종의 통과제의의 과정을 거치게 될 것이다. 아울러 그러한 통과제의의 과정을 거친 후에야 비로소 주체적인 삶의 태도를 지향하면서 정체성을 새롭게 형성할 수 있을 것이다.

> 계절은 가을이었고, 바람은 상쾌했고, 하늘에는 누가 쏘았는지 모를 빛나는 공이 어제에 이어 오늘도, 오늘에 이어 내일도 쉬지 않고 튀어 오르고 있었다.(249)

쉬지 않고 끊임없이 튀어 오르는 공처럼, 합과 체의 삶도 자기 치열함 속에서 통과제의적 시련에도 불구하고 계속 성장하고 있다. 계속적으로 성장함으로써 합과 체는 아버지가 말한 것처럼 그들만의 공을 찾아가고 있다. 이러한 그들의 모습은 그들이 통과제의적 수련의 과정을 통해 자기 치열함으로 삶을 스스로 개척하는 길로 나아가는 성장의 존재가 되고 있음을 보여준다.

3) 약수터라는 원형적 공간에서의 경험과 용서를 통한 성장의 계기 모색

이재민의 《사슴벌레 소년의 사랑》(2003, 사계절출판사)은 질병 치유를 위해 시골 약수터에 왔던 은수와 순희 누나의 만남, 순희 누나에 대한 은수의 첫사랑의 감정을 담고 있다. 아울러 질병 치유를 위해 은수와 순희 누나가 각자 살던 시골과 도시를 떠나 약수터로 오고, 약수터를 떠나 원래의 집으로 돌아가는 여로형 구조를 보여준다. 이러한 구조를 통해 이 소설은 약수터가 중1이었던 은수의 첫사랑이 생겨난 공간이었으며, 그곳에서 은수가 통과제의적 시련을 통해 사랑의 깊은 의미를 깨달아 성장하게 되었음을 보여준다.

소설의 주인공 이은수는 가려움증을 치료하기 위해 여름 방학 후 일주일 뒤에 엄마와 함께 집에서 20여리 떨어진 미송리 산 속에 있는 약수터에 오게 되었다. 약수터에 와서 은수는 서정적 아름다움을 경험한다. 약수터는 온갖 질병을 치료해 주는 신비로운 곳이며, 약수터 주변에는 아름답고 풍요로운 광경이 펼쳐지기 때문이다.

멀리 산 아래 마을이 내려다보였다. 햇볕은 산비탈과 초가지붕 위에 쏟아지고 있었다. 내 머리 위도 마찬가지였지만 바람이 불어 와서 시원했다. 마을 너머 서쪽으로 뿌연 안개 속에 높은 산줄기가 보였다. 마치 병풍처럼 이 산골 마을을 둘러싸고 있는데, 나는 엄마와 함께 그 산을 넘어왔다.(8)

약수터 주변은 시원한 바람이 불고, 뿌연 안개 속에 병풍처럼 여러 산줄기가 산골 마을을 둘러싸고 있다. 이러한 곳은 인간에게 마음의 평화와 병든 육체를 치료할 수 있는 기를 갖고 있다. 약수터는 "서남향의 아늑한 골짜기 안에 있"(10-11)었는데, 많은 사람들이 병을 치료하기 위해서뿐만 아니라 야영을 하기 위해서도 찾는 곳이었다. 이런 약수터에서 피부병을 치료하기 위해 온 은수는 어느 날 폐병을 치료하기 위해 온 순희 누나와 그 엄마를 만나게 된다.

자지러지는 듯한 기침 끝이어서인지 누나는 얼굴이 핼쑥해졌다. 하지만 나는 달맞이꽃 같은 누나 향내를 맡고는 이내 잠에 취한 것처럼 몽롱해져서 사물을 자세히 볼 수 없었다.
"너무 멋지다. 이렇게 예쁜 야생화 무리를 보기는 처음이야."
바위에 걸터앉은 누나는 들꽃이 피어 있는 비탈을 보며 감탄했다.(16)

위의 예문에서 알 수 있듯이, 은수는 순희 누나의 달맞이꽃 같은 향내에 취한다. 그러면서 점점 순희 누나에게 빠져들어 사랑의 감정을 느끼게 된다. 순희 누나는 피어 있는 들꽃을 보며 감탄하는 순수한 영혼을 가지고 있었는데, 이 때문에 은수는 순희 누나에게 빠져들었다.

순희 누나에 대한 은수의 사랑의 감정은 순수한 서정성을 보여주는데, 이는 인디언 민담의 달맞이꽃을 통해 구체화된다. 이승에서 사랑을 이룰 수 없었던 남녀가 죽어서 남자는 달이 되고 여자는 달맞이꽃이 되었다는 인디언 민담처럼, 순희 누나에 대한 은수의 사랑도 지고지순한 것이다. 그러기에 약수터에 놀러 온 청년들이 폐병에 걸려 피를 토한 순희 누나를 피해도 은수는 그런 순희 누나가 안타까울 뿐이다.

"내일도 나무하러 같이 가 줄 거지?"
이번에는 대답하지 않았다.
"너 화났구나."
"……."
"창피해서 그랬어. 미안해."

누나가 사과하고 나자 내 마음이 금새 편안해졌다. 가만히 누나 손을 찾아 쥐었다. 따뜻했다. 조금 힘을 주자 누나도 그렇게 했다. 순간 누나 손에서 무언가가 팔을 통해 내 가슴으로 전해져 왔다. 엄마나 기숙이한테서 느끼던 것과는 전혀 다른 거였다.(22)

위의 예문에서 알 수 있듯이, 은수는 순희 누나에게서 엄마나 또래인 기숙이한테서 느낄 수 없었던 느낌을 받는다. 이런 느낌은 때 묻지 않는 순수한 첫사랑의 감정이며, 그것은 순수한 만큼 강렬하다. 그러기에 은수는 순희 누나를 생각하면 가슴이 마구 뛴다.

은수는 순희 누나와 단둘이 이야기하는 것에서 즐거움을 느끼면서, 열네 살 사춘기 소년인 자신에게 막연한 그리움의 대상이 순희 누나임을 알게 된다. 은수의 이런 심정은 그의 내면에 첫사랑의 감정을 생겨나게 했으며, 이 감정 때문에 그는 걷잡을 수 없을 만큼 동요를 경험한다. 그러기에 은수는 사랑에 빠져 스스로 감당하기 힘든 욕망에 사로잡힌다. 그것은 물을 맞는 순희 누나를 보고 싶다는 것으로 구체화된다.

망설이던 나는 바위에서 일어났다. 천천히 걸어 내려가면서도 자꾸 뒤를 돌아보았다. 아무도 오는 사람은 없었다. 커다란 바위 옆에 멈추어 있는 개복숭아를 집어 들었다. 그러나 이미 온 신경은 떨어지는 물 소리에 가 있었다. 누나가 어떤 모습으로 물을 맞고 있는지 보고 싶어 참을 수가 없었다. 가슴이 몹시 쿵쿵거리고 누군가가 이놈! 소리를 지를 것만 같았다. 하지만 어느새 나는 커다란 바위에 착 붙은 채 고개를 내밀어 물을 맞고 있는 누나를 보고 있었다.

누나는 내 쪽으로 등을 돌린 채 물을 맞고 있었는데, 어깨에 떨어지는 물이 흘러내려 엉덩이 아래쪽에서 흰 포말을 이루고 있었다. 숨이 꽉 막히는 것만 같았다. 나도 모르게 두 눈을 감았다 떴다. 누나는 내내 그렇게 서 있었다.(121-122)

위에 예문에서 알 수 있듯이, 은수는 첫사랑의 소용돌이에 빠져 물을 맞는 순희 누나를 몰래 훔쳐본다. 이를 통해 은수는 첫사랑이 주는 숨 막히는 감정을 경험하면서도, '하지 말아야 할 짓'을 했다는 죄책감을 갖기도 한다. 그러한 죄책감을 가지면서도 은수는 순희 누나를 독점하고 싶다는 소유욕을 강하게 갖는다. 그러기에 그는 "달맞이꽃처럼 예쁘고 언제나 은은한 향기가 나"(136)는 누나를 꼭 지켜주어야겠다는 생각을 한다.

'좋아, 나는 누나를 지켜 주는 사슴벌레가 될 거야. 이놈처럼 강하고 멋진 사슴벌레. 누나 속 썩이는 사람이 있으면 꽉 집어 줘야지.'(120)

위의 예문에서 알 수 있듯이, 은수는 첫사랑의 대상인 순희 누나를 소유하고 싶다는 생각 속에 순희 누나를 지켜 주는 사슴벌레가 되고 싶은 마음을 갖는다. 그러기에 은수는 사랑하는 남자를 기다리는 순희 누나에게 분노하면서, 순희 누나가 사랑하는 남자에 대한 강한 질투심을 갖는다.

얼마쯤 시간이 흘렀을 때 아까처럼 미루나무 아래 언뜻언뜻 사람들 옷이 보이기 시작했다. 이번에도 서너 사람은 되는 것 같았다. 누나 얼굴에는 다시 기쁨이 넘쳐났다. 마치 이번에는 '틀림없어. 진짜라구, 두고 보라니까.'하는 표정이었다. 그래서인지 남자들 말소리가 들리는 것 같았다. 누나도 들었는지 내 어깨에 손을 얹었다. 행복한 표정이었다. 나는 비아냥거리듯 휘파람을 불었다. 하지만 조금 켕겼다.(64)

위의 예문에서 알 수 있듯이, 은수는 사랑하는 남자를 기다리면서 행복한 표정을 짓는 순희 누나를 보면서 기분이 상한다. 은수가 기분이 상한 것은 순희 누나를 소유하고 싶은 마음 때문이다. 그러다가 순희 누나가 기다리는 남자가 오지 않자 기분이 좋아진다. 약수터에서 자기만이 순희 누나를 소유할 수 있기 때문이다.

"누나?"
용기를 내어 불러 보았다. 하지만 아무런 대답도 없었다. 머쓱해진 나는 조금 처져서 걸었다. 누나가 아무 말도 안 하고 걷는데 바짝 붙어서 따라간다는 게 어색했기 때문이다. 얼마쯤 지났을 때 길이 꼬부라지는 바람에 보게 된 누나 얼굴에는 햇빛을 받은 눈물방울이 반짝이고 있었다. 나도 모르게 당황했다. 이럴 줄 알았으면 아예 내려오지 않았을 것이다. 이건 틀림없이 누나가 그 쪼다에게 차인 건데 그걸 모르는지 울고 있는 누나가 마음에 들지 않았다.(중략)
그까짓 쪼다를 뭐 하러 기다리느냐고 소리치고 싶었다. 자꾸 그렇게 울면 말도 걸지 않겠다고 엄포도 놓고 싶었다. 대신 내 마음속에 여지껏 쌓아 온 누나에 대한 모든 것들이 무너지는 소리를 들었다.(101-102)

위의 예문에서 알 수 있듯이, 은수는 사랑하는 남자가 오지 않아서 슬픔 때문에 눈물짓는 순희 누나를 보면서 자신의 마음속에 간직했던 누나에 대한 감정이 무너지는 기분을 느낀다. 물론 이런 기분은 은수가 순희 누나를 온전히 소유하고자 했기 때문이다. 그렇지만 은수는 오지 않은 남자를 여전히 사랑한다는 순희 누나의 말을 듣고 점차 누나의 사랑을 이해하게 된다.

"조금 전에 누나는 자기가 한 약속은 지켜야 한다고 했잖아. 온다고 했으면 와야지."

"약속하진 않았어. 그냥 온다고 했지."

"그 말이나 그 말이나."

"사정이 있겠지."

누나도 나처럼 조금 취한 것 같았다. 목소리가 가늘어졌다.

"사정은 무슨 사정."

몸이 부르르 떨렸다. 그런 작자를 여태 기다리다니……

"너무 욕하지 마. 분명히 무슨 사정이 있을 거야."

"누나는 아직도 그 쪼다를 사랑해?"

"그래."

누나가 가늘게 말했다.(144-145)

위의 예문에서 알 수 있듯이, 순희 누나는 오지 않는 그 남자에게 무슨 사정이 있을 거라고 말한다. 순희 누나의 이 말은 물론 자신에 대한 위안의 말이다. 누나의 말을 들으면서 은수는 아직도 그 남자를 사랑하는 순희 누나를 점차 이해하면서 누나에 대한 독점적인 소유욕에서 벗어날 필요를 조금씩 알게 된다.

순희 누나는 서울에서 직장생활을 할 때 사귀었던 남자와 약혼을 하고 내년 여름에 결혼을 하기로 했는데, 폐가 나빠서 약수터로 요양을 왔다. 순희 누나와 결혼을 약속한 남자는 순희 누나가 요양을 와 있는 약수터에 오기로 했지만 오지 않는다. 오지 않는 약혼자를 기다리면서 순희 누나는 마음의 상처가 깊어지지만, 점차 사랑의 깊은 의미를 깨닫게 된다.

순희 누나가 기다리는 약혼자는 끝내 약수터에 오지 않는다. 이는 순희 누나와 그 남자의 신뢰가 깨졌음을 의미하며, 순희 누나의 사랑이 끝났음을 의미한다. 그러기에 순희 누나는 그토록 초조하게 그 남자를 기다렸던 것이다. 오지 않는 약혼자를 기다리면서 순희 누나는 점차 자신의 사랑이 달맞이꽃과 같은 사랑임을 깨닫는다. '말없는 사랑', '기다림'의 꽃말을 가진 달맞이꽃과 같은 사랑이었음을 깨닫는다. 그러기에 순희 누나의 사랑은 서글픈 것이며, 그 서글픔의 근원에는 폐병을 앓게 된 자신의 처지에 대한 아픔이 도사리고 있다. 아울러 자신의 약혼자가 오지 않는 것을 용서하고 놓아주어야 한다는 사랑에 대한 깊은 성찰을 보여준다.

"은수야, 사슴벌레가 그렇게 좋으니?"

"그럼, 좋고 말고지."

"그렇다면 살려 줬다가 내년에 와서 또 가지고 놀면 되잖아."

"……."(중략)

"사람 사이도 마찬가지야. 누구를 좋아하거나 사랑한다면 구속하거나 소유하려고 하면 안돼. 자유롭게 해 주어야 하는 거야. 그게 진정한 사랑이야."(140-141)

위의 예문에서 알 수 있듯이, 순희 누나는 진정한 사랑이란 구속이나 소유가 아닌 자유롭게 놓아주는 것임을 말한다. 이것은 순희 누나가 자신의 상황에 대한 성찰을 통해 얻은 진정한 사랑의 의미이며, 순희 누나의 자기 다짐이기도 하다. 물론 그러한 사랑의 의미는 슬픔을 이겨내고 얻어낸 것이기도 하다. 그러기에 순희 누나는 용서하는 것도 사랑임을 말한다.

"힘내, 누나. 그깟 쪼다는 잊어버리고."

누나가 너무 가여워서 나도 모르게 누나를 힘껏 껴안았다.

"그래, 고맙다. 하지만 이제 쪼다라는 말은 하지 마."

"……."

"용서하는 것도 사랑이야. 너도 언젠가는 알게 될 거야."

내 오른쪽 뺨에 누나 뺨이 닿았다. 순간 얼굴이 뜨거워지고 아찔해서 마을 불빛이 보이지 않았다.(145)

위의 예문에서 알 수 있듯이, 순희 누나는 용서하는 것도 사랑임을 말한다. 물론 이 말은 순희 누나 자신의 처지가 충분히 반영된 것이며, 현재의 상황에서 순희 누나가 할 수 있는 최선이기도 하다. 이것은 사랑의 슬픔이며, 사랑의 슬픔을 통해 순희 누나는 한층 성숙해지고 있다. 그리고 이러한 성숙은 은수의 성장을 돕는 촉매제가 된다.

그후 은수는 서울로 먼저 떠나는 순희 누나를 보면서 비록 여름 방학 동안이었지만, 첫사랑의 대상이었던 순희 누나의 건강을 진심으로 생각하면서 자신의 삶에 대한 성찰을 한다.

'누나가 아무리 폐가 나쁘다고 해도 조금도 겁나지 않아. 그까짓 건 아무것도 아니니까. 그 쪼다한테 정신만 빼앗기지 않으면 돼. 그것 때문에 기분이 좀 나빴는데 이젠 괜찮아. 누나는 이 세상에서 제일 예쁘고…… 미안해, 누나.'

화덕에서 탁탁 소리가 나며 매캐한 연기가 날 즈음, 나는 누나 손을 슬그머니 놓고 잠의 늪으로 빠져들었다.(150)

위의 예문에서 알 수 있듯이, 은수는 순희 누나의 폐가 아무리 나쁘다고 해도 조금도 겁나지 않다고 생각한다. 그것은 순희 누나에 대한 순수한 사랑의 감정 때문이다. 물론 그것 때문에 순희 누나가 세상에서 제일 예쁘다고 생각한다. 그렇지만 순희 누나의 건강을 생각하면서 순희 누나가 사랑하는 남자가 와서 순희 누나의 건강이 좋아지기를 바라는 성숙한 생각도 한다.

누나의 기분이 전염된 탓일까? 얼마 지나지 않아 나도 저 아래쪽에서 쉬고 있다는 사람이 누나가 목 빠지게 기다리는 그 쪼다 같다는 느낌이 들었고, 이어 확신으로 이어졌다. 지금까지 이런 기분이 든 적은 한 번도 없었다. 따라서 나는 내 생각을 철석같이 믿게 되었다. 그 쪼다가 안 왔으면 하는 생각은 어느새 흔적조차 찾을 수가 없게 되었다. 누나가 피까지 토한 상황에서, 그 쪼다가 오면 다시 좋아질 수 있을 것 같았다. 아니, 틀림없다. 또 보고 싶기도 했다. 어떤 작자인지 보고 마음껏 비웃어 주고 싶은 마음도 생겼다.(176)

위의 예문에서 알 수 있듯이, 은수는 순희 누나의 건강이 다시 좋아지기를 바라는 마음에서 질투의 대상인 그 남자가 순희 누나를 보러 오기를 바란다. 이러한 마음은 은수가 지금까지 가졌던 마음과는 다른 것인데, 이것은 순희 누나의 건강이 염려되었기 때문이다. 그러면서 은수는 순희 누나가 막상 떠날 것에 대한 두려움을 갖는데, 은수의 그러한 두려움은 꿈의 형태로 구체화된다.

순희 누나가 떠나는 꿈을 꾸었다. 붉게 물들어 가는 노을을 배경으로 차츰 다리부터 녹아 없어지고 있었다. 약수터 어귀 노송 아래서였는데, 아무리 발버둥 쳐도 누나에게 다가갈 수가 없었다. 마치 눈에 안 보이는 그물이 쳐진 듯한 느낌이었다. 그래서 땅바닥에 주저앉아 울고 말았다. 여전히 누나는 녹아내리고 있었다. 다리가, 엉덩이가, 가슴이, 두 팔이, 목이. 이제 남은 것은 얼굴뿐이었다. 무섭지는 않고 영영 떠나 버리는구나 하는 생각이 들었다. 나는 벌떡 일어나서 울부짖으며 누나에게 다가가려고 몸부림치다가 깨어났다.(171)

위의 예문에서 알 수 있듯이, 은수는 순희 누나가 떠나는 것을 도저히 막을 수 없음을 인식하고 있다. 아울러 순희 누나가 영영 떠나는 것은 자신이 순희 누나에 가졌던 모든 것이 무너지는 것으로 생각하고 있다. 그러기에 순희 누나가 떠나는 것이 현실화되었을 때 은수는 지독한 슬픔을 경험한다.

밥을 다 먹은 나는, 누나가 간다, 누나가 간다라고 중얼거리며 마당을 벗어나 약수터 어귀를 향해 걸었다. 곧 떠나게 되리라는 것은 짐작하고 있었지만 바로 오늘 아침이 될 줄은 몰랐다. 아침이건만 기운이 하나도 없고 우울했다. 그저 허청거리며 걸어갈 뿐이었다.

이런 기분은 처음이었다. 지금까지 살아오면서 이처럼 슬픈 적이 없었다. 그런데 지금은 눈물이 날 것만 같았다. 어제와 같이 싱그러운 아침이건만 그저 무덤덤하게 느껴졌다.(중략)

문득 이곳에 너무 오래 있었다는 생각이 들었다. 내가 먼저 떠났더라면 지금보다는 덜 슬플 것 같았다. 누나가 기다리는 그 쪼다가 와서 마음껏 경멸해 주고 떠나게 되었다면 좋았을 텐데. 하지만 쪼다는 오지 않았고 누나는 두 번이나 피를 토했다. 때문에 더 가슴이 아팠다. 마음껏 미워할 수 없기에 더 견딜 수가 없었다.(186)

위의 예문에서 알 수 있듯이, 은수는 순희 누나가 정말 약수터를 떠나는 날이 되자 기운이 하나도 없게 되고, 슬픔에 젖는다. 그러면서도 누나가 기다리는 그 남자가 왔더라면 누나의 건강이 더 나빠지지는 않았을 것이라는 생각을 한다. 은수의 이런 생각은 순희 누나에 대한 독점적인 소유욕에서 벗어나 순희 누나의 입장을 고려한 성숙한 것이라 할 수 있다. 그러기에 은수는 사람을 소유하려고 해서는 안 된다는 순희 누나의 말을 아프게 떠올린다.

얼른 손을 빼냈지만 집게에 집히기라도 한 듯 지난번 누나가 했던 말이 아프게 떠올랐다. 진정으로 사슴벌레가 좋다면 자유롭게 살게 해 주어야 한다. 사람도 마찬가지이다. 소유하려고 하면 안 된다.

'그래, 달맞이꽃이 밤이면 피어나듯, 사슴벌레가 상수리나무에서 살아가듯 누나는 내 가슴속에 있으니까 된 거야. 여기 이렇게 카세트가 있잖아. 누나와 함께 듣던 밤 프로에 누나 앞으로 사연을 보낼 수도 있고, 또 누나가 내게 보내는 사연도 들을 수 있는…….'

목욕터에서 금방 목욕이라도 한 것처럼 몸과 마음이 가벼워졌다.(192-193)

위의 예문에서 알 수 있듯이, 은수는 사람을 소유하려고 해서는 안 된다는 순희 누나의 말을 아프게 떠올리면서, 점차 순희 누나에 대한 소유욕에서 벗어난다. 이러한 성숙의 과정을 통해 은수는 순희 누나가 영원히 자신의 마음속에 있으며, 자신의 마음속에 있는 순희 누나가 진짜임을 깨닫는다. 은수는 이러한 깨달음 속에 서울로 먼저 떠난 누나를 가슴에 새긴 채 누나의 건강을 염려하면서 누나의 사랑을 인정한다. 그러기에 은수는 "순희 누나, 내년 여름에 꼭 만나요. 쪼다랑 같이 와도 좋아요. 건강하기면 하면 돼요."(194)라고 말할 수 있게 된다. 이렇게 함으로써 은수는 누나에 대한 사랑은 소유욕이 아닌 자유롭게 하는 것이며, 누나에 대한 사랑이 자신의 마음속에 영원히 있기만 하면 된다는 성숙한 생각을 하게 된다. 아울러 순회 누나를 떠나보낸 슬픈 감정에서 벗어나 세상을 더욱 자유롭고 폭넓게 이해할 수 있는 성숙함의 길로 나아간다. 이러한 성숙을 통해 은수는 유년기적 소유욕에서 벗어나 진정한 사랑의 의미를 깨달으면서 새로운 자아를 형성하게 된다.

이재민의 《사슴벌레 소년의 사랑》은 유년기적 소년이 순수한 첫사랑에 대한 소유욕에서 벗어나 진정한 사랑의 의미를 깨닫고, 새로운 자아 형성을 해가는 과정을 보여주고 있다. 또한 성인인 순회 누나가 용서하는 것도 사랑이라고 말하는 의미를 깨닫는 성숙의 과정도 보여준다. 이를 위해 작가는 약수터라는 아름다운 서정적 공간을 창조하여, 그곳에서 이루어지는 사랑의 '기다림'과 그에 대한 질투, 그리고 첫사랑의 순수함을 형상화하고 있다. 물론 '병의 치유를 위한 집 떠나기 → 약수터에서의 기다림과 첫사랑 → 사랑의 의미 성찰과 집으로 돌아오기'라는 구조를 통해서 말이다.

4) 프루스트 클럽이라는 원형적 공간과의 결별을 통한 성장의 계기 마련

김혜진의 《프루스트 클럽》(2010, 바람의 아이들)은 저마다 숨기고 싶은 아픔을 간직한 채 흔들리는 세 명의 아이들을 등장시켜, 현실에 바로 서기를 못하는 것 같아서, 미래에 대한 불안감으로, 소소하게 찾아드는 균열에 겁내고 아파하는 청소년의 모습을 보여준다. 또한 프루스트 클럽이라는 공간과의 이별을 통해 점차 성장해 가는 청소년들의 모습을 보여준다. 이 소설의 주인공들은 윤오, 효은, 나원 등인데, 그들은 프루스트 클럽이란 원형적 공간에서 소통하면서 우정을 확인하고 성장해 간다.

이 소설은 수능을 본 후 점수가 예상보다 낮게 나온 윤오가 프루스트 클럽에서의 추억을 회상하면서 프루스트 클럽에서 성장의 계기를 마련했음을 보여준다. 윤오는 나원, 효은, 오데뜨 등과 쌓았던 프루스트 클럽에서의 추억을 회상하면서 프루스트 클럽이 자신의 성장을 가능하게 했던 원형적 공간이었음을 되새긴다. 또한 윤오는 자신뿐만 아니라 나원, 효은, 오데뜨 등도 모두 마음의 상처를 안고 살았던 존재들이었으며, 사람들은 누구나 상처를 안고 살아가기 마련이며, 중요한 것은 그러한 상처를 어떻게 받아들이고 이겨내느냐가 중요함을 말한다. 따라서 이 소설은 윤오가 프루스트 클럽을 결성한 카페라는 원형적 공간에서 타자와의 거리를 점차 줄여가면서 현실에 발 내딛는 것이 중요함을 보여주고 있다고 할 수 있다.

　이 소설에서 대기업 간부로 주로 일본 출장 중인 윤오의 아빠와 엄마는 사이가 좋지 못하다. 서로 사이가 좋지 못한 아빠와 엄마 사이에서 윤오는 갈등하면서 집밖으로 맴돈다. 그 와중에 윤오는 엄마와도 사이가 좋지 못한 채 공부는 뒷전이고 책만 주로 읽는다. 그리다가 윤오는 원래 다니던 학교를 떠나 다른 학교로 전학을 가게 되었고, 그 학교에서도 여전히 잘 적응하지 못한다.

　　조용한 하루하루.
　　새 학교의 아이들은 내가 예전에 어떤 아이였는지 몰랐고 지금 어떤 아이인지도 몰랐다. 거리감을 유지하는 건 옛 학교에서보다 쉬웠다.(중략) 나는 막에 둘러싸여 있다. 막 바깥에서 움직이는 것들은 사람인지 나무인지 바람에 날려가는 검은 비닐봉지인지 구별되지 않는다. 소리조차도, 듣지 않으려 하면 듣지 않을 수 있다. 눈을 감은 것처럼.(16-17)

　위의 예문에서 알 수 있듯이, 윤오는 새로 전학 간 학교에서 존재감 없는 상태로 살아간다. 그가 전학 간 학교의 아이들은 윤오가 예전에 어떤 아이였는지, 그리고 지금 어떤 아이인지도 모른다. 그렇기 때문에 윤오는 새 학교의 아이들과 거리감을 유지한 채, 자기만의 막을 만들어 그들과 소통하지 않는다. 친구들과 소통하지 않는 가운데 윤오는 더욱 책 읽기에만 몰두한다. 그러다가 윤오는 로버트 프루스트의 '잃어버린 시간을 찾아서'라는 책을 우연히 접하게 된다.

　　잃어버린 시간을 찾아서. 입 속에서 중얼거려 보았다. 누구더라, 프랑스의 어떤 작가. 이미 죽은 사람. 그 사람이 쓴 소설 제목이야. 잃어버린 시간을 찾아서. 시간은 잃어버릴 수도 있는 것이던가. 시간을 잃어버렸다면 내 앞의 시간을 잃어버린 걸까, 뒤의 시간을 잃어버린 걸까. 과거를, 아니면 미래를? 시간을 잃어버리기도 했으니 찾을 수도 있는 것일까. 나는 내가 시간을 잃어버렸다는 것을 인식할 수 있을까. 그렇다면 잃어버린 것을 도로 찾아들고 이게 바로 내가 잃어버렸던 시간이야! 라고 외칠 수도 있는 것일까.(23-24)

　위의 예문에서 알 수 있듯이, 윤오는 프루스트의 '잃어버린 시간을 찾아서'를 보면서 시간은 잃어버릴 수도 있으며, 자기가 시간을 잃어버렸다면 어떤 시간을 잃어버렸는지를 궁금해 한다. 아울러 자신이 시간을 잃어버렸다면 그 시간을 다시 찾을 수도 있을 것인지를 궁금해 한다. 그러다가 윤오는 자신을 유심히 지켜보던 나원이를 시립도서관 문학실에서 만난다.

그날 나원이에 대해서 알게 된 것은 이름뿐이었다. 학교를 다니지 않는다든지, 나보다 나이가 한 살이 더 많다든지 하는 것은 그때는 몰랐다.

"김윤오, 이름 괜찮은데."

자판기에서 뽑은 차가운 캔 음료를 마시면서 나원이가 말했다. 나는 이나원이라는 이름이 더 독특하고 괜찮다고 생각했지만 입 밖에 내지는 않았다.(27)

위의 예문에서 알 수 있듯이, 윤오는 시립도서관 문학실에서 학교를 다니지 않는, 자신보다 한 살이 더 많은 이나원을 만난다. 그러다가 윤오는 나원이와 함께, 카페를 운영하면서 첫사랑의 아픔을 간직한 채 잃어버린 청춘을 회상하는 오데뜨를 만난다. 오데뜨는 프루스트의 '잃어버린 시간을 찾아서'라는 소설에 등장하는 인물인데, 오데뜨는 자신의 가명으로 그 이름을 쓰고 있다.

나원이는 말없이 주스를 마시고 오데뜨도 말없이 앉아 있다. 나도 아무 말 하지 않는다. 조용하고, 음악이 흐른다. 아주 이상한 상황. 서로를 모르는 세 사람이 마주 앉아 있다. 그런데 이상하게도 편했다. 물러서려고 할 필요가 없었다. 말을 할 필요도, 하지 않을 필요도 없다. 여기 있으니 바깥이 잘 기억나지 않았다.(중략)

오데뜨는 웃었다. 싸악, 칼로 하늘을 가르듯 매끈하고 시원하게. 오데뜨다운 것. 오데뜨를 떠올리면 가장 먼저 생각날, 그 웃음.(32)

위의 예문에서 알 수 있듯이, 윤오는 오데뜨가 운영하는 카페에서 서로 잘 모르는 나원, 오데뜨와 함께 차를 마시면서, 잘 모르기 때문에 아무 말도 하지 않았지만 이상하게도 편안한 기분 속에 서로를 알아간다. 그러면서 윤오는 서로 잘 모르는 나원이나 오데뜨와 함께 그냥 같이 앉아 있는 것 자체가 이상하지만 '특별함'을 맛본다. 특별함을 맛보면서 윤오는 나원이와 오데뜨를 짐작할 수 없는 인간이지만, 그들이 자신에게 새로운 발견을 주었음을 인식한다.

"우리 집은 좀 독특해서…… 우리 부모님은, 내가 하는 일이 옳다고 생각해. 웃지 마, 그렇게 팔불출 부모는 아니니까. 무작정 고집을 받아주는 것도 아니고. 그것보단 나를 존중하는 건데…… 우리 집이 형편이 좀 안 좋아서, 돈 문제라든지 친척 문제 등등. 이사도 계속해야 했고. 뭐, 많아, 복잡한 게. 우리 부모님은 내가 뭘 하겠다고 하면 반대를 안 하셔. 못 하시는 거지. 이렇게 잘 자라 준 것 만으로도 고마워하신다니까?"

나원이는 농담처럼 말했다. 막연했다.(중략)

나원이는 강해 보였다. 어떤 흉기도 그 아이를 상처 입힐 수 없을 것 같았다.(49-50)

위의 예문에서 알 수 있듯이, 나원이의 집 형편은 그리 좋지 못하다. 어려운 가정 형편 때문에 나원이는 많은 상처를 겪었지만, 자신이 하는 일이 항상 옳다고 생각하시는 부모님 때문에 지금까지 건강하게 살아왔다. 그러다가 나원이는 학교에 다니는 것이 더 이상 의미가 없다고 생각해서 학교를 자퇴하고 시립도서관에서 책을 읽으며 장차 작가가 되기로 했다. 그런 나원이를 보면서 윤오는 그 어떤 흉기도 나원이를 상처 입힐 수 없을 만큼 나원이가 밝고 건강함을 본다.

나원이와 만나면서 윤오는 자신의 마음 속 상처를 나원이가 이해했는지에 대해 궁금해 한다. 많은 사람들은 속마음이나 진심 같은 건 아무것도 아니고 겉으로 드러나는 것을 전부로 여기기 때문이다. 또한 나원이가 윤오 자신의 상처를 이해했다고 하더라도 왜 자신에게 다가와 친구가 되고자 했는지 궁금해 한다.

"먼지 한 톨에 하루. 시간이 쌓인 거지 뭐."

먼지와 같은 시간. 먼지 같은 인간. 어차피 모든 게 먼지라 해도 지금의 먼지는 다른 색깔로 빛날 수 있다. 조심스럽게 희망을 걸어볼 수도 있다. 모든 걸 지우고 다시 시작할 수 있다는 생각을 해볼 수도 있다. 다르다, 달랐다. 여기는, 지금은, 우리는.

그래, 우리는.(56-57)

위의 예문은 윤오가 나원이와 만나면서 점차 마음을 열고 삶에 대해 조심스럽게 희망을 가지게 되었음을 보여준다. 윤오는 먼지와 같은 시간이 쌓여 새로운 것을 만들 듯이, 자신도 과거의 모든 것을 지우고 다시 시작할 수 있다는 생각을 한다. 윤오가 이렇게 생각하게 된 것은 나원이와의 만남을 통해 지금이 과거와는 다름을 인식하고 있기 때문이다. 그러다가 윤오, 나원, 오데뜨 등은 프루스트의 '잃어버린 시간을 찾아서'를 통해 서로 교감할 수 있었음에 착안하여 프루스트 클럽을 결성한다.

"나는, 때로는 어떤 순간엔, 내가 가진 모든 것을 어떤 사람에게, 장소에, 일에, 쏟아 붓고 싶어져. 하지만 그걸 받아 줄 만한 사람이나 장소 같은 건 좀처럼 없어. 그럼 나의 에너지와 의지는 길을 잃고 사라져 버려. 그건 내게로 다시 돌아오지도 않아, 그냥 사라져. 그만큼 나는 비어 버리고, 누구도 그것을 받지 못하지. 그건 참 낭비잖아. 근데 이번엔 달랐던 거야. 좀 이상하긴 하지만, 이런 얘기.”

나는 분명히 이해했다. 나원이가 왜 나에게 왔는지, 묻지도 않고 대답을 들은 것 같았다. 그리고 알았다. 나원이가 나를 발견하고 말을 걸었던 것만큼이나 내가 나원이를 거절하지 않은 것도 놀라운 일이었다는 것을. 나원이도 나에 대해 이상하다고, 특별하다고, 그리고 고맙다고 느끼고 있다는 것을. 나도 누군가에게 의미가 있는 인간일 수 있었다. 놀라웠다.(65-66)

위의 예문에서 알 수 있듯이, 윤오는 나원이와의 만남을 통해 그가 자신을 이해해 주는 존재임을 인식한다. 이러한 인식을 통해 윤오는 나원이가 왜 자신에게 왔는지, 그리고 자신은 왜 그를 거절하지 않고 받아들였는지를 이해하게 된다. 윤오의 이러한 이해는 친구와의 진정한 소통을 통한 자아의 의미 이해의 과정이라고 할 수 있다. 그러기에 나원이는 윤오에게 열심히 학교에 다니라고 말한다.

“열심히 다녀. 학교에 다닐 때가 좋은 거야.”
“그게 네가 할 만한 소린가?”
“언니 말 들어라, 응?”
나원이가 장난스레 대답했다. 그러더니 갑자기 목소리가 작아졌다.
“난 벗어날 곳도 없어. 묶여 있지 않으니까, 풀 것도 없어. 아무 제약이 없는 것 같은데 또 거미줄로 둘러싸인 것 같다. 그게, 더 답답해.”
자신이 선택한 길인데도 명쾌해지지 않는다. 나원이는 학교를 떠났고 그럼 그걸로 행복할 수 있을 것 같은데 그렇게 단순하지가 않은가 보았다.(76)

위의 예문에서 알 수 있듯이, 나원이는 학교를 벗어난 자신은 묶여 있지 않지만, 또 다른 거미줄로 자신이 둘러싸인 것 같다고 말한다. 또한 학교를 떠났다고 해서 그걸로 꼭 행복한 것만은 아님을 말한다. 그런 나원이의 말을 들으면서 윤오는 자신의 행복은 어디에서 찾을 수 있는지를 고민한다. 그렇지만 윤오는 학교에서 행복을 경험하지 못한다. 그가 다니는 학교의 아이들은 모두 살아 있는 느낌을 주지 못한 채 종이처럼 접히고 구겨진 모습으로 생활하고 있기 때문이다. 그러기에 윤오는 학교의 아이들과의 관계에서 더 완강하게 침묵을 지키고 건방져지고 잘난 척하고 비협조적이 되어 책에 파고들었다. 그런 윤오에게 효은이가 ‘윤오야’라고 부르면서 다가온다.

　　가끔 나는 책을 읽다 말고 짝과 주변 아이들과 떠들고 있는 효은이라든지, 칠판에 낙서를
하며 장난을 치는 효은이를 보았다. 아이들과 있을 때의 효은이는 밝고 당당하고, 그리고 어딘
가 위태롭다. 그런 효은이와, 나와 이야기하는 효은이는 같은 사람이 아닌 것 같았다. 나는 가
끔, 다른 아이들이 나와 효은이의 관계에 대해 알게 되면 어떤 반응을 보일지 궁금했다.(86)

　위의 예문에서 알 수 있듯이, 효은이는 교실에서 주변 아이들과 스스럼없이 장난을 치며 잘
어울린다. 그런 효은이를 보면서 윤오는 자신과 이야기하는 효은이와 친구들과 장난치는 효은
이가 다른 사람처럼 느껴진다. 그런 윤오에게 효은이는 친구들이 윤오를 왜 따돌리는지에 대해
직접적으로 말한다. 친구들이 윤오를 따돌리는 것은 윤오가 너무 강해 보이기 때문이라고 말한
다. 그런 효은이의 말을 들으면서 윤오는 얼떨떨한 기분 속에, 자신이 너무 강해 보여서 따돌림
을 당한다는 말을 이해하지 못한다. 자신이 "너무 뚜렷하고 튀고 굽힐 줄을 모."(87)른다는 말
을 이해하지 못한다.

　그 후 효은이는 윤오와 함께 오데뜨가 운영하는 카페에 처음 같이 가게 되었고, 그 후로 윤
오, 효은, 나원이는 친구가 되었다. 서로의 이름을 묻지도 않았지만 이미 서로를 알고 있는 사
람들처럼 편안한 기분을 느끼면서 친구가 되었다.

　　그 날, 효은이가 처음 카페에 온 날은 작은 잔칫날 같았다. 모두 들떴고, 새로운 사실들에 여
러 번 놀라고 많이 웃었다. 그것도 효은이다운 일이었을까? 효은이는 오래 전부터 카페 단골
인 것처럼 보였다.
　저녁이 되어 카페를 나와 골목길을 걸어 내려오면서 효은이가 나에게 말했다.
　"여기 오니까 좀 알겠다."
　"뭘?"
　"너에 대해서. 네가 음, 달라보인 이유."
　"뭐야, 그게."
　효은이는 대답하지 않았지만 나는 알아들었다. 그곳에서 이곳을 보면 달라 보였을까. 그럼
이제 테두리 밖으로 나와 이곳에 온 효은이는 행복해질까.(100-101)

　위의 예문에서 알 수 있듯이, 효은이가 카페에 처음 온 날 카페 사람들은 작은 잔칫날 같은

기분 속에 모두 기분 좋은 시간을 보냈다. 그리고 효은이도 오래 전부터 카페의 단골인 것처럼 편안하게 많은 말들을 했다. 그 후 모임이 끝나고 카페를 내려오면서 효은이는 윤오에게 윤오가 왜 달라보였는지를 알 것 같다고 말한다. 그 후 효은이는 윤오에게 자신의 상처를 말한다.

> "우리 집은 말이야, 진짜로 깨끗해. 근데, 나는 집이 너무 더러운 것 같아. 그렇게 생각하고 있으면 결벽증에 걸리는 것 같아서 무섭지만."
>
> 효은이는 더 말을 할 것도 같았지만 입을 다물었다. 그제야 나는 왜 효은이가 나에게 왔는지, 클럽을 찾았는지 알 것 같았다. 부족한 것 없어 보이는 효은이에게도 채울 수 없는 허기가 있어 어떻게든 그것을 채울 길을 찾아야 했다. 꽉 막힌 좁은 방에서 빠져나갈 틈이 필요했다. 테두리 밖으로 나와 보여야 했다. 효은이가 정말 원하는 것을 프루스트 클럽에서 찾을 수 있을지 알 수 없었지만.(105-106)

위의 예문에서 알 수 있듯이, 효은이는 정말로 깨끗한 자신의 집이 너무 더러운 것 같다고 말한다. 효은이는 가정 폭력을 일삼는 아버지 때문에 집이 너무 불결하다고 생각하는 결벽증에 걸려 있다. 그런 효은이의 말을 들으면서 윤오는 효은이가 안고 있는 허기를 알게 되고, 이를 통해 효은이가 프루스트 클럽에 왜 왔는지를 이해하게 된다. 또한 효은이가 안고 있는 허기를 채워줄 방법을 생각하게 된다.

> 나원이는 편안한 태도로 솔직하게 대답했다.
>
> "우리 집엔 돈이 없어, 빚만 있지. 그런 거 있잖아, 제주도에 없는 것 세가지, 대문, 도둑, 또 뭐 있지. 그런 식으로 말하면, 우리 집에 없는 거 세 가지는, 돈, 친척, 생일."
>
> "친척이 없어?"
>
> 효은이가 물었다.
>
> "아버지는 천애고아야. 그쪽은 아예 처음부터 없었고, 어머니 쪽으로는 외할머니도 있고 외삼촌 이모들도 있긴 하다는데, 연락을 안 해."
>
> "왜?"
>
> "좋게 말하면 로맨틱하고 나쁘게 말하면 철이 없었던 건대, 어머니가 아직 대학생이었을 때, 고등학교도 제대로 못 나온 아버지를 만나서 결혼을 하겠다고 나선거야. 당연히 반대하지. 나 같아도 그랬겠다. 근데 어머니도 참 대단한 게, 집을 나와 버린 거야. 그 길로 집에선 없는 자식이 되고. 어차피 호적도 파 갔을 테니까."(106-107)

위의 예문에서 알 수 있듯이, 나원이도 마음의 상처를 안고 살아가고 있다. 나원이의 아버지는 천애고아였는데, 고등학교도 제대로 졸업하지 못 나온 나원이의 아버지는 대학생이었던 어머니와 결혼을 하게 되었다. 이 때문에 나원이의 어머니는 친정집을 나오고 없는 자식 취급을 당하게 되었다. 이 때문에 나원이의 부모는 돈이 없는 어려운 살림을 꾸리게 되었고, 나원이 엄마 쪽의 친척들과도 인연이 끊기게 되었다.

> 나원이는 고집스레 말했다.
> "나는 알고 싶어. 아무것도 모른 채로 남이 해주는 것을 받아먹으며 살고 싶지는 않아. 누군가 해주지 않으면 얻을 수 없는 게 있다는 건, 그만큼 자유롭지 못하다는 거잖아. 사실 사는 건 쉽지. 돈만 있으면 다 되니까. 그런 게 싫어. 그렇게 돈으로 사고파는 일방적인 관계에 매이고 싶지 않아."(111-112)

위의 예문에서 알 수 있듯이, 나원이는 가난한 자신의 부모를 탓하지 않는다. 그 대신 나원이는 자유로운 가운데 스스로의 힘으로 세상을 개척해 가고자 한다. 나원이는 돈으로 사고파는 일방적인 관계에 매이지 않고, 쉽지는 않겠지만 자유로운 가운데 스스로의 힘으로 살아가고자 한다. 그런 나원이를 보면서 윤오는 자신이 무엇을 바라는지, 무엇을 하고 싶은지를 생각한다. 또한 윤오는 자신이 벽 안에 갇혀, 벽 그늘에 가려져 숨죽인 채 살아가고 있음을 깨닫는다. 이러한 깨달음을 통해 윤오는 미래를 생각한다.

> 이 그림, 이런 것이었구나. 이렇게 하나였던 것이구나. 이 그림 앞에서, 내가 가진 것, 온전하다 믿었던 것들이 깨어졌던 날들을 생각하지 않을 수 없다. 깨어진 조각들을.
> 손을 베어 피투성이가 되더라도.
> 나는 손에 가득, 조각을 쥐고, 맞추기 시작한다.(13)

위의 예문에서 알 수 있듯이, 윤오는 자신의 지난날들이 깨어진 조각이었다고 생각한다. 그러나 나원, 효은 등과의 만남을 통해 손을 베어 피투성이가 되더라도 이제는 지난날의 깨어진 조각을 다시 맞추어 미래를 설계하고 싶다고 생각한다. 깨어진 지난날의 조각들을 다시 맞추어 스무 살을 맞이하고 싶기 때문이다.

윤오가 점차 현실을 인식하면서 현실에서 힘을 내어 살아갈 생각을 하는 동안 효은이는 점차 허물어져 간다. 효은이는 가정 폭력을 말없이 견디기만 하는 엄마를 받아들일 수 없었기 때문이다. 그러기에 효은이는 담배를 피우는 등 점차 일탈적 행동을 하게 된다. 그러면서 효은이는 겉으로는 말짱해 보이지만 속으로는 멍들어 있는 자신의 마음을 드러낸다. 그런 효은이를 보면서 윤오는 효은이의 상처에 공감을 한다.

효은이의 어머니를 때리는 효은이의 아버지. 깨지는 꽃병. 본 적도 없는데도 너무 잘 떠올랐다. 절망의 집. 피 냄새. 누가 차갑고 미끈거리는 벌레들을 내 옷 속에 풀어놓은 것처럼 온몸이 떨렸다.(중략)
한번 구겨진 것은 절대 원래대로 되지 못한다.
마치 지난여름이 없었던 것처럼 생각되었다. 열기에 들떠 태양 아래서 당당하게 걸었던 날들은 꿈이었거나, 도피였거나, 사치였거나. 나는 여전히 동굴에 묶여 있으면서 자유를 얻었다고 착각했지. 정말로 도망칠 곳은 없는데.(163)

위의 예문에서 알 수 있듯이, 효은이의 집은 어머니를 때리는 아버지 때문에 절망의 집, 피 냄새가 나는 집이 되고 말았다. 그런 집에서 효은이는 한번 구겨진 것은 절대 원래대로 되지 못함을 뼈저리게 느끼면서 절망감에 빠져, 더 이상 도망칠 곳이 없다는 생각 때문에 자살로 생을 마감한다.

한편 오데뜨는 윤오에게 상처받는 것을 두려워하지 말라고 말한다. 상처 때문에 더 아름다운 모습이 될 수 있으며, "나이 든 사람들의 주름처럼. 어쩔 수 없는 상처를 받았다면, 말끔히 지워질 것 같지 않다면, 그걸로 아름다운 흉터를 만들도록 해. 상처가 아무는 것은 그 후에 달린 거니까."(174)라고 말한다. 오데뜨의 이런 말을 들으면서 윤오는 자기 안의 상처를 살펴본다.

벽. 막. 나와 다른 모든 것들을 분리시키는 투명하고 질긴 껍질. 없어진 줄 알았는데, 여름의 열기에 녹아 사라진 줄 알았는데 아직도 있었다. 나는 숨조차 제대로 쉴 수가 없었다. 하지만 막이 없다면 나는 기억에 짓눌려 죽어 버릴지도 모른다.
내게는 그 막이 필요한 거지. 피부처럼 달라붙어 있는 것.(177)

위의 예문에서 알 수 있듯이, 윤오는 나원, 효은, 오데뜨 등과의 만남을 통해 자기 안의 벽이나 막이 없어진 줄 알았는데 여전히 있는 것에 놀란다. 그런 벽이나 막에 숨조차 제대로 쉬지 못한 채 윤오는, 늘 자기 생각대로 판단하고 행동하는 사람들 때문에 자신이 상처받아왔음을 생각한다. 사람들은 그 누구도 윤오에게 왜 그랬느냐고 묻지도 않은 채 마음대로 윤오에 대해 판단을 해 버렸다. 그러기에 윤오가 생각하기에 사람들은 그 누구도 객관적이지 않다. 또한 그렇게 생각하는 자신은 자기 안에 스스로 괴물을 만들고 있다. 다만 윤오가 달라진 점은 나원, 효온, 오데뜨 등과의 소통을 통해 그러한 괴물이 그들에게도 있음을 안 것이다. 그러기에 윤오는 사람들이 그들 안에 있는 괴물을 어떻게 다스리며 아무렇지도 않은 듯이 사는지가 궁금하다.

윤오가 다른 사람들에게 자신의 속을 드러내지 않은 것은 그들에게 상처받을까봐 두려웠기 때문이다. 윤오 자신은 상처받는 것이 두려워 아무 것도 하지 못하는데, 다른 사람들은 아무렇지도 않게 그들을 내보이는 것을 보고 윤오는 그들을 부러워했다. 그러나 이제 윤오는 나원, 효온, 오데뜨 등과의 소통을 통해 자기가 먼저 그들에게 다가가서 그들의 상처를 위로해 주겠다고 생각한다.

> 언제나 누군가 먼저 내게 왔다. 내 손을 잡아끌어 새로운 것을 보게 해주었다. 이제는 내가 먼저 나아가야 할 때. 오데뜨의 말처럼 단 한 번이라도.
> 미안하다고, 내가 잘못한 거라고 바로 그 아이에게 이야기해야 한다는 것을 왜 깨닫지 못했을까. 아니다, 모른 척했다. 사실은요, 오데뜨. 정말 잊고 싶었어요. 생각 안 하고 싶었어요.(198)

위의 예문에서 알 수 있듯이, 윤오는 항상 누군가가 자신에게 먼저 오고 손을 내밀었던, 자신만의 벽을 만들었던 지난날을 반성하면서 그들에게 미안하다고 생각한다. 또한 그들에게 자신의 미안함을 전달하고 싶어진다. 그러나 그들은 윤오에게 그런 시간을 주지 않은 채 모두 떠나 버렸다. 효은이는 윤오가 고3이었던 봄에 피의 냄새가 나던 집을 견디지 못해 자살을 했고, 나원이는 공부를 하기 위해 유학을 갔으며, 오데뜨는 어디론가 떠나 가버렸다. 윤오는 모두가 떠나버린 원형적 공간이었던 카페를 이제는 떠나 새로운 현실로 가야 함을 깨닫는다.

> 그래요, 오데뜨. 마주 해야 할 때는 오는 것이었어요. 언젠가는 열렸어야 할 문이었어요. 더 도망치지 않고 이제라도 마주할 수 있게 되어서 다행이었어요. 난 이제 거짓말을 하지 않을 거예요. 아무 일도 없었던 것처럼 덮어 놓지는 않을 테니까.
> 비로소 긍정할 수 있는 힘을 얻는다. 자신이, 그렇게 약하기만 한 것은 아니었음을 깨닫는다.
> 나는 깨졌다 다시 맞춰진 흔적이 남아 더욱 아름다운 그 유리나무 공을 바닥에 내려놓고 돌

아 나온다. 문 안의 세계가 내가 살 곳은 아니다. 하지만 나는 문을 닫지는 않는다. 열어 두기로 한다.(262-263)

이제 윤오는 자신이 현실을 마주 해야 할 때임을 깨닫는다. 그리고 자신이 스스로 만들었던 벽이나 막이 이제는 열려야 함도 깨닫는다. 이러한 깨달음 속에 윤오는 이제라도 도망치지 않고 현실을 마주할 수 있게 되어서 다행이라고 생각한다. 또한 자신이 그렇게 약하기만 한 존재가 아니라는 인식 속에 비로소 현실을 긍정할 수 있는 힘을 얻는다. 깨졌다가 다시 맞춰진 흔적이 남아 있지만 그것 때문에 더욱 아름다운 자신을 인식하면서, 남과의 소통이 없는 문 안의 세계는 자신이 살 곳이 아님을 깨닫는다. 윤오의 이러한 깨달음은 청소년기를 거치면서 청소년들이 상처를 받지 않을 수는 없으며, 그러한 상처받음은 일상임을 말한다. 또한 상처가 생기더라도 그것은 시간이 지나가면 치유될 수 있으며, 그러한 상처를 잘 치유하고 살아가는 것이 중요하다는 것을 말한다. 상처를 받았다고 해서 인생이 끝나는 것이 아니며, 과거에 받았던 상처와 흉터 덕분에 삶이 더욱 풍성해질 수도 있음을 말한다. 물론 과거의 상처가 가끔은 덧나서 그냥 아프기도 하지만, 그러한 것들은 내버려 두고 다시 받아들일 수 있을 때까지 견디는 것이 중요함을 말한다.

[4]

사춘기적 자아와의 결별을 통한 성장과
정체성 형성

1) 사춘기적 자아와의 결별과 그 의의

사춘기(puberty)는 라틴어로 'pubertas'이며 그 의미는 'grown up'이다. 그러기에 사춘기는 신체의 급성장과 함께 생식계가 성숙하는 시기로, "육체적·정신적으로 성인이 되는 시기"(국립국어원 표준국어대사전)이다. 이 시기는 초기 청소년기로, 성호르몬의 분비가 증가하여 2차 성징(性徵)이 나타나며, 생식 기능이 완성되기 시작하는 시기로 이성(異性)에 관심을 가지게 되고 춘정(春情)을 느끼게 된다.

사춘기에 일어나는 가장 급격한 변화는 신장과 체중의 증가이며, 여아의 경우 1.5~6년(평균 4.2년), 남아의 경우 2~4.5년(평균 3.5년)에 걸쳐 일어난다. 여아의 경우 10~13세(평균 12세), 남아의 경우 12.5~15세(평균 14세)에서 신장의 급성장이 일어난다. 신장과 체중의 증가와 더불어 시작되는 사춘기에 많은 청소년들은 매우 당황하고 심리사회적으로 어려움을 겪게 된다. 사춘기 청소년들이 경험하는 어려움은 생물학적 변화, 사회적 지위의 결정자로서 자신의 삶의 미래를 결정하는 것의 중요성 등 때문에 일어나며, 이러한 어려움은 사춘기의 성숙과 심리적 발달과의 관계와도 밀접한 관련이 있다.

사춘기에 있는 청소년들은 여러 가지 면에서 이유를 알 수 없는 불안감과 우울감에 시달린다. 이 때문에 사춘기에 있는 많은 청소년들은 일탈 행동을 하거나 부모와의 관계에서 부정적인 모습을 보이기도 한다. 또한 자신의 신체적 변화에 매력을 느끼는 청소년과 그렇지 않은 청소년 사이에는 자아정체성 형성과정에서 상당한 차이를 보인다. 자신의 신체적 변화가 매력적인 방향으로 이루어졌다고 생각하는 청소년은 긍정적이고 자신 있는 태도로 성격을 형성하지만, 그렇지 않은 청소년은 부정적인 성격을 형성하는 경우가 많다. 또한 이 시기에는 부모나 선생님보다는 또래 친구들과 강한 결속력을 보이면서, 또래들로부터 많은 영향을 받는다. 이로 인해 이 시기의 청소년들은 유년기적 삶에서 점차 벗어나기는 하지만 아직은 온전한 성숙의 과정을 보이지는 못한다. 자신의 성격과 정체성 형성 과정에서 극도의 혼란을 경험하면서 미래에 대한 불안감에 시달린다. 또한 이 시기의 청소년들은 미래의 직업 선택을 위한 준비를 해야 하며, 학습 부담에 시달린다. 그렇기 때문에 이 시기의 청소년들은 성장하는 과정에 놓여 있으며, 서사적 존재로서 자신의 삶의 서사를 아직은 잘 구성하지 못한다.

이런 특성을 갖는 사춘기 청소년들은 타자보다는 자신의 삶에 집착하면서 세계를 보다 큰 틀에서 이해하지 못한다. 그러나 그들의 삶에 결정적인 변화를 주는 사건들, 예컨대 급격한 신체적 변화, 또래 관계에서 상처받음, 부모와의 관계 형성에서 오는 성숙, 학업 성취 과정에서 얻는 자신감 정도 등에 따라 점차 보다 큰 틀에서의 삶을 이해하는 과정으로 나아간다. 그리고 그런 과정에서 자아에 대한 성찰을 통해 타자, 세계와의 관계에서 삶을 총체적으로 이해할 수 있는 계기를 마련한다. 이런 계기 마련에 의해 이 시기의 청소년들은 점차 사춘기적 자아와의 결별을 통해 '지금-여기'에서 타자와의 관계 형성을 통해 성장하는 존재가 되어 간다. 나아가 타자와의 관계 형성을 통해 삶의 다층성을 이해하면서 삶의 진정한 의미를 점차 깨달아 간다.

사춘기의 청소년들이 삶의 다층성을 이해하면서 진정한 의미를 깨닫고 성장하는 과정은 가부장적 아버지로부터의 해방, 이성 친구에 대한 이해, 형제간의 경쟁, 청소년 간의 우정과 사랑, 문학에 대한 열정, 타자의 삶 이해 등을 통해 구체적으로 드러난다.

2) 가부장적 아버지로부터의 해방과 성장의 계기 마련

채지민의 《내 안의 자유》(2006, 사계절출판사)는 가부장적 아버지를 둔 소녀가 아버지의 그늘에서 벗어나 자기만의 삶을 개척해 가는 과정을 보여준다. 이 소설의 주인공 수빈이는 오빠, 언니처럼 아버지의 그늘에서 벗어나 자기만의 세상으로 걸어간다. 수빈이는 밑바닥 인생을 벗어날 수 없었던 가난으로부터 탈피하고자 자수성가의 길에 피땀과 눈물을 흘렸던 아버지의 가부장적 삶에서 벗어나기 위해 자기만의 선택에 의한 대학 진학을 한다. 그리고 대학 진학을 통해 수빈이는 자기 안의 자유를 만끽한다.

이 소설은 대학생이 된 수빈이가 사춘기의 삶을 회상하면서 현재의 삶을 담담하게 서술하는 모습을 보여준다. 수빈이의 어린 시절은 밤나무 숲에 이르는 어귀에 있는 작은 평지에 10여 채가 모여 살던 동네에 있는 조그마한 집에서 이루어졌다. 그 동네에서 이린 시절의 수빈이는 펌프로 힘들게 퍼 올린 지하수로 등목을 하고, 한 곳뿐인 재래식 화장실 때문에 사소한 다툼이 끊이지 않던 시절을 보냈다. 그리고 아랫마을에 들어선 교회에서 새벽과 저녁마다 들려주던 종소리를 통해 기상 시간과 집으로 돌아갈 시간을 알 수 있었다. 수빈이는 어린 시절의 집에서 할머니와 부모님, 언니와 오빠, 그 때까지 막내였던 자신, 아직 태어나지 않고 어머니 뱃속에서 자라고 있던 남동생과 함께 어린 시절을 보냈다.

수빈이의 아버지는 밑바닥 인생을 벗어날 수 없었던 가난으로부터 탈피하고자 자수성가의 길에서 피땀과 눈물을 흘렸다. 그리고 그 가난을 자식들에게 물려주지 않으려고 자식들의 어린 시절을 자신의 의지 하나로 완전히 지배했다. 그러기에 수빈이의 형제들에겐 유년기의 추억이 거의 없다. 오로지 책을 읽고 남들보다 먼저 공부하도록 만드는 것이 아버지의 유일한 교육 방침이었기에 그 흔한 아이들만의 놀이도 경험하지 못했다. 또한 수빈이 형제들은 말벗이 될 수 있는 또래의 친구마저도 존재하지 않았다. 아버지 말은 언제나 피할 수 없는 절대 명령이었고, 거역이 용납되지 않는 숨 막히는 분위기 속에서 수빈이의 유년기는 갇혀 있어야만 했다.

특히 아버지는 막내딸이었던 수빈이에게 공부를 가혹하게 시켰다. 유아기 때부터 모든 것에 남다른 호기심을 보였고 언어 사용에 일찍 눈을 떴던 수빈이가 아버지의 마음에 들었기 때문이다. 수빈이의 아버지가 자식들을 공부에 매달리도록 한 것은 제대로 된 교육을 받지 못했다는 자격지심에 대한 보상 심리 때문이었다. 아버지의 집요한 교육열을 통한 강제는 수빈이가 중학교에 다닐 무렵 과로로 갑자기 돌아가실 때까지 계속되었다.

거기에 대한 반발이었을까······. 나는 내가 좋아하는 과목만 선택해서 공부했다. 초등학교 시절에도 그랬고, 지금도 마찬가지이다. 그 이유를 곰곰이 생각해 보았지만, 늘 아버지의 교육 방식이 낳은 부작용 때문이라는 결론이 내려지곤 했다.(중략)

한 단계 높다는 대학을 가기 위해 내 인생을 예정에 없는 방향으로 돌리고 싶지는 않았다. 보다 평범한 대학에 가더라도 내가 선택한 분야에서는 반드시 전문가가 되고 말리라는 각오가 나의 내면에 보이지 않은 불씨로 남아 있었다.

모든 것은 아버지로 인한 갈등과 마찰 때문에 빚어진 결과였다. 나는 나만의 자유로움을 원했다. 여섯 살 때에도, 초등학교 시절에도, 고등학생이 된 이후에도 나의 생각은 변함이 없었다.

지금도 나는 가까운 이들의 가정을 접할 때마다, 대화와 웃음이 끊이지 않는 그들의 분위기에 부러움을 느끼곤 한다. 투명한 꿈을 가지고 세상을 바라볼 수 있는 그 시간에는 어떠한 이유로도 정신적인 제약이 있어선 안 된다.

'행복은 가장 작은 일에 있다.', '행복은 언제나 우리 곁에 함께 존재하고 있다.'는 단순한 진리를 모른 채 지내 왔던 것이다. '만약 그 때 우리 가정이 이러이러했더라면……'하는 아쉬움이 이렇게 길게 남겨질 만큼 말이다.(12-13)

위의 예문에서 알 수 있듯이, 수빈이는 아버지의 집요한 교육열에 대한 반발로 자신이 좋아하는 과목만 선택해서 공부했다. 수빈이는 한 단계 높은 대학에 진학하기 위해 자신의 인생을 예정에 없는 방향으로 돌리고 싶지 않았다. 이는 수빈이가 평범한 대학에 가더라도 자신이 선택한 분야에서 반드시 전문가가 되고 말리라는 각오를 세웠기 때문이다. 그렇기 때문에 수빈이는 아버지의 강요가 강해질수록 더더욱 자기만의 자유로움을 원했으며, 대화가 끊이지 않았던 친척들의 집을 부러워했다. 투명한 꿈을 가지고 세상을 바라볼 수 있는 사춘기 시절에는 그 어떠한 이유에서건 정신적 제약을 받고 싶지 않았기 때문이다.

더구나 수빈이는 집요한 교육열로 자신을 지배하는 독재자인 아버지와 순응자인 어머니로부터 따뜻한 위로의 말 한마디 건네받은 적이 없었다. 그렇기 때문에 수빈이는 자신이 무엇을 하더라도 늘 불만족스럽고 부족하게 생각했던 아버지로부터 벗어나고 싶어했다. 그러면서 수빈이는 어린 나이였지만 단순히 먹고사는 일보다 더 소중한 것은 따스한 관심과 사랑임을 깨달았다.

초등학교 5학년이 되도록 친구 하나 없이 지내 왔다는 것이 가능한 일일까? 정말로 갑갑했다. 무언가가 엉키긴 엉킨 것 같은데, 끝이 어딘지를 찾을 수가 없었다. 나 자신에 대한 반항이라 생각하고 싶진 않았다. 하지만 어릴 적부터 고정되었던 틀이 계속 이어질 뿐이라는 식으로 대강 넘겨 버릴 일은 아니었다.

왜 내가 마음의 문을 열 수 없었는지……. 인위적인 힘에 의해서라도 그 흐름을 깨는 것이 마땅하지 않았을까?

공부에는 더 이상 흥미가 없었다. 나의 장래 희망이 무엇인지도 제대로 떠올릴 수 없는 상태에서 맹목적인 일상 생활을 이어 간다는 것 자체가 내게 무의미하게 느껴진 것이었다. 어릴 적부터 간직하고 있던 답답한 마음과 반항심이 서서히 슬픔의 그림자로 바뀌고 있다는 느낌을

받은 게 그 때였다.(25)

위의 예문에서 알 수 있듯이, 수빈이는 아버지의 강요에 의해 공부를 했기 때문에 공부에 더이상 흥미를 갖지 못했고, 자신의 장래 희망이 무엇인지도 제대로 떠올리지 못한 가운데 맹목적인 일상생활을 이어갔다. 그리고 그런 자신에게 한없이 답답한 마음을 가지면서 아버지에 대한 반항심과 반항할 수 없는 데서 오는 슬픔으로 점철된 어린 시절을 보내게 되었다. 그런 가운데 초등학교를 졸업할 무렵 수빈이는 우수한 졸업생이라는 표창장을 받기는 했지만, 자기만의 자유를 찾을 수 있는 길이 아닌 인생은 단호히 거부하겠다는 신념을 확고히 다지게 되었다.

가족들에게 별다른 흔적을 남기기 않았지만, 오빠가 지독한 사춘기를 보냈다는 걸 나는 알고 있었다. 언니도 역시 별다른 변화를 우리에게 나타내지 않고 속으로만 삭여 냈다.
나는 그제야 그 시기를 받아들여야 하는 나이에 이르렀는데…… 홀로 헤쳐 나가야 하는 인생의 시합이 시작되고 있다는 실감이 전해졌다. 준비 운동이 아닌, 실제 경기가 시작되었음을 알리는 신호음이 멀리 않은 곳에서 나를 향해 들려오고 있었다.(30)

위의 예문에서 알 수 있듯이, 수빈이의 오빠와 언니는 가족들에게는 별다른 흔적을 남기지 않았지만 지독한 사춘기를 보냈다. 그리고 이제 수빈이는 자신이 사춘기를 받아들여야 할 나이에 이르러, 자신의 인생을 홀로 헤쳐 나가야 함을 인식한다. 이런 인식 속에 수빈이는 자신의 미래 설계로 인해 극도의 혼란스러움을 겪는다.

정말로 나는 무엇이 될까? 이 정도의 나이가 될 즈음이면 내 생명이 다할 때까지 후회하지 않을 나만의 인생을 설계할 때가 되지 않았을까? 왜 나에겐 어제와 오늘만 있고, 미래가 보이지 않는 것일까……(중략)
너는 무엇을 할 인간인가. 어떠한 인생을 어느 자리에서 일구어 낼 존재인가. 네 삶의 목적과 목표는 과연 무엇인가. 한 번뿐인 인생이 소중하고 그렇게 되씹어 대던 너의 입놀림이 과연 진실이었던가…….
갈피를 잡을 수 없는 혼란 속에서 아무 일도 하지 못한 채 며칠을 지냈다. 그러한 시간 자체가 사춘기에 빠져드는 내 현실을 말해 주는 것 같았고, 이럴 때 누군가가 나를 붙잡아 주었으면 좋겠다는 생각이 간절했다.(32-33)

위의 예문에서 알 수 있듯이, 사춘기의 수빈이는 자신의 생명이 다할 때까지 후회하지 않을 자기만의 인생을 설계하고 싶어한다. 그러나 수빈이는 자신에게는 어제와 오늘만 있고 미래가 보이지 않는다고 생각한다. 그러기에 수빈이는 삶의 목적과 목표를 설정하지 못한 채 갈피를 잡을 수 없는 혼란을 겪는다. 그러면서 수빈이는 "그래, 끝을 볼 때까지는 어떤 일이든 불가능하다고 생각하지 말자. 나는 단지 나일뿐이다. 누구도 나의 삶을 대신 살아 줄 수 없고, 그 누구에게도 완전한 나를 열어 보일 수 없는 일이다."(35)라고 생각한다. 수빈이가 이런 생각을 하게 된 것은 자기 삶의 주체는 자기임을 인식한 것으로, 아버지로부터의 독립이 자신이 가야 할 길임을 분명히 깨달은 것이라 할 수 있다. 그러기에 수빈이는 대학 진학을 위해 시험장으로 들어서던 언니가 뒤를 돌아보며 난생 처음 보는 듯한 환한 미소를 짓던 것을 이해할 수 있었다. 언니의 미소는 자신을 괴롭혀 왔던 모든 현실의 굴레에서 드디어 벗어나게 된다는 희망의 모습이었기 때문이다. 언니의 그런 모습을 보면서 수빈이는 이제 자기가 그러한 굴레에 매이게 되었음을 인식한다.

그러던 어느 날 아버지는 수빈이의 곁을 예고 없이 떠난다. 그토록 벗어나고 싶었던 아버지가 어느 날 갑자기 돌아가셔도 수빈이는 여전히 혼란스러움에서 벗어나지 못한다.

> 누군가 내 어깨에 손을 올려놓았다는 느낌에 고개를 들었을 때, 선생님은 어서 아버지께 가 보라는 한 마디를 건네주었다.
> '아니에요. 아빠는 곧 건강하게 퇴원하실 거예요.'
> 그러나 검은색 헝겊이 양쪽에 걸린 아버지 사진이 영안실로 도착했을 때, 비로소 이 모든 일들이 현실이란 실감이 들었다.
> 아버지는 할머니의 무덤 아래쪽 양지바른 자리에 묻히셨다. 끝까지 울지 않으려 했지만, 삽으로 뜬 흙이 아버지의 관에 흩뿌려질 때에는 왈칵 눈물이 쏟아져 내렸다.(42)

위의 예문은 아버지의 죽음을 현실로 받아들이는 수빈이의 모습을 드러내고 있다. 삽으로 뜬 흙이 아버지의 관에 흩뿌려질 때 수빈이는 왈칵 눈물을 쏟아내면서 아버지와 이별한다. 아버지와 이별한 수빈이는 대학 진학을 위해 환한 웃음으로 시험장에 들어서는 오빠의 모습을 통해 예전에 시험장에 들어가며 환하게 미소 짓던 언니의 모습을 떠올린다. 또한 오빠의 웃음을 통해 잊고 지냈던 아버지의 흔적을 만난다. 비록 아버지는 돌아가셨지만 오빠는 여전히 아버지의 그늘에 있다가, 비로소 대학 진학을 위해 시험장에 들어섬으로써 자기만의 삶을 살게 되었다는 해방감을 수빈이에게 전해주었기 때문이다. 그런 가운데 수빈이는 이제 자기가 대학 진학을 위해 분투해야 할 차례임을 인식하지만, 해 놓은 것도 없이 고등학교 1학년이 되었다는 사실에 힘들어한다.

수빈이가 힘들어하는 것은 아버지가 안 계심에도 불구하고 여전히 마음의 문을 열지 못한 채 장래에 대한 확신도 없고 친구도 없는 자신의 존재에 대한 거부감 때문이다. 그런 거부감에 시달리다가 수빈이는 이제 자신으로부터 '나'를 놓아주어야 함을 깨닫는다.

> 나 자신으로부터 이젠 나를 자유롭게 놓아 줄 필요가 있었다. 긴 시간 동안 나는 자유의 의미를 잘못 해석하고 있었던 것이다. 아버지의 억압과 강제로부터 벗어나는 게 자유가 아니라, 나 자신으로부터 진정한 해방을 이루어 내는 것이 바로 내가 갈망해 왔던 자유의 참의미였다.
> 결론이 내려졌다. 무엇보다도 내게 필요한 것은 자신으로부터의 자유와 해방, 그것뿐이었다.(69-70)

위의 예문에서 알 수 있듯이, 수빈이는 이제 자신을 자유롭게 놓아줄 필요가 있음을 인식하면서 자신이 갈망한 진정한 자유는 아버지의 억압과 강제로부터 벗어나는 것이 아니라 스스로부터 진정한 해방을 이루어내는 것임을 깨닫는다. 이러한 깨달음을 통해 수빈이는 다른 친구들과 소통하는 법을 배운다.

> "혼자 지내는 버릇이 생기게 된 게, 집안에 원인이 있는 거니? 아니면……."
> 하영이의 눈빛은 다정스러우면서도 날카로웠다. 대답을 하지 못해 머뭇거리자, 힘든 부분이면 말하지 않아도 된다며 나를 안심시키려 했지만 소용이 없었다.
> "아……아냐. 말할 수 있어. 그리고…… 이젠 말을 하고 싶어. 어떤 말이든, 무슨 내용이든 간에……."
> 무엇이 내게 그런 용기를 주었는지 이해할 수 없었다. 나는 어린 시절부터 최근에 이르기까지 모든 내면의 발자취를 남김없이 털어놓았다. 그건 용기가 아니라 나 자신과 나를 둘러싸고 있는 현실에 대한 분노였고 도전의 표시였다.
> 말을 잇는 동안 내가 힘들어할 때마다 하영이는 내 마음이 흥분되지 않도록 안정시켜 주었다. 모든 얘기가 끝나갈 무렵에야 내 뺨에 흐르고 있던 게 눈물이었다는 걸 깨달았다.(83)

위의 예문에서 알 수 있듯이, 수빈이는 친구 하영에게 어린 시절부터 지금까지 쌓아왔던 내면의 발자취를 남김없이 털어놓는다. 수빈이의 이런 모습은 그가 서서히 사춘기적 자아와 결별하면서 스스로 쌓은 벽에서 풀려나고 있음을 보여준다. 이제 수빈이는 자기 자신과 자신을 둘러싼 현실에서 벗어나 새로운 현실을 만들고 싶어한다. 그러다가 수빈이는 자신의 인생이 가야할 방향을 발견한다.

> 어느덧 어문과 문학 서적 앞에서 반가움을 느끼는 나 자신을 발견할 수 있었다. 인생에서 처음으로 나를 끌어당기는 무언가에 나를 맡기고 있는 순간이었다.
> 그 순간 내면의 갈등을 겪을 때마다 떠오르던 하나의 얼굴이 나를 향해 미소 짓고 있는 게 느껴졌다. 그래, 맞아……. 그 언니가 영문학과였지. 초록 대문 집 언니는 어쩌면 내가 살고 싶었던 인생의 길을 먼저 살고 지나간 사람일지도 모른다는 생각이 들었다. 그래, 그 언니가 바로 영문학과 학생이었어…….
> 살아가는 동안 경험하는 사소한 스침이었는지도 모른다. 하지만 망각의 늪에 잠김 채 사라져 가는 의미들 중에서도 내 인생의 방향을 조금씩 움직이게 만들었던 이들이 분명 존재하고 있었을 것이다. 단지 내가 깨닫지 못했을 뿐.(90-91)

위의 예문에서 알 수 있듯이, 수빈이는 인생에서 처음으로 자신을 끌어당기는 무언가, 즉 문학을 발견한다. 문학을 발견하면서 수빈이는 어린 시절 잠깐 같이 살았던 초록 대문 집의 언니를 떠올린다. 또한 자신이 지금껏 망각해 왔던 그 언니와의 만남이 이제 자신의 인생 방향을 움직이게 만들고 있음을 깨닫는다. 이러한 수빈이의 모습은 그가 이제 사춘기적 자아에서 벗어나 안정되게 인생의 방향을 선택하고 그것을 위해 분투할 것임을 시사한다.

> 갑자기 숨통이 트이는 것 같았다. 내가 나의 장래를 결정했다는 사실은 새로운 의무를 떠올리게 만들었다. 내 결정에 대해 책임을 져야 한다는 것. 다른 것은 포기할 수 있어도 내 인생의 목표에 대해선 최선의 답을 스스로 내려야 한다는 것.
> 문득 눈앞에 떠오르는 아버지의 얼굴이 아지랑이처럼 흔들렸다. 살아 계신다면, 그랬다면 이제 나는 아버지의 질문에 담담히 말씀드릴 수 있었을 텐데…….
> '아빠, 저는 영문학과에 가겠어요. 언니는 특수교육학과에서 장학금을 받으며 다니고 있고, 오빠는 물리학과를 지망했죠. 어머니도 건강하시고요. 이젠 동생도 곧 중학생이 돼요. 아빠와의 지난날을 지금 떠올리고 싶진 않아요. 다만 오늘만큼은 그냥 축하와 격려를 듣고 싶어요. 정말 열심히 살아갈 거예요. 아빠…….'(91-92)

위의 예문은 자신의 장래를 결정한 수빈이가 그 결정에 대해 스스로 책임을 져야 함을 인식하면서, 자신의 결정에 대해 돌아가신 아버지로부터 축하와 격려를 받고 싶어함을 보여준다. 이러한 수빈이의 모습은 자신이 스스로 결정한 인생의 목표를 위해 당당하게 걸어갈 힘을 그가 얻었다는 것을 드러낸다. 아울러 아버지로부터의 자유가 아닌 자기 스스로부터 벗어나는 자유에 도달했음을 보여준다.

그러기에 수빈이는 인생의 주인공은 바로 자신이라는 인식 속에 아무도 대신 살아주지 않는 한 번뿐인 인생을 스스로 헤쳐 나가기로 결심한다. 자신의 앞에 펼쳐질 인생의 물살이 아무리 거셀지라도 힘들다고 포기하지는 않기로 한다. 아울러 최선을 다해 후회 없는 인생을 살아서 최후의 승자가 되기로 결심한다.

갑자기 아득히 오래 된 어느 날의 광경이 눈앞에 펼쳐졌다. 시험장에 들어서다가 내게 처음으로 미소 띤 얼굴을 보여 주었던 언니의 모습. 기쁨으로 충만된 미래의 꿈을 눈빛 하나로 얘기해 주던 언니의 그 얼굴……

뒤를 돌아보았다. 저만치에 있는 언니의 얼굴이 눈에 띄었다. 나는 팔을 높이 치켜들면서 환한 미소를 보내 주었다. 내 모습을 바라보며 언니도 손을 흔들어 보였다. 살아오면서 언니에게 받았던 가장 따스했던 선물을 이젠 내가 그 자리에 서서 언니에게 돌려주는 것이었다.

나의 미소는 환하게 웃는 얼굴로 바뀌었고, 손을 흔들다가 한 손으로 입가를 가리는 언니의 모습을 마지막으로 바라보면서 다시 시험장을 향해 돌아섰다.

'언니, 정말 고마워. 언니를 위해서라도 난 열심히 시험을 치를 거야. 기대해도 좋아, 언니……'(150)

위의 예문에서 알 수 있듯이, 오래 전에 시험장에 들어서며 처음으로 미소 띤 얼굴을 보여 주었던 언니의 모습을 떠올리면서, 수빈이는 시험장에 들어서며 언니에게 환한 미소를 보여주었다. 수빈이는 살아오면서 언니에게 받았던 가장 따스했던 선물을 이제 언니에게 돌려준다. 이를 통해 수빈이는 스스로 장래를 결정하고 그것을 실행하기 위해 시험장에서 최선을 다하기로 결심한다. 아울러 돌아가신 아버지와의 대화를 통해 아버지가 자신을 진심으로 응원해 주기를 바란다. 아울러 아버지가 자랑스러워할 좋은 딸이 되기로 다짐하면서 아버지에게 고마움을 전한다.

아버지가 살아 계셨다면 나는 어떻게 지냈을까? 분명 예전의 갈등과 분노를 똑같이 간직하면서 살았을 것이다. 하지만 때론 기대고 의지할 수 있는 아버지의 품이 그리워질 때가 있었다. 한 번도 편하게 안겨 본 적 없는 가슴이었지만, 보이지 않게 나의 그리움은 아버지의 품으로 향해 가고 있었다.

아버지는 왜 사업에만 미쳐 지내셨을까. 가난으로부터 벗어나는 것이 그렇게도 절박한 일이었을까.

아버지는 외부에서 부딪치는 모든 일을 홀로 감당하셨다. 어쩌면 내가 책만 읽으면서 지내도 아무 탈이 없었던 것은 '아버지'라는 울타리가 굳건히 세워져 있었기 때문인지도 모른다. 그것이 바로 아버지의 사랑이었는지도 모를 일이다.

오히려 외로웠던 당사자는 아버지가 아니었을까……? 아버지께 말 한 마디 건네지 않는 자식들 때문에 외로움이 속앓이를 홀로 삭이며 술잔만 비우셨던 건 아닐까? 평화로운 가정을 만들기 위해 노력하신 건 오히려 아버지가 아니었을까? 그렇게 아파하시다가 아무 말도 남기지 못한 채 가족 곁을 쓸쓸히 떠나가신 건 아닐까…….(164-165)

위의 예문에서 알 수 있듯이, 수빈이는 이제 때론 기대하고 의지할 수 있는 아버지의 품을 그리워한다. 그리고 한 번도 안겨 본 적 없는 가슴이었지만, 보이지 않게 수빈이의 그리움은 아버지의 품으로 향한다. 그러면서 수빈이는 아버지를 이해하기 시작한다. 그러기에 수빈이는 외부에서 부딪치는 모든 일을 홀로 감당하면서 든든한 울타리가 되었던 아버지의 사랑을 깨닫는다. 또한 수빈이는 정작 외로웠던 당사자는 자신이 아니라 아버지였으며 평화로운 가정을 만들기 위해 노력하신 아버지를 마음으로 받아들인다. 이러한 수용을 통해 수빈이는 사춘기적 자아에서 벗어나 성장하는 존재가 된다. 이를 통해 수빈이는 다가올 인생의 험난한 물결에 당당히 맞설 수 있게 된다.

3) 여자 친구에 대한 이해를 통한 사춘기적 자아와의 결별과 성장의 계기 마련

이상운의 《중학생 여러분》(2009, 바람의 아이들)은 중학생인 남자 주인공과 그의 여자 친구 혜리 간의 유쾌한 소통을 통해 그들이 사춘기적 자아와 결별하고 성장하는 존재가 되는 과정을 보여준다. 아울러 청소년 인물들이 깔깔대며 나누는 대화, '나와 너'가 끊임없이 애기하며 소통하는 것이 성장의 계기가 됨을 보여준다.

이 소설에서 주인공은 여름 방학 숙제로 선행(善行)을 적는 글쓰기를 부여받았다. 그런데 주인공은 방학 동안 그것을 기억하지 못하고 있다가 여름방학이 끝나기 며칠 전에야 그런 숙제가 있다는 것을 기억한다. 그러나 그는 연습장을 펴놓고 자신이 한 착한 일을 찾아내려고 기억을 더듬었지만, 아무것도 없음을 생각한다. 아울러 자신이 행한 착한 짓이 하나도 없다는 생각에 맥이 빠진다.

그러다가 주인공은 자신이 한 선행이 하나도 떠오르지 않자 가짜로 숙제를 하기로 한다. 그 후 주인공은 밤에 아파트 단지에서 우연히 혜리를 보면서 혜리가 예쁘다는 생각을 한다.

> 뭐, 예쁘더군. 청바지에 하늘색 셔츠를 입었는데, 목을 뒤로 젖히고 있어서 등 쪽으로 흘러내린 검은 머리카락이 보기 좋았어.(중략)
> 난 혜리를 부르려다가 갑작스런 충동에 사로잡혔어. 몰래 다가가 보자는 거였지. 네가 남자라면, 아마 너라도 그랬을 걸? 같은 아파트 단지에 살고, 같은 반이고, 게다가 초등학교 5학년 때부터 친하게 지내온 여자애가 하얀 얼굴을 반짝반짝 빛내면서 파란 가을 하늘을 쳐다보고 있는 걸 마주쳤다면 말이야.(38-39)

위의 예문에서 알 수 있듯이, 주인공은 초등학교 5학년 때부터 친하게 지내온 혜리가 하얀 얼굴을 반짝반짝 빛내면서 파란 가을 하늘을 쳐다보는 모습을 보면서 갑자기 예쁘다는 생각을 한다. 그러면서 주인공은 갑자기 혜리를 부르려는 충동에 사로잡혔다. 주인공의 이런 모습은 사춘기 소년이 여자 아이에게 사랑의 감정을 느끼는 것으로, 그 시기의 소년에게 나타나는 전형적인 것이라 할 수 있다.

주인공은 평소에 혜리 엄마와 자신의 엄마가 친하기 때문에 혜리와도 친하게 지냈다. 주인공은 초등학교 5학년 때 서울로 이사 왔는데, 그때 주인공의 엄마가 처음으로 사귄 사람이 바로 혜리 엄마였다. 혜리 엄마는 그때도 지금도 큰길 건너 상가에서 작고 깨끗한 레스토랑을 하는데, 주인공의 엄마가 그곳에 커피를 한 잔 하려고 들렀다가 친해졌다. 그래서 주인공과 혜리도 자연스럽게 친해졌다.

혜리는 자신의 엄마와 아빠는 혜리가 아주 어렸을 때 헤어졌다고 주인공에게 말한 적이 있다. 혜리의 아빠가 다른 여자와 사랑에 빠졌기 때문이다. 주인공은 혜리의 엄마와 아빠가 왜 헤어졌는지를 엄마를 통해 들어서 알고 있었지만, 혜리가 말할 때는 모르는 척하고 들어줬다. 미안한 표정을 하고서 아주 진지하게 들어줬다. 주인공이 혜리의 말에 동감하면서 들어준 것은, 혜리가 두 살도 되기 전에 다른 여자와 사랑에 빠져 엄마와 헤어진 아빠를 용서하지 못한 채, 여전히 아빠로부터 받은 상처 때문에 고통 받고 있었기 때문이다.

그런데 갑자기 혜리가 이렇게 말하는 거야.

"우린 그냥 친구예요."

낯빛 하나 변하지 않고 평소처럼 똑 부러지게 말이야. 그러고는 그 말로 부족하다고 생각했는지 일 초 뒤에 이렇게 덧붙였어.

"앤 내 이상형도 아니에요."

첫, 솔직히 기분이 살짝 나쁘더군. 아마 너라도 그랬을 걸? 생각해 봐. 비록 네 이상형은 아니라고 하더라도 너하고 남달리 친하게 지내는 애가 너보고 "넌 내 이상형이 아니야."라고 하면 기분이 나쁘지 않겠냐고. 너를 이상형으로 인정해 달라고 부탁한 것도 아닌데 말이야, 앙?(42-43)

위의 예문에서 알 수 있듯이, 주인공은 자신을 이상형이 아니라고 하는 혜리의 말에 기분이 상한다. 주인공은 친하게 지내면서도 자신을 이상형이 아니라고 말한 혜리가 이해는 되지만 기분이 상한 것은 어쩔 수 없었다.

한편 혜리는 아빠에 관한 자신의 이야기를 들어준 주인공에게 고마움을 표시하면서 내일 영화를 보여주겠다고 문자를 보낸다. 그런 혜리의 문자를 보면서 주인공은 자신의 의지로 뭔가를 이루어냈다는 생각을 한다. 주인공은 자기가 혜리의 우울함을 달래주었으며, 그 덕분에 공짜로 영화를 보게 된 것을 무척 기분 좋게 생각한다. 주인공의 이런 모습은 사춘기 소년이 여자 친구와 친하게 지내게 된 것을 매우 기분 좋게 여기는 것을 보여준다. 아울러 주인공이 본격적으로 사춘기에 접어들었음을 보여주기도 한다.

혜리에게 첫사랑의 감정을 느끼고 있던 주인공은 혜리가 아빠에게서 버림받았다는 감정에서 자유로워지도록 목련 나뭇잎 세 개를 백과사전 갈피에 넣어두었다. 그리고 주인공은 혜리가 자신에게 단순히 목련이 어디에 있는지 가르쳐 주려는 게 아니라 목련에 얽힌 그녀의 경험을 나눠주려 한다는 것을 알고 기분이 좋아한다. 한편 혜리는 밤에 목련꽃 그늘 아래 있던 자신의 모습을 보았다는 주인공의 말을 듣고 살짝 얼굴을 붉힌다. 이런 그들의 모습은 사춘기를 보내고 있는 청소년들이 드디어 첫사랑의 감정에 눈을 떴음을 보여준다.

대학이라는 '괴물'- 이건 혜리의 표현인데- 때문에 생긴 고민에서는 혜리도 예외가 아니야. 난 혜리라면 그런 고민과는 거리가 멀어도 한참 멀 거라고 생각했는데 말이야. 역시 대학은 괴물이야.(중략)

난 혜리처럼 살아갈 용기가 없기는 하지만, 어쨌든 혜리는 펄떡거리는 생선 같은 산소를 자기 마음대로 양껏 먹어 치우고 있는데, 난 항상 때와 장소를 가려가면서 마치 물이 간 생선을, 그것도 남한테 얻어먹듯이 찔끔찔끔 뜯어먹고 있는 게 현실이니 말이야.(126-127)

위의 예문에서 알 수 있듯이, 주인공은 혜리에게 첫사랑의 감정을 느끼고 있지만 그것을 마냥 즐기고만 있을 수는 없다. 혜리와 주인공은 대학이라는 괴물과 맞서 싸우기 위해 열심히 공부해야 하기 때문이다. 아울러 주인공은 펄떡거리는 생선 같은 산소를 자기 마음대로 마시는 혜리와는 달리 자신은 때와 장소를 가려가면서 마치 물이 간 생선을 찔끔찔끔 뜯어먹고 있는 현실에 처해 있다고 생각하고 있다. 그러면서 주인공은 자신보다는 좀 더 비관적인 태도를 갖고 있는 혜리를 달래주기 위해서라도 자신은 좀 더 긍정적인 태도를 가져야 함을 생각한다.

내가 보기에 혜리는 정말 학교 공부니 성적이니 하는 것들은 해탈한 애야. 별로 집착하지 않는 정도가 아니라 아예 무시해 버렸으니까.(중략)
"걱정이 된다니까. 날 가만 놔두지 않을 것 같아서. 어느 학교에 배정될지 모르지만 억지로 붙잡아 놓고 공부를 시킨다든지, 수업 시간마다 강제로 뭘 하라고 막 다그친다든지 그러면 못 견딜 것 같아. 금방 학교를 떠나 버릴지도 몰라. 난 내 방식대로 살더라도 어쨌든 고등학교를 마칠 때까지는 다른 애들하고 함께 흘러가자고 생각했는데 말이야. 그런데 입학도 하기 전에 자꾸만 그만두게 되는 생각을 하고 있으니 내가 한심하기도 하고."
난 혜리가 나한테 그런 얘기를 해 줘서 기뻤어. 그만큼 나를 편하게 여긴다는 것일 테니까. 하지만 내가 뭐 뾰족한 묘책을 들려줄 수 있는 것도 아니고 해서 갑갑했어.(132-134)

위의 예문에서 알 수 있듯이, 혜리는 학교 공부를 열심히 하지 않는다. 혜리는 학교 성적을 무시하면서 험난한 사춘기를 보내고 있다. 그러기에 혜리는 어느 고등학교에 배정될지는 모르겠지만, 입시위주의 숨 막히는 고등학교 생활을 잘 해낼 자신이 없다고 주인공에게 말한다. 아울러 혜리는 자신이 숨 막히는 학교에서 금방 자퇴를 할지도 모른다고도 말한다. 혜리의 이런 말들을 들으면서 주인공은 혜리가 자신을 편안하게 여겨서 속마음을 내보인 것에 기뻐한다. 그렇지만 주인공은 고등학교 생활에 대해서는 달리 뾰족한 수가 없기에 답답한 마음에 사로잡힌다.

난 막 새로운 떡 하나를 입에 집어넣는 혜리를 바라보았어. 그러고는 혜리가 떡볶이를 입 안에 가둬 놓고 씩씩하게 씹기 시작한 순간 조그맣게 웃음을 터뜨리고 말았어. 고등학생이 된 혜리가 좌충우돌- 괜히 집적거리는 아이들과도, 권위적인 선생님과도, 떡볶이를 파는 학교 앞 각의 인색한 주인아줌마와도- 맹렬한 전투를 벌이는 모습이 아주 생생하게 떠올랐거든.

'그래, 파이팅이다, 유혜리!'

난 소리 내어 웃으며 속으로 말했어.

'뭐, 타고난 대로 사는 거지. 같은 학교에 다니지 않더라도, 한판 붙고 싶은 애나 선생님이나 아저씨 아줌마와 부딪칠 때마다 나도 이렇게 외칠게. 유혜리 파이팅!'(135)

위의 예문에서 알 수 있듯이, 주인공은 고등학교에 진학한 혜리가 좌충우돌하고 맹렬한 전투를 벌이면서 학교생활을 하는 것을 상상한다. 이런 상상을 하면서 주인공은 학교생활을 잘하기를 바란다. 그러면서 주인공은 언제나 유혜리를 위해서 파이팅을 외칠 것을 다짐한다. 주인공의 이런 모습은 첫사랑의 대상인 혜리가 무난하게 고등학교 생활을 해 내기를 바라는 것을 보여준다. 아울러 주인공은 자신도 당당하게 고등학교 생활을 할 것을 다짐한다.

그 후 주인공은 혜리에게 다니는 고등학교가 달라지더라도 늘 함께 하자고 말한다. 그런 주인공의 말에 혜리는 웃음으로 화답한다. 그런 혜리에게 주인공은 힘들더라도 포기하지 말고 꿋꿋하게 고등학교 생활을 해내라고 마음속으로 말한다. 또한 다른 애들은 몰라도 혜리만큼은 정말 고등학교 생활을 잘 하기를 바란다.

이런 주인공의 모습은 그가 혜리라는 여자 친구와의 관계를 통해 사춘기적 자아와 결별하고 친구를 진정으로 생각하는 존재가 되었음을 보여준다. 아울러 주인공이 사춘기적 소년에서 벗어나 첫사랑의 감정을 느끼고 있으며, 그런 감정 속에 진심으로 여자 친구의 파이팅을 원하고 있음을 보여준다. 이런 모습을 통해 주인공은 점차 성장하는 존재가 되어간다.

4) 형제간의 경쟁을 통한 사춘기적 자아와의 결별 및 성장

신여랑의 《몽쿠스 그루》(2006, 사계절)는 깔끔하고 탄력 있는 문체로 브레이크댄스에 매료된 고등학생 형제의 고뇌와 열정을 청소년의 눈높이에 맞추어 실감 있게 그리고 있다. 이 소설은 오진구 형제의 춤을 향한 참을 수 없는 열정을 구성상의 흐트러짐 없이 잘 그리고 있다. 어른들의 눈에 철없는 행동으로 비칠 수도 있는 비보이들의 행위에는 그들 나름의 진지함과 대상에 대한 처절한 자기 헌신이 있다. 이 소설 속의 주인공 몽구와 진구는 춤에 대한 남다른 열정과 혹독한 연습뿐만 아니라 춤 그 자체를 즐긴다. 두 형제의 모습은 꿈을 향해 끊임없이 나아가는, 그 꿈이 요구하는 분투 자체를 즐기는 순수하고 아름다운 헌신의 과정을 통해 성장하는 청소년의 삶을 보여준다.

이 소설에서 몽구는 자신의 형인 진구를 형이라고 부르지 않는다. 형인 진구가 자신보다 비보잉을 더 잘 할 뿐만 아니라 부모로부터도 인정을 받고 있다고 생각하기 때문이다.

> Y정보고 2학년 오진구는 소위 잘 나가는 비보이다. 비보잉을 한다는 사람들한테 '몽구스 비보이 나인'하면 "야, 걔!"한다. 오진구가 그런 명성을 얻은 건 작년 가을 매치원 스킬 나인틴 콘테스트에서다. 오진구는 열두 바퀴 반을 돌아 일등을 했다. 일테면 '나인틴 짱'이 됐다.(중략) 오진구는 초등학교 때까지만 해도 지진아에 '따'였다. 그랬는데, 모두들 한심하다는 듯 고개를 절레절레 흔들었는데, 지금은 다들 '비보이 나인!'한다. 한번 말이라도 붙여봤으면 한다.(19)

위의 예문에서 소설의 화자인 오몽구는 오진구를 소개하고 있다. 몽구의 형인 진구는 비보잉을 한다는 사람들로부터 인정을 받고 있는데, 진구가 그처럼 인정을 받게 되는 것은 작년 가을 매치원 스킬 나인틴 콘테스트에서 일등을 했기 때문이다. 진구는 초등학교 때까지만 해도 지진아로 왕따를 받았는데, 비보잉을 하면서는 전혀 다른 청소년이 되었다. 그런 진구는 비보잉을 더 잘하겠다고 부모님에게 말도 없이 옷가지까지 챙겨서 집을 나갔다.

> 벌떡 일어난 엄마는 나를 붙잡고 거의 횡설수설이다.
> 결론은 오진구가 집을 나갔다는 거다. 가게 오토바이가 없어졌기에 잠깐 끌고 나간 줄 알았는데, 당분간 친구들이랑 있겠다고 전화가 왔다고 한다. 그래서 집에 가 봤더니 옷가지까지 챙겨서 나갔다고, 어딜 가도 짐까지 챙겨가는 애가 아닌데 무슨 일이 생겨도 단단히 생긴 거라고. 그렇게 한참 떠들어대더니 내 손을 잡고 다 죽어가는 목소리로 벌벌 떨며 이야기를 한다.(중략)
> 엄마는 그제야 정신이 돌아온 것처럼,
> "싸가지 없는 놈! 개? 누가 개냐? 니 형이 동네 똥개냐? 말끝마다 지형한테 개래! 그리고 형이 학교에서 잘릴 판이라는 데 그게 할 소리냐? 아무리 지형이 맨날 사고만 치고 다녀도 그렇지! 명색이 동생이란 놈이 그게 형한테 할 소리야! 사고 친 게 다 너 때문인데 그런 말이 나와? 이 인정머리 없는 놈아!"(26-27)

위의 예문에서 알 수 있듯이, 오진구는 비보잉을 더 잘하기 위해 옷가지를 싸서 집을 나갔다.

진구가 집을 나간 것을 몽구에게 털어놓던 엄마는 몽구를 닦달한다. 그러면서 엄마는 몽구가 자신의 형을 형이라고 부르지 않고 '개'라고 부르는 것을 탓한다. 아울러 진구가 학교에서 사고 친 것이 몽구 때문이라고 말하면서 몽구를 인정머리 없는 놈이라고 타박한다.

몽구는 진구가 나간 집의 거실 마루에 나란히 앉아 있는 너무 뚱뚱한 엄마와 너무 마른 아빠의 코믹한 사이즈를 본다. 그러면서 몽구는 동네에서 '오 김밥집'부부로 통하는 엄마 아빠가 코믹한 사이즈 설정만 빼면 나름대로 어울리는 커플이라고 생각한다. 그러면서 몽구는 브레이크댄스를 추는 자신의 현재, 그리고 형보다 비보잉을 잘 못하는 자신의 한계 때문에 힘들어한다.

> 내 싸이 홈피의 'today is'는 늘 그렇듯 '힘듦'이다. 28가지 감정 분류기호 중에 내 선택은 언제나 '힘듦'이다. 다른 걸 고르려고 해도 결국엔 힘듦, 늘 그것만 택하게 된다. 공부냐, 춤이냐. 설마 내가 그런 걸 고민하고 있다고 생각하지는 마라. 나는 공부도 하고 춤도 출 거다. 왜 춤도 추냐고? 그건 왜 밥을 먹느냐? 왜 사느냐? 왜 빨간색이 아니라 파란색이 좋으냐? 그렇게 묻는 거랑 똑같다. 도대체 이유가 왜 필요한가. 문제는 나의 찌질함이다. 싹 무시해야 하는데, 안테나를 세우고 오진구를 의식한다. 그러면서 너저분해진다. 그게 미치게 싫다.(36-37)

위의 예문에서 알 수 있듯이, 몽구는 공부도 하고 춤도 추고 싶어하지만, 늘 형 진구를 의식하면서 심리적 갈등을 겪는다. 이런 갈등 속에 몽구는 자신이 찌질하다고 여기면서 그런 자신이 싫다고 생각한다. 몽구는 오로지 춤만을 생각하면서 온몸에 멍이 들고 엉덩이뼈가 부서져도 춤만을 추던 진구에게 열등감을 가지면서 늘 현실을 힘들다고 생각한다.

> "상관 마시라고요. 오진구나 상관하시고 오몽구는 그냥 두시라고요! 엄마가 언제 제 걱정한 적 있어요?"
> "허, 기가 막혀서. 뭐가 어쩌고 어째?"
> "다시 말할게요. 이제부터 오몽구 좀 그냥 놔두라고요! 엄마 아들 오진구나 신경 쓰시라고요. 원래부터 그랬던 것처럼 오몽구는 신경 *끄고* 잘 나가는 오진구한테나 신경 쓰시라고요. 언제부터 엄마가 제 일에 이렇게 신경을 썼는데요? 엄마한텐 내가 아들이기나 해요? 젠장!"(93)

위의 예문에서 알 수 있듯이, 몽구는 자신의 부모가 진구 편만을 들고 있다고 생각한다. 그러기에 몽구는 엄마에게 진구나 신경 쓰고 자신에 대해서는 신경 쓰지 말라고 말한다. 몽구가 이렇게 말한 것은 엄마가 자신에 대해서는 한 번도 걱정한 적이 없다고 생각했기 때문이다. 또한 잘 나가는 형 진구에 대한 열등감 때문이기도 하다. 그러기에 몽구는 엄마한테 자신은 아들 대접을 한 번도 받아본 적이 없다고 생각한다.

그런데 몽구의 엄마가 진구를 편애하게 된 것은 어렸을 때 문제아였던 진구가 비보잉을 하면서 자기 삶의 방향을 집고 부모를 더 이상 힘들게 하지 않았기 때문이다. 또한 그린 진구를 보면서 엄마는 큰 아들 진구에 대한 걱정에서 조금이나마 벗어날 수 있었기 때문이다.

몽구스의 리더 진구는 자기 스타일을 찾아서 춤을 추고 싶어 한다. 그렇지만 진구는 대학을 진학해야 한다는 압박감에 시달리면서 자기 춤의 스타일이 잘 찾아지지 않는 것 때문에 고민을 한다. 그런 고민 속에 진구는 대학 진학을 위해 공부를 해야 하는 현실을 쉽게 받아들이지 못한다. 그렇기 때문에 진구는 자기 춤의 스타일을 찾기 위해 집을 나선다.

> 오진구가 집을 나갔다. 그것도 당당하게. 마치 유학이라도 가는 것처럼 엄마 아빠의 배웅을 받으며 새로 옮기는 침 리더의 오피스텔로 떠났다. 나는 떠나는 오진구의 뒤통수에 대고 저주를 퍼부었다. 꼭 망하길! 부디 망하길! 제발 망하길!(127)

위의 예문에서 알 수 있듯이, 진구는 자기 춤의 스타일의 찾기 위해 마치 유학이라도 가는 것처럼 부모의 배웅을 받으면서 집을 나갔다. 그런 진구를 보면서 열등감을 느낀 몽구는 진구의 뒤통수에 대고 망하라고 저주를 퍼부었다. 이런 몽구의 모습은 형에게 열등감을 느낀 청소년이 형을 이해하지 못함으로써 생겨난 것이라고 할 수 있다.

> 오진구가 나왔다. 오진구의 무대는 익히 알고 있던 대로 화려했다. 박수가 쏟아졌고 환호가 터졌다. 그리고 예상한 대로 엄마가 꽃다발을 들고 무대 앞으로 갔다. 오진구는 희희낙락 꽃다발을 안고 흔들었다. 대스타라도 되는 양. 역겨웠다.
> "여러분, 이분이 저의 마마입니다. 저는 마마를 사랑합니다! 사랑합니다!"
> 오진구는 소리쳤고, 나는 앉아서 그 모습을 지켜봤다. 엄마를 얼싸안은 오진구가 내가 앉아 있는 곳과 반대쪽 통로로 사라지는 것까지.(166-167)

위의 예문에서 알 수 있듯이, 엄마는 비보잉 공연을 마친 진구에게 꽃다발을 건넨다. 그리고 진구는 그런 엄마를 자랑스럽게 관객들에게 소개하면서 엄마를 사랑한다고 말한다. 진구의 이런 모습은 비위에 틀어지면 데굴데굴 구르던 사춘기의 모습이 아니라, 자기 인생의 방향을 설정하고 그것을 위해 매진하는 청소년의 성숙한 모습을 대변한다. 몽구는 진구의 그런 모습을 지켜보면서 극도의 열등감에 시달린다. 자신보다 형 진구가 여러 가지로 뛰어난 것처럼 여겨졌기 때문이다.

> 거기, 엄마가 있었다.
> "몽구야!"
> 엄마는 나를 향해 꽃다발을 내밀었다. 그러나 나는 받지 않았다. 그건 나를 위해 준비한 게 아니었다. 오진구한테 준 걸 이제 와서 다시 내밀다니. 나는 뒤돌아서서 무대 뒷문으로 천천히 걸어갔다.(169)

위의 예문에서 알 수 있듯이, 몽구는 엄마가 자신에게 건넨 꽃다발을 받지 않았다. 몽구가 생각하기에 그 꽃다발은 자신을 위해 준비한 게 아니라 진구한테 준 것이었기 때문이다. 그렇기 때문에 몽구는 뒤돌아서서 무대 뒷문으로 천천히 걸어가면서 엄마가 진구만을 생각한다고 여긴다. 이런 몽구의 모습은 그가 여전히 사춘기적 자아와 결별하지 못한 채 자기중심적으로 세상을 보고 있음을 대변한다.

> "난 절대 안 져! 난 절대로 안 꿇어!"
> 데일 것처럼 뜨거운 입김을 훅훅 토한다.
> "형!"
> "왜? 난 잘났으니까, 너보다 훨씬 잘났으니까! 세상에서 제일 잘난 놈이니까!"
> 오진구가 전갈 프리즈를 한다.
> "그래, 형이 나보다 잘났어. 형이 나보다 훨씬 잘났다고! 아니, 세상에서 제일 잘난 놈이라고!"
> 그런데 수평으로 뻗은 오진구의 다리가 쾅! 바닥에 떨어진다. 그렇게 무너져 바닥에 엎어져서, 일어나지 않는다. 게다가 등짝이 들썩들썩, 운다. 울고 있다. 오진구가.(186-187)

위의 예문에서 알 수 있듯이, 진구는 비보잉의 세계에서 절대 지고 싶지 않다고 말한다. 또한 자신이 세상에서 제일 잘 난 놈이라고 말한다. 진구의 이런 말은 그가 비보잉에 무한한 자부심을 갖고 있으며, 그의 삶에서 비보잉이 절대적 가치를 갖고 있음을 드러낸다. 몽구는 이런 진구를 형이라고 부르면서, 형이 자신보다 잘났다고 생각한다. 또한 울고 있는 형을 보면서 비로소 형의 입장에서 형을 이해한다. 그렇기 때문에 몽구는 형 진구를 단순히 자신보다 뛰어난 존재로만 보는 것이 아니라 비보잉을 위해 최선을 다하는 존재로 인식하게 된다. 이를 통해 몽구는 형과의 갈등과 경쟁심에서 벗어나 자기 이해를 위한 토대를 마련한다.

> 오진구가 달라진 건지 내가 오진구를 잘못 알고 있었던 건지 모르겠다. 리더 오진구는 그야말로 학구적이다. 비보잉이 오진구를 저렇게 만들었을까? 리더 오진구는 너무도 낯설다.(중략)
> 안무가 확정되지 오진구는 거의 아무 말도 하지 않았다. 누구보다 열심히 연습을 했다. 오진구의 얼굴에서 땀이 비 오듯 쏟아졌다. 그러다 저 혼자 좋아 죽겠다는 듯, 킬킬거리며 데굴데굴 연습실을 굴러다녔다.(192-193)

위의 예문에서 알 수 있듯이, 진구는 비보잉을 위해 학구적인 자세로 누구보다 열심히 연습을 한다. 진구는 땀이 비 오듯 쏟아지는 가운데서도 자기가 좋아하는 일에 무한한 자부심을 갖는다. 이런 진구의 모습은 방황하던 청소년이 사춘기적 자아와 결별하고 자신의 미래를 위해 최선을 다하는 것을 대변한다. 아울러 청소년기에 가장 중요한 것은 죽는 날까지 자신이 좋아하는 일을 준비하는 것임을 보여준다. 이런 진구를 보면서 진구는 비로소 형을 제대로 이해하면서 자신을 이해하는 길로 간다.

> 단순하게, 더 단순하게 즐겨라. 지금, 여기, 이 순간을! 나는 지금 미친 몽구스 크루, 비보이 몽이다.(199)

위의 예문에서 알 수 있듯이, 몽구는 지금의 자신에게 필요한 것은 복잡하게 생각하지 않고 자신이 하고 싶은 일들을 단순하게 즐기는 것임을 인식한다. 아울러 자신이 해야 할 일은 지금의 순간을 즐기면서 최선을 다하는 것임을 인식한다. 이런 인식 속에 몽구는 사춘기적 자아와 이별하면서 자기 이해를 통한 정체성 형성을 도모한다.

결국 이 소설은 형에 대한 열등감을 가졌던 몽구가 자신의 일을 위해 최선을 다하는 형을 인정하면서 자기 이해의 통로를 마련하고 있음을 보여준다고 할 수 있다. 아울러 방황하던 청소년기에 갖추어야 할 것은 미래에 대한 거창한 꿈이기보다는 현재의 순간을 단순하게 즐기면서 최선을 다하는 것임을 말하고 있다.

5) 청소년 간의 우정과 사랑을 통한 성장과 정체성 형성

　신여랑의 《이토록 뜨거운 파랑》(2010, 창비)은 지오, 혜성, 유리, 준호 등이 엮어가는 청소년들의 우정과 사랑, 그리고 만화에 대한 열정 등을 담고 있다. 특히 지오와 혜성의 관계를 중심으로 청소년기의 고민과 우울, 사랑의 정서를 통해 청소년들이 미래에 대한 꿈을 어떻게 꾸는지, 그리고 그런 과정을 통해 어떻게 성장하는지를 보여준다.

　이 소설은 지오가 혜성이가 자살했다는 말을 엄마로부터 들으면서 자신과 혜성이 만들었던 추억을 회상하는 데서 시작한다. 이런 회상을 통해 지오는 청소년기의 고민에서 점차 벗어나면서 성장의 계기를 마련한다.

> 　지오는 어쩔 줄 몰라 하는 엄마 품속에서 생각했다. 이건 마음이 아픈 게 아니라 무서운 거라고.
> 　엄마는 모른다. 혜성이는 사고를 당한 게 아니다.
> 　"와, 지오 언니! 여기서 뛰어들면 일초도 안 걸리겠다. 죽는 거 간단하네."
> 　그러니까 혜성이가 – 혜성이 말대로 – 죽은 것이다.(10-11)

　위의 예문에서 알 수 있듯이, 혜성이는 자신이 평소에 말한대로 도로를 달리는 자동차로 뛰어들어 자살을 했다. 혜성이가 교통사고로 죽었다는 엄마의 말을 들으면서 지오는 혜성이가 사고로 당한 것이 아니라 스스로 죽었음을 생각한다. 그렇기 때문에 지오는 혜성에 대해 마음 아프게 생각하는 것이 아니라 무섭게 생각한다.

> 　혜성이다. 혜성이다. 혜성이가 바이킹 맨 뒷자리에 앉아, 나를 보고 웃는다. 도망치고 싶은데, 달아나고 싶은데, 발이 움직이지 않는다. 저리 가! 웃지 마! 이건 꿈이야! 꿈이야! 빨리 깨야 해. 너는 죽었어. 죽었어! 하지만 혜성이가 나를 보고 웃는다.(중략)
> 　알아, 누군가 죽어야 한다면 그건 네가 아니라 나야.
> 　하지만 지오가 그런 생각을 한다는 걸 아는 사람은 아무도 없었다. (중략) 그날 지오가 새벽에 보낸, '나는 정말 나쁜 아이야.'라는 문자를 본 유리조차 대수롭지 않게 생각했다.
> 　어쩌면 그래서 지오는 견딜 수 있다고 믿었을지 모른다. 아무도 몰라서, 아무도 모른 것이기 때문에.(17-18)

위의 예문에서 알 수 있듯이, 지오는 혜성이가 죽은 뒤에 혜성이가 자신에게 달라붙는 꿈을 꾼다. 그러면서 지오는 혜성이와 자신 중 누군가 한 사람이 죽어야 한다면 그것은 혜성이가 아니라 자신이라고 생각하면서 자책감에 시달린다. 지오가 생각하기에 자신은 정말 나쁜 아이였기 때문이다. 그런데 지오가 이렇게 생각하게 된 것은 아무도 모르는, 그러나 혜성이와 자신만은 아는 사건이 있었기 때문이다. 그 사건은 술에 취한 중학생 남자 패거리들에게 갔다가 혜성이만 남겨 둔 채 자신만 도망쳐 왔기 때문이다. 혜성이에 대한 죄책감 속에 지오는 혜성이와의 지난날을 회상한다.

> 지오가 혜성이를 처음 본 건 동네 편의점에서였다. 네스티 한 병을 집어 계산대로 가던 지오는 삼각김밥 하나를 슬쩍 주머니에 집어넣는 깡마른 여자애와 눈이 마주쳤다. 그러자 그 여자애가 지오를 향해 눈을 찡끗했다. (중략)
> "에헤헤, 나 언니 알아. 언니 5동 살지? 언니 나 보고 쫄았나 보구나?"
> 지오는 그 말이 들리지 않는 것처럼 외면하고 여자애를 비켜서 걸어갔다. 하지만 그 여자애가 뛰어왔고, 지오한테 팔짱을 꼈다.
> "난 주혜성이고 3동 경비가 울 할아버지야. 나 언니 만날 봤어. 그런데 언니 혹시 벙어리야? 언니가 말하는 건 한 번도 못 봤거든."(중략)
> 그 뒤로 혜성이는 어느 곁엔가, 지오를 언니라고 부르며 집으로 찾아왔고, 종종 교문 앞에서 지오를 기다렸다.(11-13)

위의 예문에서 알 수 있듯이, 지오는 동네 편의점에서 삼각 김밥 하나를 슬쩍 주머니에 집어넣는 깡마른 모습의 혜성이를 처음 보았다. 자신의 도둑질을 본 지오에게 혜성이는 눈을 찡끗하면서 다가온다. 그 후로 혜성이는 지오를 언니라고 부르며 집으로 찾아왔고, 종종 교문 앞에서 지오를 기다렸다.

한편 지오는 3차에 걸친 어려운 시험이었던 교육청 미술영재시험에 합격했다. 지오는 평소에 만화가가 꿈이었고 그 꿈을 위해 열심히 만화를 그려왔는데, 그것을 인정받아 미술영재시험에 합격한 것이다. 그 후 지오는 만화동아리를 만들자는 친구들의 제의를 받아들여 만화동아리 '파랑'을 만들었다. 지오는 만화동아리 파랑을 만든 후 열심히 만화를 그렸다.

> 그때나 지금이나 신기한 건 만화를 그렇게 잘 그리고, 또 열심히 그리던 지오가 만화책은 거의 읽지 않는다는 점이다. 장편만화 중에 지오가 읽은 건 『데스노트』 하나라지.(중략)

하하. 그러는 지오가 왠지 사랑스럽게 느껴졌다. 푸하, 하고 웃음이 터졌다. 이상한가?

원래 '사랑'이란 그런 거라고 했다.

누가 그런 이상한 소릴 했느냐고?

그야 우리 아빠다.(36-37)

위의 예문에서 알 수 있듯이, 지오는 만화를 잘 그리고 또 열심히 그리지만 만화책은 거의 읽지 않는다. 지오가 이렇게 하는 것은 만화그리기는 자신만의 영감과 생각이 중요하다고 생각하기 때문이다. 한편 지오가 중심이 되어 만들었던 만화동아리 '파랑'은 축제 뒤에 점차 시들해지고 만다.

하지만 축제를 정점으로 파랑은 시들해졌다. 후배를 받지 않아 1학년 애들의 원성도 들었고. '이제는 3학년, 각자의 길을 가야 할 때!'분위기가 팽팽해져서 하나 둘 모임에서 얼굴을 감추기 시작했다.

지오는 뜻하지 않은 유명세에 질린 것 같았다. 카페에 올린 그림도 비공개로 돌리고, 1학년 애들한테 받은 선물도 달가워하지 않았다. 누가 자기 그림에 대해 굉장하다고 말해도 기뻐하지 않았다.(39)

위의 예문에서 알 수 있듯이, 지오는 3학년이 되자 각자의 길을 가야 할 때임을 인식한다. 그런 분위기 속에 파랑의 아이들이 하나 둘 모임에서 얼굴을 감추기 시작했고, 지오도 뜻하지 않은 유명세에 질리고 만다. 그런 가운데 지오는 여전히 나쁜 남자 아이들로부터 혜성이를 지켜주지 못했다는 죄책감에 시달린다.

나는 입을 꼭 다물고 끄덕이며 엄마 말에 동의했었다. 안심했었다. 엄마가 생각하는 혜성이, 그 애를 그냥 뒀었다. 불쌍하지만 나를 괴롭히고 힘들게 하던 아이. 이제 멀리 왔으니 다시는 나와 연결되지 않아 안심인, 불량한 아이. 아니네요. 그렇지 않아요. 그 애는 그런 애가 아니에요. 나쁜 건 나에요. 말하지 않았다. 엄마의 품에 안겨 혜성이 그 애를 '더 나쁜 아이'로 만들었다.(50)

위의 예문에서 알 수 있듯이, 지오는 혜성이를 지켜주지 못했다는 자책감에 시달리면서도, 불쌍하지만 자신을 괴롭히고 힘들게 했던 혜성이가 자신과 연결되지 않았음에 안도한다. 그러기에 지오는 엄마에게 혜성이가 나쁜 애가 아니며, 오히려 자신이 나쁜 아이라는 말을 하지 못한다. 엄마의 품에 안겨 혜성이를 더 나쁜 아이로 만든다. 이런 지오의 모습은 그가 엄마라는 존재에 여전히 의존하고 있는 유년기적 자아에 머물고 있음을 보여준다. 그러나 지오는 자살한 혜성이를 통해 유년기적 자아에서 벗어나야 함을 인식한다. 그렇기 때문에 지오는 끊임없이 혜성이가 그날 겪었던 아픔을 떠올린다.

늦은 밤 휴대폰을 손에 쥐고 망설인다. 그러면 안 돼, 라고 생각한다. 그러지 마, 라고 말한다. 유리야, 무서워. 소름이 돋는다. 악몽일 뿐이야. 내가 스스로 건 주문일 뿐이야. 뭐라고 할건데? 혜성아, 제발 가. 가줘. 이제 그만. 날 놔줘. 그러면 악몽의 전주곡처럼 그 순간이 떠오른다. (중략)
발밑이 푹푹 꺼지고 나뭇가지가 얼굴을 할퀴고 어디선가 몰려든 벌레들이 달라붙는다. 저기집애 좀 봐. 미친 듯이 뛰는데. 야, 가서 잡아와!
그 남자애들 목소리가 들린다. 하얗게 숲을 뒤덮은 밤꽃이 우르르 나를 쫓아온다. 미끄러지고 절뚝거린다. 손에 차갑고 축축한 흙이 묻는다. 하지만 난 한 번도 돌아보지 않는다. 혜성이가 거기 있는데.(51-52)

위의 예문에서 알 수 있듯이, 지오는 자신이 숲 속에 혜성이를 남겨 두고 도망쳤던 순간들을 떠올리면서 악몽에 시달린다. 또한 혜성이에 대한 죄책감에 시달리면서 자신의 의식에서 벗어나지 않는 혜성이 때문에 괴로움을 겪는다. 지오가 혜성이에게 갖는 자책감은 지오와 혜성이가 술 취한 나쁜 남자애들에게 성추행을 당할 위기를 맞은 데서 시작한다. 그 위기에서 지오는 달빛에 부풀어 커다란 올가미처럼 번성한 나뭇잎들의 그림자들과 부들부들 떨고 있는 혜성이를 남겨 둔 채 홀로 도망쳤다. 지오는 미친 듯이 뛰는 자신을 잡아오라는 남자애들의 목소리를 들으면서 미끄러지고 절뚝거리면서 필사적으로 도망쳤다. 그렇기 때문에 도망치면서 지오는 혜성이를 미처 생각할 겨를이 없었다.

그날의 일은 지오에게 커다란 상처로 가슴 밑바닥에 자리 잡고 있다. 그러기에 지오는 멀리서 으르렁거리는 오토바이 소리로 상징되는 불량소년들이 여전히 자신의 가슴에 살아있기에 그들을 무서워한다. 또한 환한 햇빛처럼 자신을 기다리는 엄마와 유리에게 가서 그들의 품에서 안정을 얻고자 한다. 그들의 품이라면 불량소년들을 향했던 칼날을 거둘 수 있을 것이라고 생각한다.

그런 지오에게 죽은 혜성이를 아는 구준호가 혜성이가 남긴 물건을 그녀에게 주고 싶다며 만나자고 한다. 지오는 자신에게 줄곧 뭔가 줄 것이 있다고 한 구준호의 말을 떠올리면서 그 물건이 죽은 혜성이의 유품 같은 것이 아닐까 생각한다. 그러면서 그 물건이 자신에게 위로가 될 것이라는 생각을 한다. 죽은 혜성이가 지오 언니에게 주고자 한 것은 그날의 일을 기록한 일기장이다.

> 지오란 애 제대로 걸렸다. 아마 두고두고 켕길 거다. 혼자 살겠다고 도망갔으니 싸다. 그랬더니 그게 또 길길이 뛰면서 화를 내더라고. 오빠가 뭔데 지오 언니 욕해! 내가 가라고 해서 간 거야! 내가 가라고 했어! (중략) 뭐, 내가 지오란 애 때문에 혜성이랑 싸울 이유도 없고 해서 그 멍청이 알아먹게 설명해 줬다. 이러고 저래서 걔는 너를 피했을 거다. 아마도 죽을 때까지 널 버리고 갔다는 죄의식에서 벗어나기 힘들 거다. 그날 일, 아니지, 너 생각만 나도 숨이 막힐 거다. 그랬더니 입 떡 벌어지게 충격을 받더라고! (생략) 거짓말이든 사실이든 그날 아무 일도 없었다고 해라. 그러면 걔도 숨 좀 쉴 수 있을 거다. 그랬지. 근데 이 멍청이가 못 가는 거야. 노트에 뭐라고 끄적대기만 하고, 아크릴로 뭘 그리기 시작했다는데 완성되면 간다나 어쩐다나 차일피일 미루더라고.(146)

위의 예문에서 알 수 있듯이, 혜성이는 그날 도망간 지오 언니를 탓하지 않았다. 그 대신 혜성이는 지오 언니를 욕하는 준호에게 화를 내면서 자신이 가라고 해서 지오 언니가 갔다고 주장했다. 그런데 혜성이는 지오 언니가 자신 때문에 죄의식에서 벗어나기 힘들 것이라는 준호 오빠의 말을 듣고는 충격을 받아서 지오에게 전하기 위한 편지를 쓴다. 그 후 혜성이는 지오 언니를 피하다가 끝내 자살로 생을 마감했다. 그런 혜성이 때문에 지오는 혼자 살겠다고 도망친 자신에 대한 자책감 때문에 괴로워하고 있다.

> 내가 지오 언니였다면 어땠을까 생각해 봤어. 그래서 그 숲에도 갔었어.
> 저기 있지. 정말이지. 이거 정말이야. 절대 거짓말 아니야. 그날 아무 일도 없었어. 그러니까 이상한 생각하지 마. 응? 언니가 마음 아픈 거, 힘든 거, 우는 거, 정말 싫어. 난 언니가 웃었으면 좋겠어. 언니는 내가 아는 세상에서 제일 예쁜 언니니까.(중략)
> 아, 그럼 이제 진짜 마지막. 마지막이니까, 딱 한 번만 할게. 간지러워도 참아! 자, 한다!
> 언니, 사랑해.
> 혜성이의 편지는 그렇게 끝났다. 그리고 혜성이의 편지 위로 지오의 낮은 흐느낌이 조용히

스며들었다.(182-183)

위의 예문에서 알 수 있듯이, 혜성이는 지오 언니에게 보내는 편지를 통해 그날 숲에서 정말 아무 일도 없었음을 말하면서 지오 언니더러 마음 아프게 생각하지 말라고 말한다. 또한 지오 언니가 우는 것은 싫으니까 웃었으면 좋겠다고 말한다. 아울러 지오 언니를 사랑한다고 말한다. 이러한 혜성이의 편지를 읽으면서 지오는 정말로 자신을 생각해 주었던 혜성이를 떠올리면서 흐느낀다.

하지만 혜성이 가슴 깊은 곳엔 그게 있었겠지. 엄마가 말했던…… 불덩이. 내 눈에서 또르르 눈물 한 방울이 떨어졌다. 그런 부모, 그런 학교, 그런 일들……. 나라면, 나라면 견딜 수 없었을 거야. 그런데 혜성이는……. 구준호가 아니었다면, 어쩌면 영원히 혜성이를 몰랐겠지. 혜성이가 세상에 존재했다는 것도.(중략) 나는 지오 생각만 했어. 지금도, 지금도 그래……. 난 지오가 걱정 돼. 미안해, 혜성아. 미안하다고밖에 말할 수 없어서 정말 미안해. 너는 그토록 많은 불행을 혼자 견뎠는데……. 그렇게 어이없이 세상을 떠났는데……. 내가 너한테 할 수 있는 말은 고작 '미안해!'가 전부라니.
나는 혜성이의 노트를 가슴에 안고 엉엉 소리내어 울었다.(168)

위의 예문을 통해 알 수 있듯이, 지오는 비로소 혜성이의 가슴 속에 있었던 불덩이 같았던 우울을 이해한다. 아울러 자신이라면 견딜 수 없었을, 혜성이가 일찍 돌아가신 그의 부모 때문에 겪었던 아픔과 학교에서 외롭게 지냈던 일들을 이해한다. 이러한 이해를 통해 지오는 지금까지 자신만을 생각하며 살았던 시간들에 대한 반성 의식 속에 혜성이에게 미안하다는 말을 한다. 미안하다는 말을 통해 지오는 혜성이가 그 많은 불행을 혼자서 견뎠던 시간들을 이해하면서 세상을 떠난 혜성이에게 고작 '미안해'라고 말할 수 없는 자신을 뼈아프게 인식한다. 이러한 인식을 통해 지오는 비로소 자기 안의 껍질을 깨고 진정으로 타자를 이해하는 성장하는 존재가 된다. 그렇게 됨으로써 지오는 사춘기적 자아에서 벗어나 세상에 당당히 맞설 수 있는 힘과 혜성이를 두려운 존재로 여기지 않는 내적 성숙의 길로 나아간다.

6) 문학에 대한 열정을 통한 성장과 정체성 형성

이상운의 《내 마음의 태풍》(2006, 사계절출판사)은 문학에 대한 열정으로 청춘의 시간을 불사르다가 생을 마감한 한경민에 대한 민기의 회고를 통해, 살벌한 군사독재에 대한 비판을 보여주고 있다. 또한 청소년들이 그들만의 자유로운 세계를 꿈꾸며 성장하는 존재가 되어가는 과정을 보여준다. 소설은 가슴 설레는 이팔청춘에 대한 청소년들의 설렘을 말하면서 시작한다. 그러나 군사독재가 지배하던 시절에 청소년들은 청춘의 피 끓음에 마냥 설렐 수만은 없었다. 그 당시의 청소년들은 날마다 시험 걱정을 해야 하고 수시로 제식 훈련을 받으며 군사 독재정권에 충성을 맹세해야 하는 우울한 예비 소년 군인이기도 했기 때문이다.

주인공 민기와 한경민은 중학교 1학년 때 처음 알게 되었는데, 한경민은 그때부터 장차 시인이 되겠다는 포부 속에 시를 쓰고 있었다. 한경민은 수줍을 잘 타는 소심한 성격이었지만, 농담을 할 만큼 마음이 열려 있을 때면 자신을 시인이라고 불러 달라고 했다. 민기는 그런 한경민을 기꺼이 시인이라고 불러주었다.

> 바로 그때였다. 고개를 젖히고 하늘을 올려다보는 그 애의 하얀 목과 찰랑대는 예쁜 단발머리를 본 순간 머릿속에 반짝하고 불이 켜지면서 한 가지 생각이 떠올랐다. 그건 소년 시인 한경민을 위해 문집을 만들자는 것이었다.
>
> "난 언제 내 시집 한 권 가져 보게 될까."
>
> 경민이의 그 말이 다시 들려오는 듯했다.
>
> 난 걸음을 멈추고 서서 생각해 보았다. 생각할수록 그건 정말 괜찮은 아이디어였다. 순정파 시인 한경민과 함께, 그리고 또 마음이 통하는 다른 친구들과 함께 영원히 다시 오지 않을 우리의 청춘을 책으로 꾸민다는 거…….
>
> 그건 바로 내가 기대했던 우리들만의 자유로운 세계가 될 수 있을 것 같았다.(25-26)

위의 예문에서 알 수 있듯이, 민기는 순정파 시인 한경민을 비롯한 마음이 통하는 몇 명의 친구들과 함께 다시는 오지 않을 청춘을 문집으로 만들어 그들만의 자유로운 세계를 펼칠 수 있을 것으로 생각한다. 민기는 문집의 제목으로 사춘기의 자신들의 심정을 대변하는 태풍이 적당하고 생각한다. 태풍은 그들의 불만뿐만 아니라 꿈과 미래가 태풍 같기를 바라는 그들의 심정을 대변하는 말이기 때문이다. 민기는 문집 만들기를 생각하면서 한동안 편안하고 풍요로운 마음으로 우울한 학교생활을 견뎌냈다. 문집 만들기는 민기의 빈 터와 같은 그의 의식에 무언가를 심고 가꾸는 의미 있는 일이었기 때문이다. 또한 군사 독재정권의 억압 속에 기계적인 제식 훈련으로 우울해진 잡초밭 같은 그들의 마음을 진정시켜 줄 것이었기 때문이다.

따라서 민기는 한경민, 윤재국, 김정희 등에게 '태풍으로의 초대'라는 제목을 붙인 그림을 보내 문집 만들기를 결행한다. 민기는 초대장에 해안을 굽어보며 멋지게 날고 있는 네 마리의 갈매기를 그려서 친구들과의 동행과 꿈을 강조하면서, 그 꿈으로 감옥 같은 교실을 벗어나자는 뜻을 전달한다. 또한 민기는 아빠에게 친구들과 문집을 만들기로 했다는 사실을 알리고 토요일 오후에 두 시간만 작업실을 쓰게 해 달라고 부탁해서 허락을 받는다.

어느 날 밤, 우리는 정희의 대학생 형이 감옥에 있다는 얘기를 듣게 되었다. '박통'의 퇴진과 민주화를 요구하는 유인물을 뿌리다가 잡혀갔다고 했다.

"감옥에서 가끔 편지가 와."

그건 가슴 떨리는 두려운 얘기였다.

"그러면 너네 형은 어떻게 되는 거야?"

한참 뒤에 한경민이 떨리는 목소리로 물었다.

"언젠가는 풀려나겠지."

정희가 대답했고 내가 물었다.

"언제?"

"세상이 자유로워지면!"

정희가 말했다. 녀석은 의연하고 당당해 보였다.

"이런 얘기 학교에선 절대로 하지 마. 잡혀가서 조사받게 될 수도 있으니까."(110)

위의 예문은 김정희의 대학생 형이 '박통'의 퇴진과 민주화를 요구하는 유인물을 뿌리다가 체포된 상황을 전달하고 있다. 또한 김정희의 형이 언제 풀려날지 알 수 없는 암담한 현실을 보여준다. 이를 통해 위의 예문은 유신정권의 군사독재가 당시 사람들의 생활을 얼마나 억압하고 통제하고 있었는지를 드러낸다.

"학급 문집이 아니고 제 개인적으로 하는 건데요."

그러자 담임은 잠시 입을 꾹 다물고 있더니 따라오라고 했다. 난 담임을 따라 4층 구석에 있는 과학실로 갔다. 그러자 담임은 먼지를 뒤집어쓴 과학 실험 도구 잔뜩 놓인 진열대 앞에 나를 세워 놓고 마구 몰아붙였다.

"왜 그런 일에 시간 낭비 하는 거야!"

담임은 반복해서 그렇게 외쳤지만 본심은 이런 것이었다.

'왜 내 말을 거역하는 거야!'

그게 주제였다. 김 화백은 그걸 견딜 수 없었던 것이다. 내가 자기 명령을 따르지 않는 것을.(중략)슬프고 억울했다. 말로 제압이 안 되면 무조건 때리니 말이다. 그게 마치 선생의 특권이라도 되는 것처럼.

김 화백은 쓰러진 나를 상대로 협박을 늘어놓았다. 계속 반항하면 퇴학을 당할 수도 있다고. 그러면 어떻게 되는지 친절하게 풀이까지 곁들였다.(124-125)

위의 예문은 민기의 학급 담임이 문집을 만들겠다는 민기를 억압하면서 폭력을 행사하고 있음을 보여준다. 민기의 담임 김 화백은 말로 제압이 안 되자 무조건 민기를 때렸는데, 이런 담임의 모습은 군사독재 정권의 만행을 암시한다. 또한 협박으로 민기를 통제하려고 하면서 문집 만들기와 같은 일을 하지 말라고 했던 자신의 말을 듣지 않는 민기를 회유한다. 이러한 담임의 태도는 군사독재 정권이 국민들을 통제하는 모습과 매우 유사하다. 그러기에 민기를 비롯한 청소년들은 그러한 문화에 적응하지 못한 채 우울함에 빠진다.

민기를 비롯한 당시의 청소년들은 군기를 익혀 가는 예비 소년 군인으로서 현역 군인이 와서 평가하는 교련 검열을 준비해야 했고, 공습이나 화학전에 대비하여 피신하는 훈련을 해야 했다. 이런 상황에서 민기를 비롯한 청소년들은 자신들이 처한 상황을 달리 해소할 수 있는 방법을 갖지 못한 채 무력감과 우울함에 젖는다.

담임은 계속 말했다. 더 이상 문집은 없으며, 네 명 모두 징계를 받을 수도 있다고. 김 화백은 꼭 우리 넷에게만 말한 게 아니었다. 반 아이 모두에게 경고한다는 식으로 말했다. 학급 분위기를 해치는 녀석들은 그 이유가 무엇이건 처벌을 받게 될 거라는 소리였다.(중략)

'그만 하겠습니다.'

당연히 그렇게 말할 줄 알았다. 하지만 아니었다.

"저는 제가 하고 싶은 대로 하겠습니다."

경민이는 그렇게 말했다.

"뭐야?"

"이건 제 사생활입니다."

난 무척 놀랐다. 시인이 그렇게 나올 줄은 상상도 못 했기 때문이다. 한없이 순수하고 순진해서 여리고 나약한 줄로만 알았는데…….

담임도 그랬던 모양이었다. 다른 때 같았으면 즉시 따귀를 올려붙였을 텐데 얼굴이 하얘지면서 얼어붙었다. 뜻밖의 반격에 기가 막혔던 것이다.(132-133)

위의 예문에서 알 수 있듯이, 민기의 담임은 문집 만들기를 중단하라고 한다. 자신의 말을 듣지 않으면 민기를 비롯한 네 명 모두 징계를 받을 수 있다고 협박하면서. 담임의 그런 협박에 다른 아이들은 모두 굴복했지만 한경민은 자신이 하고 싶은 대로 하겠다고 하면서 담임의 협박에 굴복하지 않는다. 담임은 그런 한경민에게 놀라면서 경민이의 반격에 제대로 대응하지 못한다. 이런 한경민을 보면서 다른 아이들은 평소에 한없이 순수하고 순진해서 여리고 나약한 줄 알았던 한경민의 새로운 면모에 놀란다.

그 후 민기를 비롯한 그의 친구들은 담임의 협박에도 불구하고 문집 만들기를 강행하기로 한다. 민기를 비롯한 그의 친구들이 문집 만들기를 강행할 수 있었던 것은 자유주의자인 민기 아빠의 후원이 있었기 때문이다. 민기의 아빠는 말없이 민기를 비롯한 청소년들의 시간을 응원하면서 그들이 스스로 잘해 나가기를 지켜봐 왔다. 이런 아버지의 후원에 힘입어 민기를 비롯한 그의 친구들은 문집 만들기를 계속할 수 있었다.

민기와 그의 친구들은 자신들이 만든 문집 '태풍'의 발행을 축하하는 비밀 모임을 산에서 갖는다. 이 모임에서 그들은 한껏 고무되어 자유로운 비상을 꿈꾸며 자신들의 앞날이 태풍처럼 강하게 펼쳐지길 바랐다. 그러나 그들의 그런 바람은 오래 지속될 수 없었다. 그들이 태풍의 간행을 축하하는 비밀 모임을 하는 곳에 이상한 아저씨들, 즉 사복 경찰들이 나타나 그들을 폭행했기 때문이다. 그들은 민기와 그의 친구들을 폭행하면서 그들이 만든 문집을 불온 유인물로 취급한다.

"새파란 놈의 새끼들이."

나를 처박아 놓고 남자가 말했다. 다음에 이어진 말이 걸작이었다.

"이런 불온 유인물이나 만들고."

정말 웃기는 아저씨였다. 불온 유인물이라니? 불온(不穩)이란 말은 '온당하지 않고 험악하다, 또는 치안을 해칠 우려가 있다'이런 뜻이다. 그러니까 우리가 시와 산문과 그림으로 꾸민 문집이 온당하지 않고 험악하고 치안을 해칠 우려가 있는 문서라는 소리였다.

"일어나, 이 새끼야."

그때 다른 남자가 말했다. 정말 온당하지 않고 험악한 말이었다. 그렇게 외치면서 그는 아직도 누워 있는 윤재국의 엉덩이를 걸어찼다.(169)

위의 예문에서 알 수 있듯이, 사복 경찰들은 민기 일행이 만든 문집을 불온 유인물로 생각하고 민기 일행을 폭행한다. 사복 경찰들은 시와 산문과 그림으로 꾸며진 문집이 온당하지 않고 험악하여 치안을 해칠 우려가 있는 것으로 여겼던 것이다. 그러나 민기가 생각하기에 갑자기 나타나 자신들을 폭행하는 사복 경찰들이야말로 온당하지 않고 험악한 존재들이었다. 민기의 이런 생각은 군사독재정권의 억압과 폭력이 무고한 시민들의 일상까지 지배하고 있었음을 드러낸다.

사내는 경민이에게 그렇게 말하면서 그쪽으로 다가갔다.
"그거 이리 내놔."
경민이는 힘겹게 일어서며 두 손으로 문집을 가슴에 끌어안았다. 꼭 인형을 빼앗기지 않으려 하는 아이 같았다. 녀석은 주위를 두리번거리더니 자기에게 다가오고 있는 사내를 바라보았다.(중략)
"그거 이리 내놓으라니까."
사내는 더 다가갔다.
"안 돼요, 절대로."
"이 새끼, 어서 내놔."
"안 돼요. 오지 마세요."
경민이 얼굴이 무서울 정도로 창백해졌다.(중략)
황급히 돌아보니 시인은 문집을 가슴에 품은 채 허공에 떠올라 있었다. 난 파란 하늘에 떠 있는 녀석의 하얀 운동화를 보았다. 그 다음에 갑자기 아래로 쑥 꺼져 내리며 사라져 버린 검은 교복의 잔상뿐이었다.(171-173)

위의 예문에서 알 수 있듯이, 경민이는 다른 친구들과는 달리 문집을 내놓으라는 형사의 말을 듣지 않는다. 경민이는 문집을 가슴에 끌어안은 채 문집을 빼앗으려고 자신에게 다가오는 형사를 쳐다보다가 얼굴이 무서울 정도로 창백해진 모습으로 벼랑 아래로 떨어져 자살을 하고 만다. 경민이의 이런 모습은 청춘의 자유를 지키고자 무자비한 폭력에 굴복하지 않는 청소년의 모습을 상징한다. 아울러 순수한 자유의지와 젊음을 지키려는 몸부림이었다. 한경민의 갑작스런 죽음에 민기를 비롯한 친구들은 커다란 충격을 받는다.

그러기에 민기는 벼랑 아래로 뛰어내린 경민이를 구하기 위해 노력했지만 그렇게 혼자 떠나 버린 경민이를 머릿속에서 지우지 못한다. 그때의 충격으로 인해 민기는 당시 경민이가 어떤 상황에서 그런 일을 했는지를 구체적으로 기억하지 못한다. 그렇지만 민기는 경민이의 행동을 보면서 자유를 찾고 유지하는 진정한 행동의 의미를 되새긴다. 아울러 젊음을 간직하고 순수함을 유지하는 것에 대한 성찰을 통해 성장하는 존재로 변모해 간다.

'바보 쥐똥 같은 녀석아, 나도 다 알아. 네가 어느 날 내 '마음의 태풍'이라고 적고서 기뻐했다는 걸 나도 다 안다구. 너 자신을 대양의 작은 물방울로 비유하면서, 그 작은 존재 속에 태풍의 꿈이 있다고 노래했잖아? 그래, 너는 분명 그렇게 노래했어. 나도 알아. 태풍이 몰려오기를, 그래서 질주하는 비바람과 함께 하늘로 날아오르게 되기를 너는 노래했어. 우주라는 대양의 모든 작은 물방울들은 저마다 마음에 태풍을 품고 있다고. 바보야, 물방울인 내가 어찌 그걸 모를 리가 있겠어⋯⋯.'(184)

위의 예문에서 알 수 있듯이, 민기는 죽은 한경민에 대한 독백을 통해 경민이가 작은 존재 속에 태풍의 꿈을 꾸었던 것을 비로소 이해한다. 아울러 경민이가 자신을 대양의 작은 물방울로 비유하면서 몰려오는 태풍을 따라 질주하는 비바람과 함께 하늘로 날아오르게 되기를 노래했던 것을 이해한다. 민기의 이런 모습은 그가 경민이를 통해 청소년기의 꿈과 순수에 대한 성찰을 하고 있음을 드러낸다. 또한 앞으로의 삶에 대한 새로운 설계를 하게 되었음을 보여준다.

그러기에 민기는 경민이와 함께 했던 아픈 과거의 상징물인 문집 '태풍'을 불태울 수 있었다. '태풍'을 태우면서 민기는 자신의 스케치북에 있는 그림과 다른 원고들도 함께 태워버렸다. 이렇게 함으로써 민기는 떠나 버린 시인과 함께 그것들을 자신의 마음에 온전히 보존할 수 있었다. 민기의 이런 모습은 경민이가 지키고자 했던 청춘의 피끓음과 순수함을 자신의 마음에 영원이 간직하고자 하는 것을 드러낸다. 또한 민기가 경민이를 통해 사춘기적 자아에서 벗어나 성장하는 존재로서 새로운 삶을 위한 정체성을 형성하게 되었음을 보여준다.

그러나 민기는 친구를 지켜주지 못했다는 죄책감 때문에 경민이의 부모님이나 형들을 마주할 용기를 갖지 못한다. 그러면서 경민이에 대한 죄책감이 다루기 힘든 야수가 되어 자신을 괴롭힐 것을 두려워한다. 아울러 자신이 갖고 있는 죄책감은 많은 시간이 지나야만 해소될 수 있는 것이라고 생각한다. 민기가 이렇게 생각하게 된 것은 죄책감은 함부로 건드려서는 안 되고,

단번에 내쳐버릴 수도 없기에 포도주처럼 숙성을 시켜야 한다는 아버지의 격려 때문이었다.

　　"경민아! 한경민! 쥐똥! 시인!"
　　대답이 없었다. 슬프게도 대답이 없었다. 그래도 난 계속해서 말했다. 내 귀에 들려오는 대답
은 없었지만 난 녀석에 말했다.
　　난 경민이가 내 안에서 듣고 있다고 믿기로 했다. 난 시인을 또 하나의 나라고 생각하기로
했다. 아니, 그렇게 믿었다. 내가 조금씩 빼앗기며 잃어 가고 있던 순정을, 시인이 자기 삶을 멈
춤으로써 지켜 냈던 거라고.
　　그러니 이제 시인은 내 안에서 영원히 나와 함께 있을 터였다. 시인은 곧 나의 슬픔이자 열
정이자 순수함이자 죄였다. 녀석은 내 마음의 태풍이었다.
　　나는 산을 떠나면서 시대처럼 어두운 숲과 하늘과 땅을 향해 말했다.
　　"시인! 우린 계속 함께 가는 거야!"(188-189)

위의 예문에서 알 수 있듯이, 민기는 점차 경민이에 대한 죄책감에서 벗어나 경민이를 객관
적으로 이해하기 시작한다. 경민이는 민기 자신이 조금씩 빼앗기며 잃어가고 있던 순정을 지키
기 위해 자기 삶을 멈춘 것이라고 생각하게 된다. 이런 생각 속에 민기는 시인인 경민이가 자기
안에서 영원히 함께 있을 것임을 생각한다. 경민이는 민기 마음의 태풍이었기 때문이다. 이러한
인식을 통해 민기는 비로소 경민이에 대한 죄책감에서 벗어나 자신과 영원히 함께 할 경민이를
위해서라도 세상과 당당히 맞서야 한다고 생각한다. 아울러 어두운 숲과 하늘같은 시대를 견뎌
내야 한다고 생각한다. 이러한 생각을 함으로써 경민이는 자기중심적 삶의 태도에서 벗어나 경
민이를 진정한 타자로 인정하면서, 그와 함께 하는 것이 진정한 자기 삶의 개척임을 말한다. 그
러기에 경민이는 이제 성장하는 존재로서 미래에 대한 새로운 설계 속에 정체성을 형성하게 되
었다.

7) 이모의 삶 이해를 통한 사춘기적 자아와의 결별 및 성장의 계기 마련

　　이현의 《우리들의 스캔들》(2007, 창비)에는 미혼모인 교생 선생님으로 보라의 이모가 등장한
다. 교생 실습 과정에서 미혼모인 사실이 밝혀지면서 교실에 들어갈 수 없게 되자, 보라의 이모
는 교실에 들어가서 수업을 참관할 권리를 보장하라고 하면서 1인 시위를 한다. 그 과정에서

보라의 반 아이들은 그들이 만든 카페에서 미혼모인 보라의 이모를 조롱하다가, 학생의 인권을 무시했던 담임선생의 폭력을 경험하면서 남들과는 다른 보라의 이모를 점차 이해하게 된다.

이 소설은 미혼모인 보라의 이모가 보라의 반으로 교생 실습을 나와 미혼모라는 이유로 학교 당국으로부터 차별을 딩하고, 그 과정에 담임이 폭력적으로 관여한 사실을 제시하여 진정한 교권의 의미와 남들과는 다른 사람에 대한 포용의 의미를 전달한다. 또한 보라가 미혼모인 이모를 진정으로 이해하게 되면서 사춘기적 자아에서 벗어나 성장하는 존재가 되는 것을 보여준다.

이 소설은 사범대학 4학년에 다니고 있는 보라의 이모가 보라의 반 교생으로 오는 데서 시작한다. 보라는 이 상황에 당황하면서 이모가 난데없는 사고를 친 것으로 이해한다. 보라와 같은 중학교 2학년들은 꽉 막힌 교칙과 선생님들, 칙칙함의 절정을 보여주는 교복 속에 답답하게 지내다가 푸릇푸릇한 청춘들이 대거 등장하는 교생 실습에 설레고 흥분한다. 그런데 보라는 이번 교생 실습이 마냥 흥분되지는 않는다. 이모가 자기 반 교생으로 오기 때문이다. 그래서 보라는 이모 기분을 생각해서 마음이 흔들려서는 안 되며, 그저 모르는 척, 조용히 한 달을 보내는 게 상책이라고 생각한다.

> 드르륵, 앞문이 열렸다.
> 우리 반의 마지막 한 사람인 럭셔리 장, 주름 하나 없는 세련된 양복 차림의 수학 선생. 우리 담임이 먼저 교실로 들어섰다.
> 그리고 그 뒤를 이어 또 한 사람.
> 가무잡잡한 얼굴에 표정이 다부지고 목이 길어 인상이 시원시원하다. 짧게 친 커트 머리 아래 은 훤히 드러난 귓불에 매달린 세 개가 화려하지 않은데도 눈길을 끈다. 뚱뚱하지는 않지만 골격이 좋아 어깨가 당당해 보인다.
> 이모, 우리 이모 진경숙이다.(15)

위의 예문에서 알 수 있듯이, 가무잡잡한 얼굴에 표정이 다부지고 목이 길어 인상이 시원시원한 보라의 이모 진경숙은 보라의 반에 교생으로 등장한다. 반면에 보라의 담임인 럭셔리 장은 주름 하나 없는 세련된 양복 차림으로 등장하고 있다. 보라 이모와 담임의 상반된 외양은 그들의 성격 차이를 드러내면서, 앞으로 전개될 사건들을 암시하는 역할을 한다.

보라의 반 아이들은 보라 이모의 첫인상에 후한 점수를 주면서 만족스러움을 나타낸다. 전교에서 가장 튀는 교생이라고 생각하면서 말이다. 이런 아이들은 보면서 보라는 자신과 이모의 관계를 아이들에게 말하지 않는다. 그런 가운데 보라의 반 아이들 가운데 가장 키가 작지만 또 가장 눈에 띄는 아이였던 정윤선이 반 카페를 만들어 아이들에게 알려준다. 정윤이가 만든 카페의 이름은 '0205비밀의 방'이었다. 그런데 반 카페를 만들었던 윤선이가 돌연 학교를 그만두게 되었는데, 그 후 카페 운영자는 자신을 드러내지 않은 채 카페를 운영했다.

한편 보라는 공부가 지겹긴 하지만 어쩔 수 없이 해야 하는 일이라고 생각하며 살아가고 있다. 그렇기 때문에 보라는 앞으로 자신에게 펼쳐질 미래에 대한 확신이 없는 가운데 막연하게 외고에 가고, 그럴싸한 대학에 가는 것만을 생각한다. 대학을 간 후에 어떤 진로를 갈 것인지는 생각하지 못하고 있다. 이렇게 보라가 앞으로의 진로에 대해 고민하고 있을 때, 반 카페에 이모의 딸 초록이의 사진이 올라온다. 이 때문에 반 아이들은 보라의 이모가 미혼모인 것에 놀라게 되고, 보라의 담임과 교감 선생은 보라의 이모가 보라의 반에 들어오는 것을 허락하지 않는다. 이렇게 됨으로써 이 소설의 서사는 극적 갈등을 향해 전개된다.

이 아이는 누구일까요?
새 글이 올라온 시간은 오늘 오후 4시 35분, 작성자는 'L'. 나는 숨을 크게 몰아쉬고 제목을 클릭했다.
맙소사.
녀석이 올린 사진의 주인공은 초록이었다.
얼굴만 클로즈업했기 때문에 남들이 봐선 어딘지 알 수 없을 것이다. 하지만 내 방 침대에 앉아 있는 초록이를 내가 직접 찍은 사진이었다.(28)
두 번째 사진은 세상에, 이모와 초록이가 같이 찍은 것이었다. 초록이가 태어난 다음 날 병원 입원실에서 모녀가 얼굴을 맞대고 찍은 것이었다. 이모는 얼굴이 퉁퉁 부어올라 누군지 알아보기도 힘들 정도였다.(29)

위의 예문에서 알 수 있듯이, 익명의 작성자 L은 보라의 반 카페에 이모의 딸 초록이와 이모의 사진을 올려놓았다. 별다른 설명은 하지 않았지만, 이모를 흠집 내고 상처주기 위한 목적으로 카페에 올린 것이었다. 이 일로 인해 보라의 이모는 반 아이들에게 미혼모임이 밝혀지고, 그 사실이 담임에게 알려지게 되었다.

그런데 보라의 엄마는 자신의 동생이 보라의 학교에 교생으로 가게 되었다고 했을 때, 초록이에 대한 이야기가 사람들에게 알려질 것을 걱정했었다. 동생의 잘못은 아니지만, 동생이 사람들에게 입방아 찍힐 것을 걱정했었다. 그런데 이제 그런 일이 점차 현실화되고 있는 것이다.

"초록이는……."

이윽고 이모가 다시 입을 열었다.

"내 딸이야. 진, 초, 록. 올해 초등학교 1학년."

"거봐요! 근데 왜 결혼 안 했다고 거짓말했어요?"

인호가 큰 발견이라도 한 듯 수선을 피웠다.

"거짓말한 거 아니야. 나 결혼 안 했어."

이모 말투가 좀 딱딱해졌다.

"근데 어떻게 딸이 있어요?"

"난 그래. 결혼은 안 했지만 딸은 있어."(중략)

"그러니까 뭐야, 미혼모라는 거야?"

누군가 새된 목소리로 물었다.(50-51)

위의 예문에서 알 수 있듯이, 보라의 반 아이들은 이모에게 카페에 올라온 아기가 누구인지를 묻는다. 아이들의 그 질문을 받고 보라의 이모는 초등학교 1학년인 자신의 딸이며, 자신은 결혼을 하지 않았다고 말한다. 그러자 어떤 아이가 미혼모인거냐고 새된 목소리로 묻는다. 이렇게 됨으로써 보라의 이모는 미혼모인 것이 반 아이들에게 알려지게 되었다.

보라가 볼 때 결혼도 하지 않고 덜컥 애를 낳아버린 이모는 대책 없는 인간이다. 옛날에 이모는 보라에게 초록이의 아빠를 사랑한 것은 자기 인생의 최대 실수였다고 하면서도 초록이를 낳은 것은 최고의 선물이라고 말한 적이 있다. 이런 이모의 말을 들으면서 보라는 이모의 앞뒤가 안 맞는 이야기라고 생각했다.

"(전략) 약해빠진 데다 겁은 많고…… 그래서 덜덜 떨기만 하다가 배가 불러왔고……그러다 애를 낳았지. 하지만 말이야, 애를 낳고 나서 보니까……그때부터가 진짜더라고……. 초록이를 바라보면서 후회하고, 후회하고, 또 후회하고……. 내가 왜 그때 독하게 마음먹고 애를 지우지 않았는지 피눈물을 흘리면서 후회했어."

처음 듣는 얘기였다.

이모는 늘 아무렇지 않은 듯 씩씩하기만 했는데.(중략)

"그러다가 입양을 보내야겠다고 마음먹었지. 초록이를 쉼터 수녀님들한테 맡겨놓고 입양기관에 가서 상담을 하고 돌아오는데 발걸음이 다 가벼운 거야. 이제 해방이다, 딱 그 생각만 들더라고. 그러다 쉼터에 돌아왔는데……초록이가 날 보고 벙긋 웃는 거야. 그 얼굴 보는 순간, 보내지 않기로 결심했어. 그리고 초록이를 지우지 않은 걸 후회했을 때보다 더 많이 울면서……초록이한테 약속했어."

온 얼굴을 허물어뜨리면서 웃는 초록이의 미소, 그 얼굴이 눈앞에 떠올랐다. 엄마가 선생님이 되었다며 좋아라 하던 그 얼굴도 함께.(116-117)

위의 예문에서 알 수 있듯이, 보라의 이모는 처음에 초록이를 낳을 때는 그냥 무섭기만 했다. 막내로 태어나서 귀여움만 받고 자란 자신이 초록이를 낳고 나서 피눈물을 흘리면서 후회만 했다. 그러다가 초록이를 입양을 보내야겠다고 생각하고 초록이를 쉼터의 수녀님들께 맡겨놓고 돌아오는 데서 해방감을 맛보기도 했다. 그렇지만 자신을 보고 방긋 웃는 초록이의 얼굴을 보는 순간 보라의 이모는 초록이를 입양 보내지 않기로 결심했다. 초록이를 지우지 않은 것을 후회했을 때보다 더 많이 울면서 다시는 초록이를 떠나보내지 않기로 결심했다. 그런데 이모가 감추고 싶었던 미혼모라는 사실이 반 아이들에게 알려지고 말았다. 그것도 카페를 통해 알려졌으니 얼마나 많은 사람들에게 알려질 것인지를 아무도 알 수 없다. 보라의 이모는 반 아이들이 자신을 미혼모냐고 추궁한 것에 충격을 받았다. 보라의 이모가 미혼모라는 사실은 다른 반 아이들에게도 알려졌다. 다른 반 아이들은 보라 이모의 몸매와 인물을 언급하며, 그 정도면 괜찮기 때문에 미혼모가 된 것 아니냐고 장난삼아 말한다.

그렇다. 우리 이모는 가수다. 아니, 가수이고자 하는 사람이다.

이모는 자기 음반은 물론 제대로 된 노래 한 곡 없다. 그래도 노래하는 걸 관두지는 않는다. 요즘은 일주일에 두 번, 홍대 앞 클럽에서 노래한다. 한때는 그룹에서 활동했고 지금은 솔로다. 이모는 그러느라 서른이 되도록 대학 졸업장도 못 땄고, 그 와중에 혼자 몸으로 아이를 낳아 기른다.

엄마는 초록이 성처럼 이모가 클럽에서 노래한다는 것도 쉬쉬한다. 그저 학교에 다니면서 피아노 레슨을 한다고만 말한다. 뭐, 피아노 레슨으로 돈을 버는 것도 사실은 사실이니까. 기껏 클럽 가수, 그것도 서른을 넘겨버린 무명가수. 솔직히 나 역시 이모가 그러고 사는 게 마냥 자랑스러운 것은 아니다.(61-62)

위의 예문에서 알 수 있듯이, 보라의 이모는 자기 음반은 물론 제대로 된 노래 한 곡 없는 가수이자 미혼모이다. 요즘도 일주일에 두 번 홍대 앞 클럽에서 노래하는 무명가수이며, 서른이 되도록 대학 졸업도 하지 못했다. 이런 이모에 대해 보라는 못마땅한 면이 많지만, 그래도 인정하고 지금까지 살아왔다. 학교의 아이들은 보라의 이모가 미혼모라는 사실뿐만 아니라 술, 담배, 밤무대, 섹시함 등의 단어를 써 가며 보라의 이모에 대한 험담을 서슴지 않는다. 학교의 아이들이 이모에 대한 험담을 늘어놓자 보라는 교생 선생이 자신의 이모라는 사실을 반 아이들에게 공개하기로 마음먹는다. 자신과 이모의 관계를 털어놓음으로써 위기에 빠진 이모를 구하고 싶었기 때문이다.

> 나는 조금 설레는 마음으로 조회를 기다렸다.
> 이모가 교실에 나타나면 자연스럽게 다가가서 "이모!"하고 불러줄 작정이었다. 애들이 깜짝 놀라면 우리 이모라고 자랑스러운 듯 얘기할 작정이었다. 그렇다고 무작정 교탁으로 나가 선언이라도 하듯 이모와의 관계를 밝힐 수도 없는 노릇이니까.
> 하지만 이모는 조회에 들어오지 않았다.
> 담임은 평소보다 조회를 짧게 끝냈다. 이모가 오지 않은 이유에 대해서는 설명이 없었다.(93)

위의 예문에서 알 수 있듯이, 보라는 설레는 마음으로 조회 시간에 이모가 등장하기를 기다렸다. 이모가 교실에 나타나면 자연스럽게 다가가서 이모라고 불러줄 작정이었다. 친구들에게 자랑스러운 듯이 자신의 이모라고 말할 작정이었다. 그러나 이모는 조회에 들어오지 않았다.

이모가 조회에 들어오지 못한 것은 보라 식구들의 바람과는 달리 이모가 미혼모라는 소문이 학교의 모든 아이들에게 퍼졌고, 학부모들에게도 그 소문이 퍼져서 학부모들이 학교에 항의전화를 했기 때문이다. 이 때문에 보라의 이모는 계속해서 보라의 교실에 들어오지 못했다.

보라는 이모에게 벌어진 일들이 아무렇지도 않은 일로 끝나기를 간절히 바란다. 그러나 상황은 갈수록 나빠진다. 엄마들이 교육적으로 나쁘다는 이유로 학교에 항의전화를 했기 때문이다. 엄마들이 항의전화를 했다는 이유를 들어 교무부장은 보라의 이모에게 교실에 들어가지 못하도록 했다. 자신을 교실에 들어가지 못하게 했다는 이모의 말을 들으면서 보라는 가슴에 단단한 돌덩이가 뭉쳐있는 것 같은 기분에 빠진다.

한편 보라의 이모는 자신은 잘못한 것이 없기 때문에 부끄러운 것도 없으며, 교실에 못 들어갈 이유가 없다고 말한다. 그러면서 보라의 담임을 비난한다. 보라의 담임이 뒤에서 아이들을 패고, 협박해서 고자질을 하도록 만들고 있다고 생각하기 때문이다. 보라는 그런 이모에게 졸업을 하기 위해서라도 조용히 학교에서 하라는 대로 하면서 대충 교생 실습을 마치라고 말한다. 그러나 이모는 보라의 말에 반대하면서 자신은 반드시 교실에 들어가서 교생 실습을 할 것이라고 말한다.

> 앞문이 조용히 열렸다.
> 이모였다.
> "무슨……일이시죠?"
> 담임이 물었다. 자기도 모르게 흠칫, 뒤로 한 발 물러서기까지 했다.
> "종례잖아요."
> 이모가 웃으며 말했다.
> "……오늘 종례는 이것으로 끝이다."
> 담임이 말했다. 그러고는 인사도 받지 않고 교실에서 나갔다.
> "오랜만이지?"
> 이모가 웃으며 애들에게 말했다. 일부러인지 무언지, 내 쪽으로는 눈길도 주지 않았다. 그래도 나는 그 웃음 뒤의 얼굴을 알 것 같았다.
> 애들의 호기심 어린 시선, 담임의 노골적인 반감, 그 모든 것을 한 몸에 받다니. 나라면, 돌아버렸을 것이다.
> "내일 또 보자."
> 이모는 끝까지 웃음을 잃지 않고 손을 흔들어 보이고는 교실에서 나갔다.(142-143)

위의 예문에서 알 수 있듯이, 보라의 이모는 교실에 들어가지 말라는 담임의 말을 무시하고 종례 시간에 교실에 들어갔다. 보라의 담임은 이모의 그런 행동에 대해 노골적인 반감을 드러내면서 급하게 종례를 마치고 나간다. 그 후에도 보라의 이모는 교실에 들어오지 말라고 하면서 극도의 반감을 보이는 담임의 말을 무시하고 교실에 들어온다. 이런 상황 속에 보라는 자신의 이모에 대해 함부로 말하는 아이들에게 대들면서 교생 선생이 자신의 이모라고 말한다. 이렇게 함으로써 보라는 이모의 외로운 싸움에 동참하기로 한다. 보라의 이런 행동은 그가 자기만을 생각하는 사춘기적 자아에서 벗어나 이모라는 타자의 삶을 진심으로 이해하게 되었음을 보여준다. 또한 이모에 대한 이해를 통해 자기 이해의 통로를 마련하고 있음을 보여준다.

한편 보라의 이모는 수업 참관은 교생 실습의 일부임을 내세워 자신을 교실에 들어가지 못하게 하는 교무부장이나 담임과 부딪친다. 그리고 그들에 대한 항의의 표시로 구체적인 행동을 하고자 한다. 그리고 그것을 보라에게 미리 말함으로써 혹시나 보라가 곤란한 상황에 처하게 될 것을 걱정한다. 그렇지만 보라는 이모를 이해하고 있었기 때문에 이모의 말을 들으면서 이

모를 걱정한다.

"진숙경 선생님이 네 이모라는 얘기는 들었다."

담임은 서두도 없이 말을 꺼냈다. 결국 담임도 알게 될 거라고 예상은 했지만 빨라도 너무 빨랐다. 각오하고 있었던 일인데도 무릎이 떨렸다. 나는 발가락 끝에 잔뜩 힘을 주며 입을 꼭 다물었다.

담임은 잠시 말이 없었다.(중략)

"이건 네 문제이기도 하고……우리 반 전체의 문제이기도 하지. 몇몇 사람 때문에 많은 사람이 피해를 보고 있다는 거, 너도 잘 알 거 아냐. 그렇지? 넌 사리분별이 분명한 아이니까. 반 분위기를 위해 뭐가 좋은 건지 얘기 안 해도 잘 알 테지. 너 자신을 위해서도 그렇고……. 외고 입시, 멀어 보이겠지만 금방이야. 이모 때문에 학교생활에 지장이 있어서는……뭐, 더 말 안 해도 알아들었을 걸로 믿으마. 잘 해결해 봐."(172-173)

위의 예문에서 알 수 있듯이, 보라의 담임은 교생 선생이 보라의 이모임을 이미 알고 있었다. 그리고 그걸 내세워 보라의 이모 때문에 여러 학생들이 피해를 볼 수는 없다는 논리를 내세워 보라가 이모에게 교실에 들어오지 않도록 설득할 것을 종용하고 있다. 이런 종용 속에 담임은 보라가 이모 때문에 학교생활에 지장을 받아서는 안 된다고 말을 한다. 이러한 담임의 말을 들으면서 보라는 극도의 혼란과 분노를 느낀다. 담임이 협박하면 자신이 두려워 벌벌 떨면서 이모에게 당장 무릎을 꿇으라고 하거나, 아니면 사정이라도 해도 교실에 들어오지 말라고 말할 것이라고 생각한 것에 분노를 하고 있다. 이런 분노 속에 보라는 자신을 협박하고, 그것으로도 모자라 자신을 빌미로 이모를 협박하는 담임에 대한 극도의 혐오감을 갖는다. "어쩌면 이럴 수가 있을까. 내가 선생이라고 믿어왔던 사람이 고작 이런 인간이라니."(175)라는 생각을 한다.

L.

회원 목록을 열어보니 녀석을 탈퇴를 해버린 상태였다. 이 모든 일을 시작해놓고 저 혼자 숨어버리다니.

그리고 또 누군가.

누군가가 담임의 눈과 귀가 되어주고 있었다. 내가 애들한테 이모와의 관계를 고백한 지 겨우 이틀째, 담임은 벌써 그 사실을 알고 있었다. 담임이 백지에 고자질을 강요했던 일, 담임은 그전에 뭔가 들은 얘기가 있었을 것이다. 그래서 그렇게 강경하게 밀어붙였을 것이다. 무엇보다 카페, 누군가가 담임에게 아이디와 비번을 주었거나 적어도 담임을 위해 로그인을 해주었 다는 뜻이다.

　　대체 그게 누굴까.(180-181)

　　위의 예문에서 알 수 있듯이, 반 아이들 중 누군가가 보라와 이모의 관계, 보라의 이모가 미 혼모라는 사실 등을 담임에게 알려주었다. 또한 누군가가 보라의 반 아이들이 비밀리에 만든 카페의 존재와 거기에 로그인할 수 있는 아이디와 비번을 주었다. 그래서 담임은 모든 것을 다 알고서 아이들을 다그쳐 고자질을 강요했고, 보라가 아이들에게 자신과 이모의 관계를 고백한 지 겨우 이틀 만에 그 사실을 알게 된 것이다.

　　그리고 교문 앞에는 이모가 서 있었다.

　　　　　　　"수업 참관은 교생의 정당한 권리입니다."

　　이모의 손에 들려 있는 피켓에 커다랗게 쓰여 있는 문구였다. 이모의 다리에 기대어 세워져 있는 전지 크기의 종이에는 좀 더 작은 글씨가 빼곡했다. 그간의 경과를 적어놓은 것이었다.

　　등교하는 아이들은 이모를 보고 웅성거렸지만, 이모가 써넣은 내용을 자세히 읽을 수는 없 었다. 학생부장과 교무부장이 눈을 부라리며 이모 곁을 지키고 있었기 때문이었다.(184-185)

　　위의 예문에서 알 수 있듯이, 보라의 이모는 수업 참관은 교생의 정당한 권리임을 내세워 자 신을 교실에 들어오지 못하게 하는 학교에 대한 항의로 교문 앞에서 1인 시위를 한다. 그리고 학생부장과 교무부장은 눈을 부라리며 이모 곁을 지키고 있다. 보라는 이런 상황을 지켜보면서 이모를 진정으로 이해하게 된다. 이모는 아무런 잘못도 없이 미혼모라는 이유 때문에 사람들 에게 손가락질을 받고 있으며 수업 참관도 못하고 있기 때문이다. 그러기에 보라는 다시 한 번 자신을 협박하려는 담임에게 대든다. 학생들에게 고자질이나 시키는 천박한 담임을 더 이상 두 려워하거나 협박 따위에 벌벌 떠는 인간이 되고 싶지는 않았기 때문이다. 담임은 자신에게 대 드는 보라의 뺨을 때리면서 폭력을 행사한다. 그렇지만 보라는 그에 굴하지 않고 담임을 쏘아 본다. 한편 이런 상황을 지켜보던 지윤이가 반 아이들에게 담임이 그동안 자신에게 고자질을 강요했음을 고백한다.

　　"김예닮, 이보라, 따라 나와!"

하지만 지윤이가 다시 소리쳤다.

"선생님이 자꾸 말하라고 하니까, 안 그러면 애들한테 그동안 내가 한 짓을 다 말하겠다고 하니까, 그러니까 내가 아무 말이나 한 거라고요. 내가 카페 보여준 거, 애들한테 말하겠다고 하니까 그냥 아무 소리나 막 지껄인 거라고요. 다 지어낸 소리예요! 다 꾸며낸 얘기라고요!"

"너, 너 지금 무슨 소리를 하는 거야?"

담임이 뺨을 실룩거리며 말을 더듬었다.

"그만 좀 하세요! 그만 좀 하라고요!"

지윤이가 비명처럼 소리쳤다.(192)

위의 예문에서 알 수 있듯이, 지윤이는 그동안 담임이 반 상황에 대해 자꾸 말하라고 해서 고자질을 해왔음을 울면서 말한다. 그리고 담임이 자신을 협박해서 카페를 보아 왔고, 그냥 아무 소리나 막 지껄여서 담임에게 말했음을 말한다. 이런 지윤이의 고백을 통해 그동안 담임이 아이들을 협박해서 교실의 상황을 통제해 왔고, 보라의 이모에 대한 험담도 퍼뜨렸음이 드러난다.

보라는 협박에 못 이겨 담임에게 고자질을 해왔던 지윤이를 이해한다. 반장으로서 인정받으려고 기를 쓰고, 담임의 눈치가 보여 주눅이 들었던 지윤이가 불량 써클 스툼의 일이 터지자 카페의 일을 계기로 자신을 협박하자 반에 돌고 있던 소문들을 다 불었던 것을 이해한다. 이러한 이해 속에 보라는 지윤이를 불쌍하게 생각하면서, 반 아이들을 협박한 담임에 대한 혐오감을 더욱 키워간다. 아울러 보라는 지윤, 이모 등에 대한 타자적 인식 속에 협박을 겁내는 아이가 되고 싶지 않다는 자기 성찰의 길로 들어선다. 그러기에 보라는 수업참관을 못하게 하는 학교에 항의하기 위해 교장실에 가기 전에 자신을 찾은 이모에 자신은 괜찮으니 신경 쓰지 말라고 한다. 자신은 누가 뭐라고 하던 잘 이겨낼 수 있다고 말한다.

그 후 이모는 다시 수업 참관을 할 수 있게 되었고, 반 아이들을 협박해서 고자질을 강요했던 담임은 학교를 떠났다. 그 과정에서 보라는 적어도 자신을 부끄럽게 여기는 인간이 되고 싶지는 않다는 자기 인식 속에 성장하는 존재가 되어 간다. 이를 통해 보라는 자기중심적 사고를 했던 사춘기적 자아에서 점차 벗어나 자신뿐만 아니라 타자의 존재의 인정하고 이해하는 모습을 보인다.

대부분의 선생님들은 곧 그 일을 잊은 듯했다. 물론 학생부장이나 교무부장, 심지어 교감마저도 내 얼굴을 똑똑히 기억하고 있지만. 가끔 교무실에 가기라도 하면 나를 바라보며 숙덕거리는 선생님들도 있다. 그뿐인가. 이모 덕분에 3학년들에게도 나는 제법 유명 인사가 되었다.

우리 반 아이들도 나를 여간이 아닌 아이라고 생각하고 있는 것 같다. 그저 그런 범생이었던 이보라의 처지가 이렇게 달라질 줄이야.

　　그런 시선들이 따갑지 않은 것은 아니다.

　　하지만 적어도, 나 자신의 시선에 대해서라면 당당할 수 있게 되었다. 그것만으로도 많은 것을 이겨낼 수 있다는 사실을, 나는 요즘 새롭게 배워가는 중이다.(210)

　위의 예문에서 알 수 있듯이, 보라는 이모의 일을 겪으면서 자신을 여간이 아닌 아이라고 생각하는 선생님이나 아이들의 따가운 시선이 신경 쓰이지만, 자기 자신의 시선에 대해서는 당당한 태도를 갖게 되었다. 협박을 무서워하거나 자신만의 입장을 생각하는 것이 아니라, 지윤이나 이모와 같은 다른 사람의 입장을 생각할 수 있게 되었다. 이렇게 됨으로써 보라는 점차 사춘기적 자아에서 벗어나 성장하는 존재로서 정체성을 새롭게 형성할 수 있는 힘을 얻는다. 그러기에 보라는 당당하게 많은 것들을 이겨낼 수 있다는 사실을 깨달을 수 있었다.

[5]

학교폭력에 대한 대응을 통한 성장과
정체성 형성

1) 청소년의 삶과 폭력

한 사람이 어린이에서 성인으로 성장해 갈 때, 삶에서 가장 복잡하고 중요한 변화들은 청소년 시기에 경험하게 된다. 우리는 청소년 시기에 다른 사람들과 많은 관계를 맺으면서 삶에 대한 새로운 의미들을 알게 되고, 점차 독립적인 존재가 되기 때문이다. 청소년들은 대부분의 시간 동안 장차 성인으로서의 역할을 수행하기 위해 필요한 지식과 기능들을 습득해야 할 뿐만 아니라, 자기 발견과 지평의 확대를 도모해야 한다. 따라서 청소년기는 적응과 저항, 성인과의 조화와 부조화, 수용과 창조의 양면적인 길항 관계에 놓여 있으며, 기성세대로부터 문화를 습득하면서 그들 나름의 독자적인 문화를 창조하기도 한다.

그러나 오늘날의 청소년들에게 청소년 시기는 예전보다 훨씬 많아진 삶의 목표와 가능성을 획득하기 위해 분투해야 하는 어렵고 고단한 시간으로 여겨지고 있다. 오늘날의 사회 환경은 청소년들로 하여금 안정된 상태에서 천천히 자신을 성찰할 시간들을 거의 주지 않은 채, 여기저기를 배회하게 하는 유목성을 강요하고 있기 때문이다. 청소년들로 하여금 자신을 성찰하지 못한 채 유목성을 갖게 하는 우리 사회에서의 변화들을 제시하면 다음과 같다.

- 가족 구조의 급격한 변화
- 여성들의 능력과 역할, 그리고 기대 수준의 급격한 향상

- 점증하는 윤리적·문화적 다양성
- 최소 목표로서의 대학진학과 많은 사람들에게 열려 있는 평생교육
- 대중 매체와 대중문화의 강력한 영향력과 가정 밖 일상들이 갖는 중요성 증대
- 생산 분야 종사보다는 서비스 분야에 대한 종사의 선호와 점증하는 소비주의
- 오락과 레저 활동의 중요성 증대와 다양한 형태의 오락과 레저 활동들의 점증
- 알코올과 다른 약물들에 대한 보다 손쉬운 접근과 남용
- 성적 개방과 문란한 사생활로 인한 성 문제들의 증대
- 다매체 환경에서의 정보와 기술 공학의 폭발적인 혁신

크러처(Chris Crutcher, 1992)는 청소년기의 모습을 다양과 같이 설명한다.

10대에게 가장 지독한 적들 중 하나는 무력감이다. 발달 단계상으로 볼 때, 10대들은 성인이 되기 위한 준비를 하고 있는 독립의 시기에 있다. 이 시기에 청소년들은 성인들이 갖는 특권들을 거의 허용 받지 못한 가운데, 성인처럼 행동하고, 책임지도록 강요받는다. 물론 거의 대부분의 청소년들이 부모에게 구속되어 있는 캥거루족이다. 많은 부모들은 자신의 관점에서 청소년들이 그들의 삶에서 보다 손쉽게 성공하도록 하기 위해 청소년이 하고자 하는 많은 것들을 통제한다. 이로 인해 많은 청소년들은 학교생활이 재미없다고 여기게 되고, 자신이 별로 관심 없는 것들도 공부를 하게 된다. 그 과정에서 청소년들은 재미없는 것들을 공부하는 것이 자신의 삶에 얼마나 중요한지를 부모나 선생님으로부터 끊임없이 주입받는다. 그 결과 청소년 스스로 계획하고 조정할 수 있는 것들은 거의 없게 된다. 이렇게 됨으로써 청소년들은 순간적인 홍수 뒤에 생겨나는 사막의 꽃들처럼 가슴 속에 수많은 불만과 하고 싶은 말을 담고 있게 되며, 그 것들이 어떤 계기에 의해 우발적으로 폭발하는 경우들이 점차 많아지고 있다.

이로 인해 많은 청소년들은 기성세대에 대한 반항을 자신의 독립으로 여기면서, 자신의 정체성에 대한 고민들을 하게 된다. 그 과정에서 청소년들은 자신의 반항이 걷잡을 수 없는 상태가 되지나 않을까 하는 많은 염려들을 하면서도 기성세대와의 대화를 거부한다. 더군다나 기성세대들이 보여주는 부정적인 면들로 인해 청소년들은 더욱 일탈을 꿈꾸게 된다. 이로 인해 청소년들은 성 혹은 약물 중독, 범죄 등에 대한 호기심과 아울러 미래에 대한 두려움을 혼란스럽게 갖게 된다. 이 혼란스러움 속에 청소년들은 이 세상에는 자신과 다른 타자들이 무수히 존재하며, 그러한 타자들과의 조화가 삶을 살아가는 이치라는 진리를 서서히 체득해 간다. 물론 많은 대가를 지불한 것이기는 하지만 그러한 체득에 의해 청소년들은 점차 '책임감 있는'사람이 되어 간다.(Chris Crutcher, 1992:36)

청소년들에게 유목성을 강조하는 주요한 사회적 변화에도 불구하고, 청소년들은 발달적 측면에서 많은 특징들을 공유하고 있다. 펠드만과 엘리엇(Feldman & Elliott, 1990)은 발달적 측면에서 청소년들이 공유하고 있는 특징들을 다음과 같이 말한다.

- 정서적으로, 행동적으로 자율성 갖기
- 새로 생겨나는 성적 호기심 처리하기
- 이성과 대화할 수 있는 능력 향상과 많은 친구들을 사귈 수 있는 대인관계 능력 얻기
- 장차 성인으로서 기대되는 역할 수행을 위한 지식 획득과 정체성 형성에 관련된 이슈 해결과 가치 함양을 위한 다양한 경험하기(Feldman & Elliott, 1990:12)

이러한 특징들을 갖는 청소년들은 다음과 같은 사항들을 대비할 필요가 있다.

- 가족의 울타리 밖에 존재하는 자신의 모습 정립
- 완벽한 인간이 아닌 부모들의 관점과의 타협
- 다양한 도덕적, 윤리적, 종교적 혹은 정치적 원리들 중에서 자신만의 경향 결정
- 사춘기에 경험하게 되는 성적 발달과 심리적 변화 감수
- 이성과의 능동적인 관계 형성
- 미래의 삶, 직업선택, 결혼 생활 등에 대한 고려
- 보다 다양해지는 사회생활에의 적응

청소년들이 대비해야 할 이러한 것들과 그들의 성장 과정을 형상화하여 청소년들로 하여금 자신을 보다 잘 이해할 수 있게 하는 문학의 장르 중 하나가 청소년소설이다. 청소년소설은 청소년들이 그들의 윤리적이며 문화적인 동일성과 차이를 이해하고 수용하게 하는 데 중요한 역할을 하기 때문이다. 자신의 경험들을 성찰하게 하는 청소년소설 읽기를 통해 청소년들은 자신의 정체성과 가치에 대한 많은 것들을 새롭게 알게 된다. 그리고 자신을 둘러싸고 있는 많은 타자들에 대한 이해를 통해, 청소년들은 보다 포용력 있고 균형 잡힌 세계관을 가질 수 있게 된다.

청소년소설은 보다 다양해지고 있는 사회를 살고 있는 청소년들을 통합할 수 있는 잠재적인 힘을 갖고 있다. 청소년소설은 평범한 청소년들의 사고방식과 생활모습 등을 청소년들이 이해하고, 이에 의해 자신의 문화적 관습과 정체성에 대한 이해를 도모할 수 있게 한다. 나아가 청소년들이 갈수록 미디어의 영향력이 압도적이 되어가는 시대에서, 다른 청소년들과 교류하여

정체성을 새롭게 형성하고 바람직한 청소년 문화를 창조할 수 있게 하는 잠재적인 힘을 제공한다.

청소년들이 주로 관심을 갖는 이슈들은 가족관계, 친구와 사회, 윤리적·계급적 관련성, 신체와 자아, 성적 관계 등인데, 이 이슈들을 범주화하여 정리하면 다음과 같다.(선주원, 2005:341-342)

(1) 가족관계

가족관계 범주와 관련된 내용들은 다음과 같다.

적절한 남성 혹은 여성 역할, 부모와 다른 성인들로부터 정서적 독립성 성취, 개인적 이념 혹은 가치 체계의 획득, 사회적 책임감과 성취.

(2) 친구와 사회

친구와 사회 범주와 관련된 내용들은 다음과 같다.

동년배 친구들과의 새롭고 보다 성숙한 관계 수행, 적절한 남성의 혹은 여성의 사회적 역할 수행, 신체의 효과적인 사용과 정서적 독립심 형성, 결혼과 가족을 위한 준비, 직업을 위한 준비, 개인적인 이념이나 가치체계 획득, 사회적 책임감 수행

(3) 윤리적·계급적 관련성

윤리적·계급적 관련성과 관련된 내용들은 다음과 같다.

동년배 친구들과의 새롭고 보다 성숙한 관계 수행, 적절한 남성 혹은 여성으로서 사회적 역할 수행, 부모와 다른 성인들로부터 정서적 독립성 성취, 개인적 이념 혹은 가치 체계의 획득, 사회적 책임감 수행

(4) 신체와 자아

신체 및 자아와 관련된 내용들은 다음과 같다.

> 동년배 친구들과의 새롭고 보다 성숙한 관계 수행, 적절한 남성 혹은 여성으로서 사회적 역할 수행, 신체적 변화에 대한 적응과 효과적인 신체 활용, 결혼과 가족을 위한 준비, 직업을 위한 준비, 개인적인 이념이나 가치체계 획득, 사회적 책임감 수행

(5) 성적 관계

성적 관계와 관련된 내용들은 다음과 같다.

> 동년배 친구들과의 새롭고 보다 성숙한 관계 수행, 적절한 남성 혹은 여성으로서 사회적 역할 수행, 신체적 변화에 대한 적응과 효과적인 신체 활용, 결혼과 가족을 위한 준비, 직업을 위한 준비, 개인적인 이념이나 가치체계 획득.

이러한 이슈들 가운데 요즘 학교 현장에서 문제가 되고 있는 것은 학교폭력이다. '친구와 사회'이슈와 밀접한 관련이 있는 학교폭력은 청소년들의 건전한 학교생활을 방해하면서 정신적 상처를 안겨 주고 있다. 이 때문에 학교폭력은 이제 단순히 학교만의 문제가 아닌 사회 전체의 문제로 부각하고 있다. 아울러 학교폭력을 예방하고 줄일 수 있는 방안에 대한 논의가 매우 절실히 요청되고 있다.

2) 학교폭력에 대한 청소년의 인식 및 학교교육

폭력(act of violence)은 일종의 힘의 사용으로, 어원적으로 큰 힘, 과도한 힘, 억압 또는 강제를 뜻하는 라틴어 'violentia'에서 유래되었으며(장욱, 2004:222), 힘, 무력, 폭력을 뜻하는 'vis'에 근간을 두고 있다.(Sakai Takashi, 2006:7) 폭력 가운데 학교 안이나 주변에서 아동이나 청소년들에 의해 이루어지는 학교폭력은 오늘날 많은 사회적 문제를 야기하고 있다.

우리나라에서는 2004년 '학교폭력예방 및 대책에 관한 법률'이 제정되었는데, 이 법률에 따르면 학교폭력은 "학교 내에서 학생을 대상으로 발생한 상해, 폭행, 감금, 협박, 약취, 유인, 명예훼손, 모욕, 공갈, 강요, 강제적인 심부름 및 성폭력, 따돌림, 사이버 따돌림, 정보통신망을 이용한 음란, 폭력정보 등에 신체·정신 또는 재산상의 피해를 수반하는 행위"로 규정하고 있다. 이 법에서는 신체적 폭력과 간접적 폭력을 구분하고, 따돌림과 같은 심리적·관계적 폭력의 양상을 강조하고 있다.

학교폭력이란 한 명 혹은 여러 명의 또래들에 의한 부정적인 행위에 반복적이고 지속적으로 노출되는 것으로(Olweus, 1991), 학교 안이나 학교 주변에서 일어나는 폭력을 의미한다. 학교폭력은 가해자와 피해자가 모두 청소년인 경우가 많기 때문에, 청소년들은 학교폭력의 가해자이면서 동시에 피해자가 될 수 있다.

학교폭력의 가해학생은 공격적인 성향과 충동조절이 잘 되지 않는다는 특성을 갖고 있으며, 권력과 지배에 대한 욕구가 강하여 남을 지배하고 굴복시키는 것을 즐긴다.(김창군·임계령, 2010:177) 그들은 폭력행위에 대한 책임을 부정하고 원인의 제공은 피해학생에게 있다고 주장한다. 반면에 학교폭력의 피해학생은 폭력에 대해 소극적으로 대처하는 경우와 도발적으로 대처하는 경우로 나뉠 수 있다.(김창군·임계령, 2010:178) 소극적 피해자는 불안한 심리상태를 갖고 있으며, 아무런 이유 없이 폭력을 당하기도 한다. 반면에 도발적 피해자는 불안한 심리상태를 갖고 있지만, 가해자와 유사한 수준의 공격성을 갖고 있으며, 공격받았을 때 반격하려는 성향을 보인다.

청소년기에 경험하는 학교폭력은 청소년들이 심리·사회적으로 학교에 적응하는 데서 많은 문제점을 유발한다. 학교폭력을 경험한 청소년들은 우울감, 불안감, 낮은 자아존중감, 외로움, 사회적 위축 등을 경험하게 하며, 성인기에 접어들어서도 그러한 경험을 지속적으로 하는 경우가 많다.

교육과학기술부가 2012년에 전국 중고등학교를 대상으로 학교폭력 실태를 조사한 바에 따르면, 학교폭력 피해 경험은 전체 응답자 가운데 8.5%였으며, 가해응답 학생은 전체 응답자의 4.1%였다. 그리고 학교폭력신고센터의 신고 건수는 2012년 하루 평균 219.5건에서 2013년에는 301.8건으로 37.5%로 증가하였으며(연합뉴스, 2013.6.17.), 학교폭력에 대한 불안감은 성폭력이나 가정폭력보다 더 높게 나타났으며(행정안전부, 2013), 학교폭력이 심각하다고 인식하는 비율도 매년 증가하고 있는 추세이다.(청소년폭력예방재단, 2013) 또한 학교폭력에 의한 사망이나 자살학생도 해마다 증가하고 있으며, 겉으로 드러나는 폭력보다는 집단따돌림과 같은 간접적인 학교폭력이 점차 증가하고 있다.(교육과학기술부, 2013) 한편 학교폭력 가해학생들이 응답한 가해 이유로는 피해학생에 대해 어떤 특별한 분노나 원한도 없으면서, 단지 '장난으로 또는 이유 없이' 저지르는 경향이 많다.(청소년폭력예방재단, 2013;통계청, 2013)

요즘 학교폭력 문제는 정부나 여러 단체의 노력에 의해 그 통계적 수치는 점차 줄어들고 있다. 그러나 직접적인 폭력보다는 간접적인 폭력이 증가하고 있다는 점, 폭력의 잔인성이 심해지고 있다는 점, 가해학생의 죄의식이 줄어들고 있다는 점, 피해학생들의 트라우마가 심해지고 있다는 점 등을 고려하면 가정이나 학교에서 학교폭력의 치료 및 예방교육이 절실하다. 아울러 피해학생 및 가해학생의 심리·정서·행동에 대한 치유와 더불어 학교폭력의 근본적인 원인 해결을 위한 사회적 인식 제고 및 실질적인 지원이 필요하다.

3) 청소년소설에 나타난 학교폭력에 대한 작중인물의 대응 양상 이해하기

오늘날 우리 사회에서 커다란 이슈가 되고 있는 문제는 학교폭력이다. 학교폭력의 문제는 피해자뿐만 아니라 가해자에게도 트라우마를 주면서 그들의 삶을 힘들게 하고 있다. 이러한 사회 현실을 반영하여 많은 청소년소설들은 학교폭력의 양상과 그에 대한 작중인물의 대응양상을 여실히 보여주고 있다. 특히 폭력을 재생산하는, 힘의 원리가 지배하는 폭력의 위계구조를 형상화하여, 학교폭력의 문제가 단순히 학교만의 문제가 아닌 사회적 문제임을 강조하고 있다. 학교폭력의 문제가 사회적 문제임을 강조함으로써 청소년소설들은 폭력을 재생산하는 힘의 원리를 보여주는데, 그것들은 '힘의 차이'가 유발한 폭력의 이유, 약자에 대한 집단적 혐오를 조장하는 폭력적 또래관계, 집단적 힘의 압력에 굴종하는 분위기 등을 형상화한다. 그러면 청소년소설들에서 이러한 것들이 어떻게 형상화되고 있는지를 구체적으로 살펴보자.

(1) 폭력을 재생산하는, 힘의 원리가 지배하는 폭력위계구조

① '힘의 차이'가 유일한 폭력의 이유

박민규의 《핑퐁》(2010, 창비)은 못이라 불리는 '나'와 모아이가 치수 패거리로부터 끊임없이 학교폭력에 시달리면서, 환상적 공간에서 세끄라탱을 만나 탁구 시합을 하면서 인류에 대한 애정을 드러내는 것을 보여준다. 이 소설에서 '나'와 모아이가 치수 패거리에서 지속적으로 폭력을 당하는 것은 거의 일상처럼 벌어진다.

> 모아이와 나는 한 쎄트다. 한 쎄트로 당하고, 한 쎄트로 불려나오고, 한 쎄트로 맞는다. 맞는 장소는 따로 정해져 있지 않다. 교실에서, 화장실에서, 옥상에서, 바로 이 벌판에서 매일 맞는다. 언제부턴가, 모아이도 나도 그것을 일과로 여기게 되었다. 그다지 좋은 일과라곤 할 수 없지만, 그 외의 일과를 가져본 적이 없어 좋다 싫다 생각도 들지 않는다. 그냥, 사는 게 이런 것 같다. 나는 열다섯인데, 또 열여섯인 모아이의 생각은 다를지도 모르겠다. 한 쎄트로 맞는다고 해서, 꼭 그런 대화를 나누는 건 아니다.(12)

위의 예문에서 알 수 있듯이, 모아이와 '나'는 한 세트로 교실에서, 화장실에서, 옥상에서, 벌판에서 매일 맞는다. 그러기에 모아이와 '나'는 폭력을 당하는 것을 일과처럼 여기면서도 부모나 교사에게 신고하지 않는다. 이는 치수 패거리들이 단순히 학교 안에서만 폭력을 행사하는 집단이 아니라, 학교 밖의 폭력 조직과 연계되어 있기 때문이다. 이는 학교폭력의 문제가 단순히 학교 안에서만의 문제가 아니라 학교 밖의 폭력조직과 연계되어 있으며, 이로 인해 힘의 차이에 따른 폭력이 행해지고 있음을 보여준다.

> 고교의 일진들도 치수를 함부로 못 대한다는 소문이 파다했다. 폭력조직의 실력자들이 이미 치수를 점찍었다는 풍문도 설득력이 있었다. 뭐랄까, 무서울 정도로 월등한 면이 확실히 있었기 때문이다. 저 많은 걸 언제 다 익히고 배웠을까, 나로선 납득이 가지 않았다. 완력과 폭력, 기만, 조장, 장악, 이용, 유지, 회유, 진압, 설득, 친화, 조종…그러니까 악하다는 단순한 말로는 치수를 설명할 수 없다. 이를테면 놈이 자상한 농담을 건네거나 친구 그 자체인 뉘앙스로 안부를 물어올 때가 있다. 아주 가끔이지만, 그때마다 핑, 눈물이 도는 것을 나도 어쩌지 못한다. 무서운 재능이라고밖에는, 달리 설명할 방법이 없다.(18-19)

위의 예문에서 알 수 있듯이, 치수는 폭력을 행사하는 애들 가운데서도 월등한 면을 갖고 있다. 내가 도저히 납득할 수 없는 많은 것을 갖고 있다. 예를 들어, "완력과 폭력, 기만, 조장, 장악, 이용, 유지, 회유, 진압, 설득, 친화, 조종…" 등을. 그러기에 치수는 악하다는 단순한 말로 설명될 수 없는 무서운 재능을 갖고 있으며, 이 때문에 치수는 '나'와 모아이에 비해 월등한 힘을 갖고 있다. 바로 이 점 때문에 '나'와 모아이는 세트로 늘 치수 패거리에게 폭력을 당한다.

이처럼 박민규의 《핑퐁》에서는 힘의 차이가 폭력의 원인임을 형상화하여, 부정적인 힘의 우월함이 폭력과 어떻게 연관되고 있는지를 보여준다. 아울러 부정적인 힘의 우월함에 의한 폭력의 행사는 단순히 악하다는 정도를 넘어서는 악의 근본적인 축임을 보여준다.

② 약자에 대한 집단적 혐오를 조장하는 폭력적 또래문화

중·고등학교에서 또래문화는 청소년들의 삶에 매우 많은 영향을 끼치고 있다. 긍정적인 또래문화는 청소년들의 학업이나 진로 선택, 이성 관계 등에 선순환의 효과를 가져오지만, 부정적인 또래문화는 청소년들의 학업이나 진로 선택, 이성 관계 등에 악순환의 효과를 가져온다. 특히 폭력적 또래관계나 또래문화는 상대적으로 힘이 약한 청소년이나 여자 청소년들에게 집단적 혐오를 조장하는 경우가 많다. 이를 박민규의 《핑퐁》을 통해 구체적으로 살펴보자. 이 소설에서 치수 패거리는 몇몇 여자 아이들에게 원조교제를 시키고, 자신들의 말을 듣지 않으면 집단적인 강간이나 폭력을 일삼는 잔인함을 보여준다.

> 실제로 그중 한명의 그곳을 나는 빤 적이 있다.(실은 입만 대고 있었다) 치수의 전화를 받고도 몸이 아프다며 원조교제를 나가지 않은 아이였다. 야, 못! 가방을 나에게 들게 하고 여자애의 자취방을 찾아간 치수가 방문을 걷어차고 들어갔다. 게을러 보이기도 하고 아파 보이기도 하는 여자애였는데, 정말 머리카락을 거의 뽑아버렸다. 그리고 떡볶이 자국이 남아 있는 프라이팬으로 사정없이 여자애의 머리를 내리쳤다.(20-21)

학교의 짱인 치수는 자신의 전화를 받고도 몸이 아프다며 원조교제를 나가지 않은 마리의 자취방을 찾아가, 머리카락을 거의 뽑아버리고 프라이팬으로 사정없이 머리를 내리치는 잔인함을 보여준다. 이러한 잔인함은 마리와 같은 약자에 대한 동정심이 아닌 집단적인 혐오감을 조장하면서, 폭력의 위악적인 힘에 의존한다. 그러기에 마리와 같은 여자애는 자살이라는 극단적인 선택을 통해 폭력의 위악성에서 벗어날 수밖에 없다.

> 마리 그년이 죽었어.
> 십층에서 뛰어내렸지 뭐냐. 그 때문에 나 조사받고 나오는 길이야. 그년 전화기에 온통 내 번호가 찍혀 있었거든. 시내 복판에서 뛰어내려 사건이 컸대나 어쨌대나. 나 참, 난 어제 얼굴도 못 봤는데 말이야.

못, 너도 알지? 내가 그년 얼마나 챙겨줬는지.

마리에겐 미안한 일이지만, 나는 고개를 끄덕였다. 어쨌거나 어제 마지막으로 만난 게 너니까…궁금한 것도 있고, 또 혹시 말을 맞출 게 있음 맞춰놔야 피곤한 일도 없을 것 같아서 말야.(49)

위의 예문에서 알 수 있듯이, 위악적인 정신적·성적 폭력에 시달리던 마리는 결국 십층에서 뛰어내려 자살을 하고 만다. 그러나 마리의 자살은 치수나 '나'에게 죄책감이나 자기혐오감을 갖게 하기보다는 오히려 귀찮은 사건에서 벗어나야겠다는 뻔뻔함을 더욱 조장할 뿐이다. 그러기에 치수는 "못, 너도 알지? 내가 그년 얼마나 챙겨줬는지."라고 뻔뻔하게 말하며, 그러한 치수에 말에 '나'는 고개를 끄덕인다. 이러한 '나'의 행위는 약자에 대한 동정심을 유발하는 또래관계가 아닌 혐오감이나 뻔뻔함을 유발하는 위악적인 또래관계의 잔악성을 보여준다.

마리 그년이 자기가 뛰어내린 거야, 미친년… 월면의 어딘가에서 나도 몸이 붕 뜨는 기분이었다. 뭔가 묻고 싶기도 했지만 나는 아무 말도 할 수 없었다.(중략) 못…나 지금 이래저래 곤란한 입장이다. 학교에 짭새들은 자주 오냐? 그런 것 같다고 나는 대답했다. 이런 말 하면 정말 이상하겠지만…지금 내가 제일 믿을 수 있는 놈이 너야…왜 웃기냐? 아, 아니, 웃어도 돼, 내가 생각해도 정말 웃기니까. 아무튼 나…어디로 멀리 갈 생각이다. 어디로? 아차, 실수라는 생각이 들기도 전에 그건 알 것 없고…라고 치수가 말을 이었다. 예전의 치수라면 벌써 명치에 어퍼가 꽂히고 나는 바닥을 뒹굴었겠지. 확실히, 예전의 치수라면 말이다. 혹시 내가 이쪽 사정을 살필 일이 생기면 너한테 좀 부탁해도 되겠지?(100-101)

위의 예문에서 알 수 있듯이, 마리의 자살로 위기에 몰린 치수는 늘 폭력을 행사했던 '나'에게 의지하는 아이러니함을 보여준다. 그러면서 치수는 학교 안에서의 정보를 '나'에게 부탁한다. 치수의 이러한 모습은 어른들의 위악성을 그대로 행하는 청소년 인물의 위악성을 보여주면서, 폭력적 또래관계에서 벗어나지 못하는 '나'의 유약함을 보여준다. 그러기에 '나'는 치수 패거리가 마련하라고 한 돈을 어렵게 마련하게 스스로 치수에게 바친다. 돈을 바치면서 '나'는 그 어떤 수치심이나 죄책감을 느끼지 않는다. 이러한 '나'의 모습은 약자에 대한 혐오감을 조성하고, 폭력적 힘을 가진 강자에게 굴종하는 또래문화의 부정적 현상을 집약적으로 나타낸다.

③ 집단적 힘의 압력에 굴종하는 분위기

부정적인 또래문화, 특히 폭력적 힘의 행사에 의해 약자에 대한 혐오감을 조장하고 굴종시키는 분위기는 치수와 같은 존재가 사라졌다고 해서 없어지지 않는다. 치수 대신 또 다른 존재가 폭력관계의 상층부를 차지하면서, 약자들을 굴종시키기 때문이다. 이를 박민규의《핑퐁》을 통해 확인해 보자.

> 치수가 잠적한 사실을 안 것은 태풍이 끝나고 나서였다.(중략) 어이, 못. 패거리 중 하나가 나를 불렀다. 〈야〉와 〈어이〉가 확실히 다르듯, 호출의 이유도 확실히 다른 것이었다. 어이 못, 잘 들어. 얘기를 요약하자면 치수를 도와줄 목돈을 준비하라는 것이었다. 나에겐 백만원, 모아이에겐 삼백만원. 준비한 날짜는 이틀 뒤까지. 그리고 알게 되었다. 치수가 사라졌다는 사실을. 치수가, 사라졌다. 치수가 사라졌다.(55)

위의 예문에서 알 수 있듯이, 치수는 마리의 자살 때문에 경찰의 조사를 피해 도망을 다니고 있다. 그러한 치수를 대신하여 그의 패거리들 중 하나가 '나'를 불러 치수의 도피자금을 준비하라고 말한다. 이러한 상황은 치수 패거리가 어른들 폭력 조직만큼이나 집단적이고 악하다는 것을 보여준다. 또한 단순히 치수가 없어졌다고 해서 그들 간의 폭력적인 위계질서가 해체되지는 않는다는 것을 보여준다. 이는 집단적 힘에 의해 '나'와 같은 약자를 굴종시키는 분위기가 여전히 유지되고 있음을 보여준다.

> 여전한, 방학의 시작이었다. 치수가 사라진 대신 나는 종종 종모의 호출을 받았고-맞거나, 심부름을 하거나, 상납금을 바치거나, 했다. 내가 연두의 박을 발견한다 해서, 혹은 유익한 대화를 나눠가며 키위를, 블루베리를 마신다 해서 그것이 이 세계에 어떤 변화를 가져올 것인가, 나는 생각했다. 그보다 다수인 척-학원을 다니고 학교를 다니고 방학을 보내고-돌아와 또다시 여전한 생활을 할 나는, 여전한 생활을 할 너는, 여전한 생활을 할 우리는-도대체 어떤 의미를 지니고 있는가.(129)

치수는 사라졌지만, '나'는 여전히 치수를 대신하는 종모의 호출을 받고, 폭력을 당하거나 심부름을 하거나 상납금을 바치면서 생활하고 있다. 이러한 '나'의 생활은 폭력 패거리의 대표가 사려졌다고 해서 폭력적인 위계관계가 없어지지는 않으며, 집단적인 힘을 대표하는 또 다른 존재, 즉 종모와 같은 존재에 의해 여전히 폭력을 당하고 있음을 보여준다. 그러기에 '나'는 악이 힘이라는 결론을 내린다.

> 결국 악(惡)은 힘이라는 결론을 내렸다. 선악의 구별이 있는 게 아니라 힘을 가지는 순간 악해지는 것이다. 그런 결론을 얻고 나니 세상의 결과가 너무 참혹하다. 아무도 힘을 가져선 안되는 데 누구나 힘을 얻으려 기를 쓴다.(135)

위의 예문에서 알 수 있듯이, '나'는 힘을 가지는 순간 그 존재는 악해지며 선악의 구별은 따로 없다는 생각을 한다. 이런 생각 속에 '나'는 세상의 결과가 너무 참혹함을 느끼면서 이유도 모르면서 생활한다는 것의 무의미함을 말한다.

> 왜
> 사는 걸까. 뭐가? 우리들 말이야… 이러면서…왜 살아야 하는 걸까. 돈, 언제까지 얼마를 마련해야 한다거나, 언제까지 어떤 무엇이 되어야 하고, 말하자면 열여섯엔 고1이 되어야 한다거나…아아, 귀찮게…이유도 모르면서…생활, 생활하는 거잖아.(62)

이유도 모르면서 생활하는 것의 무의미함. 이러한 무의미함은 열다섯 살인 내가 왜 살아야 하는가라는 회의감을 느끼게 한다. 그러나 이런 회의감은 내가 내적으로 갖게 된 것이 아니라, 치수 패거리로 대변되는 악의 축에 의해 집단적 힘의 행사를 경험하는 과정에서 굴종감을 맛보았기 때문에 생겨난 것이라 할 수 있다.

집단적인 힘에 의해 약자를 굴종시키는 모습은 고종욱의 《까칠한 재석이가 사라졌다》(2014, 애플북스)에서 확인할 수 있다. 이 소설에서 180센티미터의 큰 덩치 하나로 폭력서클 스톤에 들어갔던 재석이는 사회봉사를 하면서 만난 보담이를 통해 스스로 폭력서클 스톤에서 탈퇴하려고 한다. 그러나 탈퇴에는 엄청난 대가가 동반된다. 그것은 폭력서클에는 힘의 강도에 따른 폭력적 위계질서가 존재하며, 그러한 위계질서에서 벗어난다는 것은 엄청난 린치를 각오하는 것이기 때문이다. 그러기에 재석이는 폭력서클에서 탈퇴하기 위해 스스로 삼백 대를 맞는 린치를 당하기로 한다. 그가 당하는 린치는 집단적인 힘에 굴종해야 하는 폭력조직 문화의 전형을 보여준다.

"이런 식으로 우리 버리고 깔따구하고 놀아나면 너는 물론이고 애도 좋지 않아."

병규의 손가락이 등 뒤의 보담이를 가리켰다.

재석은 등골에 소름이 끼치는 걸 느껴야만 했다.

"잘 생각해서 행동해라, 응?"

그 말을 남기고 병규는 아이들을 몰고 사라졌다.

"재석아 무, 무서워."

다리가 풀려 후들거리는 보담이를 부축해 큰길가의 복지관 버스까지 데리고 오면서 재석은 이를 악물었다.

내가 삼백 대 맞을 테니까 스톤에서 빼주라(191-192)

위의 예문에서 재석이는 폭력서클 스톤에서 탈퇴하기 위해 삼백 대를 맞기로 한다. 그런데 재석이가 스톤에서 탈퇴하기 위해서는 서클의 상층부에 있는 형님들의 허락을 받아야 했다. 이러한 문화는 폭력서클이라는 집단적인 힘에 의해 개인이나 약자를 굴종시키는 폭력문화의 잔악성을 보여준다.

(2) 청소년소설에 나타난 폭력에 대한 작중인물의 대응 양상 및 유형

청소년소설에 형상화된 학교폭력에 대한 작중인물의 대응 양상은 폭력의 가해자가 피해자가 되기도 하는 모순적 경험, 폭력을 홀로 감내하면서 트라우마를 겪는 것, 학업 외 모든 성장과정의 욕구를 억압하는 교육 제도에 대한 비판, 인간의 내면보다는 외모, 인간적 가치보다는 물질적 가치가 지배하는 사회에 대한 비판 등으로 나누어 생각할 수 있다. 이러한 대응 양상을 통해 작중인물들은 학교폭력의 문제를 자신만의 문제로 여기거나 사회문제로 인식하면서 점차 성장하는 양상을 보여준다. 그러면 학교폭력에 대한 작중인물의 대응 양상을 청소년소설들을 분석하면서 보다 구체적으로 살펴보자.

① 모순적 경험: 가해자이자 피해자

고종욱의 《까칠한 재석이가 사라졌다》(2014, 애플북스)에는 폭력서클 스톤에 가입해서 폭력을 행사했던 재석이가 서클에서 탈퇴하기 위해 스스로 폭력을 당하는 모순적 상황을 보여준다. 그런데 재석이가 폭력서클 스톤에서 탈퇴하기 위해서는 폭력의 위계관계에 따라 소위 '형님'들의 허락을 받아야하고, 그 대가를 치러야 한다. 재석이가 선택한 대가는 삼백 대를 맞는 것이었다.

"자, 간다. 너희 잘 봐. 스톤에 들어오는 건 쉬워도 나가는 건 어렵다. 재석이는 형님들한테 내가 특별히 허락을 받았다. 이 자식은 몸이 안 좋아서 내보내야 되겠다고. 대신 삼백 대다. 언제든 나갈 놈은 말해라."

병규는 들고 있던 봉으로 재석의 엉덩이를 내리쳤다.

뻑! 뻑! 뻑!

둔탁한 소리와 함께 재석의 엉덩이에 몽둥이가 와서 꽂혔다. 인두로 지지는 것 같이 뜨거운 통증이 엉덩이를 통해 온몸에 퍼졌다.

하지만 재석은 이를 악물었다. 이러한 고통 없이는 알이 깨지지 않기 때문이다. 다리에 힘이 들어가고 얼굴에는 어느새 식은땀이 흘렀다.(194)

위의 예문에서 알 수 있듯이, 재석이는 폭력서클 스톤에서 탈퇴하기 위해 봉으로 삼백 대를 맞는다. 그런데 그가 봉으로 맞는 것은 모순적 경험 상황이다. 그는 스톤의 일원으로서 많은 폭력을 휘둘러왔기 때문이다. 그런 그가 스스로 폭력을 당하면서 스톤에서 탈퇴하고자 하는 것은 그가 사회봉사명령을 수행하면서 만난 여자 친구 보담이와 그녀의 할아버지 때문이다. 보담이와 그녀의 할아버지에게 한 약속, 즉 새로운 삶을 살겠다는 약속을 지키기 위해 그는 스스로 폭력을 당한다. 이러한 그의 행동은 그가 폭력서클에 가담했던 과거의 삶에서 벗어나 새로운 삶을 시작하여 정체성을 새롭게 형성하고자 한 열망에서 비롯된 것이다. 그러기에 그는 과거의 알에서 깨어나 새로운 성장의 길로 접어들 수 있는 계기를 마련한다.

모로 누워 있던 재석은 간호사가 놓고 간 주사약 기운에 스르륵 잠이 들었다.

어쩌면 알에서 깨어난 새로운 모습의 자신을 꿈꿀지도 모를 일이다. 그리고 꿈에서 깨어나면 사라지고 없을 까칠했던 과거의 자신을 추억할 것이다. 가끔은…….(212)

위의 예문에서 알 수 있듯이, 재석이는 까칠했던 과거의 자신을 추억하면서, 알에서 깨어난 새로운 모습의 자신을 꿈꾼다. 이러한 꿈꿈을 통해 재석이는 새로운 삶을 지향하는 정체성 형성을 통해 성장하는 모습을 보인다.

김혜정의 《하이킹 걸즈》(2008, 비룡소)는 미혼모의 딸로서 학교폭력을 저지른 은성이와 절도 사건을 저질렀던 보라가 실크로드 도보여행을 하는 과정을 통해 새롭게 성장하는 과정을 보여준다. 그들의 험난했던 실크로드 도보여행은 스스로의 선택이기보다는 교도 프로그램의 하나로 소년원에 가는 대신 선택한 것이었다.

이 소설에서 미혼모의 딸인 은성이는 엄마가 자신을 늘 혹처럼 귀찮아한다고 여기기 때문에 엄마와 늘 불편하다. 자신을 끔찍하게 아껴주던 할머니가 돌아가시자 은성이는 마음을 붙일 곳이 없어졌다. 그러다가 은성이는 존재하지 않는 아버지를 상상하면서, 아버지의 부재로 인해 점차 탈선을 하게 된다. 그것은 자신에게 아버지가 없다고 놀리는 친구를 때림으로써 학교 폭력을 저지른 것이다.

> 처음 친구를 때린 건 초등학교 1학년 때였다. 같은 아파트에 살던 여자 애였다.(중략)
> 그 아이는 "아빠도 없대요, 아빠도 없대요."라고 놀렸다. 순간 나도 모르게 그 아이를 주먹으로 마구 때렸다. 아빠가 없다는 사실이 창피해서 때린 게 아니었다. 이유가 무엇이든, 놀림받고 있다는 게 싫어서 때린 것뿐이었다.
> 그 일로 할머니가 학교에 오게 되었다. 할머니는 선생님과 아이의 부모에게 사과했다. 할머니는 집에 돌아오며 내게 아이를 때린 이유에 대해 물었다.
> 내 이야기를 들은 할머니는 버럭 화를 내면서 잘했다고, 다시는 그딴 아이와 놀지 말라고 했다.(132-133쪽)

위의 예문에서 알 수 있듯이, 은성이가 친구를 때린 것은 친구로부터 아빠가 없다는 놀림을 받았기 때문이다. 따라서 은성이의 폭력은 친구로부터 놀림을 당해서 일어난 일이었으며, 교도 프로그램의 일환으로 험난한 실크로드 도보여행을 가게 된 원인이 되었다. 그러기에 은성이는 폭력의 가해자이기도 하지만, 그에 따른 피해자가 되었다.

> 이 찜통더위에 매일 걷는다고? 그건 불가능한 일이다. 도보 여행이라고는 했지만 아무도 감시하지 않기 때문에, 우리가 걷든, 버스나 기차를 타든, 아무 상관없다. 버스를 타고 도착지에 간 다음, 한국에 돌아가서는 "우리 걸었어요."하면 된다. 우리를 일상과 단절시키기 위해 말도 통하지 않고 인터넷과 전화도 하지 못하는 외국으로 보냈다지만, 그들은 하나 알고 둘은 몰랐다. 우리가 감시자들의 눈에서 멀리 떨어져 있다는 사실을.(30-31)

위의 예문에서 알 수 있듯이, 은성이가 선택한 실크로드 도보 여행은 찜통더위 속에 매일 걷는 것이었기 때문에, 단순한 여행이 아닌 인고의 시간을 견디는 것이다. 그러나 은성이는 처음에 그것을 몰랐기 때문에 자신들이 감시자들의 눈에서 멀리 떨어져 있다는 사실에 만족해하면서 도보여행을 간단하게 생각했다. 그렇지만 은성이의 생각과는 달리 실크로드 여행은 안내자인 미주 언니의 감시 속에 처벌의 일환으로 이루어진 것이었다. 그러기에 실크로드 도보여행은 은성이에게는 매우 혹독한 것이었는데, 그런 혹독함을 견디지 못해 은성이는 실크로드 도보여행을 포기하고 싶어한다. 은성이의 입장에서 볼 때, 햇볕이 쨍쨍 내리쬐는 길을 일고여덟 시간씩 걷다보면 머릿속이 하얘지고, 도통, 복통, 근육통 등으로 안 아픈 데가 없었기 때문이다. 그러기에 은성이는 그렇게 힘들 바에는 차라리 포기하고 돌아가는 것이 더 낫겠다는 생각을 많이 하게 되었다. 실크로드 도보여행 안내자인 미주 언니는 이런 은성이가 여전히 자신이 잘못한 일을 회피하려고 한다고 생각한다.

"아니, 너는 아직 한참 멀었어. 지금 너는 사고 쳐놓고, 그걸 못 견디겠으니까 그만두겠다는 거야. 넌 한국에서도 그랬어. 네가 사고를 치면 할머니나 엄마가 수습을 했어, 안 그래? 넌 다른 사람이 수습한다는 걸 아니까 그걸 믿고 문제를 일으켰던 거야. 하지만 세상은 네 생각처럼 만만한 곳이 아니야. 이것조차 하지 못하면서 무슨이 어른이 되겠다고 그래?"
"함부로 말하지 마요! 언니가 뭘 알아요? 이번엔 일부러 그런 게 아니라고요! 왜 자꾸 나한테만 잘못했다고 그래요?"
"네가 잘못을 했으니까."(127-128)

위의 예문에서 알 수 있듯이, 미주 언니는 은성이가 그 자신이 잘못한 일들을 할머니나 엄마가 수습하도록 하면서 세상을 만만하게 살고 있다고 일깨워준다. 이런 일깨움을 통해 은성이가 스스로 자신의 일을 헤쳐 나가기를 바란다. 또한 은성이가 자신처럼 후회하는 삶을 살지 않기를 바란다. 그러면서 미주 언니는 은성이를 보면서 과거 자신의 험난했던 사춘기 시절을 떠올린다. 아울러 사람은 누구나 후회하지 않고 살 수는 없지만, 조금은 덜 후회하는 삶을 살기 위해 노력해야 함을 말한다.

"사람은 누구나 후회를 해. 후회하지 않고 사는 사람은 없을 거야. 그래도 조금 덜 후회하며 살 수 있으면 얼마나 좋을까 싶어. 지금 네 나이, 가장 열정이 넘치는 나이잖아. 온몸에 힘이 불끈불끈 솟는 때잖아. 그런데 그 시간은 다시 돌아오지 않는 게 문제야. 십대의 에너지는 십대에 다 써 버려야 되는 것 같아. 에너지는 축적되는 게 아니라서."

아무 말도 하지 않았다. 열정, 힘, 에너지……. 지금이 가장 최고라는 이것들을 나는 어디에 쏟고 있는 것일까?(139)

위의 예문에서 알 수 있듯이, 미주 언니는 온몸에 힘이 불끈불끈 솟는 십대의 에너지를 십대에 다 써야 하며, 가장 열정이 넘치는 지금의 시간들이 최고이기에 잘 보내야 한다고 말한다. 이런 미주 언니의 말을 들으면서 은성이는 자신의 현재 삶에 대한 성찰을 한다. 자신의 삶에 대한 성찰을 통해 은성이는 자신이 '고장 난 자동차'같다고 생각한다. 미혼모의 딸로서 세상과 화해할 수 없었기 때문이다. 미혼모의 딸이라는 꼬리표 때문에 은성이는 고장 난 자동차와 같은 삶을 살면서 학교폭력을 일삼게 되었으며, 그 과정에서 은성이는 폭력의 가해자이면서도 놀림의 피해자가 되었다.

난 꼭 고장 난 자동차 같다. 오른쪽으로 핸들을 돌리면 바퀴는 왼쪽으로 가다가 결국 펑하고 터져 버린다. 언제쯤 내 삶을 능숙하게 운전할 수 있을까? '어른'이라는 자격증을 따고 나면 조금 나을까? 그거 도대체 언제쯤 딸 수 있는 거지?(중략)
물음표가 머릿속을 점령해 버렸다. 오늘밤도 물음표를 세며 잠을 청해야 할 듯하다.(141-142쪽)

위의 예문에서 알 수 있듯이, 은성이는 자신의 현재 삶에 대한 성찰을 통해 삶을 능숙하게 운전할 수 있는 때가 언제일지를 생각한다. 그리고 그러한 때가 언제 올지, 어른으로서의 삶은 어떠해야 한지에 대한 성찰을 한다. 이러한 성찰을 통해 은성이는 점차 성장하는 존재가 되어간다.

② 피해: 홀로 감내하는 트라우마

박민규의 《핑퐁》에는 학교폭력을 당하는 주인공이 그 피해를 부모나 교사에게 말하지 않고 홀로 감내하는 모습을 드러내고 있다. 주인공은 치수 패거리의 폭력을 무방비 상태로 당하면서도 홀로 감내하면서, 그것을 일상으로까지 여긴다.

못. 나는 못이다. 그렇게 불린다. 쿵 쿵, 치수가 내 머릴 때릴 때 멀리서 보면 꼭 못이 박히는 것 같다고 해서 붙은 별명이다. 야, 못! 하면 이상하지만, 그 외의 별명은 가져본 적이 없어 모르겠다. 좋거나 싫다는 생각이, 그래서 들지 않는다. 쿵 쿵. 하지만 정말 못이면 좋겠다는 생각을 할 때가 있다. 벽에 기댄 채 머리를 맞다보면, 절대로 그렇다, 기도한다. 다음엔 못으로 태어나게 해주세요. 못이라면, 일생에 한번만 맞으면 그만일 테니까.(15)

위의 예문에서 알 수 있듯이, '나'는 치수가 머리를 때릴 때 보면 꼭 못이 박히는 것 같다고 해서 못이라는 별명을 갖고 있다. 그리고 '나'는 그 별명에 대해 좋거나 싫다는 생각을 하지 못한 채, 일생에 한 번만 맞게 다음 생에는 못으로 태어나게 해달라는 기도를 한다. 이러한 상황은 위악적인 폭력 앞에 무기력하게 당하면서 홀로 감내하는 '나'의 트라우마를 보여준다.

그것이 시작이었다. 아무도 나에게 말을 걸지 않았다. 아니, 걸 수 없었다. 나는 오로지 치수의 독점, 꼬붕, 밥, 오르골, MP3 플레이어, 경보기, 애완곤충, 핸드백, 쌘드백이 되었다. 아무리 맞아도 아무렇지 않게 되기까지는 꼬박 일년이 걸렸다. 어느 순간, 이상하리만치 마음이 편해졌다. 더 나빠질 게 없다고 느끼는 순간, 불안이란 감정 자체가 사라진 것이었다. 아무것도 할 수 없는데, 아무렇지도 않은 삶이 그래서 시작되었다.(17)

위의 예문에서 알 수 있듯이, '나'는 치수의 폭력을 견디는 쌘드백이 되어 아무리 맞아도 아무렇지 않게 되기까지 일 년을 견뎠다. 그런 과정 속에 '나'는 이상하리만치 마음이 편해지면서, 더 나빠질 게 없다고 생각한다. '나'의 이런 심리 상태는 폭력을 홀로 감내하면서 아무것도 할 수 없는 삶, 아무렇지도 않은 삶에 대한 포기를 드러낸다. 그러나 생명에 대한 포기로까지는 이어질 수 없기에 '나'는 치수의 폭력을 감내하면서 그를 죽이고 싶다는 생각을 하게 된다.

열 손가락 모두의 손톱이 절반가량 닳아버렸다. 정확히 말하자면, 물어, 뜯어서였다. 죽어버려. 치수를 죽이고 싶을 때마다 나는 손톱을 물어뜯었다. 손톱은, 누구의 눈에도 띄지 않고, 아무리 아파도 소리를 내지 않았다. 손톱의 그런 면이 언제나 나를 안심시켰다. 맞벌이를 하는 부모들이 대개 그렇듯, 나의 부모도 자식의 손톱검사 같은 건 한번도 하지 않았다. 너 손이 왜 이러냐? 깨진 사금파리 같은 손톱을 발견한 건 오히려 치수였다. 으응, 원래 그래, 라고 둘러댔는데, 찍 침을 뱉으며 치수가 속삭였다. 너, 나 죽이고 싶냐?(17-18)

위의 예문에서 알 수 있듯이, 치수의 폭력을 감내하면서 '나'는 자신의 손톱을 물어뜯었다. 아무리 아파도 소리를 내지 않는 손톱을 물어뜯으면서 '나'는 치수에 대한 증오심을 키워간다. 그러나 '나'의 부모는 손톱을 한 번도 자세히 보지 않는데, 이러한 상황은 폭력을 감내하면서 하루하루를 살아가는 '나'에 대해 아무도 관심을 보이지 않는 현실을 보여준다. 이러한 현실에서 '나'는 자신의 삶은 인류가 깜박해버린 것이라고 생각한다.

> 너와 나는 세계가 〈깜박〉한 인간들이야. (중략)
>
> 생명은 스스로의 의지에 의해 스스로를 의지한다는 세끄라탱의 말이 옳다면, 그 의지를 결정한 마지막 기회인 셈이지. 그래서 줄곧 나는 스스로의 의지에 대해 생각해봤어. 인류에 대한 의지, 인류가 〈깜박〉해버린 것으로서의 의지, 그럼에도 불구하고 인류로서의 의지…그 의지는 무엇일까?
>
> 그런 게
>
> 있을 리 없잖아. (219-220)

위의 예문에서 알 수 있듯이, '나'는 자신을 세계가 깜박한 인간이라고 생각하고 있다. 그러면서도 '나'는 스스로의 의지와 인류로서의 의지에 대해 생각하면서 생의 끈을 고민한다. 생의 끈에 대한 고민 속에 '나'는 인류는 자신을 깜박했지만, 자신은 인류를 인스톨이 아닌 언인스톨하기로 한다. 그것은 인류로서의 의지에 대한 마지막 믿음을 실현하고자 하기 때문이다.

> 물끄러미 우리를 들여다보던 세끄라탱이 고개를 기울이며 물어보았다. 언인스톨?
>
> 우리는 고개를 끄덕였다. (250)

인류로서의 의지에 대한 믿음 속에 지구의 종말이 아닌 언인스톨을 선택함으로써 '나'는 생활, 그리고 살아간다는 것의 의미에 대한 성찰을 한다. 그리고 이러한 성찰 속에 학교폭력을 견디는 것은 일상이 될 수 없으며, 다른 아이들처럼 폭력성의 세계가 아닌 공부를 하는 세계를 지향하고자 한다. 이러한 지향을 통해 '나'는 일상의 삶에서 새로운 서사를 만들어가는 서사적 존재로서 정체성을 새롭게 모색한다. 그러기에 '나'는 학교를 열심히 다녀보겠다는 생각을 하게 된다.

작중인물이 학교 폭력의 피해를 홀로 감내하는 과정에서 겪는 트라우마는 이금이의 《우리 반 인터넷 소설가》(2014, 푸른책들)를 통해서도 확인할 수 있다. 이 소설은 학급 내 집단 따돌림의 문제와 그에 대한 작중인물의 감내를 작품 안에 있는 '이봄'의 소설을 통해 액자 형식으로 보여준다.

이봄은 반에서 뚱뚱하고 인기 없는 왕따 학생이다. 그러던 중 이봄이 학교에 나오지 않게 되었는데, 이봄이 학교에 나오지 않던 중에 교무실에 위에 놓여 있던 소설 원고는 학교폭력의 실체를 보여준다. 선생님은 원고 위에 쓰인 번호를 토대로 반 친구들을 떠올리며 소설을 읽는다. 소설 속에서 주인공인 봄이는 수련회에서 낯선 여덟 명의 친구들과 한 방을 쓰게 되고, 그들은 서먹한 분위기를 없애기 위해 진실 게임을 시작한다. 진실 게임 도중에 이봄은 자신의 연애 이야기를 들려준다. 이봄의 연애 이야기를 들으면서 친구들은 "대학생에다가 이렇게 잘생기기까지 한 오빠가, 왜, 어째서 (우리들을 놔두고) 봄이 같은 애를! 우리 아홉 명의 배는 한 사람인 것처럼 동시에 아팠다."(이금이,《우리 반 인터넷 소설가》, 37쪽) 친구들의 이런 반응은 자신들보다 부족하고 생각했던 봄이에 대한 패배의식에서 비롯된 것이다. 외모와 지적 능력이 자신들에 비해 떨어지는 봄이가 영화 속에서나 있을 법한 이야기의 주인공이라는 사실을 도저히 받아들일 수 없었기 때문이다.(유원식, 2011:55-56)

그러면서 친구들은 봄이의 이야기가 뻥이라고 봄이를 공격한다. 이에 충격을 받은 봄이는 대학생 오빠와의 연애 이야기를 소설로 남긴 채 학교를 떠난다. 봄이의 떠남은 다른 친구들로부터의 집단 따돌림을 받은 트라우마에서 비롯된 것이다. 봄이는 자신의 트라우마를 혼자서 감내하기로 한 것이다.

> 봄이는 세상이 만들어 놓은 틀 안에 갇혀 오로지 공부만 하기를 강요받으며 사는 아이들 대신 그들이 꿈꾸는 것을 실현했고, 그 애가 들려주는 이야기는 아이들의 숨통을 트이게 해 주었다. 봄이의 이야기를 더 이상 듣지 못하게 된 아이들의 상실감은 봄이의 상처 못지않게 검고 깊은 아가리를 버릴 것이다. 그제서야 아이들은 자신이 봄이에게 무슨 짓을 했는지 깨닫게 될 것이다. 더 많이 깨닫는 아이일수록 검고 깊은 아가리가 공포로 다가올 것이다.(이금이,《우리 반 인터넷 소설가》, 127쪽)

위의 예문에서 알 수 있듯이, 봄이는 자신의 이야기를 믿지 않고 자신을 거짓말쟁이로 몰아붙이는 아이들에게서 상처를 받고 학교를 떠나버렸다. 그의 떠남은 공부만 하기를 강요받으며 사는 아이들 대신 꿈을 꾸었던 청소년의 상처를 뜻한다. 그러나 그 상처는 봄이에게만 해당되는 것이 아니라, 그를 거짓말쟁이로 몰아붙였던 아이들에게도 해당된다. 아이들은 봄이를 집단적으로 따돌렸지만, 자기들 대신 꿈을 꾸었던 친구를 잃음으로써 더 이상 그 또래의 꿈을 실현할 수 있는 통로를 갖지 못하게 되었기 때문이다. 이러한 현상은 다수의 힘을 기반으로 소수의 아이들을 집단적으로 따돌리는 학교폭력의 문제점을 여실하게 보여준다.

③ 알에서 깨어나기를 통한 폭력에서 벗어나기와 성장

고종욱의 《까칠한 재석이가 사라졌다》는 180센티미터의 큰 덩치 하나로 폭력서클 스톤에 들어갔던 재석이가 사회봉사를 하면서 만난 보담이를 통해 180도 변신하면서 새롭게 성장하는 과정을 보여준다. 폭력서클에서 재석이는 메이커 운동화 하나 없어도, 비싼 옷 하나 걸치지 않아도, 아빠가 없는 것도, 어두운 반지하방에서 사는 것도 창피하지 않았다. 그러나 그는 학교폭력에 휘말려 징계처분으로 받은 사회봉사명령을 수행하면서 까칠했던 과거의 모습에서 벗어나 새로운 정체성을 형성하게 된다. 물론 그가 새롭게 정체성을 형성하게 된 배경에는 보담이와 그녀의 할아버지와의 인간적인 관계 때문이었다. 그러면 구체적으로 이 소설에서 재석이가 폭력서클에서 어떻게 활동하였는지, 그리고 어떻게 탈퇴를 하게 되었는지를 살펴보자.

> "웬 중딩 새끼들이 와 가지고 껄떡대기에 까불면 맞는다고 하니까 이 자식들이 개떼처럼 몰려와 가지고……."
> 계획적으로 민성을 노린 것 같았다. 한 녀석이 먼저 가서 슬슬 건드리다가 낚이면 숨어 있던 다른 놈들이 우르르 몰려나와서는 삥 뜯는 뻔한 수법이었다.
> "그래 가지고 완전 떡이 된 거냐?"
> "아, 칼까지 갖고 있더라구. 그래서……."
> 재석이의 원칙 중 하나가 절대 다른 패거리들에게 당하지 말자는 거였다. 그건 스톤의 확고한 방침이기도 했다. 스톤의 짱인 병규는 그런 일이 있을 경우 결코 상대를 용서하지 않았다.(24)

위의 예문에서 알 수 있듯이, 고등학생이 재석이는 친구인 민성이가 중학생들에게 린치 당한 이야기를 듣고 있다. 중학생들은 계획적으로 민성이를 노리고서 집단적으로 폭행을 했으며, 그들은 칼까지 갖고 있다. 중학생 폭력배들의 이러한 모습은 어른 폭력배들의 행동과 전혀 다르지 않으며, 폭력 조직의 잔악함을 대변한다. 폭력서클 스톤의 일원인 재석이도 다른 패거리들에게는 절대 당하지 말자는 폭력서클의 원칙을 따르고 있다.

"아아아!"

비명을 지르던 병규는 급박한 위기를 또 다른 반칙으로 빠져나갔다. 목을 조르는 재석의 팔뚝을 문 거였다.

결국 2학년 짱을 가르는 싸움은 피가 튀는 반칙과 처절한 난투극으로 끝이 났다. 심판을 보는 3학년 짱 기명이 병규의 승리를 선언했다. 콧구멍을 먼저 찢은 게 재석이었다는 거다. 병규는 찢어진 코의 피를 닦으며 그렇게 2학년 짱이 되었다. 그 뒤 둘의 관계엔 미묘한 앙금이 남았다.(76)

위의 예문은 2학년 짱을 정하기 위해 재석이와 병규가 피가 튀기는 싸움을 했던 상황을 보여준다. 이를 통해 재석이와 병규 사이에 미묘한 앙금이 남아 있게 되었음을, 그리고 재석이가 2학년 짱인 병규의 말을 들을 수밖에 없는 폭력조직의 위계적인 힘의 관계를 보여준다.

폭력서클 스톤에서 활동하던 재석이는 민성이를 위해 중학생들에게 폭력을 가한 사건으로 사회봉사명령을 받는다. 사회봉사명령을 간 재석이는 보담이와 그녀의 할아버지를 만나 점차 새롭게 변화한다. 그러면서 그는 보담이와 자신만을 위해 헌신하고 있는 엄마를 위해서라도 스톤에서 탈퇴해야겠다고 생각한다.

스톤에서 나가려면 특단의 조치가 필요했다. 하지만 어떻게 해야 좋을지 몰랐다. 재석은 새로운 삶을 향해 나아가기 위해 꼭 필요한 것들을 놓치고 있었다. 그것은 바로 용기와 의지였다.

집에 돌아와 재석은 보담에게 이메일을 썼다. 놀이공원에 가지 못하게 된 뒤 서먹했던 마음을 누르고 용기를 내서 보낸 이메일이었다.(133-134)

스톤에서 탈퇴하기 위해서는 특단의 조치, 즉 새로운 삶을 향해 나아가기 위한 용기와 의지가 필요하다. 재석이는 그러한 용기와 의지를 보담이에게 이메일을 통해 보여줌으로써 자기결단의 토대를 마련한다. 이러한 자기결단을 통해 재석이는 스톤에서 탈퇴할 결심을 굳히고, 스톤에서 탈퇴하는 것에 대한 대가로서 삼백 대의 린치를 당한다. 삼백 대의 린치라는 극한적인 대가를 치르고 난 후 재석이는 자신이 새로운 삶을 위한 알에서 깨어나기를 했으며, 그러한 행동을 통해 자신이 새로운 정체성을 형성할 수 있음을 확신한다.

모로 누워 있던 재석은 간호사가 놓고 간 주사약 기운에 스르륵 잠이 들었다.

어쩌면 알에서 깨어난 새로운 모습의 자신을 꿈꿀지도 모를 일이다. 그리고 꿈에서 깨어나

면 사라지고 없을 까칠했던 과거의 자신을 추억할 것이다. 가끔은…….(212)

위의 예문에서 알 수 있듯이, 재석이는 까칠했던 과거의 자신을 추억하면서, 알에서 깨어난 새로운 모습의 자신을 꿈꾼다. 이러한 꿈꿈을 통해 재석이는 새로운 삶을 지향하는 정체성 형성을 통해 성장하는 모습을 보인다.

④ 자신의 폭력에 대한 반성적 성찰

작중인물이 자신의 폭력에 대해 반성적 성찰을 하는 모습은 김인해의 《외톨이》(2010, 푸른책들)를 통해 확인할 수 있다. 이 작품은 단짝 친구였던 시욱이와 키다리가 다른 친구들 때문에 서로 갈라서고, 시욱이가 키다리를 왕따로 만드는 상황을 보여주고 있다. 이를 통해 이 소설은 학교 안에서의 왕따와 폭력의 문제를 통해 성장하는 인물의 반성의식을 전달하고 있다. 키다리와 시욱이는 원래 어디든지 함께 다니던 단짝이었다. 물론 그 관계는 키다리가 주도했는데, 시욱이는 이에 대해 별 불만이 없었다. 시욱이는 키다리에게 진한 우정 같은 것을 느끼면서 "키다리에게 샤프는 없어서는 안 될, 그리고 샤프에게 키다리는 없어서는 안 될 친구"(14)라고 생각했다. 그렇지만 그들의 관계는 키다리가 시욱이를 말도 없이 기다리게 하는 사건 때문에 틀어지게 되고, 시욱이가 키다리에게 주먹을 휘두르면서 파탄난다.

> "화장실에서 기다리라고 해 놓고 왜 안 왔냐고!"
> 나는 폭발했다. 참을 수가 없었다. 나를 그저 장난감처럼 갖고 논 너를 용서할 수가 없었다.
> "야, 그깟 일로 쩨쩨하게 그러냐."
> 더 이상 참으면 나는 그 자리에서 2반의 쩨쩨한 남자로 영원히 불리게 될 테다. 지금이 그걸 날릴 기회임을 내 촉각이 말해 주었다. 너의 입을 향해 주먹을 날렸다. 너의 원심력에 휘둘리고, 천 원이면 아무 때나 살 수 있는 샤프쯤으로 가벼이 여긴 무례함에 대한 한 방을, 너는 몰랐다. 시키면 시키는 대로 하는 졸개로 여길까 봐 내가 조바심 낸다는 것을.
> 아이들이 너와 나를 뜯어말렸다. 너는 키만 컸을 뿐 고무줄처럼 가늘고 매가리도 없었다. 반면 내 뼈는 굵고 단단했다. 그걸 확인하면서 너를 외톨이로 만들고 싶은 충동이 밀려왔다.(17)

위에서 알 수 있듯이, 시욱이는 자신을 졸개로 여기는 키다리에게 주먹을 날림으로써 그와의 절교, 나아가 그를 외톨이로 만들고자 한다. 이런 시욱이에게 회장을 비롯한 반 아이들이 달라붙어 키다리를 왕따로 만드는데 일조한다. 시욱이는 키다리를 때려눕힌 것에 대한 승리감에 도취되어 회장을 비롯한 다른 아이들과 친하게 지낸다. 그 과정에서 학교 담벼락에 시욱이를 비난하는 낙서가 발견되었다.

> '주먹 세다고 자랑이나 하고, 이 좀팽이야.'
> 온몸이 오그라드는 것 같았다.
> "야, 가만둘 거야? 한 번 더 갈겨서 이런 짓 못 하게 해야지."
> 긴 머리가 특유의 빽빽대는 소리로 말했다.
> '저건, 키다리 글씨 아니야. 저건!'
> 너의 글씨체를 모를 리가 없다. 담벼락에 갈겨쓴 글씨체로 너의 글씨를 분간할 수 없지만 속으로부터 올라오는 목소리는 '네 짓이 아니야.'였다.(21)

위의 예문에서 알 수 있듯이, 시욱이는 담벼락에 갈겨 쓰인 자신을 비난하는 글씨를 키다리가 쓰지 않았다고 생각함에도 불구하고, 키다리를 왕따시키기 위해서 키다리를 다시 한 번 주먹으로 갈긴다. 물론 이렇게 함으로써 회장을 비롯한 반 친구들과 시욱이는 폭력의 가해자가 된다. 사소한 일로 갈등이 생긴 친구 키다리를 왕따시키고 폭력을 행사하는 인물들은 반 친구들과 시욱인 것이다. 이를 통해 이 소설은 왕따, 폭력의 주체는 타인이 아닌 바로 우리 자신이라는 점을 말하고 있다.

> 하지만 내 생각은 결정권이 없었다. 여러 아이들이 집합으로 웅성거리는 소리는 내 생각을 쓰나미처럼 휩쓸어버렸다. 즉시 그곳은 반 키다리 집회 장소로 변했다. 나는 키다리를 혼내 줄 주먹 짱이 되어 있었다. 주먹 짱이라니, 한 번도 원한 적 없었다. 단지 외톨이만 아니면 되었다. 만약 내게 용기가 있었다면 '난 싸움 같은 건 안 해!'라고 말할 수 있었을까?(21)

위의 예문에서 알 수 있듯이, 시욱이는 서로 마음을 나누지 못한 친구들 사이에서 외톨이가 될까 불안해했다. 그러다가 자신이 외톨이가 되지 않기 위해 우정을 나눈 친구를 희생 제물로 삼아 주먹 짱이 되었다. 주먹 짱이 되고 외톨이가 되지 않기 위해 그는 단짝이었던 친구 키다리를 왕따로 만든다. 친구의 잘못이 아닌 걸 알면서도 다른 친구들의 부추김에 끌려 폭력을 휘두름으로써 시욱이는 폭력의 가해자인 동시에 피해자가 된다.

다시 코피가 흘렀다. 너의 얼굴이 피로 물들고 내 손에도 피가 묻었다. 그때 하필 네가 언젠 가 한 말이 스크린에 자막이 박히듯 떠올랐다.

'아빠랑 새엄마, 새엄마가 데리고 온 여동생 사이에 끼어 밥을 먹을 때면 내가 데리고 온 아 이 같아 얼른 먹고 일어나. 아빠도 내 눈을 피해 버려. 그냥 이대로 살자고, 복잡하게 생각지 말자고 말하는 것 같아.'

새엄마란 소문이 떠들썩하게 퍼졌음에도 반 아이들은 그 점만은 건들지 않았다. 그나마 다 행이라 여겼는데, 역시 너는 아파하고 있었다.(29)

위에서 알 수 있듯이, 다른 친구들과의 관계 속에서 단짝 친구 키다리를 왕따로 만들었지만, 시욱이는 반성적 성찰을 통해 친구의 아픔을 느낀다. 그러기에 그는 친구의 아픔 가운데 승리 감이 아닌 패배감을 맛본다.

우리 편이 먼저 산기슭으로 내려왔다. 승리감에 도취되기는커녕 패배감 이상으로 찜찜하기 만 했다. 이런 걸 더러운 기분이라고 하나.

"알아? 그거 내가 쓴 거?"

학교 담벼락을 지나고 삼거리를 지날 때쯤 회장이 툭 내뱉었다. 애들이 킥킥대며 웃어 제켰 다. (중략)

"키다리 그 자식이 지가 양보해서 내가 회장된 거라고 쫄따구 취급하잖아. 그 꼴 보기 싫었 는데, 시욱이가 주먹으로 한 방 갈기는 거 보고 내가 써 갈긴 거야."

아이들은 내 주먹을 믿고 나중에는 무얼 요구할까? 갑자기 움켜쥔 내 주먹이 외톨이처럼 느껴졌다. 손톱 밑에 낀 빨간 너의 피가 나를 비웃는 듯했다.(31)

위에서 알 수 있듯이, 시욱이는 학교 담벼락에 자신을 비난하는 글을 쓴 사람이 키다리가 아 니라는 것을 알고 있었다. 하지만 군중심리에 이끌려 단짝친구인 키다리를 범인으로 몰아 왕 따를 만들고 주먹을 휘둘렀다. 결국 회장이 자신이 한 일이라는 것을 밝힌 순간, 시욱이는 심 한 패배감에 젖으면서 내적 갈등을 겪는다. 자신의 일그러진 모습을 알게 되면서 후회와 반성 을 하고, 죄책감에 따른 고통을 겪는다. 이러한 시욱이의 모습은 스스로의 반성의식을 통한 자 아 성찰과 그에 따른 정체성 갱신의 토대가 된다고 할 수 있다.

⑤ 내면의 성장보다는 학업이나 물질적 가치를 중시하는 사회에 대한 비판

학교폭력을 보여주면서도 작중인물의 내면적 성장보다는 학업이나 물질적 가치를 중시하는 사회에 대한 비판을 드러내는 작품으로는 박상률의 《불량청춘 목록》을 들 수 있다. 박상률의 《불량청춘 목록》(2012, 자음과 모음)은 크게 두 갈래의 갈등을 보여주는 플롯에 의해 전개된다. 하나는 진식과 형근을 비롯한 버섯즙 패거리 사이에서 벌어지는 외부 갈등이고, 다른 하나는 진식의 내부에서 일어나는 갈등이다. 이 두 갈래의 갈등은 이야기의 '겉과 속'처럼 서로 역동적으로 얽혀 있다. 이야기의 겉은 외부 갈등으로 빚어지는 사건들을 통해 속도감 있게 전개되며, 이야기의 속은 외부 갈등으로 빚어진 사건의 배후를 성찰하는 진식의 심리 묘사를 통해 전개된다. 겉으로 드러나는 겉불량은 형근을 중심으로 하는 버섯즙 패거리에 의해 나타나며, 속불량은 진식의 내부에 자리 잡고 있는 모든 것을 박살내고 싶은 심리이다.

이 소설에서 겉불량을 이루는 형근과 그가 조직한 버섯즙 패거리들은 학교 안팎에서 수시로 불량을 일삼는다. 형근은 자신의 인생 목표를 '돈 아니면 주먹'으로 일찌감치 정해놓고, 버섯즙 패거리의 짱 노릇을 한다. 종고의 전자과에 다니지만 공부하고는 멀어 전자기사 따는 것은 글렀으니 졸업장이나 따면 다행이고, 집에서도 불량학생으로 내놓았다. 그러기에 그는 성인이 되어 살기 위해 자신이 할 수 있는 방법은 타고난 몸에 의존하는 것, 즉 '주먹'밖에 없다고 생각한다. 그 준비 과정으로 학교 안에선 버섯즙 패거리를 만들고, 학교 밖에선 오토바이족들과 교류를 하며, 조무래기들의 짱 노릇을 한다. 이러한 형근의 모습은 '돈과 권력'에 의한 사회의 유지 현상을 고스란히 대변한다.

또한 실업학교임에도 불구하고 대학 진학반 위주로 운영되고, 전공 이외의 기본적인 인성교육이나 개성을 살리는 다양한 인문교육이 실종된 학교, 사랑의 매는 사라지고 학생을 범죄자로 취급하는 학교나 교실, 자식을 이용해 돈이나 뜯어내려고 하는 아버지 등은 학교에서 벌어지는 다양한 폭력을 촉진하는 역할을 하고 있다. 이러한 상황에서 형근이나 준표와 같은 불량학생들은 언제든지 생겨날 수 있다. 학교가 각자의 개성과 소질을 인정하고, 그것들을 발휘하여 존재감을 발현하게 하지 못하는 상황에서 많은 청소년들은 폭력이나 범죄 행위에 휘말릴 수밖에 없다. 이러한 폭력이나 범죄 행위에 휘말리는 양상은 형근과 버섯즙 패거리들을 통해 여실하게 드러난다.

한편 진식이는 형근의 도전에 대해 주먹으로 응징한다. 그러면서 진식은 자기 성찰을 통해 형근이의 흉기는 겉으로 드러난 것이지만, 자신의 흉기인 손은 드러나지 않고 몸 자체에 있다

고 생각한다. 겉으로 보이기에 진식이는 담임선생으로부터 "잘 둔 반장 하나 열 담임 안 부럽다"는 칭찬을 받는 모범생이다. 공부도 잘하고, 운동도 잘하는 짱 중의 짱이다. 그러나 그는 속으로 자신이 '괴물'이라고 생각한다. 뭔가 손에 잡히기만 하면 반 죽여 놓고 싶고, 자신까지도 죽여 버리고 싶은 심리상태에 있기 때문이다. 덩치 큰 강박증에 걸린 괴물인 그는 모든 것을 완벽하게 하고자 한다. "다 무겁고, 다 바로잡아야 하고, 다 깨끗해야 한다. 하지만 누구보다도 시원히 다 날려버리고 싶어한다." 그런데 그게 잘 안되기 때문에 편집증에 걸린 사람처럼 손을 씻고 또 씻는다. 자신의 불량기가 손 안에 들어 있다고 생각하기 때문이다. 주먹을 쥐면 솥뚜껑 같은, 흉기나 다름없는 손을 가진 진식은 자신의 손을 제어하지 못한다면 자신이 형근이나 버섯즙 패거리들과 다를 바 없는 살인미수자가 될 것이라고 생각한다.

그러기에 진식은 모든 것을 썩지 않게 씻어주고 품어주는 바다를 보면서 자아성찰을 한다. 온갖 오염물을 받으면서도 제 몸이 오염될 것을 두려워하지 않는 바다를 보면서 진식은 "작은 바람에도 출렁이고, 자신의 영역을 차지하기 위해 목숨 걸고, 남을 품기보다는 응징하기 바쁘고, 오염될까 봐 벌벌 떨고, 혼자만 고고하고 결벽을 떠는" 자신의 모습을 발견하고, 이에 대한 반성을 한다. 이런 자신에 대한 진식의 발견은 주먹을 쓰지 않고 분위기만으로 남을 제압하는 아버지의 방식을 이해하는 것으로 이어진다. 그러면서 아버지를 닮지 않기 위해 자신은 아버지로부터 물려받은 그 괴물 같은 큰 손을 씻어댔지만, 아버지는 그 큰 손으로 밤낮없이 구두를 닦으며 아들에게 아버지 너머를 그리워하게 했음을 인식하다.

> 담배 피우러 가서 버섯즙까지 짜가지고 온 아이들은 아주 조숙한 티를 내며 자신들은 세상 저편의 다른 사람인 양 굴었다. 다른 아이들을 깔보며 이 핑계 저 핑계를 대며 괴롭히는 건 아주 예사로운 일이었고, 선생님들한테까지 눈을 부라리며 대들기 일쑤였다. 아이들은 될 수 있으면 일명 버섯즙 패거리라고 불리게 된 녀석들과는 말을 안 섞고 눈도 마주치지 않으려 했지만 그게 쉬운 일은 아니었다. 그들은 누가 유행하는 새 신발을 신고 오면 어떡하든 윽박질러서 그 신발을 빼앗아 신고, 유명 상표가 붙은 값비싼 점퍼라도 입고 오면 며칠씩 빼앗아 입었다. 그러다 담배 불티에 구멍이나 나야 돌려주는 것이었다. 그래도 아이들은 아무 말을 못했다.(21)

위의 예문에서 알 수 있듯이, 형근이를 필두로 하는 버섯즙 패거리들은 전형적인 학교 폭력의 모습을 보여준다. 그들은 힘없는 아이들을 괴롭히면서 학교 선생님들에게 대들고, 친구들의 옷이나 빼앗는다. 이러한 그들의 모습은 오늘날 학교 안에서의 폭력이 얼마나 심각한 상황에 있는지, 그리고 그러한 폭력에 대한 제어가 학교 안에서 잘 이루어지지 못하고 있음을 보여준다. 아울러 청소년들의 언어폭력이 또 얼마나 심각한 상황에 있는지, 학교 안에서 폭력을 일삼는 청소년들이 학교 밖의 폭력 조직과 연계되어 있음도 보여준다.

> 버섯즙 패거리들은 벌써 읍내 어깨들의 똘마니 노릇을 하느라 진식이를 의식했다. 진식이 아버지가 예전에 읍내에서 알아주는 어깨여서 아직도 그 영향력이 만만치 않은 까닭이다. 그래서 진식이 아버지 구역은 아무도 넘보지 않는다. 똘마니들도 그걸 아는지라 진식이는 건들지 않는다. 그 대신 진식이가 보호하고 있는 현우를 틈만 나면 괴롭히는 것이다.(38)

위의 예문에서 알 수 있듯이, 학교 안에서 폭력을 일삼는 형근의 패거리들은 읍내 폭력 조직과 깊게 연관되어 있다. 그러기에 그들은 학교 밖 폭력 조직의 영향을 받으면서 학교 안에서 힘없는 아이들을 괴롭히면서 청소년들의 건전한 삶을 방해한다.

> "보면 몰라? 니놈 손 좀 보려고 그런다!"
> 형근이가 체인을 오른손에 감아쥐고 진식이를 후려칠 자세를 취했다.
> "그래? 그럼 쳐봐!"
> 진식이는 짐짓 여유를 보이는 척하며 어디로 빠져나가야 할 것인지를 살폈다. 그러나 사람도 잘 다니지 않는 어두운 복도 끝 계단이라 마땅히 피할 곳이 보이지 않았다.
> 어차피 한 번은 붙어야 할 판이었다. 그런데 상대는 손에 체인까지 감아쥐고, 머릿수도 다섯이나 된다.(중략)
> "너 어차피 지금 독 안에 든 쥐야. 앞으로 우리 말 듣든가 체인으로 대갈통 깨지게 맞든가 알아서 해!"
> 아이들이 말로 위협을 하느라 방심을 하는 순간, 진식이가 번개처럼 몸을 돌리며 팔꿈치로 형근이 머리통을 후려쳤다. 마치 코끼리가 코로 강아지를 밀어뜨리는 것 같았다. 형근이가 중심을 못 잡고 휘청하더니 계단 밑으로 굴러떨어졌다.(77-78)

위의 예문에서 알 수 있듯이, 학교 안에서 청소년들의 폭력은 단순히 주먹 싸움으로만 이루어지지 않는다. 청소년들은 조직 폭력배들처럼 흉기를 들고 상대방을 공격한다. 이러한 무자비한 폭력성을 우리 사회가 얼마나 병들어 있는지, 그리고 얼마나 폭력적인 상황에 놓여 있는지를 단적으로 보여준다.

한편 학교 폭력을 일삼는 청소년들을 다루는 학교 선생님들의 태도도 매우 거칠다. 학교 폭력을 일삼는 청소년들을 건전한 방향으로 안내하지 못한 채, 체벌을 하려고만 하기 때문이다. 그러기에 그런 선생님에게 청소년들은 반항하면서 더욱 거칠어신다.

> "에이, 짜증 나게 뭘 나오라고 그러십니까? 나오라면 나가지요."
> 지랄탄 담임이 손을 쳐들며 소리쳤다.
> "이 자식, 너 맞아볼래?"
> 준표가 지랄탄 담임의 손을 붙잡았다.
> "지금 날 치시게요? 체벌 없어진 지가 언젠데 그런 식으로 나오십니까?(중략)
> "개망신당하고 싶지 않으면 그만하시지요. 에이 씨팔. 담임이라고 나잇살이나 더 처먹었다고 예예 해주었더니 존나 웃기고 자빠졌네 정말! 아, 짜증 나!"
> 준표가 험한 말을 아주 불량하게 내뱉은 뒤 거침없이 교실 밖으로 나가버렸다.(83-84)

위의 예문에서 알 수 있듯이, 학교 안에서 폭력을 일삼는 청소년들은 선생님 앞에서 함부로 욕을 하고 대든다. 이러한 청소년들의 모습은 우리 사회가 청소년교육에서 무엇을 간과하고 있는지를 보여준다. 그것은 바로 청소년들을 건전한 인격적 존재로 키울 수 있는 인성교육의 부재이다. 인성교육이 부재하기 때문에 청소년들은 학교 선생님에게도 거침없이 불량스런 태도를 보이면서, 학교라는 공간을 우습게 생각한다. 그러기에 학교폭력을 일삼는 청소년들은 돈 때문에 거침없이 절도까지 한다.

> "너희들 여기 가만히 있어. 광남 종고에서 컴퓨터 훔치고, 주유소 기름 턴 것 다 니들 짓 아냐?"
> 아이들이 아무 말을 하지 못하고 서로 바라보았다.
> 진식이는 자신의 짐작이 틀리지 않은 생각이 들었다. 그래서 더 거세게 몰아붙였다.
> "니들 한 짓 다 알고 왔어! 그래서 니들이 범죄 저지를 때 사용했던 오토바이도 미리 다 압수해두었다. 그러니까 허튼짓할 생각 말고, 꼼짝 말고 여기 있어! 조금 있으면 경찰서 차가 와서 니들 모셔 갈 거야!"(143)

위의 예문에서 알 수 있듯이, 청소년들은 학교폭력에서 그치는 것이 아니라 학교 밖에서 절도를 일삼는다. 이러한 그들의 모습은 청소년들의 폭력이 얼마나 심각한 상황에 있는지를 보여주면서 우리 사회의 일그러진 양상을 부각한다. 따라서 폭력을 일삼는 청소년들이 조직 폭력배에 가담하고, 그러한 가담을 통해 그들의 인생이 잘못된 방향으로 가는 것은 사회적 문제로 대두하고 있다. 이러한 사회적 문제를 해소하기 위해서는 그들을 올바른 방향으로 인도할 수 있는 인성교육이 더욱 강화될 필요가 있다.

> 그렇다면 일찌감치 주먹계에 입문하여 스스로 먹고 살 일을 도모해야 할 것이다. 그러기 위해선 일단 광남 읍의 조무래기 새끼 어깨들부터 거느려야 한다. 그래서 학교 안에선 버섯즙 패거리를 만들고, 학교 밖에선 오토바이족들하고도 교류를 가진 것이다.
> '돈 아니면, 주먹이야!'
> 그런 까닭에 형근이는 일찌감치 돈과 주먹이 세상살이의 최고라고 생각하게 되었다. 아버지는 주먹은 쓰지는 않지만 돈이라면 사족을 못 쓴다. 그래서 자신이 학교에서 무슨 일이라도 당하면 일단 돈부터 뜯어내려 하는 것이다. 결코 자식이 걱정되어서 그러는 것이 아니다. 돈이 될 것 같으면 자식을 앞장세워 나서고, 돈이 안 될 것 같으면 자식이고 뭐고 일절 모른 체한다.(166-167)

위의 예문에서 알 수 있듯이, 학교 폭력을 주동하는 형근이는 일찌감치 주먹계에 입문하여 스스로 먹고 살 일을 도모하고자 한다. 따라서 그는 읍내의 조직 폭력배들과 교류하면서, 인생을 '돈 아니면 주먹'이라고 생각한다. 이런 그의 의식은 돈이라면 사족을 못 쓰는 어른들의 일그러진 모습에서 학습된 바가 크다. 그러기에 형근이의 이런 의식을 그만의 문제로 치부할 수는 없다. 어른들의 위악적인 삶의 방식의 개선과 갈수록 극심해지는 빈부격차를 해소하고 인생에서 돈이 전부가 아니라는 의식이 사회 전반에 자리 잡아야 한다. 그러나 이것은 매우 어려운 문제이다. 빈부격차의 해소와 돈이 전부가 아니라는 의식의 형성을 위해서는 한 두 사람이 아닌 우리 모두의 자성과 노력이 필요하기 때문이다.

한편 소설에서 진식이는 주먹은 한 번도 쓰지 않으면서도 읍내 어깨부대들의 큰 형님인 아버지를 보면서, 아버지를 넘어서기 위해서는 공부를 열심히 해야 한다고 생각한다. 그러면서도 진식이는 아버지의 삶이 그리 옳다고는 느끼지 않는다. 아울러 자신은 아버지처럼 주먹을 쓰는 사람이 되지 않기 위해서 주먹을 썻어야 한다는 생각을 강박적으로 갖고 있다. 그러기에 진식이는 태권도부터 유도까지 웬만한 운동은 다 섭렵했고 공부도 잘 한다. 그럼에도 불구하고 진식이는 주먹을 쓰는 사람이 되지 않겠다는 강박증 때문에 자꾸만 깨끗해지고 싶어한다. 아버지의 주먹에 대한 강박이 그에게는 결벽증이 되어 주먹을 수시로 씻는 행동을 유발하고 있다.

가이사이끼 선생이 진식이의 손 닦는 강박에 대해 또 한 말씀 했다.
"진식아, 좀 무디게 살아. 니가 너무 예민하고 완벽주의라서 그런 거야. 대충 해, 그냥. 뭐든 그런가 보다 하고 생각해버려. 그러면 손 닦을 일도 줄어들 거야."
진식이는 가이사이끼 선생의 충고가 귀에 들어오지 않았다. 자신도 자신이 왜 이러는지 잘 안다. 그러나 고쳐지지 않는다. 다만 언젠가 뭐든 심각하게 받아들이지 않고 아무렇지 않게 느껴져 대충 살 날이 있을 것을 믿고 견딜 뿐이다. 아직은 그런 때가 아니다. 진식이에게 하찮은 것은 아무것도 없다. 다 무겁고, 다 바로잡아야 하고, 다 깨끗해야 한다. 하지만 누구보다도 시원히 다 날려버리고 싶다. 그런데 그게 잘 안 된다.(179)

위의 예문에서 알 수 있듯이, 진식이는 강박증 때문에 수시로 주먹을 씻는데, 그런 그에게 가이사이끼 선생은 세상을 좀 무디게 살라고 충고한다. 너무 예민한 채 완벽하게 살려고 하면 할수록 세상은 힘들다는 충고를 한다. 그러나 진식이는 선생님의 충고가 귀에 들어오지 않는다. 진식이에게 하찮은 것은 아무것도 없으며, 다 바로잡아야 하고 다 깨끗해야 하기 때문이다. 그렇지만 진식이가 세상을 다 깨끗하게 할 수는 없다. 이 때문에 진식이는 괴로워한다.

진식이는 세상을 다 깨끗하고 싶기 때문에 그가 생각하기에 불결하고 폭력을 일삼는 아이들을 볼 수가 없다. 진식이는 그런 아이들을 손에 잡히기만 하면 반 죽여 놓고 싶기 때문이다. 그렇지만 진식이는 스스로 그러면 안 된다는 것을 잘 안다. 폭력을 또 다른 폭력을 낳을 뿐이며, 폭력의 대가는 쓰라린 것이기 때문이다. 또한 폭력을 쓰다보면 갈수록 난폭해지고 그 난폭함은 걷잡을 수 없기 때문이다.

진식이는 자신 안에 얼마만큼의 소금기가 있는지를 가늠해보았다. 늘 출렁이는 파도 따라 같이 흔들리면서도 끝끝내 제 본질을 잃지 않는 바다 아니라, 자신은 그냥 바람 부는 대로 까불거리는 파도 같았다. 덩치가 크다고, 공부 좀 한다고, 혹시나 자만하지 않았는지…… 누구를 보호하고 살피고자 하는 마음도 자만에서 나온 건 아닌 건지…… 나아가 자꾸만 손을 닦는 버릇도 혼자 옳고 깨끗한 척하는 마음에서 나온 건 아닌 건지…… 걸핏하면 새벽 운동장에서 하염없이 뛰며 자신을 괴롭히는 것도 어쩌면 자신을 내리누르려는 우월한 마음에서 나온 건 아닌 건지…… 바다 같아야 하는데…… 바닷물이 상하지 않을 수 있는 건 소금기 밴 짠물

이어서 그런 것 아닌가. 그런데 바닷물이 짜기 위해 소금기가 많이 필요한 것도 아니지 않은가. 그에 비하면 자신은 너무 많은 걸 가졌다. 조금만 가지고도 살아갈 수 있을 텐데……(186)

위의 예문에서 알 수 있듯이, 진식이는 난폭해지려는 자신을 다스리기가 어렵다. 그렇기 때문에 진식이는 늘 출렁이는 파도 같이 흔들리면서도 끝끝내 제 본질을 잃지 않는 바다를 보면서 자신도 그런 존재가 되고 싶어한다. 아울러 자신에 대한 성찰을 통해 자신이 우월한 마음에서 많은 행동들을 했음을 생각한다. 또한 자신이 바다 같아져야 하고, 자신이 너무 많은 것을 가졌기 때문에 우월한 마음에 다른 아이들을 받아들이지 못했음을 인식한다. 이러한 인식 속에 진식이는 바닷물이 짜기 위해 소금기가 많이 필요하지 않은 것처럼, 자신도 조금만 가지고도 살아갈 수 있음을 깨닫게 된다.

또한 진식이는 자신이 다른 아이들을 충분히 받아들이지 않음을 성찰하면서, 자신이 주먹으로 폭력을 일삼는 아이들을 응징하기에 바빴음을 인식한다. 그리고 자신이 남을 품기보다는 배척하려고 했으며, 자기 안에 들어오는 타자를 받아들여 정화시키지 못했음을 반성한다. 자신이 다른 아이들을 받아들이지 못했기 때문에 틈만 나면 손을 닦고 있음을 인식한다.

현우가 아버지 친구 아들이기는 하지만, 그런 관계를 떠나서도 현우는 어쩐지 진식이 자신이 열과 성을 다해, 아니 몸이라도 바쳐 지켜주어야 할 것만 같았다. 사실, 현우가 곁에 있으면 별말을 하지 않아도 마음이 편해진다. 그냥 바라보는 것만으로도 휴식이 되는 친구, 그래서 자신도 모르게 불끈 힘이 솟는 친구……. 자신은 남들 보기에 부러워할 만한 요소를 다 갖추었는지 모른다. 하지만 진식이 자신은 그렇게 느끼지 않았다. 남한테 말 못할 약점을 잔뜩 지닌 사람이 자신이다. 불량품인데 포장이 잘된 것만 같았다. 그러든 어떻든 그런 것 모두 현우를 위해 쓰여진다는 게 다행이라면 다행일 뿐이었다.(193-194)

위의 예문에서 알 수 있듯이, 진식이는 다른 친구들이 자신을 부러워하겠지만 스스로는 그렇게 느끼지 않는다. 자신은 남한테 말 못할 약점을 잔뜩 지니고 있으며, 불량품인데 포장이 잘된 것만 같다고 생각한다. 이러한 성찰을 통해 진식이는 손이 자신의 의식을 끊임없이 괴롭히고 있음을 생각하고, 자신의 손은 남들뿐만 아니라 자신에게도 흉기가 된다고 생각한다. 손이 흉기가 되기에 함부로 써서는 안 된다고 생각한다. 이러한 성찰을 통해 진식이는 자신이 폭력의 가해자이자 피해자가 될 수 있음을 인식하면서 성장하는 존재가 되어 간다. 아울러 성장하는 존재로서 삶에서 강자와 약자는 구별할 수 없으며, 진정한 삶은 서로 어울려 함께 하는 것임을 알게 된다. 이러한 진식이의 모습은 우리가 각자의 삶의 이야기를 만들어내는 서사적 존재이며, 서사적 존재로서 삶을 의미 있게 영위해 가기 위해서는 타자와의 소통과 공감을 통한 포용적 태도가 중요함을 역설한다.

4) 맺음말

우리는 매일 서사를 만들고 들으면서 살아가는 서사적 존재로서 서사에 대한 해석을 한다. 서사에 대한 해석을 통해 우리는 어떤 사건들을 인과적으로 연결함으로써 서사적 사건들에 의미를 부여하면서 서사를 플롯팅(plotting)한다. 서사를 플롯팅하면서 우리는 삶을 지속하는 서사적 존재로서 우리의 경험에 지속적으로 의미를 부여한다.(엘리스 모건, 고미영 옮김, 2004:18) 따라서 우리가 지속적으로 의미를 부여하는 경험은 우리의 정체성 형성에 대한 지대한 영향을 미친다.

그런데 청소년들이 의미를 부여하는 경험이 학교폭력과 같은 트라우마라면 그들의 정체성 형성은 어떻게 이루어질까? 학교폭력의 경험에 따른 트라우마를 직접 경험하지 않았다 하더라도 청소년소설에 형상화된 학교폭력의 양상을 간접 체험한다면, 청소년들의 정체성 형성은 어떻게 이루어질까?

청소년들이 삶을 이해하기 위해서는 그들이 살고 있는 더 넓은 문화가 생산하는 서사들에 주목할 필요가 있다. 특히 요즘처럼 학교폭력이 문제가 되고 있는 사회적 맥락을 주목할 필요가 있다. 청소년들의 삶에 관한 어떤 서사들은 청소년들에게 긍정적인 영향을, 또한 어떤 것들은 부정적인 영향을 미치면서 그들의 과거, 현재, 미래의 삶에 영향을 미칠 것이다. 특히 청소년들이 살고 있는 사회적 맥락, 특히 트라우마를 주는 학교폭력과 같은 이슈들은 청소년들의 과거, 현재, 미래의 삶에 지대한 영향을 미칠 것이다. 그러기에 우리는 학교폭력에 대한 청소년들의 대응 양상을 파악하여, 청소년들이 건전한 심성 속에 살아갈 수 있는 토대를 제공할 필요가 있다.

학교폭력을 예방하고 치유하기 위해 본질적으로 필요한 것은 학교폭력에 대한 청소년들의 다각적인 대응 양상과 심리상태에 대한 기술적인 연구이다. 그러한 연구를 통해서 우리는 학교폭력에 대한 청소년들의 다각적인 대응 양상과 심리상태를 파악하여 근본적인 대안을 마련할 수 있기 때문이다. 그러나 그러한 연구는 많은 시간과 경비를 요한다. 그래서 간접적인 방식으로 접근할 수 있는 것이 청소년소설들에 형상화된 학교폭력의 양상과 작중인물의 대응 양상과 심리상태를 파악하여, 실제의 청소년들이 학교폭력 문제에 대해 다층적으로 생각하도록 하는 것이다. 청소년소설들이 실제 청소년들의 삶을 개연성 있게 형상화함으로써 소설 속의 세계가 실제 삶과 상동성을 갖게 한다는 점을 고려하면, 청소년소설들에 형상화된 학교폭력의 양상과 작중인물의 대응 양상을 살펴보는 것은 학교에서 학교폭력을 예방하기 위한 인성교육적 차원에서 많은 의의를 가질 것이다. 따라서 청소년소설에 나타난 학교폭력의 양상과 작중인물의 대응 방식을 이해하는 것은 청소년 독자가 학교폭력의 심각성을 깨닫고 타자로서 다른 학생들의 삶을 존중하는 인성역량을 키우는데 교육적 효과를 가질 것이다.

［6］

첫사랑과 거침없는 성 담론의 표출을 통한
성장과 정체성 형성

1) 청소년기와 첫사랑

청소년기는 첫사랑을 느끼는 시기이다. 어머니에 대한 의존성에서 벗어나 이성의 대상을 찾아 거기에 사랑의 감정을 싣고자 한다. 그러기에 많은 청소년들은 학교에서 보게 되는 선생님을 짝사랑하거나 동료 학생들을 이성의 대상으로 여기게 된다. 이런 청소년들의 감정은 그 또래만이 느낄 수 있는 지극히 건강한 것으로, 어른들의 관심 속에 건전한 방향으로 유도되어야 한다.

청소년의 첫사랑의 감정과 행동들은 많은 청소년소설에서 다루고 있는 주요 이슈 중의 하나이다. 청소년소설에서 작중인물이 경험하는 첫사랑의 감정과 행동들은 청소년 독자의 공감을 쉽게 얻을 수 있을 뿐만 아니라, 청소년 독자가 자신들이 경험하는 첫사랑의 감정과 행동에 대한 대안을 마련할 수 있게 하기 때문이다. 따라서 청소년 독자가 청소년소설 읽기를 통해 청소년들의 첫사랑의 감정과 행동을 이해하고 공감하는 것은 건전한 성장을 위해 바람직할 뿐만 아니라 필수적인 것이라고 할 수 있다.

한편 많은 청소년소설들에서는 성에 대한 청소년들의 거침없는 담론을 솔직하게 그리고 있다. 아울러 청소년들이 어떤 경로를 통해 성문화를 경험하고 있는지, 성에 대해 어떤 인식을 하고 있는지, 섹스에 대해 어떤 인식을 하고 있는지 등을 보여준다.

우리나라 청소년들의 성문화 습득은 주로 음란물 접촉에 의해서 이루어진다. 남학생의 98%,

여학생 65% 정도가 음란물을 접한 경험이 있는 것으로 조사되기도 했는데(강수연, 2001), 이는 청소년들이 음란물 접촉 경험을 또래집단과의 대화에 상당히 도움이 된다고 여기기 때문이다. 청소년들이 음란물을 접촉하는 경로는 친구나 인터넷을 통한 경우가 매우 많으며, 여학생에 비해 남학생이 훨씬 더 적극적으로 음란물을 접한다.

또한 청소년들은 음란물에서의 섹스와 실제 상황에서의 섹스를 잘 구분하지 못하며, 실제 상황에서의 섹스는 상호간에 준비가 된 다음에 하는 것이 아름다운 것인지도 잘 모른다. 그리고 어른들의 도움 없이 음란물을 통해 성에 대한 지식을 얻었기에 청소년들의 성 태도는 상당히 부정적이다. 다시 말하면, 섹스에 수반되는 책임이나 임신이나 출산에 대한 이해가 매우 부족하다. 이러한 상황에 있기 때문에 많은 청소년들은 섹스를 단순히 흥분되는 것 정도로만 인식할 뿐, 성행동과 성충동을 구분하지 못한다. 이는 청소년들의 성 지식이 음란물을 통해 습득된 경우가 많기 때문이다. 또한 섹스는 상호신뢰에 따른 인간관계 속에서 이루어져야 하며, 그것이 누구에게 자랑할 만한 일이 아님을 인식하지 못하기 때문이다.

이러한 현실에서 청소년소설에 형상화된 청소년의 성문화나 섹스에 대한 태도 등을 읽고 이해하도록 하는 것은 청소년들의 건전한 성문화의 형성과 섹스에 대한 바람직한 태도 형성에 기여할 수 있을 것이다. 청소년소설에 형상화된 청소년들의 성문화나 섹스에 대한 태도를 이해하고 성찰할 수 있게 함으로써 학교교육에서는 청소년들의 건전한 심성과 바람직한 성문화를 형성하도록 할 수 있기 때문이다.

2) 청소년의 첫사랑과 거침없는 성 담론

가) 삶의 허무함 인식과 첫사랑에의 눈뜨기, 아름다운 존재에 대한 인식

박상률의 《나는 아름답다》(2002, 사계절)는 남선우라는 18살의 청소년을 내세워 '내 의지와 상관없이 비꾸러져만 가는 나와 세상의 관계'(김경연, 2000:202)를 재정립하려는 시도를 보여준다. 이 소설은 남선우를 중심으로 남선우가 좋아하는 미술 선생님과 박수현, 남선우를 좋아하는 주홍미, 남선우의 친구 나준수, 선우가 다니는 학교의 재단 이사장의 조카이자 선우의 담임 선생님 등을 주요 인물로 설정하고 있다. 섬 출신인 남선우는 도회지 학교에 와서 시를 쓰고 철학공부를 하면서 돌아가신 어머니를 닮은 처녀 선생님인 미술 선생님에게서 사랑의 감정을 느낀다. 또한 선우는 자신이 만든 인터넷 카페 '허무의 끝'에 올린 자신의 시를 이해해 주는 박수현을 통해 온몸을 던져 쓰는 시의 의미를 느낀다. 한편 선우가 하숙하는 주인집 딸인 주홍미와 나준수를 통해 선우는 건강하고, 당당하게 청소년기의 성과 시간을 즐기면서 세상에 적당히 다협하면서 사는 삶을 동경하기도 한다.

한편 선우는 촌지를 밝히고, 촌지를 주지 않자 자신을 끊임없어 괴롭히면서 문제아로 만드는 2학년 때의 담임선생님의 체벌과 핍박에 시달린다. 선우는 자신의 의도와는 달리 자꾸만 담임선생님과의 관계가 꼬여 가고, 그 과정에서 본의 아닌 여러 사건들에 휘말리면서 문제아라는 낙인이 찍힌다. 그러나 그를 문제아라고 낙인찍은 담임선생님은 선우의 형편이나 생각을 전혀 파악하지 못한다. 선우는 어른들이 걱정하는 탈선이나 폭력, 성적 일탈 등의 모습을 보이지 않는 개똥철학자이지만, 인생을 진지하게 생각하면서 "나는 기차가 갈 수 없는 길을 가보고 싶었다. 그렇다면 나는 같은 길 위만 왔다갔다하는 기차 같은 사람은 결코 되지 않아야 하리라." (162쪽)라는 깨달음을 얻고 있기 때문이다.

담임선생님은 걸핏하면 부모님을 모시고 오라고 하면서 선우를 핍박하고 문제아로 만들어간다. 담임선생님과 꼬여만 가는 관계 속에서 선우는 소통의 부재와 단절을 느끼면서 학교를 자퇴한다. 선우가 학교를 다니면서 정을 붙였던 사람은 미술 선생님이다. 미술 선생님은 선우의 어머니처럼 순한 눈매를 가진 인물로, 선우의 깊은 내면의 성찰을 이해한다. 아울러 어머니를 여읜 선우의 아픔을 어루만지면서 선우가 힘을 갖고 학교에 다닐 수 있게 하였다. 선우는 자신을 알아주는 미술 선생님에게서 어머니의 사랑과 첫사랑의 감정을 느낀다. 그러나 선우와 미술 선생님의 우정은 오래 가지 못한다. 미술 선생님이 결혼 때문에 교사직을 그만두고 서울로 올라가야 했기 때문이다.

미술 선생님과의 이별, 자신의 시를 이해해주면서 자신을 훔치고 싶어 했던 수현이의 죽음 이후, 선우는 더 이상 학교에 다닐 의욕을 잃은 채 자퇴를 한다. 자퇴 후 선우는 자신이 세상에서 가장 소중하고 아름다운 존재라는 인식을 하면서 성장을 하게 된다.

(1) 삶의 허무에서 벗어나 당당한 삶으로 나아가기

섬 출신인 선우는 도회지 학교에 와서 시를 쓰고 철학공부를 하지만, 돌아가신 어머니를 그리워하면서 늘 삶의 허무를 느낀다. 그에게 어머니는 삶의 전부였기에 어머니가 돌아가신 후의 삶은 선우가 줄곧 어둠의 그림자 속에 갇혀 있게 하였다. 선우는 "결코 밝게 웃은 일도 없고 밝은 태양 아래 당당하게 서 본 일도 없"(18쪽)었기 때문이다.

> 그러나 나는 그런 수군거림조차 관심이 없다. 어차피 이 세상 모든 것에서 나는 약간씩 비켜나 있기 때문이다. 물론 내가 세상일에서 비켜나 있게 된 것이 어제오늘 일은 아니다. 시골에서 중학교에 다닐 때부터, 정확히 말하면 중2 여름 방학 때 어머니가 암으로 세상을 뜨고서부터다.(22)

위의 예문에서 알 수 있듯이, 선우는 이 세상 모든 것에서 약간씩 비켜나 있다. 그가 세상 모든 것에서 약간씩 비켜나 있게 된 것은 중2 여름 방학 때 어머니가 암으로 세상을 뜨고서부터이다. 선우의 아버지는 하나밖에 없는 아들을 위해 최선을 다해 뒷바라지를 하고자 한다. 그러나 선우의 가슴 속에는 항상 세상을 떠난 어머니에 대한 생각만이 자리를 잡고 있다. 그러기에 선우는 고향을 떠나왔지만 고향에서부터 달고 있던 우울한 기분에서 벗어나지 못한다.

> 어머니가 세상을 뜬 후, 나는 속상한 일이 있을 때마다 살아 있는 어머니한테 하듯 하고 싶은 얘기를 날마다 일기장에 적기 시작했다. 어머니를 직접 만날 수는 없어도 어머니가 나의 모든 것을 지켜보고 있으리라는 생각이 든 것이다. 차츰 나는 나의 심정을 주절주절 늘어놓기보다는 간단한 문장으로 몇 줄씩 적기 시작했다. 어머니를 그리는 노래이기도 했고, 어머니의 이미지와 관련된 것을 짧게 표현한 문장들이기도 했다.(27-28)

위의 예문에서 알 수 있듯이, 선우는 어머니가 돌아가신 후 속상한 일이 있을 때마다 어머니에게 하고 싶은 얘기를 날마다 일기장에 적는다. 이러한 선우의 행동은 어머니에 대한 의존성에서 여전히 벗어나지 못한 것으로, 그가 어머니와의 분리불안증에 시달리고 있음을 보여준다. 돌아가신 어머니로부터 여전히 벗어나지 못하고 있기 때문에 선우는 일기장에 어머니를 그리는 노래를, 그리고 어머니의 이미지와 관련된 것을 문장들로 표현함으로써 일상을 견뎌간다. 그러기에 선우가 어머니를 닮은 미술 선생님한테 끌린 것은 당연한 것이었다. 날이면 날마다, 밤이면 밤마다 어머니를 보고 싶어 하던 선우가 어머니를 닮은 미술 선생님을 마음에 품게 된 것은 당연한 것이었다. 미술 선생님을 마음에 품으면서 선우는 첫사랑에 눈을 뜬다.

그러던 중 선우는 인터넷 채팅을 통해 알게 된 박수현이라는 여자애를 만나게 된다. 박수현은 중병을 앓고 있었는데 선우가 인터넷 카페 '허무의 끝'에 쓴 시들을 보고, 그에 대한 답장을 보내곤 했다. 그러다가 박수현은 선우에게 만나서 얘기를 하자고 한다.

선우를 만난 박수현은 그에게 진짜를 시로 쓰라고 한다. 머리로만 생각한 것들이 아니라 온몸으로 살면서 느낀 것들을 쓴 시가 아름답다고 말한다. 그러면서 자신은 아프기 때문에 온몸으로 살지 못하고 머리로만 살고 있다고 말한다. 그렇지만 선우가 온몸을 던져서 세상을 껴안고 세상과 맞서는 시를 쓰라고 충고한다. 그래야 선우가 허무의 끝에서 벗어날 수 있다고 충고한다.

그 후 선우는 미술 선생님과 상담을 하면서 어머니가 없는 자신의 처지를 이해해 주는 미술 선생님을 진심으로 따르게 된다. 미술 선생님의 가슴에 얼굴을 묻은 채 울면서 선우는 지금까지 학교 생활에서 힘들었던 여러 일들을 잠시나마 위로받는다. 이러한 위로받음 속에 선우는 힘든 일이 있을 때마다 미술 선생님을 떠올리면서 하루하루를 견뎌간다. 미술 선생님도 고등학교 때 어머니가 돌아가셨다는 말을 듣고, 선우는 자기 혼자서 덜 외로워해도 되겠다는 느낌 속에 일종의 동지애를 갖는다.

그러한 동지애 속에 선우는 수현의 말처럼 머리로만 아니라 온몸으로 세상을 껴안고 세상과 맞서리라 다짐한다. 병으로 고통 받으며 죽음을 앞둔 수현은 죽음보다 깊은 시를 진짜로 훔치고 싶어했다. 그리고 그러한 시를 쓸 수 있는 사람이 선우라고 생각했다. 죽음보다 깊은 시는 말로는 불가능하고 온몸으로 세상을 껴안을 때만 나올 수 있기에 수현은 선우에게 온몸으로 세상을 껴안고 시를 쓰라고 했다.

그런 수현의 충고에 따라 선우는 실존적으로 어떤 한계 상황이 오더라도 눈물을 흘리기보단 미소를 지어야겠다고 생각한다. "어떤 어려움이 오더라도 그걸 피하기보단 적극적으로 껴안아 버려야 하리라. 머릿속으로만 이것저것 따지다 세월을 다 보내는 게 아니라 온몸으로 부딪쳐 보리라."(106쪽)고 다짐한다. 그러한 삶은 머리가 아닌 온몸으로 세상을 껴안고 사는 아름다운 사람의 삶이기 때문이다.

그러나 그러한 선우의 다짐은 오래가지 못한다. 선우를 응원해주던 박수현이 겨우 열여덟의 나이로 세상을 떠났기 때문이다.

쓸쓸했다. 그리고 허무했다. 우리 나이 열여덟, 그러나 만으로는 이제 겨우 17년밖에 살지 못했다. 그런데 왜 이렇게 서로 어긋나는 일이 많을까. 그러고 보니 홍미하고는 한 번도 의견이 일치되는 대화를 나눠 본 적이 없는 것 같았다.

사람 사는 세상이 거대한 희극 극장 같았다. '무엇이 우리를 슬프게 하는가?'라는 것보다는 '우리는 왜 이렇게 죽도록 웃기는 일에 진을 빼야 하는가?'가 먼저 떠오르는 희극 세상. 모두 다 허무의 끝자락을 잡고 있으면서도 허무하다고 느끼고 싶지 않은 희극 세상.(134)

수현의 죽음을 접하고서 선우는 삶이 씁쓸하고 허무함을 다시 느낀다. 사람 사는 세상이 거대한 희극 극장 같다고 생각한다. '무엇이 우리를 슬프게 하는가?'라는 것보다는 '우리는 왜 이렇게 죽도록 웃기는 일에 진을 빼야 하는가?'가 먼저 떠오르는 희극 세상에서는 모든 것들이 허무하다고 생각되기 때문이다. 자신의 시를 알아주었던 수현의 죽음은 선우에게 다시 한 번 어긋나는 삶을 일깨워주었다. 어긋나는 서로의 삶이 그를 더욱 허무에 젖게 한다.

삶의 허무에 젖은 선우에게 인간의 일상은 정해진 길 위에서만 왔다 갔다 하는 기차와 다를 바가 없다. 정해진 길 위에서만 왔다 갔다 하면서 사는 삶은 그밖에 더 많은 길을 갈 수 없으며, 그것은 정해진 길이 아닌 다른 길을 가고 싶어 하는 선우에게는 허무한 삶이기 때문이다.

어차피 인생은 외롭고 고독한 것, 피할 수 없는 운명이라면 자신의 몫으로 주어진 고독을 사랑해야 하리라. 그리하여 마침내는 고독을 아예 친구로 삼아 버려야 하리라. 이제부터 이 세상은 나 혼자서 살아간다. 나는 그 누구에게도 기대지 않으리라 다짐했다.(189)

선우는 허무한 삶에서 버티기 위해 선우는 스스로 고독을 택하기로 결심한다. 이 세상은 자기 혼자서 살아가야 하며, 그 누구에게도 기대서는 안 된다고 생각했기 때문이다. 자기 혼자서 고독하게 이 세상을 견뎌야 한다고 생각한 순간 선우는 고등학교를 다니는 것이 더 이상 의미가 없다고 생각한다. 자신의 첫사랑이었던 미술 선생님도 떠나버렸고, 자신의 시를 인정해 주던 수현이도 세상을 떠나버렸기 때문이다. 그래서 선우는 자신이 생각하는 시인은 굳이 고등학교 졸업장이 없어도 될 수 있다는 생각 속에 고등학교를 자퇴한다.

교문을 나서며 어디로 갈까 잠시 머뭇거리는 순간, 석가모니가 태어나자마자 일곱 걸음을 걸은 뒤 사방을 둘러보며 외쳤다는 말이 떠올랐다.
'천상천하유아독존(天上天下唯我獨尊).'(중략)
그렇다……. 이 세상에서 가장 소중하고 아름다운 존재는 바로 '나'다……. 그래, 나는 아름답다. 그리고 나는 세상없어도 아름다워야 한다. 그리고 지금은 바로 그 아름다운 나를 위한 첫걸음을 내딛는 순간이다.(197)

위의 예문에서 알 수 있듯이, 고등학교를 자퇴하고 교문을 나서면서 선우는 자신이 이 세상에서 가장 소중하고 아름다운 존재라고 생각한다. 그리고 자신이 아름다운 사람이 되기 위한 첫걸음을 내딛었다고 생각한다. 이러한 선우의 인식은 그가 삶을 허무한 것으로 여기는 것에서 벗어나 수헌의 밀처럼 세성을 꺼안고 세성과 맞서려는 의지를 드러낸다. 그러기에 선우는 머리로만 허무를 생각하는 단계에서 벗어나 구체적 실존으로서 삶을 인식하고, 그러한 인식을 통해 진정한 성장의 길로 나아가게 된다. 진정한 성장이란 '지금-여기'에서의 자신을 성찰하고, 그러한 성찰을 통해 새로운 삶을 모색하는 것이기 때문이다.

(2) 첫사랑에의 눈뜸을 통한 세상 알기

선우는 어머니의 눈매를 닮은 미술 선생님에게 첫사랑의 감정을 느낀다. 미술 선생님은 선우 어머니가 가졌던 선한 눈매를 갖고 있으며, 조용조용하면서도 자기 일에 확신이 차 있는 강단진 말투를 갖고 있다. 또한 선우가 기대고 싶을 만큼 포근하고, 믿고 의지하고픈 분위기를 갖고 있다. 이런 미술 선생님에게 첫사랑의 감정을 느끼면서 선우는 연습장에 미술 선생님의 얼굴을 그린다. 그리고 선우는 미술 선생님을 그린 그림을 자신의 어머니 사진과 같이 세워놓고 날마다 보면서 첫사랑의 감정을 키워간다. 그러기에 선우가 갖는 미술 선생님에 대한 사랑의 감정은 또래의 아이들이 갖는 감정과는 매우 다르다.

선우는 친한 친구인 나준수를 통해 여러 여자애들을 만나지만, 그 아이들에게서는 천박스러움을 느낀다.

나는 준수가 불러 낸 여자애들을 볼 때마다 홍미를 떠올렸다. 물들인 머리에 기다란 손톱, 몸에 꽉 끼는 옷에 어색한 화장까지, 준수가 불러내는 여자애들은 한결같이 겉모습이 비슷했다. 천박하다면 천박하고 야하다면 야한 외모와 차림들이었다. 물론 이렇게 생각하는 것은 '개똥 철학자'인 나의 의견이다. 그리고 다니는 본인들은 스스로에 대해 아름답다고 느낄 것이다. 어찌 보면 그렇게 스스로의 아름다움에 도취할 수 있는 그들은 분명 나보다는 행복한 애들이다. 그렇다면 홍미도? 홍미도 밖에선 이런 모습을 하고 다니지 않을까 하는 생각을 했다.(93-94)

위의 예문에서 알 수 있듯이, 선우는 또래의 여자 아이들이 스스로의 아름다움에 도취되어

다니는 모습을 보면서 천박하고 야하다고 생각한다. 그러면서 그런 또래의 아이들에게 전혀 사랑의 감정을 느끼지 못한다.

나는 풀잎이고 홍미는 바람이 아닌가 싶었다. 나는 가만히 있는데 홍미는 뭐가 신이 나서 저럴까 하는 생각이 들었다. 그러나 홍미가 어떻게 설치든 풀잎은 바람보다 먼저 높지 않으리라는 생각을 단단히 했다.(119)

위의 예문에서 알 수 있듯이, 선우는 자신을 유혹하려는 홍미에게 관심이 없다. 그러기에 선우는 홍미가 자신을 유혹한다고 해도 전혀 거기에 응하지 않겠다는 생각을 단단히 하게 된다.

그런데 최근 느낀 거지만 분명한 사실 하나는 사랑은 입술을 통해서 들어오는 것이 아니라 눈을 통해서 들어오는 것이라는 점이다. 홍미한테 기습적이고 돌발적으로 입술을 도둑 맞았어도 홍미에 대해 미술 선생님에게서 느껴지는 감정 같은 건 추호도 일지 않았다. 그런데 입술은 커녕 손목 한 번도 스쳐 잡은 적이 없는 미술 선생님에겐 어머니 같은 감정에서 시작하여 누이 같은 감정을 지나 가장 사랑하는 연인 같은 감정이 일고 있었다.(53)

위의 예문에서 알 수 있듯이, 선우는 하숙하고 있는 집의 딸 홍미에게 기습적이고 돌발적으로 키스를 당했지만, 전혀 사랑의 감정을 느끼지 못한다. 오히려 손목 한 번도 스쳐 잡은 적이 없는 미술 선생님에게서 어머니 같은 감정에서부터 사랑하는 연인 같은 감정을 느낀다. 그런 감정을 키워가다가 어느 날 선우는 용기를 내어 미술 선생님께 카드를 건넨다. 미술 선생님께 카드를 건네면서 선우는 미술 선생님도 제대로 마주보지 못하는 부끄러움을 보이는데, 이런 그의 모습은 첫사랑을 느끼는 전형적인 감정을 드러낸 것이라 할 수 있다.

이래서 사랑을 하면 모두가 시인이 된다고 했던가? 사랑을 하기 전부터 시인을 꿈꾸었던 나였지만 예전엔 이 시에서 미처 느끼지 못했던 시인의 절절한 감정들이 내 가슴에 그대로 옮겨오는 듯한 느낌을 흠뻑 받았다. 전류가 찌릿찌릿하게 흐르는 느낌이었다.(60)

위의 예문에서 보듯이, 선우는 미술 선생님에 대한 사랑의 감정 속에 몸속에 전류가 찌릿찌릿하게 흐르는 느낌을 갖는다. 그러면서 미술 선생님을 오로지 혼자서만 차지하고 싶어 한다. 선우는 미술 선생님을 혼자 차지하고 싶을 때마다 미술 선생님이 그려 준 자신의 모습을 보며 미술 선생님과 자신만의 비밀스럽고 황홀하기까지 했던 어느 날의 정경을 되살리고 또 되살린다. 이런 선우의 모습은 미술 선생님을 첫사랑의 대상으로 설정하고, 거기에 흠뻑 젖어드는 전형적인 청소년의 상황을 드러낸다.

미술 신생님을 첫사랑의 대상으로 설정하고 미술 선생님을 혼자서만 차지하고 싶기 때문에, 선우는 미술실에서 오로지 미술 선생님의 가슴께에서 풍겨 나오는 고운 향기만을 맡는다. 그가 맡은 향기는 이 세상 어디에서도 그가 맡아 본 적이 없는, 세상 어디에도 없는 것이었다. 그러던 어느 날 미술 선생님이 담임선생님 앞에서 선우를 두둔하는 일이 발생한다. 학교에서 아이들이 본드를 마신 사건이 발생하였는데, 담임선생은 선우도 그 패거리에 끼어 있다고 했지만, 미술 선생님은 선우가 또래 아이들보다 조숙하고, 철학적인 시를 잘 쓰는 아이이기 때문에 선우 말이 거짓말이 아니라고 한다. 이에 대해 담임선생님은 몹시 화가 나고 자존심을 상해한다.

담임선생님은 선우의 어머니가 돌아가신 전후의 상황을 전혀 파악하지 못한 채, 걸핏하면 부모님의 내교를 요청함으로써 선우를 힘들게 한다. 선우는 농사일에 바빠서 학교에 다녀갈 시간을 못 내는 아버지를 생각해서 담임선생님의 요청을 아버지에게 전달하지 못했기 때문이다. 이 때문에 선우는 담임선생님께 더욱 구박을 박으면서 학교 적응에 애를 먹는다. 또한 담임선생님과 자신의 꼬인 관계는 담임선생님께 선물을 주거나 하는 식으로 풀 수 없다고 생각한다. 그것은 담임선생님이 선우 자신을 미술 선생님에 대한 연적으로 여기고 있다고 생각하기 때문이다.

이런 상황에서 미술 선생님에 대한 선우의 사랑의 감정은 더욱 깊어간다. 선우는 하늘의 별들을 쳐다보면서, 자신의 마음이 별들을 통해 미술 선생님께 가 닿기를 간절하게 바란다. 그러나 선우의 이런 간절한 바람은 곧 깨지고 만다. 미술 선생님이 결혼을 하기 위해 교직을 그만두게 되었기 때문이다.

숨이 탁 막히는 듯했다. 미술 선생님이 결혼을 하다니!
선생님은 나와 나눈 그간의 정을 우정이라고 표현했다. 물론 선생님 처지에서 보면 틀린 말이 아닐지도 몰랐다. 그러나 나로선 서운하기 그지없는 말이었다.(중략)
할 수만 있다면 '졸업'이라는 서양 영화에서 본 것처럼 예식장에 뛰어들어 신부인 미술 선생님을 끌고 나오고 싶었다.
그러나 막상 미술 선생님에 대해 알고 있는 건 아무것도 없었다. 언제 결혼을 하는지, 어디서 하는지, 내가 알고 있는 것은 하나도 없었다. 봉투에는 주소조차 쓰여 있지 않았다.
자꾸만 편지 말미에 아슬아슬하게 매달려 있는 '안녕, 또 연락할게.'라는 말만이 커졌다 작아

졌다 했다.(179)

위의 예문에서 알 수 있듯이, 미술 선생님이 결혼을 하게 되었다는 이야기를 듣고 선우는 숨이 탁 막히는 기분을 느낀다. 그러면서 미술 선생님이 그간의 정을 '우정'이라고 표현한 것에 대해 그지없이 서운해 한다. 그러기에 선우는 첫사랑의 대상이 사라지는 좌절감을 맛본다. 그러나 그가 느끼는 좌절은 어쩌면 처음부터 당연히 예상된 것이었다. 미술 선생님은 선우와 열여섯 살이나 차이가 날 뿐만 아니라, 선우를 학생으로만 대했기 때문이다. 그러기에 선우는 미술 선생님이 떠난 뒤에 세상을 온몸으로 껴안고 당당하게 살고자 하는 성장의 길로 접어들게 된다.

나) 첫사랑에의 눈뜸을 통한 성장과 정체성 형성

이경화의 《나의 그녀》(2009, 바람의 아이들)는 주인공 김준희가 사랑하는 선생님을 그린 소설이다. 이 소설에서 준희는 사랑하는 이를 2인칭으로 부르지 못하고 1인칭과 3인칭을 섞어서 '나의 그녀'라고 부르는데, 이렇게 부르는 이름에는 어른도 아이도 아닌 열여섯 살 준희의 혼돈이 고스란히 담겨 있다. 그녀의 나이는 준희보다 열여섯 살이나 많다. 어른에 대한 신뢰와 기대가 없는 준희가 그녀를 사랑하는 것은 그녀가 여느 어른들과는 다르기 때문이다. 그러나 그녀와 준희 사이에는 넘을 수 없는 경계가 있다. 가정이 흔들리고 파괴되는 이 시대에 집에서 안정도 위로도 의지도 느끼지 못하는 아이들이 점점 늘어나고 있는 상황을 반영하면서, 이 소설은 어른이 없는 시대, 물질적 결핍이 별로 없는 시대를 살아가는 청소년들의 절망과 희망을 여실하게 보여준다.

이 소설에서 준희는 자신과 열여섯 살이나 많은 과외 선생을 사랑한다. 준희는 과외 선생에 대해 선생과 학생이라는 신분으로 만났지만 자신만의 세계 속에서 그녀는 늘 햇살 같은 미소를 보여주는 누이이고 연인이며 여신이라고 생각한다. 그러기에 준희는 과외 선생을 만나는 날에는 잠을 설치고서도 피곤하지 않으며, 그녀만을 생각하면 절로 흐뭇한 웃음이 지어진다.

준희는 아무 일도 일어나지 않는 현재의 지루한 시간들이 후딱 지나가고 어서 빨리 어른이 됐으면 좋겠다고 생각한다. 어른이 되면 그녀에게 데이트 신청도 하고 그녀를 본격적으로 사랑할 수 있을 거라 생각하기 때문이다.

처음에는 그녀도 어른에 불과하다고 생각했다. 대개의 어른들은 얌전하게 고분고분 말을 잘 들으면 신경을 쓰지 않는다. 그러다가 사고를 한번 치면 뭔가 도움을 주기 위해 노력하는 제스처를 취한다.(중략)

쓸쓸할 때는 심심하다고 말하지 않고 쓸쓸하다고 말하는 것을 가르쳐 준 것도 그녀이다. 나는 그녀를 처음 본 순간부터 독차지하고 싶었다. 하지만 그녀는 선생답게 함께 과외를 하는 기민이나 정아, 보영이에게 언제나 공평하다.(9-10)

위의 예문에서 알 수 있듯이, 준희가 과외 선생에게 사랑의 감정을 느낀 것은 그녀가 보통의 어른들과는 다르다고 생각하기 때문이다. 그녀는 쓸쓸할 때는 쓸쓸하다고 말하는 것을 가르쳐주면서, 청소년들에게 뭔가 도움을 주고자 하지 않았기 때문이다. 그러기에 준희는 혼자서만 그녀를 독차지하고 싶어한다. 이러한 준희의 심정은 첫사랑의 감정을 느끼는 전형적인 것이라 할 수 있다.

어른들이란 대개 뭔가에 미쳐 있다. 그리고 그것이 옳다고 우기거나 그렇게 할 수밖에 없다고 우긴다. 숙제를 할까 말까 생각하다가 관두기로 했다.(중략)

어찌됐든 나로서는 선생으로부터 관심을 받는 것이 좀 부럽기도 한 일이지만 상대가 담임이라면 꿈도 꾸고 싶지 않다.(21)

위의 예문에서 알 수 있듯이, 준희에게 어른들이란 뭔가 미쳐 있는 존재들이다. 부모나 학교의 담임 등과 같은 어른들은 자신들만의 관점에서 어떤 것이 옳다고 우기거나 그렇게 할 수밖에 없다고 우기기 때문이다.

준희의 아빠는 늘 인생을 두리번거리면서 헛발질을 하며 살아왔다. 그러기에 준희의 아빠는 당당하게 인생을 살지 못한 채, 늘 당당하게 앞서 걸어가는 엄마의 뒤를 뒤처져 따라갈 뿐이었다. 그러다가 엄마가 돌아가시자 아빠는 처음으로 정장을 입었는데, 그런 아빠의 모습을 준희는 우스꽝스럽게 여겼다.

내가 간혹 엄마 생각을 하는 것은 뜬금없이 얘기를 꺼내는 그녀 때문이다. 그녀는 가끔 나를 안쓰럽다는 듯이 쳐다본다. 나도 그러는 게 싫지 않아서 엄마가 그리운 척하기도 한다. 어른들은 엄마 없는 아이가 엄마가 보고 싶어 우울하기라도 하면 의무감이 발동하는 것이다.(25)

위의 예문에서 알 수 있듯이, 과외 선생님이 준희에게 관심을 보이는 것은 준희의 엄마가 돌아가셨기 때문이다. 엄마가 돌아가신 준희를 안쓰럽게 생각하면서 위로한다.

한편 준희의 학교에서 친구들은 음악 밴드를 만든 사건 때문에 학교에서 무기정학을 받는다. 이 일로 준희는 그동안 어울려 다니던 친구들과 연락이 끊긴 채, 과외 선생에게 더욱 집착하게 된다.

"기형도의 「오래 된 서적」이니?"
"네?"
"기형도의 「오래 된 서적」이라는 시 중에 이런 구절이 있지. '나를 한 번이라도 본 사람은 모두 나를 떠나갔다. 내 인생은 검은 페이지가 대부분이다.' 한 때 꽤 좋아했지."
그녀는 말을 마치자마자 신발을 신었다.(44)

위의 예문에서 알 수 있듯이, 준희가 사랑하는 과외 선생은 기형도의 '오래 된 서적'이란 시의 구절인 '나를 한 번이라도 본 사람은 모두 나를 떠나갔다. 내 인생은 검은 페이지가 대부분이다.'라는 구절을 말하면서, 자신도 과거에 어두운 시간들을 겪었음을 준희에게 말한다. 이처럼 과외 선생은 준희를 사랑의 대상이 아닌 학생으로서 대한다. 자신이 사랑하는 과외 선생님이 자신을 학생으로만 대함에도 불구하고 준희는 상상의 세계에서 과외 선생에 대한 사랑을 키워간다.

철저하게 혼자일 수 있는 곳.
아무도 나를 괴롭히지 못하는 곳.
나만이 주인공이고 나만이 가장 빛나는 곳.
그곳은 바로 상상의 세계뿐이다. 내가 만든 세계 속에서 나는 당당하고 용감하고 믿음직스럽다. 현실에서 받은 상처가 아물 때까지 아무도 보지 못하도록 커튼을 쳐주고 아픈 곳을 어루만져 주는 것도 '상상 속의 나'이다.(57)

위의 예문에서 알 수 있듯이, 준희는 과외 선생이 자신을 학생으로만 대하자 상상의 세계를 통해 그녀에 대한 사랑을 키워간다. 자신이 만든 상상의 세계 속에서 준희는 당당하고 용감하고 믿음직스럽게 사랑을 키워간다. 그러다가 준희는 용기를 내어 과외 선생에게 자신이 선생을 사랑한다고 말한다. 그렇지만 과외 선생은 준희의 말을 농담으로 받아넘기면서 준희가 학생의 신분임을 일깨워준다. 그녀가 그렇게 할수록 준희는 그녀의 사랑이 받고 싶어진다. 그녀의 사랑을 받기 위해서는 무엇이든지 할 수 있다는 생각 속에, 상상의 세계 속에 그녀를 가두고자 한다.

한편 그녀는 준희가 자신을 사랑하는 밀에 대해 농담으로 받으면서, 준희에게 어울리는 또래의 여자 아이들인 정아나 보영이, 기민이 등을 소개하고자 한다. 자신과 준희의 관계는 학생과 선생 사이임을 각인시키면서. 그러자 준희는 불현듯 자살을 떠올려본다. 미래에 뚜렷이 하고 싶은 것도 없을뿐더러 과외 선생의 사랑도 확인할 길이 없어지자 그런 생각을 한다. 그렇지만 그럴 용기에 없었기에 준희는 자신이 계속해서 불행할 사람으로 남아 있게 될 것에 대한 두려움을 느낀다.

고작 열여섯밖에 안 되었다는 사실이 늘 불만이었는데, 어른이 되어서도 그 불만은 또 다른 대상을 찾을 것 같다. 그래서 계속 불행한 사람으로 남아 있게 되면 어쩌지? 내가 원하는 일이 무엇인지 알게 된다면 나도 저렇게 열심히 할 수 있을까? 진짜 정아 말대로 만화가나 한번 돼볼까? 이런저런 생각이 들었다.(134-135)

위의 예문에서 알 수 있듯이, 준희는 미래에 자신이 계속 불행한 사람으로 남게 될 것에 대한 두려움 속에 무언가를 열심히 하고 싶다는 생각을 한다. 그리고 열심히 하고 싶은 대상으로 만화를 열심히 그려보고자 한다.

그런 와중에 과외 선생의 주선으로 정아와 단 둘이 만나게 된 준희는 정아와의 대화를 통해 자신이 무엇을 하고 싶은지에 대한 고민을 한다. 이런 준희에게 과외 선생은 인생은 선택이며, 그러한 선택에 대해서는 책임을 지는 자세가 필요함을 충고한다. 아울러 언젠가는 어른이 될 때, 자신의 선택을 위해 책임을 다하는 자세가 아름다움을 말한다.

인생을 만만하게 보지 말라는 과외 선생의 충고 속에 준희는 장차 만화가가 되기로 결심한다. 그리고 준희의 그런 결심에 대해 정아는 적극적인 후원자로서 준희가 갈만한 대학을 찾아본다. 그러면서 준희가 만화학과에 가서 그의 꿈을 펼칠 수 있기를 바란다. 이런 정아의 마음은 준희를 첫사랑의 대상으로 생각한 데서 나온 것이라 할 수 있다.

-준희야, 나는 너를 ♡해. 나는 장준희보다 김준희가 더 멋있어. 200퍼센트.
뒤를 돌아봤다. 정아가 손을 흔들고 서 있었다.

"고마워."

왜 그런 말이 나왔을까? 조금 멈칫하다가 나도 힘껏 손을 흔들어주었다.

아파트 단지를 내려오면서 그녀에게 들려주려던 휘파람을 불어보았다.(183)

위의 예문에서 알 수 있듯이, 정아는 준희를 사랑하기에 준희가 멋있다고 문자를 보낸다. 그런 정아를 보면서 준희는 과외 선생에 대한 허황된 사랑에서 벗어나 또래인 정아와의 현실적인 사랑을 생각한다. 그러기에 준희는 아파트 단지를 내려오면서 정아에게 들려주었던 휘파람을 불면서 진정한 첫사랑의 대상으로 정아를 설정한다. 이런 준희의 모습은 허황된 첫사랑의 대상에서 벗어나 가능한 대상으로서의 첫사랑의 대상을 설정한 성장의 과정을 보여준다. 그리고 미래에 대한 선택과 그에 대한 책임도 생각한다.

"나 만화가가 한번 돼 볼 생각이야. 그림도 잘 그리고 상상력도 풍부하잖아."

"그럼 너도 아빠처럼 고졸이냐?"

"대학교에도 만화학과 있어. 서울보다는 지방 대학에 더 많던데, 붙으면 혼자 자취하고 재밌겠지 뭐."

"공부 열심히 해서 서울에 있는 대학 가."

"아빠도 좀 그러지 그랬어."

나에게 눈을 흘기는 아빠를 보며 왜? 하는 표정을 지어 보였다.(189)

위의 예문에서 알 수 있듯이, 준희는 장차 만화학과에 가서 열심히 만화를 그려 훌륭한 만화가가 되기로 한다. 이러한 준희의 결심은 그 스스로 인생을 선택하고 책임을 지려고 하는 성장의 결과이다. 그러기에 준희는 허황된 사랑의 대상으로서 과외 선생을 사랑하는 상태에서 벗어나 현실적인 사랑의 대상을 설정하고 자신의 미래를 건전하게 설계할 수 있는 상태에 도달하게 된다.

3) 동정(童貞) 없는 세상과 동정(同情) 없는 세상에서의 성 경험

박현욱의 《동정 없는 세상》(2001, 문학동네)은 청소년의 거침없는 성(性) 담론을 다루고 있는데 조금도 외설스러운 느낌을 주지 않고 밝고 건강한 모습을 보여준다. 소설은 "한번 하자."로 시작해서 "한번 하자."로 끝나는데, 그 과정에서 청소년 주인공인 준호는 성 담론에 대한 인식의 변화와 함께 삶에 대한 성찰을 통해 성장하는 모습을 보인다.

수능을 치른 고3인 준호는 공부나 대학 가는 것에는 관심이 없고 어떻게 하면 '서영'이하고 한번 자보나 하면서 동정(童貞) 딱지 떼는 일에만 관심을 둔다. 준호는 기억하고 싶지 않은 시간대인 청소년기에 탈출하고 싶은 욕망으로서 '섹스'를 인식한다. 그는 '섹스'말고는 어른이 되는 다른 방법을 알지 못한다.

> 우리 집에는 두 남자와 한 여자가 살고 있다. 엄마인 숙경씨와 외삼촌인 명호씨와 나, 이렇게 세 사람이다. 남자가 둘이나 있지만 돈을 벌어오는 사람은 여자인 숙경씨 하나뿐이다. 명호씨는 이제까지 돈을 벌어본 적이 없는 사람이다. 앞으로도 없을지 모른다.
>
> 명호씨는 서울대 법대를 나왔다. 한때 집안의 희망이었을 것이다. 숙경씨의 말에 따르자면 마을 어귀에 플래카드를 걸게 한 장본인이기도 했다. 그러나 홀어머니가 돌아가시자 군이 되살릴 것도 없는 집안을 일으키기 위해 사법고시 준비를 하는 대신 명호씨는 백수의 길을 선택했다.(중략)
>
> 몇 년 전에 서른을 훌쩍 뛰어넘은 명호씨는 장가갈 생각도 하지 않고 책하고 살고 있다. 명호 씨의 방은 책으로 뒤덮여 있다.(40~42)

위의 예문에서 알 수 있듯이, 준호는 헤어 디자인 연구소를 경영하는 엄마 숙경씨, 서울대 법대를 나왔지만 10년째 백수로 살아가는 외삼촌 명호씨와 함께 살아가고 있다. 그는 아버지가 누구인지도 모른 채 아버지에 대한 기억이 전혀 없는 상태에서 지내온 결손가정의 자녀이지만, 엄마나 외삼촌과 건강하게 생활하고 있다. 준호의 가정환경은 일반적인 가정환경과 다르다. 준호는 백수로 살아가는 외삼촌과 친구처럼 지내면서, 엄마로부터 별다른 제지를 받지 않는다. 이 때문에 준호의 성 태도는 상당히 개방적이며, 적극적이다.

이 소설은 이런 준호를 내세워 결손가정의 문제점이나 좋은 대학을 나왔지만 백수로 지내는 외삼촌을 통해 사회구조의 문제를 말하지 않는다. 오히려 이 소설은 어떤 의미 있는 문화적 통과의례로, 의미의 상징적 경험 양식도 존재하지 않는 깡마른 시대의 포르노 사회에서 십대가 성적으로 어떻게 방황하고 성장하는지를 보여준다.

미혼모인 준호의 엄마 숙경씨는 준호에게 아빠가 없다고 크게 불편하지 않음을 말한다. 숙경씨는 현실에 충실한 채 과거로 인해 어떤 영향도 받지 않는 삶을 살아가고 있다. 숙경씨는 남편 없이 아이를 낳은 것에 대해 솔직하게 인정하고, 부정적인 사회적 시선 속에서도 당당하게 살아간다.

한편 준호는 모든 것을 섹스하고 연관 지어 생각하기 때문에, 준호가 바라는 것은 동정 없는 세상이다. 그렇지만 준호는 섹스 후에 곤란하게 되는 것은 여자이기 때문에 남자가 나불대는 것은 상대 여자에게 민폐를 끼치는 일이라고 생각한다. 자신은 여자에게 민폐나 끼치는 하찮은 남자가 되고 싶지 않기 때문이다.

생각해봐라. 포르노를 보면 여자들이 사무실에 있는 모습이 나온 후 곧바로 나체가 나와. 여자들은 언제나 준비가 되어 있는 거야. 그리고 거기 나오는 여자들은 대개 완벽한 몸매와 미모를 지니고 있지. 언제나 남자가 상황을 지배하고 폭력과 강제성을 띤 환상을 제시해. 무슨 얘기냐면 전혀 보편적이지 않은 상상만을 하게 만든다는 거야. (중략) 그리고 가상 속에 나오는 여자들은 어떤 자기의지도 갖지 않은 존재들이고. 하지만 실제로 존재하는 여자와 만나서 실제로 섹스를 할 경우에 그런 상상들은 절대로 현실로 펼쳐지지 않거든. 그러니 괴리가 생기게 될 수밖에 없는 거지. 심하면 나중에 실제의 성생활에 적응을 못 할 수도 있어.(84-85)

위의 예문에서 알 수 있듯이, 준호는 외삼촌 명호씨를 통해 '섹스'의 의미와 '섹스를 한다는 것'의 의미를 점차 알아가면서, 어른으로서의 책임감에 대해 알게 된다. 준호가 섹스 체험을, 어른이 되는 성숙을 위한 시련의 제의로 여기면서, 포르노의 세계에서 실제의 섹스로 나아가는 과정(황종연, 194)은 외삼촌인 명호씨의 인도를 통해서이다. 명호씨는 포르노의 세계와 실제 섹스의 세계가 어떻게 다른지를 위의 예문에서처럼 준호에게 설명해 준다. 명호씨의 설명을 들으면서 준호는 실제의 성생활에는 책임이 따름을 알게 된다.

서영이는 곰곰 생각하더니 대답했다.
-기분은 나쁘겠지만, 네가 죽어도 그렇게 하겠다면 어떻게 말리겠어. 껍데기만 보고 그날로 같이 자는 골빈 여자애들도 많으니 별로 어렵지도 않을 거야. 네 마음대로 해.
마음대로 하라니. 내가 기대했던 대답이 아니었다. 볼멘소리가 튀어나왔다.
-알았어. 그럼 내 마음대로 할게.
서영이는 잠시 후에 말을 이었다.
-단, 너도 내가 누구하고 같이 잠을 자든지 아예 상관하면 안 돼.(중략)
-똑같은 거야. 정 그렇게 다른 것 같으면, 나도 일회용 남자친구 만들어서 같이 하룻밤만 자

면 되지. 그것도 부족하면 자고 나서 돈 주면 되지, 뭐.

할말이 없었다.(74-75)

위의 예문에서 알 수 있는 것처럼, 준호는 여자 친구 서영이를 통해 일회용 섹스의 문제점을 인식하게 된다. 일회용 섹스에는 책임감이 없지만, 사랑하는 사람과의 섹스에는 책임감이 따른 것을 알게 되는 것이다.

-서영아. 무조건 내가 미안해.

서영이는 괜찮다고 대답했다. 자기도 화부터 내서 미안하다면서 조금은 밝아진 목소리로, 괜히 속상한 채로 돌아다니지 말고 집에 가서 샤워하고 푹 쉬라고 한다. 가슴이 뭉클해졌다. 바로 전화하기를 잘했다. 그곳에서 도망쳐 나오기를 잘했다. 얼떨결에 동정을 떼어버렸으면 두고두고 후회했을 것이다. 용돈이야, 뭐. 당분간 집에만 있으면 되지.(110)

위의 예문에서 알 수 있는 것처럼, 준호는 서영이와 싸우고 사창가에 동정을 떼려고 갔지만 서영이에 대한 책임감 때문에 그냥 나온다. 그가 그냥 나온 것은 아무한테서나 동정을 뗄 수는 없으며, 준비가 되었을 때 서영이와 섹스하는 것이 가장 아름다운 것이라는 생각을 했기 때문이다.

-인지상정은 무슨 인지상정이야. 너나 그렇겠지. 여하튼 그런데 말이야. 아까 거기에서 네가 땀 뻘뻘 흘리면서 있을 때 이런 생각이 들었어. 모처럼 마음을 먹었는데 네가 제대로 못 해서 갑갑하기도 했지만 다른 한편으로는 안도감도 들더라. 왜 안도감이 들었을까 생각해보니 나는 아직 준비가 되어 있지 않은 것 같아. 여자라고 해서 성적인 문제에 대해서 수세에 몰리는 상황도 싫지만 그 상황이 싫다고 해서 당위적으로 뭘 어떻게 해야 된다는 것도 우스운 것 같더라. 그래서 최종적으로 내린 결론 난 아직 마음의 준비가 될 되었고 당당하게 한번 하는 것은 준비가 된 다음에 해야겠다는 거야.(135)

위의 예문에서 알 수 있듯이, 준호는 섹스란 서로 간에 마음의 준비가 되었을 때 당당하게 하는 것이 아름다운 것임을 알게 된다. 준호가 이렇게 발전적인 생각을 하게 된 것은 동정을 버린다는 것은 동시에 자아에 대한 책임을 지는 것이라고 여겼기 때문이다.

복잡한 라비린토스가 이제는 곧게 뻗은 아우토반으로 펼쳐진 것이다. 십몇 센티만 더 들어가면 젖과 꿀이 흐르는, 기쁨으로 가득한 새로운 세상이 나타날 것이다. 그러나 막상 입구를 찾게 되자 내가 먼저 걱정이 되었다. 정말 들어가도 되는가. 그리고 이 문을 넘어서면 과연 낙원이 있을까.

그 상태에서 몸을 낮춰서 속삭이듯 물어보았다.

-정말 해도 돼?

어쩌면 나는 서영이가 지금이라도 안 된다고 해주기를 바랐는지도 모르겠다. 혹은 해도 된다는 서영이의 확인을 받고 싶었는지도 모른다.(170)

위의 예문에서 알 수 있듯이, 준호는 진짜 '한번 하게'되는 상황, 즉 동정(童貞) 없는 세상에로의 진입 순간에 망설인다. 그것은 자아를 책임지는 것이기 때문이다.

아무것도 없었다. 끓어오르는 열정과 쾌락과 신음과 교성과 열락과 기쁨은 모두 포르노 안의 것이었다. 내 몫으로 남아 있는 것들은 적막과 쓸쓸함과 외로움과 허전함이었다. 이런 것이었구나. 섹스란 이런 것이었구나. 여자를 알고 어른이 된다는 것은 이런 것이었구나. 어른? 불과 몇 분 전까지만 해도 나는 어른이 아니었는데 지금은 어른이라고? 달라진 것이라고는 전에 느껴보지 못했던 쓸쓸함과 허탈감을 맛보았다는 것뿐인데 어른이 된다는 것이 이렇게 별볼일 없는 것이었단 말인가. 고작해야 이 정도인 것이었구나. 이따위에 불과했구나.(171)

위의 예문에서 알 수 있듯이, 어른이 되었다고 느낀 후에 준호는 전에 느끼지 못했던 쓸쓸함과 허탈감을 맛본다. 이를 통해 준호는 자신이 들어가기를 망설였던 세계가 엄마 숙경씨의 내색하지 않은 외로움과 삼촌 명호씨의 부적응 뒤편에 도사리고 있는, 거대한 고통과 맞닿아 있는 '동정(同情) 없는 세상'임을 점차 알게 된다.

준호가 들어서기를 꺼려했던 세계는 가부장적이고 근대적인 가치체계들이 지배하는 세계로, 알튀세르가 말한 '이데올로기적 국가 기구들'이 끊임없이 주체를 호명하는 주체의 자율성이 존중되지 않는 세계이다. 이런 세계에 들어서기를 꺼리면서 준호는 서영이와의 진짜 섹스를 통해 동정 없는 어른들의 위악적인 세계를 비약적으로 의식하는 입사식을 거친다.

나는 대학에 가기로 마음먹었다. 지난 연말에 고독의 시간을 보내면서 뒤늦게 생각해보니 나는 나도 모르는 사이에 내가 하고 싶은 것을 하며 지내고 있음을 깨달았다. 내가 하고 싶은 것이란 아무것도 하지 않는 것이었는데 놀아주는 사람이 없다보니 그렇게 되어버린 것이었다. 아무것도 하지 않는 것이 그렇게 심심한 것인 줄 몰랐다.(중략)

　만약 내가 대학도 가지 않고 취직도 하지 않은 채 내가 원하는 대로 아무것도 하지 않고 지낸다면 정말이지 매우 심심하기 그지없는 나날의 연속일 것이다.(179-180)

　위의 예문에서 알 수 있듯이, 준호는 서영이와의 진짜 섹스 이후 대학에 가겠다는 결심을 한다. 그가 이런 결심을 하게 된 것은 아무 것도 하지 않는 사람이 되지 않기 위해서이다. 그러나 준호가 처한 현실은 여전히 동정(同情) 없는 세상이기에, 준호의 결심이 쉽게 이루어질 수는 없다. 그것은 일단 가능성으로만 있기 때문이다.

　-엄마는 나한테 기대하는 거 없어?

　-무슨 기대?

　-왜, 다른 애들은 엄마들이 엄청 기대하잖아. 일류대 같은 거 말이야.

　-넌 별로 대학 가고 싶지 않다면서?

　-그렇기는 하지만, 그래도 엄마는 나한테 그런 거 바라지 않아?(중략)

　-다른 부모들은 그렇다 해도 기대하고 강요하잖아. 어쨌든 미안해.

　숙경씨는 정이 담뿍 담긴 눈길로 나를 바라보았다.

　-네가 미안할 일은 전혀 없어. 다른 부모들은 그렇게 살라고 하고, 나는 정말 다른 거 없다니까. 그저 네가 나쁜 짓만 안 하고, 다른 사람에게 피해주지 않고 살기만 하면 돼.(117)

　위의 예문에서 알 수 있듯이, 준호는 아버지가 없는 결손가정에서 자랐지만, 그것이 그의 성장에 장애가 되지는 않았다. 조력자인 외삼촌, 그가 곁에 있는 것 자체를 행복해하면서 준호만을 위하는 엄마가 있기 때문이다. 그에게는 억압과 권위의 상징인 부성은 없는 대신에 조력자이자 부양자로서의 모성만이 존재하며, 이런 조건이 그의 성장을 촉진하는 촉매재가 되었다. 그런 촉매재를 통해 준호는 주체의 성장을 스스로 일궈나갈 수 있었다.

4) 성에 대한 관심과 성급한 어른 되기

가) 성년식과 성급한 어른 되기

청소년소설에서 작중인물들은 성장통을 겪으면서 자아 정체성 탐구를 해 나간다. 따라서 청소년소설에 형상화된 작중인물들에 대한 올바른 이해를 위해서는 작중인물들의 자아 정체성 형성 과정에 주목할 필요가 있다. 작중인물들이 경험하는 자아 정체성 형성 과정을 이해하고 해석함으로써, 청소년 독자는 자신이 학습하고 있는 작중인물을 자신의 실제 삶과 관련지어 평가할 수 있기 때문이다.

소설적 인간은 '있음(being)'의 이미지와 '됨(becoming)'의 잠재적 이미지 사이의 긴장을 반영한다. 소설 속에서 인간의 이미지는 그의 운명이나 상황에 적절하지 않음이 드러나고, 인간에 대한 최후의 말이나 의미가 유보됨으로써 소설적 인간은 인간성의 잉여를 탐색하게 된다. 따라서 소설적 인간은 자아와 타자의 문제에 깊은 관심을 갖는다. 그들은 인간의 문제를 대화를 통해 드러내며 의사소통의 욕망에 시달린다. 그들은 인간이 자신을 아는 일과 타인을 아는 일의 어려움과 그 한계를 깨닫는다. 따라서 어떤 한 개인은 '기존의 사회적·역사적 범주에서 완전히 인간의 모습을 취할 수 없다. 이러한 소설적 인간이 형상화된 서사 담론은 시공간의 잠재력과 인간의 잠재력을 동시에 통찰한다. 작중인물의 잠재력을 발견하는 소설의 눈은 시간에 대한 새로운 감각과 현재(그리고 계속적으로 미래)와 비결정적인 접촉의 범위를 갖고 있다. 근본적인 것은 작중인물이 어떤 인물인가가 아니라, 그가 무엇이 될 수 있는가에 있다. 작중인물의 현실화되지 않은 모든 잠재력과 요구에 의해 소설 속의 작중인물은 미래에 이루어지는 피조물이 된다.(권덕하, 2002:146) 그 결과 소설은 죽은 자와 산 자, 그리고 현재 살아있는 사람들과 아직 태어나지 않은 미래의 인간들을 묶어 주는 결속력을 발휘한다. 물론 이러한 연대성의 바탕이 되는 것은 비결정적인 인간관이다.

이와 마찬가지로 청소년소설 속의 작중인물도 자유를 추구하는 가변적인 존재, 변화의 잠재력을 가진 존재가 된다. 이는 작중인물이 갖는 딜레마, 즉 시공적인 이유 때문에 타자들이 바라보는 대로 자신을 창조할 수 없는 인간의 딜레마와 외부와 팽팽하게 대화적 관계를 유지하는 내부 세계가 항상 가능성의 조건으로 남아 있는 상황 때문이다. 이러한 소설에서는 인간 혹은 인간의 텍스트를 하나의 의미와 결론, 그리고 하나의 이미지로 고착시킬 수가 없다. 소설 텍스트는 하나의 배타적 의미로 제한될 수 없고 반드시 정확한 결론으로 맺어지지 않기 때문이다.

그러면 이순원의 《19세》(1999, 세계사)에 형상화된 작중인물의 성급한 어른되기와 '인간됨'을 분석해 보고, 이를 이해하기 위한 소설 읽기 방법에 대해 생각해 보자. 《19세》는 13세부터 19세까지의 정수에게 일어났던 삶의 경험들을 형상화하고 있다. 이 소설에서 정수는 사춘기의 혼란을 극심하게 겪는 인물인데, 그는 하루 빨리 어른이 되고 싶은 강박관념에 빠진다. 이 강박관념으로 인해 그는 다니던 고등학교를 자퇴하고 대관령에 밭을 얻어 손수 고랭지 농사를 짓는다. 부모와 형의 반대를 무릅쓰고, 친구들과 다른 어른들의 도움을 받아 가며 한 해 농사를 짓는 동안 그는 어른의 세계로 들어서는 '성년식'을 치른다.

이 소설은 마흔이 넘은 화자가 이십여 년 전에 경험했던 자신의 이야기를 회상하는 형식을 취하고 있다. 화자는 이십여 년 전의 관점으로 돌아가 소년다운 장난스러운 말투로 이야기를 전개한다. 따라서 이 소설에서 한 소년의 슬픈 성장기는 유치하고 가벼운 어법을 통해 오히려 더욱 생생히 되살아난다. 그러나 이 소설의 화자는 주인공과 동일 인물이면서 또 동일한 인물이 아니다.(박진, 1999:245) 화자는 각주라는 독특한 형식을 통해 끊임없이 과거의 관점이 아닌 현재의 관점으로 돌아와 이야기 전개에 개입하고 사건의 의미에 대한 판단을 내리고 있기 때문이다. 따라서 독자는 주인공이 미처 알지 못했던 사실에 대해서도 화자의 목소리를 통해 들을 수 있으나, 그 시절의 '나'는 알고 있었으나 현재의 '나'가 기억하지 못하는 것에 대해서는 전혀 들을 수 없다.

이 소설에서 '나'는 서술의 주체이면서 또 동시에 기억의 주체가 된다. 기억은 과거 사실의 재생이기도 하지만, 그 자체로 또 하나의 현존이 된다. 작중인물의 기억을 통해 과거의 사건들이나 행동들이 의미화되고 해석되어 독자 앞에 구체적으로 드러나기 때문이다. 따라서 독자는 화자의 기억을 통해 현재 재구성된 과거의 사건들과 행동들을 통해 작중인물의 욕망과 화자의 욕망을 읽어낼 수 있게 된다.

> 어떤 사람들은 열세 살이 되기 전에 이미 앞으로 자신이 알아야 할 어른들 세계의 모든 것을 알았다고 말한다. 그 나이로 성장이 멈추었다고 말하기도 하고, 삶에 대해 이제 더 알 것이 없어졌다고 말하기도 한다. 그들이 말하는 '알았다'는 것이 '어른들 세계'의 어디까지를 포함하는 것인지는 알 수 없으나, 세상 어느 구석에나 그런 조숙한 천재들과 그 천재들을 조숙하게 만드는 환경이 따로 있는 모양이다.(이순원, 1999:7)

위의 예문에서 알 수 있듯이, 이 소설은 성인 화자가 청소년기의 자신을 회상하는 형식을 통해 청소년기에 겪는 문제들을 형상화함으로써 청소년들의 갈등과 방황을 그리고 있다. 이러한 특징은 이 소설이 화자의 자전적 기억을 형상화한 성장소설로 읽는 것이 올바른 읽기임을 암시하고 있다.

일반적으로 성장소설은 어린 주인공이 자아를 의식하고 세계 속에서 성숙한 인간으로 성장하는 과정을 그린 소설이라고 할 수 있다. 성장소설의 서사 주체는 자신의 지나온 삶에 대한 자기반성을 통한 자기표현을 한다. 이러한 자기표현을 위해 성장소설의 서사 주체는 자기를 표현 대상으로서 인식하고 객관화할 수 있는 자의식을 필요로 한다. 자기를 타자로 표현하거나 청자로 설정하는 등의 자아 변환을 통해 타자의 입장에서 자기를 바라보는 자기 객관화를 이룰 수 있기 때문이다. 이처럼 자기를 타자로 표현하는 것을 통해 성장소설의 서사 주체는 자기 안의 타자를 바라볼 수 있고, 자아의 새로운 형성을 기획하게 된다. 또한 서사의 내용이 되는 서사 주체의 체험은 기억의 작용과 허구적 상상력에 의해 재구성되며 새로운 의미를 획득하게 된다. 그리고 서사 구현 과정에서의 반성적 성찰의 작용을 통해 서사 주체의 체험은 의미 있는 대상으로 부각된다. 이를 통해 서사 주체는 과거의 자아와 대화를 시도하고 자기 체험에 대한 반성적 성찰 속에서 자아 정체성을 확인하고 새로이 구성하게 된다.(이형빈, 1999:85) 따라서 성장소설은 서사 주체의 지나온 삶의 목표에 비추어 재구성되고, 기억 속에 삶의 중요한 순간들이 의미 있는 체험으로 형상화된다.(손승남, 2002:110)

《19세》에서 '나'는 어떤 자극에 의해 떠오른 기억을 따라가는 것이 아니라, 반대로 기억들을 되살려줄 단서를 찾는다. 성인이 된 '나'가 갖는 과거에 대한 기억은 어떤 단서에 의해 떠오른 것이기보다는 다분히 의도적으로 과거를 떠올림으로써 생겨난 것이다. 이것은 성인이 된 '나'가 유년의 자신에 대한 기억을 해야 할 의도가 있고, 이 의도에 의해 기억을 떠올리고 있음을 보여준다. 다음의 예문에서 성인이 된 '나'가 과거의 '나'에 대해 기억을 떠올리는 이유를 확인해 보자.

지금도 나는 가끔 내가 중학교 3학년이던 그해 여름과 겨울을 생각해볼 때가 있다. 지난 시절에 대한 아련한 추억으로보다는 그때 그 여름 승태와 함께 대관령으로 가지 않았다면 이후 내 삶은 어떻게 달라졌을까 하는 생각과, 또 그해 겨울 형이 집에 있었더라면(그러니까 지난 봄 그 제갈 무후께서 군에 가지 않고 계속 학교를 다니다 방학을 해 집에 내려와 있었더라면) 그 무후가 위연 같다고 한 내 삶은 어떻게 달라졌을까 하는 생각을 해보게 되는 것이다. (65쪽)

위의 예문에서 알 수 있듯이, '나'는 그때의 시간들이 현재의 삶에 결정적인 영향을 미쳤다고 생각하며, 바로 그 점 때문에 그때의 기억을 일부러 되새기고 있다. 이는 화자가 과거의 삶에 대한 반성적 성찰을 통해 현재의 삶에 대한 성찰을 하고 있음을 보여준다. 다시 말하면, 현재의 삶을 형성시킨 과거의 특정 시간들에 대한 회상을 통해 현재적 삶이 어떤 의미가 있는지를 점검하고 있는 것이다. 시간을 거슬러 올라가 과거의 삶 속으로 회귀하는 것은 연속적인 삶의 흐름에서 잠시 벗어나는 현재적 삶에서의 이탈이라고 할 수 있다. 그리고 이 이탈을 통해 화자는 과거의 특정 시간들에 대한 기억을 끄집어내고, 이를 통해 현재의 자신이 처한 시공에 대한 인식과 성찰을 하게 된다.

《19세》에서 그 시절의 '나'는 현재의 '나'를 형성해 준 '근원'으로서 작동하고 있다. 따라서 화자에게 잊혀진 기억은 자기존재의 잃어버린 근원을 의미하며, 기억을 복원하려는 의식적 노력은 근원에의 집착을 상징한다.(박진, 1999:247) 기억은 과거의 시간들에 대한 반추를 통해 주체가 존재하게 하는 존재론적 근원을 드러낸다. 따라서 이 소설에서 화자가 의식적으로 과거의 특정 시간들에 대한 기억을 하고자 하는 것은, 화자가 자신의 존재의 근원으로 향하고자 하는 욕망을 갖고 있음을 보여준다.

이 소설에서 화자가 가장 '눈부셨던 시절'로 기억하는 시간들은 유년의 경계를 넘어서 성년식을 지낸 직후이다. 그러면 이 소설에서 화자에게 성년식이 어떤 의미로 기억되는지를 살펴보기 전에, 화자에게 유년시절은 어떤 의미로 기억되는지를 잠시 살펴보자. 이 소설에서 열세 살은 화자가 천진무구의 어린아이에서 자아와 세상에 대한 깨달음으로 나아가는 상징적 기점이 되고 있다. '나'의 열세 살을 대변하는 '콘사이스'는 자아 정체성에 대한 '나'의 관심을 단적으로 보여준다. 다른 사람의 눈에 비치는 자신의 모습과 스스로 생각하는 자신의 모습이 갖는 차이에 대한 인식 과정에서 자아 정체성이 생겨나는데, 이 자아 정체성은 한 인격적 존재로서 '나'가 다른 사람에게 인정받고자 하는 욕구를 수반한다.

'나'는 시내에 있는 중학교에 들어가면서, 초등학교를 졸업할 때 학교 대표로 받는 교육장상의 부상으로 받은 커다란 콘사이스를 하루도 빼놓지 않고 들고 다닌다. '나'는 영어 실력의 향상을 위해서가 아니라 선생님이나 친구들로부터 촌에서 온 아이라고 무시당하지 않기 위해, 그리고 자신의 존재 가치를 그들 앞에 증명하기 위한 과시욕에서 콘사이스를 하루도 거르지 않고 들고 다녔던 것이다. 그러나 어이없는 실수로 선생님과 친구들 앞에서 공개적인 망신을 당한 뒤로 '나'는 콘사이스를 들고 다니지 않게 되었다.

으허, 으허, 그건 말이지. 문교부 장관의 이름이 아니라, 으허, 으허…… 그 책을 너희들이 배우는 교과서로 문교부에서 검정을 필했다는, 그러니까 문교부의 검사를 받고 허락을 받았다는 뜻이다.(중략)

그제서야 반 아이들도 와, 하고 책상을 치며 웃었다. 손을 들기 전 마지막까지도 검씨 성이 미심쩍기는 했지만 누가 그런 걸 알았나. 그게 장관 이름이 아니라 문교부 검정 교과서라는 뜻인지. 짜식들, 자기들도 몰라서 역시 콘사이스는, 하고 바라보던 녀석들이 선생님의 설명을 듣고 나선 모두 날 배삼룡 취급하려 드는 것이었다. 헤이, 검정필! 하면서.(16쪽)

이 창피스런 사건은 단 한 번의 잘난 체로 망신을 톡톡히 당한 '나'가 자아 정체성 형성 과정에서 겪은 좌절감을 보여준다.

청소년기는 주체가 자신의 진로를 선택하고, 그에 맞추어 인생을 설계해야 하는 정체성 형성과 관련된 시기이다. 이 소설에서 열다섯 살이 된 '나'는 점차 직업적 정체성을 확립해 간다. 정체성 형성 문제는 '나'에게 '대관령 너머'에 대한 동경과 결합되어 있다. 지금까지 한번도 대관령을 넘어본 적이 없었던 '나'에게 대관령 너머는 '어른들만의 세계'를 상징한다. '나'는 대관령 너머의 또 다른 세계에 가보고 싶다는 욕망을 키워가고, 결국 여름방학 때 승태와 함께 은밀한 대관령행을 감행한다. 그 모험에서 '나'는 "산과 같고 바다와 같이 끝없이 이어지는 푸른 밭들"을 직접 목격한다. '나'의 첫 대관령행은 어른들의 세계와의 첫 번째 접촉이며, 이를 통해 막연한 동경은 구체적인 꿈으로 바뀐다. 그것은 대관령의 드넓은 밭에서 '고랭지 농사'를 지으며 살고 싶다는 생각이다. '나'의 꿈은 넓은 밭 한쪽의 그림 같은 언덕에 자리 잡고 있던 빨간 지붕의 집으로 상징된다.

'고랭지 농사'는 '나'에게 어른들의 세계로의 '입사(入社)'를 뜻한다. 어른들의 세계인 대관령 너머에서 어른들의 특권인 농사일을 한다는 것은 '나'에게 '나'가 어른이 되었다는 것을 의미하기 때문이다. 하루라도 빨리 대관령에 가서 고랭지 농사를 짓고 싶다는 바람은 하루 빨리 어른이 되고 싶다는 욕망의 표현이다. 대관령에서 '나'는 어른이 되기 위해서 고랭지 농사를 배운다. 아저씨의 우연한 사고로 '나'가 한 해 농사를 책임지게 되면서, '나'는 본격적인 성년의 삶을 영위한다. 물지게를 져 나르느라 어깨의 맨살이 짓무르고 피와 고름이 터져 나오는 '나'의 모습은 인내력을 증명하기 위한 성년식의 육체적 고행을 연상시킨다. 그해 농사를 망치면 다시 집으로 내려와야 한다는 아버지의 조건부 허락은 시험으로서의 성년식의 속성을 그대로 반영한다.

'나'의 성년식은 성인 사회가 그들의 필요에 의해 부과한 의무가 아니라 '나'의 자발적인 선택이었다는 점에서 의무 부과로서의 고대 성년식과는 차별성을 갖는다. '나'는 부족 사회가 해체된 이후 성년식을 대치한 학교교육을 마다하고, 고대의 고된 통과제의를 자청한다. 여기서 '나'의 성년식은 오히려 축제의 성격을 띤다.(박진, 1999:243) 대관령으로 들어가기 위해 교복과 책에 불을 지르고 가출을 하는 행위에서 단적으로 알 수 있듯이, '나'는 성년식을 통해 위빈과 일탈의 축제를 즐긴다. 대관령에서 '나'는 친구들을 불러 모아 드넓은 밭을 누비며 신이 나서 일을 한다. 이러한 '나'의 행위는 농사일이 노동이기보다는 흥겨운 놀이로서 인식되고 있음을 보여준다. 따라서 '나'의 열일곱 살은 뜨거운 젊은 피의 분출과 충일감으로 이루어진 기간이었다고 할 수 있다. 농사가 큰 성공을 거둔 뒤에는 연일 축제의 주연(酒宴)과도 같은 나날이 이어지며, 과거의 '성교육 은사'는 이제 '나'를 통해서 어른들만의 진짜 비밀을 배우게 된다.

그러나 아이러니컬하게도 성인사회의 일원으로 진짜 인정받은 뒤에 '나'에게 농사일은 축제의 일이 아닌 노동으로 점차 느껴지기 시작한다. 지난해와 달리 '나'는 친구들과 어울려 일하지도 않고, 평범한 수준의 수확을 거둔다. 오랫동안 가슴을 설레게 했던 첫사랑의 누나에게 고백을 하지만, 고백과 함께 그 사랑도 추억이 되는 모순을 경험한다. '나'에게는 더 이상 어른들의 세계에 대한 동경이나 치기어린 반항이 남아 있다. 이러한 '나'의 상황은 그토록 동경하던 어른들의 세계가 막상 알고 나니, '나'에게 더 이상 쓸모없는 추억으로만 인식됨을 보여준다. 이는 '나'가 자아 정체성을 어느 정도 형성한 뒤에 다시 한번 심한 혼란에 빠지게 됨을 의미한다. 이러한 혼란은 물론 성급한 '어른 되기'에서 연유한다고 할 수 있다. 거쳐야 할 과정이나 심각한 자기 고민 없이 무작정 감행한 '어른 되기'가 이제 도리어 '나'의 정신적 성장에 방해가 된 것이다. 그 결과 '나'는 스스로 대관령을 내려오고, 겉멋으로 타고 다니던 오토바이도 팔아버린다. 또한 '나'는 "그 시기의 성급한 일탈 역시 내 성장의 한 과정으로 아름답게 추억되었으면 좋겠다."고 생각하며 학교로 돌아간다.

그 무렵(농사를 그만둘 무렵) 무엇보다 나를 우울하게 했던 것은 지난 이태 동안의 내 삶에 대한 내 스스로의 생각이었다. 왠지 그 기간 동안 내가 했던 것은 어른노릇이었던 것이 아니라 어른놀이였다는 생각이 자꾸만 내 가슴을 무겁게 하던 것이었다. 이런 상태로 다시 한 해가 지나고 또 한 해가 지나 스무 살이 된다고 해도, 아니 그보다 더 많은 시간이 흘러 서른이 되고 마흔이 된다고 해도 그 일에 대해 어떤 후회거나 미련 같은 것이 남는다면 그때에도 내가 하는 것은 여전히 어른노릇이 아니라 어른놀이일 것 같은 생각이 들던 것이었다.(232쪽)

'나'가 '성급하게 감행한 일탈' 혹은 '어른 되기'에서 다시 청소년의 신분으로 스스로 돌아온 것은 진정한 '어른 되기'란 심각한 자아 정체성 확인 과정이 수반되어야 하고, 자신과 세상에 대해 더 많은 것을 깨달아야 함을 인식했기 때문이라고 할 수 있다. 또한 어른이 될 수 없었던 때에 그토록 어른이 되고 싶었지만, 막상 어른으로 인정받은 뒤에는 오히려 무심히 지나쳐 온 '청소년기'에 대한 애틋한 그리움을 갖게 된 결과라고 할 수 있다.

다시 학교로 돌아온 '나'는 정신적으로 한층 성숙해져 있었다. '나'는 방황을 하면서 어느덧 성인의 문턱을 넘어서고 있었던 것이다. 인생의 가장 가파른 굽이 길을 돌아서는 '나'에게 힘이 된 것은 책이었다. 그러기에 '나'는 40살이 넘은 뒤에 그 시절에 대한 기억을 무심히 하는 것이 아니라 의도적으로 기억함으로써, 지나쳐 버린 청소년 시절들에 대한 애틋한 그리움을 드러낸다. 그러나 청소년에서 어른으로 가는 시간은 이미 '나'의 삶에서 도도한 강물로 흘러가 버렸다. 다시는 돌아갈 수 없는 '레테의 강'으로 기억될 뿐이다. 그러기에 '나'는 이 '레테의 강'을 의도적으로 거슬러 올라가려고 하고 있다.

지금까지 살펴본 것처럼, 이순원의 《19세》는 '나'의 정신적 성장 과정을 담고 있다. 따라서 서사 주체의 정신적 성장 과정을 형상화한 이 소설은 문학적 문화의 고양을 통한 주체 형성이라는 국어교육의 목표를 달성할 수 있는 자료로서의 충분한 가치를 갖는다고 할 수 있다. 이 소설은 학습자들이 자기 성찰을 통한 새로운 자기 형성을 하는 데 하나의 '모범'과 귀감이 될 수 있기 때문이다. 또한 '나'가 지나온 삶의 이야기를 직접 서술함으로써, 이 소설을 읽는 학습자가 자신의 지나온 삶에 대한 성찰과 미래의 삶에 대한 적극적인 기획을 가능하게 하기 때문이다. 그러므로 이 소설에 형상화된 '나'의 자기반성, 자기 발견, 자기 창조의 과정은 학습자에게 의미 있는 자아 정체성을 가능하게 하는 하나의 틀이 될 수 있을 것이다. 더군다나 교육이 인간의 형성 과정(Menschwerdung), 즉 인간의 성장과 발달을 궁극적인 탐구의 대상으로 삼는다는 점을 고려한다면, 이 소설은 교육적 대상으로서의 가치를 충분히 갖는다고 할 수 있다.

나) 정수의 성급한 어른 되기 이해하기

작중인물에 초점을 둔 소설 수업에서 학습자들은 처음에 작중인물들의 특성에 대해 일반적인 반응만을 드러낸다. 그러나 작중인물의 특성을 자아 정체성에 초점을 두어 학습할 때, 학습자들은 작중인물에 대한 첫 인상에서 벗어나 보다 자세하게 작중인물을 탐구하기 시작한다. 이를 위해서 학습자는 작중인물의 자아 정체성 형성과 밀접한 연관성이 있는 사건에 주목할 필요가 있다. 작중인물이 경험하는 중요 사건들은 작중인물의 정신적 성장 과정을 구체적으로 보여주면서, 작중인물의 자아 정체성이 어떻게 형성되었는지를 구체화해 주기 때문이다.

이순원의 《19세》에 형상화된 작중인물 '정수'의 자아 정체성 과정을 올바로 이해하기 위해 학습자는 이 소설에 구현된 정수의 자아 정체성 과정을 '성년식'과 관련지어 이해할 필요가 있다. 이 소설은 정수의 '성장통'을 보여주면서, 그가 형성하는 자아 정체성에 초점을 두고 있기 때문이다. 정수의 정신적 성장을 이해 하기 위해 학습자는 정수의 자아 정체성 형성 과정의 외연을 탐구하는 '발견적 읽기', 그리고 이러한 자아 정체성 형성 과정의 외연과 내포의 관련성을 보다 구체적으로 분석하는 '해석적 읽기', 정수의 자아 정체성 형성에 대한 반응을 쓰는 '구성적 읽기' 등과 같은 과정에 따라 이 소설을 읽을 필요가 있다. 이 과정을 따를 때, 학습자는 정수의 정신적 성장 과정을 보다 체계적으로, 과정 중심적으로 이해하고 평가할 수 있을 것이다.

(1) 발견적 읽기와 작중인물 이해

소설을 읽을 때 일반적으로 학습자들은 작중인물이 어떤 인물인지를 파악하고, 이 인물에 대한 인상을 갖고 있다. 작중인물에 대한 인상은 학습자가 소설 텍스트를 읽는 과정에서 발견하는 많은 정보들로 이루어져 있다. 다시 말하면, 작중인물의 의식, 작중인물이 경험한 사건들과 같은 정보들에 의해 작중인물에 대한 인상이 결정된다. 따라서 작중인물에 대한 이해를 위해 학습자가 먼저 해야 할 일은 작중인물이 어떤 인물인지, 그리고 작중인물의 의식을 결정하는 사고와 감정들이 무엇인지 등을 파악하는 것이다. 이러한 읽기는 소설에 구체화된 것을 확인하고 이해하는 발견적 읽기에 해당된다.

이순원의 《19세》에서 '나'가 동경하는 세계는 바다 건너의 나라들이 아닌, 걸어서도 하루면 오를 수 있는 '대관령'이다. '나'에게 대관령은 단순한 지명으로 인식되기보다는, 유년의 경계에서 벗어나 독립된 한 인간으로 인정받을 수 있는 일탈과 욕망 구현의 공간으로 인식된다. 특히 유년의 삶에서 벗어나 독립된 자아 정체성을 형성해 가는 '나'에게 대관령은 늘상 천재소리만 듣던 형의 그늘에서 벗어나 '나'가 "어릴 때부터 꿈꾸어왔던 내 마음속의 저 산 너머엔 아주 커다란 또 다른 새로운 세계가 있고, 나를 기다리는 파랑새가 있는" 곳이다. 그러나 대관령은 "형처럼 대처 학교로 가거나, 또는 돈을 벌러 떠나는 어른들만 넘을 수 있는 어른들만의 세계"였다. 따라서 '나'는 "이제 저 산을 넘고 싶다"는 간절한 소망을 갖게 된다. 이러한 '나'의 소망은 신체적 변화를 겪는 사춘기의 성적 변화와 결부되면서 이성에 대한 욕망과 섞인다.

> 그러나 나는 지난 겨울 승태가 가르쳐준 다음부터 늘 그랬던 것처럼 승태 누나의 얼굴과 몸에 꽉 끼어 그곳이 더욱 굴곡져 보이는 누나의 〈했다표〉 청바지를 떠올렸다. 그러면서도 언덕 아래의 넓은 밭과 빨간 지붕 집을 바라보며 이다음 정말 농사를 짓게 되면 꼭 이곳에서 저런 그림 같은 집을 짓고, 승태 누나처럼 키도 늘씬하고 얼굴도 어여쁜 여자와 결혼하여 살거라고 다짐했다.
>
> 열다섯 살 여름, 평생 바라보기만 했지 처음 올라가본 대관령에서 내가 꾼 꿈은 그랬다.(91쪽)

위의 예문에서 정수는 두 가지 욕망을 드러낸다. 하나는 대관령이라는 동경의 공간에서 농사를 지으며 살겠다는 것이고, 다른 하나는 "승태 누나처럼 키도 늘씬하고 얼굴도 어여쁜 여자와 결혼하여 살거"라는 다짐이다. 이 욕망들은 사춘기에 접어든 정수가 자아 정체성 형성 과정에서 경험하는 정신적 성장과 관련된다. 부모나 형과는 다른 자신만의 공간에서 자신만의 여자와 살겠다는 다짐은 궁극적으로 서사 주체의 자아가 독립성을 지향하고 있음을 보여주기 때문이다. 따라서 이 부분을 읽음으로써, 학습자는 정수라는 인물에 대한 이해를 보다 쉽게 할 수 있을 것이다. 정수가 갖는 욕망은 사실 청소년기에 있는 학습자들의 욕망과 다르지 않기 때문이다. 또한 학습자들이 고민하는 문제들과 밀접한 관련이 있기 때문이다.

(2) 해석적 읽기와 작중인물 이해

일반적으로 작중인물의 자아 정체성은 작중인물이 경험한 사건들을 통해 구체화된다. 만일 작중인물이 경험한 사건들이 역동적이지 못해 작중인물의 자아 정체성과 연관성이 없다면, 학습자는 이러한 부분을 꼼꼼히 읽으면서 따로 메모를 해야 한다. 이러한 부분을 찾아 메모하는 것은 소설 텍스트를 보다 자세하게 읽고, 작중인물이 경험한 사건들과 자아 정체성 형성이 갖는 연관성에 대한 보다 의미 있는 정보들을 제공해 주기 때문이다. 따라서 작중인물을 학습할 때, 학습자는 소설 텍스트에서 중요하게 다루어지는 사건들을 다시 읽음으로써, 작중인물의 자아 정체성 형성 과정을 분명하게 파악할 필요가 있다. 이 단계에서 학습자는 소설을 보다 자세하게 읽고, 텍스트와의 소통을 구체적으로 수행한다. 이 단계의 목적은 학습자가 소설 텍스트를 자세하게 분석함으로써 작중인물이 경험한 중요 사건과 작중인물의 자아 정체성 형성이 갖는 연관성을 정확하게 파악하여, 소설 텍스트의 의미, 작중인물의 자아 정체성 형성 과정을 보다 분석적으로 파악할 수 있도록 하는 것이다.

이순원의 《19세》에서 작중인물 정수가 경험하는 중요 사건들은 친구 승태와 대관령으로 간 일, 승태 누나에 대해 이성적인 감정을 느낀 일, 농사를 짓기 위해 상고를 그만 둔 일, 대관령에서 농사를 지으면서 어른들만의 은밀한 일들을 경험한 것, 19세 때 대관령을 넘어 다시 집으로 돌아온 일 등이다.

친구 승태와 함께 난생 처음 대관령으로 간 일은 정수에게 유년의 삶에서 벗어나 유년 너머의 어른들의 세계에 대한 적극적인 탐사로서의 의미를 갖는다. 정수에게 대관령은 항상 어른들만의 세계로 여겨져 왔는데, 자신이 직접 그곳에 감으로써 정수는 빨리 어른이 되기를 갈망하게 된다. 이로 인해 그는 부모님과 선생님의 만류에도 불구하고 상고로의 진학을 결정한다. 그가 상고로 진학하게 된 것은 한국은행 같은 곳에 빨리 취직해서 돈을 많이 벌어 대관령에서 농사를 짓고 싶은 소망 때문이었다.

한편 '했다표' 청바지를 입은 누나로 각인된 승태의 누나는 정수의 첫사랑 대상이었다. 열네 살의 정수에게 승태와 승태의 누나는 '성교육 은사'들이었다. 이 '성교육 은사'들 덕분에 정수는 사춘기 시절에 겪는 신체적 변화를 자연스럽게 받아들이면서 승태의 누나를 첫사랑의 상대로 삼게 된다. 따라서 그는 열다섯 살에 승태와 처음으로 간 대관령에서 그림 같은 집을 짓고 승태 누나처럼 키가 크고 얼굴이 어여쁜 여자와 농사를 지으면서 사는 것을 꿈꾸게 된다. 이러한 꿈을 하루 빨리 실현하기 위해 정수는 상고를 그만두고 부모를 설득해서 대관령으로 간다.

그에게 대관령 행은 유년에서 벗어나 어른들만의 은밀한 세계로 입사하는 성년식의 의미를 지닌다. 물론 이러한 성년식은 그가 스스로 선택한 것이기에 처음에는 축제처럼 여겨진다. 그는 대관령에서 농사를 짓던 첫해에 많은 친구들과 함께 즐겁게 일하면서 성급한 어른 되기를 만끽한다. 그러나 성급한 어른 되기를 통해 다방 레지들과 성관계를 경험한 정수는 성급한 어른 되기가 그의 소중한 청소년 시절을 빼앗아 가버렸다는 정신적 혼란 상태에 빠진다. 이 혼란 상태에서 그는 성급한 어른 되기를 위한 그의 일탈이 실상은 그의 소중한 청소년 시절을 빼앗아갔음을 인식한다.

이 인식 속에 그는 대관령에서의 고랭지 농사일을 스스로 그만두고, 다시 집으로 돌아와 학교에 간다. 학교로 다시 돌아온 그는 이전과는 다른 정신적 성숙을 보여주면서, 정말로 소중한 것은 성급한 어른 되기를 위한 일탈이 아닌, '어른 되기'를 위해 필요한 과정들을 하나하나 거치는 것임을 깨닫게 된다. 정수의 이러한 깨달음은 그의 자아 정체성이 '성급한 어른 되기'에서 '차분한 과정 거치기'를 지향하면서, 청소년 시절이 질풍노도의 시기가 아닌 차분한 성찰의 시기가 되어야 함을 반증하는 것이라 할 수 있다.

13세에서 19세까지 정수에게 일어난 이러한 중요 사건들을 분석하면서, 학습자는 이 사건들이 학습자 자신이 경험한 사건들과 크게 다르지 않음을 알게 된다. 정수가 경험한 사건들은 그 시절을 보내는 청소년들이면 누구나 한번쯤 소망했거나 경험한 것들이기 때문이다.

한편, 이 소설에서 승태는 정수가 유년의 삶에서 벗어나 진정한 자아에 눈뜨도록 매개하는 역할을 하고 있다. 그는 정수의 최초 성교육 은사였으며, 정수의 첫 대관령 행을 동행한 인물이기 때문이다. 따라서 학습자는 정수의 자아 정체성 형성을 정수만의 일이 아닌, 승태와의 관련성 속에서 파악하고, 또한 승태의 자아 정체성과 관련지어 이해할 필요가 있다. 13세부터 19세까지의 정수의 자아는 승태를 떠나서는 생각할 수 없기 때문이다.

이상에서 알 수 있듯이 《19세》에 형상화된 중요 사건들을 분석함으로써 학습자는 정수의 자아 정체성 형성 과정에 대해 많은 것을 알 수 있었다. 또한 학습자는 정수의 농사짓기 경험이 그의 성급한 어른 되기에서 비롯된 것이었고, 이로 인해 그가 어른으로 인정받았음을 알 수 있었다. 그러나 그의 성급한 어른 되기는 결국 성급하게 지나쳐버린 청소년 시절에 대한 회귀의식으로 귀환하는 아이러니를 보여줌을 알 수 있었다. 이러한 인식을 통해 학습자는 《19세》를 올바로 읽는 방법은 정수의 자아 정체성 형성 과정을 읽는 것이며, 이를 읽음으로써 정수의 모습이 자신의 실제 모습을 대변함을 알 수 있었다. 이는 학습자가 정수의 삶을 자신의 삶과 관련 짓는 데서 가능한 것으로, 소설 읽기의 핵심은 작중인물이 무엇을 말하는가가 아니라 "작중인물은 '나'에게 어떤 의미가 있는가"에 주목하는 것임을 보여준다. 이를 통해 학습자는 작중인물의 삶에 대한 보다 심화된 인식을 할 수 있을 것이다.

이러한 방법으로 작중인물에 대한 학습을 할 때, 학습자는 작중인물 스스로도 자신에 대해 알지 못했던 작중인물의 자아 정체성 형성에 대해 많은 것을 파악하고 이해할 수 있을 것이다. 그러나 학습자는 작중인물의 자아 정체성 형성 과정에 대해 추측과 상상을 해서는 안 된다. 작중인물의 자아 정체성 형성 과정에 대한 학습자의 이해는 작중인물이 경험한 구체적인 사건들에 토대를 두어야 하기 때문이다.

(3) 구성적 읽기와 작중인물에 대한 반응쓰기

학습자가 초점을 두어 학습하고 있는 작중인물은 거의 살아있는 사람처럼 복합적인 인물이기 때문에, 작중인물에 대한 해석적 읽기 활동은 작중인물의 삶에 대한 학습자의 인식을 향상시켰다. 그러나 작중인물에 대한 완전한 이해와 평가를 위해서는 자신이 학습한 작중인물의 자아 정체성 형성 과정을 텍스트 전체의 내용, 의미와 관련지어 글로 쓸 필요가 있다. 작중인물에 대한 진정한 이해는 작중인물에 대한 이해를 학습자가 자신의 관점에서 새롭게 구성하는 것이 될 필요가 있기 때문이다. 따라서 학습자는 자신이 학습하고 있는 작중인물의 자아 정체성 형성 과정이 텍스트 전체 의미를 어떻게 의미화하고 있는지, 그리고 이 작중인물이 텍스트의 구성 요소로써 어떤 역할을 하고 있는지를 파악해서 텍스트에 대한 확장된 인식을 표현할 필요가 있다.

《19세》를 읽고 나서, 학습자들은 정수가 겪는 정신적 성장 과정에 대한 이해를 자신의 실제 삶과 연관짓는 소설 읽기를 하게 된다. 정수에 대한 이해는 궁극적으로 자신의 삶에 대한 이해를 촉발하기 때문이다. 정수의 정신적 성장을 자신의 삶과 연관짓는 가운데 학습자들은 자신의 삶이 놓여 있는 시공간을 보다 분명하게 인식하면서 자아 성찰을 하게 된다. 이를 위해, 학습자는 먼저 정수가 자아 정체성 형성 과정에서 경험했던 사건들이 무엇인지, 그리고 이 사건들이 정수의 자아 정체성 형성에 어떤 영향을 주었는지, 그리고 그가 정말로 가치 있게 여기는 것이 무엇인지에 대해 생각할 필요가 있다. 또한 성인이 된 화자의 입장에서 볼 때, 13세에서 19세까지의 시간들에 대한 기억들을 일부러 반추하는 이유를 파악할 필요가 있다.

《19세》에서 정수에게 가장 중요했던 것은 '어른 되기'였다. 이 성급한 어른 되기는 앞에서 논의한 것처럼, 청소년 시절에 대한 희생을 대가로 한 것으로 성인이 된 화자가 의도적으로 기억해 낸 것들이다. 이 의도적인 기억하기는 성급한 어른 되기가 그의 삶에 여전히 아픈 경험으로 작용하고 있으며, 이제 이 아픈 경험에서 벗어나야 할 때임을 작가가 인식하고 있음을 드러낸다.

그러면 이순원 《19세》에 형상화된 작중인물의 자아 정체성 형성에 대한 이해를 정리한 학생의 글을 살펴보자.[3]

---

[3] 이 글은 광주광역시 K고등학교 학생들이 지은 글들 가운데, 이 글의 취지에 부합하는 것을 필자가 골라 인용함을 밝힌다.

용감했던 일탈과 성숙!

이 소설에서 정수는 빨리 어른이 되고 싶어서 상고도 그만두고 대관령으로 가서 고랭지 농사를 짓는다. 그는 친구들과 농사를 지으면서 마음껏 자유롭게 생활한다. 이 생활은 어른들처럼 행동해도 아무런 제재를 안 받는 자유를 그에게 준다. 이 자유 속에 그는 점차 무절제한 생활을 하다가 급기야 다방 레지와 성관계를 갖게 된다. 이런 생활을 하던 정수는 어느 날 이렇게 사는 것은 정말로 자신이 어른이 되었기 때문이 아니라, 어른이 된 것 같은 착각 때문이라는 것을 깨닫고 다시 집으로 돌아간다.

이런 내용을 가진 이 소설을 나는 아주 재미있게 하루 만에 읽었다. 내가 이 소설을 하루 만에 읽은 것은 이 소설에 나오는 정수의 모습은 평소 내가 바라던 것과 매우 비슷했기 때문이다. 특히 그 자유로움이 그렇다. 그리고 마지막에 가서 정수가 다시 집으로 돌아온 부분은 성경에 나오는 '돌아온 탕자'를 연상시키는데, 아마 '나'라도 정수처럼 다시 집으로 돌아갔을 것 같다.

위 글의 밑줄 친 부분에서 알 수 있듯이, 학습자는 이 소설에서 정수가 경험한 사건들을 비교적 잘 정리하면서 정수의 행동들에 대한 공감을 표현하고 있다. 특히 정수가 다시 집으로 돌아온 부분에 대한 언급을 하면서, 자신이라도 그렇게 했을 것이라고 말함으로써 작중인물의 삶을 자신의 삶과 연관지어 평가하는 태도를 보이고 있다. 그러나 이러한 평가 속에 학습자 자신의 자아 성찰이나 자아 형성에 대한 구체적인 언급을 하지 못한 아쉬움이 남는다.

이러한 글쓰기를 통해 학습자는 자신이 학습하고 있는 작중인물의 자아 정체성 형성 과정에 대한 풍부한 인식을 하고, 텍스트의 의미를 구체화할 수 있을 것이다. 그러므로 소설교육에서 작중인물에 대한 학습은 작중인물의 자아 정체성 형성과 관련지어 이루어져야 할 것이다. 자아 정체성 형성 과정과 분리된 채 작중인물이 경험한 사건이나 주제만을 학습하는 것은 부분만을 학습하는 근시안적 태도를 드러내기 때문이다. 또한 한 인물에 대한 학습이 다른 인물과의 관련성 없이 이루어져서는 안 된다. 그러나 소설교육 현장에서 많은 교사와 학습자들은 소설 텍스트의 인물을 고립된 개인인 것처럼 학습한다. 이는 작중인물이 작가에 의해 어떻게 창조되었는지, 그리고 작중인물이 텍스트의 의미 구성을 위해 어떤 역할을 하는지에 초점을 둠으로써 결과적으로 한 인물에만 초점을 두고 소설교육을 실천하는 데서 기인하는 바가 크다. 그러나 작중인물들은 다른 인물과 능동적으로 소통하는 존재이다. 따라서 소설 속의 인물을 다른 인물과의 관련성 없이 논의하는 소설 수업은 소설교육의 본질을 왜곡하는 것이라고 할 수 있다.

소설 텍스트에 형상화된 작중인물들은 점진적인 성격의 변화를 보이는 인물들로서 자신이 당면하고 있는 삶의 이슈들과 다른 인물에 대한 생각과 감정 사이에 쌍방향적 소통의 통로를 세우고, 이 통로에서 갈등하는 존재이기 때문이다.

7

성폭력과 임신, 동성애 등에 대한 대응을 통한 성장과 정체성 형성

1) 청소년기와 성폭력, 임신, 동성애

이 장에서는 청소년소설에 형상화된 성폭력과 임신, 동성애 등에 대한 작중인물의 인식 양상을 분석하고, 이에 대한 이해를 바탕으로 소설교육 차원에서 청소년의 성 정체성을 함양할 수 있는 방법을 살펴보고자 한다. 이를 위해 논의할 것들은 다음과 같다.

첫째, 청소년소설에 형상화된 성폭력과 임신, 동성애 등에 대한 작중인물의 인식 양상을 살펴본다. 이를 위해 6편의 청소년소설에 나타난 성폭력, 임신과 낙태, 출산, 그리고 동성애 등에 대한 작중인물의 인식 양상을 분석하고, 그것들이 갖는 의의를 밝힌다.

둘째, 청소년소설에 형상화된 성폭력과 임신, 동성애 등에 대한 작중인물의 인식 양상에 대한 이해를 바탕으로 학생들의 성 정체성을 함양할 수 있는 방법을 소설교육 차원에서 밝힌다. 그리고 그러한 논의가 소설교육 차원에서 갖는 의의를 밝힌다.

청소년들의 성에 대한 의식과 성 행동이 급변하고 있다. 2007년 보건복지부가 발표한 '청소년 건강 행태 온라인 조사 통계'를 보면, 설문에 응답한 중고생 8만 명 가운데 성 관계 경험이 있다는 응답자는 5.2%이었다. 그 가운데 성 경험을 처음 시작한 평균 연령은 중학교 2학년 나이인 14.2세였다.

그런데 대부분의 부모들은 청소년들이 성 행위를 할 수 있는 존재라는 사실을 잊고 학업에만 전념해 주기만을 바란다. 청소년 자녀들이 학업에만 전념해 주기를 바라는 부모의 바람과는 달리 성 관계를 갖는 청소년들은 점차 증가하고 첫 번째 성 경험을 하는 연령은 점차 낮아지고 있다. 성에 대한 사회 전반의 의식 변화와 성적 일탈을 보여주는 다양한 매체의 등장, 그리고 또래집단의 문화적 압력으로 인해 성 정체성에 대한 청소년들의 의식이 과거와는 사뭇 달라졌기 때문이다.

이러한 사회 현실을 반영하여 청소년들을 주된 독자로 삼고 있는 청소년소설들에서도 성과 사랑에 대한 담론을 매우 다양한 스펙트럼을 통해 보여주고 있다. 이성에 대한 호기심을 보여주는 작품에서부터 성폭행, 낙태, 동성애, 매춘 등과 같은 청소년들의 성 성체성 인식과 일탈의 양상을 다양하고 형상화하고 있다.

청소년들의 성 문제를 다루고 성에 대한 정체성을 그려내는 청소년소설들은 청소년들의 성적 일탈을 다룸으로써 비도덕적인 행동을 부추긴다는 소재주의 차원에서의 비판을 받기도 하지만, 성 정체성에 대한 청소년들의 내밀한 의식과 행동을 과감하게 보여준다는 점에서 그 의의를 갖는다. 특히 학교폭력과 더불어 청소년들의 성 정체성 함양을 위한 교육적 필요성이 대두되는 현 시점에서 청소년소설들이 청소년들의 성 문제를 다룸으로써 학교 교육에서 제재로 활용될 수 있는 의의를 갖는다.

그동안 한국 사회는 청소년들의 성 문제를 터부시해왔다. 청소년들의 성 경험은 아직은 불결하고 미숙한 행동으로 여겨지면서 문제적 행동 차원에서 논의되어 왔다. 그러나 어른들의 바람과는 달리 성 경험을 갖는 청소년들의 숫자가 날로 증가하고 있으며, 첫 경험의 연령이 점차 낮아지고 있는 현실을 감안한다면 청소년들의 성 문제를 공론화하여 청소년들이 바람직한 성 정체성을 가질 수 있도록 교육하는 것이 필요하다.

현실적으로 청소년들에게 성 관계는 절대로 안 되며, 임신한 10대에게 생명의 소중함을 내세워 비판하거나 낙태를 권유하는 것은 시대적 현실을 외면한 것이다. 자칫하면 성에 대한 교훈주의로 전락하거나 성에 대한 불신과 두려움, 불결함의 의식만을 심어줄 수 있다.(김명순, 2011:203) 이제는 청소년들의 성 문제를 담론의 장으로 끌고 와서 그들의 성 정체성이 어떤 상태에 있는지, 그들의 성 정체성을 함양할 수 있는 방법을 생각해야 한다.

이러한 필요성 때문에 이 글에서는 청소년소설에 형상화된 성폭력, 임신과 출산, 동성애 등에 대한 작중인물의 인식 양상을 분석하여, 그것들이 청소년소설에서 어떤 의미가 있는지를 밝히고자 한다. 이를 통해 청소년소설에 형상화된 성폭력, 임신이나 낙태, 동성애 등에 대한 작중인물의 인식 양상에 대한 이해를 바탕으로 청소년들의 성 정체성을 함양할 수 있는 방법을 소설 교육 차원에서 논의하고자 한다. 이러한 것을 논의하고자 하는 이유는 다음과 같다.

첫째, 성에 대한 청소년들의 달라진 의식을 반영하고 있는 소설 작품들이 창작되고 있는 시점에서 그러한 소설들에 형상화된 청소년들의 성폭력이나 임신, 동성애 등에 인식 양상을 구체적으로 밝힐 필요가 있기 때문이다. 청소년소설에 형상화된 성폭력이나 임신, 낙태, 동성애 등을 밝히는 것은 소설의 소재 다양화뿐만 아니라 그러한 소설들의 질적 가치를 판단할 수 있는 토대를 제공할 것이기 때문이다.

둘째, 청소년소설들에 형상화된 성폭력이나 임신, 낙태, 동성애 등에 대한 작중인물의 인식 양상을 분류하여, 그것들을 소설교육의 교육 내용으로 구안할 수 있는 토대를 마련할 필요가 있기 때문이다. 교육 내용은 시대 현실의 변화에 따라 지속적으로 그 외연을 확장해야 하는데, 청소년들의 성폭력이나 임신, 낙태, 동성애 등의 문제는 단지 보건 시간이나 체육 시간에만 논의될 것이 아니다. 이제는 범교과적 차원에서 논의되는 가운데, 그것들이 교육적 차원에서 어떻게 교육될 수 있고 되어야 하는지를 밝혀야 한다. 이런 면에서 본다면, 소설교육 차원에서 청소년의 성폭력이나 임신, 낙태, 동성애 등의 인식 양상을 교육 내용으로 구안하여 교육하는 것은 교육적 자장의 확대에 기여할 것이다.

셋째, 청소년소설에 형상화된 성폭력이나 임신, 낙태, 동성애 등에 대한 작중인물의 인식 양상을 분석하고, 그것들을 활용하여 청소년의 성 정체성을 함양할 수 있는 방법들을 마련하는 것은 청소년 교육의 구체적인 방법 마련 및 전략 도출에 기여할 수 있기 때문이다. 특히 국어 교과를 통해 정서적 차원에서 청소년들의 성 정체성을 함양하는 방법들, 예컨대 소집단 토의, 창의적 드라마 활동, 서사와 에세이 쓰기 등과 같은 방법들을 통해 청소년들의 성 정체성을 함양하는 것은 청소년 교육에 기여하는 바가 클 것이다.

2) 청소년소설에 나타난 청소년의 성과 임신

이 글에서 다루고자 하는 주된 내용은 '청소년소설에 형상화된 성폭력과 임신, 동성애 등에 대한 작중인물의 인식 양상 살펴보기'와 '청소년소설에 형상화된 성폭력과 임신, 동성애 등에 대한 작중인물의 인식 양상을 이해하는 활동을 통해 학생들의 성 정체성을 함양할 수 있는 방법을 소설교육 차원에서 구체화하기'이다. 이러한 것들을 살펴보기 위해 이 글에서는 다음과 같은 것들을 구체적으로 논의할 것이다.

첫째, 공선옥의 《울 엄마 딸》(창비, 2009), 임태희의 《쥐를 잡자》(푸른책들, 2008), 이옥수의 《키싱 마이 라이프》(비룡소, 2009), 이금이의 《유진과 유진》(2004, 푸른책들), 이경화의 《나》(2006, 바람의 아이들) 등과 같은 청소년소설들에 형상화된 성폭력과 임신, 낙태, 성적 소수자 문제인 동성애 등에 대한 작중인물의 인식 양상을 분석할 것이다. 아울러 성폭력의 개념 및 이성애와 동성애의 차이점을 밝힐 것이다.

둘째, 살펴볼 6편의 청소년소설들에 형상화된 성폭력과 임신, 동성애 등에 대한 작중인물의 인식 양상에 대한 분석을 활용하여 국어 교과의 소설 수업 시간에 청소년들의 성 정체성을 함양할 수 있는 방법을 구체적으로 제시할 것이다.

이러한 것들을 다루기 위해 이 글에서는 다음과 같은 핵심적인 내용을 제시한다.

첫째, 연구 대상으로 삼은 6편의 청소년소설들에 형상화된 청소년의 성폭력과 임신, 동성애 등을 3가지로 분류한다. 그것은 임신의 공포와 도피, 성적 일탈과 청소년에 대한 성폭력 및 치유, 성적 소수자의 동성애 문제 등이다. 임신의 공포와 도피는 공선옥의 《울 엄마 딸》, 임태희의 《쥐를 잡자》를 통해 구체적으로 논의될 것이고, 청소년에 대한 성폭력과 성적 일탈, 그리고 이유의 증언은 이옥수의 《키싱 마이 라이프》와 이상권의 《발차기》, 이금이의 《유진과 유진》을 통해 구체적으로 논의될 것이다. 논의 과정에서 성폭력의 개념과 성적 일탈의 이유 등을 구체적으로 밝힐 것이다. 그리고 성적 소수자의 동성애 문제는 이경화의 《나》를 통해 구체적으로 논의하면서, 이성애와 동성애의 차이점을 구체적으로 밝힐 것이다.

공선옥의 《울 엄마 딸》에서는 미혼모의 딸로 태어나 고등학생의 몸으로 임신을 하지만 가족들에게 따스하게 받아들여지는 여학생을, 임태희의 《쥐를 잡자》에서는 여학생이 임신한 것 자체가 재앙으로 여겨지는 학교와 사회의 분위기 때문에 낙태 후 심각한 트라우마에 시달리다가 자살하는 10대를 그렸다. 이옥수의 《키싱 마이 라이프》에서는 낙태비를 마련하지 못해 전전긍긍하고, 출산한다 해도 사회적·경제적 문제에 부딪쳐 아이를 키우지 못하는 미혼모를, 이상권의 《발차기》는 책임을 회피하는 미혼의 아이 아빠와 아이를 키우고 싶지만 낙태를 강요하는 어른들 때문에 고민하는 여학생을 그렸다. 이금이의 《유진과 유진》은 어린 나이에 성추행을 당한 두 여자 청소년을 주인공으로 하여, 성폭력의 상처를 어떻게 치유할 수 있는가를 보여주고 있다. 그리고 이경화의 《나》에서는 성 소수자인 동성애자의 사회적 현실과 성장기 청소년들이 그들의 성 정체성을 찾아가는 과정을 그렸다.

가) 성적 일탈에 의한 임신의 공포 극복하기와 희망 찾기

부모와 학교라는 울타리는 청소년들에게 편안함을 주기도 하지만 불편함을 주기도 한다. 특히 청소년들의 입장에서 간섭과 통제에서 벗어나려는 욕망은 갈수록 커지고 있다. 이러한 상황에서 가끔 성적 일탈을 범하기도 하는데, 성적 일탈에 의한 임신이나 낙태, 동성애 등과 같은 이슈들은 요즈음 많은 청소년소설들에서 다루어지고 있다.

청소년들의 임신이나 낙태, 동성애 등은 흔하지 않은 일이지만 소수의 문제아들에게만 해당하는 문제만은 아니다. 평범한 보통의 청소년들에게도 흔히 생길 수 있는 것들이기 때문이다. 청소년소설에서 청소년들의 임신이나 낙태, 동성애 등을 다루는 청소년소설의 양상은 그러한 문제를 따뜻한 가족애나 친구 간의 우정으로 해결하는 것을 보여주거나, 청소년 인물이 임신이나 낙태, 동성애 등에 대한 극도의 혐오감과 공포감을 보여주는 모습을 보여주기도 한다. 임태희의 《쥐를 잡자》에서 확인할 수 있듯이, 후자의 경향을 보이는 청소년소설들은 임신한 여학생이 겪는 끔찍한 고통과 절망을 서사의 중심에 놓고, 낙태나 출산, 양육, 입양의 과정을 사실적으로 그린다.(김명순, 2009:204)

십대 청소년의 임신을 다루지만 청소년 작중인물이 임신을 도피하거나 극단적인 죽음을 선택하지 않는 가운데, 따뜻한 가족애를 보여주는 작품으로는 공선옥의 〈울 엄마 딸〉을 들 수 있다. 이 소설에서는 미성년자일 때 딸을 낳은 엄마 윤경자, 윤경자의 딸 승애, 외할머니, 승애의 남자 친구 건용이가 플롯을 구성해 가는 중심인물이다. 특히 아직도 헤어진 남편을 잊지 못하고 술에 젖어 사는 엄마와의 갈등 때문에 무심결에 성적 일탈을 하게 된 고등학교 2학년 승애의 입장에서 임신의 두려움과 수용 과정을 형상화하고 있다. 이 과정에서 이 소설은 청소년의 임신을 무겁게 그리지 않는 가운데, 청소년의 임신 문제가 가족 간의 갈등을 해소하는 역할을 할 수 있다는 것을 보여준다.

이 근방에서 나이 먹은 사람들 중에 엄마를 모르는, 즉 엄마의 과거를 모르는 사람은 새로 이사 온 사람 말고는 없기 때문이다. 내가 어려서는 아직 외모가 만들어지는 과정이기 때문에 못 알아보다가 처녀티가 나기 시작하면서부터 '혹시 윤경자…….'하는 사람들이 부쩍 많아졌다. 혹시 윤경자, 하는 사람들은 그러니까 어린 윤경자가 아니라 여고생 윤경자를 기억하는지도 몰랐다. 그만큼 여고생 윤경자가 화려했다는 말이다. 그 화려함의 뒤 끝에 결국 나, 오승애가 생겨 그 모든 화려함의 시절은 속절없이 가고 말았다지만. 바로 그때부터였는지도 모른다.

엄마가 바로 너 때문에 내가! 하던 순간부터 나는 엄마에게서 마음을 돌리기 시작했는지도. 그러다가 이제는 대놓고 그러는 것이다.(131-132)

승애 엄마는 스무 살이 되기 전에 승애를 낳고 나서 결혼을 했다. 그러다가 IMF 사태로 실직한 아버지와 별거를 시작한 엄마는 아버지와의 재결합을 원하지만, 아버지는 경제적 무능함을 이유로 들어 엄마와 재결합하지 않는다. 이 때문에 괴로워하는 엄마를 보면서 승애는 마음의 갈피를 잡지 못하다가 남자 친구 건용으로부터 위로를 받는 과정에서 뜻하지 않게 임신을 하게 된다.

건용이가 나를 안는 순간, 숲 속에서 꾸꾸꾸, 하고 밤 비둘기가 울었다. 먼 데서 개구리 울음소리도 들렸다. 건용이는 제 남방을 벗어 내게 둘러주었다. 건용이는 몹시 떨고 있었다. 그것은 나도 마찬가지였다. 건용이 입술이 내 입술에 닿는 순간 비릿한 풀 냄새가 끼쳐 왔다. 나는 진저리를 쳤다. 엄마가 말했다. 스무 살의 내가 너를 잉태하던 밤에 어디선가 그렇게 풀 냄새가 나더라고. 내가 진저리를 친 것은 엄마의 그 말이 생각나서였는지도 몰랐다.

그날, 엄마가 그러지만 않았어도 내게 이런 일이 일어나진 않았을지도 모른다.(중략) 나는 엄마가 장맛비같이 주룩주룩 우는 것이 너무나 슬퍼 그날 밤 잠을 이룰 수가 없었고 그래서 건용이를 만나야만 했던 것이다.(137쪽)

자신이 임신한 것을 알게 된 승애는 그 사실을 엄마나 외할머니에게 말하지 못한 채 건용이에게 도망치자고 한다. 승애의 말을 들은 건용이는 당황하면서 어찌할 바를 모른다. 건용이는 도망치자는 승애의 말을 듣고 할아버지의 한약방에서 돈을 훔쳐 바닷가로 도망간다. 건용이와 함께 도망간 바닷가에서 승애는 갓 태어난 아기를 살해하거나 버리는 패륜적인 행동과 관련된 뉴스를 보면서 극도의 불안함을 갖는다. 그러나 그의 불안함은 임신의 책임으로부터 도망치지 않는 건용 때문에 점차 안정된다.

"서울에서 아버지가 갓 태어난 아기를 살해하는 끔찍한 사건이 일어났습니다. 실직 중에 있던 박 모 씨는 임신한 아내를 남겨두고 지방의 한 건설 현장에서 7개월간 막노동을 했습니다. 그러나 박씨는 건설업체의 부도로 임금을 받지 못했고, 아내의 출산 소식을 듣고 집으로 와서 생계에 대한 불안감으로 태어난 지 하루밖에 안 된 아기를 살해했습니다. 극도로 악화된 경제 상황이 빚어낸 끔찍한 참극이 아닐 수 없습니다."

"꺼."

와들와들 몸이 떨려왔다.

"무서워하지 마, 난 안 죽일 거야."

"그런 말도 하지 마."

"알았어."

우린 침묵했다. 그러나, 뉴스로 인해 발동된 끔찍한 생각은 꼬리에 꼬리를 물고 일어나기 시작했다. 그것은 이전에도 흘려들었던 것이지만 내 일이 아닌 만큼 이내 기억에서 지워졌던 것들이었다.(142-143)

위의 예문에서 알 수 있듯이, 승애와 건용이는 갓 태어난 아기를 죽인 부모와 관련된 뉴스를 들으며, 극도의 두려움을 느낀다. 자신들이 태아를 낙태시키는 것은 살인행위라고 생각하기 때문이다. 그러기에 승애는 낙태에 대한 두려움 속에 태아를 안 죽일 것이라고 말한다. 그러나 승애의 그 말은 별다른 대책 없이 나온 막연한 말일 뿐이다. 그러기에 그들이 할 수 있는 일은 부모에게 임신한 사실을 말하는 것이다. 그러나 승애와 건용이는 임신 사실을 쉽사리 부모에게 말하지 못한다.

"어떻게 말할 건데?"

"아기가 생긴 이상 우린 더 이상 어린애가 아니라고 말할 거야."

"그래도 어린애라고 하고, 그래도 나가라고 하면?"

"그땐 뭐 할 수 없지. 너하고 나하고 그냥 집 나와서 살지 뭐."

"노숙하자구?"

"노숙을 하든지, 뭐를 하든지. 옛다, 라면이나 먹어라."

"돈 없으면 우리 어떻게 살아? 근데 정말 너 도망 안 갈 거야? 나 애기 낳으면 이제 우린 어떻게 되는 거야?"

"돈 없으면 벌지. 도망은 안 갈 거고 애기 낳으면 애기 키워야지."

"어떻게, 뭐해서?"

"……."

화가 나는 건지, 불안한 건지 나는 알 수 없다. 둘 다일 것이다. 나는 내가 임신했다는 것을 안 뒤부터 엄마가 더욱더 미워지기 시작했다. 이 모든 사태가 엄마 때문에 일어난 것만 같았다.(145)

도망가지 않고 승애의 임신이 어른들에게 받아들여지지 않으면 집을 나와서 아기를 키우겠다는 건용의 생각은 기특한 것이지만, 건용은 승애와 마찬가지로 임신 후에 별다른 대책을 갖고 있지 못하다. 임신 후에 자꾸만 죽음을 떠올리던 승애는 비로소 스무 살도 되기 전에 자신을 낳았던 엄마가 어떤 고통을 겪었는지를 짐작하게 된다. 승애의 이런 생각은 엄마와의 갈등 관계에서 벗어나 엄마를 이해하는 계기가 된다. 승애는 아빠와의 이혼 때문에 엄마가 자신을 힘들게 키우면서도 좋은 엄마가 되기 애써왔다는 사실을 깨달으며 진정으로 엄마에 대한 고마움과 사랑을 느낀다.

바로 내가 그런 저질이 아닌가. 그럼 스무 살도 되기 전에 나를 낳은 엄마도 저질이었던가. 그치만 엄마는 나를 키우기 위해 아빠의 도움도 받지 않고 그 얼마나 열심히 살아왔는가. 내 앞에서 술을 먹고 울거나 할머니와 가끔 다투는 것만 빼고 엄마는 나와 할머니와 이루고 있는 가정의 가장 노릇을 충실히 해 왔고 내가 원하지는 않았지만 좋은 엄마가 되기 위해 나름으로 애썼다는 걸 내가 안다. 나는 민박집 벽에 붙은 거울 앞으로 다가갔다. 한참을 머뭇거리다 용기를 내어 거울에 입김을 불었다. 뿌예진 저리에 손가락으로 글을 썼다.

윤경자 엄마 사랑해

그러자 겨우 멈췄던 눈물이 또 펑펑 솟아났다.(148)

승애가 엄마에 대한 고마움과 사랑을 느끼기 때문에 승애의 임신은 어른들에게 부정당하지 않는다. 승애의 외할머니는 사회의 시선이나 관습보다 사람이 소중하다는 것을 승애 때문에 알게 되었기에, 승애의 선택을 존중할 수 있는 자세를 갖고 있다. 청소년 인물들의 선택을 존중하는 것은 건용의 할아버지도 마찬가지이다. 이러한 어른들의 모습은 청소년들의 임신을 범죄시하는 사회의 편견과는 사뭇 대조된다. 사회의 편견과는 달리 청소년들의 임신을 받아들이고, 청소년들의 삶을 존중하는 어른들의 태도는 우리 사회의 현실에 시사하는 바가 크다.

청소년의 임신이나 낙태 등은 '보는 위치'에 있는 어른들에게 잘못된 것으로 여겨지고 있다. 그러기에 보통의 어른들은 청소년의 임신이나 낙태 등에 대해 차가운 시선을 보내면서 청소년들에게 고통을 준다. 그에 따라 청소년들은 어른들의 차가운 시선이나 편견을 견디지 못해 화장실에서 낳은 아기를 검정 비닐봉지에 담아 베란다에 버리거나 변기에 아이를 넣어 죽이는 등의 비행을 저지르게 된다.

건용이가 엉엉 울면서 나를 쫓아왔다. 나는 어쩐지 웃음이 나려는 걸 참으며 백사장으로 나아갔다. 그때 파도가 갑자기 몰려왔다. 건용이가 울며불며 나를 쫓아오고 있다. 나는 풍덩 바다로 뛰어들었다. 내가 수영을 잘한다는 것을 모르는 건용이는 악을 썼다.

"울 할아버지한테 전화했더니, 너랑 오래. 그니까 승애야……."

바닷물을 따뜻했다. 건용이 울음소리도 따뜻했다. 나는 힘차게 바닷물 속으로 자맥질해 들어갔다. 가끔은 술을 먹고 울기도 하지만, 또 툭툭 일어나 씩씩하게 살아온 엄마처럼, 두려움 없이.(149)

공선옥의 〈울 엄마 딸〉에 전경화된 승애의 임신은 어른들의 승인 아래 낭만적 서사를 통해 따스하게 그려진다. 그러나 임신에 대한 승애와 건용의 해결은 그들 스스로의 힘에 의하기보다는 바닷가로의 도피와 어른들에게 도움을 요청하는 것이다. 이러한 해결은 여전히 청소년들의 임신이 '아이들의 철부지 행동'으로 치부되는 것임을 보여준다. 물론 청소년들의 임신을 따뜻한 시선으로 받아들이는 하지만 말이다.

십대 청소년들이 성 경험을 하게 된 동기는 '서로 좋아하거나' '충동적으로', 그리고 '술을 마신 상태에서' 등이다. 이러한 동기들은 십대 청소년들이 성 경험을 쉽게 할 수 있는 환경에 놓여 있음을 보여준다. 이성 친구와 충동적으로 성 경험을 하게 되고, 그 결과 수반되는 임신의 공포를 잘 보여주는 소설은 이옥수의 《키싱 마이 라이프》이다. 이 소설은 청소년의 임신을 범죄시하거나 회피하기보다는 삶의 일부분으로 받아들이고 해결책을 모색하는 따뜻한 시선을 보여주고 있다는 점에서 임태희의 《쥐를 잡자》와는 다르다.

이옥수의 《키싱 마이 라이프》는 충동적인 성 경험에 의해 임신을 하게 되면 어떤 문제가 발생하는지, 그리고 임신을 하게 되었을 때 낙태나 출산 등과 관련하여 청소년들이 스스로 해결할 수 있는 것은 아무 것도 없음을 보여준다. 이를 통해 이 소설은 십대 청소년의 임신이 축복할 만한 일은 아니지만, 그렇다고 해서 학교나 가정, 사회에서 보호받지 못하는 부당한 일은 아니라는 입장을 보여준다.(김명순, 2009:210)

이옥수의 《키싱 마이 라이프》에서 주인공은 정하연과 임채강이다. 그들은 고1의 학생으로, 성인들처럼 서로를 좋아하고 스킨십을 한다. 스킨십을 통해 그들은 서로에 대한 애정을 확인한다.

채강이와 나는 지난 겨울방학 때부터 사귀었다. 중학교 때는 같은 반이 된 적이 없어서 그냥 얼굴만 아는 애였다. 그런데 고등학교에 들어와서 애들하고 노래방에 갔다가 채강이가 현구를 자기의 '베프'라고 소개해서 같이 놀게 되었다. 채강이가 먼저 사귀자고 고백했을 때, 호감이 갔지만 문제는 현규보다 머리가 달리는 것 같아서 좀 망설였다.(중략) 그런데 채강이는 사귈수록 마음도 착한 것 같고, 성격도 활발해서 같이 있으면 재미있고 끌려서 금방 친해졌다. 그런데 요즘 들어서는 내가 그 애를 더 좋아하는 것 같다. 문득문득 생각나고, 보고 싶고, 같이 있고 싶고, 만나면 헤어지기 싫고…….(11-12)

　위의 예문에서 알 수 있듯이, 하연이는 채강이를 좋아하게 된 후론, 문득문득 채강이를 생각하고 보고 싶어 한다. 또한 같이 있고 싶어한다. 이러한 하연이의 모습은 첫사랑에 빠진 청소년의 전형적인 특성을 보여준다. 그러다가 채강에 대한 애정을 갖고 있던 정하연은 그의 집에 놀러 갔다가 어색한 분위기를 없애기 위해 마신 술 때문에 그와 성관계를 갖게 된다. 의도적인 성관계가 아닌 충동에 의한 것이다. 그러기에 그들은 충동적인 성관계에 의한 임신이나 낙태 등에 대해 전혀 생각하지 못한다.

　얼마나 시간이 지났을까? 채강이의 숨소리가 서서히 잦아들면서 나를 안았던 팔이 풀렸다. 꼭 감은 내 두 눈에도 희미하게 터널의 끝이 보였다. 저 먼 곳, 어디에서 아지랑이 같은 아련함이 스멀스멀 올라와 온몸을 감쌌다. 눈을 번쩍 떴다. 아, 이제 어떻게 해야 하나? 어떻게……? 채강이를 밀쳐내고 황급히 일어나는데 머리가 핑 돌았다. 정신을 차리고 내 모습을 보니 이럴 수가! 눈앞이 아찔했다. 채강이 팬티와 내 게 소파 밑에 뒹굴고 있었다. 갑자기 온몸이 마구 떨렸다. 이럴 순 없다! 정말 이럴 순……없다.
　"하연아, 미안해!"
　채강이가 고개를 푹 숙인 채 쉰 소리를 냈다. 나는 일어나 옷을 입었다. 발걸음을 옮길 때마다 비틀걸음이 나면서 통증이 느껴졌다. "이건 정말 실수야! 용서해 줘, 하연아!"
　채강이가 꺼지듯 숨을 내뿜으며 내 앞을 막아섰다.
　"몰라, 이 나쁜 놈아! 나 어떡해. 흐흑흑."
　채강이를 밀치고 밖으로 뛰어나왔다.(43)

　실수에 의해 채강이와 하연이는 성관계를 갖게 되었지만, 그들은 서로에 대한 신뢰를 잃지 않는다. 하연이는 채강이와의 성관계에 대해 크게 마음을 쓰지 않으면서 "미친 호르몬 때문에 일어났던 한 순간의 실수"(55쪽)이며, 서로가 좋아하니까 나쁜 일이 아니라고 생각한다. 그러기에 그들은 성인의 연인처럼 서로 함께 있음으로써 편안함을 느낀다. 그러나 그들의 편안함은 하연이의 임신이 현실화되자 점차 깨지면서 당황과 알 수 없는 분노로 전환된다.

정하연, 핑계 대지 마! 아무리 급조한 인생철학이지만 이렇게 박살을 내도 되는 거니? 임채강 나쁜 자식! 아니 이건 그 애만의 잘못이 아냐. 그 순간, 내 속에 웅크리고 있던 그 무엇이 채강이를 강하게 원했던거야. 나는 분명 정하연인데 내 속에 또 다른 욕망을 품은 정하연이 들어 있었어. 그런데 만약 임신이라도 되면? 아니다. 딱 한 번이었고, 그것도 순간이었는데 아닐 거야. 정말 아닐⋯⋯거야!(44)

위의 예문은 하연이가 임신을 하게 될 것에 대한 극도의 두려움을 갖고 있음을 보여준다. 아무런 대책없이 얼떨결에 성관계를 갖게 된 하연이는 임신이 되지 않기를 바란다. 아무런 대책이 없기 때문이다. 그러나 하연이의 바람과는 달리 하연이는 임신을 하게 된다.

"하연아⋯⋯."
채강이가 나를 불러놓고는 아무 말도 하지 못했다. 채강아, 지금 우리에겐 말이 필요한 것 같지 않아. 그냥 가만히 있자. 나도 조금 전까지만 해도 너한테 할 말이 많았는데 지금은 시냇물에 싹 씻겨 내려간 듯 마음이 고요하고 평화로워. 그냥, 언제까지나 이렇게 말간 너의 숨소리만 네 품에서 듣고 싶어.
"하연아, 나 정말 너 좋아해. 후회도 많이 했지만⋯⋯. 너하고 끝까지 가면⋯⋯암튼 우리 끝까지 가자."
채강이의 머뭇거리는 말소리에 향기가 느껴졌다. 남자애한테서 느낄 수 있는 부드러운 향기. 내가 여자라서 정말 좋다는 생각이 들었다. 아, 언제까지나 이렇게 함께 있을 수만 있다면⋯⋯. 나는 두 팔로 채강이의 허리를 안았다. 채강이도 내 어깨를 힘껏 안았다. 가슴 속에서 피어오르는 싸한 향기가 온몸으로 퍼져나가는 것을 느끼며 우린 오래도록 그렇게 앉아 있었다.(57)

위의 예문에서 알 수 있듯이, 임신을 했다는 하연의 말을 듣고 채강이는 하연이를 책임지고자 한다. 그러나 현실적으로 그가 임신한 하연이를 위해 할 수 있는 방법은 거의 없다. 그저 둘 사이의 변함없는 사랑만을 확인할 수 있을 뿐이다. 그런 상황에서 하연이는 집을 나온다. 자신을 인정해 주지 않는 엄마에 대한 반감 때문이다.

지금 내 뱃속에서 열 개의 손가락이 움직이고 있다고? 말도 안 돼! 갑자기 목구멍에서 꺽꺽 구역질이 올라왔다.

"말도 안 돼. 징그러워……징그러워, 정말 징그러워!"

나는 옷을 걷어 올리고 주먹으로 배를 마구 쳤다.

"징그러운 것아, 없어져라. 없어지란 말이야! 난 이제 어떡하라고!"

채강이 녀석에 대한 분노가 끓어올랐다. 이 바보 같은 새끼야, 너 때문에 지금 내가 엉망진창이 되어 버렸단 말이야. 나쁜 놈아! 널 죽여 버리고 말거야.

"흐윽 흐……윽, 나쁜 놈!"

귀신 같은 울음이 목구멍에서 터져나왔다.(84)

하연은 태아를 '징그러운 것'으로 인식하면서 채강에 대한 분노의 감정을 갖는다. 채강이가 자신을 엉망진창으로 만들었다가고 생각하기 때문이다. 또한 충동적인 성관계에 의한 임신을 받아들일 마음의 준비가 전혀 안 되어 있기 때문이다. 그러기에 하연은 보통의 청소년들처럼 임신과 출산의 공포에서 벗어나기 위해 낙태를 생각한다. 아울러 자신이 임신했다는 사실을 쉽게 받아들이지 못하면서 한없는 자괴감에 빠진다. 그러기에 하연이는 자신을 한없이 초라하게 생각하면서 낙태를 위해 부모의 동의를 구해야 하지만, 자신의 엄마에게 그 사실을 알리지 못한다.

"임신이에요."

"……."

이미 짐작은 하고 있었지만 막상 생생한 목소리로 듣고 보니 망치로 머리통을 얻어맞은 것처럼 아찔했다.

"선생님, 어, 어 떡 하죠?"

진아가 내 팔을 붙잡으며 다급하게 물었다.

"보자. 생년월일이…… 그럼 열 일곱 살, 고1?"

"……."(중략)

"왜, 낙태하려고?"

"네."(중략)

"하연아, 그러지 말고 너네 엄마한테 말씀드려라. 보호자가 없으면 안 된다잖아."

"그건, 안 돼. 우리 엄마가 알면 같이 죽자고 그래. 너도 우리 엄마 알잖아, 수연 언니 속 썩일 때 같이 죽자고 칼을 들고…… 수연 언니도 엄마를 못 당하는데 내가 어떻게……."

"그래도……. 그럼 우리 엄마보고 보호자가 되어 달라고 할까?"

"야, 어떻게 너네 엄마를……."

아, 정말 길이 보이지 않는다. 나이가 어리다는 게 이렇게 비참할 줄이야. 콱 죽었으면 좋겠다.(106-107)

위의 예문에서 알 수 있듯이, 고1의 나이에 임신을 한 하연이는 고1의 나이이기 때문에 낙태를 위해서는 엄마의 동의를 얻어야 한다는 사실에 절망한다. 그러면서 나이가 어리다는 게 자신을 비참하게 만들기에 죽고 싶다는 생각을 한다. 부모에게 말하지 않았기 때문에 하연이와 채강에게는 낙태비도 없을뿐더러 미성년자이기 때문에 보호자도 필요하다. 하연이의 낙태를 위해 채강이는 학교에 가지 않고 아르바이트를 해서 낙태비를 마련한다. 그러나 채강이가 하연이의 낙태비를 마련했을 때는 이미 낙태 시기가 지난 뒤였다. 채강이는 하연이의 곁을 지키면서 책임을 지고 싶어한다. 그러나 그들은 너무나 어리기에 할 수 있는 일이 거의 없기에 그들은 죽음을 생각하기도 한다. 그러나 초음파로 본 아기의 모습 때문에 아기를 낳기로 한다.

"하연아, 우리 아기 키울래?"

"웃겨. 날 거지처럼 취급할 때는 언제고……. 그럼 네가 학교 때려치우고 돈 벌래?"

채강이가 여름눈 하고 한숨을 내쉬며 허공을 올려다보았다.

"하연아, 정말 어떡해야 하니?"

"뭐, 낳아서 키우자며? 네가 돈 벌고 난 아기 키우고 딱 됐네."

"야! 너, 정말…… 하연아, 너희 엄마한테 얘기해."

"안 돼, 우리 집 지금 아빠 때문에 장난이 아니야. 엄마한테 말했다간 줄초상 나."

"그럼, 우리 엄마한테 얘기할까?"

"야, 그건 정말 안 돼. 그런 나 자존심 상해서 죽을 거야."

"진짜, 미치겠네. 왜 우린 이렇게 어린 거야."

채강이가 울먹이며 나를 끌어안았다. 채강이 가슴에서 공포와 두려움에 팔딱거리는 심장소리가 들렸다. 그 소리를 들으니 채강이를 미워했던 마음이 순식간에 사라졌다. 우린 슬픈 짐승처럼 말없이 서로를 안아 주며 밤을 지샜다.(137-138)

위의 예문에서 알 수 있듯이, 하연이와 채강이는 아기를 낳아서 키우고 싶지만, 경제적인 도움 없이는 그것이 불가능하다는 것을 인식한다. 그러기에 공포와 두려움을 느끼지만, 부모님에게도 말할 수 없어 달리 방도를 찾지 못한다.

"하연아, 정말 잠이 안 와. 멀리 도망치고 싶어. 우리 정말 아기 낳아서 키울래? 병원에서 초음파로 본 아기 모습이 자꾸 꿈에 나타나고……. 인터넷에 찾아보니까 지금 수술하는 건 살인이라는데……. 나, 정말 학교 때려치우고 돈 벌까? 우리 둘이 멀리 가서 같이 살래?"

내가 술을 마시고 죽을 생각을 하고 있을 때, 채강이도 고민에 휩싸여 있었던 모양이다.(중략)

이 멍청한 놈아, 나도 지금 내 뱃속에서 움직이는 이 아기를 죽이고 싶지 않아. 나도 초음파로 본 아기 모습 때문에 괴롭다고! 내가 오죽했으면 죽으려고 소주까지 마셨겠냐!

"어쨌든 계획은 나중에 세우고, 아기를 안 죽일 방법이라도 찾자. 정말 미칠 것 같아. 씨, 병원에서 본 그 사진 때문에……. 잠을 잘 수가 없어. 눈을 감으면 아기 얼굴이 보이는 것 같고 살려 달라는 비명이 들려. 하연아, 내가 무슨 말 하는지 알지?"

"안 죽일 방법? 뭐가 있을까? 일단 도망이라도 가서 아기를 낳고 다시……. 그런데 어디로 도망가지. 에이씨. 왜 이리 자꾸 막히냐?(141-142)

위의 예문에서 알 수 있듯이, 하연이와 채강이는 뱃속에서 움직이는 아기를 죽이고 싶지 않다. 낙태를 하면 자신들이 살인을 저지르는 것이 되기 때문이다. 그러기에 뱃속에 있는 아기가 살려 달라는 비명을 환청으로 듣는다.

성인이 아닌 청소년인 그들이 아기를 죽이지 않고 낳을 수 있는 방법은 부모에게 말하거나 사회시설에 의탁하는 것이다. 하연이와 채강이는 부모에게 말하지 않고 사회시설에 의탁한다. 하연이는 배가 불러오자 집을 나와, 여러 사람의 도움으로 운영되는 미혼모의 집에서 지내게 된다. 그곳에서 하연이는 열다섯 살 소녀부터 스물한 살까지의 다양한 미혼모들을 만나면서 세상에 눈을 뜨고, 채강에 대한 사랑을 확인한다. 여자 친구를 임신시켜 놓고 책임지지 않는 남자들이 많다는 것과 양육하려고 아기를 데려갔지만 생활고 때문에 결국 그 아이를 입양시키는 사람들이 있다는 것을 알게 된다.

"하연이 너 처음 와서 사정 이야기할 때 많이 망설였어. 얘를 집에 연락해서 보내야 하나 말아야 하나? 걱정하고 있을 너희 부모님 생각하면 당연히 보내야 하는데, 하연이 너 말대로 너희 부모님 아시면 당장 아기를 지우자고 할 거고…… 그때 내 과거가 떠오르더라. 어린 것이 이렇게 숨어 살려면 힘이야 들겠지만 그래도 나처럼 되면 안 되니까. 그냥 아기 낳을 때까지 기다려 주자 하는 생각을 했지. 그런데 이렇게 간다고 하니 미안하네. 잘해 주지도 못하고……."

"아니에요. 가끔 밥도 주시고 반찬도 주셨잖아요. 제가 고맙죠."

"어쨌든 몸 관리 잘하고 순산해야 해."

"네."(188-189)

미성년자이기에 하연이는 출산을 해도 아기에 대한 권리가 없다. 아기를 데려다가 키우려면 부모의 허락이 있어야 하고, 입양을 보내려고 해도 부모의 동의를 얻어야 하는 상황에 있다. 다행이 하연이와 채강이는 아기를 키우기로 했기 때문에 사회시설 미혼모의 집을 나와 부모에게 연락을 한다. 임신을 한 하연이의 이러한 상황은 충동적인 성 경험에 의한 청소년의 임신은 청소년에게 공포와 분노의 대상이며, 책임을 지고 싶어도 책임을 질 수 없는 처지임을 보여준다.

내 모습을 본 엄마 두 눈이 등잔만 하게 커지더니 눈동자가 휘둥그레졌다.

"하연아, 너……너 이 계집애 이럴 수가……."

내게 확 달려들던 엄마가 중심을 잃고 휘청거렸다. 원장님과 수연 언니가 엄마를 부축해서 의자에 앉혔다.(231)

엄마는 그만큼 나를 믿었다. 그러기에 지금 눈앞에 보이는 딸의 현실을 받아들일 수 없는 것이다. 엄마가 나를 끌어안고 또 울었다. 그동안 참아 왔던 내 눈물도 봇물처럼 터져나왔다. 우리는 그렇게 서로 끌어안고 한참을 울었다.

"그래도 이 철없는 것아. 왜 엄마한테 말을 안 했어. 너 혼자서 얼마나 힘들었니? 그래 다 이 어미 잘못이다. 내가 그 인간 때문에 혼이 빠져서……진작 눈치를 챘어야 했는데."(233)

늦게라도 엄마에게 연락을 한 하연이는 엄마의 위로를 받는다. 아울러 엄마를 이해하면서 더 이상 청소년이 아닌 성인다운 의식을 갖게 된다. 물론 출산에 따른 학습권과 건강권을 침해받기는 했지만, 출산을 통해 엄마를 이해하고 어른의 세계로 접어들 수 있게 되었다. 그러기에 하연이는 출산을 통해 새로운 삶의 희망을 갖게 된다.

"자아. 숨을 깊이 들이 마셨다가 하나 둘 셋 하면 단번에 힘을 주어야 합니다. 머리가 나옵……."

"악, 살려 줘! 엄마 아빠……."

응애, 응애······.

귓가에 아기에 울음소리가 들린다.

하늘이 보인다. 기숙 언니가 말한 노란 하늘이 아니고 높고 넓은 푸른 하늘이다. 그 하늘을 향해 작은 날개가 희망을 따라서 날아간다. 힘차게.(253)

물론 하연이 출산을 통해 희망을 갖게 된 것은 그를 이해해 주는 엄마와 채강이가 옆에 있기 때문이다. 임신을 시켜놓고도 도망치는 남자애들과는 달리 채강이는 책임을 지려고 했고, 임신 사실을 뒤늦게 안 엄마도 하연이를 이해하는 입장을 취했기 때문이다. 그러기에 출산 후에 하연이가 본 하늘은 노란 하늘이 아닌 '높고 넓은 푸른 하늘'이다.

나) 성적 일탈에 의한 임신의 공포와 낙태, 죽음

임태희의 《쥐를 잡자》에는 성적 일탈에 의한 임신과 낙태, 그로 인한 청소년 인물의 죽음을 독하게 그리고 있다. 앞에서 살펴본 공선옥의 《울 엄마 딸》이나 이옥수의 《키싱 마이 라이프》와는 달리 《쥐를 잡자》는 임신의 중압감에 매몰되어 낙태를 한 여학생의 자살을 통해, 십대 청소년의 임신이 또래 청소년이나 어른들에게 얼마나 차갑게 여겨지는 지를 보여준다.

《쥐를 잡자》의 주인공은 미혼모의 딸인 진주홍인데, 진주홍이 어떻게 해서 임신을 하게 되었는지는 보여주지 않은 채, 태아를 '쥐'라고 표현하고 있다. 이를 통해 임신이 청소년들에게 얼마나 공포스러운 것인지를 보여준다. 이 소설은 담임교사와 엄마, 그리고 '나'로 대변되는 진주홍의 시점을 교차하면서 임신에 대한 청소년의 공포와 절망감, 주변 사람들의 무관심을 보여준다.

진주홍.

그 이름 옆에는 붉은색으로 '결석'표시가 되어 있었다.

그 날 아침에, 주홍이가 오지 않은 것을 알고 나는 주홍이네로 전화를 걸었다.(중략)

주홍이 어머니는 미술대학 조소과 강사였다. 지난 주에 돌린 가정환경조사서를 보고 안 것이었다. 주홍이네 가족은 어머니가 전부였다. 나머지는 새하얀 빈칸. 주홍이의 성은 어머니에게서 물려받은 것이었다.(13-14)

주홍이는 미술대학 조소과 강사인 미혼모의 딸로서 엄마와 충분한 교감을 나누지 못한다. 그러기에 이 소설에서는 주홍이가 어떤 이유에 의해서 임신을 하게 되었는지를 드러내지 않은 채, 임신의 공포를 고스란히 떠안고 있는 주홍이의 모습을 강조한다. 주홍이의 이러한 모습은 미혼모로 살아온 과정에서 받은 많은 상처를 엄마와의 교감이 없음을 보여주면서, 그의 임신이 모두 그의 잘못이라는 잘못된 사회적 편견을 보여준다. 그러기에 이 소설은 시종일관 주홍이의 임신을 둘러싼 문제들이 어두운 어조로 그려지고, 절망감을 부각한다.

> 나는 주홍이를 바라본다. 어제 학교에 오지 않고 어디서 무얼 했던 걸까. 주홍이는 수업 시간 내내 책상 위에 엎드려 자신의 배를 끌어안고 있었다. 나는 주홍이의 이마에 손을 얹어 보려고 했지만 주홍이는 사람을 경계하는 어린 동물처럼 내 손을 본능적으로 피했다. (중략)
> 종례 시간에도 주홍이는 같은 자세로 엎드려 있었다.
> "교무실로 잠깐 내려오렴."
> 종례를 마치고 주홍이의 어깨를 지그시 누르며 속삭였다. 그 말을 하면서 얼마나 떨었는지 모른다. 선생이 되고 첫 개인 면담이었다.(15)

위의 예문에서 알 수 있듯이, 담임교사는 '사람을 경계하는 어린 동물처럼' 배를 끌어안고 있는 주홍이와 충분히 교감하지 못한다. 그러기에 담임교사는 주홍이에게 면담을 청하면서 떤다. 담임교사의 이러한 상황은 교사이지만 청소년의 임신 문제에 적절한 대안을 갖고 있지 못함을 보여준다. 아울러 그러한 청소년과의 소통을 잘 하지 못함을 보여준다.

> 사실 결석은 진작부터 했어야 했다.
> 내 몸은 정상이 아니었다. 지금 내 뱃속엔 쥐가 있다. 녀석이 뱃속에 자리잡은 지는 얼마 되지 않았다. 그 전에는 내 혈관을 타고 전속력으로 질주하기도 하고 머릿속을 마구 헤집어 놓으며 날뛰기도 했다. 그럴 때마다 온몸이 따끔따끔 쑤시고 끔찍한 두통으로 고생해야 했다. 어찌나 아프던지 한두 놈이 아닐 거라 생각했다.
> 하지만 지금은 한 마리만이 뚜렷이 감지된다. 놈은 통통하게 살이 오른 것 같다. 배가 묵직하니까. 가끔 뱃속이 간질간질한데 그건 윤기가 흐르는 놈의 털 때문일 거다.(중략)
> '내 뱃속에 쥐가 있어요.'
> 이야기하고 싶다.
> 터무니없는 생각이라고⋯⋯누군가 말해 주었으면 싶다. 하지만 내 주변엔 예민한 사람뿐이

다. 모두들 죽을 만큼 걱정할 것이다. 아무에게도 털어놓을 수가 없다.(27)

자신의 뱃속에 들어있는 태아를 '쥐'라고 생각하는 주홍이의 의식은 임신에 대한 극단적인 공포감을 보여준다. 주홍이가 자신의 뱃속에 쥐가 산다고 생각하는 것은 고등학교 1학년에 불과한 자신이 임신을 한다는 것은 사회통념상 도저히 받아들여질 수 없는 것이라고 여겼기 때문이다. 또한 또래 친구나 엄마로부터 위로받을 수 없는 것이라 여겼기 때문이다. 그러기에 주홍이는 임신 사실을 "아무에게도 털어놓을 수가 없"었다.

난 완전히 자신감을 잃었다. 나는 나 자신과 약속을 했다. 쥐는 없는 거라고.
이제 나는 주홍이의 눈을 피했다. 주홍이는 가끔씩 나를 뚫어져라 응시했다. 아랫입술을 살짝 벌리고 나를 쫓았다.
불안했다. 행여 주홍이의 마음이 바뀌어 내게 쥐에 대해 고백이라도 할까 봐……
다가오지 마. 내가 해결할 수 없는 문제를 안고 있는 거라면 다가오지 마. (37)

임신 사실을 아무에게도 말하지 않는 주홍이의 태도 때문에 담임교사는 주홍이와의 면담을 제대로 할 수 없다. 담임교사는 임신한 주홍이와 소통하는 방법과 대안을 갖고 있지 못하기 때문이다. 그러기에 담임교사는 밑줄 친 부분처럼, 주홍이가 자신에게 임신하게 된 사연을 말하게 될까봐 두려워한다. 임신한 주홍이와 소통하지 못하는 것은 주홍이의 엄마도 마찬가지이다.

"쥐 같은 건 없어."
나는 딱딱한 토스트를 억지로 씹어 삼키고는 말했다.
딸아이는 아무 말이 없었다. 혹 불면 깨어질 것만 같은 얼굴을 하고서 내 앞에 마주앉아 있다. 창백하고 눈이 조금 부은 것 같다.(중략)
딸아이는 의식적으로 어깨를 쭉 폈다. 하지만 시야에서 멀어지면서 점점 어깨가 아래로, 아래로 낮아졌다.
'잊고 있었어. 주홍이 네가 있다는 걸.'
나는 손톱보다도 더 작아진 딸아이의 등 뒤에다 대고 소리쳤다.
"쥐는 없는 거야. 알았지?"(42-43)

주홍이의 엄마도 주홍이가 어떻게 해서 뱃속에 '쥐'를 갖게 되었는지를 묻지 않은 채, 단정적으로 '쥐는 없다'라고만 한다. 이러한 엄마의 태도는 주홍이를 한없이 아래로 낮아지게 하면서 임신에 대한 절망감만 키워준다. 임신에 대한 절망감 속에서도 주홍이는 울분을 토로하고 위로 받을 사람을 필요로 했다. 그러나 그의 주변에 그렇게 해줄 사람은 아무도 없다.

> 하루에도 몇 번씩 마음이 바뀌었다. 혼자 있고 싶은 마음이 간절하다가도 또 금세 누군가의 품에 안겨 실컷 울고 싶기도 했다. 그래. 실컷 울고 싶다. 하지만 엄마는 너무 약했다. 나보다 더 크게 울 것이다. 그러면 내가 달래 주어야 한다.
> 담임선생님은 뭔가 해 줄 말이 있지 않을까? 기대를 해 본다. 그러나 담임선생님은 적당한 상대는 아니었다. 그 무렵 선생님은 과도하게 의욕을 앞세우다가도 순식간에 무기력한 나락으로 떨어지기를 반복하는 듯했다. 그녀는 나보다 심하게 갈팡질팡했다.(중략)
> 나는 불룩하게 튀어나온 뱃가죽을 손바닥으로 꾹꾹 눌렀다. 그러나 배는 들어가지 않고 도로 튀어나왔다. 이제는 외면할 수 없을 만큼 쥐가 커 버렸다.(52-53)

담임교사는 과도하게 의욕만 앞세울 뿐 주홍이와 적절한 소통을 하지 못한다. 그러는 사이에 주홍이의 배는 점점 불러온다. 이제는 임신한 것이 확연해진 것이다. 임신한 것이 확연해진 가운데 주홍이는 엄마와 소통하고자 한다. 그러기에 주홍이는 엄마에게 임신한 것을 애둘러서 말한다. 그러나 엄마는 임신한 주홍이와 소통할 준비가 되어 있지 않다.

> 그 날 아침에 딸아이가 말했다.
> "나……몇 달 째 생리를 안 해요."(중략)
> 나는 유리창에 비친 딸아이의 얼굴을 보았다. 딸아이는 내 등을 바라보며 울고 있었다.
> 한없이 누추해진다. 뒤돌아 서서 딸아이의 얼굴을 마주할 자신이 없다. 계속해서 꼬챙이로 먼지를 긁어 댄다.
> 나는 엄마다. 엄마는 이럴 때 다른 말을 할 수 있어야 하나 보다. 애초부터 자격이 안 되는 걸 억지로 우겨서 낳았다. 그게 잘못이었는지도 모른다. 눈앞이 흐려진다.
> "미안해……. 미안해……."
> 같은 말을 자꾸만 되풀이했다. 그 말도 딸아이가 원하는 말이 아닌 것을 알았지만…….
> 딸아이는 훌쩍 자라 있었다. 나보다 먼저 마음을 정돈하고 학교에 갔다.(66-67)

주홍이와 소통할 준비가 되어 있지 않기에 엄마는 미안하다는 말밖에 하지 못한다. 그러면서 자신보다 훌쩍 자란 주홍이에게 미안한 마음을 가지면서 미혼모로 살아온 자신의 과거를 회상한다.

　임신한 것을 알았을 때 내 나이 스물이었다.
　스무 살. 가슴이 벅찼던 것 같다. 갑자기 너무 많은 것이 허용되어 당황스럽기도 했지만 일생일대의 축제이기도 했다. 나는 스무 살에 취했으며 스무 살을 즐겼다. 괴로운 사실은, 그 때 내가 무얼 하고 있는지도 잘 알고 있었으며 어떤 결과가 기다리고 있는지도 예상하고 있었다는 것이다. 하지만 아기라니……. 당연한 결과였지만 나는 황당했다. 도와 주는 사람은 아무도 없었다.
　"대체 누구 애냐?"
　"애를 낳겠다고? 너 미쳤구나."
　"어쩌려고 그래, 이것아 제발 정신 차려!"
　"어쩜 이리 못났니? 좀 똑똑하게 굴어."
　내 가슴에 가시로 남은 말들……. 나를 향한 그 날카로운 목소리와 눈빛들이 아직도 선하다. 사람들은 가시로 나를 찌르며 아무렇지도 않게 "사랑해서."라는 단서를 붙였다. 애정이 담긴 힐책이란 있을 수 없는데. 힐책은 아무것도 되돌리지 못하고 조금도 보탬이 되지 않는데. 힐책은 혹독한 추위일 뿐인데.(73-74)

　미혼모로 살아온 시간 동안 사람들에게 가시 찔린 주홍이의 엄마는 철저하게 '보여지는 자'로서 혹독한 추위를 견뎌왔다. 결혼하지 않은 여자가 아이를 낳을 수도 있다는 사실을 세상을 인정하지 않았기 때문이다.

　나를 아는 사람들은 아기를 낳기로 한 내 결정이 잘못이랬다. 나를 모르는 사람들은 애초에 아기를 밴 내 행실이 잘못이랬다. 아기를 낳기로 한 순간부터 오점투성이가 되어 버렸다.
　쓸고 닦고 털어 내고 지우고……. 아무리 해도 깨끗해지지 않았다.
　왜? 왜?
　이제야 알았다. 내가 쥐였기 때문이다. 스무 살을 감당할 수 없게 한 나의 열아홉, 열여덟, 열일곱……이 쥐였다.
　아니, 이 세상이 쥐로 득시글거리기 때문이었다. 결혼하지 않은 여자가 아이를 낳을 수도 있다는 가능성을 깜빡한 세상이 바로 쥐였다. (74-75)

결혼하지 않은 여자가 아이를 낳을 수도 있다는 가능성을 인정하지 않는 세상이 주홍이 엄마에게 일찍이 절망감을 주면서 그녀를 오점투성이로 만들었듯이, 이제 주홍이에게도 절망감을 주고 있다.

"제 뱃속에 쥐가 있어요."
마침내 해 냈다. 후련한 반에 허탈함 반. 나는 양호 선생님의 눈치를 살폈다. 다행이 양호 선생님은 흔들리지 않았다. 놀라웠다.
"뭔가 있는 줄은 알고 있었지. 방금 피 검사를 해 봤거든. 그런데 그게 쥐였구나."(중략)
"어떻게 해서 뱃속에 쥐가 들어가게 되었지?"
양호 선생님이 물었다.
난 그 바보 같은 물음에 무척 화가 났다. 나는 양호 선생님을 매섭게 쏘아보았다.(중략)
<u>"제 잘못이 아니었다고요! 그런데도 저는 잘못되었어요. 이게 말이 된다고 생각하세요?"</u>
"넌 잘못되지 않았어. 누가 널 아프게 했기 때문에 네가 아픈 거야."
기침처럼 울음이 나왔다. 울음과 함께 날 아프게 하는 병균이 빠져나갔으면.(78-79)

주홍이는 자신의 뱃속에 쥐가 있음을 말하지만 어떻게 해서 그것이 자신의 뱃속에 있게 되었는지에 대해서는 양호선생에게 말하지 않는다. 다만 자신의 잘못이 아니었음을 말한다. 주홍이의 이런 말은 임신의 책임을 오로지 여성에게만 전가하고, 임신한 청소년을 범죄자 취급하는 사회의 편견을 반영한다. "생명을 낳고 기르는 일이 한 사람의 희생이 아닌 온 우주의 축복일 수"(154) 없는 사회인 것이다. 위의 밑줄 친 부분에서 알 수 있듯이, 주홍이는 자신의 잘못이 아님에도 불구하고 잘못된 삶 혹은 오점투성이의 삶에 대해 절망하고 있다.

"아기……낳아 볼까?"
그 순간 나는 돌아 버렸다. 거칠게 걸어가서 따귀를 때렸다. 고개가 획 돌아가고 새빨간 손자국이 났다.
우리 둘레에 쳐진 높은 벽을 보라고 고함을 칠 작정이었다. 내가 그 앨 낳고 어떻게 살아 왔는지 지루하게 얘기해 줄 생각이었다. 하지만 그럴 필요가 없었다.
"그냥 해 본 말이에요. 다음 주에 수술 날짜 잡혔어요."
딸아이가 피식 웃으며 말했다.(89)

태아에 대한 죄책감 때문에 아기를 낳아볼 생각을 말하는 주홍이를 엄마는 거칠게 때린다. 이런 엄마의 행동은 미혼모로 살아온 과정에서 수많은 사람들로부터 받아온 상처 때문이었고, 그러한 상처를 딸에게만은 물려주고 싶지 않았기 때문이다. 그러나 엄마의 이런 외면은 결국 마지막에 주홍이를 죽음으로 몰고 간 계기가 된다. 공선옥의 《울 엄마 딸》에서처럼 엄마의 딸의 임신을 받아들이고 위로하는 대신, 주홍이의 엄마는 주홍이의 임신을 부정하고자 했기 때문이다.

> "아무 일도 없었던 것처럼 살고 싶어요. 그럴 수도 있을 거야."
> 동의서에 서명할 때 앞으로는 기도할 수 없을 거라 생각했다. 무슨 면목으로 하느님을 부른단 말인가.(중략)
> 분만실 앞에서 나는 내 지난 과거를 돌이켜 본다.
> 양수가 터진 채 혼자서 두 발로 수녀원까지 걸어간 스무 살의 나. 수녀원 철문을 두드리며 생각했다. 아기를 낳다 죽는다면 무척 억울할 것 같다고.(중략) 아기를 낳고부터 아기가 나를 살리고 아기가 나를 키웠다.
> 가장 먼저 그가 떠나고, 모든 사람이 떠나고, 가족마저 떠나고, 허전한 자리를 아기가 온통 메웠다. 그 때 내게 아기는 세상보다도 큰 존재였다. 그래서 버거웠다. 가끔은 버리기도 싶었다. 세상을 향한 증오와 분노의 화살을 아기에게 겨누기도 했다.(중략)
> 아기를 놓아 주기로 했다. 사실은 등을 떠밀어 몰아 냈다. 외면했다. <u>내가 덜 비참해지기 위해서. 순전히 날 위한 것이었다. 쓸모 없는 존재가 되기 전에 쿨하게 등을 돌렸다. 그게 잘못이었다. 후회. 후회. 자기혐오.</u>
> <u>또 후회……. 후회…….(94-95)</u>

주홍이의 엄마는 자신이 덜 비참해지기 위해, 쓸모 없는 존재가 되지 않기 위해 아기를 낳았지만, 결국은 끝없는 후회 속에 지금껏 살아왔다. 그러기에 자신처럼 성년이 되기 전에 임신을 한 딸을 받아들일 수 없었다. 그 결과 임신한 딸에게 주저없이 낙태를 권할 수 있었다.

> 정신을 차렸을 때 회복실에 누워 있었다. 엄마가 침대 옆에 앉아서 기도를 하고 있었다. 팔에 주삿바늘이 꽂혀 있었다. 링거 병에서 영양제가 한 방울씩 똑똑 떨어졌다. 사람을 죽여 놓고 영양제라니……. 혐오스러워 몸이 떨렸다.(중략)
> 이루 말할 수 없을 만큼 속이 허했다. 스테인레스 통에 담긴 작은 사람은 어떻게 처분되는

걸까. 내가 대체 무슨 짓을 저지른 거지? 그제야 모든 감각이 생생하게 돌아왔다. 내 몸의 아
픔이 온 감각을 통해 내게 못질을 해 댔다.(103-104)

주홍이는 낙태를 함으로써 뱃속에 쥐가 든 상태에서 벗어났지만, 태아를 죽이는 낙태를 했다
는 죄책감을 갖게 된다. 그러기에 주홍이는 밑줄 친 부분처럼, 낙태를 한 자신의 행위를 인정하
지 못한 채 아픔을 절절하게 느낀다.

"상담사가 무슨 말이든 해 보라고 하면 주홍인 새파랗게 질리도록 숨을 쉬질 않아요. 숨을
못 쉬는 게 아니라 안 쉬는 거예요. 상담사는 주홍이가 자신을 위한 것을 죄다 거부하고 있대
요. 건강이 회복되기 전까지 상담은 무리일 것 같다고……."
"그랬군요……."
나는 침통한 어조로 말했다.
자신을 위한 것을 모두 거부한다니. 주홍이는 자기 자신에게 벌을 주려는 것이었다.(111-
112)

태아를 죽이는 낙태를 했다는 죄책감에 주홍이는 자신에게 벌을 주려고 한다. 그러기에 '자
신을 위한 것을 죄다 거부'한다. 이러한 주홍의 태도는 뱃속에 든 쥐를 제거함으로써 마음의 평
정을 찾기는커녕 오히려 마음의 아픔과 절망이 커지고 있음을 보여준다. 이것은 주홍이 임신과
낙태에 대한 사회의 차가운 시선을 느끼면서 임신을 하게 되면 가족에게 마저 죄인 취급을 당
하는 사회 현실을 반영한다.
그런 가운데 주홍이는 신마저도 자신을 버렸다는 생각 속에 자살을 결심한다. 자살을 결심
하면서 주홍이는 신을 원망하지 않고 자신이 신을 구원하기로 한다.

"죽었……다니요……?"
"네……. 죽었어요. 내 딸……진……주홍……죽……었……."
주홍이 어머니의 목소리는 점점 잦아들었다.
순간 온 세상에서 빛이 사라졌다. 아니, 눈앞이 아득해졌다. 한순간에 세상에서 나만 홀로
뚝, 떨어져 나온 것 같았다.
주홍아, 네가 왜……? 아무 죄 없는 네가……왜?(133)

임신과 낙태에 의한 절망감에 휩싸여 있던 주홍이는 과도한 자책감에 의해 결국 현실 너머 죽음의 세계로 회피한다. 이러한 회피를 통해 주홍이는 신마저도 자신을 버린 현실에서 벗어나 아무 일도 일어나지 않았던 원래의 세계로 가고자 했다.

어머니!
울지 마세요.
죄인을 동정하며 슬퍼하는 것도 죄가 될지 모릅니다. 그러니 울지 마세요.

살면서 죄를 더 짓고 싶지 않아요. 그래서 마지막으로 큰 죄를 하나 더 저지릅니다. 물 속으로 들어가 숨을 끊을 것입니다. 그러곤 지옥으로 '퉁' 떨어지겠지요.
불타는 채찍을 맞을 지도 모르겠습니다. 검은 그림자에게 목을 졸릴 지도 모르겠습니다. 혹은, 바늘로 살을 한 땀 한 땀 뜯기고 배가 터지도록 썩은 피를 마셔야 할지도 모르지요.
허나 저는 비명 한 번 제대로 지를 수 없겠지요.

거친 세상일지언정 한 사람이 태어나 제 코로 숨을 쉬고 제 발로 걸어 볼 기회를 빼앗은 죄. 얼마나 큰 죄인지……사지가 벌벌 떨립니다.(중략)

부디 저 때문에 약해지지 마세요.
지옥에 있는 저를 위해서라도 열심히 살아 주세요. 아무리 끔찍한 벌을 받게 된다 하더라도 이승에 살아 계실 어머니를 생각하면 견딜 수 있을 것 같아요.(139-140)

태아를 죽이는 낙태를 했다는 죄책감 때문에 주홍이는 결국 자살을 한다. 주홍이의 자살은 임신한 미성년에 대한 위로와 따뜻한 시선을 보내지 않는 우리 사회의 편견 때문에 발생한 것이다. 임신한 미성년이 미숙하지만 현실과 정면으로 맞설 수 있는 분위기와 용기를 주지 않은 사회의 분위기 때문인 것이다. 그러기에 주홍이는 태아를 죽였다는 죄책감을 오롯이 혼자서만 감당하면서 죽음으로써 죄값을 치른 것이다. 그러면서도 주홍이는 살아있는 엄마에 대한 위로를 보낸다. 이것은 어른이 청소년을 위로하는 것이 아니라 청소년이 어른을 위로하는 전도된 우리 사회의 현상을 보여준다.

나는 두 사람을 찬찬이 뜯어 본다. 주홍이를 찾는다. 큰 쪽이 주홍이, 작은 쪽이 나. 내가 더 작은 것은 당연했다. 내가 주홍이를 낳은 순간 주홍이도 나를 낳았고 내가 삶을 외면할 때도 주홍이는 나를 길렀으니까.

앙상하고 검은 두 사람은 나란히 서서 길을 걷고 있었다.

"엄마, 내가 없더라도 걸음을 멈추지 마. 알았지?"

큰 사람이 작은 사람의 팔짱을 끼며 말한다.

"싫어. 혼자 가는 건."

작은 사람이 어린아이처럼 투정을 부린다.

큰 사람이 작은 사람을 타이른다.(중략)

죽지 못하고 살아야 하는 것이 내겐 형벌이었다.(150-151)

어른이 청소년을 위로하지 못하고 청소년이 어른을 위로하기에 주홍이 엄마는 주홍이를 큰 사람으로, 자신을 작은 사람으로 여긴다. 주홍 엄마의 이러한 인식은 미혼모로 주홍을 키워 오면서 어른답게 처신하지 못했음을 반증한다. 더군다나 임신한 주홍이가 세상과 맞서 살아갈 수 있는 힘을 주지 못한 것에 대한 회오이기도 하기에 주홍 엄마는 죽지 못하고 살아야 하는 것을 형벌로 여긴다.

3) 성폭력의 상처와 차가운 시선

요즘 한국 사회에서 가장 심각한 문제는 성폭력, 특히 아동에 대한 성폭력이다. 힘없는 아동들을 대상으로 한 성폭력과 살인과 같은 끔찍한 범죄가 날로 증가하고 있다. 이러한 현실은 어른들의 뻔뻔함과 일그러진 정신세계 때문이라고 할 수 있다.

성폭력(sexual violence-assault)은 "성을 매개로 인간에게 가해지는 일련의 강제 및 통제행위로서 신체적, 언어적, 정신적 폭력을 포괄하는 개념"이다.(이영숙, 박경란, 2004:158) 성폭력 가운데 아동을 대상으로 하는 성폭력은 아동이 신체적·정신적으로 미성숙한 존재라는 점, 아동이 피해 사실을 가해자뿐만 아니라 다른 사람들에게 입증해야 한다는 점 때문에, 많은 경우들이 은폐되어 왔다. 아울러 아동이 신체적·정신적 공포 때문에 성폭력 사실을 쉽게 말하지 않거나 구체적으로 입증하지 못함으로써 피해 아동만의 문제로 여겨지기까지 한다. 그렇기 때문에 심지어는 "가해자를 처벌하기 위해 시작한 재판이 피해자 진술의 신빙성을 따지는 싸움터"로 변질되기까지 한다.

신체적·정신적으로 미성숙한 아동이 어른이나 청소년 등에 의해 성폭력을 당함으로써 정신적 외상, 즉 트라우마(trauma)[4]를 경험하는 양상은 이금이의 《유진과 유진》, 임태희의 《나는 누구의 아바타일까》를 들 수 있다. 이금이의 《유진과 유진》은 어린 나이에 성추행을 당한 두 여자 청소년을 주인공으로 하고 있다. 성과 이름이 같은 두 유진이는 중학교 2학년이 되면서 한 반이 되었다. 그 둘을 구별하기 위해 남임선생님은 키 순서대로 큰 유진과 작은 유진으로 부른다. 큰 유진은 작은 유진을 본 순간 어디서 본 적이 있는 것처럼 낯익은 느낌을 받는다. 하지만 작은 유진은 큰 유진을 전혀 기억하지 못한다.

두 유진은 어린 같은 유치원에 다녔다. 그리고 유치원 원장으로부터 성추행을 당했다. 큰 유진의 엄마는 이 사건에 대해 정면으로 맞닥뜨리면서 딸의 책임이 아님을 강조한다. 반면에 작은 유진의 엄마는 이 사건을 은폐하면서 딸이 성추행의 경험을 기억하지 못하도록 딸을 억압한다. 성추행이라는 동일한 사건에 대한 두 엄마의 대처 방식은 나중에 두 청소년의 성장 과정에서 큰 차이를 빚어낸다. 큰 유진이 사건 당시 가족의 사랑을 확인하면서 사건을 극복할 수 있었던 반면에, 작은 유진은 상처를 억압함으로써 '외상 후 스트레스 장애'(PTSD)에 시달리면서 점차 일탈을 하게 된다.

이러한 상황에서 작은 유진은 또 다른 자아인 큰 유진을 만남으로써 자신의 잃어버린 기억을 고통스럽게 기억해 내고, 그 사건을 고통스럽게 조각조작 맞춰나가면서 성추행이라는 트라우마를 점차 극복하게 된다.

한편 임태희의 《나는 누구의 아바타일까》(2007, 사계절)에는 친족관계에 의한 성폭력이 그려지고 있다. 이 소설은 몸의 주인권을 빼앗긴 여자 아이들을 주인공으로 설정하여 세상의 부조리를 지적하고 세상을 향해 실컷 울분을 표출하는 주인공들을 그리고 있다. 이 소설의 주인공 영주는 아빠가 사망한 후 집안의 경제적 사정 때문에 고모네 집에 얹혀살게 되었는데, 거기서 사촌 오빠로부터 성추행을 당한다.

> 내 몸은 시공간을 거슬러 재작년 여름, 고모네 집으로 옮겨갔다. 팬티 속으로 오빠의 손이 들어왔다. 한여름이었는데도 오빠의 손은 차디찼다. 열다섯의 나는 숨을 죽이고 자는 척했다.(중략)
>
> 눈을 뜨고 오빠를 볼 자신이 없었다. 눈을 감고 있으면 허락하는 것처럼 보일 거라는 걸 알았지만 겁이 났다. 그런 나를 오빠는 비웃기라도 하듯 자꾸만 손톱으로 긁어댔다. 눈을 뜰 수

---

4 trauma는 의학용어로는 '외상(外傷)'을 뜻하지만, 심리학에서는 '정신적 외상', '(영구적인 정신 장애를 남기는) 충격'을 의미한다. 트라우마는 선명한 이미지와 결합되어, 장기 기억된 이미지에 의해 정신적 상처를 입은 사건이 반복·재생산된다는 특징을 갖는다.

있다면 떠 보라는 식으로. 악마. 내 고통을 즐기는 오빠는 악마다.(136-137)

위의 예문에서 알 수 있듯이, 경제적 형편 때문에 고모네 집에 얹혀살게 된 열다섯 살의 영주는 대학생인 사촌 오빠로부터 성추행을 당하지만, 저항할 수 없었다. 이것은 고모네가 영주네보다 권력이 컸기 때문이다. 이와 같이 친족관계 성폭력에는 가족 내의 권력 관계가 작용하는데, 이 때문에 피해자는 평화를 잃는 것에 대한 두려움과 체면손상 때문에 피해사실을 은폐한다. 이로 인해 피해자는 가장 가까운 가족에게 당했다는 상처를 갖게 되며, 자신의 상처를 외면하는 가족에 대한 신뢰감을 상실한 채 분노와 적개심 등을 갖게 된다.(음영철·진은경, 2012:322)

> '생각해 주는 척하지 마! 역겨워!'
> 나는 흥분하고 말았다.
> "왜? 내가 오빠 때문에 인생 포기하는 것 같아서?"
> 오빠는 우뚝 멈추어 서서 입을 꾹 닫아 버렸다.(중략)
> 오빠의 목소리가 작게 들렸다.
> "너 때문에 미칠 것 같아. 날 얼마만큼 모욕해야 네 성이 차겠니?"
> 나는 더 할 말이 없었다.(75)

위의 예문에서 알 수 있듯이, 영주는 사촌 오빠로부터 성추행을 당한 상처 때문에 삶에서 고통받으며 점차 삐뚤어져 간다. 그 결과 때문에 영주는 사촌 오빠에 대한 분노뿐만 아니라 자신의 상처를 외면하는 엄마나 고모에 대한 적개심으로 때문에 자기 몸에 대한 학대의식 속에 가출을 한다.

> "영주야, 이제 어리광 그만 피워. 네 몸은 너 하나만의 몸이 아냐. 얼마나 귀한 건데. 무슨 일이라도 생기면 어쩌려고 함부로 집을 나가고 그래. 세상 일이 네 뜻대로 안 된다고 화낼 것 하나 없어. 뭐든 다 네 맘대로 되면 좋게? 그런 억지가 어딨니? 엄만……."
> 엄마는 여기까지 말하고는 한숨을 길게 내 쉬었다. 그러곤 거의 들릴락 말락 한 목소리로 이렇게 말했다.
> "엄만…… 살고 싶지 않았다……. 그래도 이렇게 살고 있잖아."
> 나는 눈꺼풀을 아래로 떨어뜨리고 "응, 응."했다.(208)

위의 예문에서 알 수 있듯이, 영주는 가출 후 엄마와의 대화를 통해 엄마를 이해하면서 세상 살이의 어려움을 점차 이해해 간다. 그러면서 점차 삶의 희망을 갖게 된다.

한편 이 소설에서 영주와 마찬가지로 친족관계에 의한 성폭력을 경험한 인물은 이손이다. 이손은 아버지에 의해 성추행을 당하면서 극도의 자기혐오 속에 살아간다.

> 검은 손은 움직임을 멈추었다. 그리고 몸을 움찔거렸다. 그는 몸을 추슬러 일어서더니 태연히 자신의 손 냄새를 맡았다. 그러고는 상을 찡그렸다. 마치 세상에서 가장 더러운 것을 만진 것처럼.
> 수치심이 차올랐다. 억울했다! 감염된 것을, 더럽혀진 것은 그가 아니라 나였다.(149)

위의 예문에서 알 수 있듯이, 이손은 친족인 아버지로부터 성추행을 당한다. 그기에 검은 손에 의해 성추행을 당했을 뿐더러 수치심을 당한 이손은 자신을 학대하면서 아버지에 대한 증오감을 가지면서 자신의 손을 <u>스스로</u> 짓이겼다.

> 현관문 손잡이를 잡는다. 손잡이를 비튼다. 문을 활짝 열어젖힌다. 문틈에 한쪽 손을 끼워 넣는다.
> "이제부턴 내가 시스템을 희롱하겠어."
> 연극 대사 같은 말을 뱉어놓고는 문손잡이를 놓는다.
> 쇠마찰음이 들린다. 문이 서서히, 점점 빨리 닫힌다. 가속도의 극한에서 무거운 쇳덩이가 내 손가락을 으깬다. 가는 나뭇가지들이 부러지는 듯한 소리가 들린다.
> 나는 다시 문을 열고 손을 문틈에서 <u>빼냈다</u>. 검게 피멍이 들고 괴상하게 이지러진 내 손가락들. 그것들은 승리감에 취해 팔 끝에서 너덜거렸다.(165)

위의 예문에서 알 수 있듯이, 이손은 친족인 아버지로부터 성추행을 당한 상처 때문에 <u>스스로</u> 문틈에 자신의 손을 내에 손을 짓이겼다. 이손의 이러한 행위는 자학적인 것으로, 타자에 의한 상처를 자신의 몸을 학대하는 것으로 복수하는 처절한 것이다. 이러한 처절함 속에 이손은 아버지를 부정하면서 고아의식을 갖는다. 이러한 고아의식 속에 이손은 자신과 어머니를 버리고 자신을 성추행한 아버지에 대한 분노로 인해 강간외상증후군(Rape Trauma Syndrome)에 빠진다. 강간외상증후군은 강간 이후에 수 일에서 수 주간 지속되는 공포, 무력감, 불신, 죄의식, 창피함, 당황, 분노, 자학 등의 정신적·육체적 증상을 말하는데(주디스 허먼, 최현정 옮김,

2007:64), 이손도 부정적인 자기 도식 속에 자학상태에 빠진다.

> "언젠가 그 인간의 전시장을 찾아가서 실컷 욕을 해 주었어요 여러 사람들이 보고 있는 앞
> 에서요. 부인과 자식을 버린 인간에겐 별로 심한 욕도 아니었어요. 그런데 그 인간이 절더러
> 뭐라고 그런 줄 아세요? 패륜아래요. 자기가 패륜아를 키웠다고……. 인생이 허무하다나요."
>   이손은 다시금 그 상황을 떠올리고는 분노에 치를 떠는 듯 했다.(163)

위의 예문에서 알 수 있듯이, 이손은 아버지로부터 성추행을 당한 상처를 안고 살아가고 있
다. 그러기에 이손은 여러 사람들이 보는 앞에서 아버지를 욕한다. 이러한 이손의 행위는 아버
지에 대한 복수라고 할 수 있다. 한편 아버지에게 당한 상처를 안고 살아가는 이손을 만난 영
주는 이손에게서 자신의 또 다른 얼굴을 보면서 몸의 소중함을 알게 된다. 그러기에 영주는 이
손에게 몸의 소중함을 말하면서 삶의 희망은 스스로 만들어가는 것임을 깨닫는다.

> "지금 네 몸의 주인은 바로 너야, 이손. 과거에도 너였고 앞으로도 그럴 거야. 검은 손이 네
> 몸을 잠시 희롱했을지라도 네 몸을 영원히 가진 거는 아니잖아. 네 몸을 가졌다고 착각했을
> 뿐이야. 교만이지. 어리석은 자야. 사실 몸은 엄밀히 말해 가질 수도 통제할 수도 없는 거니까.
> 세상이 아무리 네 몸을 짓밟아도 네 몸은 어느 누구 것도 아닌 것, 아니 너 그 자체니까."(216)

자기 몸의 주인됨을 자각하는 것은 '아파하는 나(home patiens)'에서 '생각하는 나(home
sapiens)'로의 성숙과 연결된다. 영주는 자신의 트라우마를 서서히 극복하면서 자신과 마찬가
지의 상처를 안고 있는 이손에게 몸은 그 누구의 것도 아닌 자신의 것임을 말하고 있기 때문이
다. 영주의 이러한 인식은 점차 트라우마를 극복하고자 하는 시도이며, 심리적인 안정을 이끌어
내려는 노력, 즉 잃어버린 '자기감(sense of self)'의 새로운 형성을 위한 시도라고 할 수 있다.(주
디스 허먼, 최현정 옮김, 2007:99)

> 부팅이 되는 동안, 나는 머릿속에 억지로 잡아 둔 소재가 날아가지 않기를 바라며 초조하게
> 기다렸다. 그러다 문득 온몸을 파고드는 찌릿함을 맛보았다. 나는 화면에 시선을 고정했다.
>   바로 거기, 희망처럼 새파란 바탕에 내 마음을 사로잡은 또 하나의 글귀가 떠 있었다.
>
>   새로운 시작(267)

위의 예문에서 알 수 있듯이, 영주는 과거의 트라우마를 점차 지우면서 새로운 희망과 시작을 꿈꾼다. 그녀의 삶은 아직도 시작조차 제대로 하지 않았다는 인식 속에. 이러한 인식 속에 영주는 점차 '잃어버린 자기감'을 얻으며 '누구의 아바타도 아닌' 스스로 성장하는 존재가 된다. 우리 사회에서 여성에 대한 성폭력, 특히 아동에 대한 성폭력은 심각한 사회문제임에도 불구하고, 피해자는 죄지은 것처럼 숨어 살면서 따가운 눈초리를 견디고 있다. 더군다나 성폭력의 피해자는 눈에 보이지 않는 2차 피해'로 정신적 고통을 겪으면서 그 상처를 죽을 때까지 견디며 살아가고 있다. 이러한 현실은 그들이 벌거벗은 존재로서 오롯이 타자들에게 보여지는 관계에 놓여 있으며, 시선의 권력 관계에서 열등한 관계에 있다는 의식에서 비롯한다. 이러한 의식의 해체를 위해서는 "성폭력은 특별한 범죄이며 피해자에게도 책임이 있다"는 그릇된 통념에서 벗어나야 한다. 이를 위해서는 사회 전반의 의식 전환과 더불어 성폭력 피해자에 대한 제도적 지원이 뒷받침되어야 한다.

4) 동성애에 대한 관심과 사회의 편견

이경화의 《나》는 성 소수자의 사회적 현실과 성장기 청소년들이 자신의 정체성을 찾아가는 과정을 그린 소설이다. 이혼한 엄마와 커밍아웃을 한 상요가 가차 없이 유폐당하는 현실은 문화적 개방과 인권 옹호라는 가면을 들추면 드러나는 우리 삶의 민낯이다. 이를 보며 방황하면서도 자기 내면의 말에 귀를 기울일 줄 아는 현과, 나와 다른 처지를 인정할 술 아는 여진은 우리가 가져야 할 열린 시각을 제시한다.

이 소설에서 귀엽고 잘생긴 주인공은 이성친구들에게는 관심을 갖지 못하고 동성애자인 상요에게 관심을 갖는다. 주인공이 이렇게 된 데에는 마초였던 아버지에 대한 반감과 마초였던 아버지에게 고통 받았던 엄마에 대한 보호심리가 작용했기 때문이다. 주인공은 이성친구들을 보호할 대상이지 사랑할 대상은 아니라고 생각했다.

주인공의 엄마는 마초 같은 아빠로부터 곤욕을 당하다가 이혼을 한다. 이혼을 한 후 주인공과 함께 시 외곽으로 이사를 하면서 나름 편안한 삶을 살게 된다. 그런데 부부가 이혼을 하게 된 과정에는 주인공의 적극적인 동의가 있었다. 주인공은 마초 같은 아버지의 난폭함을 견딜 수 없어 엄마에게 늘 이혼하라고 말했기 때문이다. 그렇기 때문에 엄마와 아빠가 이혼한 뒤, 주인공은 엄마와 함께 기쁨이라는 것이 아주 작은 것에서부터 시작한다는 것을, 그리고 자신들이 그동안 많은 기쁨들을 포기하며 살아왔다는 생각을 한다. 아울러 주인공은 아빠가 없는 익숙하지 않은 즐거움이 가슴에 잔물결을 일으키면 세상은 자신이 견디고 있는 것보다 더 나을지도 모른다는 생각을 한다.

> 엄마는 손등으로 아무렇게나 눈물을 닦고 씩 웃었다. 저렇게 눈물을 흘리는 모습을 많이 봐서 그런가, 엄마를 생각하면 가슴부터 아리다. 초등학교 시절 엄마 얼굴을 그릴 때나 더 커서 중학교 때까지 엄마라는 글감으로 글쓰기를 할 때면 가슴이 착 가라 앉았다. 나는 그림이나 글 속에 드러나지 않도록 꽁꽁 감춰두었다. 다른 사람에게 보여주기 위해서 만들어 낸 엄마는 늘 환하게 웃는 얼굴이었고 느닷없이 코믹한 춤을 추거나 노래를 흥얼거리며 요리를 하는 유쾌한 사람이다. 엄마의 실제 모습을 드러내면 엄마가 더 많이 아플 거라는 생각, 그대로 인정해 버리면 더 많이 그래 버릴 거라는 두려움.(중략)
> 그리고 지금 엄마 옆에 내가 있다. 엄마가 더 이상 울지 않을 때까지 엄마 옆에 있어 주어야겠다는 생각이 든다. 엄마의 손에 가만히 내 손을 얹었다.
> "엄마는 좀 더 빨리 이혼해야 했어."
> "그런가? 그래도 네가 결혼하는 것까지는 보려고 했지. 너한테 피해를 주고 싶지 않아서."
> (11-12)

위의 예문에서 알 수 있듯이, 주인공은 어렸을 때부터 눈물을 흘리는 엄마의 모습을 많이 보았다. 그러기에 주인공은 엄마를 생각하면 가슴부터 아리다. 그런 엄마가 아빠와 이혼한 뒤 이제 더 이상 울지 않을 것이며, 엄마가 더 이상 울지 않을 때까지 엄마 옆에 있어 주어야겠다고 생각한다. 그러기에 주인공은 엄마에게 좀 더 빨리 이혼했어야 했다고 말한다.

> "남자라면 여자를 이런 식으로 가르쳐야 하는 거야. 이 계집애 같은 놈아!"
> 아빠가 한 번 더 엄마를 후려치려는 찰나. 한 손은 엄마에게 한 손은 나에게 붙들려 있었다.
> "이혼해, 제발! 제발! 제발, 이혼해."(중략)
> "이혼해 줘 제발! 이혼해 줘. 이 위선덩어리 같은 결혼 생활을 끝장내고 싶다고! 넌덜머리난다고!"
> 절규.
> 그것은 목에서 나온 목소리가 아니었다. 사람의 목소리가 아닌 것 같았다. 엄마의 초점 없는 눈동자에서 하염없이 눈물이 흘렀다. (13-14)

위의 예문에서 알 수 있듯이, 주인공의 아빠는 엄마에게 상습적으로 폭행을 가하면서 왜곡된 남자의 힘을 과시하곤 했다. 아빠는 엄마에게 여자다움을 강조하였고, 자신의 남자다움을 과시하느라 엄마에게 폭력을 행사했다. 그러나 주인공이 생각하기에 엄마는 여자이기 전에 이 세상에 단 하나뿐인 아주 특별한 사람이라는 걸 아빠는 몰랐다. 그러기에 이혼을 한 후의 엄마 모습이 더 엄마 같다고 생각한다. 엄마는 엄마 자신이 선택한 삶을 누리고 있기 때문이다. 그러기에 주인공은 엄마의 편을 들고 이해하면서 엄마와 함께 나름대로 편안한 생활을 하고 있다.

엄마가 이혼을 한 뒤 주인공은 이사를 가고 나서 핸드폰 번호를 바꾼다. 아빠의 존재를 지우기 위해서였다. 아빠의 존재를 지우면서 주인공은 사회적 불이익을 당하기 않기 위해서는 치열해져야 한다고 생각한다. 그렇지만 새로 전학 간 학교에서 주인공은 치열하고자 하지만, 자신의 영혼이 불쑥불쑥 튀어나와 자신을 비웃는 느낌을 갖는다. 자신이 이혼한 부모의 자식이며, 다른 아이들과 다르다는 인식이 영혼을 지배하고 있기 때문이다. 그러다 주인공은 정상요에게 눈길이 간다.

그리.고. 창가 쪽 맨 끝자리. 저 아이의 이름을 알고 있다. 정상요. 오늘도 역시 무지개 색깔 쿠션에 얼굴을 파묻은 채 곤한 잠에 빠져 있다. 머리카락 사이로 보이는 노랑, 초록, 귓불 아래 파랑, 보라. 상요라는 이름을 가진 아이를 한 번도 본 적이 없다. 하긴 무지개 색깔 쿠션도 본 적이 없는 것 같다. 그래서 이 아이가 눈에 띄는 걸까?(20)

위의 예문에서 알 수 있듯이, 창가 쪽 맨 끝자리에 앉은 상요는 동성애자임을 상징하는 무지개 색깔 쿠션에 얼굴을 파묻은 채 곤한 잠에 빠져 있다. 다른 친구들은 아무도 눈여겨보지 않는 상요에게 자꾸 눈길이 가면서 주인공은 점차 혼란에 빠진다.

시끄럽다. 내 귀가 닫히고 있다.
정말 할 말 없다. 입이 닫히고 있다.
내가 왜 이 자리에 있는 것인가? 마음이 닫히고 있다.
예전 같으면 그냥 웃어버렸을 수도 있다. 실제로 그랬다. 오히려 더 간드러지는 목소리로 아이들을 웃기고는 착잡한 마음을 뒤로 감췄다. 하지만 내가 무슨 부귀영화를 누린다고 그래야 하지? 요즘에는 그래? 나 호모 새끼다. 어쩔래? 하고 소리쳐 주고 싶다.
자리에서 일어섰다.(30)

위의 예문에서 알 수 있듯이, 주인공은 점차 동성애자인 상요에게 이끌리는 자신에 대해 혼란을 느낀다. 다른 아이들에게 마음의 문이 닫히고 있음을 인식하면서, 자신이 '호모 새끼'라고 소리치고 싶다. 주인공의 이런 심정은 자신도 모르게 점차 동성애자인 상요에게 관심이 가는 것에 대한 극도의 혼란을 드러낸다. 아울러 그가 또래 다른 아이들처럼 쉽게 학교 생활에 적응하지 못하고 있음을 보여준다.

> 저 많은 사람들 틈에 섞여 함께 걸을 자신이 없다. 길은 끝도 없이 이어져 있고 사람들은 어디에서 몸을 쉬어야 하는지 알고 있겠지. 나에게도 쉴 곳이 있을까? 나를 그저 바라봐 주는 곳, 그런 곳이 있다면 끝없이 이어져 있는 사막 같은 길이라도 희망을 가지고 걸어줄 생각이 있다. 그러나 나에게는 길이 없다는 느낌. 길이 없으므로 쉴 곳도 없다는 생각이 든다.(32-33)

위의 예문에서 알 수 있듯이, 주인공은 상요에게 점차 끌리는 자신에 대해 혼란스러움을 느끼면서 다른 사람들과 쉽게 어울리지 못한다. 그러기에 주인공은 다른 사람은 어디에서 몸을 쉬어야 하는지 알고 있지만, 자신에게는 쉴 곳이 없다고 생각한다. 동성애자에게 점차 끌리는 자신을 그저 바라봐 주는 곳이 있기를 바랄 뿐이다. 자신에게는 길이 없다는 느낌 속에.

한편 상요에게 점차 끌리는 주인공에게 여진이가 다가오지만, 주인공은 여진이를 받아들이지 못한다. 다른 친구들은 모두 여진이가 예쁘다고 하지만, 주인공은 이성인 여진이한테서 전혀 호감을 느끼지 못하기 때문이다.

> "이제 너한테 거절당할 행동 같은 거 하지 않을 거야. ……왜냐면 그러면 내가 너무 불쌍하니까……나같이 괜찮은 애가 불쌍하면 이 세상에 안 불쌍한 사람 하나도 없는 거거든."
> 여진이는 웃으면서 말했다. 눈동자에 잔뜩 물기를 머금은 채로.
> '그래, 그렇게 강해지도록 해. 네 사랑은 온전히 네 몫으로만 남겨질 테니까. 상처받지 않도록 강해져.'(중략)
> 여진이는 쪽지를 하나 주고 갔다.
> 내 방식대로 널 대할 것 같아. 그동안의 일은 잊어 줘. 앞으로 산뜻하게 지내자!
> 픽, 웃음이 나왔다. 내.방.식.대.로. 사람들은 그것을 모른다. 저마다 각자의 방식이 있다는 것을.(43-44)

위의 예문에서 알 수 있듯이, 자신의 사랑을 받아주지 않은 주인공에게 여진이는 자신의 방식대로 주인공을 대할 것이라고 말하면서, 그동안의 일은 잊어달라고 말한다. 자신의 사랑을 받아주지 않는 주인공에게 매달리는 것은 자신을 불쌍하게 하는 것이라고 생각하기 때문이다. 그러면서 여진이는 앞으로는 자신의 방식대로 주인공을 대할 것이라고 한다. 이런 여진의 말에 별다른 반응을 하지 않으면서, 주인공은 여전히 철저히 혼자라는 외로움을 느낀다.

> 교실에서 나는 혼자다. 어차피 사람은 혼자 태어나서 혼자 죽는다.(중략) 친구가 있어도 외로움의 무게는 덜어지지 않았다. 아니, 스스로를 감출수록 자신에 대한 혐오만 늘어갔던 시절. 내가 나 자신을 부정한다면 과연 내 인생이 존재할 가치가 있는가? 엄마에게 이혼이 하나의 시점이었다면 나에게는 전학이 그렇다. 관계맺음으로 더욱 하찮아지는 나를 관계 맺지 않음으로 돌보아 주기로 했다고 해야 할까?(44-45)

위의 예문에서 알 수 있듯이, 새로운 학교에 전학을 간 뒤로 주인공은 다른 친구들과의 관계 맺음으로 자신이 더욱 하찮아진다고 생각한다. 그러기에 그는 다른 친구들과 관계를 맺지 않고 스스로를 철저히 혼자이게 함으로써 자신을 돌보아 주기로 한다. 사람은 어차피 혼자이며 철저히 외로운 존재라고 생각하기 때문이다. 그러면서 주인공은 인간의 존재감에 대해 생각한다.

> 존재감이 있는 자와 없는 자.
> 창가 쪽 맨 끝자리. 상요는 무지개빛 쿠션을 끌어안고 책상에 엎드린 채 교실을 외면하고 있지만 그것이 없는 자의 몸에 배어 버린 습관이라는 것은 쉽게 티가 난다. 상요와 몇 번 눈이 마주친 적이 있다. 서둘러 고개를 돌리고 나서도 상요의 시선은 얼마 간 내게 머물러 있었던 것 같다. 물결 같은 시선. 나를 툭 건드리고 가는 느낌. 복도에서 스쳐지나갈 때 희미한 담배 냄새를 맡았던 적도 있다. 담배 냄새를 참 싫어하는데 상요한테서 나는 냄새는 그렇지 않았다.
> 교실에 들어서면 상요의 자리가 가장 먼저 눈에 띈다. 오늘도 결석이다.
> 아무도 모르는 걸까? 담임도 아이들도 모두 상요의 존재가 처음부터 없었던 것처럼 신경쓰지 않는다.(64-65)

위의 예문에서 알 수 있듯이, 주인공은 여전히 창가 쪽 맨 끝자리에서 무지개빛 쿠션을 끌어안고 교실을 외면하고 있는 상요에게만 눈길을 주었다. 그러면서 결석한 그를 아무도 신경쓰지 않는 것을 보면서, 존재감이 없는 자의 비애에 대해 생각한다. 주인공 자신만은 다른 사람들과 달리 상요의 존재를 신경 쓰면서 말이다.

"그런데 그 애들 장난으로 그런 게 아니었어. 진짜 동성애자들이었어. 정말 사랑하나 보더라. 서로 상대방은 이성애자라며 자기가 유혹해서 순간적인 호기심으로 그런 거라고 변명하는 거야."

동.성.애.자. 이마에 매달린 땀이 무겁게 느껴져 머리를 흔들었다. 땀은 튀어오르지도 못하고 그대로 주르륵 떨어졌다.(중략)

엄마! 도대체 뭐가 어쩔 수 없다는 거야? 누구를 팬 것도 아니고 왕따를 시킨 것도 아니고 선생님들에게 해코지를 한 것도 아니고, 도둑질을 한 것도 학교 기물을 부순 것도 아닌데 뭐가 어쩔 수 없다는 거야? 그저 같은 성(性)을 사랑하는 것이 퇴학을 시킬 수밖에 없는 끔찍한 범죄라는 거야?

눈으로만 말들을 쏟아냈다.(76-77)

위의 예문은 학교에서 동성애자라고 낙인찍힌 아이들이 퇴학을 당한 것에 대한 주인공의 분노를 보여준다. 주인공은 동성애자들이 아무런 해코지를 한 것도 없는데도 불구하고 학교에서 퇴학을 당한 것은 가혹하다고 생각한다. 그러면서 주인공은 '동성애자'라는 말에 전율을 느낀다. 자신도 모르게 자신이 점차 동성애에 관심을 갖고 있기 때문이다.

그러면서 동성애자에 대한 사회의 통념과 무의식에 대해 반발한다. 주인공이 생각하기에 동성애자에 대한 사회의 통념은 그들에 대한 견고한 성을 쌓아서 편견을 양산한다. 주인공은 그런 사회적 통념에 맞서 싸울 용기는 없으면서도 자꾸만 동성애에 관심이 가는 자신을 제어하기가 힘들어진다.

하루 종일 온 신경은 상요에게 가 있으면서 단 한마디도 건네지 못했다. 담임은 상요가 왜 결석했는지 알기나 할까? 아니, 물어보기라도 했을까? 대체 무슨 권리로 체벌을 한 것이며 상요는 왜 묵묵히 맞기만 한 걸까? 속수무책. 때리면 맞아야 하는 현실. 그게 바로 학교다. 선생이 학생들을, 다수의 학생이 하나의 학생을 때리면 맞아야 하는 조직. 하루 종일 나는 상요의 얼굴을 단 한 번도 바라보지 못했다. 친구였다면 다가가 담임 욕이라도 해 주었을 텐데. 나는 아직 상요와 단 한 마디도 나누지 못했다. 상요는 얼마나 비참했을까?(84-85)

위의 예문에서 알 수 있듯이, 주인공은 온 신경을 상요에게 쏟으면서도, 상요가 담임에게 속수무책으로 맞는 것을 안타깝게 바라본다. 그러면서 주인공은 학교라는 제도가 갖는 폭력성에 치를 떨면서 결석했다는 이유로 담임에게 체벌을 당한 상요가 얼마나 비참했을지를 생각한다.

그러다가 주인공은 중학교 때 동성 친구가 자신을 자신을 끌어안았을 때 심한 전율과 공포감을 느꼈음을 회상한다.

그 애가 나를 끌어안았던 순간을 잊을 수가 없다. 몸 안에 있는 세포들이 하나하나 살아서 춤을 추는 기분.(중략) 다른 손이 나의 허리를 감싸 안아 끌어당겼을 때 나는 그 애를 안을까 봐 두 주먹을 불끈 쥐었다. 다시 구토. 힘겹게 그러나 단호하게 그 애를 밀쳐냈다.
"변태 새끼, 저리 꺼져."
절망적인 눈동자. 나는 그 애의 눈동자를 지금도 잊을 수가 없다.
"다시는 애 옆에 오지 마!"(93-94)

위의 예문에서 알 수 있듯이, 주인공은 중학교 때 동성 친구가 자신을 끌어안았을 때 몸 안에 있는 세포들이 하나하나 살아서 춤을 추는 듯한 전율과 공포감을 느꼈다. 그렇지만 자신도 그 친구를 끌어안고 싶은 충동을 간신히 참아낸 것을 회상한다. 또한 자신이 심하게 거부했을 때 그 아이가 절망하던 눈빛을 잊지 못한다. 그러기에 주인공은 자신을 포함해서 다수의 사람들이 동성애자들에게 가하는 폭력 때문에 동성애자들이 무조건 아웃되는 현실을 뼈아프게 인식한다.

중학교 때 동성애자였던 그 친구가 학교를 떠난 뒤 주인공은 자신의 행동에 대한 자책과 학교의 폭력성에 치를 떨었다. 그러면서 그 애가 자신을 껴안았을 때 밀쳤던 자신의 행동을 후회한다. 그것은 진심이 아니었다는 생각 속에. 그러면서 늘 그 아이의 꼭 잡아주던 따뜻한 손, 안경 너머로 건너다보던 다정한 눈빛, 따뜻하고 달콤했던 숨소리를 떠올린다. 그 아이에게 잘못했다는 죄책감 때문에 주인공은 처음으로 죽음을 생각했다.

그런 가운데 주인공은 동성애자에게 관심을 보이면 같은 호모가 되어 버리는 현실을 폭력적이라고 생각한다. 그저 있는 그대로 보아주지 않는 현실이 너무나 냉혹하다고 생각한다. 이성 간의 사랑은 지극히 당연하고 자연스러운 것이라고 생각하면서도, 호모와 호모가 어울리면 영락없이 이상한 것으로 여기는 사회의 폭압성에 힘들어한다.

상요는 반 아이들을 둘러보다가 내 눈을 들여다보았다. 많은 언어들을 담고 있는 눈. 그 언어들이 순간 와르르 쏟아져 버릴 것만 같다.
'상요야, 아무 말도 하지 마. 나는 아직 준비가 안 돼 있어.'
그런 두려움을 읽을 걸까?(중략)

"너는 항상 결정적인 순간에 이성애자 같은 말을 하더라."

머리카락이 곤두섰다. 이.성.애.자. 누가 듣기라도 했을까 봐 가슴이 오그라든다.(중략)

상요는 알고 있다. 내가 자신과 닮은 아이라는 걸. 이쯤에서 상요와도 거리를 두어야 하나? 그런데 왜 꼭 그래야 하지? 그 애에게서 도망을 쳤듯이 상요에게서 도망치려는 나를 영혼이 비웃고 있다.(121-122)

위의 예문에서 알 수 있듯이, 주인공은 동성애자인 상요가 막상 자신에게 다가오자 두려움을 느낀다. 자신은 아직 준비가 안 돼 있다고 생각하기 때문이다. 그러면서 직감적으로 상요는 자신이 그와 닮은 아이라고 생각하고 있음을 알아챈다. 그러면서 자신이 상요와 막상 어울려야 할지 말지에 대해 고민을 한다. 상요에게 다가가고 싶지만 사회의 편견을 이겨낼 자신이 없기 때문이다. 그러기에 주인공은 상요에게서 도망치려는 자신을 자신의 영혼이 비웃고 있다고 생각한다.

그러기에 주인공은 상요에 대해 양가적인 감정에 빠진다. 주인공은 동성애자라는 것이 드러나면 무조건 아웃되는 현실이 두렵다는 감정을 갖는다. 사회가, 학교가 자신을 아웃시키지 않으면 자신이 스스로를 '아웃'시킬 것 같다는 두려움을 갖는다. 그러나 한편으로 주인공은 상요에게 자신을 숨길 생각은 없으며, 상요가 있으면 좋으면서도 편안하다는 느낌을 갖는다. 이런 양가감정 속에 주인공은 학교를 졸업한 후에 상요에게 다가가면 좋겠다는 생각을 한다. 학교를 졸업한 후에 상요에게 더 잘해 주면 된다는 생각을 한다.

상요는 바다에 시선을 준 채 말했다.

"내가 게이인 건 알지?"(중략)

대답도 못하고 고개만 살짝 끄덕였다. 상요가 게이라는 사실을 안다는 게 괜히 미안해진다. 그런데 지금 무슨 말을 하려는 거야? 설마, 너도 게이지? 하고 물으려는 건 아니겠지. 난간을 붙잡는 상요의 손에 힘이 들어가는 것이 보인다.

"얼마 전에 부모님한테 말씀드렸거든."

"게이라고?"(129-130)

위의 예문에서 알 수 있듯이, 학교 밖에서 상요는 자신이 동성애자임을 주인공에게 말한다. 그리고 자신이 동성애자임을 부모님한테도 말했음을 말한다. 이를 통해 상요는 사회의 편견에 맞서고자 한다. 그러나 동성애자에 대해 부모, 학교, 사회 등이 갖고 있는 편견과 방패는 너무나 견고한 것이었다. 그 혼자서는 도저히 감당할 수 없는 것이었다. 그러기에 상요는 자살을 결심한다.

> 다음날 상요는 반듯하게 접은 쪽지 하나를 건넸다.
> "내일부터 학교 안 나올 거야."
> 무슨 소리? 이제 겨우 말문을 텄는데.
> "네가 나를 어떻게 생각할지 모르겠다."
> 궁금해 하는 게 아닌…… 상요는 조금 들떠 있는 것같이 보였다.
> "어디 가니?"
> "응. 좋은 데. 근데 좀 멀어."(중략)
> 그렇게 말하고 상요는 가 버렸다.
> 영.원.히.
> 다음날 상요의 책상 위에는 국화 한 송이가 올려져 있었다. 상요는 채 피지도 못하고 죽었는데 국화는 흐드러지게 만개해 있었다.
> 아.무.도. 울.지. 않.았.다.(132-133)

위의 예문에서 알 수 있듯이, 상요는 동성애자에 대한 편견이 없는 세계로 영원히 가 버렸다. 그런데 그런 상요의 죽음에 대해 아무도 울지 않았다. 상요는 철저히 외톨이였으며, 사회에서 아웃된 존재였기 때문이다. 그러기에 죽음은 상요만의 것이었다. 동성애자인 상요에게 세상은 감옥이며, 자신은 무대에서 끌어내려졌다. 그러기에 상요는 자신이 할 수 있는 일은 죽는 것뿐이라고 생각했다.

> 해야 할 일은 너를 인정하는 거야.(143)

상요의 죽음에 대해 주인공은 자신이 친구도 아니었다는 심한 자책감에 빠진다. 죽은 상요가 '네가 할 일은 너를 인정하는 것'이라고 말하는 것 같기 때문이다.

> 그 날 본 바다가 상요에게는 마지막이었을 것이다. 마지막으로 바다를 보는 기분이 어땠을까? 나는 친구도 아니었다. 상요야, 나는 아무 것도 아니었어. 상요가 잡았던 난간에 손을 대었다. 차다. 손바닥을 밀착시켜 꽉 잡았다. 눈물이 흐른다. 한번 물어 보리가도 하지 그랬어?

너도 게이지? 하고 말이야. 그렇게 갈 거였으면서. 왜 나한테 기회를 주지 않았어.(137)

위의 예문에서 알 수 있듯이, 주인공은 상요가 자신에게 "너도 게이지?"라고 묻지 않은 것을 안타까워한다. 한번만 물어봐 주었으면 자신도 용기를 내어 "그렇다."라고 대답했을 것이기 때문이다. 상요의 죽음을 접하면서 주인공은 동성애자로서 자신의 실체를 보다 분명히 인식하게 된다. 그렇지만 여전히 동성애자인 자신을 인정하려 들지 않는다. 사회의 편견이 너무나도 무서웠기 때문이다.

"엄마한테 말하실 거예요?"
의사는 내 눈을 똑바로 마주 보며 말했다.
"너는 어떻게 하고 싶은데?"
"……인정할 수 없어요. 내가 호모라니, 말도 안 돼요!"
"너는 이미 스스로 동성애자라고 인식하고 있어. 그 다음 수순을 밟는 것뿐이야."(중략)
"나는 호모가 아니에요."
"성 정체성은 바뀌지 않는 거다."(147-148)

위의 예문에서 알 수 있듯이, 주인공은 자신이 동성애자라는 사실을 인식하고 있으면서도 그 것을 받아들이지 못한다. 그러기에 동성애자인 자신을 인정하지 않는다. 그런 주인공에게 여진은 다가와 위로를 한다. 여진인 상요를 사랑한 주인공을 그 자체로 인정하면서, 주인공이 행복하기를 바란다.

"현아, 네가 행복했으면 좋겠어."
거의 동시였다. 내가 상요한테 마음으로 말하는 것과 동시에 여진이 나에게 그렇게 말했다. 나는 여진이 앞에 다가가 앉았다.
"……"
"너를 만나서 내가 행복하니까."
이번에는 여진이가 내 손을 잡았다.
"세상에 이렇게 특별한 친구를 가진 애가 어디 흔하겠어?"
여진이 눈 속에 내가 있다. 내가 온전하게 받아들여지는 기분.(192)

위의 예문에서 알 수 있듯이, 주인공은 자신을 온전하게 받아주는 여진을 통해 위로를 받는다. 아울러 엄마에게서도 위로를 받는다. 주인공의 엄마는 이 사회에서 동성애자로 살아가는 것이 얼마나 힘든 것인지를 잘 알고 있었기에 아들이 동성애자라는 것을 인정하고 싶지 않았다. 그러나 동성애자인 상요가 자살했다는 소식을 듣고 주인공도 자살할 것이 두려워 동성애자인 주인공을 그 자체로 인정한다.

이처럼 주인공은 여진과 엄마로부터 동성애자인 그 자신을 온전히 인정받음으로써 위로를 얻는다. 그리고 그러한 위로를 통해 가슴 속에서 뜨거운 덩어리가 툭 터지는 기분을 느낀다. 아울러 세상을 향해 조금은 활기차게 걸어갈 수 있을 것 같은 힘을 얻는다.

이경화의 《나》는 우리 사회에서 금기시되고 있는 청소년 동성애라는 민감한 문제를 다루고 있다. 이를 통해 이 소설은 우리 사회에서 소외된 자로서 극도의 편견을 받으며 살아가는 청소년 동성애자들의 인권도 존중되어야 함을 말하고 있다. 그들도 그들 나름의 삶을 인정받아야 하고, 우리 사회가 견고하게 쌓은 성 안으로 그들을 받아들여야 한다고 말하고 있다. 아울러 그들을 그 자체로 인정함으로써 우리 사회의 다양성이 존중받아야 함을, 그렇게 함으로써 우리 사회가 더욱 건강해질 수 있음을 말하고 있다.

5) 작중인물의 성 문제를 활용한 청소년의 성 정체성 함양 방법

지금까지 이 글은 청소년소설에 형상화된 청소년의 성 문제를 임신의 공포와 도피, 성적 일탈과 청소년에 대한 성폭력 및 치유, 성적 소수자의 동성애 문제 등으로 나누어 살펴보았다. 이러한 문제들에 대한 이해를 바탕으로 청소년 독자의 성 정체성을 함양할 수 있는 방법으로는 소집단 토의, 창의적 드라마 활동, 서사와 에세이 쓰기 등을 들 수 있다.

소집단 토의는 학생들이 대집단에서 자신의 반응들을 공유하기 전에 자신의 가장 중요한 반응들 중 어떤 것을 토의할 기회를 학생들에게 준다. 소집단은 학생들이 대집단에서 공유했던 일반적인 반응들을 좀 더 탐구하도록 하는 데에 사용될 수 있다. 학생들은 소집단에서는 편안함을 느끼고, 그러한 배경에서 아이디어들을 좀 더 탐구하려고 할 것이다. 대집단과 마찬가지로, 소집단일수록 학생들이 상호작용 과정에서 효과적으로 기능할 수 있도록 하는 행동의 규칙이 있어야만 한다.

청소년소설에 형상화된 성폭력과 임신, 낙태, 동성애 등에 대한 작중인물의 인식 양상에 대한 이해를 바탕으로 학생들은 자신의 성 정체성에 대한 성찰을 할 수 있다. 물론 이 과정에서 자신의 성찰과 반응을 보다 일반화하기 위해 소집단 토의를 할 수 있을 것이다. 소집단 토의를 하는 과정에서 학생들은 작중인물의 성 문제에 대한 자신의 반응들이 확실하다고 느껴야만 하고, 다른 사람들의 반응들을 예상해야만 한다. 학생들은 모든 반응들 사이의 유사점과 차이점을 인식하면서, 청소년으로서 성 정체성을 함양하는 것이 어떤 의의가 있는지, 그리고 성 정체성을 어떻게 함양해야 하는지를 알 수 있을 것이다. 교사는 필요한 곳과 필요한 때에 교실을 순회하고 학생들의 반응을 촉진하면서 각 집단에 적극적으로 참여해야만 한다. 그러나 학생들이 작중인물의 성 문제에 관심을 갖고 성 정체성 함양을 위해 소집단 토의를 활발하게 하도록 이끌어가는 것이 가장 좋다. 이 접근법을 통해 학생들은 자아 효능감을 갖고서 자신의 반응들에 대한 교사의 영향을 받지 않은 채 기능할 수 있다.

성 정체성 함양을 위한 소집단 토의를 통해 학생들이 작중인물의 성 문제에 대한 이해를 효과적으로 하고 성 정체성에 대한 내면화를 구체적으로 하도록 하기 위해서는 다음 표에 제시된 것들과 같은 반응 질문들을 사용할 필요가 있다. 이 질문들은 청소년소설에 형상화된 작중인물의 성 문제를 분명하게 파악할 수 있게 하고, 느슨해진 소집단 토의를 좀 더 긴장감 있게 해줄 것이다. 또한 작중인물의 성 문제에 대한 이해를 통해 학생들이 자신의 성 정체성에 대한 성찰을 더욱 풍부하게 하도록 해줄 것이다.

- 특별히 좋아하는 작중인물(들)은 누구인가? 그 이유는?
- 특별히 싫어하는 작중인물(들)은 누구인가? 그 이유는?
- 소설에 나타난 성폭력, 임신, 낙태, 동성애 등과 같은 문제에 대한 느낌은 무엇인가?
- 자신이 소설 속의 어떤 인물과 비슷하다고 생각하는가? 그 이유는?
- 소설 속의 인물들 때문에 갖게 된 두려움이나 걱정은 무엇인가?
- 성폭력, 임신, 낙태, 동성애 등과 같은 문제에 대한 작중인물의 인식을 어떻게 평가하는가?
- 성폭력, 임신, 낙태, 동성애 등을 형상화한 작가의 주제의식에 대해 어떻게 평가하는가?
- 자신의 성 정체성을 형성하는데 읽고 있는 소설이 도움이 된다고 생각하는가? 그 이유는?
- 성폭력, 임신, 낙태, 동성애 등과 같은 문제에 대해 어떻게 생각하는가?
- 성 문제에 대해 자신은 어느 정도 허용적이라고 생각하는가?
- 성폭력, 임신, 낙태, 동성애 등과 같은 문제에 대한 해결책은 무엇이라고 생각하는가?
- 청소년 시기에 성 정체성은 중요하다고 생각하는가? 그 이유는?
- 청소년 시기에 성 정체성은 어떻게 함양할 수 있다고 생각하는가?

창의적 드라마 활동은 작중인물의 성 문제에 대한 인식을 바탕으로 성 정체성에 대한 학생들의 성찰과 경험을 직접적으로 확장해 줄 수 있다. 작중인물의 역할을 즉흥적으로 연기함으로써 학생들은 작중인물의 성 문제를 분명하게 이해할 수 있고, 성 정체성과 관련하여 자신의 입장과 관점을 심화시킬 수 있을 것이기 때문이다. 판토마임, 즉흥극, 역할극 등과 같은 창의적 드라마 활동을 통해 학생들은 청소년소설에 형상화된 작중인물에 대한 동일시와 거리두기를 할 수 있고, 작중인물의 성 문제에 대한 확장된 체험을 할 수 있다. 또한 창의적 드라마를 통해 학생들은 소집단 토의를 통해 알게 된 작중인물의 성 문제를 자신과 관련짓는 과정을 거치게 되어, 성 정체성에 대한 자신의 반응과 의미들을 확장할 수 있다.

청소년소설에 형상화된 성폭력과 임신, 동성애 등에 대한 작중인물의 인식 양상을 이해하고, 자신의 성 정체성을 함양하기 위해 창의적 드라마 활동을 활용할 때는 '성폭력과 임신, 동성애 등에 대한 주요 인물의 인식 및 성격 파악하기', '작중인물의 성격에 맞는 역할 정하기', '창의적 드라마 활동을 통해 성폭력과 임신, 동성애 등에 대한 주요 인물의 역할하기' 등과 같은 절차를 수행하도록 한다.

이러한 절차에 따라 역할 연기 및 즉흥극을 함으로써, 학생들은 작중인물들이 생각하는 것처럼 생각하고, 작중인물이 행동하는 것처럼 행동할 수 있다. 학생들은 자기 자신과는 다른 작중인물의 역할을 맡아 실제로 그 인물인 것처럼 그 인물을 지각하면서, 그 인물을 생생하게 만드는 활동을 할 수 있다. 그러한 과정은 콜버그(Kohlberg, 1987)의 '역할-맡기'와 매우 비슷하다. 콜버그의 역할-맡기가 단지 문학 학습에만 관련되는 것은 아니지만, 그것은 작중인물의 동기와 행동을 이해하기 위한 적절한 모델이 될 것이다. 학생들은 그러한 인물들에 대한 독자들의 이해를 바탕으로 하여 작중인물 속으로 들어가고, 인물들의 정서를 연기하고, 선택과 결정을 한다.

성폭력과 임신, 동성애 등에 대한 작중인물의 인식 양상을 이해하고, 자신의 성 정체성을 함양하기 위한 또 다른 방법으로는 학생들이 서사와 에세이를 쓰는 것이다. 서사 쓰기는 청소년소설에 형상화된 성 경험이나 성폭력, 임신, 동성애 등에 대한 작중인물의 인식 양상에 대한 이해를 바탕으로 성 정체성과 관련된 자신의 경험을 자유롭게 쓰는 활동이다. 서사 쓰기를 위해 동원할 수 있는 전략으로는 '작중인물의 환경이 만일 ~했더라면', '친구가 될 만한 작중인물 선택하기', '작중인물의 입장에서 성폭력과 임신, 동성애 등에 대한 서사 쓰기'등을 들 수 있다. 또한 에세이 쓰기는 성폭력이나 임신, 동성애 등에 대한 작중인물의 인식 양상에 대한 이해와 평가를 논리적으로 진술하여, 성 정체성에 대한 성찰을 도모하는 방법이다. 에세이 쓰기를 위한 전략으로는 '성폭력과 임신, 동성애 등에 대한 작중인물의 인식 양상 분석하여 일지로 쓰기', '성폭력과 임신, 동성애 등에 대한 작중인물의 인식에 대한 평가와 견해 쓰기'등을 들 수 있다. 아울러 학생들이 서사와 에세이 쓰기에 어려움을 느낀다면 사전쓰기 단계로서 다음과 같은 방법들을 활용할 수 있다.

- 독백: 학생들은 어떤 인물의 역할을 맡아, 그 소설의 어떤 주어진 순간에 성 문제에 대한 어떤 인물의 사고를 나타내는 무의식의 흐름을 쓴다.
- 대화: 학생들은 그 소설의 어떤 주어진 순간에 성 문제와 관련하여 두 인물이 나누는 대화를 긴장감 있게 쓴다.
- 인물 스케치: 학생들은 성폭력이나 임신, 낙태 등을 경험한 작중인물에 대한 아이디어들을 모은 뒤에 사전쓰기를 하고, 그 인물에 대한 스케치를 한다.
- 개인적 에세이 쓰기: 학생들은 '작중인물의 성 문제'와 관련된 자신의 생각을 자유롭게 쓴다. 학생들은 청소년소설에 형상화된 성폭력이나 성 경험, 임신, 동성애 등과 관련하여, 이러한 문제들이 그 소설에서 어떤 의미가 있는지, 그리고 이러한 문제들이 자신에게 어떤 의미를 있는지를 자유롭게 진술할 수 있다.
- 설명적 에세이 쓰기: 학생들은 작가의 주제 의식을 탐구한다. 예를 들어, 공선옥의 《울 엄마 딸》에서 작중인물의 '임신' 문제를 한 개인의 차원에서만 보고 있는지 아니면, 청소년의 임신 문제를 학교나 가정, 사회적 편견 등의 차원에서 논의하고 있는지를 논리적으로 진술할 수 있다.

성폭력이나 임신, 낙태, 동성애 등에 대한 작중인물의 인식 양상에 대한 이해를 바탕으로 성 정체성을 함양하도록 하기 위해 서사와 에세이 쓰기 활동을 하는 것은 학생들이 작중인물의 성 문제에 대한 이해를 심화하고, 자신의 성 정체성에 대한 성찰을 하도록 자극할 것이다. 학생들은 자신들의 흥미나 요구에 더 잘 부합할 것 같은 성 문제를 선택하고, 그 문제를 보다 쉽고 흥미롭게 성찰할 수 있는 쓰기 형식들을 자유롭게 선택할 수 있다. 쓰기의 형식이 무엇이든지 간에, 학생들은 성폭력이나 임신, 낙태, 동성애 등에 대한 작중인물의 인식 양상에 대한 자신의 이해를 쓰는데 쓰기 초점을 두고, 그러한 문제를 자신 성 정체성 성찰과 연계하여 그것을 가치 있는 경험으로 삼을 수 있어야 한다.

지금까지 이 글에서 논의된 것들이 얻을 수 있는 학문 발전의 기여도는 다음과 같다.

첫째, 성에 대한 청소년들의 달라진 의식을 반영하고 있는 청소년소설 작품들이 창작되고 있는 시점에서 그러한 소설들에 형상화된 청소년들의 성 문제를 밝히는 것은 청소년의 성 문제를 형상화하고 있는 소설들의 질적 가치를 판단할 수 있는 토대를 제공할 것이다. 아울러 토대 제공을 통해 청소년소설의 교육적 가치를 입증하여, 청소년소설교육의 교육 내용 마련과 방법 구안에 기여할 것이다.

둘째, 청소년소설들에 형상화된 성폭력과 임신, 동성애 등에 대한 작중인물의 인식 양상을 분석하여, 그것들이 소설교육 차원에서 교육 내용으로 구안될 수 있는 토대를 제공함으로써 청소년소설교육의 외연을 확장하는 데 기여할 것이다. 아울러 외연 확장을 통해 청소년소설교육의 내실화에 기여할 수 있을 것이다. 또한 청소년의 성 정체성 함양을 위한 교육을 범교과적 차원에서 수행해야 할 필요성에 대한 인식 확장에 기여할 것이다.

셋째, 청소년소설에 형상화된 성폭력이나 임신, 낙태, 동성애 등에 대한 작중인물의 인식 양상에 대한 이해를 바탕으로, 소설교육 차원에서 청소년의 성 정체성을 함양할 수 있는 방법들을 제공함으로써, 청소년소설교육에서 성 정체성 함양을 위한 교육적 방법의 세련화에 기여할 수 있을 것이다. 특히 국어 교과를 통해 정서적 차원에서 청소년들의 성 정체성을 함양하는 방법들, 예컨대 소집단 토의, 창의적 드라마 활동, 서사와 에세이 쓰기 등과 같은 방법들을 통해 청소년들의 성 정체성을 함양하는 방법을 제공함으로써, 국어과뿐만 아니라 다른 교과 차원에서 범교과적으로 성 정체성 함양을 위한 방법 마련에 시사점을 제공할 수 있을 것이다.

[8]

자기, 타자, 사회와의 새로운 관계 형성을 통한 성장과 정체성 형성

1) 자기 이해와 자아 성장

이금이의 《소희의 방》(푸른책들, 2011)은 소희, 바우, 미르 등을 통해 각기 마음의 상처를 안고 살아가는 청소년들이 사춘기적 자아와의 결별을 자기 이해를 하는 양상을 보여준다. 또한 자기 이해를 통한 '지금-여기'에서의 자아 성장의 과정을 보여준다. 소설의 주요 서사는 소희가 재혼한 엄마와 함께 살기 위해 달밭 마을을 떠나 이사를 가는 데서 시작한다.

나는 느티나무 아래에 서 있는 바우와 미르를 외면한 채 바우 아빠의 트럭에 올라탄다. 아이들이, 고아 아닌 고아가 돼 작은집으로 살러 가는 초라한 내 뒷모습을 보지 않았으면 좋겠다. 차 문을 닫으며 나는 옆에 붙은 거울에 비치는 아이들의 모습을 훔쳐 본다.

바우, 내 삶을 기억하는 순간부터 함께하고 있어 샴쌍둥이 같은 느낌이 드는 아이다. 미르, 전학 온 그 애가 아니었으면 달밭마을에서 보낸 마지막 해는 아픈 할머니를 돌보느라 힘겹고 불안한 날들로만 내 가슴에 남았을 것이다. 바우와 미르 덕분에 나는 엄마 같고 아빠 같은 할머니가 아픈 데도 그 또래 아이들처럼 지낼 수 있었다.

아빠와 엄마는 죽음과 재혼으로 어린 내 곁을 떠나갔다. 그들 대신 날 키워 준 할머니가 돌아가신 지금, 바우와 미르까지 내 삶에서 떼어내는 일은 너무나 힘들다. 하지만 나는 이를 악물고 울음을 참는다. 아이들이 내 마지막 모습을 불쌍한 아이로 기억하지 않았으면 좋겠다.(9-10)

위의 예문에서 알 수 있듯이, 소희는 죽음과 재혼으로 어린 자신의 곁을 떠나간 아빠와 엄마 대신에 달밭 마을에서 할머니와 함께 살았다. 소희에게 바우는 자신의 삶을 기억하는 순간부터 함께 한 샴쌍둥이 같은 인물이며, 서울에서 전학 온 미르는 소희의 상처를 어루만져 준 인물이다. 그들이 함께 했기에 소희는 달밭 마을에서 보낸 마지막 해에 아픈 할머니를 돌보느라 힘겹고 불안한 날들을 견딜 수 있었다. 그랬던 소희는 할머니가 돌아가신 후 재혼한 엄마와 함께 살기 위해 서울로 간다. 서울로 가면서 소희는 바우와 미르를 자신의 삶에서 떼어내는 일이 너무나 힘들지만 이를 악물고 참는다. 바우와 미르가 자신의 마지막 모습을 불쌍한 아이로 기억하지 않기를 바라면서 말이다.

그러나 1년 반이 지났지만 소희는 서울의 엄마 집에 와서 늘 달밭 마을을 떠나던 꿈을 꾸면서 터져 나오려던 눈물을 참았다. 소희에게 "달밭의 냄새는 느티나무 사이를 오가는 바람과 들판에 피어오르던 아지랑이와 이슬 맺힌 보랏빛 달개비 등이 어우러진 풍경에서 느껴지는 향기였다. 봄날 들판에서 풍겨 오는 두엄 냄새와 여름날 소나기가 쏟아지면서 피워 올리는 흙냄새와 가을날 산자락에 핀 들국화 향기와 겨울날 누군가의 집에서 피어오르던 장작 타는 냄새였다. 그리고 그 모든 냄새에는 푸근한 할머니의 품에서 나던 향기가 배어 있었다."(13쪽) 그러나 서울의 엄마 집 정원에서 소희는 달밭 마을의 냄새를 맡을 수 없었다.

> 하지만 재혼한 엄마와 살게 된 소희로서는 부모에 대한 아무런 추억이 없는 편이 차라리 나았다. 엄마와 아저씨의 다정한 모습을 평온한 모습으로 바라볼 수 있으니 말이다. 그래서 할머니가 어떤 일이든 아주 좋기만 한 것도, 나쁘기만 한 것도 없다고 했나 보다. (중략)
> 잠옷을 입은 여자 아이가 거울 속에서 소희를 바라보았다. 달밭마을을 떠나올 때의 키만 껑충한 촌뜨기 계집애가 아니었다. 작은엄마네 미용실에서 바닥의 머리카락을 쓸던 불쌍한 여자애는 더더구나 아니었다. 하지만 열다섯 살짜리 여자 아이의 얼굴에는 설명하기 힘든 불안이 가득 서려 있었다. (중략)
> 싫었다. 소희는 그곳으로 다시는 돌아가고 싶지 않았다.(14-15)

위의 예문에서 알 수 있듯이, 재혼한 엄마와 살게 된 소희는 부모에 대한 별다른 추억이 없는 편이 차라리 낫다고 생각한다. 엄마와 아저씨의 다정한 모습을 평온한 모습으로 바라보는 것이 마음 편했기 때문이다. 그러기에 소희는 "어떤 일이든 아주 좋기만 한 것도, 나쁘기만 한 것도 없다"고 했던 할머니의 말을 조금은 이해할 수 있을 것 같았다. 그러면서 소희는 거울 속의 자신을 바라보면서 열다섯 살인 자신의 얼굴에 설명하기 힘든 불안이 가득 서려 있음을 본다. 소희의 이런 모습은 그가 편안했던 달밭 마을에서의 삶이 아닌 불편한 엄마와의 생활에 아직 적응하지 못했음을 드러낸다. 아울러 소희가 아직은 사춘기적 자아와 결별하지 못한 채 자기 현실을 정확하게 인식하지 못하고 있음을 보여준다.

소희가 처음에 엄마를 따라갈 때 새아빠를 따라 성을 윤씨가 아닌 정씨로 바꾸었는데, 이 때문에 소희는 자신이 원래의 자신이 아닌 것 같다는 생각을 했다. 처음에 소희는 엄마와 같이 살 수 있다면 아무래도 좋다는 생각을 했지만, 이 일은 소희에게 정체성의 혼란을 주었다. 갑자기 윤씨가 아닌 정씨로 살아야 했기 때문이다.

그러나 소희는 달밭 마을에서 살았던 흔적들을 지움으로써 과거의 기억에서 벗어나고자 한다. 이 때문에 서울에서 엄마와 함께 살면서 과거에 자신이 가장 소중하게 여기던 일기장과 친구들을 버렸다. 소희는 달밭 마을에서 가장 친하게 지냈던 바우와 미르를 버리고, 과거에 많은 위안을 받았고 생각하는 힘을 키워주었던 일기장을 버렸다. 이렇게 함으로써 소희는 비참한 과거의 시간들에서 벗어나고자 했다. 그러나 그 일은 그렇게 쉬운 일이 아니었다.

> 할머니가 돌아가셨을 때 소희는 눈물이 나오지 않았다. 그저 멍할 뿐 슬픔도 느껴지지 않았다. 엄마도 지금 그런 것이다. 엄마의 존재를 잊고 살았던 자신에 비하면 엄마는 그동안 어미 원숭이처럼 애가 끊어질 정도로 슬프고 고통스러웠을 것이다. 딸을 다시 만난 지금 온갖 감정들이 소용돌이치면서 엄마의 말문을 막고 있는 것이다.
> 그렇게 이해하려 노력했지만 엄마의 침묵에 짓눌리는 기분이 드는 건 어쩔 수 없었다. 몇 번이나 먼저 말을 걸려고 속으로 연습까지 하다가 그만둔 소희는 조금씩 움츠러들기 시작했다. 에어컨 바람이 차가워서라고, 소희는 생각했다.(33-34)

위의 예문에서 알 수 있듯이, 소희는 엄마와 함께 살면서 침묵하는 엄마에게 짓눌리는 기분 속에 조금씩 움츠러든다. 그러면서 소희는 자신 때문에 그동안 애가 끊어질 정도로 슬프고 고통스러웠을 엄마를 생각하지만, 말문을 막고 있는 엄마에게 쉽게 다가가지 못한다.

새아빠와 함께 살면서 소희는 열한 살인 동생 우혁이로부터 누나란 말을 듣는다. 또한 달밭 마을을 떠난 뒤 가장 갖고 싶었던 자신만의 공간인 방을 따로 갖게 되었다. 그 방에서 소희는 아무런 방해도 받지 않고 공부하고 생각하고 책을 읽고 싶었다. 그러나 그 방은 소희만의 방이 아니라 소희가 쓸 방이었다. '네가 쓸 방'이란 엄마의 말을 들으면서 소희는 자신이 가족이 아니라 얹혀살러 온 객식구라는 느낌을 받으며, 엄마와 자신 사이에 선이 그어져 있는 것 같은 생각을 갖게 된다.

그리고 큰 용기를 내 엄마를 안으며 말했다.
"고마워요, 엄마. 앞으로 잘할게요."
팔을 두르는 순간 소희는 엄마의 몸이 딱딱하게 굳어지는 것을 느꼈다. 엄마는 팔을 어찌해야 좋을지 모를 만큼 당황스러워진 소희를 마주 안는 대신 어깨에 팔을 올려놓았다. 마치 자기를 떼어내려는 동작처럼 여겨져 소희는 얼른 엄마에게서 떨어졌다. 먼저 다가가면 될 줄 알고 한 걸음 내딛었는데 엄마는 두 걸음 물러섰다. 소희는 자신이 엄마를 물끄러미 바라보고 있다는 것도 깨닫지 못한 채 서 있었다. 엄마가 소희의 시선을 피하며 약간 멋쩍은 표정으로 말했다.
"노트북은 우진이 아빠 선물이야. 프린트기도 내일까지 올 거야. 좀 쉬다 시간 되면 저녁 먹으러 내려와."
새아빠나 아저씨가 아니라 우진이 아빠였다. 소희에게는 그것도 무언가 선을 긋는 것처럼 여겨졌다. 엄마가 나간 뒤 딸깍하고 닫히는 방문을 보며 소희는 긴 한숨을 쉬었다.(44-45)

위의 예문에서 알 수 있듯이, 소희는 엄마에게 자연스럽게 고마움을 표현하기 위해 엄마를 껴안으려고 했지만 엄마의 몸은 딱딱하게 굳어졌다. 그런 엄마를 보면서 소희는 엄마에게 얼른 떨어지면서 엄마와 자신 사이에 그어져 있는 선을 다시 한 번 느낀다. 또한 소희는 자신이 가족이 아니라 객식구라는 생각을 더욱 강하게 갖는다. 그러기에 소희는 엄마의 집에서 자신의 이층집의 방 한 칸에 얹혀사는 것 같은 느낌에서 벗어나지 못한다.

소희는 두 개의 시간을 살고 있는 것 같았다. 학교와 집. 학교의 소희는 흐르는 시간에 잘 적응하며 그 시간만큼 발전하고 있었다. 하지만 집에서의 시간은 처음 오던 때와 별반 달라진 게 없이 멈춰 서 있었다.(중략)
그런데 엄마와 살면서도 여전히 거치적거리는 존재로 여겨진다는 사실에 소희는 억울하고 화가 났다. 엄마가 지금 걱정하고 신경 써야 할 사람은 우혁이가 아니라 그동안 버려두었던 자신인 것이다. 소희는 엄마에게 소리치고 싶었다.
'나는 갑자기 생긴 게 아니라 원래부터 있었다고요. 엄마를 뺏긴 건 우혁이가 아니라 내가 먼저라고요.'
하지만 소희는 그 말을 하지 못했다. 엄마까지 자신을 귀찮아하게 될까 봐 무서웠다. 소희는 자신의 방이 있고 반 아이들에게 엄친딸 소리를 듣게 해 주는 이 집을 떠나고 싶지 않았다. 무엇보다 소희는 이제 이 집이 아니면 갈 곳이 없었다.(60-61)

위의 예문에서 알 수 있듯이, 소희는 엄마와 살면서도 자신이 여전히 거치적거리는 존재로 여겨지는 사실에 억울하고 화가 났다. 그러면서 소희는 자신은 원래부터 있었으며, 엄마를 빼앗긴 채 살아왔음을 항변하고 싶었지만, 엄마까지 자신을 귀찮아할까 봐 차마 항변을 하지 못했다. 그러기에 소희는 엄마와 함께 당당하게 살면서 새로운 삶으로 향하지 못한다. 소희와 엄마 사이에는 십 년이 넘는 공백에 의해 좁혀지지 않는 거리가 있었으며, 엄마는 소희에 대한 마음의 빚을 돈으로만 치르고자 했기 때문이다.

채경이는 속을 뒤집어서 햇볕에 널어놓은 것처럼 감정을 감추거나 속이는 것이 없었다. 그래서 때로는 철이 없거나 푼수같아 보이기도 했지만 소희는 그런 채경이가 좋았다. 돌이켜보면 소희는 늘 나이에 비해 조숙하고 생각이 깊은 아이로 칭찬받으며 살아 왔다. 하지만 소희는 칭찬 들을 때마다 느꼈던 기쁨에 곰팡이가 피어오르고 있음을 미처 알지 못했다. 본능적으로, 자기 감정에 충실하고 솔직한 친구를 찾아내 어설프게나마 그 애를 흉내 내며 눅눅한 마음에 햇볕을 쬐고 있음도 알지 못했다. 달밭마을에선 미르가 그런 친구였고 지금은 채경이었다.(72)

위의 예문은 소희가 전학 온 서울의 학교에서 새로 사귄 채경이의 푼수같아 보여도 자기감정에 충실한 채경이를 부러워하고 있음을 보여준다. 지금까지 소희는 늘 나이에 비해 조숙하고 생각이 깊은 아이로 칭찬 받으며 살아왔지만, 실상은 자기감정을 억누르며 살아왔기에 내면에 곰팡이가 피어오름을 늘 느껴왔다. 소희는 지금까지 자신의 동경이나 욕망 자체를 자제하면서 살아왔다. 소희는 자신이 가질 수 없는 욕망에 대해서는 무관심으로 자존심을 지키고 싶었기 때문이다. 그러나 소희가 억눌러 왔던 그의 욕망은 자기감정을 솔직하게 드러내는 채경이 앞에서 적나라하게 드러나면서 소희를 혼란스럽게 만든다.

그런 와중에 소희의 새아빠는 소희에게 친절하게 대한다. 소희를 친딸과 같이 생각하면서 친부녀지간처럼 되기 위해 노력하자고 말한다. 그런 아저씨를 보면서 소희는 진심을 느꼈다. 그렇지만 소희가 아저씨에게 느꼈던 진심은 오래가지 못했다. 소희는 엄마를 때리는 새아빠를 목격했기 때문이다.

소희가 쏟아지는 졸음을 누르지 못해 침대 쪽으로 돌아서려는 순간 아저씨가 갑자기 엄마를 후려쳤다. 엄마가 휘청했다. 소희는 자신이 맞기라도 한 듯 터져 나온 짧은 비명을 손바닥으로 막았다.(중략)

엄마가 나가고 나자 소희는 숨을 토해내며 바로 누웠다. 우진이가 돌아누우며 엄마가 방금 덮어 준 이불을 차 버렸다. 정지됐던 머릿속이 다시 굴러가기 시작했다. 무슨 일이었을까? 엄마한테 왜 그랬을까? 혹시 내가 잘못 본 것은 아닐까? 그동안 소희가 보아온 아저씨는 절대로 그럴 사람이 아니었다. 그렇다면 엄마가 무슨 큰 잘못을 한 걸까? 아니, 아무리 큰 잘못을 했다고 해도 그래서는 안 되는 것이다. 딸이라면 아까 그 장면을 보는 순간 달려 나갔어야 했다. 나가서 아저씨에게 대들거나 따지거나 했어야 했다. 그랬어야 했다.(141-143)

위의 예문에서 알 수 있듯이, 소희는 엄마를 갑자기 후려치는 새아빠를 보면서 극도의 혼란과 불안에 빠진다. 자신이 그동안 보아온 아저씨와는 완전히 다른 모습이었기 때문이다. 또한 엄마가 아무리 큰 잘못을 했더라도 말로 하지 않고 때리는 아저씨를 이해할 수 없었다. 그러기에 엄마가 맞는 장면을 보면서도 대들거나 따지지 못했던 자신을 자책한다.

그런 가운데 소희는 동생 우혁이의 심술 때문에 힘들어한다. 우혁이가 소희의 물건들을 훔쳐서 숨겨버렸기 때문이다.

"그게 발이 달린 것도 아니고 어디 있겠지. 잘 찾아보지도 않고 우진이부터 잡으면 어떻게 해? 우리 애들은 그런 짓 안 해."

순간 엄마의 '우리 애들'이라는 말이 파편처럼 튀어 소희의 가슴에 박혔다. 소희는 자신이 놓여 있는 세상이 잠시 멈춰 섰다가 다시 돌아가는 것 같았다.

'우리 애들이라니. 그럼 나는 엄마의 뭐지? 그럼 지금, 우리 애들이 아닌 내가 거짓말을 한다는 건가?'

소희는 엄마가 자신을 어떻게 생각하고 있는지 그 말 한마디로 다 알 것 같았다. 엄마에게 우리 애들은 우혁이와 우진이뿐인 것이다. 어쩔 수 없이 소희를 데려오기는 했지만 남 같기만 한 것이다. 그런 것이다. 그런 줄도 모르고 소희는 여태껏 엄마의 사랑을 갈구하고, 아니 구걸하고 있었던 것이다. 가슴에 박혔던 말의 파편이 소희의 가슴을 조각냈다. 창 끝처럼 뾰족하고 날카로워진 그 조각들이 입을 열면 목구멍을 타고 올라와 엄마에게로 날아갈 것 같았다.

소희는 안간힘을 써서 입을 막았다. 입만이 아니라 엄마에게로 향하던 온갖 감정이 담긴 마음까지도 막았다.(155-156)

위의 예문에서 알 수 있듯이, 자신의 물건이 없어졌다는 소희의 말을 듣고 엄마는 "잘 찾아보지도 않고 우진이부터 잡으면 어떻게 해? 우리 애들은 그런 짓 안 해."라고 말한다. 엄마의 이 말을 들으면서 소희는 엄마에게 '우리 애들'이란 우진이와 우혁이 뿐이며 자신은 거기에 포함되지 않음을 알게 된다. 이를 통해 소희는 엄마가 어쩔 수 없이 자신을 데려오기는 했지만 남 같기만 했던 것을 더욱 또렷이 이해하면서 여태껏 엄마의 사랑을 갈구했던 자신을 자책한다. 이런 자책 속에 소희는 엄마의 말 때문에 깊은 상처를 받는다. 그렇기 때문에 소희는 엄마에게로 향하던 온갖 감정을 포기하게 된다.

소희를 바라보는 엄마의 표정에 고통의 빛이 스며들고 있었다. 소희는 그 얼굴이 무엇을 뜻하는지 알 수 없는 채 마주 보았다.
"나한테는 솔직하게 말해도 돼. 다 이해할 수 있어."
엄마의 목소리에는 슬픔이 깃들어져 있었다. 소희의 얼굴이 일그러졌다.
"뭐를 솔직하게 말하라는 거예요? 우진이나 우혁이는 그럴 애들이 아니라면서, 나는 거짓말이라도 한다는 거예요?"
소희가 쏘아붙였다. 꼭 쥔 주먹이 파르르 떨렸다.(161)

위의 예문에서 알 수 있듯이, 소희는 엄마에게로 향하던 마음을 접었기에 솔직하게 말하라는 엄마의 말에 분노를 느낀다. 물론 슬픔이 깃들어져 있는 엄마의 얼굴을 보면서 소희도 깊은 슬픔을 느낀다.

'나를 이렇게 만든 건 엄마야. 나를 엄마의 아이들 밖으로 밀어낸 건 엄마라구. 그러니까 엄마가 바라지 않는 행동을 해도 이건 모두 엄마 탓이야.'
거울 속의 아기가 고개를 끄덕였다. 소희는 문득 그동안 자청한 거라고 여겼던 모범생 역할이 실은 보이지 않은 강요에 의한 것인지도 모른다는 생각이 들었다. 부모 없이 할머니와 사는 환경이, 할머니로부터도 버림받을지 모른다는 두려움이, 동정이나 비난이 죽기보다 싫었던 자존심이, 모범생 노릇을 할 때나 따뜻한 시선으로 바라봐주는 어른들이……. 보이지 않는 강요는 잠깐 동안 생각해도 줄줄이 떠오를 만큼 많았다.
소희는 자신에 대한 연민이 울컥 솟구치는 것을 지그시 눌렀다. 이제 상관없었다. 강요에 의해 억지로 입고 있었던 모범생 옷은 조금 화장실에서 벗어 버렸다.(180)

위의 예문에서 알 수 있듯이, 소희는 엄마가 자신을 엄마의 아이들 밖으로 밀어냈다고 생각한다. 또한 소희는 자신이 그동안 자청한 거라고 여겼던 모범생 역할이 실상은 보이지 않는 강요에 의한 것임을 깨닫는다. 부모 없이 할머니와 사는 환경이, 할머니로부터도 버림받을지 모른다는 두려움이, 모범생 노릇을 할 때나 따뜻한 시선으로 바라봐주던 어른들이 소희 자신을 그렇게 만들었던 강요였음을 인식한다. 이런 인식 속에 소희는 강요에 의해 억지로 입고 있었던 모범생의 옷을 벗어버리고 자기감정에 충실하고자 한다.

> "난 엄마하고 이 집 식구들한테도 칭찬받는 모범생이 되고 싶었어요. 그런데 엄마가 날 봐준 적 있어요? 엄만 늘 날 눈치보고 주눅 들게 만들었어요. 아기 때 팽개쳐 놓았다 이제 겨우 데려와 놓고선 어떻게 그럴 수가 있어요? 이럴 거면 왜 데리고 왔어요?"
> 소희 가슴속에 가시처럼 박혀 있던 말들이 튀어나와 엄마에게로 날아갔다. 가시들조차 소희를 지탱해 주는 힘이었는지 그 말을 떠나간 자리마다 휑한 구멍이 생겼고 그 사이로 찬바람이 불었다.(중략) 그 순간 엄마가 소희를 붙잡듯 허겁지겁 말했다.
> "널 데려오는 게 나도 쉽지는 않았어. 얼마나 큰 용기가 필요했는지 너는 모를 거야."(중략)
> "그래 너를 두고 온 그 순간부터 너는 내 삶을 옥죄는 족쇄였어. 너를 잃듯이 또 우혁이, 우진이를 잃을까 봐 나는 죽은 듯이 살았어."
> 마치 혼은 어디로 보내고 껍데기만 앉아서 주어진 대사를 외우고 있는 것 같았다. 소희의 머릿속으로 한밤중에 보았던 풍경이 섬광처럼 지나갔다. 소희는 더 이상 아무 말을 하지 못했다. 소희가 그 장면을 보았다고 하면 이미 혼을 내보낸 엄마의 육신이 폭삭 무너져 먼지처럼 사라져 버릴 것 같았다.(206-208)

위의 예문에서 알 수 있듯이, 소희는 엄마의 집에서 식구들로부터 칭찬받는 모범생이 되고 싶었지만, 엄마가 자신을 늘 눈치보고 주눅들게 만들었음을 말한다. 또한 아기 때 팽개쳐 놓았다가 이제 겨우 데려와서 눈치 보게 만든 엄마에게 서운했음을 말한다. 이런 소희의 가시 박힌 말들을 들으면서 엄마는 자신도 소희를 데려오기가 쉽지 않았음을 말한다. 소희를 데려오기 위해서는 매우 큰 용기가 필요했으며, 소희를 두고 온 순간부터 소희가 자신의 삶을 옥죄는 족쇄였음을 말한다. 엄마의 이런 혼이 빠진 말을 들으면서 소희는 새아빠가 엄마를 때리던 장면을 떠올리면서 엄마를 측은하게 생각한다.

그렇더라도 자신이 엄마의 족쇄였다는 말은 계속 소희의 일상은 물론 꿈속까지 따라다녔다.(중략) 엄마에게조차 그런 존재가 되는 게 견딜 수 없어 자다가 벌떡 일어나 가방을 싼 적도 있었다.

하지만 시간이 지날수록 비참함과 절망감이 옅어져 갔다. 내성이 생겨서가 아니라 어느 날 문득 깨달은 생각 하나가 자리를 넓혀 가고 있었기 때문이다. 떨어져 산 내내 자신이 엄마 삶을 옥죄는 족쇄였다는 말은 소희를 향한 원망이기도 했지만 한편으로는 엄마에게 한시도 잊을 수 없고 떨쳐낼 수 없는 존재였다는 고백이기도 한 것이다. 그 생각은 냉기로 가득 차 있던 소희의 마음을 저 밑바닥부터 서서히 데우기 시작했다.(208-209)

위의 예문에서 알 수 있듯이, 소희는 자신이 엄마의 삶을 옥죄는 족쇄였다는 말을 들으면서 자기 존재성에 대한 비참함과 절망감에 빠진다. 그러나 소희는 자신이 엄마에게 한시도 잊을 수 없고 떨쳐낼 수 없는 존재였다는 고백이었음을 생각하면서 그러한 비참함과 절망감이 점차 옅어짐을 느낀다. 이런 느낌 속에 소희는 엄마와 자신 사이에 놓여 있던 커다란 기둥 같은 쑥 뽑혀나간 것 같은 생각을 한다. 또한 소희는 자신을 향한 엄마의 말이나 행동, 눈빛에서 새롭게 시작되는 관계가 주는 설렘이나 흥분 같은 것을 느끼곤 했다. 이런 가운데 소희는 점차 엄마의 집에서 적응을 하게 되고, 이를 통해 자신의 존재성을 점차 인정하게 된다. 그러기에 소희는 자신을 증명해 보이기 위해 열심히 공부를 한다. 또한 자신에게 심술을 부리는 동생 우혁이를 점차 인정하면서 가족의 구성원이 되어 간다.

"내가 어리석었어. 자식을 잊는 게 무슨 복수라구. 너를 두고 온 뒤 난 행복한 적이 없었어. 자식 떼어 놓고 와서 행복하면 벌 받을 것 같아서 늘 마음을 움츠리며 살았고, 우혁이도 제대로 사랑하지 못했어. 아무리 어려도 우혁이는 내가 그러는 걸 알았을 거야. 그래서 우혁이가 너한테 그랬을 거야."(중략)

"(전략) 그리고 그동안 마음 편하게 해 주지 못한 것도 미안해. 그래도 널 데려온 다음부턴 다리 뻗고 잘 수 있었어. 널 보내고 다시 그 지옥 속으로 돌아갈 수 없어. 이젠 못 해. 함께 살자, 소희야, 부탁이야."

엄마가 손바닥에 얼굴을 묻고 흐느끼기 시작했다. 소희는 한동안 바라보기만 하다 주춤주춤 다가가 엄마의 어깨를 끌어안았다.(238-239)

위의 예문에서 알 수 있듯이, 소희는 자신을 떼어 놓고 와서 하루도 행복한 적이 없었으며, 자신을 데려온 뒤에도 마음 편하게 해주지 못해 미안하다는 엄마의 말을 들으면서 엄마를 이해하게 된다. 그러기에 소희는 손바닥에 얼굴을 묻고 흐느끼는 엄마의 어깨를 끌어안을 수 있었다. 아울러 엄마를 때리는 아저씨에 대한 원망을 표출한다.

소희는 눈물범벅이 된 얼굴로 아저씨를 올려다보면 천천히 일어섰다. 무어라 설명하기 어려운 표정으로 아저씨가 소희를 보았다. 아저씨를 원망 가득한 시선으로 바라보던 소희는 자기도 모르게 두 손을 모으며 말했다.

"아저씨 나쁜 사람 아니잖아요. 저 아저씨 미워하기 싫어요. 제발 우리 엄마한테 더는 그러지 마세요. 엄만 어쩔 수 없어서 참고 있는 거예요. 괜찮아서가 아니라 죽을힘을 다해서 견디고 있는 거라구요."

거세게 터져 나오는 울음 때문에 더 이상 말을 잇기가 힘들었다.

아저씨는 무슨 말인가를 하려고 입술을 달싹이다가 소희의 어깨를 한 번 만졌다 놓고는 계단을 올라갔다. 커다란 짐을 짊어지고 올라가는 것처럼 발소리가 무겁고 느렸다.(289-290)

위의 예문에서 알 수 있듯이, 소희는 새아빠에게 그를 미워하기 싫다고 말하면서 제발 엄마를 때리지 말라고 울면서 말한다. 또한 엄마는 괜찮아서가 아니라 죽을힘을 다해서 견디고 있음을 말한다. 그런 소희의 말을 들으면서 새아빠는 커다란 짐을 짊어지고 올라가는 사람처럼 자기 삶에 대한 회의에 빠진다.

"소희야, 미안하다. 그동안 많이 생각했는데, 아저씨가……잘못했어. 앞으로는 그런 일 없을 테니까 마음 놓아. 그리고 리나한테도 말 좀 잘해 줘."

단둘이 있는 게 어색해 피하고만 싶었던 소희는 아저씨를 놀란 눈으로 바라보았다. 아저씨가 헛기침을 하며 슬그머니 눈길을 피했다. 아무리 잘못했다고 해도 소희에게 그런 말을 하기는 쉽지 않았을 것이다. 소희는 모든 걸 다 가진 키다리 아저씨 같기만 하던 아저씨가 실은 실수도 하고, 후회도 하고, 자식한테 잘 보이려고 전전긍긍하는 평범한 아빠라는 사실을 깨달았다. 그러고 나니 아저씨를 대하기가 한결 편해졌다.

"네, 아……빠."

소희는 그동안 수없이 속으로만 연습했던 단어를 소리 내 말했다. 소희만큼이나 아저씨가 수줍게 웃었다.(292)

위의 예문은 엄마를 다시는 때리지 말라는 소희에게 새아빠가 미안하다고 말하고 있음을 보여준다. 또한 자신에게 미안하다고 말하는 새아빠에게 소희가 마음의 문을 열면서 새아빠도 실수도 하고 후회도 하는 평범한 아빠임을 인정하고 있음을 보여준다. 새아빠가 평범한 아빠임을 인정했기에 소희는 그를 '아빠'라고 부를 수 있었다. 아울러 가족의 구성원으로서 자기 존재에 대한 긍정 속에 자기 이해를 도모할 수 있었다.

> 하지만 산다는 것의 진정한 의미는 여름날의 무성함과 찬란함이 아니라 겨울날의 초라함과 힘겨움에 담겨 있는 것인지도 모른다. 달밭마을의 느티나무처럼 밧줄에 가지를 의지한 채 눈바람을 맞는 일이, 그것을 견디는 일이 인생일 것이다. 내가 행복을 느끼는 순간에도 삶은 그럴 것이다.
> 그것을 알기에 나는 앞으로 이 일기장에 담기는 행복하고 즐거운 일은 물론 힘들고 괴롭고 아픈 일까지도 모두 다 사랑할 것이다. 그럴 것이다.(296)

위의 예문에서 알 수 있듯이, 소희는 자기이해를 통해 산다는 것의 진정한 의미를 깨닫고 있다. 소희가 깨달은 사는 것의 진정한 의미는 아픔이 없는 찬란함이 아니라 겨울날의 초라함과 힘겨움을 겪은 아픔에 담겨 있다. 이런 깨달음을 통해 소희는 인생이란 견뎌내는 것임을 말하면서 자신의 모든 일들을 사랑할 것이라고 말하고 있다. 괴롭고 힘든 일까지도 모두 다 사랑할 것이라고 말함으로써 소희는 진정한 자기이해를 통해 성장의 길로 나아가게 된다. 또한 이러한 성장의 모습을 통해서 생을 긍정하고 적극적으로 맞서나갈 수 있을 것이다.

2) 타자와의 관계 형성을 통한 자아 성장

이제미의 《번데기 프로젝트》(2010, 비룡소)의 주인공 정수선은 공부도 못하고, 부자도 아니고, 예쁘지도 않고, 인기도 없고, 싸움도 못하는 아이로 있어도 그만 없어도 그만인 아이다. 그러기에는 그는 교실에서 존재감이 거의 없는 인물이다. 하지만 내적으로는 청소년문학상 공모에 당선되어 자신의 우상인 이보험 작가가 교수로 있는 대학에 가고 싶다는 야무진 꿈을 갖고 있다. 하지만 아빠가 삼촌에게 보증을 선 일이 잘못되어 매달 500만원의 은행 빚을 갚아야 하는 현실 때문에 정수선을 포함한 온 가족은 식당에서 일을 해야만 한다.

이 소설은 경제적 결핍 상황이 청소년의 꿈과 미래에 어떤 영향을 미치는지, 경제력을 최우선으로 여기는 아버지의 가치관이 자녀에게 주는 좌절과 고통의 깊이가 어느 정도인지를 보여주고 있다. 더불어 부모의 일방적인 기대나 바람, 등수로 학생의 모든 것을 평가하려는 교사의 편견에서 벗어나 자신이 원하는 삶이 무엇인지 고민하고 이를 위해 스스로 길을 찾는 주체적인 청소년들의 모습을 형상화하고 있다.

이 소설에서 아버지는 은행 빚을 갚는 데만 관심이 쏠려 있어 고등학생인 딸들의 미래에는 신경 쓸 겨를이 없다. 인건비를 아끼기 위해 두 딸을 하교 후 바로 식당으로 불러들여 자정 가까운 시간까지 일을 시킨다. 작가가 되고 싶은 딸이 틈틈이 책을 읽는 것도 용납하지 않고, 반항적인 행동을 하면 폭력을 일삼고 딸이 아끼는 책을 빼앗아 더러운 오물 바닥에 던져 버린다.

이 소설에서 주인공을 구원하는 인물은 문학 담당 허무식 선생님이다. 학창시절 비키로타키 공모전에서 3년 내내 떨어진 이후 작가의 꿈을 접은 선생님은 독특한 교사상을 실천한다. 여학생들에게 공부나 돈보다는 몸매가 더 중요하니 에스라인을 만들어야 한다면서 힙업 운동을 하고 허리를 꼿꼿이 펴고 앉으라고 하며, 마이클 잭슨의 일주년 추모식 날에는 하루 종일 슬픈 얼굴로 학생들을 대한다. 허무식 선생님은 학교 성적에만 연연해하거나 교사의 권위를 내세우는 다른 선생님들과는 다르다. 그렇기 때문에 여학생들에게 가장 인기 있는 교사이다. 소설가의 꿈을 갖고 있는 주인공 정수선에게 스스로 코치를 자처하며 목표 설정부터 공모전 정보, 작가 훈련까지 도맡아 지도한다. 또한 식당에서 일하느라 소설 쓸 시간이 없어 힘들어하는 정수선에게 '시간 일기'라는 동호회를 소개해 주며 문제를 해결할 방법을 알려준다. 허무식 선생님의 도움으로 태산여대 백일장에서 1등을 하고, 천둥대 공모전에서도 최우수상을 탄 정수선이 당선 작품과 관련하여 이상한 일에 말려들 때도 부모 대신 나서서 보호자 역할을 한다. 결국 정수선이 소설가의 꿈을 꾸고, 도전하고, 실패하고, 좌절하고, 꿈을 이루어 내는 모든 과정 속에 허무식 선생님이 조력자 역할을 한다.

이 소설의 전반부에는 정수선과 아빠와의 갈등이 주를 이루지만, 후반부에서는 '시간 일기'라는 문학 동호회에서 알게 된 '치타'라는 사람과 정수선의 갈등이 주를 이룬다. 주인공인 정수선이 공모전에 나가려고 마음먹은 순간부터 허무식 선생님이 코치 역할을 자처하며 매번 도움을 주는데, 치타라는 인물과의 갈등 해결에도 허무식 선생님은 적극적으로 개입한다.

그놈들, 순진한 학생을 상대로 사기 치려는 거 아냐? 아무래도 안 되겠다. 내가 같이 가서 교섭을 하던가 해야지. 너 혼자 나갔다가는 그놈들한테 안 돼. 괜히 말도 안 되게 불리한 계약서에 사인하고 올 수도 있다고. 그때 가서는 작품을 방송에 못 내보낸다고 해도 취소가 안 되는 거야. 그놈들이 계약서를 들이대면서 네가 사인했지 않았느냐고 우기면, 너 뭐라고 할 거야? 할 말 있어? 안 되는 거야. 섣불리 행동하지 말고 기다려. 일단, 만나자고는 해. 하지만 꼭 내가 따라가야만 한다. 알았냐? 절대 너 혼자서는 안 돼.(235)

위의 예문에서 알 수 있듯이, 당선된 작품을 드라마로 만들어보고 싶다는 제안을 받은 정수선은 이 문제를 허무식 선생님과 상의한다. 정수선은 무조건 1억을 계약금으로 받아오라는 현실성 없고 자기중심적인 사고를 하는 아빠 대신 허무식 선생님과 모든 것을 상의하면서 처리한다. 그의 작품이 드라마로 방영되면서 치타와의 갈등이 고조되는데, 허무식 선생님은 정수선이 방송계 사람들과 치타와 만나 협의하는 자리에 매번 동참하여 제자의 입장을 밝히고 그가 상처받지 않도록 해준다.

이러한 양상은 청소년 인물인 정수선이 자신의 일을 스스로 해결하지 못하고 어른인 허무식 선생님의 도움으로 해결하는 것을 보여준다. 소위 동화적 해결을 통한 해피엔딩의 결말을 통해 청소년의 주체성을 형상화하고 있지 못하고 있다. 또한 관념적으로 갈등을 해결함으로써 문학성이 감소되는 양상을 드러낸다. 주인공인 정수선은 각종 청소년 대상 공모전에서 당선되고, 당선된 작품이 드라마로 만들어져 유명세를 타지만, 가정의 경제 위기 상황과 아버지와의 갈등, 그리고 개별성을 인정하지 않는 학교생활에는 변함이 없다.(이금주, 2011:58)

나는 다음 시간인 한문책을 꺼내 책상 위에 올려놓고 자리에 엎드렸다. 한문 수업 대신 워킹 수업을 받고 싶었지만 대한민국 교육계의 현실은 너무도 비현실적이었다. 나는 한문 선생님이 들어와 공책 가득히 한문을 빽빽이 쓰라고 시키기 전까지 그 자리에 꼼짝 않고 엎드려 있었다. 그렇게 하면 마음이 편하고 남들의 시선으로부터 자유로워질 수 있었다. 진정한 왕따가 되는 법과 진정한 작가가 되는 법은 어쩌면 이리도 비슷한지.

그래도 아무리 세상이 내게 등을 돌리고 때론 내가 등을 돌려도, 난 계속 글을 쓸 거였다.(297)

결국 주인공은 변하지 않는 상황 속에서도 끝까지 자신의 꿈을 향해 달려 나가리라 다짐한다. 그동안 좌절하고, 원망하며, 아빠에 대해 반항적인 모습을 보여주었던 정수선은 현실을 받아들이고, 이를 극복해 나가려는 성숙한 정체성을 형성하게 된다.

선택은 네가 하는 거야. 난 자격이 없어 그건 네 아버지도, 교장선생님도, 그리고 나도 결정할 수 없는 문제야. 네 인생이니까. 정수선이라는, 장차 거대한 세계적인 기업이 될 수도 있고 아니면 그냥 조그마한 구멍가게가 될지도 모르는 한 가능성 있는 인재의 앞날을 선택할 수 있는 사람은 바로 자신이라는 얘기다. 알겠냐?(125)

위의 예문에서 알 수 있듯이, 허무식 선생님은 정수선에게 그의 인생을 선택할 수 있는 사람은 그 누구도 아닌 자신임을 말하고 있다. 이는 청소년의 고유한 주체성과 정체성을 강조한 것이며, 청소년기의 중요성을 인식한 것이라 할 수 있다. 아울러 청소년의 삶에서 중요한 것은 고유한 정체성을 형성해 미래의 삶을 설계하고 대비하는 것임을 말하고 있다.

3) 타자와의 관계 형성을 통한 정체성 형성의 양상

이경화의 《저스트 어 모멘트》(2011, 탐)은 고교생 아르바이트생을 내세워, 청소년들이 어른이나 또래 청소년과의 관계 형성을 통해 정체성을 형성해 가는 모습을 보여준다. 이 소설의 주인공 시은이는 아빠의 학원이 망한 후 식당 아르바이트를 하게 된다. 그곳에서 시은이는 소희 언니, 수빈이 언니, 지훈 등을 만나고, 그들과의 만남을 통해 청소년 아르바이트생을 착취하는 어른들의 위악성을 직접 체험한다. 이러한 체험을 통해 시은이는 장차 험난한 세상에서 견디기 위해서는 굳건한 자기 나름의 삶의 방식이 필요함을 인식하게 되는데, 이러한 시은이의 모습은 그가 정체성을 새롭게 형성하는 데서 가능하다.

이 소설에서 시은이의 아빠는 학원 정규 시간 규정을 어겨 그가 운영하던 학원을 한 달 동안 폐쇄해야 했다. 이 때문에 시은이의 아빠는 결국 학원을 내놓아야 했다. 이런 집안 상황에서 시은이는 집안 경제에 도움이 되려고 아르바이트까지 생각하고 있는데 그녀의 부모님은 별 관심을 보이지 않는다. 그러기에 시은이는 부모와의 대화를 통해 자기 삶을 개척할 수 없는 상황에 놓이게 된다.

시은이의 아빠가 학원을 내놓고 시은이가 아르바이트를 생각하게 된 배경에는 시은이의 친구인 혜연이의 엄마 때문이다. 시은이는 혜연이에게 자신의 아빠가 명문대를 나오긴 했는데 그게 지방 캠퍼스고 학원도 빚으로 샀다는 말을 한 적이 있는데, 시은이가 한 말을 혜연이는 자신의 엄마에게 했다. 그리고 혜연이 엄마는 자기 딸에게 들은 내용을 다른 학부모들에게 소문을 냄으로써 결과적으로 시은이의 아빠가 학원을 운영할 수 없게 만들었다. 그렇기 때문에 시은이는 자신이 한 말에 대한 비밀을 지켜주지 않았고, 자신의 아빠를 무시한 혜연이에게 상처를 받았다.

> 조금이라도 이해해 주기를 바란 건 욕심이었던 것 같다. 시간이 흐를수록 내게 머무르던 주희의 시선이 짧아지고 있다. 이제 며칠 있으면 여름 방학인데 방학이 끝나고 2학기가 시작되면 나는 어떻게 되는 걸까? 거짓말쟁이가 돼서 친구 하나 없이 혼자 체육관에 가고 혼자 밥을 먹고 혼자 매점에 가고……. 쉬는 시간하고 점심시간에는 누가 말 걸어 주기를 기다리며 두리번거리다가 책상 위에 엎드려 잠든 척이나 하고 있어야 하는 걸까.(21-22)

위의 예문에서 알 수 있듯이, 시은이는 아빠의 학력이 지방 캠퍼스 명문대인데도 서울의 명문대라고 거짓말을 했다는 누명을 쓰고 친구 하나 없이 혼자 학교생활을 한다. 이런 상황에서 시은이는 다른 친구들이 자신을 조금이라도 이해해 주기를 바랐는데, 그건 욕심이었음을 인식한다.

> 사실 부모님이 생각하는 것보다 우리는 훨씬 더 많은 것을 알고 있다. 얼굴 표정을 통해서 말투를 통해서 그리고 소곤소곤하는 속삭임을 통해서. 엄마와 함께 시장에 나갔다가 생선 파는 아줌마가 "저 여편네, 있는 체는 되게 하면서 깎기는 더럽게 깎아."하는 소리도 듣고, 동네 아줌마가 "얼마나 수준이 낮은지 내가 할 말을 잃었잖아."하며 쑤군거리는 소리도 듣는다. 부모님이 하는 일이 항상 옳은 것도 아니고 항상 최선을 다한 것도 아니라는 것을 안다.
> 어쩌면 나는 아빠가 하는 일을 자랑스러워했을지도 모른다. 수치스러움을 감추기 위해 불법을 단속하는 정의로운 일을 한다고 자기 최면을 걸었을지도 말이다. 누군지 되게 안됐다. 어떻게든 부모님을 이해하려고 노력했던 예전의 나처럼…….(38)

위의 예문에서 알 수 있듯이, 시은이는 자신과 같은 청소년들이 어른들이 생각하는 것보다 어른들에 대해 훨씬 많은 것을 알고 있음을 말하고 있다. 어른들의 얼굴 표정이나 말투, 속삭임을 통해서, 시은이는 부모님이 하는 일이 항상 옳은 것도 아니고 항상 최선을 다한 것도 아니라는 것을 알고 있음을 말한다. 이렇게 말하는 시은이는 부모와의 관계 형성을 통한 자아 성장의 계기를 마련하지 못하고 있다. 그렇기 때문에 시은이는 부모님께 더 이상 용돈 달라는 소리를 하지 않는 대신, 스스로 아르바이트를 한다.

스스로 아르바이트를 한 첫날에 시은이는 허둥대기만 할 뿐 일을 맵시 있게 하지 못한다. 시은이가 아르바이트를 하게 된 가게의 이름은 '저스트 어 모멘트'였는데, 그곳에는 소희 언니와 수빈이 언니가 있었다. 시은이는 아르바이트를 하게 된 가게에서 일을 매우 잘하는 소희 언니를 멋있다고 생각한다. 소희 언니는 일을 잘할뿐더러 사장님하고 지배인 오빠한테 할 소리는 다하기 때문이다. 그러던 후 시은이는 '저스트 어 모멘트'에 아르바이를 하러 온 잘 생기고 말 잘하는 정운이를 보고 머릿속이 하애지는 경험을 한다.

> 그리고 나는 놀라운 신체 경험을 했다. 일단 머릿속이 하애졌고 눈빛이 풀리는 기분이 들었으며 손이 달달 떨리기 시작했다.(중략)
> 그 아이의 이름은 정운이랬다.
> "나이는 열일곱, 아르바이트 경험 다수. 현재 무늬만 남녀공학인 대길 고등학교 1학년에 다니고 있음. 끝. 아, 성격이 좀 욱함."
> 정운이는 빠른 말투로 자기소개를 마쳤다. 다른 건 모르겠지만 성격이 급한 건 분명했다. 그리고 말을 참 잘했다. 나와는 정반대로.(54-55)

위의 예문에서 알 수 있듯이, 시은이는 자신과 마찬가지로 고등학교 1학년인 정운이를 처음 보면서 눈빛이 풀리는 기분을 느낀다. 자기와는 정반대로 말을 참 잘했기 때문이다.

> "뭐야, 이 반짝반짝 빛나는 눈동자들은? 내가 오기만을 그렇게 기다린 거예요?"
> 정운이는 귀여운 표정까지 지어 보였다.
> 아, 뭐 이런 애가 다 있어?
> 뭐 이렇게 괜찮은 애가……
> 아, 이런 애를 매일매일 볼 수 있다니 너무 좋다. 하지만 나는 오후 장사 내내 정운이를 한 번도 보지 않았다.(56)

위의 예문에서 알 수 있듯이, 시은이는 점차 정운이에게 빠져들면서 정운이를 매일매일 볼 수 있어서 너무 좋다고 생각한다. 그렇지만 시은이는 정운이를 일부러 쳐다보지 않는다. 이런 시은이의 모습은 사춘기 소녀가 첫사랑의 감정을 느끼는 전형적인 모습을 보여준다고 할 수 있다. 또한 부모와의 관계 형성을 통해 자아 성장의 계기를 마련하지 못한 시은이가 정운이를 통해 자아 성장의 계기를 마련할 수 있음을 보여준다.

그러던 와중에 시은이는 소희 언니를 통해 지배인 오빠가 사장에게 철저하게 착취당했다는 말을 듣는다. 사장은 지배인 오빠를 철저히 이용하면서 인간적인 대접을 하지 않았다. 사장은 지배인 오빠와 근로계약서를 쓰지 않았는데, 이를 이용해서 임금을 제대로 주지 않았다. 지배인 오빠가 임금을 제대로 주지 않는 사장에게 항의했지만, 사장은 어린 나이에 지배인 노릇했으면 그것도 괜찮은 경험이라고 말하면서 그의 항의를 묵살한다.

한편 시은이는 새삼 사장의 횡포를 인식하면서 정운이를 통해 어른이 된다는 것의 의미를 알게 된다.

> 정운이 말했다.
> "그럴 때는 이렇게 말하는 거여. 씨발."
> "하."
> 또 그 소리가 나왔다. 나는 얼른 입을 막았다.
> "어른이 되어 가는 과정은 바로 욕을 배워 가는 과정이거든. 정말 씨발스럽지."(중략)
> "욕을 한다는 건 인정한다는 거거든. 피하지 않고 이 더러운 현실을 받아들인다는 거야."
> 정운이는 눈을 반짝거리며 말을 했다.(80-81)

위의 예문에서 알 수 있듯이, 정운이는 어른이 되어 가는 과정은 욕을 배워 가는 과정이라고 말한다. 그리고 욕을 한다는 것은 더러운 현실을 받아들이는 것이며, 그러한 현실을 받아들인 다는 것은 그것에 맞서서 싸워 가는 것임을 말한다. 이런 정운이의 말을 들으면서 시은이는 비로소 어른이 된다는 것의 의미를 생각한다. 그러기에 시은이는 전문대학을 나온 후 취직하기 전에 잠깐만 아르바이트를 하려고 했다가 이 가게에 눌러앉은 소희 언니를 보면서 현실을 받아들이는 어른이 된다는 것의 의미를 되새긴다.

> 나는 소리를 꽥 질렀다. 부모님은 고개를 돌리고 어이없는 눈으로 쳐다봤다.
> "너 지금 뭐랬니?"
> 속이 시원하다. 유년시절의 나는 자라 청소년이 되었다. 그것도 노동하는 청소년.(중략)
> "오늘 주급 탔어요."
> 내가 구걸하기 전에 줬으면 좋겠다.
> "그래서 와인이랑 엄마 셔츠 산거예요. 아, 초콜릿도."
> 그게 부모님 아닌가?
> "아, 미안하구나."

아빠가 머뭇거리며 말했다.(100-101)

위의 예문에서 알 수 있듯이, 시은이는 노동하는 청소년이 되어 유년시절에서 벗어나고 있다. 그는 처음 받은 주급으로 부모님의 선물을 산다. 이런 행동을 통해 시은이는 부모로부터 독립적인 삶으로 나아간다.

　　"저런 애가 내 남자 친구라면 얼마나 좋을까?"
　　수빈이는 잠시 아무 말이 없더니 뜬금없이 물었다.
　　"너 학교 다니지?"
　　"……."
　　"나는 안 다녀. 집 나왔어. 아빠가 자꾸 때려서."
　　수빈이는 무릎을 세워 얼굴을 받쳤다. 나는 어찌해야 좋을지 몰라서 가만히 있었다.
　　"소희 언니는 알고 있어. 내가 다 말했거든."
　　수빈이는 울고 있는가 보았다.
　　"돈 벌어야 검정고시 학원에 다닐 수 있어. 대학은 가고 싶거든."(116-117)

위의 예문에서 알 수 있듯이, '저스트 어 모멘트'에서 일하고 있는 수빈이는 아빠의 폭력 때문에 가출을 한 청소년이다. 수빈이는 그런 자기의 처지를 원망하면서도 돈을 벌어 검정고시 학원에 다니고, 그 후 대학에 가고 싶어한다. 수빈이의 이런 모습은 오늘날 수많은 청소년들이 학교 울타리 밖으로 내몰린 채 아르바이트를 해야 하는 현실을 반영한다. 아울러 청소년들의 가출에는 부모의 폭력과 학대가 많은 이유가 되고 있음을 보여준다.

가출을 했거나 하지 않은 많은 청소년들은 미성년이라는 이유 때문에 아르바이트 현장에서 제대로 임금을 받지 못하고 있다. 미성년자로서 청소년들은 어른들의 위악성을 충분히 이해하지 못해서, 그리고 위악적인 어른들에게 어떻게 대처해야 하는지를 몰라서 착취를 받는다. 그런데 이 소설에서 정운이는 청소년들의 노동력을 착취하는 위악적인 어른들에게 저항한다. 그가 저항하는 방법은 정당한 임금을 달라고 피켓 시위를 하는 것이다.

　　"이제부터 정말 멋진 일을 하는 거지."
　　정운이는 그 말을 하고 손에 든 것을 보여주었다. 피켓이었다. 나는 소리 내어 읽었다.
　　"저스트 어 모멘트는 청소년에게 최저 임금을 보상하라."

"여기서 시위할 거야."

정운이는 맑은 얼굴로 말했다.(123)

"가게 앞에서 남자애가 시위하고 있어요. 모르셨어요?"

손님은 손가락으로 밖을 가리켰다. 사장님은 부리나케 밖으로 나갔다. 고자질을 한 손님도 따라 나갔고 소희 언니도 쟁반을 소리 나게 던지고는 밖으로 나갔다. 나도 나가고 싶었다.(127)

위의 예문에서 알 수 있듯이, 정운이는 청소년 아르바이트생들에게 최저 임금을 보장하지 않는 사장에 대한 저항으로 1인 피켓 시위를 한다. 사장은 피켓 시위를 하는 정운이를 달래 임금을 온전히 지불한 후 그를 해고한다. 정운이는 자신의 몫을 위해 정당하게 일하고 요구했는데, 이런 정운이의 모습은 시은이에게 상당한 충격을 주었다. 늘 순응적으로만 위악적인 어른들을 대했던 시은이에게 피켓 시위를 하는 정운이는 새로운 삶의 방식을 가르쳐주었기 때문이다.

정운이가 가게를 떠난 후 시은이는 정운이 없는 가게가 생기를 잃고 있음을 느낀다. 그러면서 시은이는 정운이를 통해 가게 사장이 위악적인 어른의 전형임을 인식한다.

사장님은 아래도 상관이 없는 걸까? 돈만 벌 수 있다면 무엇이 어찌되든 괜찮은 걸까? 왜 돈을 버는 걸까? 사장님은 그 많은 돈으로 무엇을 하는 걸까? 좋은 집에서 좋은 차를 몰고 좋은 옷을 입고 좋은 것을 먹는 게 그렇게 좋을까? 사장님 가족은 부자라서 행복할까?(141)

위의 예문에서 알 수 있듯이, 시은이는 돈만 벌 수 있다면 무엇이 어찌되든 괜찮다고 생각하는 가게 사장을 보면서 진정한 행복의 의미를 성찰한다. 시은이가 생각하기에 좋은 집에서 좋은 차를 몰고 좋은 옷을 입고 좋은 것을 먹는 것은 진정한 행복이 아니다. 진정한 행복이란 다른 사람과 함께 하는 것이기 때문이다.

지배인 오빠와 소희 언니, 주방 아줌마들을 보며 그리고 점심때 잘 차려입고 앉아 밥을 먹는 회사원들의 절반이 비정규직이라는 이야기를 들은 후로, 내가 과연 정규직으로 취직할 수 있을까 걱정을 한다. 특별히 좋아하는 과목도 특별히 잘하는 것도 없다. 공부도 못한다. 부모님한테 물려받을 재산도 없다. 나 같은 사람은 평생 비정규직으로 살면서, 같은 일을 하면서도 정규직보다 낮은 임금을 받으며 언제 해고될지 몰라 불안해야 하는 걸까?(153-154)

위의 예문은 시은이가 정운이를 통해 촉발된 청소년 아르바이트생의 노동력 착취와 청년들의 비정규직화에 대한 성찰을 하고 있음을 보여준다. 이러한 성찰을 통해 시은이는 특별히 공부를 잘 하지 못하는 자신이 과연 나중에 정규직이 될 수 있는지에 대한 회의감에 빠진다. 시은이는 부모님한테 물려받을 재산도 없는 자신 같은 사람은 평생 비정규직으로 살면서, 같은 일을 하면서도 정규직보다 낮은 임금을 받으며 언제 해고될지 몰라 불안해해야 할 미래가 도래할 것을 걱정한다. 시은이의 이런 걱정과 자기 이해는 정운이라는 타자를 통해 만들어진 것이다. 그렇기 때문에 시은이는 지금의 가게에서 아르바이트를 하는 자신의 노동에 대한 정당한 대우를 위해 정운이처럼 1인 시위를 하기로 한다. 이러한 시은이의 모습은 정운이라는 타자를 통해 자신의 미래 삶에 대한 이해를 통해 성장하는 존재로 나아가고 있음을 보여준다. 또한 많은 청소년들의 성장은 또래 친구들로 대변되는 타자와의 관계 형성에 의해 이루어질 수 있음을 보여준다.

4) 학교라는 제도와의 새로운 관계 형성을 통한 성장의 계기 모색

가) 학교라는 제도의 억압성

우리의 삶에서 '머리'는 단순한 신체의 일부가 아니다. '머리'는 자신을 표현하는 중요한 수단인데, 통상 우리는 머리 모양으로 개성을 표현하기도 하며 감정이나 지위를 나타내기도 한다. 특히 청소년들은 머리 모양에 많은 신경을 쓰면서 자신들만의 개성을 드러내는 방법으로 삼는다. 그러기에 많은 청소년들은 누군가가 그의 머리를 만질 때 불쾌감을 나타내거나 거부반응을 나타낸다. 머리 모양은 그의 개성 혹은 정체성을 구현하는 하나의 방편이기 때문이다.

김해원의 《열일곱 살의 털》(2008, 사계절)은 두발을 규제하는 학교의 억압에 맞서 개성을 드러내고자 하는 청소년의 의식과 삶의 과정을 여실하게 보여준다. 이 소설에서는 청소년들의 두발에 대한 성인들과 학교의 인식이 청소년들의 인식과 어떻게 다른지를 보여주면서, 그 과정에서 발생하는 갈등과 그 해소의 과정을 보여준다. 아울러 그러한 갈등을 해소하는 소통을 통해 아버지와 아들의 유대감이 어떻게 형성될 수 있는지를 보여준다.

일찍이 미셸 푸코가 언급한 것처럼, 학교라는 제도는 교칙과 규율이라는 명목으로 많은 청소년들의 삶을 세세한 부분까지 억압하고 있다. 아침 등교시간, 자율학습 참여 여부, 교복이나 복장, 그리고 두발 등에 이르기까지 학교는 청소년들의 모든 삶을 통제하고 있다. 이로 인해 많은 청소년들은 학교생활에 쉽게 적응하지 못하거나 학교를 지옥으로 여기기까지 하고 있다. 이로 인해 많은 청소년들은 학교생활을 즐거움으로 생각하기보다는 하나의 통과의례 혹은 견딤의 과정으로 여기고 있다. 김해원의《열일곱 살의 털》은 청소년들이 학교생활을 어쩔 수 없이 견뎌야 하는 과정으로 생각하고 있음을 잘 보여준다. 특히 두발 규제에 대한 청소년들의 인내를 잘 보여준다.

주체적으로 행동하고자 하는 청소년기의 특성상, 청소년들에게 머리 모양은 그들의 개성과 정체성을 구현하는 하나의 방편이다. 따라서 학교에서의 두발 규제는 청소년들의 입장에서는 심각한 억압이며, 이로 인해 청소년들은 두발 규제를 학교가 자신들에게 가하는 제도적인 폭력으로 규정한다. 학습 분위기를 조성하고 학생들을 선도한다는 명목 하에 이루어지고 있는 두발 규제는 청소년들에게는 상징적인 폭력이며, 그러한 폭력에 대해 저항함으로써 학교와 청소년들 간의 갈등이 빚어진다. 청소년들의 입장에서 볼 때, 두발 규제는 인권과 자율성을 침해하는 상징적 폭력으로서 견딜 수 없는 것이기 때문이다.

학교에서의 두발 규제는 청소년들을 선도한다는 학교장이나 교사들의 관점에서 시행되고 있는데, 그들의 관점은 청소년들의 정체성을 인정하기보다는 청소년들을 계도의 대상으로 보는 것이다. 또한 청소년들을 대상화하고 타자화하여 그들의 정체성을 인정하기보다는 성인들이 규정하는 패턴대로 청소년들의 행동과 삶의 양상들을 이끌려는 의도를 담고 있다.

> "신입생이라고 해서 예외는 없다. 자를 것은 잘라야 교문에 들어설 수 있다. 이미 학교 교칙을 숙지했을 것이다. 지금 바로 두발 검사를 시행한다. 오삼삼을 벗어나는 녀석은 자발적으로 튀어나오도록."
> 연단에 간신히 머리통만 내밀 만큼 작달막한 학생부장 선생은 마이크를 빼들고 연단 앞쪽으로 나와 섰다.(19)

위의 예문에서 알 수 있듯이, 학교는 교칙이라는 명목으로 학생들의 두발을 학교가 정한 비율에 따라 검사한다. 검사 결과 두발 상태가 불량한 것으로 판정되는 학생들은 학생들의 의사와 상관없이 바리깡으로 머리를 밀어버린다. 이것은 학생들에게는 심각한 폭력이다. 그러기에 김해원의《열일곱 살의 털》에 나타난 것처럼 송일호나 그 주변의 청소년들은 각자의 개성대로 머리 모양을 하고자 하며, 그것을 제지하는 학교나 선생님들에게 저항한다. 그러한 저항을 통해 청소년들은 각자의 개성이나 정체성을 지켜가고자 한다.

> 머리에서 쏟아지는 땀이 눈으로 들어가, 눈물을 흘리는지 땀물을 흘리는지 알 수 없을 때는 학교를 향해 이렇게 소리치고 싶었다.
> "내가 언제까지 이렇게 서 있어야 하나요!"
> 나는 언제 끝날지 모르는 막막한 시간이 겁났다. 내가 흘린 땀으로 학교가 잠긴다 해도 이 싸움이 끝나지 않을 것이라는 걸 나는 잘 알고 있었다. 하지만 포기할 수 없었다. 자부심을 가지라던 할아버지, 단단하게 크라던 엄마, 그리고 싸워서 얻어야 한다던 아버지. 나는 그들이 하거나 하지 못한 것을 내 몸으로 직접 경험하고 싶었다. 내 땀으로 세상을 다 잠기게 하더라도.(174)

위의 예문에서 알 수 있듯이, 청소년인 일호에게 두발 자유는 자부심을 가지고 지켜야 할 것이며, 단단하게 크기 위해 얻어야 할 것이다. 또한 자신을 억압하는 학교의 제도에 맞서 싸워서 얻어야 할 것이다. 그러기에 일호에게 두발 규제에 맞서는 것은 누구의 도움도 아닌 자신의 힘으로 주체성을 세워가는 과정이 된다.

나) 억압적 환경에 대한 저항을 통한 성장의 계기 모색

일반적으로 많은 성인들은 청소년들이 그들의 보호와 가르침에 순응하면서 성장해야 한다고 생각한다. 이로 인해 성인들은 청소년들을 보호라는 명목으로 간섭하거나 억압하려 든다. 이 때문에 청소년들은 성인들의 간섭이나 억압에서 벗어나고자 하며, 이러한 의도는 간혹 성인들의 세계에 대한 저항이나 일탈의 모습으로 드러나기도 한다. 특히 성인들의 삶이 위악적이거나 모순적일 때 청소년들은 성인들의 가르침에 순응하지 못하며, 정신적 혼란 속에 방황을 하기도 한다. 성인들의 위악적이거나 모순적인 가르침에 대한 저항을 통해 청소년들은 그들만의 정체성을 새롭게 모색해야 한다.

고등학교에 다니는 청소년들이 교사로 대변되는 성인들의 모순적인 행동에 대항하게 되는 계기는 야간자율학습이다. 원칙적으로 야간자율학습은 선택사항임에도 불구하고 많은 학교들에서는 강제사항으로 청소년들에게 강요를 하기 때문이다. 이러한 상황에서 대부분의 청소년들은 대학 입시라는 부담 때문에 학교나 교사의 강요에 순응하지만, 일부의 학생들은 그에 저항을 하기도 한다. 물론 그러한 저항은 많은 대가를 치르는 것이기는 하지만 말이다.

> "우리 학교에서 야간 자습은 필수야. 나눠 준 가정통신문에 적힌 대로 수학 영어 우열반을 나눠 수업하니까 그렇게 알아. 문재현, 알았어? 들어가."
> "선생님, 다시 한 번 말씀드리지만 야간 자습을 하기 힘듭니다."
> "애가 정말."
> "저는 야간 자습에서 빼 주세요. 가정통신문에 신청서가 있는 건 신청하지 않아도 된다는 건데, 저는 신청하지 않겠습니다."
> "문재현."
> 담임은 새된 목소리로 이름을 부르고 벌떡 일어섰다. 스무 다섯 해 동안 교단에 있었다는 담임은 긴 세월 쌓인 피로가 한꺼번에 몰려들기라도 하듯 책상 아래 감췄던 손으로 자기 뒷목을 주물렀다.(40)

위에 예문에는 오정고등학교의 1학년 학생인 문재현이 야간자율학습을 못하겠다는 상황이 제시되어 있다. 문재현의 논리는 야간자율학습은 선택사항이기에, 자신은 야간자율학습을 하지 않는 선택을 하겠다는 것이다. 그러나 스무 다섯 해 동안이나 교단에 있었던 선생님은 문재현의 이러한 논리를 이해하지 못할 뿐만 아니라 받아들이려고도 하지 않는다. 문재현의 논리는 견고한 성인 혹은 학교라는 제도에 대한 저항으로 여겨지기 때문이다. 그러기에 문재현의 저항은 설사 이긴다하더라도 많은 대가를 치를 수밖에 없다.

> 피도 눈물도 없이 닦달하는 학원 선생들도 찍어 누른 문재현 전력을 볼 때 담임과의 한판 승부는 쉽게 끝날 게 뻔했다. 그렇지만 문재현은 승자가 되어서도 혹독한 대가를 치러야 할 것이다. 이기고도 질 수밖에 없는 게임. 어른들과의 게임은 그렇다. 이겼다 싶어 득의만면할 때 어른들은 손을 들어 주는 척하면서 슬쩍 패를 뒤집어 놓는다. 어른이 된다는 것은 속임수를 능수능란하게 부리는 야바위꾼이 되는 것인지 모른다.(41)

위의 예문에서 알 수 있듯이, 야간자율학습을 하지 않겠다는 문재현의 의견은 받아들여진다 하더라도, 교실에서 철저하게 외면 받는다거나 선생님의 질시를 견뎌야 하는 등 많은 대가를 치러야 하는 것이다. 성인 혹은 학교라는 제도와의 싸움은 이겼다 싶어도 이긴 것이 아니기 때문이다. 그러기에 문재현에게 "어른이 된다는 것은 속임수를 능수능란하게 부리는 야바위꾼이 되는 것"이다. 속임수를 능수능란하게 부리는 야바위꾼이 되지 않기 위해 청소년들은 싫은 것은 싫다고 말할 수 있어야 한다. 그래야 그들만의 정체성을 새롭게 세울 수 있기 때문이다.

물론 청소년들이 싫은 것은 싫다고 말하도록 가르쳐 준 존재는 어른들이다. 어른들은 자기 모순성을 감춘 채, 청소년들에게는 단단하게 살면서 싫은 것은 싫다고 말하라고 가르쳤다. 청소년들에게는 당위를, 그리고 교훈을 가르쳐야 한다는 일념 때문에.

엄마는 내가 초등학교에 들어가 세상을 알기 시작할 무렵 잠자리에서 내 손을 꼭 쥐고 이렇게 말하고는 했다.

"아무도 너를 얕잡아 보게 해선 안 돼. 싫은 건 싫다고 해. 네가 하기 싫은 건 절대로 하지마. 아주 단단한 사람이 되어야 해."(중략)

그러니 엄마 말대로 나는 아주 단단해져야겠다고. 그렇지만, 나는 물컹했다. 풍선으로 치자면 바람이 빠져 튀지도, 날아오르지도 못하고 땅바닥에 철퍼덕 퍼져 있는 물컹거리는 풍선. 내 몸 한구석에 비워 둔 아버지의 자리로 바람이 새어 나간 것인지도 모른다. 그러니까 열일곱 살이 되도록 군소리 한번 못하고 할아버지에게 머리를 깎이고, 오광두에게 이리저리 끌려 다니지.(44-45)

위의 예문에서 알 수 있듯이, 송일호의 엄마로 대변되는 성인들은 청소년들에게 다른 사람들이 그들을 얕잡아 보지 못하도록 싫은 것은 싫다고 말하라고 가르친다. 이러한 가르침은 성인들이 그들의 모순성을 감춘 채 청소년들에게 삶의 당위를 주입하고자 했기 때문이다. 이로 인해 청소년들은 현실이나 성인들의 모순성을 인식하는 순간, 그들의 가르침과 현실의 괴리 때문에 힘들어 한다. 성인들은 그들이 제시하는 길만이 바른 길이며, 다른 길로 가는 것은 옳지 않다는 이분법의 논리만을 내세우기 때문이다. 또한 성인들은 세상에는 다양한 대안이 있을 수 없으며, 청소년들이 가려는 또 다른 길로서의 대안은 정상 궤도를 이탈한 것이라고 생각하기 때문이다.

그렇지만 청소년들은 성인들이 제시하는 길로만 가지 않으려 한다. 그들은 그들만의 길을 만들어 새로운 길로 들어서고자 한다. 설사 그 길이 많은 장애물이 있는 험난한 길이라고 할지라도 말이다. 그렇지만 중요한 것은 청소년들이 지치지 않고 계속 달려서 각자의 길을 완주하는 것이다. 각자의 길을 완주하여 각자의 성장을 도모하여 정체성을 형성하고 건전한 삶을 꾸리는 것이 중요하다.

> 엄마는 다시 1단계로 돌아갔다. 깨어 있다는 엄마도 대학 문 앞에서는 여지없이 자유가 없
> 는 억압된 철갑옷을 꺼내 입는다. 어른들은 아이들에게 똑같은 철갑옷을 입혀 놓고 열심히 공
> 부해서 세상에 나가 자유롭게 이상을 펼치라고 가르친다. 자신들에게 철갑옷에 익숙해진 아이
> 들이 자유롭게 날지 못할 것이라는 걸 알면서도 말이다.(147쪽)

위의 예문에서 알 수 있듯이, 어른들은 청소년들에게 자유롭게 이상을 펼치라고 말하면서도
대학입시라는 철갑옷을 내세워 청소년들을 억압하는 모순성을 보인다. 그렇지만 청소년들은 어
른들의 모순성을 인식하면서도 쉽게 거기에 저항하지 못한다. 저항에는 많은 대가와 각오가 수
반되어야 하기 때문이다.

> "나는 비폭력주의자다. 내 신념이 흔들리지 않도록 해라."
> 오광두의 신념이 흔들리면 어떤 사태를 가져올지는 아무도 몰랐기에, 아이들은 오광두보다
> 가끔 오광두를 대신해 두발 검사를 하는 1학년 체육 선생을 더 무서워했다. 일등지상주의자인
> 체육 선생의 신념은 '맞을 놈은 맞아야 한다!'는 거였다. 체육 선생은 입 냄새가 고약했지만, 손
> 버릇은 더 고약했다. 때와 장소를 가리지 않고 주먹을 휘둘렀고 그것으로 만족스럽지 않으면
> 발이 나갔다. 태권도, 유도, 쿵푸 유단자라고 으스대는 그의 발차기는 아이들이 겁을 집어먹을
> 만큼 현란했다. 아이들은 툭하면 미쳐 날뛰는 체육 선생을 '매드 독'이라고 불렀는데, 곧 '매독'
> 으로 축약되었다.(48)

위의 예문에는 청소년들의 자유를 폭력으로 억압하는 학교 선생들의 행태가 고스란히 드러
나 있다. 모두가 그런 것은 아니지만 학교에서 많은 교사들은 성적 지상주의자이다. 학교가 정
해 놓은 규칙에 잘 순응하고 공부를 잘 하는 학생들을 편애하면서, 그렇지 못한 학생들에 대한
차별과 폭력을 서슴지 않는다. 때와 장소를 가리지 않고 학생들에게 폭력을 행사하면서, 청소
년들의 입장에서는 자기 정체성의 상징인 두발을 마음대로 규제한다. 그에 대한 저항이나 이의
제기는 허용되지 않는다. 이는 청소년들이 심각한 폭력상황에 놓여 있음을 보여준다. 심각한 폭
력상황에 놓인 청소년들이 선택할 수 있는 길은 두 가지이다. 학교의 교칙에 순응하거나 자기
나름의 방식으로 저항하거나.

이 소설에서 송일호는 '매독'이라 불리는 체육 선생의 비인격적인 폭력에 충격을 받고, 폭력

적인 학교의 두발 규제에 저항하는 길로 나아간다.

> "이 새끼, 하나를 보면 열을 알아. 너 이 머리가 뭐야? 너 내가 이 머리 정리해 줘?"
> 매독은 느닷없이 라이터를 들어 어이의 머리에 갖다 댔다. 그리고 정말 불이라도 붙일 양으로 라이터돌을 틱틱 그어 댔다. 나는 다리가 후들거려 한 발짝도 움직일 수 없었다. 그 순간 놀란 육체를 지탱해 준 것은 귀가 닳도록 들어 온 할아버지의 말씀이었다.
> "머리칼을 네 자신을 나타내는 징표다. 머리칼을 함부로 다루는 것은 네 자신을 망가뜨리는 것과 같다."
> 머릿속에서 섬광처럼 지나간 그 말은 눈앞에 펼쳐진 현실을 명징하게 보도록 했다.
> '이건 말도 안 돼!'
> 나는 속엣말을 내뱉을 사이도 없이 매독에게 달려들어 그의 손에서 라이터를 빼앗아 운동장 바닥에 힘껏 내팽개쳤다.(50)

위의 예문에 나타나 있듯이, 겁도 많고 온순했던 일호는 살벌한 두발 단속 장면에서 다리가 후들거릴 정도의 충격을 받고 자신도 모르게 매독의 라이터를 빼앗아 던진다. 일호의 이런 행위는 그의 내면에서 솟구친 불의에 대한 강한 저항이었으며, 엄마가 평소에 말했던 단단하게 사는 것을 실천한 것이다. 또한 자신들을 망가뜨리려는 폭력적인 교사에 대한 저항이기도 했다. 이처럼 폭력적인 매독의 행동에 저항함으로써 일호는 점차 자신이 해야 할 일, 즉 비합리적인 폭력적 상황에 저항하는 방법을 생각하게 된다. 그것은 다름 아닌 두발 규제에 대한 반대 시위를 하는 것이었다.

일호가 두발 규제에 대해 반대 시위를 하기로 결심하게 된 결정적인 계기는 폭력적인 교사의 비인격적인 두발 규제 장면 때문이었다. 라이터로 학생의 머리를 태우려고 했던 매독의 비인격적인 폭력은 청소년인 일호가 도저히 용납할 수 없는 것이었다. 그러기에 일호는 매독에게 대들었으며, 그 대가를 감내하면서도 두발 규제에 대한 반대 시위를 결심하게 된 것이다. 이것은 "열일곱 살, 나도 금기를 넘어서서 세상과 맞서 나를 태울 날이 올지"(16쪽) 모르는 날을 스스로 앞당기는 것이기도 하다. 금기를 넘어서서 세상과 맞서 자신을 태우는 것은 모순적이고 위악적인 어른들의 세계에 무조건적으로 순응하지 않는 것이며, 청소년으로서 정체성을 새롭게 형성하여 성장하기 위한 계기를 마련하는 것이기도 하다.

나는 담임의 눈을 똑바로 보면서 또박또박 말했다.

"저는 사과드리지 않겠습니다."

"뭐?"

"체육 선생님은 인간의 존엄성을 짓밟았습니다. 학생도 인간입니다. 머리칼이 길다고 라이터를 들이대는 선생님의 비인간적인 행위를 막은 건 잘못한 일이 아닙니다. 제가 반성할 건 없습니다."(중략)

"사과를 해야 하는 쪽은 체육 선생님입니다. 아까 그 옆 반 아이한테 체육 선생님이 공식적으로 사과를 하면 저도 생각해 보겠습니다."

나는 말을 끝내자 내 자신이 대견해 머리라도 쓰다듬어 주고 싶은 심정이었다. 더 이상 고분고분한 범생이 일호가 아니라 싫은 것은 싫다, 좋은 것은 좋다 말할 줄 아는 단단한 사람이 된 것을 스스로 확인한 기쁨이 컸다.(58-59)

위의 예문에서 알 수 있듯이, 일호는 어른들의 위악적이고 모순적인 세계에 대한 맞서 싸워서 단단한 인간이 되고자 했기에 체육선생에게 사과를 하지 않는다. 자신의 행동은 두발 규제라는 명목으로 학생들에게 비인간적인 행동을 한 교사에 대한 당연한 저항이었기에 말이다. 그러기에 일호는 비인간적인 행위를 한 체육 선생에게 사과를 하지 않겠다는 자신의 말에 스스로 대견해 하며, 단단한 사람이 된 것을 확인한 기쁨을 느낀다. 그리고 그 기쁨은 "머리칼 길이로 인간을 평가하는 불합리한 잣대"(72)를 외면할 수 없었던 자신에 대한 위로이기도 하다. 아울러 단단하고 훌륭한 인간이 되라는 엄마의 말을 실천한 것이기도 하다. 일호는 두발 규제의 광풍이 몰아치는 가운데서도 청소년으로서의 자존감을 지키기 위해 두발 규제 반대 시위를 할 것을 결심한다.

우리 학교 아이들이 묵묵히 바리캉에 머리를 맡기며 신체의 자유를 포기할 때, 어느 아이들은 신체의 자유를 부르짖으며 세상에 맞서고 있었다. 바리캉보다 거대한 세상에 말이다. 내가 반성문을 쓰며 내 잘못을 고해성사하고 있는 그 순간에도 이름 모를 아이는 두발 규제의 부당함을 외치고 있었다는 사실에 나는 몸이 부르르 떨었다.

"정진아, 우리 두발 규제 반대 시위를 하면 어떨까?"

나는 자려고 막 누웠다는 정진을 불러내 동네 어귀에 있는 편의점으로 데려가 삼각 김밥을 사 주며 말했다.(74)

위의 예문에서처럼, 일호는 자신을 비롯한 오정고등학교의 학생들이 묵묵히 바리캉에 머리를 맡기며 신체의 자유를 포기할 때, 다른 학교의 아이들이 신체의 자유를 부르짖으며 세상에 맞서 싸웠다는 사실에 전율을 느낀다. 그리고 그러한 전율 속에 두발 규제 반대 시위를 위해 학생들을 모으고 시위를 할 수밖에 없었던 이유를 글로 표현한다. 그러나 일호를 비롯한 몇몇 청소년들의 두발 규제 반대 시위는 실패하고 만다. 사전에 발각되어 단체 시위를 할 수 없게 된 것이다. 두발 규제 반대 시위가 사전에 발각되어 일호는 학생부장 오광두와 체육선생인 매독으로부터 처벌을 받지만, 당당한 태도로 자신이 왜 그런 행동을 하게 되었는지를 말한다.

"거기 적힌 대로입니다. 신체의 자유가 필요하다고……."
내가 채 말을 끝내기 전에 오광두는 들고 있는 막대기로 테이블을 세게 내리쳤다. 머리를 박고 있던 두 아이가 놀라 어깨를 움찔했다.
"자유, 그래 자유 좋지. 하지만 너희에게 규율이 없는 자유는 결코 날개가 되지 못해. 그 자유는 도리어 너희 날개를 갉아 먹을 수도 있어. 너희는 그걸 몰라. 그리고 송일호, 아이들을 선동한 네 행동은 학생 신분으로는 도저히 용납될 수 없는 거야."
와이셔츠 목둘레가 땀으로 젖은 오광두의 목소리는 가을 나뭇잎처럼 버석거리는 소리를 냈다.(80-81)

위의 예문에 제시된 것처럼, 신체의 자유를 주장하는 일호에게 오광두는 "규율이 없는 자유는 결코 날개가 될 수 없"음을 말한다. 일호가 주장하는 것은 규율이 없는 자유가 아니라 규율만이 있는 것에 대한 지적이었음에도 불구하고, 학교나 교사들은 청소년들에게 규율만을 내세울 뿐 자유에 대해서는 말하지 않는다. 다만 자유를 억압할 뿐이다. 그러기에 학교는 신체의 자유를 위해 두발 규제 반대 시위를 계획했던 학생들에게 징계를 내리는데, 두발 규제 폐지 시위 제안자이자, 선동 유인물을 작성한 송일호에게는 정학 30일을 내린다.

"일호야, 엄마만 믿어. 노력해서 안 되는 일은 없어!"
엄마는 슬쩍 외면한다. 엄마의 노력이 때로는 세상에 야합하는 요령에 지나지 않는다는 것을. 노력은 신념을 쫓는 것이지만, 요령은 눈앞의 이득만 쫓는다. 나는 어둠 속에서 빛을 내는 엄마의 눈을 보며 고개를 내저었다. 나는 내 신념을 물건 값 흥정하듯 하고 싶지 않았다.
"엄마, 그럴 수 없어요."
"왜?"
"엄마, 머리를 선생님들이 멋대로 밀어 대는 것은 옳지 않아요. 그건 인간이 가져야 할 최소한의 권리를 짓밟는 거예요. 학생도 생각하고 느끼는 인간이에요. 엄마, 저는 제가 잘못했다고 생각하지 않아요."(중략)

"엄마, 잘못되었다는 걸 알면서 그냥 놔두는 게 더 우습잖아요. 그러고 싶지 않아요. 정말 그러고 싶지 않아요."(145-145)

위의 예문은 학교에서 정학을 당한 일호를 엄마가 설득하여 두발 규제 반대 시위를 그만두게 하려는 내용을 전달하고 있다. 예문에서 알 수 있듯이, 일호는 자신의 신념을 물건 값 흥정하듯 그만두고 싶어 하지 않는다. 인격을 상징하는 머리를 선생들이 멋대로 밀어대는 것은 인간이 가져야 할 최소한의 권리를 짓밟은 것이라고 생각하기 때문이다. 일호의 이러한 생각과 행동은 모순적이고 위악적인 어른들의 세계에 대한 청소년의 타당한 저항이며, 그러한 저항을 통해 성장의 계기를 모색하는 것이다. 또한 성장의 계기에 대한 모색을 통해 서사적 존재로서의 정체성을 새롭게 형성하면서, 자신의 삶에 자부심을 갖는 것이기도 하다.

"일호야, 뭘 하든 사람은 자신이 하는 일에 자부심이 있어야 한다. 네 선대 할아버님들은 조선 최고 이발사라는 자부심이 대단하셨다."

나는 반으로 접힌 피켓을 양손으로 똑바로 펴서 다시 들고 섰다. 그리고 피켓을 든 손에 힘을 주며 중얼거렸다.

"나도 내 일에 자부심을 가져야 해. 할아버지도 그걸 바라실 거야."

나는 이발소에서 손님 맞을 채비를 한 할아버지를 떠올리며 가만히 고개를 숙였다.

'할아버지, 언젠가는 제 행동을 이해하게 되실 거예요.'(158-159)

위의 예문은 일호가 자신의 행동에 대해 자부심을 갖고 있는 것을 보여준다. 그리고 그가 그러한 자부심을 갖게 된 것은 평소에 있었던 할아버지의 가르침 때문이었음을 보여준다. 이 소설에서 할아버지는 청소년들에게 폭력을 행사하는 어른들과는 다른 존재성을 갖는다. 할아버지는 청소년인 일호를 이해하고, 그의 행동을 지지하는 지원자로 등장하고 있기 때문이다.

아버지와 할아버지를 지원자로 둔 가운데 이루어진 일호의 두발 규제 반대 시위는 두발 규제를 단속했던 학생부장 오광두의 암묵적인 지지를 이끌어낸다. 학생부장 오광두는 일호의 시위가 타당한 것을 인정하면서, 그것을 용인할 수 없는 학생부장으로서의 고뇌를 보여준다. 그러기에 그는 정학을 당한 일호의 안부를 정진에게 물어보거나, 일호에게 폭력적으로 행동하지 않는다.

오광두는 내게 소설책 한 권을 선물이라며 주고 어둑어둑해진 동네 길을 내려갔다. 나는 오광두의 뒷모습을 한참 동안 바라보았다. 댓돌같은 오광두도 뒷모습은 어쩐지 쓸쓸해 보였다. 오광두의 뒷모습은 내게 이렇게 말하는 것 같았다. 어른이 되어도 마음대로 살 수 있는 건 아니야.

어른들이 우리를 길들이려고 하듯, 어른들은 자신들이 만들어 놓은 사회에 길들어 가고 있는지 모른다. 그리고 길들여지기 싫어 세상 밖으로 나간 아버지와 마찬가지로 오광두도 길들여지는 것을 두려워하며 나름의 방식으로 싸우고 있는 것이다.(208)

위의 예문은 학생 두발 규제의 상징적 대변자였던 학생부장 오광두의 쓸쓸한 뒷모습을 보여주고 있다. 오광두도 실상 학생 두발 규제를 마지못해서 하고 있었기 때문이다. 그러기에 일호는 "댓돌같은 오광두도 뒷모습은 어쩐지 쓸쓸해 보"인다고 생각하면서, 점차 어른들의 세계를 이해하려고 한다. 어른들이 청소년들을 길들이려고 하듯이, 사회도 어른들을 길들여 가두고 있음을 인식하게 된 것이다. 이러한 인식을 통해 일호는 청소년인 자신들과 마찬가지로 어른들도 세상에 길들여지는 것을 두려워하며 나름의 방식으로 싸우고 있음을 깨닫는다. 아울러 이러한 깨달음을 통해 어른들과 화해하려는 성장의 계기를 마련하게 된다.

다) 저항을 통한 억압적 환경의 개선과 청소년의 삶에 대한 인정

주인공 송일호는 이발소를 하는 할아버지와 할머니, 부동산 중개업을 하는 어머니와 함께 경제적인 어려움 없이 살고 있는 평범한 고등학생이다. 친구관계에도 큰 문제가 없으며 선생님들에게도 칭찬받는 모범적인 학생이다. 그러나 아버지는 안 계시는데, 아버지가 살아있는지 죽었는지조차 알 수 없는 상황에 처해있다. 그렇기 때문에 주인공 송일호는 아버지의 부재로 인한 내적 불안감을 느끼면서, 이러한 불안감 때문에 '너무 물컹한' 성격을 지닌 자신에 대한 열등감을 갖는다. 이런 열등감 속에 송일호는 두발 규제 상황에서 선생님과 친구들의 상반된 시선으로 인해 혼란을 겪는다.

이 소설은 기성세대와 학교의 제도가 21세기를 살아가는 아이들을 어떻게 순응적인 인간으로 만드는지 보여주고 있다. 송일호로 대표되는 청소년들이 획일적인 교육 정책과 비인격적인 대우 속에서 물컹한 인간, 열등감을 가진 인간으로 성장할 수밖에 없는 현실을 말하고 있다.

즉, 청소년들의 관심사인 두발 규제를 소재로 하여 성적지상주의, 일등주의가 만연한 사회와 변하지 않는 학교의 전근대성을 지적하고 있다.

이 소설에서의 갈등 계기는 두발 규제이며, 갈등을 빚고 있는 인물군은 학생부장인 오광두와 체육선생님을 비롯한 교사 집단과 청소년들이다. 특히 학생부장과 체육선생님은 오정고등학교의 두발 비율인 오삼삼이란 규정을 만들어 학생들의 머리를 멋대로 잘라버린다. 일호는 전동 바리캉에 의해 무참히 잘려나가는 친구들의 뒤통수를 보면서 교육이라는 이름으로 자행되는 폭력에 당황한다. 결국 물컹하게만 살아온 일호는 '두발 규제 폐지, 학생인권 보장'을 외치며 일인 시위를 벌이는데, 학교는 더욱 엄격한 규정을 들이대며 시위를 인정하지 않는다. 그나마 학생부장 오광두는 차츰 생각을 바꾸어 일호에게 힘을 주는 인물로 변화되지만, 매독이라 불리는 체육 선생님과 학교는 꿈쩍하지 않는다.

매독과 학교의 모습은 두발 자유로 대표되는 청소년의 자유와 인권이 교육이라는 미명하에 짓밟히는 전근대적인 상황을 보여준다. 또한 폭력을 자행하면서도, 그것이 민주주의 사회의 인권존중을 해친다는 것을 모르고 있다. 이 때문에 일호로 대변되는 청소년들과 매독으로 대변되는 교사 집단과의 갈등이 고조되며, 그 과정에서 일호는 정학 30일을 당한다. 그렇지만 정학을 당했음에도 불구하고 일호는 청소년들에게 강압적으로 두발 규제를 하는 폭력적인 상황에 맞서 두발 규제 반대 1인 시위를 벌인다.

이러한 송일호를 구원하는 인물은 할아버지와 아버지이다. 일호는 두발 규제를 반대하며 홀로 일인 시위를 벌이지만 학교에서는 관심조차 두지 않는다. 그 과정에서 갑자기 나타난 아버지가 학생주임과의 면담에서 두발 규제와 학교의 대응책에 대해 논리적으로 비판하고, 결국 학생주임은 자신의 교육관을 변화시키게 된다.

> 우리나라 학교가 본래 규율을 지나치게 강요하고 아이들은 무조건 복종하도록 만드는데, 이제 바뀔 때가 되지 않았습니까? 아이들의 반대 의견을 권위에 대한 도전으로 받아들여 묵살하고 제재를 가하다 보면 올바른 교육을 해칠 수밖에 없습니다. 안 그렇습니까? 선생님들께서 진작 두발 규제에 대해 학생들의 의견에 귀를 기울였다면 우리 애가 이렇게까지 나서지 않았겠지요.(110)

하지만 학생주임 오광두의 변화는 규율을 강조하는 학교의 제도에까지 미치지 못한다. 결국 갈등을 해결하는 인물은 대대로 태성이발소 가업을 이어 온 할아버지이다. 우연히 손자인 일호가 무더운 여름에 교문 앞에서 일인 시위를 하는 것을 본 할아버지가 교장을 만나러 가서 두발 규제의 폭력 현장을 목격하게 된다. 할아버지는 무참히 짓밟힌 학생들의 머리를 별모양으로 다듬고는 이에 분노하는 교장에게 옛날 일을 떠올리게 한다. 결국 할아버지의 예상하지 못한 행동과 말에 설득당한 교장은 학교운영위원회를 소집하여 두발 자유화를 논의하기로 결정한다.

> "저는 종로에서 이발소를 했는데, 우리 이발소에는 그 근처에 있는 학교 학생들이 많이 왔습니다. 그 시절에도 두발 단속이 심했지요. 한번은 대여섯 명이 단속에 걸려 머리를 깎이고 와서는 머리 꼭대기 쪽을 별 모양으로 깎아 달라고 했지요. 물론 제가 해 주지 않았습니다. 아직도 그 날 기억이 생생합니다. 한 학생이 그랬지요. 내 자식들 머리는 마음대로 하게 놔둘 거라고요. 아이들 의견을 존중해 줄 거라고 했습니다."
> 할아버지 말에 교장의 눈이 커진 건 나만 볼 수 있었다. 교장은 할아버지를 뚫어지게 보더니 "흠, 흠." 헛기침을 했다. 그러고는 오광두에게 말했다.
> "재들 머리 다 다듬으시면 교장실로 모시고 와!"(202)

위의 예문은 할아버지가 바리캉으로 잘린 학생들의 머리를 별 모양으로 다듬어 주며 교장선생님을 설득하는 장면이다. 오래 전 두발 규제에 반발했던 한 학생의 이야기를 들려주자 교장선생님은 잊고 있던 자신의 과거를 떠올리면서 비난했던 할아버지를 대하는 태도를 바꾼다. 이렇듯 이 소설에서 일호의 아버지와 할아버지는 일호가 세상과의 싸움에서 지치고 힘들 때 든든한 후원자가 되어 다시 일어설 수 있는 힘을 준다. 또한 거대한 학교의 제도를 변화시킬 수 없는 현실의 벽에 부딪혔을 때 전면에 나서서 문제를 해결해 준다. 이런 모습은 어른들의 출현에 의해 갈등이 해소되는 과정을 보여주며, 학교와 교사는 청소년들을 성숙한 인격체로 보지 않고 자율성을 통제하고 규제해야 하는 대상, 즉 미성숙한 존재로 보고 있음을 보여준다. 아울러 두발 규제라는 제도를 통해 청소년들의 인격성을 인정하지 않는 학교와 교육 제도의 비인권적인 모습을 고발한다. 이를 통해 학교와 교육 제도가 개선되어야 하고, 이를 통해 세상이 변화되어야 함을 말한다.

> 두발 규제가 '학생들은 육체와 정신이 성숙하지 않아 어른들에게 통제받아야 하는 존재'라는 것을 알려 주는 상징적인 행위이듯이, 나는 두발 규제를 폐지해 학생들도 스스로 생각하고 판단할 수 있으며 행동한다는 것을 보여 주고 싶었다.(157)

위의 예문에서 알 수 있듯이, 작가는 두발 규제의 문제를 통해 청소년들이 주체로서 각자의 고유한 정체성을 갖고 있음을 말하고, 그리고 학생들의 주체성과 정체성을 인정하지 않는 학교와 교육제도의 문제점을 고발하고자 한다. 아울러 아무런 문제의식 없이 위악적인 어른들이 만들어 놓은 제도에 무조건적으로 순응하는 것은 비주체적인 삶임을 강조하고 있다.

[9]

가족의 해체 과정에서
가족의 의미 발견을 통한 성장과
정체성 형성

1) 가족 해체의 사회상과 청소년소설

가족은 우리가 생활하는 데서 가장 본질적이고 친밀한 집단이다. 우리는 가족의 울타리 안에서 성장하고 생활하기 때문이다. 그러나 가족의 개념은 상당히 규정하기 어렵다. 가족이란 개념은 추상적이고 포괄적이며, 현대사회의 가족은 전통사회의 가족에 비해 그 기능과 구조면에서 상당한 차이를 보이고 있기 때문이다.

오늘날의 사회에서 가족은 전통적인 핵가족뿐만 아니라 법적인 결혼관계 없이 살아가는 동거 가족, 자발적으로 자녀를 낳지 않는 무자녀 가족, 여성 세대주 가족, 동성애 가족, 코뮌 생활 및 독신자 가구 등 다양한 형태의 가족들이 존재하고 있다.(조정문·장상희, 2001:18) 이와 같이 다양한 가족 형태의 등장으로 인해 오늘날 가족의 개념을 명확히 규정하기는 매우 어렵게 되었다.

문화인류학자인 머독(Murdock, 1949)은 "가족은 공동 거주, 경제적 협동 및 출산을 특징으로 하는 사회 집단이며, 이 집단은 양성의 성인들을 포함하고 적어도 그들 중 두 사람은 사회적으로 허용되는 성 관계를 유지하며, 그리고 한 명 또는 그 이상의 친자녀 혹은 입양된 자녀들로 구성된다."고 지적한 바 있다.(조정문·장상희, 2001:18-19에서 재인용) 가족에 대한 머독의 이러한 개념 정의는 가족을 경제적 협동과 공동 거주, 사회적으로 안정된 배타적인 성 관계, 그리고 자녀양육이 가족생활의 핵심임을 밝힌 것이라 할 수 있다. 가족에 대한 머독의 이러한 개

넘 정의는 가족의 구성원들이 서로를 독립된 존재가 아니라 상호 의존적인 관계에 놓여 있는 공동 운명체로 보는 것으로, 사회생활의 최소 단위를 개인이 아닌 가족으로 보는 것이다.

그러나 가족에 대한 머독의 정의에 따르면, 동성애 가족이나 자발적 무자녀 가족 등은 가족의 범주에 포함되지 못한다. 더군다나 오늘날에는 핵가족 이외의 다양한 가족들이 존재한다. 통계청 자료에 따르면 한국사회에는 핵가족 이외의 확대가족[5]이 전체 가구의 20%를 차지하고 있다.(통계청, 1998) 이러한 현실을 감안한다면 가족에 대한 정의를 새롭게 내릴 필요가 있다.

조정문·장상희(2001)는 오늘날의 현실을 감안하여 가족의 개념을 "가족은 경제적 협동 혹은 일상생활의 공유를 지속적으로 영위하여 정서적 만족을 얻는 사회생활의 단위"라고 새롭게 하고 있다. 이 정의에 따르면, 가족의 개념에서 중요한 요소는 지속적인 경제적 협동이나 일상생활의 공유를 통한 정서적 만족이다. 그러나 이러한 정서적 만족이 충분히 얻어지지 못하고 있는 것이 현재의 한국사회의 현실이다. 특히 청소년들의 입장에서는 더욱 그러하다. 그것은 부모의 이혼이나 죽음, 경제적 파탄 등에 따른 청소년들의 정서적 일탈이나 학업 중단, 노동력의 착취 등이 이루어지고 있기 때문이다.

많은 청소년들은 부모의 이혼, 사별, 비혼 등의 이유로 한 부모 가정에서 자라거나, 입양과 부모의 재혼으로 인해 비혈연 가족과 살고 있다. 이 때문에 머독이 밝힌 것과 같이 전통적인 형태의 가족이 아닌, 가족의 해체와 새로운 가족의 형성 속에 청소년들은 성장하고 있다. 청소년들이 성장하고 있는 이러한 현실은 전통적인 개념의 가족 형태가 아닌, 비동거 가족, 독신가구, 입양가족 등과 같은 가족 형태를 고려한 가족에 대한 확대된 새로운 개념 정의를 필요로 하고 있다.(페이스 R.엘리엇, 안병철 역, 1993)

오늘날의 사회에서는 가족생활의 지대가 개방되고 그 지형이 불안정하게 되었다. 오늘날의 가족은 정적 관계, 출산, 사회화, 경제적 부양과 같은 구성원들의 행동이 일치하거나 관련성을 지니지 않는 경우가 많기 때문이다. 이러한 현상은 이상적인 가족 관계가 해체되고, 사적 가족에서 사랑의 낭만적 이상이 지닌 자율성이 자본주의 체제 속에서 제약당하고 있기 때문이다.(David Cheal, 최연실·유계숙 옮김, 1999:148) 신유목주의라는 용어가 의미하듯이, 오늘날의 가족 특히 부모는 자본을 찾아 여기저기를 떠돌아 다녀야 하고, 그 과정에서 자녀들은 조부모에게 맡겨지는 경우가 많다. 이 때문에 사랑의 낭만적 이상을 지닌 사적 가족 관계는 점차 공적

---

5 확대가족이란 동거가족, 자녀양육을 하지 않는 무자녀가족, 성생활을 부부관계에만 한정하지 않는 가족, 독신가족, 한부모 가족, 재혼 가족 전통적인 의미에서의 가족 이외의 가족을 의미한다.

가족 관계로 변모되는 경우도 있다. 반대로 공적 가족 관계가 사적 가족 관계로 변모되어 다른 사람들에게 금기 사항이 되는 경우도 있다. 이러한 현상은 탈근대 사회에서 전통적인 개념의 가족해체는 불가피하며, 확대가족의 탄생과 더불어 청소년들의 삶이 크게 달라지고 있음을 보여준다.

소설이 사회 현실을 반영한다는 사실을 새삼 떠올려 볼 때, 오늘날 많은 청소년소설들이 새로운 형태의 가족 속에서 살고 있는 청소년들의 현실을 반영하는 것은 당연한 현상이라 할 수 있다. 최근에 창작되고 있는 많은 청소년소설들은 전통적인 가족의 해체를 서사화하고 있으며, 이러한 서사화를 통해 새로운 형태의 가족이데올로기를 강조하고 있다. 물론 김남천의 〈남매〉를 비롯해 권정생의 〈몽실 언니〉 등에서도 전통 가족의 해체를 다루고 있지만, 2000년대를 전후해서 많은 청소년소설은 전통적 가족의 해체와 새로운 가족의 탄생을 다루고 있다6. 아울러 가족의 해체가 청소년 인물이 처한 상황이라는 배경으로 작용할 뿐만 아니라 청소년 인물과 부모 혹은 해체된 가족 자체와의 갈등이 서사의 핵심으로 등장하고 있다.(김혜정, 2012:178) 이러한 가족과의 갈등을 통해 청소년 인물은 내적으로 성장하면서 가족 로망스에서 벗어나는 양상을 보여준다.

2) 가족로망스와 가족의 해체를 서사화한 청소년소설의 의의

오늘날은 가족 관계에서 매우 불안정한 시대라고 할 수 있다. 가족의 해체가 비일비재하게 일어나고 있기 때문이다. 요즘 문제가 되고 있는 가정 내 폭력이나 아동학대 등은 가족 해체의 일면을 보여준다. 이러한 시대에 우리는 안락한 가정을 이상적으로 꿈꾼다. 그러나 우리는 가족의 해체를 불러오는 불륜, 부모의 이혼, 간통, 부모의 가출, 미혼모, 사생아, 입양아 등의 사연을 너무나 많이 들으면서, 가정의 안정을 기원하는 가운데 '가족 해체'를 무의식적으로 경험한다. 이러한 시대에 가족로망스의 서사는 우리시대의 중요한 역설의 하나가 되었다.(나병철, 2007:17)

---

6 김혜정에 따르면, 〈내 인생의 스프링캠프〉(부모의 재혼), 〈직녀의 일기장〉(아버지의 외도), 〈나는 할머니와 산다〉(입양아), 〈완득이〉(다문화 가정), 〈위저드 베이커리〉(재혼 가정), 〈내 이름은 망고〉(아버지의 죽음), 〈하이킹걸즈〉(미혼모 가정), 〈파랑치타가 달려간다〉(재혼 가정), 〈열일곱살의 털〉(아버지의 가출), 〈합체〉(아버지의 죽음), 〈내 청춘 시속 370km〉(부모의 별거), 〈불량가족 레시피〉(부모의 잦은 이혼) 등이 전통 가족의 해체를 다룬 2007년 이후에 창작된 청소년소설들이다(김혜정, 2012:178. 각주 3번 참조)

일찍이 프로이트는 가족로망스를 언급했는데, 그에 따르면 가족로망스는 어린 시절 아이와 부모(특히 아버지) 사이에서 벌어졌던 심리적 불화와 화해에 관한 가족 서사이다.(나병철, 2007:25) 어린 아이는 처음에는 부모가 유일한 권위자이자 믿음의 근원이라고 생각하지만, 점점 자라면서 자기 부모보다 더 나은 사람(다른 부모)을 알게 된 후 절대적이었던 부모의 권위를 의심하게 된다. 이러한 상황에서 아이가 부모에게 무시당하고 있다는 느낌을 갖게 된 경우, 아이는 자기 부모가 친부모가 아니며 진짜 부모는 훨씬 더 지위가 높은 사람이라고 상상한다. 이처럼 자신이 입양아이거나 의붓자식이라고 여기고 친부모를 고귀한 신분의 사람이라고 생각함으로써 부모에게 복수를 하는 것이다.

이처럼 가족로망스는 가족 구성원 간의 관계에 연관된 서사인데, 오늘날의 많은 청소년소설들에서는 가족의 해체를 보여줌으로써 새로운 가족로망스를 구현한다. 가족로망스의 구현은 청소년의 성장 과정을 그린 많은 청소년소설에서 구체화된다. 청소년소설에 형상화된 청소년의 성장은 가족로망스와 사회와의 만남을 겹친 형식으로, 그 형식에 따라 가족 해체의 다양한 모습들이 그려진다. 가족 해체의 과정에서 청소년 인물들은 자아의 발견과 확장을 통해 세계를 경험하면서, 단순히 현실에 순응하는 것이 아니라 그것에 대해 질문하고 또 다른 세계를 개시(開示)할 수 있다. 이 때문에 청소년 독자는 작중인물의 삶에 대한 이해를 통해 자아를 새롭게 정립할 수 있는 토대를 갖는데, 바로 이 점이 가족의 해체를 서사화한 청소년소설이 갖는 의의라 할 수 있다.

가족의 해체를 서사화한 청소년소설들은 부모의 이혼, 아버지의 부재 혹은 재혼, 어머니의 가출 혹은 재혼, 미혼모 가정, 조부모와의 생활 등을 형상화하고 있다. 이러한 형상화를 통해 많은 청소년소설들은 가족의 해체를 경험한 청소년들의 갈등과 성장의 양상을 보여줌으로써, 오늘날 많은 청소년들이 처한 가족 해체와 사회화 과정을 보여준다.

가족의 해체를 서사화한 청소년소설들을 좀 더 유목화해보면, 부모는 있으나 자녀를 돌보지 않음으로써 부모와 청소년 자녀와의 갈등을 다룬 작품, 부모의 가출 혹은 경제적 지원의 중단으로 경제적 결핍 속에 살아가는 청소년을 다룬 작품, 부모의 이혼을 통해 한 부모와 살게 된 청소년을 다룬 작품, 부모의 재혼으로 혈연관계가 없는 가족 속에 편입된 청소년을 다룬 작품, 미혼모와 함께 살아가는 청소년을 그린 작품, 조부모와의 생활을 다룬 작품 등으로 나눌 수 있다. 부모는 있으나 자녀를 돌보지 않음으로써 부모와 청소년 자녀와의 갈등을 다룬 작품에는 정란희의 《엄마의 팬클럽》이, 부모의 가출 혹은 경제적 지원의 중단으로 경제적 결핍 속에 살아가는 청소년을 그린 작품으로는 박상률의 《밥이 끓는 시간》이, 부모의 이혼을 통해 한 부모와 살게 된 작품에는 이금이의 《너도 하늘말나리야》가, 부모의 재혼으로 혈연관계가 없는 가족 속에 편입된 청소년을 그린 작품에는 이금이의 《소희의 방》이, 미혼모와 함께 살아가는 청소년을 그린 작품으로는 김혜정의 《하이킹 걸즈》가, 조부모와의 생활을 그린 작품으로는 이금이의 《너도 하늘말나리야》가 있나.

3) 가족 해체의 서사를 구현한 청소년소설 읽기

가) 청소년소설들이 가족 해체 현상을 형상화하는 양상

청소년소설들에 형상화된 가족 해체의 양상은 존재하지 않는 아버지, 어머니의 가출이나 사망, 불완전한 가족 구성에 대한 사회적 편견 등에 따라 달라진다. 많은 청소년소설들에서 아버지는 부재하는 존재로 그려진다. 아버지의 존재 자체를 언급하지 않거나, 아버지의 가출, 아버지의 사망이나 무능력 등을 통해 아버지의 존재를 무력화한다. 이러한 소설들에서 아버지의 모습은 전통적인 가족에서의 아버지의 모습과는 매우 다르며, 오이디푸스 신화에 등장하는 아버지의 모습과는 완전히 대조된다. 그러기에 이러한 소설들에서 아버지는 청소년 작중인물에게 영향을 거의 주지 못하며, 심지어는 부정적인 영향을 미치기도 한다. 예를 들어, 김혜진의 《프루스트 클럽》에서 아버지는 일본에 장기 출장 가 있는 사람이며, 김혜정의 《하이킹 걸즈》에서는 미혼모의 딸인 은성이를 통해 아버지는 상상되는 존재로서 아버지가 없는 것이 나쁘지 않다는 청소년 인물의 심리를 보여준다. 이러한 소설들에서 아버지는 청소년 인물에게 영향을 거의 주지 못하거나 오히려 청소년 인물의 삶이 부정적으로 전개되게 하는 원인이 된다.

또한 많은 청소년소설들에서 아버지는 존재하지만 가족의 삶에 경제적인 도움을 전혀 주지 못하거나 정서적 교감을 갖지 못한다. 이러한 모습은 박상률의 《밥이 끓는 시간》, 이옥수의 《푸른 사다리》, 임태희의 《나는 누구의 아바타일까》, 한창훈의 《열여섯의 섬》 등에서 확인할 수 있다.

박상률의 《밥이 끓는 시간》에서 아버지는 어머니를 자살로 몰고 가는 존재이며, 그 와중에 딸 순지는 함께 생활을 꾸려간다. 한창훈의 《열여섯의 섬》에서도 아버지는 더없이 나약한 존재로 가족에게 폭력을 휘두르며, 그 과정에서 푸른 바다 저 너머 외로운 섬에서 서이는 홀로 혹독한 아픔을 견뎌낸다. 이옥수의 《푸른 사다리》에서도 아버지는 경제적으로 무능할 뿐만 아니라 그 자신의 어릴 적 상처를 아직도 해결하지 못하고 있는 존재이다. 아들들인 혁제와 윤제에게 당당한 모습을 보이지 못할뿐더러 자괴감 때문에 가족에게 폭력을 휘두르며 스스로를 파멸시켜 간다. 윤제의 형인 혁제는 윤제에게 "아버지처럼 살 거냐?"고 말하고, 아버지를 서슴없이 '빙신'이라고 칭한다. 그러기에 이 소설에서 아버지가 보이는 이러한 폭력은 청소년 작중인물들의 삶에 많은 트라우마를 주면서 청소년 인물들이 아버지를 부정하는 계기가 된다.

또한 임태회의《나는 누구의 아바타일까?》에서도 문제적인 아버지들이 등장한다. 이 소설의 주인공인 영주의 아버지는 아내에게 폭력을 휘두르며 강한 남편이기를 인정받고 싶어했다. 그러나 아버지는 딸인 영주에게는 약하기만 한 존재로서 자신이 저지른 과거의 잘못을 용서받고자 한다. 영주의 친구 이손의 아버지는 가족을 버렸고 책임지지 않았다. 선욱의 아버지는 지식인 계층에 속하지만 가족 몰래 딸 또래와 원조교제를 하는 속물적인 모습을 보인다. 또한 이금이의《나》에도 마초 근성을 지닌 아버지의 폭력 때문에 힘들어하던 어머니가 아버지와 이혼하고 아들과 함께 살아가는 모습이 그려진다. 이러한 아버지들의 모습은 청소년인물들에게 용서받지 못한 채 부정을 당한다.

한편 많은 청소년소설들에서 어머니의 존재는 청소년 인물에게 주된 영향을 주어 청소년 인물의 삶을 지탱해 주거나, 이혼이나 사망 등의 사유로 청소년 인물과 함께 하지 못함으로서 청소년 인물에게 트라우마를 남기기도 한다. 혹은 그 반대로 그 역할이 미미하거나 부정 당하는 양상을 보인다.

청소년소설에서 어머니가 청소년 인물에게 많은 영향을 주어 청소년 인물의 삶을 지탱해 주는 모습은 박상률의《나는 아름답다》나 이옥수의《푸른 사다리》, 이금이의《나》에서 확인할 수 있다. 박상률의《나는 아름답다》에서 청소년 인물인 선우는 자신에게 희생적이었던 어머니를 병으로 잃은 후 고립된 세계에 혼자 시간을 보내며 살아간다. 그러다가 선우는 학교 미술 선생님을 통해 어머니에 대한 그리움을 대체할 수 있는 이미지를 발견한다. 또한 수현이를 통해 어머니에 대한 그리움을 상쇄할 수 있는 힘을 얻는다. 그러나 선우는 미술 선생님이 결혼을 하고, 수현이가 죽게 되자 자신의 길을 새롭게 발견하면서 자신의 존재를 긍정적으로 받아들일 수 있게 된다.

그리고 이옥수의《푸른 사다리》에서는 청소년 인물들이 갖는 아버지에 대한 분노와 원망에 대비되어 어머니에 대한 보호의 정서를 보여준다. 이 소설에서 혁제와 윤제는 아직 어리기 때문에 아버지로터 어머니를 보호할 수 없는 것에 대한 괴로움과 죄책감을 느낀다. 아버지로부터 어머니를 보호하고자 함과 동시에 두 형제는 아버지에게 반항하지 않고 무조건 당하고만 있는 어머니에 대해서도 부정적인 평가를 한다. 이는 그들이 어머니에 대한 보호의 감정과 더불어 비난의 감정을 동시에 갖고 있기 때문이다.

한편 이경화의 《나》에서는 마초 근성을 가진 아버지로부터 당하기만 하는 연약한 엄마에 대한 아들의 보호 감정을 보여준다. 엄마가 아들을 보호하는 것이 아니라 아들이 엄마를 보호해야 한다는 감정이 두드러진다. 마초 근성을 가진 아버지의 폭력으로부터 엄마의 손목을 끌고 엄마에게 이혼을 강요한 사람은 아들이다. 그러기에 이 소설에서 엄마는 스스로 자신의 인생을 개척하기보다는 아들에 의해 새로운 삶의 서사를 만들 수 있게 되었다.

그러나 청소년소설들에서 어머니의 모습이 이러한 것으로만 그려지는 것은 아니다. 어머니의 존재가 부정당한 경우도 있다. 이는 김혜정의 《가출일기》에서 확인할 수 있다. 더군다나 어머니의 존재가 미미하여 청소년 인물의 삶에 거의 영향을 주지 못하다가 점차 영향을 주는 경우도 있는데, 이는 김려령의 《완득이》에서 확인할 수 있다.

한편 불완전한 가족의 구성에 대한 사회적 편견 때문에 청소년 인물들의 정서적 갈등이 증폭되고 이 때문에 가족의 해체가 심화되는 경우도 있다. 이는 미혼모와 그 자녀인 청소년 인물들이 사회적 편견을 받고, 그에 의해 청소년 인물이 탈선을 하게 되는 경우에 보다 구체적으로 드러난다. 이는 김혜정의 《하이킹 걸즈》에서도 구체적으로 확인할 수 있다. 《하이킹 걸즈》의 은성이는 미혼모의 딸로, 자신을 미혼모의 딸이라고 놀리는 친구들을 폭행함으로써 실크로드 도보 여행이란 처벌을 받았기 때문이다.

나) 가족 해체 현상에 대한 청소년 인물의 갈등과 대응 양상

가족의 해체 속에서 한 부모 가정이나 조손 가정, 미혼모 가정이 날로 증가하고 있다.[7] 많은 청소년소설들은 이러한 현상을 반영하여 전통적인 가족의 해체와 비혈연 가족의 탄생을 보여준다. 새 아버지나 새 어머니와 각각의 자녀들로 구성된 가족은 물론 입양 가족이나 조카나 사촌과의 가족 구성을 다룬 청소년소설들이 창작되고 있다. 새롭게 재구성되는 비혈연 가족의 서사를 통해 가족의 해체와 재구성을 통해 새로운 형태의 가족 연대감을 형상화하고 있는 것이다.

이혼, 가출, 죽음 등에 의한 부모의 부재에 의한 가족 해체 현상 속에서 청소년 인물들은 단

---

7 이러한 현상은 전통적 가족 형태의 해체라고 할 수 있지만, 다른 측면에서 보자면 새로운 형태의 가족의 탄생이라고도 할 수 있다. 사회변동과 더불어 다문화가족, 조손 가족, 재혼 가족, 1인가구나 동성가족, 별거 가족 등과 같이 가족 구성원의 형태가 다양하게 변화하고 있다.(김혜영, 2008)

란했던 가족을 그리워하거나 새로운 가족의 형태에 적응해야 한다. 그 과정에서 청소년 인물들은 더 이상 실재하지 않는 부모와의 관계를 재정립할 수밖에 없고, 그 과정에서 많은 갈등을 통해 새로운 가족 서사를 만들어간다. 가족의 해체 과정에서 청소년 인물들이 겪는 갈등은 가부장적 권위나 사회적 편견, 물질적 결핍, 심리적 고립감, 어른들의 거짓과 위선 등에서 연유한다.(최미령, 2010:50-72쪽 참조) 이러한 것들에서 연유하는 갈등 속에서 청소년 인물들은 가족의 해체를 받아들이면서 조부모나 새로운 부모, 한 부모, 입양 가족과의 관계 속에서 나름대로 생존하는 방식을 터득해간다.

아버지가 부재하거나 존재하고 있어도 그 역할이 미미한 상황에서 청소년 인물들은 어머니와 같이 살거나 어머니마저 부재한다면 조부모와 함께 혹은 위탁 시설에서 생활한다. 그 과정에서 청소년 인물들은 자신과 비슷한 처지에 있는 다른 청소년 인물들과 연대감을 형성하며 살아간다. 또는 가족의 해체를 경험하면서 조숙한 성장을 하고 그에 따른 어른다움을 보이기도 한다. 또는 가출과 탈선을 하기도 하며, 그 반대로 가족 공동체의 회복을 기원하면서 묵묵히 가족의 울타리를 지키기도 한다.

(1) 소외된 청소년간의 연대

청소년소설에서 많은 청소년들은 부모의 불화, 부모와의 소통 부재, 부모의 무관심 등으로 인해 가족은 있으나 가족이 없는 것 같은 가족 해체의 심리를 경험한다. 이러한 경험은 청소년 인물들이 가족이 아닌, 다른 청소년 인물과의 정서적 교감을 통한 연대와 그 과정에서의 성장을 가능하게 한다. 이러한 모습은 김혜진의 《프루스트 클럽》, 임태희의 《나는 누구의 아바타일까》를 통해 확인할 수 있다.

김혜진의 《프루스트 클럽》(2005, 바람의 아이들)은 윤오, 나원, 효은 등 세 아이들의 정서적 혼란과 연대감을 보여주는 소설이다. 그들은 로버트 프루스트의 '잃어버린 시간을 찾아서'를 같이 읽기로 하면서 클럽을 만들었고, 그 과정에서 현실에 바로 서기를 못하는 것 같아서, 미래에 대한 불안감으로, 소소하게 찾아드는 균열에 겁내고 아파한다. 클럽을 통해 연대감을 형성했지만, 그들의 연대는 점차 깨지면서 각자의 길을 가게 된다. 윤오는 가족의 울타리로, 나원이는 외국 유학으로, 효은이는 자살로 연대가 깨진다.

윤오, 나원, 효은이는 셋 모두 각자의 공간에서 소외된 채 살아간다. 윤오는 새로 옮긴 학교에서 아무하고도 소통하지 못한 채 공식적인 왕따로 살아간다. 그 와중에 윤오는 자신도 제어할 수 없는 폭력성 때문에 다른 친구들과 어울리지 못한다.

> 학교의 그 누구도 살아있는 것으로 느껴지지 않았다. 평평한 이차원 위의 존재들. 종이처럼 접히고 구겨진다. 이들은 절대 내 눈이 닿지 않는 곳을 보지 못하고 내가 듣는 것을 듣지 못할 것이다. 나는 학교 밖의 삼차원의 진짜를 가지고 있다. 여기는 내게 아무런 의미가 되지 못한다.
> 나는 더 완강하게 침묵을 지키고 건방져지고 잘난 척하고 비협조적이 되어 책에 파고 들었다.(81쪽)

반면에 나원이는 스스로 학교를 자퇴하고 나왔다. 나원이의 부모는 그에게 심리적인 지지를 보내지만 그 밖의 것은 아무 것도 도와주지 못하는 무능력한 사람들이다. 나원이는 그런 부모에게 별다른 불평이 없으며, 세상은 억울할 것도 없는 평등한 것이라 생각한다. 그러나 나원이는 그의 미래에 대해 명확한 답을 내리지 못하고 있다. 나원이는 스스로 학교라는 울타리를 벗어났지만 완전하게 벗어나지 못한 채 길을 찾지 못하고 있다.

> "난 벗어날 곳도 없어. 묶여 있지 않으니까, 풀 것도 없어. 아무 제약이 없는 것 같은데 또 거미줄로 둘러싸인 것 같다. 그게, 더 답답해."
> 자신이 선택한 길인데도 명쾌해지지 않는다. 나원이는 학교를 떠났고 그럼 그걸로 행복할 수 있을 것 같은데 그렇게 단순하지가 않은가 보았다.(76쪽)

반면에 효은이는 아버지의 폭력으로 인해 마음의 상처를 안은 채 살아간다. 효은이의 엄마는 입원과 퇴원을 반복하면서도 아버지의 폭력을 막지 못하고, 그 와중에 효은이는 부모의 문제에 전혀 끼어들지 못한다. 이러한 가정임에도 불구하고 효은이는 학교에서 철저하게 자신을 숨긴 채 명랑한 척 가짜로 살아간다. 그는 학교에서 친구도 많고 활발하고 완벽한 척한다. 그러나 효은이는 아버지에게서 받은 상처 때문에 세상과 소통하지 못하고 결국에는 자살을 하고 만다.

> "왜 엄마가 죄인처럼 있지? 맞는 건……엄만데. 윤오야."
> 효은이가 내 팔을 잡아끌었다. 소름이 돋았다.
> "응?"
> "너, 그거 알아야 돼. 겉모습만 보고는 몰라. 겉으로는 말짱해 보여. 말짱하게 행동해. 당하는

사람도 겉으로 봐선 모른다구. 얼굴은 절대 안 건드리거든. 자기가 안 그런 척하면 괜찮아 보
이는 거야."

"……"

"무섭지 않니?"

"그래……"

"사람이라는 게."

"알아."

목부터 가슴까지 뻐근해지면서 달깍, 소리가 나듯 아파왔다.(159-160쪽)

이렇듯 각자의 상처를 안고 있는 윤오, 나원, 효은이는 '프루스트 클럽'이라는 독서클럽을 통
해 연대감을 형성한다. 그들의 연대 공간은 오데뜨라는 여인이 제공하는 카페이며, 이 공간에서
그들은 기억 속의 상처를 끄집어내어 서로 어루만진다. 그러나 그 과정에서 서로 간에 균열이
생기는 데, 그것은 효은이 자신의 현재 삶이 거짓임을 깨닫는 데서 연유한다.

윤오에게 가족은 자기를 '흔들리게 하는 것, 화를 내게 하는 것……하지만 버릴 수도 없고 그
래서도 안 되는 것"(132쪽)이다. 나원이에게 부모는 모든 결정을 나원이에게 맡기고, 딸의 장래
를 외국에 있는 외삼촌에게 떠넘긴다. 반면에 효은의 가족은 겉모습만 그럴듯할 뿐 폭력과 위
선으로 가득 차 있다. 그러기에 효은이는 윤오나 나원이와는 달리 갈 곳이 없다.

나원이는 그림 공부를 하기 위해 유학을 감으로써 연대의 망에서 벗어났고, 윤오는 자신이
휘둘렀던 폭력의 기억을 아픈 대로 인정하면서 가족을 이해하게 된다. 반면에 잘못 맞춰진 퍼
즐 조각 같던 효은이는 깨진 연대의 망에서 길을 찾지 못한 채, 자신의 거짓된 삶을 발견하고
자살을 하게 된다.

윤오, 나원, 효은이의 연대는 가족의 품에서 벗어남으로써 가능한 것이었다. 그러나 가족의
품에서 벗어난 연대는 가족을 버리지 않는 한 언젠가는 깨질 운명을 안고 있다. 그들은 힘들었
던 열일곱 살의 일 년을 공동 공간에서의 연대의식 속에서 함께 하면서 성장했다. 물론 그들의
성장은 가족의 품이 아닌 그들만의 연대를 통한 것이다. 이러한 그들만의 연대와 성장은 윤오
가 삶을 긍정할 수 있는 힘을 얻음으로써 새로운 가능성을 만든다.

그래요, 오데뜨. 마주 해야 할 때는 오는 것이었어요. 언젠가는 열렸어야 할 문이었어요. 더
도망치지 않고 이제라도 마주할 수 있게 되어서 다행이었어요. 난 이제 거짓말을 하지 않을 거
예요. 아무 일도 없었던 것처럼 덮어 놓지는 않을 테니까.

비로소 긍정할 수 있는 힘을 얻는다. 자신이, 그렇게 약하기만 한 것은 아니었음을 깨닫는다.

나는 깨졌다 다시 맞춰진 흔적이 남아 더욱 아름다운 그 유리나무 공을 바닥에 내려놓고 돌아 나온다. 문 안의 세계가 내가 살 곳은 아니다. 하지만 나는 문을 닫지는 않는다. 열어 두기로 한다.(262-263쪽)

윤오는 나원, 효은이와 함께 했던 문 안의 세계를 기억하면서, 이제는 그 문을 열고 문 밖의 세계로 나온다. 윤오의 이러한 행동은 한동안 함께 했던 나원, 효은과의 연대감을 잊지 않는 것이며, 그러한 연대감을 통해 세상과 소통하는 법을 배운 성장의 모습을 보여준다. 또한 가족의 해체 속에서 청소년 인물이 가족의 의미를 새롭게 인식하고 나아가야 할 방향을 말해주기도 한다.

한편 임태희의《나는 누구의 아바타일까》는 몸의 주인권을 빼앗긴 두 여자 아이들인 영주와 이손을 주인공으로 하고 있다. 두 인물은 세상의 부조리를 지적하고 세상을 향해 실컷 울분을 표출한다. 또한 몸의 주인권을 빼앗긴 청소년 인물들의 고통과 정신 세계를 보여준다.

이 소설에서 영주와 이손이 안게 된 고통과 상처는 어른들의 거짓과 위선에서 연유한다. 영주의 상처는 아버지와 사촌 오빠와 관련된 것이다. 영주의 아버지는 딸에게만은 좋은 아버지이고자 했으나 영주는 아버지에게 매정하게 대한다. 영주가 아버지에게 악담을 퍼붓던 날 아버지는 벼랑에서 구르는 교통사고를 내고 숨지는데, 이 일은 영주에게 깊은 죄책감으로 남는다.

한편 영주는 아버지의 죽음 이후 고모집에 얹혀살게 되었는데, 고모 아들인 영채 오빠한테 밤마다 성추행을 당한다. 영채는 영주에게 미안하다고 말을 하면서 '네 앞에 놓인 현실을 직시'(75쪽)하라고 재촉하지만 영주는 그런 오빠를 위선적이라고 여긴다.

내 몸은 시공간을 거슬러 재작년 여름, 고모네 집으로 옮겨갔다. 팬티 속으로 오빠의 손이 들어왔다. 한여름이었는데도 오빠의 손은 차디찼다. 열다섯의 나는 숨을 죽이고 자는 척했다.(중략)

눈을 뜨고 오빠를 볼 자신이 없었다. 눈을 감고 있으면 허락하는 것처럼 보일 거라는 걸 알았지만 겁이 났다. 그런 나를 오빠는 비웃기라도 하듯 자꾸만 손톱으로 긁어댔다. 눈을 뜰 수 있으면 떠 보라는 식으로. 악마. 내 고통을 즐기는 오빠는 악마다.(136-137쪽)

한편 이손도 자신을 겁탈한 검은 손과 아버지에 의해 상처를 입는다. 이손의 아버지는 표면적으로는 그림을 그리는 깨끗한 손을 갖고 있지만, 이손과 엄마를 버리고 새 여자를 얻어서 살면서 가족을 돌보지 않는다.

> 검은 손은 움직임을 멈추었다. 그리고 몸을 움찔거렸다. 그는 몸을 추슬러 일어서더니 태연히 자신의 손 냄새를 맡았다. 그러고는 상을 찡그렸다. 마치 세상에서 가장 더러운 것을 만진 것처럼.
> 수치심이 차올랐다. 억울했다! 감염된 것은, 더럽혀진 것은 그가 아니라 나였다.(149쪽)

이와 같이 어른들의 위선과 거짓에 의해 상처받은 영주와 이손은 글쓰기를 통해 서로의 상처를 공유한다. 그들은 글쓰기를 통해 서로의 상처를 드러내면서 연대 의식을 갖는다. 그러나 그들의 연대는 글쓰기를 통해서만 이루어진 나약한 것이었으며, 외로움과 분노를 떨쳐내기 위한 것이었다. 그러기에 그들의 연대는 영주가 가족과 화해하지만, 이손이 가족과 화해하기를 거부하면서 깨진다. 가족과 화해한 아바타를 삭제함으로써 사회와 소통하지만, 이손은 엄마를 거부한 채 종교 시설에서 자기를 사랑하기까지의 시간을 갖는다. 따라서 영주와 이손의 연대는 가족에 의해 상처받은 두 인물이 일시적으로 글쓰기를 통해 결합한 것이었고, 그것은 가족과의 화해 국면에서 깨진다. 그러기에 영주는 세상 가운데서 희망을, 이손은 세상과 분리된 채 기다림을 갖는다.

> 그러다 문득 온몸을 파고드는 찌릿함을 맛보았다. 나는 화면에 시선을 고정했다.
> 바로 거기, 희망처럼 새파란 바탕에 내 마음을 사로잡은 또 하나의 글귀가 떠 있었다.
> 새로운 시작.(267쪽)

세상 가운데서 새로운 희망과 시작의 가능성을 여는 영주의 모습은 가족의 울타리가 아닌 다른 청소년 인물과의 연대감을 통한 성장의 결과라고 할 수 있다. 영주는 가족의 해체와 그 과정에서 사촌 오빠에 의해 상처를 받았지만, 가족을 버리지 않고 엄마와 화해함으로써 가족의 울타리 내에서 희망을 말하는 성장의 길로 나아가고 있기 때문이다.

(2) 조숙한 성장과 그에 따른 어른다움

부모의 이혼이나 죽음 때문에 많은 청소년들은 자신의 의지와 상관없이 조부모와 함께 살게 되거나 보호시설에 맡겨지게 되는 데, 이 과정에서 청소년들은 환경의 변화에 따른 조숙함을 보이게 된다. 또한 조숙한 성장에 의해 지나치게 일찍 어른다움을 배우게 된다. 많은 청소년소설들에서는 부모의 이혼이나 아버지 혹은 어머니의 부재에 의해 조숙한 성장을 경험하는 청소년의 모습을 보여주는 데, 이러한 모습은 박상률의《밥이 끓는 시간》에서 확인할 수 있다.

박상률의《밥이 끓는 시간》(2001, 사계절)은 실직한 아빠가 엄마에게 가정 폭력을 일삼자, 엄마가 파출부 일을 하다가 교통사고로 다친 후 자살을 하는 데서 시작된다. 그 후 아빠는 가출을 하고, 그 와중에 주인공 순지는 동생 순둥이와 함께 살아간다.

아빠의 부재 속에 순지는 동네 사람들의 보살핌을 받으면서 조숙한 성장을 하고 어른스러워진다. 어른스러워진 순지는 죽은 엄마를 대신하면서 어떻게든 살아가려 한다. 그러나 중학생인 순지에게 엄마의 부재는 쉽게 받아들일 수 없는 것이었다.

> 엄마는 그 외로움을 견디느라 말도 하지 않고 막막한 침묵의 시간들을 차곡차곡 포개다가 더 이상 포개지 못하게 되자 모든 걸 무너뜨려 버린 건 아닐까? 더 이상 포갤 수 없는 시간들. 엄마는 그 시간의 벽에 갇혀 몸부림치다가 그만 모든 것을 한순간에 날려 버린 게 아닐까?
> '엄마, 엄마…….'
> 눈앞에 엄마의 모습이 어른거리는 것 같았다. 엄마 대신 내가 감당해야 하는 엄마의 자리가 자꾸 버겁게 느껴졌다.(67쪽)

자신이 감당해야 할 엄마의 자리가 자꾸 버겁게 느껴지는 상황에서 순지는 어른스러워질 수밖에 없다. 순지는 아빠의 밥을 챙기고 동생을 돌보고, 심지어 새엄마까지 보살핀다. 그 과정에서 아빠뿐만 아니라 새엄마도 순지에게 어른다움을 보여주지 못한다. 집에 있지 못하고 밖으로 나돌았던 아빠는 순지 남매를 고아원에 맡긴다는 조건으로 새엄마와 재혼을 했고, 새엄마는 아이만 낳으면 집을 나가겠다고 입버릇처럼 말한다. 자신의 자식들을 돌보려는 의지가 없는 아빠와 임신 때문에 어쩔 수 없이 순지네 집에 살게 된 새엄마는 청소년이나 아동들에 대한 돌봄의 의지를 전혀 갖고 있지 않다. 이러한 어른의 모습은 청소년에게 본받아야 할 대상이 아닌 짐이 될 뿐이다. 아빠와 새엄마는 아이를 키울 경제적 능력을 갖지 못한 채, 무책임하게 모든 책임을 순지에게 전가하고 집을 나가버린다.

> 할머니가 숨이 턱밑까지 차서 헉헉거리며 병실로 들어선 것은 점심때가 거의 다 되어서였다.
> "순지야, 느이 엄마 어디 간 것이야?"
> 나는 고개를 가로저었다.
> 짐작컨대 할머니는 간호사에게 이야기를 대충 듣고 온 것 같았다.
> "느이 아빠는 또 어디 가고?"
> 나는 또 고개를 가로저었다.
> "이게 무슨 꼴이여. 뼝아리 새끼 같은 자석들만 놔두고 애비 에미는 다 어디로 사라져 버린 것이여, 쯧쯧. 조는 집안엔 자는 며느리 들어온다더니 꼭 그짝이 나부렀구만. 인자 이 일을 어쩔끄나, 이 일을 어쩌."(173-174쪽)

자식들만 놔두고 무책임하게 집을 나가버린 아빠와 새엄마 때문에 순지는 동생들과 함께 할머니 집에서 살게 된다. 이 일로 순지는 어쩔 수 없이 동생들에게 엄마의 역할을 하게 되며, 그 때문에 더욱 조숙하고 어른스러워지게 된다. 어른스러워진 순지가 믿고 살아갈 존재는 할머니 뿐인데, 할머니는 날로 쇠약해진다. 이제 정말로 순지 혼자 모든 책임을 맡아야 할 시간이 가까워진 것이다.

> 하루 이틀 시간이 흘러 순달이가 자라는 만큼 할머니는 더 삭아 내렸다. 더 이상 야윌 데가 없이 말라 버린 할머니.
> 밤에 할머니가 앓는 소리를 내지 않으면 오히려 걱정이 되어서 숨을 쉬는지 가슴팍을 만져 보곤 했다.(202-203쪽)

순지의 마지막 기둥이었던 할머니는 순지를 끝까지 지켜주지 못한 채 돌아가시고 만다. 이제 정말 순지가 두 동생을 건사하면서 살아가야 한다. 더 이상 순지는 청소년으로만 머무를 수 없다. 원하든 원하지 않든 간에 어른답게 행동해야 한다.

> 그 모든 것이 할머니와 함께 작게 오그라져서 무덤 속으로 들어간 게 아니고 나의 가슴속에 들어와 버렸다.
> 할머니가 생각날 때마다 이를 더 앙다물었다. 순동이와 순달이는 이제 내가 없으면 살아

갈 수 없는 아이들이 되고 말았다. 동생들을 위해서라도 더 악착같이 살아야 한다고 다짐했다.(207쪽)

동생들을 위해서라도 더 악착같이 살아가야 하는 순지는 세상과 맞선다. 가족의 해체 속에서도 부모를 원망하거나 현실을 도피하지 않고 동생들을 위해서 현실을 견딘다. 그러나 아무리 어른스러워졌다 해도 아직은 청소년이기에 순지는 위악적인 어른을 감당하지 못한다. 순지의 외삼촌은 순지의 할머니가 남기고 간 마지막 돈을 순지를 속여 빼앗아간다. 그런 외삼촌을 통해 순지는 세상의 위악성을 배운다.

나는 너무나 어리석었다. 무슨 일이든 오팔이 엄마 아빠랑 의논해서 처리하라고 신신당부를 하던 할머니의 목소리가 귀에 쟁쟁했다.

'너무 헛된 꿈을 꾸었나 봐. 외삼촌이 우리가 뭐가 예뻐서 곁에 두고 싶겠어. 어리석게 그런 말에 넘어가다니……'

세상은 무엇 때문인지는 몰라도 어른 몫 따로 아이 몫 따로 있는 것 같았다. 그런데 지금까지 나는 어른 몫까지 다 감당해야 했다. 그러나 분명한 것은 난 아직 어른이 아니고 어린애에 불과하다는 것이다.(224쪽)

순지는 외삼촌을 통해 자신이 아직은 어른이 아니며 어린애에 불과하다는 것을 깨닫는다. 또한 위악적인 어른들의 세계를 알게 된다. 이러한 깨달음과 앎을 통해 순지는 삶이란 계속 이어지는 것임을 인식한다. 그러면서 가족이 해체되기 전 행복했던 시간들을 자신이 만들 수 있음을 알게 된다.

살림이란, 아니 삶이란 이처럼 지나간 손길 위에 또 하나의 손길을 얹는 것일까? 할머니의 손길 위에 이제 '어른이 된' 나의 손길이 얹힌다. 물론 모든 것은 그대로 있다. 그대로 있으면서 삶은 계속 이어지고 있다.(232쪽)

할머니의 손길 위에 '어른이 된' 순지의 손길이 얹어져서 순지의 삶은 계속 이어진다. 이 이어짐을 통해 순지는 자신이 해체된 가족을 새롭게 만들 수 있음을 점차 깨달아간다. 이러한 순지의 깨달음이 정상적인 것임을 보여주는 계기는 아버지의 귀가이다. 자신과 동생들을 버리고 간 아버지에 대한 원망 대신에 순지는 아버지의 귀가가 일상적이고 정상적인 것임을 말한다. "위태롭지 않은 것은 모두 일상적인 것이고 일상적이지 않고 비정상적인 것은 대부분이 위태로움"이 있는 것임을 말한다. 그러기에 자신과 동생들을 버리고 간 아버지가 어느 날 문득 귀가 했을 때 순지는 그 아버지를 자연스럽게 받아들일 수 있다.

> "순지야⋯⋯."
> 그 소리에 고개를 아빠 쪽으로 살짝 돌렸다. 아빠가 내 이름을 부른 것에 대한 대구로 뭔가 말을 해야 될 것 같기는 한데 아무 말도 나오지 않았다.
> "⋯⋯."
> 아빠의 눈에 눈물이 맺혔다. 그러나 나는 애써 눈물을 참았다. 그리고 마치 아침에 일터를 나갔다 저녁에 들어온 아빠를 대하듯이 아무렇지 않은 말투로 물었다.
> "아빠, 배고프죠?"
> "⋯⋯."

자신과 동생들을 버리고 간 아빠를 일터에 나갔다 돌아온 것처럼 받아들이는 순지의 모습은 어른스러운 것이다. 그리고 이 모습은 아빠와 순지의 역할이 뒤바뀌었음을 보여준다. 어른이지만 전혀 어른답지 못하는 아빠와 청소년이지만 어른다운 순지의 모습은 통상적인 가족 관계와는 다르다. 이 모습은 순지가 아빠를 모시는 것이며, 가족 해체가 아닌 가족의 결합을 원하는 것을 보여준다. 그러기에 순지는 엄마가 했던 것처럼 밥이 끓는 동안 반찬을 만들면서 엄마를 대신해서 자신이 그 자리에 들어가고, 아빠의 귀가가 주는 편안함을 느낀다.

> 이젠 내가 엄마 대신 그 시간 속에, 밥이 끓는 시간 속에 들어가 있다.(중략)
> 아빠는 내가 일구는 일상의 몸짓 속에서 아주 오랜만에 편안함을 느끼는 것 같았다. 특히 밥이 끓는 시간 속의 편안함을⋯⋯.(240쪽)

순지가 엄마를 대신해서 밥을 끓이는 시간 속에 편안함을 느끼는 아빠는 무책임하고 유아화 된 존재라 할 수 있다. 자신이 어린 딸을 돌보는 대신, 어린 딸의 돌봄을 받으면서 무책임을 회피하고 있기 때문이다. 그러나 이런 아빠를 받아들이는 순지의 행동은 가족의 해체가 비정상적인 것이며, 가족의 결합이 정상적인 것이라는 데서 연유한다. 그러기에 순지는 균열이 생긴 가족이 아닌, 균형을 찾은 가족의 모습을 원한다. 이러한 순지의 모습은 부모의 무책임 때문에 해체된 가족에 의해 상처받았지만, 그것을 삶이라 여기고 견뎌내는 어른스러움을 보여준 것이다.

(3) 가출의 경험을 통해 가족의 의미 확인

부모의 무관심이나 가족의 해체에 의해 많은 청소년들은 가출과 탈선을 경험하는데, 청소년들의 이러한 경험은 청소년소설들에 많이 드러나 있다. 부모의 무관심이나 가족의 해체에 의해 청소년들이 가출하거나 탈선하는 것은 일탈 행위이며, 이러한 일탈 행위를 통해 청소년은 사춘기적 방황을 표현하면서 성장해 간다. 가족의 해체나 부모의 무관심 속에 청소년들은 폭력과 무질서, 성 체험이나 도둑질까지 일삼는 문제적 행동을 보여준다. 청소년들의 이러한 문제적 행동을 그린 청소년소설로는 김혜정의 《하이킹 걸즈》를 들 수 있다.

김혜정의 《하이킹 걸즈》(2008, 비룡소)는 미혼모의 딸인 은성이와 절도 사건을 저질렀던 보라가 실크로드 도보여행을 하는 과정을 통해 스스로 문제를 해결해 가는 것을 보여준다. 그러나 그들의 여행은 스스로의 선택이라기보다는 교도 프로그램의 하나로 소년원에 가는 대신 선택한 것이다.

이 소설에서 미혼모의 딸인 은성이는 엄마가 자신을 늘 혹처럼 귀찮아한다고 여기기 때문에 엄마와 늘 불편하다. 자신을 끔찍하게 아껴주시던 할머니가 돌아가시자 은성이는 마음을 붙일 곳이 없었다. 그러다가 은성이는 존재하지 않는 아버지를 상상하면서, 아버지의 부재로 인해 점차 탈선을 하게 된다. 그 결과 은성이는 자신에게 아버지가 없다고 놀리는 친구를 때림으로써 학교 폭력을 저지르고, 그에 따라 소년원에 가는 대신 실크로드 도보여행을 가게 되었다.

> 처음 친구를 때린 건 초등학교 1학년 때였다. 같은 아파트에 살던 여자 애였다.(중략)
> 그 아이는 "아빠도 없대요, 아빠도 없대요."라고 놀렸다. 순간 나도 모르게 그 아이를 주먹으로 마구 때렸다. 아빠가 없다는 사실이 창피해서 때린 게 아니었다. 이유가 무엇이든, 놀림받고 있다는 게 싫어서 때린 것뿐이었다.
> 그 일로 할머니가 학교에 오게 되었다. 할머니는 선생님과 아이의 부모에게 사과했다. 할머니는 집에 돌아오며 내게 아이를 때린 이유에 대해 물었다.
> 내 이야기를 들은 할머니는 버럭 화를 내면서 잘했다고, 다시는 그딴 아이와 놀지 말라고 했다.(132-133쪽)

한편 보라는 엄마의 강압에 못 이겨 공부도 하고 학원도 다녔지만, 엄마 때문에 자신이 좋아하는 만화를 포기해야 했다. 엄마에게 억눌려 있던 보라는 자신을 괴롭히는 반 아이들에게 저항하지 못한다. 보라는 아이들로부터 폭행을 당했을 때나 엄마에게 억압받았을 때 터질 것 같은 심정을 도둑질로 발산했다. 그 결과 보라는 소년원에 가는 대신 교정 프로그램에 따라 실크 로드 도보여행을 가게 되었고, 그 과정에서 은성이와 함께 하게 되었다.

> "훔치지 않으면 죽을 것 같았어. 엄만 내가 좋아하는 만화 따윈 다 소용없는 거라고 그리지 못하게 했고, 내 만화책을 모두 찢어버렸어. 학교 애들은 툭하면 날 괴롭히고 때렸어. 돈도 없 이 매점에서 물건을 사 오라고 했고, 내 숙제 노트를 빼앗아서 찢어 버리고, 곰팡이가 쓴 빵을 먹으라고 했어. (중략) 아이들이 나를 괴롭히고 때릴 때마다 가슴이 터질 것 같았어. 누구에게 도 말 못하는 심정이 어떤지 언니는 잘 모를 거야. 어떻게라도 하지 않으면 미칠 것 같았어. 그 럴 때마다 물건을 하나씩 훔쳤어. 그래서 성공하면, 긴장감이 사라지면서 마음이 안정돼."
> 보라의 눈에서는 수도꼭지를 틀어 놓은 것처럼 쉬지 않고 눈물이 흘렀다.(188-189쪽)

실크로드 도모 여행 중에 은성이는 자신이 '고장 난 자동차'같다고 생각한다. 미혼모의 딸이 라는 꼬리표 때문에 은성이는 자신이 '고장 난 자동차'와 같은 삶을 살아왔다고 생각한다. 이러 한 삶을 살아온 것은 보라도 마찬가지이다. 엄마에게 이끌려서 해 온 모든 것이 보라를 실크로 드 도보여행까지 하게 만들었기 때문이다.

은성이는 보라와 도보여행을 함께 하면서 심하게 부딪치지만, 보라가 여행 일정에서 벗어나 도망가자 그를 보호하기 위해 따라간다. 보라의 도망은 가출과 같은 것이다. 교정 프로그램에 따른 도보여행에서 도망을 간다는 것은 그들만의 길을 선택한 것이라 할 수 있다. 그 길에서 보라는 '너무 신난다'(213쪽)라고 하면서 자유로움을 표현한다. 그 자유로움을 통해 보라는 엄 마나 어른들의 지시에 따른 삶이 아닌 자신의 선택에 따른 삶을 잠시나마 느낀다.

그러나 보라와 은성이가 떠난 도망의 길은 오아시스가 아닌 신기루만이 보이는 고난의 길이 었다. 그들은 도보여행에서의 보호자인 미주 언니와 헤어진 채 고립되어 스스로의 힘으로 모든 것을 해 나가야 한다. 그러나 그들은 여전히 서툴렀기에 결국 경찰에 의해 보호자인 미주 언니 에게 인계된다.

(4) 가족 공동체의 회복 기원과 새로운 가족 형성

부모의 이혼이나 가족의 해체 속에서 많은 청소년들은 정서적 혼란과 탈선을 경험하지만, 결 국에는 가족 공동체의 회복을 기원하기도 한다. 이는 가족 공동체가 청소년들에게 삶의 뿌리이자 안식처이기 때문이다. 부모의 이혼이나 가족의 해체 속에서도 청소년 작중인물들이 가족 공동체의 회복을 기원하는 모습을 그린 청소년소설로는 이옥수의 《푸른 사다리》(2004, 사계절), 이경혜의 《어느 날 내가 죽었습니다》(2004, 바람의 아이들), 이금이의 《주머니 속의 고래》(2006, 푸른책들) 등을 들 수 있다.

이옥수의 《푸른 사다리》는 가정 폭력을 일삼는 아버지 때문에 혁제와 윤제 형제가 가출을 하지만, 어머니의 희생적인 사랑 때문에 가족 공동체가 다시 회복되는 모습을 보여준다. 소설에서 윤제는 아버지에 대한 불만 때문에 가출이 잦아지고 도둑질까지 하게 된다. 그리고 그의 형 혁제도 술 취해 난동을 부리는 아버지를 진정시키는 손아귀가 벌벌 떨리면서 죽이고 싶다는 충동을 느낀다. 그러나 윤제의 가출과 혁제의 탈선에도 불구하고 어머니는 변함없이 그들을 수용하고 사랑한다. 반면에 아버지는 윤제가 집으로 들어갈 수 없게 하고, 술에 의존하거나 문제를 해결하기보다는 분노를 터뜨리는 부정적인 역할을 한다.

이러한 가정 때문에 윤제는 도둑질을 일삼게 되어 소년심사분류원에서 생활하게 되었는데, 거기서 윤제가 만난 아이들은 모두 결손 가정의 아이들이었는 데, 그들을 보면서 윤제는 가족이 존재한다는 사실만으로 행복을 느낄 수 있음을 알게 되었다. 또한 자신의 어머니를 향해 '너희 어머니 같은 분이 세상 어디에 계시겠냐'(190쪽)는 선생님의 말을 들으면서 어머니의 희생적인 사랑을 느낀다. 아울러 소년분류심사원에서 있을 때 '혼자 떨어져 있다는 게 얼마나 큰 슬픔인지'(193쪽)를 앎으로써 가족에 대한 그리움을 갖게 되었다.

그러다가 윤제가 가정 내에서 부정적인 역할을 하던 아버지를 받아들이게 되는 사건이 발생하는데, 그것은 철거반원들이 들이닥쳤을 때이다. 그들과 싸우는 아버지를 보며 아버지에 대한 연민을 느낀다. 다리에 깁스를 하고 목발을 짚고 돌아온 아버지의 모습과 철거반원들에게 당하는 아버지의 모습을 보며 윤제는 아버지를 구해야 한다는 생각을 하게 된다. 그 생각에 의해 윤제는 아버지를 받아들이게 된다.

아버지가 눈을 꽉 감으며 목발을 움켜쥐었다. 옆에 있던 인부들이 히죽거리며 아버지를 끌어 내려고 했다. 아버지는 끌려나오지 않으려고 버둥댔고, 인부들은 아버지를 마구 잡아끌었다.
"씨, 우리 아버지 건드리지 마!"
윤제가 인부들에게 와락 달려들었다.
"윤제야 이놈아, 얼른 못 놓나!"
엄마가 쏜살같이 달려나와 윤제의 손을 떼내려 했지만, 윤제는 막무가내로 인부들에게 발길

지를 하면서 달려들었다.(238쪽)

아버지를 받아들이면서 윤제는 귀가를 결심한다. 그러면서 윤제네 가족은 철거된 집 대신에 다른 곳에 살집을 마련한다. 다른 곳에 살집을 마련하면서 윤제네 가족은 깨어진 공동체 의식을 회복하면서 희망을 꿈꾼다. 일단 아버지는 '술도 거의 안 먹고 착실하'(196쪽)게 변했고, 어머니도 '너만 집에 돌아오면 우리 집도 다시 예전처럼 행복하게 살 수 있을 거'(196쪽)라고 말한다. 아버지가 너털웃음을 터뜨리고 엄마와 형이 아버지를 보며 웃고 윤제는 아버지를 걱정하면서 눈빛을 나눈다.

> "조웅지! 우리 혁제, 윤제 책상도 사고. 허허허."
> 아버지가 실없이 너털웃음을 터뜨리자 엄마와 형이 아버지를 바라보며 웃었다. 윤제도 따라 웃고 싶었지만 웃음이 나오지 않아서 슬그머니 고개를 돌렸다.
> "가자. 가서 짐보따리 싸서 짐 옮기자, 흐흐흐."
> 아버지의 목소리가 웃는 듯 우는 듯 흘러나왔다.
> 윤제는 좁은 계단을 절뚝거리며 내려가는 아버지가 위태로워 보여서 다급하게 소리쳤다.
> "아버지, 꽉 잡아요! 조심해요!"
> 아버지가 고개를 들어 윤제를 올려다보았다. 윤제와 아버지의 눈빛이 마주쳤다. 윤제는 얼른 눈길을 다른 데로 돌렸다.(241쪽)

아버지의 폭행과 윤제의 가출과 도둑질로 해체되었던 가족은 윤제의 귀가와 새로운 집으로의 이사를 통해 그 관계가 이전처럼 회복될 가능성을 갖는다. 물론 어머니의 희생적인 사랑으로 대변되는 가족의 울타리는 탈선한 윤제가 다시 돌아올 힘을 주었고, 다시 돌아옴으로써 윤제는 가족과의 유대감을 갖게 된다. 그리고 그러한 유대감의 출발은 가족 간의 사랑이다. 이처럼 이 소설은 가족 간의 사랑을 통해 가족 구성원이 유대감을 회복하는 모습을 보여줌으로써, 가족 해체의 시대에 가족 공동체가 어떻게 회복될 수 있는지를 보여준다.

이경혜의 《어느 날 내가 죽었습니다》에서 유미는 새아빠와 사이도 좋고 오히려 친아빠보다 더 편안한 가족애를 보여준다. 새아빠와 엄마 사이에서 태어난 동생에 대한 유미의 각별한 애정은 새로운 가족의 형성 속에 청소년 인물의 적응과 그에 따른 가족 연대감을 보여준다.

> 자기들은 헤어지든 말든 맘대로 하라고 그래. 나는 이 집에서 살 테야.

그렇게 혼자 중얼거렸고, 그때부터 나는 마음을 닫았는지 모른다. 어른들은, 세상은, 나한테 준비할 시간도 안 주고, 갑자기 뒤통수를 친다는 것을 알았기 때문이다. 나는 상처 입기 싫었고, 그래서 누구에게도 마음 열고 싶지 않았다.(중략)

어쨌든 내가 초등학교 3학년 때 엄마 아빠는 이혼을 했고, 나는 엄마랑 둘이 살아가게 되었다.(82-83쪽)

유미는 자신에게는 준비할 시간도 주지 않고 어느 날 갑자기 이혼을 하게 된 엄마, 아빠 때문에 충격을 받아 방황의 시간을 보내게 된다. 그러다가 엄마의 재혼으로 새아빠와 같이 지내게 되었는데, 새아빠가 자신을 잘 이해해주자 점차 마음의 평화를 찾는다. 유미의 이러한 상황은 전통적인 가족의 해체를 경험한 작중인물이 새로운 가족의 구성을 통해 마음의 안정을 찾는 모습을 보여준다. 유미의 이러한 모습은 우리 사회의 가족 구성이 전통적인 방식과는 다른 새로운 가족의 형성과 거기에 대한 청소년 인물의 적응과 연대감을 보여준다고 할 수 있다.

하지만 나는 새아빠가 좋고, 동생 유현이가 귀여웠다. 내가 새아빠를 좋아하는 것은 새아빠가 절대로 잘난 체하지 않는 어른이어서였다. 물론 새아빠는 가끔 아빠인 척하면서 잔소리나 설교를 늘어놓기도 하지만 금세 쑥스러워하곤 했다. 그리고 진심으로 나는 친아빠보다 새아빠가 나를 훨씬 더 잘 이해한다고 생각한다. 사랑은 모르겠다. 아무래도 사랑은 친자식에 대한 것이 낫겠지. 그렇게 생각하다가도 이해하지 못하는 사랑이란 어떤 것일까, 하고 생각해 보면 또 머리가 복잡해진다.(85쪽)

새로운 가족의 탄생과 거기에 대한 유미의 적응은 사회 현실의 변화에 적응해 가는 청소년들의 모습을 보여주지만, 한편으로는 혈연에 따른 가족 간 사랑에 대한 작중인물의 추구를 보여주기도 한다. 새아빠가 아무리 잘해준다고 하더라도 새아빠의 사랑은 혈연에 의한 사랑은 아니라고 생각하기 때문이다.

이금이의 《주머니 속의 고래》에서는 입양아 문제를 다루면서, 입양된 청소년 인물이 새로운 가족의 일원이 되어 가는 과정을 보여준다. 이 소설에서 입양아인 주인공 준희는 입양 가족 속에서 자아 정체성에 혼란을 겪다가 점차 양부모의 애정을 이해하게 된다. 처음에 준희는 공개 입양이 자신에게는 상처가 되지만 양부모에게는 인격을 자랑할 거리밖에 되지 않는다는 반감을 갖고 양부모와 대립한다. 양부모가 친엄마와의 만남을 주선하는 것에 대해 반감을 갖는다. 그러다가 준희는 양부모가 자신이 갖고 있는 모든 것을 있는 그대로 받아들이는 것을 보고, 양부모를 진심으로 받아들이면서 새로운 가족의 구성원이 되어 간다.

이와 같이 청소년소설에 형상화된 새로운 가족의 탄생은 가족에 대한 전통적인 관점의 해체를 야기한다. 가족의 대한 전통적인 관점은 엥겔스의 논의에서 출발한다. 엥겔스는 남녀의 성애의 변화가 가족의 변화를 가져온다고 하면서, 야만 시대에는 군혼, 미개시대에는 대우혼, 문명 시대에는 간통과 매춘으로 보완되는 일부일처제로 혼인관계가 변화되었다고 한다.(프리드리히 엥겔스, 김정미 역, 2007) 엥겔스의 이러한 논의는 가족의 변화가 사회적 생산력과 맞물려서 일어남을 강조하는 것으로, 사적 소유가 공동 소유를 압도하게 되면서 부권이 강화되고 일부일처제가 지배하게 되었음을 보여준다. 일부일처제를 바탕으로 하는 전통적인 가족 간 관계는 혈연을 바탕으로 하며, 가족 내의 권력 관계를 강조한다. 아울러 가족 구성원의 소속감이나 도덕성을 강조하면서 가족이 사회 제도의 토대가 됨을 말한다.

그러나 가족의 해체를 경험하고 있는 오늘날의 사회에서는 부모의 재혼이나 입양 등에 의한 새로운 가족의 형태가 탄생하고 있으며, 그러한 현상을 위에서 살펴본 청소년소설에서 확인할 수 있었다. 이는 청소년소설이 새로운 가족의 탄생을 구체적으로 형상화하여 청소년 독자들이 가족의 개념을 새롭게 정립할 수 있는 토대를 제공한다는 의의를 갖게 한다.

다) 아버지 받아들이기를 통한 가족의 의미 확인

김숨의 《나의 아름다운 죄인들》(2010, 문학과지성사)에는 엄마가 도망간 후 아버지에 의해 시골 할머니 댁에 맡겨졌던 동화라는 인물이 아버지를 기다리면서 아버지를 원망하다가, 9년 후에 다시 자신에게 온 아버지를 받아들이면서 가족의 의미를 확인하는 내용을 담고 있다. 이 소설에서 동화는 아버지를 기다리면서 외로움을 느끼지만 점차 목숨을 유지하기 위해 힘들게 살아가는 시골 사람들의 삶을 이해하게 된다. 또한 '아버지'라는 존재를 통해 가족의 의미를 성찰한다.

> 동화야……
> 꿈에서인 듯 아버지가 날 부르는 소리가 들렸다. 나는 아버지의 등짝에 거머리처럼 매달려 있었다. 우릴 내려준 퍼런 버스가, 짓뭉개버리기라도 할 듯 우릴 향해 커다란 대가리를 기세 좋게 들이밀며 지나갔다.(중략)

멀미를 했구나……

아버지가 바위만큼 큼직한 손으로 내 등을 가만가만 토닥였다. 팬티에서 떨어진 노란 고무
줄이 원피스 아래로 탯줄처럼 길게 내려 왔다. 노란 고무줄이 자꾸만 내 발목에 친친 감겨왔
다.

1982년 2월이었다. 나는 겨우 일곱 살이었다.(7-8)

위의 예문에서 알 수 있듯이, 동화가 아버지의 등에 업혀 시골 할머니 댁에 맡겨진 것은 일곱
살 때였다. 아버지는 도망간 엄마 때문에 동화를 홀로 키울 수 없었기에 동화를 할머니 댁에
맡긴 것이다. 그런데 할아버지는 중풍으로 쓰러져 몸을 가눌 수 없었고, 할머니가 생활비를 벌
어서 근근이 살아가고 있었다. 자신을 버리고 간 아버지를 기다리면서 점차 동화는 할머니 댁
에서 살아야만 함을 알게 된다.

"애비는 서울로 아파트 지으러 갔다."
할머니는 봉초를 한 숟갈 백노지에 떠놓더니 손으로 꾹꾹 눌러가며 말했다. 가운뎃손가락만
하게 말린 끝을 입에 물고는 성냥불을 붙여 뻐끔뻐끔 피워댔다.
"아파트……?"
"서울서 살다 온 년이 아파트두 모르냐?"
할머니가 내게 퉁을 주었다. 사과궤짝처럼 네모반듯한 집을 층층으로 쌓아놓은 기다란 집을
말하나? 서울서도 부자들만이 모여 산다는?
"백 밤만 자믄 널 데리러 올 거다."(10)

위의 예문에서 알 수 있듯이, 동화의 할머니는 동화에게 아버지가 백 밤만 자면 데리러 올 거
라고 거짓말을 한다. 동화의 아버지가 동화를 시골에 놔두고 서울로 다시 간 것은 아파트 공사
장에서 일하기 위해서이다. 아파트 공사장에서 일하면서 동화의 아버지는 도망간 아내를 찾고
있다. 그러기에 동화의 아버지가 동화를 언제 다시 데리러 올 것인지는 알 수 없다.

"춤바람이 나서 도망을 갔다며?"
어둑한 윗목, 애벌레처럼 이불을 둘둘 말고 누워 자고 있던 춘자 고모가 말했다.
"네 엄마는 미친년이다."
춘자 고모는 짝짝짝 껌을 씹었다.

할머니가 육십 촉 전구를 끄자 방 안이 석탄가루를 흩뿌린 듯이 어두워졌다. 나는 노란 고무줄을 질겅질겅 씹으며 백 밤이 어서 지나갔으면 했다.

백 밤 중에 딱 하룻밤이 지나갔다.(11)

위의 예문에서 알 수 있듯이, 갑작스럽게 시골에서 살게 된 동화에게 춘자 고모는 엄마에 대한 험담을 하면서 동화에게 그가 처한 현실을 말해준다. 이런 춘자 고모에게 불편함을 느끼면서 동화는 아버지가 자기를 데리러 오기로 한 백 밤이 어서 지나갔으면 하고 바란다.

점점 흐려져서는 머지않아 그대로 사라져버릴 듯⋯⋯그래서인가, 나는 백 밤이 지나고 아버지가 날 데리러 올 때까지 꼼짝없이 저 집에서 살아야 한다는 사실에 덜컥 겁이 났다. 백 밤이 다 지나기도 전에 저 집이 저대로 사라져버리면 어쩌지⋯⋯? 저 집도, 할머니도, 나도, 할아버지도, 춘자 고모도 사라져버리면⋯⋯?

"난 인숙이여."

"⋯⋯"

"양인숙⋯⋯!"

"⋯⋯"

"너, 벙어리냐?"

나는 고개를 휙 들어 여자애를 쏘아보았다.

"엄마가 도망을 가뻐려서 할머니 집에 살러 왔다믄서?"

나는 마늘독이 잔뜩 오른 손톱을 세워 그 애에게 달려들었다. 그 애의 납작하고 너른 이마를 순식간에 할퀴어놓았다.(14-15)

위의 예문에서 알 수 있듯이, 동화는 백 밤이 지나 아버지가 자기를 데리러 올 때까지 꼼짝없이 할머니 집에서 살아야 함을 인식하면서 덜컥 겁을 먹는다. 백 밤이 지나기 전에 할머니 집이나 할머니, 춘자 고모 등이 사라져 버릴까봐 겁을 먹는다. 동화가 이런 겁을 먹는 것은 아버지가 자신을 버렸다는 트라우마에서 비롯한다. 아버지가 자신을 버렸듯이 할머니나 춘자 고모도 자신을 버릴까봐 겁이 났기 때문이다. 이렇게 겁을 먹으면서 동화는 엄마가 도망가서 할머니 집에 살러 왔냐고 놀리는 인숙의 얼굴을 할퀴었다. 이렇게 할큄으로써 동화는 자신의 트라우마를 감추고자 했다.

할아버지는 그렇게나 많은 이름들을 놔두고 어째서 동화라는 이름을 토해낸 걸까.

'동화……'

나는 매운 마늘이라도 씹듯 입속에서 중얼거려보았다.

손끝이 얼얼하도록 간 마늘을 몰래 땅속에 묻으며, 나는 내 이름을 저주하기로 마음먹었다. 자신의 이름을 저주한다는 것이 뭔지도 모르면서, 동화라는 이름이 마냥 싫기만 해서…… 그 이름 때문에 할아버지가 쓰러지고, 엄마가 도망을 간 것만 같아서. 동화, 라는 그 이름 때문에.(26)

위의 예문에서 알 수 있듯이, 동화는 자신의 이름을 저주하기로 마음먹는다. 자신의 이름 때문에 할아버지가 쓰러지고 엄마가 도망을 간 것 같았기 때문이다. 그러면서 동화는 엄마가 도망가던 당시를 회상한다. 동화의 엄마가 도망간 것은 아버지의 폭행을 견딜 수 없었기 때문이다.

단칸방을 떠올려서인가, 팍팍한 고구마를 먹다 멘 것처럼 목구멍이 막혀왔다. 부서진 찬장과 밥상, 부엌 시멘트바닥에 널브러진 그릇들, 깨진 화장품들과 찢어진 옷가지들이 떠올라서였다. 깨진 유리병에서 흘러나와 노란 장판지에 끈적끈적하게 달라붙던 영양크림도. 엄마가 도망갈 즈음, 아버지는 날마다 살림을 부수고 엄마를 때렸다. 옆방에 살던 아줌마는 엄마가 춤바람이 나서라고 했다. 춤바람이 난 여편네를 어느 사내놈이 마냥 내버려두겠냐고……(34)

위의 예문에서 알 수 있듯이, 동화의 엄마는 아버지의 폭행에 시달렸다. 아버지는 날마다 세간을 부수고 엄마를 때렸다. 엄마가 춤바람이 났기 때문이다. 춤바람이 난 엄마를 의심하면서 아버지는 엄마를 폭행했고, 그 때문에 엄마는 집을 떠나게 되었다. 그렇지만 동화는 사람들이 도망간 엄마를 미친년이라고 손가락질해도 엄마만 생각하면 눈물을 머금게 된다. 동화가 엄마를 생각만 해도 눈물을 머금게 된 것은 엄마가 자신에게 들려준 엄마의 처녀 적 이야기를 고스란히 기억하고 있기 때문이다.

엄마는 아빠와 만나서 살게 된 이야기를 들려줄 때마다 꼭 엄마의 큰오빠 이야기를 꺼냈다.

엄마의 큰오빠……큰외삼촌……

"큰오빠는 만날 전쟁터든 어디든 가서 돈을 벌거라고 했어. 돈을 아주 많이 벌어서 집안도 살리고 동생들도 다 살리겠다고 했지……죽으러 남의 나라 전쟁터에 가겠다는데도 아무도 말리지 못했어…… 사는 게 다들 너무 힘드니까…… 그렇게라도 누군가의 희생이 필요했던 거야…… 그렇게 다 살려놓겠다고 해놓고는 월남전에 가서는 돌아오지 않았어…… 꼭 살아서 돌아오겠다고 해놓고는…… 네 아빠를 처음 봤을 때 큰오빠가 살아서 돌아온 줄 알았어…… 전쟁터에서 개처럼 죽었을 내 큰오빠처럼 불쌍해서 네 아빠와 살림을 차리고 살았지……"

나는 그런 이야기들을 하도 들어서 다 외워버렸다. 그때 엄마는 어린 나밖에는 자신의 이야기를 털어놓을 사람이 없었던 게 아닐까. 예일곱 살밖에 안 먹은 나밖에는……

"불쌍한 사람과는 부부가 되는 게 아니야……"(37)

위의 예문에서, 동화 엄마의 큰오빠는 사는 게 너무 힘든 가족들을 위해 돈을 벌기 위해 월남전에 참전했다가 전사했다. 동화의 엄마는 동화의 아빠를 처음 봤을 때 죽은 자신의 큰오빠가 살아 돌아온 것 같은 느낌을 받았다. 가족을 위해 전쟁터에서 개처럼 죽었을 자신의 큰오빠처럼 동화의 아빠가 불쌍해서 함께 살림을 차렸다. 이처럼 동화의 아빠가 불쌍했기 때문에 함께 살림을 차린 동화 엄마의 결혼 생활은 오래 갈 수가 없었다. 동화의 아빠가 너무나 힘들게 벌어다 준 돈을 쓸 수가 없었기 때문이다.

"넉 달을 살았을까…… 네 아빠한테서 도망쳐야겠다고 마음먹었지…… 네 아빠하고 밤에 이불 속에 누워 있으면 죽은 큰오빠하고 누워 있는 것만 같아서…… 네 아빠가 벌어다 주는 것도 싫었어…… 너무 힘들게 벌어다 주는 돈이라서 마음대로 쓸 수가 없었지…… 어렵게 고생고생 해서 벌어다 주는 돈이라서…… 네 아빠가 벌어다 준 돈으로는 화장품도 못 사겠고 옷도 못 사 입겠어…… 네 아빠가 벌어다 주는 돈으로는 두부 한 모도 맘껏 살 수가 없어서…… 네 아빠로부터 도망을 가려고 했는데 불행하게도 네가 생긴 거야……네가……"

내가 생기지 않았다면 엄마는 그때 도망을 갔을까. 훨씬 더 오래 전에 아빠를 버렸을까.

엄마가 도망을 가버려서 아버지는 더 불쌍한 사람이 되었다. 나는 월남전에서 죽었다던 엄마의 큰오빠를 사진으로밖에는 본 적이 없었다. 큰외삼촌이 월남전에서 부쳐온 사진이라고 했다. 사진 속 큰외삼촌은 정말로 아버지와 닮아 보였다.

웃고 있는데도 울고 있는 것처럼 보이는 아버지의 얼굴과 꼭…….(37-38)

위의 예문에서 알 수 있듯이, 동화의 엄마는 남편이 너무나 힘들게 벌어다 주는 돈이라서 마음껏 쓸 수가 없었다. 남편이 벌어다 주는 돈으로는 두부 한 모도 마음대로 살 수가 없어서 도망을 가려고 했다. 그런 와중에 동화가 생겼기 때문에 도망을 갈 수가 없었다. 그렇지만 동화의 엄마는 남편을 보면서 늘 월남전에서 전사한 큰오빠가 생각났기 때문에 남편과 편안하게 살 수 없었다. 웃고 있는데도 울고 있는 것처럼 보이는 남편의 얼굴이 월남전에서 가족을 위해 희생당한 큰오빠를 늘 생각나게 했기 때문이다. 그렇기 때문에 동화는 어린 나이였지만 엄마가 도망간 것이 이해되었다.

시골의 할머니 집에서 살면서 동화는 그곳의 사람들이 저마다 상처를 안고 어렵게 삶을 건너고 있음을 보게 된다. 자신의 엄마가 큰오빠를 잃은 상처로 인해 아빠로부터 도망쳤듯이, 시골에서 살고 있는 사람들도 저마다의 상처를 안고 있는 가운데 현실로부터 도망치고 싶어 했기 때문이다. 시골의 할머니 댁에서 동화가 상처를 안고 있는 존재로 처음 본 사람은 장대 아저씨다.

> 황량하기만 한 담배밭을 지날 때마다 어쩔 수 없이, 장대 아저씨를 봐야만 했기 때문이었다. 귀마개가 달린 누런 벙거지를 눌러쓰고, 담배밭 한복판에 흐린 전봇대처럼 꼼짝 않고 서 있는 장대 아저씨를……
> 그는 지랄병을 앓았다. 지랄병을 앓아서인가, 그는 뼈가 없는 사람처럼 흐늘거리고, 회칠을 한 듯한 얼굴이 창백했다. 두 눈동자의 초점이 불안하고 흐릿하기만 했다.(중략)
> 장가를 간 지 반 년 만에 색시가 도망을 가버렸다고 했다. 그 뒤로 그는 마을 사람들과 섞이지 않고 죽어라고 담배농사만 지으며, 죄인처럼, 마을 어디에도 없는 사람처럼 살아가고 있다고 했다.(40-41)

위의 예문에서 알 수 있듯이, 장대 아저씨는 간질을 앓았기 때문에 회칠을 한 듯이 창백한 얼굴로 늘 뼈가 없는 사람처럼 흐늘거리며 살고 있다. 장대 아저씨는 장가를 갔지만, 그의 간질을 견디지 못한 색시가 반 년 만에 도망을 가버렸다. 색시가 도망간 이후 장대 아저씨는 마을 사람들과 섞이지 않은 채 형님집의 담배 농사만 지으면서 없는 사람처럼 살고 있다.

장대 아저씨가 뼈 빠지게 지은 담배 농사로 번 돈은 모두 그의 형 구대 아저씨가 차지하고 있다. 그러면서 구대 아저씨는 간질병 환자인 그의 동생이 번 돈을 읍내의 다방 여자한테 모두 날린다. 이런 구대 아저씨는 상처를 안고 있는 그의 동생을 악랄하게 이용하는 사악한 존재이다. 그러기에 동화는 상처를 안고 살아가면서도 그의 형에게 이용당하는 장대 아저씨에게 친밀감을 갖고, 다른 사람들이 쉽게 말을 건네지 않는 그와 대화를 나눈다.

그런 가운데 동화는 점차 할머니의 시골 마을에서 살고 있는 사람들을 찬찬히 관찰하면서, 마을 사람들 모두가 거울 속에 갇혀 살아가는 존재라는 생각을 한다. 그곳의 사람들은 모두 "쌀뜨물처럼 흐린 거울 속에서, 있는 듯 없는 듯, 금방이라도 사라져버리고 말 존재들로 살아가고 있"(59쪽)기 때문이다. 그러기에 동화는 금방이라도 사라져버리고 말 존재들로 살아가는 사람들 속에서 자신이 그곳에서 벗어나기 위해서는 "마을에 존재하는 모든 거울을, 깨알만 한 얼룩 한 점도 없도록 말끔히 닦아놓"(60쪽)아야 할 것 같은 생각을 한다. 아울러 마을에 있는 모든 거울들을 반짝반짝 빛이 나도록 닦아놓은 뒤에야, 아버지가 자신을 데리러 올 것 같은 생각을 한다. 또한 마을에 살고 있는 사람들의 흐트러짐, 즉 삶에서의 상처받음은 거부할 수 없는 팔자인 것 같다는 생각을 한다.

"그 집 아들이 신작로에서 트럭에 치여 비명횡사하지 않았겠누. 보상금으로 금니를 홀딱 해 넣었지. 팔푼이 겉은 여편네! 아들 목숨허구 맞바꾼 돈으로 금니를 해넣고 싶을까. 아들 목숨 허구…… 개똥밭에서 인물 난다구 그 아들이 얼마나 잘생겼던지 요광리며 새터 꺼정 소문이 자자했지. 최무룡 뺨치게 인물이 세련되고 훤했으니까. 복이 지지리두 읎으려니, 그나마 붙어 있던 복도 그렇게 달아나버린 것이 아니겠누."(중략)
  인자 아줌마는 마을에서 가장 가난했다. 인자 아줌마가 날마다 양은대야 공장에 다녀 돈을 버는데도, 똥구멍이 찢어져라 가난하다고 했다. 일 년 내내 낮이고 밤이고 양은대야 공장에서 일을 해서인지 인자 아줌마의 얼굴은 누렇게 말라비틀어진 탱자 같았다.(중략)
  "동화야……"
  인자 아줌마의 목소리가 갑자기 어린 여자애의 목소리처럼 가늘어졌다.
  "너 말이야, 우리 아들한테 시집올래?"
  "죽은 사람한테 어떻게 시집을 가요?"
  코를 벨 듯한 매서운 바람 때문인가, 신작로를 따라 죽은 소처럼 무겁고 낮게 떠가는 구름 때문인가, 인자 아줌마의 종잡을 수 없이 변화하는 감정 때문인가, 저 멀리 할머니의 집 불빛 이 당장이라도 꺼질 듯 아슬아슬하기 때문인가, 달빛에 휩싸여 귀기가 감도는 미루나무 때문 인가…… 독하고 쌀쌀맞게 쏘아붙이려고 애썼지만, 내 목소리는 의지와 상관없이 덜덜 떨려 나왔다.(62-64)

  동화가 살고 있는 시골 마을의 사람들은 저마다 깊은 상처를 안고 살아가고 있다. 위의 예문 에서 알 수 있듯이, 일 년 내내 낮이고 밤이고 양은대야 공장에서 일을 해도 마을에서 가장 가 난한 인자 아주머니는 아들이 마을의 신작로에서 교통사고로 비명횡사한 아픔을 안고 있다. 비 명횡사한 아들 때문에 받은 보상금으로 금니를 해 넣은 인자 아주머니는 날마다 신작로를 헤 매면서 미쳐가고 있다. 그러기에 인자 아주머니는 종잡을 수 없이 변화하는 감정에 사로잡히면서, 마을 사람들로부터 외면당한다. 그런 인자 아주머니에게 귀기를 느끼면서 동화는 두려움을 갖는다.

> 장대 아저씨가 발작을 일으키며 넘어가는 걸 처음 본 날 밤, 나는 아버지의 등에 업혀 있는 꿈을 꾸었다. 마을에 들던 날처럼 나는 아버지의 목을 조르듯 꼭 끌어안고 있었다. 아버지는 어르기라도 하는 듯 동화야, 동화야, 하고 부르며 장대 아저씨의 담배밭으로 걸어 들어갔다.
> 아버지, 담배밭에는 왜 들어가는 거야?
> 아버지는 담배밭을 가로질러 움막집을 향해 성큼성큼 걸어갔다.
> 저기는 간질쟁이의 집인데……
> 저기가 우리가 살 집이란다.
> 우리가……?
> 그래, 너랑 나랑……
> 아니야, 저기는 간질쟁이의 집이야.
> 겁을 먹은 내가 발버둥을 치는데도 아버지는 움막집을 향해 걸어갔다. 아버지가 움막집 문을 벌컥 여는 순간, 나는 자지러지듯 깨어났다.(69)

위의 예문은 동화가 간질을 일으키며 쓰러진 장대 아저씨를 본 날 꿈을 꾼 내용을 제시하고 있다. 꿈에서 동화의 아버지는 담배밭을 가로질러 장대 아저씨의 움막집으로 들어가면서 그곳에서 같이 살자고 한다. 동화가 이러한 꿈을 꾼 것은 장대 아저씨가 간질을 일으킨 것을 본 것에서 연유하는 충격과 자신도 그런 존재가 될 수도 있다는 것에 대한 두려움 때문이었다. 동화는 자신이 아버지로부터 버려졌기 때문에 시골에서 장대 아저씨로 상징되는 상처받은 존재로 살아가고 있으며, 그러한 삶이 영원히 계속될 것이라는 두려움을 갖고 있기 때문이다.

> 나는 중얼거리며 나도 사람이라는 것을, 돼지도 소도 개도 아니라는 것을, 나이가 들면 마을 할머니들처럼 구질구질하고 구차스럽게 늙으리라는 것을, 혼란스러워하며 깨닫고 있었다.
> 간질쟁이 장대 아저씨도 사람이고, 인자 아줌마도 사람이고 죽어도 골백번은 죽었다던 옥천 할마도 사람이고, 바람이 나 도망을 간 엄마도 사람이고, 구들장에 들러붙어 죽을 날만 기다린다는 할아버지도 사람이고, 양은대야 공장의 아저씨들도 사람이고, 외팔이인 방앗간 할머니도 사람이고……
> 나는 자신이 돼지도, 소도, 개도 먹는 사람이라는 사실에 놀라며 라면봉지를 뜯었다. 내가 사람이라는 것이, 할머니가 징글징글해할 만큼 질긴 목숨을 타고났다는 것이, 나는 괜히 기분

나쁘고 싫기만 했다.(92-93)

위의 예문에서 알 수 있듯이, 동화는 자신이 돼지도 소도 개도 아닌 사람이기 때문에 점차 나이가 들 것이고, 나이가 들면 구차스럽게 늙을 것이라는 것을 혼란스럽게 깨닫고 있다. 그런 깨달음 속에 동화는 상처받은 존재로 시골에서 살아가는 장대 아저씨, 인자 아줌마, 옥천 할마, 할아버지, 양은대야 공장의 아저씨들, 외팔이인 방앗간 할머니 등을 보다 깊게 이해하게 되었다. 물론 바람이 나 도망을 간 엄마도 이해하게 되었다. 그러기에 동화는 삶이란 거창하고 화려한 것이 아니라, 각자의 목숨을 부지하기 위해 구차스럽게 살아가는 것임을 깨달을 수 있었다. 그런 가운데 자신의 구차스러운 삶에서 어른들이 자신을 버릴까 봐 두려워한다.

동화의 이런 두려움은 춘자 고모와의 대화에서 구체적으로 드러난다. 춘자 고모는 세상의 모든 여자들이 간절하게 원하는 것은 돈이 아니라 사랑이라고 말한다. 그런 춘자 고모의 말을 들으면서, 동화는 자신이 간절하게 원하는 것은 어서 백 밤이 지나 아버지가 자신을 데리러 오는 것임을 생각한다. 이런 생각 속에 동화는 엄마도 사랑을 찾아서 떠났을지도 모른다는 생각도 한다. 그런 생각 속에 동화는 춘자 고모가 싫어서 죽겠지만 그녀마저도 자신을 버리고 갈까 봐 두려워한다.

동화가 이런 두려움을 갖게 된 것은 자신의 태어남에 대한 할머니의 말을 들었기 때문이다. 동화가 태어나던 해에 그의 아버지는 취직이 안 되어 판들판들 놀고 있었고, 춘자 고모는 맹장수술을 했으며, 할머니는 고구마를 먹다가 앞니 두 개가 빠져버렸다. 그리고 엉뚱하게도 방앗간 할머니의 오른팔이 기계에 딸려 들어갔다. 그렇기 때문에 동화의 할머니는 동화를 저주나 재앙의 씨앗, 불행의 전조처럼 생각했으며, 이 때문에 동화를 구박하고 못 잡아먹어서 안달이다. 이런 할머니를 보면서 동화는 자신이 세상에 태어나던 순간에 불행들이 한꺼번에 닥쳤던 것은 아닌가하고 생각하게 되었다.

검은 솥에서 잉어가 고아지는 동안, 마을은 괴이한 열기와 냄새로 들끓었다. 지붕 위마다 고양들이 혀라도 짓씹듯 울어대고, 모기가 극성을 부렸다. 오 씨 아저씨는 머리가 휙 돌아 이발관 문짝을 왕창 부수었다. 인자 아줌마는 가위로 자신의 머리카락을 싹둑싹둑 잘랐고, 장대 아저씨는 낫을 휘둘러 성한 담뱃잎을 똑똑 따고 다녔다. 축사 사람들은 버려진 파밭 한복판에서 개를 때려잡았다. 춘자 고모는 껌을 두 통이나 입에 넣고 질겅질겅 씹어대며, 발톱과 손톱을 온통 새빨갛게 칠했다. 그리고 골방의 할아버지는 똥을 무더기무더기 싸질렀다.

마을 사람들이 그렇게 미쳐가는 동안, 잉어는 푹 삶아져 형체도 없이 흐물흐물해져갔다. 사람의 얼굴을 한 잉어의 얼굴도 흐물흐물 해져만 갔다.(121-122)

위의 예문에서 알 수 있듯이, 동화가 살고 있는 시골 마을의 사람들은 저마다 미쳐간다. 사람의 얼굴을 한 잉어가 푹 고아지면서 흐물흐물해지듯이, 오 씨 아저씨, 인자 아줌마, 장대 아저씨, 춘자 고모, 골방의 할아버지 등은 저마다 미쳐간다. 이러한 상황은 한 두 명만에게만 해당되지 않는다. 시골 마을에서 살아가기 위해서는 저마다 독해지거나 미쳐야만 하기 때문이다.

내가 마을을 까는 내내 자신에게 독한 년이라고 저주를 퍼붓듯, 오빠들도 자신들의 운명을 저주하는 것이라는…… 촌구석에 태어난 자신들의 앞날을 저주하고, 또 저주하는 것이라는……
그래서 오빠들은 여름방학 내내 개떼처럼 몰려다니며 담배를 피우고 술을 마시고 싸움질이나 일삼는 게 아닐까. 마을 아무 데나 침을 뱉고 다니는 것이 아닐까. 촌구석에 두 발이 꽁꽁 묶여 살아가는 어른들의 눈 밖에 나려고 지랄 발광을 떨어대는 것이 아닐까. 읍내까지 나가 싸움을 벌여서는 마을 어른들로부터 미움을 받는 것이 아닐까.(140-141)

위의 예문에서 알 수 있듯이, 동화는 생활비를 벌기 위해 할머니가 시킨 대로 마늘을 까면서 자신을 스스로 독한 년이라고 저주한다. 이러한 저주를 통해 동화는 아버지로부터 버려진 시골에서의 생활을 견뎌낸다. 그러면서 시골의 오빠들이 촌구석에서 태어난 그들의 앞날을 저주하면서, 개떼처럼 몰려다니며 담배 피우고 술 마시고 싸움질을 하는 것을 본다. 동화는 시골의 오빠들이 촌구석에서 태어난 그들의 삶을 저주하기 때문에, 스스로 어른들의 눈 밖에 나서 미움을 받으려고 그런 행동들을 한다고 생각한다.

"거, 추부이발관 딸내미 말이여, 정희든가 경희든가…… 글쎄 애를 뱃다믄서……"
"열여덟이라지 아마……착실하구 얌전스럽다더만 것두 아니었나벼……"
나는 할머니들이 방앗간에 모여 추어탕을 끓으며 쑤군거리는 소리를 들었다.(중략)
"정희 그 계집애가 보기에는 순해 보여도 얼마나 지독스러운지 애 애비가 누군지 죽어도 말을 안 한다니까요."
추부이발관 아줌마는 신작로에서선 방앗간에서건 할머니만 만나면 땅이 꺼지도록 푸념을 늘어놓았다.(149-150)

위의 예문은 열여덟 살인 정희 언니가 임신한 것에 대한 할머니들의 입방아를 보여준다. 그런데 추부이발관 집의 딸인 정희 언니는 누구의 아이를 임신했는지를 말하지 않는다. 이러한 정희 언니의 모습은 시골에서 태어난 것을 저주하면서 일탈을 행하는 시골 오빠들의 모습과 별반 다르지 않다. 그렇지만 동화는 정희 언니와의 대화를 통해 정희 언니를 점차 이해하게 된다.

"기도가 뭐냐 하면…… 간절하게 바라는 거야."
"간절하게?"
"그래…… 간절하게."
"뭘 바랐는데?"
"뭘……?"
"응, 뭘?"
"죽게 해달라고……"
정희 언니의 목소리가 덜덜 떨려나왔다.
"아기가 죽게 해달라고……"
그날 밤 나는, 아기처럼 작아진 내가 정희 언니의 뱃속에 들어가 웅크리고 있는 꿈을 꾸었다. 정희 언니의 뱃속은 어두컴컴하고 답답했다. 오 씨 아저씨가 나타나 면도기로 정희 언니의 머리카락을 쓱쓱 밀었다. 나는 그녀의 뱃속에 들어가 있으면서도, 다 볼 수 있었다. 그녀가 훌쩍훌쩍 울었다. 죽게 해달라고…… 그녀의 나직한 기도 소리가 들려왔다. 나는 죽으려고 숨을 쉬지 않았다.
정희 언니가 간절히 바라는 대로 그냥 콱 죽어버리려고……(153)

위의 예문은 청소년으로서 임신을 하게 된 정희 언니가 아기를 죽게 해달라고 기도했다는 내용을 보여준다. 이런 정희 언니에 대한 충격 때문에 동화는 자신이 정희 언니의 뱃속에 들어가 웅크리고 있는 꿈을 꾸게 된다. 동화가 이런 꿈을 꾸게 된 것은 아버지에게 버려진 자신과 정희 언니의 뱃속에 들어있는 태아가 같다는 생각을 했기 때문이다. 또한 동화는 저주받은 가운데 태어났다고 생각하는 자신이, 태아가 죽게 해달라고 기도하는 정희 언니와 동일한 트라우마를 경험하고 있다고 생각하기 때문이다.

"난 더럽지 않아. 난 더럽지 않아, 난 더럽지 않아……"
그녀가 숨도 쉬지 않고 중얼거렸다.

"언니…… 왜 그래?"

나는 더럭 겁이 나 귀를 틀어막고 있던 손가락을 빼냈다.

"난 더럽지 않아. 난 더럽지 않아, 난 악하지 않아, 난 선하지도 악하지도 않아, 난 더럽지 않아, 난 더럽지 않아……"

그녀가 눈물을 흘리며, 숨도 쉬지 않고 중얼거렸다.(166-167)

위의 예문은 정희 언니가 자신이 불결한 존재가 되었다는 자괴감에 빠져있음을 보여준다. 정희 언니는 자신을 손가락질 하는 시골 사람들을 견딜 수 없어 점차 미쳐간다. 그러면서 자신의 운명을 저주한다. 정희 언니는 아기가 자신과 똑같은 운명을 갖고 태어날까봐 두려워한다. 청소년의 몸으로 임신을 했고, 그 때문에 사람들로부터 손가락질을 받는 자신과 똑같은 운명을 갖고 아기가 태어날까봐 두려워한다. 이런 정희 언니의 말을 들으며 동화는 엄마가 자신을 버린 것을 조금씩 이해하기 시작한다. 엄마가 자신을 버린 것이 아니라, 동화가 엄마 자신처럼 살게 될 것을 두려워해서 아주 멀리 달아나 버린 것이라고 생각한다. 이를 통해 동화는 엄마를 점차 이해하면서 성장하는 존재가 된다.

"동화야……넌 널 아껴……너의 운명과 시간을……너 자신을 보물처럼 아끼고 아껴야 해……내가 너만 할 때 나는 그러지 못했어……돈을 벌면서 공부를 해야 하는 게 너무 힘들어서……나는 자 자신을 저주할 줄밖에 몰랐어……너는 그러지 마……너 자신을 저주하지 마……"

그녀의 목소리가 점점 멀어졌다.

"정희 언니……?"

몇 번이고 불렀지만, 그녀의 목소리는 들려오지 않았다.(229)

위의 예문에서 정희 언니는 동화에게 자기 자신, 운명과 시간 등을 보물처럼 아끼라고 말하고 있다. 정희 언니는 자신을 저주할 줄 밖에 몰랐기 때문에 지금과 같은 운명에 처해졌음을 말한다. 정희 언니는 돈을 벌면서 공부를 하는 것이 너무 힘들어서 부모를, 그리고 자신을 저주하면서 살았고, 그 결과 지금처럼 청소년의 몸으로 임신을 하고 다른 사람들로부터 손가락질이나 받게 되었다고 말한다. 정희 언니의 말을 들으면서 동화는 시골 사람들이 미쳐가고 있으며, 시골 사람들이 미쳐가는 이유는 할머니 집의 흐릿한 거울 때문이라고 생각한다. 흐릿한 거울이 사람들을 이지러져 보이게 하고, 이 때문에 사람들이 미쳐가고 있다고 생각한다. 그래서 동화는 시골 할머니 집의 거울을 깨뜨리기로 작정한다.

> 나는 거울을 깨뜨리기로 작정했다.
> 아무래도 거울이 마을과 마을 사람들을 제 속에 삼키고 가두어버린 것이 틀림없다는 생각이 자꾸만 들었다. 외지에서 흘러든 축사 사람들마저도.
> 거울을 깨뜨려버리면, 거울에서 놓여날 수 있지 않을까. 거울이 가두어둔 마을에서 놓여날 수 있지 않을까.(154)
> 거울을 깨뜨렸는데도, 나는 마을에서 놓여나지 못했다. 거울이 아니면, 무얼까? 무엇이 마을과 마을 사람들을 이렇게나 답답하게 가두고는 놓아주지 않는 걸까?(157)

위의 예문에서 알 수 있듯이, 동화는 흐릿한 거울이 마을과 마을 사람들을 제 속에 삼키고 가두어버렸기 때문에, 마을 사람들이 미쳐가고 있다고 생각한다. 따라서 거울을 깨뜨려야만 자신을 비롯한 마을 사람들이 거울이 가두어 둔 마을에서 놓여날 수 있다고 생각했다. 그러나 거울을 깨뜨렸는데도 동화는 마을에서 놓여나지 못했다. 그리고 마을과 마을 사람들은 여전히 답답한 상태에서 벗어나지 못하고 있다. 점차 미쳐가던 인자 아주머니는 검은 우산을 쓴 채로 증발하듯 저수지의 물로 스스로 들어가 죽었고, 춘자 고모는 유부남인 공장장과 함께 도망을 쳤기 때문이다.

춘자 고모가 집을 나간 지 닷새째 되던 날, 공장장의 아내가 동화만큼이나 커다란 남자아이를 시퍼런 포대기에 둘둘 싸 업고서 할머니를 찾아왔다. 그러나 할머니는 춘자 고모를 없는 자식으로 치기로 했다면서 그 여자를 돌려보낸다. 바람이 나서 유부남과 도망친 춘자 고모, 춘자 고모를 없는 자식으로 취급하겠다는 할머니의 모습은 동화가 살고 있는 시골 마을의 위악적인 상황을 전형적으로 보여준다. 동화가 생각했듯이, 뭔가 모를 것에 갇힌 듯 저마다 일탈적인 삶에서 벗어나지 못하고 있기 때문이다. 그러기에 동화는 그러한 마을에서 벗어나고자 하지만, 아버지가 데리러 오지 않기 때문에 벗어날 수가 없다.

> 나는 할 수만 있다면 내 얼굴을 할아버지의 얼굴에서 거두어내고 싶었다. 그렇지만 내 얼굴은 점점 더 할아버지의 얼굴과 겹쳐져 하나의 얼굴을 이루었다. 할아버지의 얼굴뿐만 아니라 아버지와 춘자 고모의 얼굴도 겹쳐져서는, 그 모든 이들의 얼굴이 하나의 얼굴을 만들어가고 있었던 것이다.
> 내가 고개를 돌리는 순간, 할아버지의 입에서 메마른 신음 소리가 들릴락 말락 새어 나왔다.

그 소리가 마치 '동화야……' 하고 부르는 소리처럼 들려 나는 도로 고개를 돌렸다.

　나는 할아버지의 얼굴로 슬그머니 손을 뻗었다. 마늘독이 매섭게 오른 손가락들을 펼쳐, 끔찍하고 저주스럽기만 한 할아버지의 입을 틀어막기라도 하듯 덮었다. 그 입이 다시는 내 이름을 소리 내어 부를 수 없도록.

　동화야…… 하고 부를 수 없도록.(196-197)

　위의 예문에서 동화는 자신의 얼굴을 할아버지의 얼굴로부터 거두어내고 싶어한다. 할아버지가 자신의 이름을 지어 주어 운명을 결정했기 때문이다. 그러나 동화가 할아버지의 얼굴을 거두어내려고 하면 할수록 할아버지의 얼굴뿐만 아니라 아버지와 춘자 고모의 얼굴까지도 동화의 얼굴에 겹쳐진다. 동화가 이렇게 생각하는 것은 자신의 운명이 저주받은 것이기에 그러한 운명에서 벗어나려고 하지만, 그것은 이루어질 수 없음을 알기 때문이다. 그러기에 동화는 할아버지가 자신의 이름을 부를 수 없도록 하기 위해 끔찍하고 저주스럽기만 한 할아버지의 입을 틀어막듯 덮는다. 그렇지만 동화는 자신의 저주받은 운명에서 벗어날 수 없으며, 시골 마을에서도 벗어날 수 없음을 인식한다. 그러기에 동화는 차라리 말을 하지 않는 벙어리가 되기로 생각한다. 말을 하지 않은 벙어리가 되면서 동화는 점차 말하는 법을 까맣게 잊어버렸다. 목젖이 훤히 들여다보이도록 입을 벌려도 목구멍에서 소리가 새어 나오지 않았다. 돌덩이가 목구멍을 꽉 틀어막고 있는 것만 같았기 때문이다. 동화는 답답할 때도 있었지만, 그렇다고 해서 딱히 할 말이 있는 것도 아니었다. 그러다 보니 동화는 무언가 간절히 말을 하고 싶을 때도 말이 나오지 않았다. 그렇게 스스로 말을 하지 않은 벙어리가 되어 어수선한 시골에서 살다가 동화는 아홉 살이 되었다. 겨우 아홉 살인데도 동화는 자신이 나이를 아주 많이 먹은 것처럼 생각하게 되었는데, 이는 동화가 시골 마을에서 너무나 많은 일들을 혼란스럽게 보았기 때문이다.

　마을 사람들이 다 흩어진 뒤, 나는 방앗간에 들어가 보았다. 방앗간 할머니가 떠나버려서인가, 기계들이 쓸모없어진 쇳덩어리처럼만 보였다.

　나는 그렇게나 마을로부터 벗어나고 싶어 하면서도, 마을 사람들이 자꾸만 마을을 떠나려고 하는 것이 싫었다.

　인자 아줌마도 죽고, 장대 아저씨도, 축사 사람들도, 미정네도, 방앗간 할머니네도 떠나고, 다음에는 누가 떠날까?

　떠나지 못해 다들 안달복달이니 떠나도 누군가는 떠날 것이었다.(221)

위의 예문에서 알 수 있듯이, 동화가 살고 있는 시골의 마을 사람들은 모두 마을로부터 벗어나고 싶어 한다. 그런 마을 사람들을 보면서, 동화는 자신도 마을로부터 벗어나고 싶지만 마을 사람들이 자꾸만 마을을 떠나려고 하는 것을 싫어한다. 인자 아줌마도 죽고, 장대 아저씨도 축사에 살던 사람들도, 미정네도, 방앗간 할머니네도 모두 떠나간 마을에 새로운 사람은 들어오지 않는다. 동화는 자꾸만 누군가가 떠나는 시골 마을에서 떠나지 못하는 자신의 운명을 저주하며, 아버지를 기다린다.

> 백 밤은 언제 지나가나 때 없이 묻고는 했지만, 언제부턴가 나는 아버지를 기다리지 않았다. 내가 더는 기다리지도 않는 아버지가 날 데리러 온 것은, 중학교 이학년 여름방학이 막 시작되었을 때였다. 할아버지와 할머니 그리고 나는, 할머니가 깻잎 따는 일을 해 하루하루 벌어오는 돈으로 먹고살고 있었다. 그리고 내가 마늘을 까서 버는 돈으로.(231)
> 구 년이라는 시간을 훌쩍 건너뛰어서야 나타난 아버지는, 무척이나 작아져 있었다. 내 아버지가 맞는가, 하는 의심이 들 만큼. 나는 스르르 몸을 일으키며, 아버지는 원래부터 그렇게 작은 사람이었을지도 모른다는 생각을 불현 듯 했다. 그러니까 구 년 전 겨울, 나는 저렇게나 작은 아버지의 등에 업혀 마을에 든 것인지도.
> 구 년 전, 아버지는 저렇게나 작은 몸으로 날 어떻게 이곳까지 업고 왔을까?(231)

위의 예문은 동화가 백 밤이 지나면 자신을 데리러 오겠다던 아버지를 언제부턴가 기다리지 않았음을 보여준다. 동화가 아버지를 더 이상 기다리지 않은 것은 자신이 마늘을 까서 버는 돈으로 살아가는 시골 생활에 적응이 되었기도 했지만, 더 이상 아버지를 믿지 않았기 때문이다. 또한 아버지를 기다리기보다는 거부하고 시골 마을에서 살아가는 것이 자신의 운명이라고 생각했기 때문이다. 그런 가운데 9년이 지난 어느 날 아버지는 동화를 찾아왔다. 동화는 9년 만에 다시 만난 아버지가 무척이나 작아져 있다고 생각했다. 자신의 아버지가 맞는가 하는 의심이 들만큼 작아진 아버지를 보면서 동화는 자신을 버리고 갔던 아버지를 조금씩 이해하게 된다.

> 죄인처럼, 그것도 아주 큰 죄를 지은 사람처럼 아버지는 고개를 들지 못했다. 할머니 앞에서도, 내 앞에서도.
> "날 따라가서 살래?"
> 육십 촉 전구 불빛 아래, 저녁 밥상을 앞에 두고 아버지가 내게 어렵게 물어왔다. 모기와 날벌레들이 전구에 다글다글 달라붙어 있었다. 모기향 연기가 아버지의 얼굴 쪽으로 몰려갔다.

"……"

"날 따라가서……"

아버지의 목소리는 자신 없이 잦아들고 있었다.

"네가 나랑 살겠다고 하면…… 날 따라가서 함께 살겠다고 하면……"

"……"

"나도 어떻게든 살아볼 수 있을 것 같다…… 어떻게든……"

그 말 때문일까. 나는 아버지를 따라가기로 마음먹었다. 아버지의 짝이 되어, 아버지와 함께 살아주기로.(232)

위의 예문에서 동화는 죄인처럼 자신의 앞에 나타난 아버지를 따라가서 살기로 마음먹는다. 동화와 함께라면 어떻게든 살아볼 수 있을 것 같다면서 함께 살자는 아버지의 자신없는 간청을 들으며 동화는 자신을 버렸던 지난날의 아버지를 용서한다. 이러한 용서는 '아버지'라는 존재의 부정에서 인정으로 동화의 의식이 변모했음을 보여준다. 아울러 동화가 자신과 함께 새로운 삶을 시작해보겠다는 아버지를 이해하고 받아들였음을 보여준다. 그기에 동화는 정희 언니가 알려준, 인간의 삶에서 '더러운 자와 깨끗한 자, 악한 자와 선한 자를 나눌 수 없다'는 말의 의미를 이해하게 된다. 삶에서 악한 것과 선한 것은 마치 검은 실과 흰 실이 함께 짜여 옷을 만들 듯이 구분할 수 없기 때문이다. 또한 자신이 살았던 시골 마을의 사람들은 악했던지 선했던지 간에 모두의 짐을 짊어지고 열심히 살았음을 인정한다.

그러니 간질쟁이 장대 아저씨도, 문둥이라는 색시의 아버지도, 증발하듯 사라져버린 인자 아줌마도, 열여덟에 아기를 낳은 정희 언니도, 춘자 고모도 죄인이 아니었다. 오래전 쫓겨나듯 마을을 떠나간 축사의 이방인들도, 식모였다던 내 엄마도, 구 년이나 지나서야 날 데리러 올 수밖에 없었던 아버지조차도…… 그러니 누구도 그들을 죄인이라고 손가락질 할 수 없으며, 심판할 수 없었다.

나는 버스가 읍내에 닿기도 전에, 그들 모두가 미치도록 그립고 보고 싶어졌다.

내 슬프고도 아름다웠던 죄인들의 얼굴 하나하나가.(234-235)

위의 예문에서 동화는 자신이 살았던 시골의 마을 사람들 모두가 죄인이 아니었음을 말한다. 또한 9년 만에 자신을 데리러 온 아버지, 아버지로부터 도망친 엄마도 모두 죄인이 아님을 말한다. 그들은 모두 그럴 수밖에 없었던 운명과 삶의 조건들에 놓여 있었음을 알기 때문이다. 그러기에 부모에게서 버림받고 시골의 할머니에게 맡겨진 일곱 살 동화(冬花)의 눈에는 세상의 모든 것이 상처투성이며, 사람들은 자신의 나약함을 감추기 위해 가장 가까운 존재들에게 상처를 입히고, 또 그 업보를 가슴에 묻고 살아가고 있다. 사랑의 상처, 인생의 좌절, 그리고 도저히 어떻게 할 수 없는 절망감 속에 나름대로 살려고 했기에, 사람들은 모두가 죄인이 아니라고 동화는 말한다. 가난하고 상처투성이의 사람들에 대한 원망에서 시골 생활을 시작했지만 동화는 아버지와 함께 시골을 떠날 쯤에는 자신을 힘들게 했던 시간들과 사람들이 모두 아름다운 죄인들처럼 여기면서, 그 누구도 그 죄인들을 단죄할 수 없음을 깨닫는다. 이러한 깨달음을 통해 동화는 성숙한 청소년으로 성장한다. 흐른 거울 속처럼 아스라한 아픈 추억을 간직했지만, 그 추억들은 동화가 유년의 삶에서 벗어나 자아를 인식하고 타자를 인식하는 성숙한 정체성을 형성하게 하는 동인(動因)들이었다.

4) 가족들의 가출을 통한 가족의 의미에 대한 성찰

손현주의 《불량가족 레시피》(2011, 문학동네)는 권여울이라는 여고생을 통해 가족 해체의 위기 상황을 적실하게 보여주면서 가족의 존재와 그 의미에 대한 성찰을 보여주고 있다. 각자 배가 다른 엄마를 가진 오빠, 언니, 그리고 나, 기러기 가족을 부양하다 주식이 망해서 뇌경색을 앓게 되면서 가족들로부터 버림받은 삼촌, 세 며느리에게서 난 세 손주들을 키우느라 지친 할머니, 딸들에게 학교 가지 말고 자신의 사업 채권추심업무를 도우라는 아빠. 이렇게 문제가 많은 불량한 가족이 한 지붕 아래 모여 산다. 가족들은 서로를 이해하지 못한 채, 각자의 삶을 살아간다. 그러다가 아버지의 사업이 몰락하게 되면서 가족 간의 갈등은 극대화되고 한 명씩 가출을 하게 되는 상황들이 벌어진다. 그 와중에 가출하고 싶었으나 가출하지 못했던 권여울은 경제적 몰락과 가족 해체의 아픔을 겪으면서, 점차 가족의 의미를 깨달아간다.

우리 가족이야말로 어쩌면 이 시대에 확실하게 차별화된 가족 구성원이며 불쌍한 영혼의 집합소인지도 모른다. 나는 알 수 없는 마법에 걸려 그들의 가족으로서, 수원시 장안구에 위치한 아파트에 살고 있다. 정말 원치 않게도. 이 집에서 나를 구해 줄 왕자는커녕 녹색 괴물 슈렉조차 구경할 수 없다는 게 내 비극이다.

나는 언제나 가출을 꿈꾼다. 아무도 모르는 곳으로 훌쩍 사라지고 싶다. 하지만 아직까지

시도도 못 한 겁쟁이기도 하다. 가출을 시도하지 않은 데에는 이유가 있다. 완벽한 가출을 위해서는 준비 과정이 필요하기 때문이다.

　사실 가출은 충동적으로 나가는 게 맞지만 그렇게 나간 아이들을 보면 모두가 개고생을 한다. 다시 집으로 개 끌려오듯 돌아오는 경우는 정말 최악이다. 할매나 아빠에게 내 존재감이나 한번 알리고 마는 집 나간 똥개 신세는 되고 싶지 않다. 신중한 가출이 필요하다. 가출은 곧 권여울의 독립선언이므로.(10)

위의 예문처럼, 여울의 가족은 통상의 가족들과는 차별화된 구성원들로 이루어져 있는데, 그러한 가족에게서 벗어나기 위해 여울은 언제나 가출을 꿈꾼다. 그러나 여울이는 가출을 꿈꿀 뿐 그것을 실행하지 못하고 있다. 충동적으로 가출을 했다가는 가출 후에 엄청난 고생을 하기 때문이다. 또한 할머니나 아버지에게 자신의 존재감만 한번 알리고 말 뿐 고생만 하는 가출을 할 수는 없기 때문이다. 그러기에 여울이는 가출을 독립 선언으로 생각하므로, 독립 선언을 할 수 있을 만큼 준비가 되어 있을 때 가출을 하고자 한다. 여울이가 가출을 하고자 하는 것은 가족 구성원 속에서 소외감을 느끼기 때문이다.

　사실은 언니와 오빠는 정식 결혼이라는 형식을 거쳐서 호적에 오른 자식들이고, 나는 혼외자라는 이유 때문일 것이다. 현대판 홍길동이지만 아버지를 아버지라 부를 수 있다는 점이 조금 다를 뿐이다.
　어릴 때부터 친숙하게 들어오던 나이트클럽 댄서의 딸이라는 드라마 소재 같은 내 태생이 이 집에서 나를 존재감 없는 인물로 만드는 데 톡톡히 기여했다. 게다가 어려서부터 할매는 나만 보면 '송장 칠 나이에 똥 걸레 빨게 한 년'이라는 소리를 거침없이 뱉었고, 그런 잔소리와 타박은 나를 이 집에서 겉돌게 만들었다. 가족들에게 나는 그저 한낱 나이트클럽 댄서의 딸로, 권씨 집안에 마지막으로 굴러 들어온 핏덩이였다. 아빠가 사고 쳐서 나온 딸이라는 명함도 내밀 수 없는 태생이지만, 내 눈에는 그들도 그다지 우월한 태생이라고 느껴지지 않는다.(14-15)

위의 예문에서 알 수 있는 것처럼, 여울이의 언니와 오빠는 아빠의 정식 혼인 관계에서 태어났다. 그러나 여울이는 아빠와 나이트클럽 댄서 사이에서 혼외자로 태어났다. 그래서 여울이는 어려서부터 할머니로부터 엄청난 타박을 받으면서 자랐고, 가족들 틈에서 겉도는 존재로 살아 왔다.
　그런데 여울이의 형제들은 각기 다른 엄마로부터 태어났기 때문에, 여울이의 가족들에게 '엄마'라는 말은 꺼내서는 안 될 금기어이다. 그러기에 여울이는 엄마가 없는 생활에 오랫동안 익숙해져 있었고, 제각각 엄마가 다른 형제들 속에서 적당한 거리를 두며 필요할 때만 가족처럼 살아간다. 여울이의 가족들은 대가족이면서 핵가족보다 더 삭막한 거리를 유지하며 살아간다. 그러기에 여울이에게 가족들은 밥 먹기 위해 유대 관계를 맺고 집이 없기 때문에 어쩔 수 없이 뭉쳐 사는 것처럼 여겨진다.

여울이의 가족에서 할머니의 영향력은 엄청나다. 할머니가 살림을 꾸려가고 여울이 형제들의 양육을 책임지고 있기 때문이다. 그런 할머니는 여울이를 사랑이 아니라 의무감으로 길러왔다. 또한 할머니는 여울이를 칭찬하기보다는 늘 부정적인 말투로 여울이의 인격을 떡 주무르듯 한다. 그러기에 여울이는 할머니에 대해 엄마 대신 자신을 길러 준 존재라서 윤리적으로 보면 미워해서는 안 되지만, 그렇다고 해서 고맙다거나 사랑한다거나 하는 감정을 갖지 못한다. 여울이는 할머니에 대해 늘 이중적인 감정을 갖고 있기 때문이다.

그런데 여울이의 할머니는 자식들과 손자 손녀들 뒷바라지에 지쳐 늘 집을 벗어나고 싶어 한다. 며느리가 없는 집에서 원치 않는 안주인 역할을 해야 했던 세월은 할머니에게 인고의 시간이었고 팔자 사나운 운명이었기 때문이다. 할머니는 며느리가 차려 준 따뜻한 밥상 대신 육아와 고된 살림살이로 인생 후반을 보내고 있기 때문에, 양로원에서 단체 배식을 받고 친구들과 교제하며 살아 보고 싶은 소박한 꿈을 갖고 있다. 그러나 할머니의 그런 꿈은 이루어질 수 없다. 할머니는 여든세 살 노인의 일과로 보기에는 고달프게 새벽 여섯 시 반부터 일어나 고3 손녀와 여울, 전문대에 다니는 손자, 그리고 바깥일이 많은 큰아들의 식사를 준비해야 한다.

한편 여울이네 집은 수원에서 지하철이 닿지 않는 동네에서 삼년 째 보증금 이천만 원에 백만 원이라는 기형적인 월세를 내며 살고 있다. 여울이네가 이렇게 살게 된 것은 여울이 아빠가 사업 자금이라는 핑계로 전세금을 곶감 빼먹듯 쏙쏙 빼먹는 바람에 얼마 남지 않은 보증금에 고액 월세라는 위태로운 상황에 놓이게 되었기 때문이다. 이런 상황에 대해 여울이 아빠는 별다른 대책을 세우지 못한 채 이사 갈 생각은 하지 못한다. 보증금 이천만 원이 월세로 다 까이기 전에 큰 건 하나 접수하면 몇 달 또 버틸 수 있다는 게 사업가인 여울이 아빠의 간 큰 인생관이기 때문이다.

여울이 할머니에게 큰아들의 이런 인생관은 남편의 인생관과 닮은 것이다. 여울이의 할아버지 권종대씨도 무책임한 가장으로서 여울이의 할머니를 고통스럽게 만든 장본인이기 때문이다. 여울이의 할아버지에게 할머니는 세 번째 여자였는데, 혼인신고도 하지 않은 채 두 집 살림을 하면서 뻔뻔하게도 할머니와 혼인을 했다. 할머니는 호적상 첫 결혼이었지만 자신을 감쪽같이 속인 할아버지를 평생 원망하고 미워했다. 여울이의 할아버지는 이십오 년 전 집을 나간 뒤 지금까지 소식이 없다. 할아버지가 거지꼴을 하고 몇 년 만에 집에 나타났을 때, 할머니는 문도 열어 주지 않은 채 두 번 다시 자식들 앞에 나타나지 말라며 할아버지를 거리로 내쫓았다. 그 이후 할아버지의 행방은 알 수가 없다.

> 할매에게는 대표적인 '독사 같은 년'들이 셋 있다. 독사 같은 년들은 여든셋의 나이에도 집안 일을 손에서 놓을 수 없게 할매의 운명을 결정지은 아빠의 여자들이다. 할매는 시도 때도 없이 독사 같은 년들의 비사를 고장 난 녹음기처럼 숨도 쉬지 않고 들려준다. 아빠의 여자들은 하나같이 아이를 알 까듯 까놓고 사라졌다. 물론 그 여자들 중에는 나를 낳은 생모도 포함되어 있다. 배가 다른 세 명의 엄마가 하나같이 새끼를 내버리고 사라진 '모성애 기인 열전'이라고 할까. 한마디로 콩가루 원조다.(35-36)

위의 예문에서 알 수 있듯이, 할머니는 여든셋의 나이에도 집안 일에서 손을 놓을 수 없기 때문에 도망가 버린 며느리들을 '독사 같은 년'들이라고 말한다. 큰아들의 여자들은 하나같이 아이를 알 까듯 까놓고 사라졌기 때문이다. 그러기에 배가 다른 세 명의 엄마들이 하나같이 새끼를 내버리고 사라졌기 때문에 여울이네 집은 콩가루 집안이 되었다.

여울이의 아빠는 배짱은 두둑하지만, 여자를 너무 밝히는 것이 문제이다. 그러기에 여울이의 아빠는 엄마가 각기 다른 자식들을 낳게 되었다. 여울이의 아빠는 '평생 한 여자를 사랑한다는 것은 양초 하나가 평생 탄다고 말하는 것과 다를 게 없다.'라는 좌우명 속에 두 여자와 결혼했고 한 여자와 동거를 했다. 그런 큰아들에 대해 여울이의 할머니는 여자 문제까지 자신의 남편 권종대를 닮았다며 유전적 내력을 탓했다. 요즘의 아빠는 주변에 여자가 없기 때문인지 아니면 사업의 위기 때문인지 극도로 좌불안석의 상태에 있다.

여울이의 아빠는 금융기관 채권에 법 조치가 들어가는 행정 서류를 납부하는 일을 하는데, 지금은 일감이 줄어 사무실마저 조각 사무실이 되었고, 사무실 집기는 거실로 옮겨 와 온 가족을 총동원시키는 가족형 기업을 하고 있다. 그런 여울이의 아빠는 먹고 사는 데만 관심을 쏟을 뿐 자식들의 고민과 방황에는 전혀 마음을 쓰지 않는다. 게다가 채권추심업무를 시키느라 딸들을 학교에도 보내지 못한다.

한편 여울이의 삼촌은 원래 증권사 직원이었는데, 주식 투자에 거듭 실패하자 투자자들이 그의 재산에 가압류를 걸었다. 이런 상황에서 삼촌은 평창동에 있는 집을 지키기 위해 숙모와 가짜 이혼을 했고, 숙모는 투자자들의 눈을 피해 아이 둘을 데리고 미국으로 갔다. 그 후 삼촌은 전국 방방곡곡으로 도망 다니다가 뇌경색에 걸려 쓰러졌고, 그 와중에 숙모는 그런 삼촌에 대해 무심했고 한국에도 나오지 않았다. 그 후 숙모는 미국에서 다른 남자와 눈이 맞아 재혼을 했으며, 평창동 집은 숙모 명의로 되어 있었기 때문에 삼촌은 손 한번 써 보지 못하고 고스란히 다 빼앗기고 말았다. 이렇게 가족들로부터 버림받음으로써 삼촌은 늙은 어머니 밑에서 식충이가 되어 살아가고 있다. 여울이는 이런 삼촌을 불쌍하게 생각한다.

> 삼촌도 알고 보면 불쌍한 구석이 있다. 미국에 가 있는 아이들을 못 본 지 사 년이 다 되었고 이제는 목소리도 감감하다며 우울해한다. 삼촌은 아이들을 향한 그리움을 빛바랜 사진 한 장으로 만족하며 달래야 했는데, 그때마다 눈가에 물기가 맺히곤 한다. 삼촌이 가장 두려워하는 건 할배처럼 가족들에게 영원히 잊힌 존재가 되는 거다. 삼촌은 할배를 일찍 찾았어야 하는 건데 괜히 할매 눈치를 보느라 못 찾은 게 마음에 걸린다며 내게 푸념 식으로 털어놓는다. 삼촌이 아이들을 그리워하는 마음이나 내가 얼굴도 모르는 엄마를 그리워하는 마음이나 비슷할 거란 생각이 든다.(32-33)

위의 예문처럼, 여울이의 삼촌이 가장 두려워하는 것은 자신의 가족들에게 영원히 잊힌 존재가 되는 것이다. 자신의 아이들을 그리워하는 삼촌을 보면서 여울이는 얼굴도 모르는 엄마를 그리워하는 자신과 삼촌이 비슷한 상처를 안고 있다고 생각한다. 그런 생각 속에 여울이는 엄마를 만나러 가는 언니를 부러워한다.

> 언니가 엄마를 만난다는 사실에 괜히 내가 엄마를 만나러 가는 것처럼 가슴이 두근거렸다. 그런 내 마음도 모르고 저 지랄을 떠는 걸 보면 언니와 나의 앙숙 관계는 청산될 수 없을 것 같다. 언니는 요즘 들어 짜증이 더 심해졌다. 대학 갈 엄두조차 내지 못하는 집안 형편 때문이라는 추측은 해 보지만 그 원성을 내가 들을 이유는 없다. 어쨌거나 언니가 엄마를 만나러 간다는 사실만은 부러웠다. 언니와 나 사이에 또 다른 경계선이 그어진 느낌이었다.(35)

위의 예문에서 알 수 있듯이, 여울이는 엄마를 만나러 가는 유나 언니를 한없이 부러워하면서 언니와 자신 사이에 또 다른 경계선이 그어져 있음을 느낀다. 여울이 자신은 엄마가 어디에 사는지조차 모르기 때문이다. 여울이는 얼굴을 본 적도 없는 엄마라 실감이 나지 않을지라도 한 번이라도 보았으면 좋겠다는 생각을 한다.

내 상상 속에서 엄마는 언제나 붉은색 드레스를 입고 있다. 긴 머리를 곱게 틀어 올리고 매니큐어를 바른 긴 손가락을 내밀며 자이브와 룸바를 추고 있다. 상대방의 눈을 응시하며 부드럽게 리듬을 타는 엄마. 엄마는 늘 로맨틱하다. 언니나 오빠의 엄마와는 차원이 다르게 설거지 냄새가 나지 않는다. 엄마의 몸에서는 은은한 향이 감돌아 다른 사람을 기분 좋게 만든다. 춤을 추는 엄마가 멋있어서 때때로 나도 모르게 중얼거린다. 원더풀!

하지만 여전히 궁금하다. 엄마가 왜 하필 나이트클럽 댄서란 직업을 갖게 되었는지. 요즘 젊은 사람들처럼 그저 춤이 좋아 클럽 댄서가 되지는 않았을 것이다. 정말을 춤을 좋아하는 엄마였다면 남들의 흥이나 돋우는 춤을 추는 게 아니라 손님으로 가서 춤을 즐겼을 것이다. 어두운 조명 아래에서 돈벌이 때문에 추는 춤이란 왠지 슬플 것 같다.(60-61)

위의 예문에서 알 수 있듯이, 여울이는 엄마를 한 번도 본 적이 없기 때문에 상상 속에서 엄마의 모습을 그린다. 여울이의 상상 속 엄마는 로맨틱한 존재로 은은한 향이 감돌아 다른 사람을 기분 좋게 만든다. 그러면서 여울이는 엄마가 왜 하필 나이트클럽 댄서가 되었는지를 궁금해 하면서, 어두운 조명 아래에서 돈벌이 때문에 춤을 추는 엄마가 슬프게 느껴진다.

한편 여울이의 언니 유나는 엄마를 만나고 온 후 엄마에 대한 실망감에 시달리다가 가출을 한다. 유나가 가출을 한 것은 고3인데도 공부를 할 수도 없고, 현재대로 사는 것은 더 이상 의미가 없다고 생각했기 때문이다. 여울의 언니 유나는 미대에 가고 싶다고 미술 학원에 보내달라고 사정했지만, 아버지와 언쟁을 벌이게 되고 급기야 매를 맞자 가출을 하였다. 경제적인 압박감에 시달린 아버지는 자신의 뜻대로 되지 않으면 무지막지하게 폭력을 휘두르며 가장으로서의 권위를 내세운다. 그런 아빠에게 삼촌은 대들면서 자신의 형이 유나에게 심하게 했다고 했다. 고3인 유나에게 공부를 시키지도 않고 집에서 일이나 하게 했기 때문이다.

아빠는 할매와 삼촌의 분분한 의견 충돌에도 아랑곳하지 않았다. 그저 말없이 밥 한 공기를 말끔히 비우고 일어났다. '너희도 사라져 봐. 나는 아무렇지도 않거든.' 마치 오빠와 내게 이렇게 내뱉는 것 같았다. 정말 냉혈한이 따로 없다. 이런 집에서 더 살아야 하는 건지 모르겠다. 이 집에서 견딘다고 누가 모범생이라고 추어올려 주지도 않을뿐더러, 나까지 사라져 주기를 은근히 바라고 있을지도 모른다는 느낌이 팍팍 든다. 스스로 알아서 일찍 독립하는 게 우리 집의 효도 방법은 아닌지 한번 생각해 봐야 할 것 같다. 그렇지 않고서는 아빠의 저런 태도는 부모로서 있을 수 없다. 딸이 가출했는데 밥 한 그릇을 뚝딱 비울 수 있는 사람은 우리 아빠라는 위인밖에 없을 거다.(97)

위의 예문에서 알 수 있듯이, 여울이의 아빠는 큰딸 유나가 가출했다는 말을 듣고도 그저 말 없이 밥을 먹는다. 여울이는 이런 아빠를 보면서 아빠가 냉혈한이라고 생각하고, 이런 집에서 더 살아가는 것은 의미가 없다고 생각한다. 그러기에 여울이는 스스로 알아서 일찍 독립하는 것이 자신의 집에서 할 수 있는 효도 방법이라고 생각한다.

> 누군가 내게 묻는다면 나는 이렇게 답할 것이다. 인간에게 허락되지 않는 것은 영원한 생명이며, 인간의 내부에 있는 것은 욕심이며, 결국 인간 자기 자신의 힘으로 살아간다. 우리 가족을 생각하면서 얻은 답이다. 모두들 자신의 힘으로 살아가고 있지, 누군가의 관심과 사랑으로 살아가는 인간은 한 명도 없다. 미하일이나 세몬은 책 속에서 등장할 법한 인물들이다. 이런 인간이 진짜 있다면 매점 식권을 복사하는 일이나 아빠의 호주머니를 뒤지는 허접한 일 따위는 결코 안 할 것이다.(103-104)

위의 예문에서 알 수 있듯이, 여울이는 인간은 평등하지 않다는 생각 속에 자기 자신의 힘으로 살아가야 함을 인식한다. 이런 인식 속에 여울이는 모든 사람이 자신의 힘으로 살아가고 있으며, 누군가의 관심과 사랑으로 살아가는 인간은 한 명도 없다고 생각한다. 여울이가 이런 생각을 하게 된 것은 핏덩이일 때부터 엄마로부터 버려졌고, 가족들로부터 사랑을 받지 못했기 때문이다. 그러기에 여울이는 자신과 같은 아이들도 보란 듯이 성공할 수 있다는 이야기를 듣고 싶어 한다. 그렇지만 여울이가 듣고 싶은 이야기들이나 통계는 세상 어디에도 없다. 그러기에 여울이는 불투명한 미래에 대해 두려워하며 자신이 꼭 하루밖에 살지 못할 것 같은 초조감에 빠진다.

여울이는 평소에는 죽일 듯이 으르렁거렸지만 가출을 한 유나 언니에 대해 걱정을 하면서, 자신은 절대 대책 없이 집을 나가지는 않을 것이라고 다짐한다. 대책 없이 집을 나갔다가는 배고픔과 두려움을 이길 수 없기에 성공적인 독립을 위해서는 준비된 가출을 해야 한다고 생각한다. 한편 여울이의 아빠와 삼촌은 유나 문제로 입씨름을 하다가 서로 감정을 상하게 한다. 이 일로 결국 삼촌마저 가출을 한다.

> "네가 여기서 먹고 자고 하는 건 뭔데, 이 새끼야! 그러니까 지금 그냥 놀고먹겠다는 거 아니야. 네 자식들이 널 애비라고 다시 찾을 것 같아? 예라, 이 새대가리야. 가진 것 없는 애비를 일부러 찾는 자식이 어디 그리 흔한 줄 알아? 네가 무슨 대기업 회장인 줄 착각하나 본데, 넌 그냥 백수야, 백수. 뺀질거리는 네 꼴, 나도 이제 못 보겠다. 짐 싸 들고 내 집에서 나가! 다 필요

없어. 나도 살기 어려운데 너까지 얹혀 밥이나 축내고. 나가서 네 맘대로 하고 살아."

"지금 말 다 했어? 형은 뭐 잘났다고 그딴 소리를 해? 집구석을 이 모양으로 만들어 놓고!"

"뭐야! 이 새끼가!"

아빠는 삼촌을 향해 큰 손을 냅다 들었다.(124-125)

위의 예문에서처럼, 여울이의 아빠는 자신의 동생에게 그의 가족들이 가진 것 없는 그를 찾지 않을 것이라고 말하면서 집에서 나가라고 한다. 자신도 살기 어려운데 동생까지 얹혀 밥이나 축내고 있어서 힘들다고 말한다. 형의 이런 말을 듣고 삼촌은 가출을 한다. 한편 전문대에 다니던 여울이의 오빠도 아버지와의 싸움 끝에 가출을 한다.

"그래요, 사라질게요! 그럼 되잖아요. 아버지가 내 맘 한번 알아준 적 있었어요? 따뜻한 위로 한번 했냐고요? 내 나이에 기저귀 차고 다니는 심정 알기나 해요? 언제 쓰러질지 몰라 늘 불안하고 응급실에 실려 갈 때도 머릿속으로는 병원비 걱정하는 내 심정 아느냐고요! 병원비 축낼까 봐 겁내는 거 다 알아요. 이런 집구석에 있다가는 내 병만 키울 게 뻔해요. 이제 정말 지긋지긋 하다고요!"

오빠는 말릴 새도 없이 밖으로 뛰어나갔다. 뒤이어 삼촌이 처음 이 집에 들어올 때 가지고 왔던 여행용 가방 두 개를 질질 끌고 거실로 나왔다. 할매가 한풀 꺾인 목소리로 말했다.

"나갈 거면 아침에 나가그라."

"일분일초도 이 집구석에 있기 싫어요. 어머니는 형만 있으면 되잖아요. 어차피 난 이 집에 필요 없는 애물단지인데 하루라도 빨리 나가는 게 도와주는 거죠."(126-127)

위의 예문에서 알 수 있듯이, 여울이의 오빠는 아버지가 자신의 맘 한번 알아준 적이 없다고 항변하면서 가출을 한다. 집에 있으면 자신의 병만 더 키울 것이며, 집에 정말 지긋지긋하다고 말하면서. 가출을 하는 오빠와 삼촌에게 위로의 말도 하지 못한 가운데, 여울이는 가출을 하는 오빠의 모습이 지금까지 자신이 본 모습 중에 가장 외로운 것이라고 생각한다.

삼촌은 가족 중에 유일하게 여울이에게 그의 엄마를 나쁘게 말하지 않은 사람이었다. 그러기에 가출을 하면서 삼촌은 여울이에게 나중에 크면 꼭 엄마를 찾아보라고 말한다. 또한 아직은 어른이 아니니까 아무리 힘들어도 지금의 집에서 잘 버티라고 말한다. 또한 여울이에게 엄마를 원망하지 말고, 엄마가 뭔가 말 못할 사정이 있었을 것이라고 생각하라고 한다. 그런 삼촌의 말을 들으면서 여울이는 콧등이 시큰해지면서 새삼 삼촌의 사랑을 느낀다. 또한 사람에 대한 그리움을 느낀다.

> 그런데 식구들이 하나씩 떠나는 상황이 영 개운치 않고 마음은 무겁기만 하다. 집을 나가는 건 늘 내가 꿈꾸던 일이었는데 그들이 나보다 먼저 선수를 치며 떠났다. 이 개 같은 기분이라니, 뭐라고 설명할 수 없이 황당할 뿐이다.(133)

위의 예문에서 알 수 있듯이, 식구들이 하나씩 가출을 하자 여울이는 갑작스런 한기를 느끼면서 마음이 무겁다. 가출을 하는 것은 늘 여울이 자신이 꿈꾸던 일이었는데, 다른 가족들이 자신보다 먼저 선수를 치고 가출을 하자 여울이는 설명할 수 없는 황당함을 느낀다. 삼촌과 오빠가 가출한 뒤로 이제 집에 남은 사람은 여울이와 아빠밖에 없다. 할머니는 양로원을 돌아다니면서 상담을 하면서 집에 돌아오지 않았기 때문이다. 어른이나 아이나 할 것 없이 모두 가출을 하기 때문에 여울이는 자신의 가족은 대책이 서지 않는 별종들이라고 생각한다. 그러면서 진짜 가출은 자신이 해야 하는데, 다른 가족들이 먼저 선수를 쳤다고 생각한다. 그러면서 여울이는 할머니까지 양로원 기행을 하며 가출을 꿈꾸는 현실에 씁쓸해 한다. 그런 가운데 여울이네는 더 이상 집세를 감당할 수 없어 부동산에 집을 내놓았다.

> 할매가 기어이 집을 부동산에 내놓았다. 집주인이 풍당풍당 월세를 더 이상 봐줄 수 없다고 했다. 가족들도 모두 빠져나간 마당에 굳이 큰 아파트를 비싼 월세 주고 살 이유도 없었다. 아니, 이제는 살고 싶어도 살 수 없게 되었다. (중략)
> 큰소리치던 아빠를 더 이상 믿을 수 없다는 걸 할매도 눈치챈 모양이다. 게다가 아빠의 사업에 비상등이 켜지고 말았다. 월급이 밀려 있던 예전 직원들이 아빠를 노동부에 고소한 것이다. 아빠는 이제 거의 사업에 대해 포기한 사람처럼 무기력하게 굴었다. 참 오랜 세월 이 집에서 아슬아슬하게 버텼다. 아빠가 이 집을 좀 더 빨리 내놨다면 아빠 자신도 덜 힘들었을지 모른다.(150-151)

위의 예문에서 알 수 있듯이, 여울이네 집은 더 이상 월세를 낼 수 없어 집을 부동산에 내놓게 되었다. 그동안 큰소리만 치던 큰아들을 더 이상 믿을 수 없게 된 상황을 할머니가 눈치 챘기 때문이다. 또한 여울이 아빠의 사업에도 비상등이 켜지고 말았기 때문이다. 그런 와중에 여울이의 아빠는 사업에서 완전히 망하고 눈앞의 일만을 생각하다가 죄를 저지르고 경찰에 구속되고 말았다.

잠시 무거운 침묵이 흘렀다.

"그래, 고맙다. 너한테는 얼굴을 들 수 없을 만큼 부끄럽지만 이렇게라도 해서 우리 생활을 책임지고 싶었다. 변명으로 들리겠지만……. 할머니 많이 힘들어하시지?"

아빠의 목소리는 거친 쇳소리 같았다. 나는 그저 고개만 끄덕였다. 목에 가시가 박힌 것처럼 아무 말도 나오지 않았다. 가장으로서의 역할을 필사적으로 해내려다 이런 결과를 맞이했다는 아빠의 고해성사에 알 수 없는 연민이 생겼다. 아빠가 그런 불법행위를 저지를 수밖에 없었던 우리의 처지가 슬펐다.

아빠는 할매의 건강을 많이 걱정했다. 당분간 부산 이모할매네 집에 가 있게 하라는 당부도 잊지 않았다. 나는 우리 걱정은 그만하고 아빠 건강이나 챙기라고 말했다. 오 분의 면회 시간은 생각보다 길게 느껴졌다.(187)

위의 예문은 여울이가 경찰서 유치장에 갇힌 아빠를 면회 가서, 가장으로서의 역할을 필사적으로 해내려다 파국을 맞이했다는 아빠의 고해성사를 들으며 알 수 없는 연민을 갖는 것을 보여준다. 아빠의 말을 들으면서 여울이는 목에 가시가 박힌 것처럼 아무 말도 할 수 없었다. 자신의 아빠가 그런 불법행위를 저지를 수밖에 없었던 처지가 슬펐기 때문이다. 그러기에 여울이는 자기 혼자만 면회 온 것을 안타까워한다. 언니나 오빠, 삼촌 등이 가출하지 않고 같이 있었다면 마음이 무겁지 않았을 것이기 때문이다. 또한 가족들이 모두 면회를 왔다면 아빠의 어깨가 덜 처지지 않았을까 하는 생각도 했기 때문이다.

할매가 미워 부엌일 거드는 게 죽기보다 싫었던 날들이 떠올랐다. 언니와 할매가 합동으로 내 머리채를 휘어잡던 일들이 너무 오래된 추억 같아 현실감이 들지 않았다. 그때는 죽일 듯이 모두가 미웠는데 지금은 그다지 밉지 않았다. 지나간 시간은 되돌릴 수 없는 열차와 같다지만, 할 수만 있다면 시간을 되돌리고 싶었다. 저주받은 입을 가진 언니의 욕이 그리워지다니, 알 수 없는 일이다. 누워 있는 할매가 오늘따라 안쓰럽기까지 하다. 이건 도저히 권여울다운 생각이 아니다.

사실 아무리 미운 할매지만, 할매가 거두지 않았다면 나는 길바닥에 버려졌을지도 모른다. 갑자기 울컥하는 기분이 들었다. 이대로 할매가 세상을 뜨면 어쩌지 하는 생각에 두려움이 앞섰다. 늘 옆에 잔소리꾼으로 있을 때는 몰랐는데 할매의 잔소리가 잠잠해지자, 왠지 더 불안하고 리듬이 깨진 것 같았다. 정말 묘하다.(184-185)

위의 예문에서 알 수 있듯이, 여울이는 옛날에 같이 살던 때는 언니와 할머니가 죽도록 미웠는데, 지금은 그다지 밉다고 생각하지 않는다. 그러면서 시간을 되돌릴 수만 있다면 언니와 오빠, 삼촌 등이 가출하기 전의 시간으로 되돌아가고 싶다고 생각한다. 또한 미운 할머니이지만, 할머니가 자신을 거두지 않았더라면 자신이 어쩌면 길바닥에 버려졌을지도 모른다고 생각한다. 이런 생각 속에 여울이는 할머니마저 세상을 뜰까 봐 걱정한다. 그러면 정말 고아가 되기 때문이다. 이런 생각 속에 여울이는 점차 가족의 소중함을 깨닫는다. 평소에는 몰랐지만 정작 모두 흩어지게 되자 여울이는 가족들과 함께 했던 시간들이 소중했었음을, 그리고 그들의 고마움을 깨닫는다. 이런 깨달음 속에 여울이는 가출을 꿈꾸던 사춘기적 자아와 이별을 한다. 그런 이별 속에 여울이는 점차 자신이 가족을 책임져야 함을 인식하기 시작한다.

한편 할머니는 처음으로 여울이에게 따뜻한 위로의 말을 한다. 여울이를 버리고 간 여울이 엄마도 마음이 편치 않았을 것이고, 여울이도 언젠가는 기쁜 일이 있을 것이라고 말한다.

"내는 니 속 다 안다. 와 모르겠나! 니 에미라고 하룬들 속이 편했겠나. 니 속이나 니 에미 속이나 연탄처럼 시커멀 끼라는 거 다 안다. 다 팔자차례 하는 게지, 너나 니 에미나……. 울지 마라, 여울아. 나라고 만난 눈물 뺄 일만 있지는 않을 끼다. 세상에는 부모 없는 사람들도 억수로 많다 아이가. 사람마다 다 지 몫에 지고 갈 짐 보따리는 하나씩 지고 가는 기 세상살이다."

눈물이 볼을 타고 자꾸 흘러내렸다. 더 이상 할매와 함께 있을 수 없어 방으로 들어왔다. 베란다에 누워 있던 고양이가 야옹 소리를 내며 내게로 다가왔다. 나는 고양이를 꼭 껴안았다. 고양이의 가슴털이 무척 따뜻했다. 엄마 품에 안겨 본 적은 없지만 아마 엄마 가슴이 이렇게 따뜻할 거란 생각이 들었다.

풀지 못한 숙제 때문에 가슴 한구석이 꽉 막힌 느낌이었다. 그저 엄마는 내 마음속에서 사는 걸로 만족해야 한다는 걸 깨달을 뿐이다. 나는 이제 열여덟이 된다. 엄마 찾아 징징거릴 나이는 절대 아니잖아, 나 스스로를 타일러 보았다.(191-192)

위의 예문에서 알 수 있듯이, 할머니는 여울이를 버리고 간 여울이 엄마가 하루라도 마음 편한 날이 없었을 것이며, 그런 것들은 모두 팔자 때문이라고 말한다. 또한 여울이에게도 언젠가는 좋은 날이 올 것이며, 사람들은 저마다 다 자기 몫에 지고 갈 짐 보따리는 하나씩 지고 가는 것이 세상살이라고 말한다. 할머니의 이런 말을 들으면서 여울이는 엄마 품에 안긴 것 같은 따뜻함을 느낀다. 아울러 여울이는 자신의 엄마를 마음속에 두는 걸로 만족해야 한다고 생각하면서, 풀지 못한 숙제 때문에 가슴 한구석이 꽉 막힌 것 같은 느낌을 갖는다. 이제 열여덟이 되기 때문에 엄마 찾아 징징거릴 나이가 아니라고 스스로를 타이른다. 이렇게 함으로써 여울이는 스스로 굳게 세상과 맞서 살아갈 힘을 얻으면서 성장하는 존재가 된다. 그러기에 여울이는 스스로를 가장이라고 여기면서 이제 진짜 용기를 내 출가한 사람처럼 세상을 향해 나아가고자 한다. 그러면서 한때미디 가출을 결심했던 자신을 유치했다고 생각한다.

> 나와 할매 사이에 피 한 방울 힘줄 한 줄 안 섞였다고 생각했는데, 곤히 잠든 할매를 보니 어딘가 모르게 나와 닮은 구석이 있다. 재미있는 일들만 생각하고 싶은데 이놈의 집구석은 사람을 깃털처럼 가볍게 놔두질 않는다. 알고 보면 다를 자기 앞에 놓인 일들이 감당이 안 되어 본의 아니게 서로를 괴롭혔는지 모르지만. 지금까지 나는 다른 가족의 삶 따위는 관심이 없었다. 그런데 이상한 건 지금 혼자 남은 이 상황이 마음에 썩 들지는 않는다는 것이다. 게다가 마음 깊은 곳에서 느리게 꿈틀대는 알 수 없는 움직임들 때문에 혼란스럽다.
> 이제 나는 원치 않지만 어쩔 수 없이 위태로운 가장이 되어 버렸다. 어쩌면 수염이 하얗게 뒤덮여서야 나올 아빠를, 나만 보면 욕쟁이로 변하는 저주받은 입을 가진 언니를, 기저귀를 차고 하얀 이를 드러내며 싱거운 웃음을 날리는 오빠를, 내게 가장 호의적인 뇌경색 삼촌을, 그리고 내 가슴속에서 붉은색 드레스를 입고 우아하게 춤을 추는 엄마를 오랫동안 기다려야 할지 모른다. 그것이 고통이라 해도 나는 처음으로 누군가를 기다리는 시간을 가져 보려고 한다.(196)

위의 예문에서 알 수 있듯이, 여울이는 지금까지 다른 가족의 삶 따위는 관심이 없었음을 반성하면서, 가출한 가족의 구성원들을 그리워한다. 그러면서 여울이는 원치 않지만 어쩔 수 없이 위태로운 가장이 되어버린 상황을 받아들인다. 또한 아빠, 언니, 오빠, 삼촌, 그리고 자신의 가슴속에서 붉은 드레스를 입고 우아하게 춤을 추고 있는 엄마를 오랫동안 기다려야 할 것 같은 생각을 한다. 또한 여울이는 가족들이 모두 다 모일 때까지 담담히 기다리기로 한다. 그 기다림이 고통이라 할지라도 받아들이기로 하면서. 이러한 과정을 통해 여울이는 더 이상 청소년이 아닌 어른 됨의 길로 들어서면서 용기를 내어 세상에 맞서 나가기로 한다.

> 지금 우리 가족은 최대의 위기를 겪고 있다. 다시 뭉쳐야 할 때가 온 거다. 대책 없는 가족이지만 이제는 내가 그들을 기다릴 차례다. 권여울, 행인1이 아니라 드디어 우리 가족의 주인공이 되고 말았다. 꼴통은 도덕 시간에 늘 이렇게 말했다.
> "위기에 처했을 때 비로소 인간은 진화하는 거다."

그렇다. 이제 우리 가족의 진화가 필요하다. 더없이 위태로운 불량 가족이지만.(197)

위의 예문에서 알 수 있듯이, 여울이의 가족들은 가출릴레이를 펼치며 뿔뿔이 흩어졌다. 이러한 상황에서 여울은 한 번도 느끼지 못했던 가족의 소중함을 깨닫고, 증오의 대상이었던 그들을 이해하게 된다. 그러기에 여울이는 자신이 가족의 주인공이 되었음을 깨닫고, 최대의 위기에 처한 가족들이 다시 뭉치게 해야 함을 말한다. 여울이가 이렇게 깨닫게 된 것은 안달복달하던 가족들이 정작 흩어지자, 가족의 소중함과 진정한 가족 관계란 '함께 함'이라는 것을 인식하고 성장하는 존재로서 정체성을 새롭게 형성했기 때문이다.

이 소설에서의 가족은 혈연 중심의 가족주의가 아닌, 함께 사는 구성원으로서의 가족주의에 따라 구성된다. 그러기에 이 소설에서의 가족은 가출에 의해 그 관계가 깨지지만, 다시 함께 모여 살게 될 것을 꿈꿈으로써 주인공의 정체성 형성에 관여한다. 청소년기에 청소년들은 가족 간의 유대 관계에 따라 긍정적인 혹은 부정적인 정체성을 형성하게 된다. 따라서 가족의 위기는 개인의 위기로, 가족의 해체는 자기 정체성의 위기를 가져온다. 이런 점에서 볼 때, 가족의 위기가 비일비재한 오늘날 청소년들의 가족에 대한 인식과 정체성은 새삼 중요한 기로에 놓여 있다고 할 수 있다.

(10)

다문화 사회에 대한 인식을 통한 성장과 정체성 형성

1) 다문화 사회 현실과 청소년소설

2013년 현재 출입국·외국인 정책 통계월보(2013년 10월 31일 기준)에 의하면, 결혼, 노동, 학업 등을 목적으로 한국 사회에 체류하고 있는 외국인 수는 150만 명을 넘어서고 있다. 이는 전체 주민등록 인구의 3%를 차지하며, 우리 사회가 급속하게 다문화 사회로 진입하고 있음을 보여준다. 2006년 4월 이후 중앙 정부는 '결혼이민자가족의 지원대책'과 '외국인 정책 기본방향 및 추진체계'를 발표하였고, 그 비전으로 외국인과 더불어 사는 열린사회 구현, 즉 '다문화 사회 지향'을 제시하였다. 이는 한국 사회가 더 이상 단일 민족 국가가 아닌 다민족 국가인 다문화 사회로 진입하였음을 나타내는 정책이라 할 수 있다.

1980년대 후반부터 타 국가 출신 이주민들의 국내 이주가 본격화된 이후, 그들의 2세에 해당하는 수많은 다문화인[8]들은 한국인이면서도 한국인으로 정당하게 대접받지 못하고 있다. 그들

---

8   다문화인들은 통상 혼혈인, 코시안, 이중 문화 자녀, 다문화 가정 자녀, 온누리인, 다문화인 등으로 불리고 있다. 가장 일반적으로 사용되는 용어는 혼혈인인데, 이 용어는 순수한 피와 불순한 피를 전제한 개념이다. 그러나 이 용어는 순혈주의를 전제한 것이기에 현 사회의 상황을 온당하게 반영한 용어라고 보기 어렵다. 최근 들어서는 한국인을 뜻하는 Korean과 아시아인을 뜻하는 Asian의 합성어인 코시안(Kosian)이라는 용어를 많이 사용하고 있는데, 이 용어는 유럽이나 아프리카, 남미 등에서 온 다문화인들을 포괄하기에는 범주가 좁은 용어이다. 한편 국제결혼 가정이 이중 문화 배경을 갖는다는 측면에서 이중 문화 자녀 혹은 다문화 가정 자녀라는 용어를 사용하는데, 이 용어들은 혼혈인의 문제를 아동의 문제로 국한한다는 문제점을 갖는다. 온 세상을 뜻하는 '온누리'와 사람들을 뜻하는 영어의 어미(-ian)가 합성된 '온누리안'은 '피의 섞임'을 의미하는 혼혈인이라는 의미가 약하다. 그러기에 타 국가 출신 이주민들과 그 자녀들을 포괄하는 용어로는 다중 정체성과 혼혈인의 의미를 함의하는 다문화인이라는 용어가 적절하다고 할 수 있다.(박경태, 2008:199-205 참조: 허정, 2012:98-99 참조)

은 어려운 가정환경, 학교생활 적응의 어려움, 정체성의 혼란, 한국사회의 냉대적인 인종주의와 순혈주의 등으로 인해 많은 고통을 겪고 있다[9]. 다문화인들은 그들에게 호의적이지 않은 한국 사회에 적응하기 어려울 뿐만 아니라 사회적 절망감을 안은 채 한국사회에 잠재적인 문제 상황을 제기할 수 있는 존재들로 부상하고 있다.

슬라보예 지젝 지적에 따르면, 이데올로기는 우리 현실 자체의 토대로 기능하는 환상-구성물이며, 우리는 오늘날 어떻게 이데올로기가 구성되는지는 모르지만 어떤 것이 이데올로기인지는 잘 알면서도 그것을 받아들인다. 따라서 지젝이 말하는 이데올로기는 우리가 현실을, 실제적인 현실 관계를 구성하는 환영을 간과하게 만드는 데, 이것이 이데올로기적 판타지이다. 이데올로기적 판타지는 현실 자체를 구조화하는데, 다문화주의도 자유주의적 판타지가 작동하는 하나의 이데올로기이다.(정선주, 2014:656) 다문화주의라는 합리적인 인종주의적 척도를 통해 서구 사회는 백인 우월주의를 지속적으로 조장한다는 것이다.

지젝에 따르면, 다문화주의라는 인종주의적 이데올로기 판타지는 타자의 욕망을 욕망하게 만들며, 우리가 현실을 바라보는 프레임을 제공한다. 단일 민족이라는 우월감 속에 동남아에서 이주해 온 타자들이 우리의 욕망을 욕망하게 만들면서, 그들이 우리가 현실을 바라보는 프레임을 따르게 한다. 그 결과 우리 속에 있는 인종주의적 차별과 편견을 조장한다. 인종 차별이란 집단의 신체적 특성이 보다 우세하거나 열등한 인종인가에 따라 심리적 특성도 그와 같은 것으로 연결해서 생각하는 신념으로서, 한국 사회에서는 다른 인종 전체에 대한 차별이 아닌 특정 피부 색깔에 대한 차별로 이어지고 있다. 동남아에서 온 사람들이나 아프리카에서 온 사람들에 대해서는 냉대와 차별의 시선을 보내지만, 서구나 유럽에서 온 금발의 백인들에게는 동경의 시선을 보낸다. 이러한 차별의 시선에 의해 한국 사회에서는 수많은 문제들이 생겨나고 있으며, 다문화 정책에 대한 많은 논란들이 있어 왔다.

신자본주의 시대에 많은 사람들은 탈국경을 통해 신유목민처럼 자본을 쫓아 세계 각지로 흩어져 살아가고 있다. 이러한 시대에 우리나라도 더 이상 단일 민족 신화를 유지할 수 없는 가운데, 본격적으로 다문화 사회를 맞이하고 있다. 다문화 사회의 도래와 함께 우리 사회에는 다문화 의식과 윤리 의식, 이주자의 동화와 배제, 새로운 국민과 가족의 탄생 등과 같은 문제들이

---

9 다문화인의 부모 이혼 건수는 한국 전체 이혼의 12.3%를 차지하는데, 이는 이혼 8쌍 중 1쌍이 다문화가정이라는 의미이다.(김경욱, 2011) 그리고 2010년 행정안전부의 자료에 따르면, 다문화인의 재학률은 83.3%로 한국 학생들의 재학률 95%와 상당한 차이를 보인다. 더구나, 초등·중학교에 재학하는 다문화인의 재학률은 80%대이지만, 고등학생의 경우 60.9%로 현저하게 감소하였다.(민병기, 2011)

생겨나고 있다. 그러면서 이주자들에 대한 동화와 배제와 관련된 다양한 논의들이 나타나고 있는데, 그것들은 이주자들의 다양성에 대한 인정, 타자로서 그들을 포용하는 것, 문화의 혼효 등에 대한 것들이다.

한민족 공동체, 단일 민족으로서의 순혈주의, 가부장적 사고 등을 갖고 있는 우리에게 다문화 사회의 도래와 다문화인들의 양산은 자칫 잘못하면 제노포비아를 불러올 수 있다. 이주노동자나 결혼 이민자 등에 대한 국가 주도의 사회통합 정책이나 이민 정책 등이 시행되고 있지만, 여전히 주류 한국인들은 이주 노동자나 결혼 이민자 등에 대한 제노포비아(xenophobia)[10] 혹은 앵똘레랑스의 태도를 보이고 있다. 노동력과 출산 문제를 해결하려는 한국 사회의 소망과 좀 더 나은 삶을 위해 한국으로 이주한 가난한 나라 출신 이주자들의 소망이 일치할 수는 없기 때문이다. 그러기에 이주자들에 대한 배척과 소외 현상이 심각하게 대두되고 있으며, 이를 해소하기 위해서는 국가 위주의 정책뿐만 아니라 민간 차원에서 자국민의 다문화교육이 필요하다.

많은 다문화 가정들은 이질적인 피부색과 얼굴, 그들에 대한 냉대적인 시선 때문에 고통을 받고 있다. 그러기에 그들은 한국 사회에서 많은 슬픔과 고통을 안고 살아가고 있으며, 그러한 슬픔과 고통을 해소하기 위한 방법을 필요로 한다. 다행히 2000년대 이후 결혼 이민자나 이주 노동자들의 급증을 반영하여 다문화 가정의 자녀들을 작품의 주인공으로 내세우는 문학작품들이 등장하고 있다. 이러한 문학작품들은 대부분 주인공을 다문화 청소년으로 상정하면서, 다문화 청소년들이 한국에서 어떻게 적응해가고 있는지, 그리고 어떻게 살아가야 하는지에 대한 진지한 성찰을 보여주고 있다.

다문화 사회 현실을 형상화한 문학을 다문화 문학이라 할 수 있는데, 다문화 문학은 넓은 의미에서는 전 세계의 개인이나 집단의 경험을 담은 모든 것으로부터 시작하여 좁은 의미로는 지배 집단에 의해 가려지고 경시된 집단에 의해 혹은 그 집단에 대해 쓰인 문학이다.(Lynch-Brown & Tomlinson, 2008;김혜영, 2011:127에서 재인용) 좁은 의미에서 볼 때, 다문화 문학 가운데 다문화 소설은 다문화 배경을 지닌 작중인물이 등장한다. 또한 다른 문화권으로부터 온 작중인물들의 상호작용이 갈등을 낳거나 혹은 갈등을 통해 서로 이해하는 내용을 담고 있다.(김혜영, 2011:128)

다문화 소설은 다문화적 배경을 지닌 작중인물들의 길항과 상호작용을 통해 그 사회의 구성원들이 어떤 관계에 놓여 있는가를 보여준다. 특히 다문화적 배경을 지닌 청소년 인물을 통해

---

10 이방인이나 와국인에 대한 혐오를 뜻하며, 인종주의보다 포괄적인 개념이다.(김세균 외, 2006:17)

그들이 한국 사회에서 어떤 편견 속에 놓여 있는지, 그들에 대한 주류 한국인들의 시선은 어떠한지를 보여준다. 이를 통해 많은 다문화 청소년소설들은 다문화인들과 주류 한국인들이 어떤 관계를 형성해야 하는지에 대한 성찰을 이야기하고 있다.

2) 다문화 사회를 반영한 청소년소설 읽기

가) 어머니 받아들이기와 정체성 형성: 김려령의 《완득이》 읽기

김려령의 《완득이》는 난쟁이 아버지(도정복)와 베트남 어머니 사이에서 태어난 열일곱 살 완득이가 춤꾼 아버지를 받아들이고, 젖먹이였던 자신을 두고 떠나버린 어머니를 받아들이는 과정을 보여주고 있다. 또한 베트남인 완득이의 어머니를 통해 결혼 이주자들의 다문화적 정체성과 소수자들의 척박한 삶을 고발하고 있다. 그리고 완득이가 아버지와 어머니를 인정하면서 숨어 살던 삶의 방식에서 벗어나 떳떳하게 세상과 맞서는 삶의 양상을 보여주고 있다. 이러한 것을 통해 이 소설은 다문화인을 비롯한 소수자들의 척박한 삶과 그들에게 주어지는 차가운 시선, 사회적 편견을 문제 삼고 있다. 그러나 이 소설은 한국인과 결혼 이주자들의 정체성 연결을 충실하게 재현하지 못하고 있다. 현실을 지나치게 낭만적으로 형상화함으로써 한국사회에 팽배해 있는 앵똘레랑스의 문제를 상당 부분 간과하고 있다는 문제점을 지니고 있다.

(1) 소수자, 결혼이주자에 대한 앵똘레랑스

김려령의 《완득이》(2008, 창비)에는 한국 사회에서 살아가는 소수자, 결혼 이주자 등에 대한 한국인의 차가운 시선과 앵똘레랑스적 태도, 차별 등이 잘 나타나 있다. 완득이의 아버지는 난쟁이인데, 난쟁이에 대한 한국 사회의 차별은 유별나다. 다음의 예문을 살펴보자.

> 내가 초등학교 4학년 때 아버지 키를 넘어섰다. 아버지는 그렇게 키 작은 어른이었다. 절대로 어린애가 아니었다. 그런데 사람들은 그걸 인정하지 않았다. 야, 너, 이봐, 식으로 애 부르듯 불렀다. 아버지가 어깨만 흔들어도 웃어대더니 이제는 싫은 모양이다. 나는 사람들의 웃음소리가 정말 싫었다.(17)

위의 예문에는 키 작은 어른을 어린애로 취급하는 사회적 편견과 조롱이 나타나 있다. 키 작은 어른인 난쟁이를 애 부르듯 부르면서 조롱하는 현실을 난쟁이의 아들은 견딜 수가 없다. 그러기에 그 아들은 자신의 아버지를 난쟁이라고 놀리는 사람들과 싸움질을 하게 되었다.

나를 아는 몇몇 사람들은 나를 싸움꾼이라고 한다. 분명히 말하지만 나는 싸움꾼이 아니다. 누가 나를 아는 게 싫어서 눈에 팍 띄는 싸움질은 되도록 피했다. 단지 아버지를 난쟁이라고 놀린 놈들만 두들겨 팼다. 아버지를 사랑한다는 낯간지러운 이유로 팬 건 아니다. 쪽팔리고 열받아서 팼다. 진짜 난쟁이인 아버지를 놀렸든 그 핑계로 나를 놀렸든.(11)

위의 예문에서 알 수 있듯이, 완득이는 자신의 아버지를 난쟁이라고 놀렸던 사람들에게 열받아서 그들과 싸움질을 했다. 그 싸움은 아버지를 사랑해서가 아니라, 자신의 존재성을 조롱하는 자들과의 싸움이었다. 그러기에 그 싸움은 그가 살아있는 한 계속될 성질의 것이다. 사람들은 난쟁이와 같은 사회적 소수자를 정당히 놀리면서 자신들의 약점을 감추려 하기 때문이다. 사람들의 이런 태도는 사회적 소수자에 대한 편견과 폭력적인 모습을 보여준다.

"아니, 웬 병신들이 떼거지로 나왔어?"
또 그랬다. 내 몸이 머리보다 빨리 움직였다. 세 사람이 뜯어말리지 않았으면 앞집 아저씨, 오늘 나한테 죽을 뻔했다.
"제 아비한테 병신이라고 욕하는데, 가만히 있으면 그게 더 이상한 아들 아닙니까. 선처해주십시오."
나와 아버지, 삼촌은 아무 말도 못했다. 삼촌은 원래 경찰만 보면 무조건 도망치거나 어는 사람이니까 그렇다 친다. 아버지는 왜 가만히 있는지 모르겠다.(52-53)

위의 예문에서 완득이는 자신의 아버지를 비롯한 소수자들을 싸잡아 병신 취급하는 앞집 아저씨의 말에 격분해서 폭력을 행사한다. 그의 폭력 행사는 공격적인 것이 아니라 방어적인 것으로서, 소수자들이 그들에 대한 편견을 견디면서 살아가는 것이 얼마나 힘들고 처절한 것인지를 여실하게 보여준다.

그래, 나는 한 번도 내 입으로 아버지에 대해 말한 적이 없다. 내가 커밍아웃을 하면 그 놀림이 내가 아니라 아버지를 향하게 되리라는 걸 너무 잘 아니까. 이 세상이 나만 당당하면 돼, 해서 정말 당당해지는 세상인가? 남이 무슨 상관이냐고? 남이 바글바글한 세상이니까! 호킹 박사처럼 세상에 몇 안 되는 모델을 두고 그런 사람도 있다고 한다면, 나는 그저 웃을 수밖에 없다. 1등만이 특별한, 나머지는 1등의 언저리로 밀려나 있어야 하는…… 내 아버지는 호킹 박사 같은 1등 대접을 원하는 게 아니라, 높기만 한 지하철 손잡이를 마음 편하게 잡고 싶을 뿐이다. 떳떳한 요구조차 떳떳하지 못하게 요구해야 하는 사람이 내 아버지다. 내 입으로 말하라고? 아버지는 이미 몸으로 말하고 있다. 그걸 굳이 아들인 내가 확인사살 해줘야 하나? 자기들은, 내 아버지는 비장애인입니다, 하고 다니나?(137-138)

위의 예문에서는 1등만이 인정받고, 그 나머지는 1등의 들러리가 되는 세상의 폭력성을 보여주고 있다. 또한 난쟁이와 같은 장애인들이 수없이 많은 상황에서 차별받고 고통받는 상황을 보여주고 있다. 이를 통해 사회적 소수자의 아들까지도 차별받는 세상의 척박함을 고발하면서, 우리 사회가 갖는 앵똘레랑스적 편견 속에 '벌거벗은 존재'가 되어 타자에게 철저하게 보여지는 삶의 신산함을 말하고 있다. 아울러 타자를 인정하거나 배려하지 않는 사회적 잔인함 속에서 장애인으로 살아간다는 것의 고통스러움을 말하고 있다.

한국 사회에서 사회적 소수자로 살아가는 고통은 한국인에게만 해당되는 것은 아니다. 그것은 결혼이나 취업 등의 이유로 신유목민처럼 떠돌다 한국에서 살게 된 이주자들, 즉 다문화인들에게도 해당된다. 특히 가난한 동남아시아 국가에서 결혼이나 취업 때문에 한국에 온 사람들에게 퍼붓는 한국인들의 차별과 냉대가 주는 고통은 더욱 아프다.

이 소설에서 완득이는 다문화 가정의 자녀이다. 그는 난쟁이인 아버지, 정신능력발달이 지체되었고 말을 심하게 더듬는 민구 삼촌, 베트남 출신 결혼이주여성인 어머니를 가족 구성원으로 하고 있다. 그러기에 완득이네 가족들은 정상적인 한국인들에게 철저하게 보여지는 자로서, 벌거벗은 존재로 차별과 냉대를 받을 수밖에 없다.

완득이의 어머니는 브로커에 속아 장애인인 완득이의 아버지와 결혼하였기에, 그들의 결혼은 사랑을 전제로 한 것이 아니다. 그러기에 그 가정은 오래 지속될 수 없었고, 완득이의 어머니는 "가난한 나라 사람이, 잘사는 나라의 가난한 사람과 결혼해 여전히 가난하게 살"(130쪽) 뿐이다. 가난한 나라에서 온 사람이기에 완득이의 엄마는 주류 한국인들이 만들어 놓은 이데올로기적 프레임에 의해 '저쪽 사람'이라는 차별을 당한다.

"그 사람, 나라가 가난해서 그렇지, 거기서는 배울 만큼 배운 사람이다."

"가, 가, 각설이들도, 춤 배웠구나."

삼촌이 진지하게 고개를 끄덕였다.

"이혼도 아니던데요."

"보내줬지."

"왜요?"

"카바레에서 춤추는 걸 이해 못 했어."

"그게 다예요? 그랬다고 보내줘요."

"숙소 사람들이 그 사람을 팔려 온 하녀 취급하는 게 싫었다. 내 부인이 아니라, 자기들 뒷일이나 해주는 사람으로 알더라. 가는 모습 봤는데, 못 잡았다."(81-82)

위의 예문에서 알 수 있듯이, 완득이의 어머니는 결혼과 동시에 한국 국적을 취득하고 한국인으로 귀화했음에도 불구하고, 카바레의 숙소 사람들조차 그녀를 팔려 온 하녀 취급하는 상황에 있었다. 그저 자기들 뒷일이나 해주는 사람으로 인식되었다. 완득이의 어머니는 자신의 나라에서 배울 만큼 배운 사람임에도 불구하고, 결혼 이주를 하자마자 한국에서 철저하게 차별받는 소수자가 되었다. 그러기에 완득이의 어머니는 동남아에서 온 결혼 이주자들에 대한 한국사회의 차별과 냉대, 앵똘레랑스가 나타나는 전형이라 할 수 있다.

결혼 이주 여성들은 한국사회의 저출산, 고령화에 대한 하나의 해법으로서 한국에 왔지만, 한국에서의 삶은 남성 위주의 가부장적인 질서에 종속당하고 착한 며느리이자 어머니 되기를 강요당했다. 완득이의 어머니도 실제 이름이 소설에서 한 번도 언급되지 않은 채, 가난한 베트남에서 좀 더 부자 나라로 시집와서 편하게 살고자 했던 착한 여성으로 묘사되고 있다.

그분이 돌아봤다.

"다음에는, 존댓말을 쓰지 마세요."

"네."

얼마나 교양 있는 사람이 되고 싶어서 자식한테 꼬박꼬박 존댓말을 쓰는지 모르겠다. 가난한 나라 사람이, 잘사는 나라의 가난한 사람과 결혼해 여전히 가난하게 살고 있다. 똑같이 가난한 사람이면서 아버지 나라가 그분 나라보다 조금 더 잘산다는 이유로 큰 소리조차 내지 못한다. 한국인으로 귀화했는데도 다른 한국인에게는 여전히 외국인 노동자 취급을 받는 그분이, 내가 버렸는지 먹었는지 모를 음식만 해놓고 가는 그분이, 개천 길을 내려간다.(148-149)

위의 예문은 "똑같이 가난한 사람이면서 아버지 나라가 그분 나라보다 조금 더 잘산다는 이유로 큰 소리조차 내지 못"하는 존재인 완득이의 어머니가, 가난한 나라 출신 다문화인이라는 이유로 한국 사회에서 얼마나 뿌리깊은 편견에 시달리고 있는지를 보여준다. 완득이의 어머니에게 가해지는 차별은, 소수자들에 대한 차별도 한국인이냐 아니냐로 또 달라지는 한국 사회의 뿌리 깊은 앵똘레랑스를 보여준다. 인종과 민족으로 차별의식을 행사하는 한국인들의 사유방식은 한국 사회에서 살아가는 수많은 다문화인들의 정체성을 심각하게 훼손하면서, 한국 사회가 나아가야 할 방향에 대한 깊은 성찰을 야기한다.

한국 사회에는 인종이나 민족적 차이를 차별의 근거로 삼는 풍토가 있다. 백인을 정점으로 하여 인간 사이에 서열을 매기는 인종주의적 편견(박경태, 2008:43), 서구가 아닌 지역을 타자화시키고 그들과의 분리를 통해 자신의 동일성을 구성하고자 하는 식민주의적 욕망(정정훈, 2011:42-43), 한국 사회에 내재해 있던 완고한 순혈주의적 사유방식 등이 존재한다. 이러한 편견이나 욕망, 사유방식 등을 통해 한국인들은 한국 사회에서 살아가는 수많은 다문화인들이나 소수자들에 대한 앵똘레랑스를 실현한다. 그러나 상당수의 한국인들은 소수자들이나 다문화인들에 대한 앵똘레랑스적 태도의 개선과 풍토 일소를 위해 노력하고 있다. 이 소설에서 그런 역할을 하는 인물은 동주 선생이다.

"하나밖에 없는 아들이라는 게……."
"하나밖에 없는 아들이니까 그러는 거예요."
"그래서 제 아비 공장을 신고했냐?"
"힘든 사람들을 험하게 대하셨잖아요."
"나는 그 사람들, 합법적으로 대했다."
"합법적으로 법을 피해서 대했겠죠."
"……."
"곰팡이 잔뜩 핀 숙소, 매번 퉁퉁 분 라면, 허술한 안전장치……."
"그것마저 제공하지 않는 곳도 많다."(중략)
"자원봉사도 아니고, 노동이 안 되는 사람을 계속 데리고 있을 순 없었다."
"하하하, 치료는 하고 보내셨어야죠. 안 그래요? 잘린 손가락 세 개가 손등까지 썩을 때까지 부려먹다 보냈잖아요! 제가 모를 줄 아세요? 저 고등학교 때 일이에요. 근데 월급은 왜 안 줘서 보낸 거예요? 알아보니까 아버지는 아직도 그러던데, 도대체 왜 외국인 노동자한테만 그러세요? 아! 맞다. 아버지는 원래 약자한테만 무지 강한 분이셨죠. 그걸 자꾸 잊네, 내가."(132-133)

위의 예문에서 알 수 있듯이, 동주 선생은 한국에서 차별받는 외국인 노동자들을 대변하는 역할을 하고 있다. 그러기에 그는 외국인 노동자들을 착취하고 냉대하는 아버지의 공장을 고발한다. 이를 통해 그는 이주노동자들도 한국인들과 똑같은 존재로서 존엄성을 가지고 있음을 말하고자 한다. 그러나 그의 노력들은 많은 한국인들의 입장에서 볼 때, 이질적이고 돌출적인 것이다. 많은 한국인들은 이주노동자들의 노동력을 최대한 착취하는 것이 자신들의 이득을 위해 바람직한 것이라고 생각하기 때문이다. 그러나 이러한 생각은 인간에 대한 예의, 즉 임마누엘 레비나스가 말한 타자에 대한 배려가 전혀 없는 것이다. 임마누엘 레비나스에 따르면, 타자는 또 다른 '나'이다. 그러기에 타자는 우리 안으로 흡수하거나 배타적으로 대할 존재가 아니라, 우리와 똑같은 인격과 주체성을 지닌 존재로서 우리의 주체성 형성에 절대적으로 필요한 존재이다. 그러한 타자에 대한 배려는 인간 존재가 본질적으로 지녀야 할 태도라는 것이 레비나스의 생각이다. 그러기에 동주 선생의 행동들은 레비나스가 말한 타자에 대한 배려를 통한 타자성의 실천이라 할 수 있다.

(2) 소수자, 다문화인의 주체성과 낭만적 사회

김려령의 《완득이》에는 소수자나 다문화인들이 차별과 냉대 속에 살아가는 척박한 삶의 환경을 보여주고 있다. 그러나 그러한 소수자나 다문화들이 서로를 인정하면서 주체성을 점차 회복하는 낭만적 서사를 보여주고 있기도 하다.

> 그렇게 어느 날 갑자기 나타나 아버지에게 춤을 배운 삼촌. 다른 건 다 느리고 몰랐는데 춤은 빠르고 잘 알았다. 몸도 좋았고 인물도 좋았다. 단지 정신 능력 발달이 늦어진 채 어른이 된 사람이었다. 더듬이와 땅꼬마. 아버지와 삼촌은 저 타이틀을 가지고 붙어 다녔다. 삼촌에게 아버지는 유일하게 무섭지 않은 어른이었다. 그리고 삼촌은 아버지를 정말 어른으로 보는 유일한 어른이었다. 가끔 저 미련한 사람 때문에 가슴이 뜨겁다. 자기 자리가 아버지 옆인 줄 아는 그런 사람이다.(143)

위의 예문에서는 춤을 잘 추지만 말을 더듬는 민구 삼촌과 난쟁이인 아버지의 관계를 보여주고 있다. 아버지는 삼촌에게 유일하게 무섭지 않은 어른이었고, 삼촌은 아버지를 정말 어른으로 여기는 유일한 어른이다. 그러기에 그들의 관계는 상호 배제나 포섭의 관계가 아닌 상호

존중과 배려 속에 있다. 그러기에 그들은 소수자끼리의 타자성을 실천하면서, 인간 삶의 본질
적인 지향점을 보여준다. 아울러 타자성의 실천을 통한 주체성의 회복과 인간다운 삶의 원천을
표상한다.

> "나는 내 몸이 싫었다. 이게 나한테 끝나는 게 아니라 멀쩡한 너한테까지 꼬리표를 달아주
> 더라. 부모가 도움은 못 돼도 피해는 주지 말아야 하는데, 내 아들이라고 하면 좋지 않은 말을
> 한마디씩 해. 그래서 되도록 너하고 떨어져 있으려고 했다."
> "혼자 있었어도 불편하지 않았어요."
> "내가, 네 아버지라는 걸 다른 사람들은 모르길 바랐다. 그래서 너한테서 자꾸 숨었지. 그렇
> 게 나를 숨겼던 게 오히려 너까지 숨어 살게 만든 것 같다."(197-198)

　위의 예문에는 소수자로 온갖 냉대를 받으며 살아왔던 완득이 아버지의 회한이 잘 드러나 있
다. 난쟁이로 태어난 자신의 몸을 싫어할 수밖에 없게 하는 사회에서 완득이의 아버지는 부모
가 자식에게 피해를 주지 않아야 한다는 생각 속에 자신의 아들과 되도록 떨어져 살려고 해왔
다. 완득이가 자신의 아들이라고 하면 좋지 않은 말을 하는 세상 사람들의 조롱 속에서 아들을
지키기 위해 자꾸 아들로부터 숨어 살아왔지만, 그 결과 아들까지도 숨어살게 만든 것에 대한
회한을 하고 있다. 완득이 아버지의 이러한 회한은 자기 내부에서 비롯된 것이 아니라 한국 사
회에 뿌리 깊게 자리 잡은 소수자들에게 차별과 냉대를 행하는 타자들에 의해 유발된 것이다.
그러나 완득이의 아버지는 아들 뒤에 숨어서 아들과 떨어져 지내려는 자신의 삶의 방식을 성찰
하면서 아들의 삶과 주체성을 점차 인정한다. 그 계기는 완득이 어머니의 등장과 아들의 성장
때문이다.

> "완득아."
> "네."
> "우리 서로 인정하고 살자."
> "뭘 인정해요?"
> "너는 내 춤을 인정해주고, 나는 네 운동을 인정해주고. 우리 몸이 그것밖에는 못하는 모양
> 이다."
> 아버지는 더 이상 킥복싱을 반대하지 않겠다는 말을 이렇게 했다.(중략)
> "녀석…… 다리 긴 것 좀 봐. 근사하게 컸네……."

아버지가 내 허벅지를 툭툭 쳤다. 근사하게 컸다는데 왜 가슴이 울렁거리는 거야. 아버지 눈이 갑자기 빨갛게 되는 바람에 괜히 나까지 눈이 아팠다.(201-203)

위의 예문에서 완득이는 어른보다도 넓은 포용력으로 아버지를 인정하고 수용한다. 완득이의 아버지는 "고작 싸움이나 하라고 서울로 온 줄 아냐?"(79쪽)라며, 자신처럼 세상 뒤에 숨어 살게 해서는 안 된다는 이유로 완득이가 킥복싱 하는 것을 반대해 왔다. 그러다가 완득이 어머니의 설득과 킥복싱에 대한 완득이의 열정에 자신의 태도를 바꾸겠다고 말한다. 그러면서 그는 난쟁이인 자신과는 달리 키가 훌쩍 큰 아들을 대견스럽게 생각한다. 이러한 완득이 아버지의 태도는 장애인인 자신과는 달리 키가 훌쩍 커서 정상인이 된 아들을 대견스럽게 생각하면서 완득이의 삶을 인정하는 것을 보여준다. 물론 거기에는 돈벌이를 위해 춤을 추는 자신의 삶을 인정해 달라는 부탁이 곁들여 있었다. 부자간의 이런 화해와 인정의 모습은 타자의 삶을 존중하고 배려하는 타자성의 실천에 따른 것이다.

"완득이한테는 미안했지만, 당신한텐 미안하지 않았어요."
"나도 그래."(중략)
"그래서 핏덩이 같은 아들을 두고 떠났나?"
"말도 안 통하는 이방인 엄마보다 한국인 아빠가 나을 거라고 생각했어요."
"그런데 지금은 왜 자꾸 나타나는 거야?"
"아들 있는 곳을 알았으니까요."
"낳아놓기만 하면 다 엄만가?"
"당신도 제대로 키운 거 같지 않은데요."(중략)
"완득이 운동하게 놔두세요."
"완득이마저 세상 뒤에 숨어 살게 할 생각 없어."
"여태 세상 뒤에 숨어 있던 완득이가, 운동하면서 밖으로 나오고 있잖아요. 자기가 하고 싶은 거, 제일 잘할 수 있는 거, 하게 놔두세요."(169-171)

위의 예문에서 알 수 있듯이 완득이 어머니는 완득이가 핏덩이일 때 가정을 떠난 인물이다. 그녀가 가정을 떠난 것은 이방인으로서의 차별과 냉대, 그리고 아무 여자하고 손을 잡고 춤을 추는 남편을 이해할 수 없어서였다. 그랬던 그녀가 다시 돌아온 것은 아들이 있는 곳을 알았고, 지금까지 세상 뒤에 숨어 있던 완득이가 운동하면서 밖으로 나오고 있는 것을 응원하기 위해

서이다. 완득이의 어머니는 완득이가 스스로 하고 싶은 것을 할 수 있도록 하게 하는 것이 완득이의 존재성을 그 자체로 인정하는 것이라고 생각하고 있다.

한국 사회는 인종이나 민족, 특히 피부색에 따른 사회적 편견이 강하다. 그것은 오랫동안 단일 민족으로서의 정체성을 형성해 왔기 때문이다. 그러기에 동남아에서 이주해 온 결혼이주자 노동자들에 대한 차별과 편견이 심하다. 그렇지만 이 작품에서 다문화인 완득이는 그로 인한 차별을 거의 당하지 않은 채, 자신이 다문화인이라는 사실조차 모르고 있었다. 그러다가 어느 날 담임인 동주 선생으로부터 그 사실을 통보받는데, 이는 다문화인의 실제적인 삶에서 극히 이례적인 것이라 할 수 있다. 통상적으로 다문화인은 외모로 인해 학교에서 차별과 편견을 당하는데, 완득이는 반 친구들이나 여자 친구인 정윤하로부터 외모에 대한 지적을 거의 당하지 않기 때문이다. 완득이는 자신의 외모에 의한 차별보다는 난쟁이의 아들이라는 점 때문에 차별을 당해 왔다.

"니 어머님, 베트남 분이더라?"

"네?"

"아버님이 말 안 해?"

어머니라……. 아버지는 어머니에 대해 한 번도 말한 적 없고, 나도 물은 적 없다. 그런데 똥주가 어머니를 이야기를 한다. 그것도 베트남 사람이란다. "네가 아버지 안 닮았다고 했더니 좋아하시더라. 많이 걱정했나 봐."

"저 어머니 없는데요."(중략)

"여어, 이 새끼 제법 묵직한 돌대가릴세. 십오 년 전에 등본에서만 빠졌어, 새끼야. 호적등본에는 그대로 잇고. 너 호적등본 모르냐? 네 부모님 이혼한 것도 아니야. 그냥 십오년 동안 따로 산 것뿐이야. 니 어머님, 그 옛날에 뗀 호적등본을 아직까지 가지고 계시더라."

"호, 호적등본이요?"

"그래, 새끼야. 그때는 한국 남자하고 결혼만 하면 자동으로 국적이 취득됐거든. 니 어머님, 호적등본에 니 어머니라고 한국 이름으로 떡 등재돼 있어, 새끼야."(41-42)

위의 예문은 완득이가 자신이 다문화인임을 동주 선생을 통해 알게 됨을 보여준다. 완득이는 막연히 자신이 아주 어렸을 때 어머니가 집을 나간 이후 연락을 알 수 없는 것으로 알아왔다. 그런데 동주 선생을 통해 자신의 어머니가 베트남 사람이고, 부모님이 이혼한 것도 아니라는 것을 알게 된다. 또한 어머니가 호적등본에 등재되어 있음을 알게 된다. 그 이전까지 독자는 완득이의 학교생활을 통해 완득이가 다문화인임을 전혀 알 수 없었다. 완득이는 외모 때문에 학교에서 차별을 받지 않았기 때문이다.

> 장애인에 대한 편견이 넉넉한 나라에서, 꼴 같지 않게 제3세계니 뭐니 해가며 가난한 나라 사람들을 아낌없이 무시해주는 나라에서, 어머니가 무척 힘들었을 거라고. 그럼 그 조건에 +1 해서, 어머니 없이 사는 나는 뭔가. 똥주가 위로랍시고 하는 말이, 아버지는 장애를 숨기지 않고 서류에 썼는데, 가운데에서 브로커가 그 부분을 싹 지우고 결혼을 진행시켰단다. 그러니까 아버지는 어머니를 신부로 맞기 위해 사기를 친 나쁜 사람은 아니라는 것이다.
> "널 보고 싶어 한다."
> "아버지한테 물어보세요."
> "널 보고 싶어 한다니까."(46-47)

위의 예문에서는 완득이가 베트남 출신인 어머니가 가난한 나라 사람들을 무시하는 한국에서 무척 힘들었을 것이라고 생각하는 것과 그런 어머니 없이 살아왔던 자신의 힘들었음을 성찰하고 있는 것을 보여준다. 또한 완득이의 아버지가 장애를 숨기지 않고 결혼 서류에 썼지만, 브로커 때문에 결과적으로 어머니가 사기결혼을 당한 상황도 보여준다. 아울러 완득이가 핏덩이였을 때 떠난 어머니가 완득이를 보고 싶어하는 상황도 보여준다.

> 집 앞에 누군가 서 있었다. 내 어머니라는 그분이다. 확실하다. 한 번도 본 적 없지만 내 가슴이 그렇게 말했다. 가슴이 또다시 쿵쾅거린다. 똥주 이 인간.
> "잘 지냈어요."(중략)
> "잘 커줘서 고마워요."
> 그분이 문 앞에 서서 말했다.
> "라면 드실래요?"
> "……."
> 나는 컵에 물을 받아 냄비에 더 넣었다. 그분을 똑바로 볼 수가 없다.(77)

어머니가 베트남인이라는 출생의 비밀을 알게 된 상처 때문에 가출을 결심하기도 했지만, 위의 예문에서처럼 완득이는 어머니와의 첫 만남을 별다른 거부감 없이 받아들인다. 물론 어머니라는 말을 하지 못한 채 '그분'이라는 표현을 하지만. 한편 완득이의 어머니는 아들이 잘 커준 것에 대한 고마움 때문에 아들 앞에서 한없이 작아지는 모습을 보이고 있다. 이런 어머니의 모습은 잘 커 준 것에 대한 미안함을 표시하는 정(情) 많은 엄마, 본인은 낡은 단화차림으로 다닐지라도 남편과 완득이를 위해 주기적으로 반찬을 담아 가져다주는 지극한 모성애를 지닌 엄마를 대변한다.

> 방에서 이상한 냄새가 나는 것 같다. 무슨 냄새인지는 모르겠다. 어쨌든 나 혼자 있을 때와는 다른 냄새다. 화장도 안 했던데 무슨 냄새일까. 이런 게 어머니 냄새라는 걸까.(중략)
> 그 흔한 아들이니 엄마니 하는 말은 없었다. 옆에 있어본 적이 없어서, 어머니라고 불러본 적이 없어서, 내가 어머니라는 말 대신 그분이라고 하는 것과 같은 걸지도 모른다. 다른 건 있다. 그분은 나를 보고 싶어 했다는 것이다. 하긴, 그분은 내 존재를 알고 있었으니까. 나는 편지를 봉투에 도로 넣고 방바닥에 휙 던졌다. 무슨 모자 상봉이 이렇게 허무한지. 그분이든 나든 눈물 한 방울을 흘려줘야 하는 거 아닌가?(79-80)

위의 예문에서는 모자 상봉이 눈물 흘리지 않은 가운데 이루어졌고, 그것에 대해 완득이가 허무하게 생각하고 있음이 나타나 있다. 또한 모자 상봉이 아직은 서먹한 상태에 있기 때문에 서로 간에 아들이니 엄마니 하는 호칭을 사용하지 못하고 있음도 보여준다. 이는 완득이가 자신이 다문화인임을 아직 받아들이지 못한 채 어정쩡한 태도를 드러내고 있음을 나타낸다.

> "신어보세요."
> 그분은 머뭇거렸다.
> "사준다고 할 때 신어. 좋은 걸로 골랐네. 근데 둘이 무슨 사이야?"
> 주인아주머니가 묻자 그분이 당황한 얼굴로 얼른 구두를 신었다.
> "꼭 맞네."
> 주인아주머니가 말했다. 그분이 신발을 벗었다.
> "그냥 신고 가세요."(중략)
> "가지고 가."
> 그분이 내 손에 이천 원을 쥐여주었다. 나는 그분 손에 반찬통을 쥐여주었다.
> "고마워……."
> 그분 턱이 파르르 떨렸다. 턱까지 흘러내린 눈물이 덜렁거렸다.(150-151)

위의 예문은 완득이가 베트남 출신인 어머니와 심정적으로 소통하고 화해하는 모습을 보여주고 있다. 완득이는 어머니에게 신발을 사주고, 어머니는 완득이에게 반찬을 해다 주면서 모자 간에 쌓였던 세월의 더께를 걷어낸다. 이를 통해 모자는 혈연의 정을 나눈다. 그러기에 완득이의 어머니는 완득이에게 존댓말을 쓰지 않으면서 눈물을 흘린다. 이러한 모습은 시간의 더께를 걷어내고 모자간의 관계가 상당 부분 회복되었음을 드러낸다. 그러기에 완득이는 어머니를 '그분'이라고 칭하지 않고 '어머니'라고 칭할 수 있게 된다.

"그럼 이분은……."

그분을 두고 한 말이다. 아무도 대답하지 않았다. 이럴 때는 똥주가 나설 만도 한데 이번에는 나서지 않았다. 척 봐도 한국 사람은 아니고, 이런 집에서 가사 도우미를 둘 리도 없으니 앞집 아저씨는 그분이 꽤 궁금한 모양이었다.

"제……어머니십니다."

목에 콱 박혀서 나오지 않는 말을 가래 뱉듯이 힘들게 했다. 막힌 가래를 뱉으면 이렇게 시원하다. 그분이, 아니 어머니가 갑자기 고기를 먹기 시작했다.

"완득이가 어머니를 닮아 인물이 좋구만. 근데 저쪽 사람 같어?"

언젠가 신발 가게 아주머니도 저쪽 사람이라고 했다. 사람들은 왜 동남아 지역에서 온 사람들에게는 저쪽이라는 표현을 쓸까.(179-180)

위의 예문에서는 '저쪽 사람'이라는 말을 쓰면서 어머니의 정체를 궁금해 하는 사람들에게 완득이가 어렵사리 자신의 어머니를 '어머니'라고 칭하는 장면이 나온다. 완득이는 어머니라는 호칭을 사용함으로써 어머니를 감격스럽게 하고 있다. 이러한 모습은 세월의 더께를 걷어내고 모자가 서로를 인정하는 낭만적 서사를 형성하는데, 낭만적 서사를 통해 이 소설은 소수자 간의 인정과 포용, 그리고 다문화인들에 대한 포용과 인정이 필요함을 말한다.

식당 주인이 독실한 크리스천이라 주일마다 쉰다. 그래서 그런지, 어머니…… 꽤 자주 온다. 그리고 십자가 대신 이제 '神(신)나는 댄스' 간판이 세워진 교습소 옆 쉼터에 자주 간다. 그런데 쉼터보다 아직 교습생도 별로 없는 교습소에 자꾸 관심을 둔다.

"여자도 많니?"

"대부분 여자 같던데요."

"그래……."

어머니 요즘 화장하신다. 처음 봤을 때보다 많이 예뻐졌다. 아버지가 이론을 맡고 삼촌이 실습을 맡았다. 똥주는 교습생과의 수다를 맡았다. 그리고 나는 잡일을 맡았다.(231-232)

위의 예문은 《완득이》의 결말이 해피엔딩으로 끝나는 낭만적 서사의 전형을 보여준다. 이를 통해 이 소설은 다문화인들이 좋은 이웃으로 수용되고, 다문화인들도 한국인들을 쉽게 포용하는 양상을 보여준다. 나아가 완득이네의 가족이 더욱 단단해지고 있음을 보여준다.

나) 자신을 키워 준 이슬람 아저씨 이해하기: 손홍규의 《이슬람 정육점》 읽기

손홍규의 《이슬람 정육점》(2010, 문학과지성사)은 한국전쟁 당시 참전했다가 귀국하지 않고 한국에 정착한 터키인이 한국인 전쟁고아를 입양하면서, 차이와 다름을 수용하고, 역사와 전통, 관습에서 벗어나는 기존의 틀을 해체하고 생성을 추구하고 있음을 보여준다.(이미림, 2013:491) 이 소설은 돼지고기를 먹지 않는 이슬람과 정육점을 결합시켜, 다문화 사회에서 자국민과 다문화인이 배타적이지만 서로 섞여서 살아갈 수밖에 없는 생존 상황을 제시하고 있다. 이를 통해 이 소설은 차이를 지녔지만, 궁극적으로 융합해서 살아갈 수밖에 없는 존재들의 삶을 흉터의 치유 과정을 통해 보여준다.

(1) 흉터, 트라우마, 슬픔으로 점철된 소외된 자들

《이슬람 정육점》의 공간적 배경은 이태원의 이슬람 중앙 성원 일대인데, 이곳은 이주 노동자, 고아, 폭력피해여성, 외상후 스트레스 장애자, 말더듬이, 빈곤한 사람 등 소외된 자들이 살아가는 곳이다. 소외된 자들이 살아가는 공간인 이태원은 다양한 이질적인 문화가 결합되고 혼종되어 있는 경계 공간으로, 공간으로서의 특유의 정체성을 지니지 못하고 상황에 따라 언제든 변화할 수 있는 가변적 성향을 지니고 있다.(김선호 외, 2014:303;곽경숙, 2014:33에서 재인용)

경계 공간으로서 이태원의 이슬람 중앙 성원 일대는 종족, 국적과 인종, 종교, 성적 취향, 계층 등에 따라 영역이 구분되는 낡고 어수선하고 지저분한 산동네이다. 이곳에서 살아가는 사람들은 저 멀리 보이는 "또 다른 산동네" 사람들처럼 자신들도 그곳에 지속적으로 정주할 수 없다는 것을 알고 있다. 그들은 스스로가 이방인이며, 주류 한국인들에 의해 주변부로 밀려난 타자임을 알고 있다.

이러한 공간에서 살아가는 작중인물들은 대부분 트라우마를 안고 살아가고 있다. '나'와 하산, 야모스는 전쟁으로 인해 고향과 가족으로부터 분리되었으며, 안나 아주머니는 남편의 폭력에 의해 자식들과 단절되었고, '유정'은 가난 때문에 어머니와의 분리를 경험하였다.(곽경숙, 2014:34) 또 '대머리 아저씨'는 전쟁으로 인해 자신의 과거 경험과 분리되었다. 그러기에 타자의 공간에서 살아가는 작중인물들은 삶의 뿌리를 쉽게 내리지 못한 채, 타자들과의 소통적 관계가 아닌 고립된 관계 속에서 살아간다.

소설의 화자인 '나'는 전쟁 중 부모를 잃고 총상으로 인한 흉터를 가지고 있다. 흉터의 원인과 자신의 뿌리를 모른 채 고아원, 보호소, 성당을 전전하며 비인간적인 대접 속에 흉터만을 키워오면서 살아왔기에 누굴 믿거나 사랑을 느껴본 적이 없다. 머리가 나빠 중학교에 안 보냈다는 고아원 원장의 모욕적인 발언과 어디로 입양될지 모르는 공포 속에 불량스럽고 냉소적인 태도로 살아왔다. 그랬던 '나'는 한국인이 아닌 터키인 하산 아저씨에게 입양되면서, 점차 흉터의 흔적을 지워가면서 자신만이 흉터를 갖고 있는 것은 아니라는 것을 깨닫게 된다.

'나'를 자신의 집으로 데려온 하산 아저씨는 한국전쟁에 참전했다가 자신의 나라로 귀국하지 못하고 한국에 남게 된 터키인으로, 정육점에서 돼지고기를 난도질하는 유일한 무슬림이다. 그가 귀국하지 못한 이유는 전쟁 중 그의 입으로 날아 들어온 사람의 살을 영문도 모르고 먹은 이후 끊임없는 죄의식에 시달리게 되었기 때문이다. 무슬림으로서 정육점을 운영하며 끊임없이 난도질을 하는 그의 모습은 그의 의식이 여전히 전쟁을 겪고 있음을 보여준다.(곽경숙, 2014:32) 그리스인 야모스도 그리스 내전 중 비행기를 조종하면서 자신의 친척들을 오인 사살한 죄책감 때문에 한국전쟁에 참전했다가, 죄의식 때문에 귀국하지 못한 인물이다. '대머리 아저씨'도 전쟁 피해자이다. 그는 전쟁 때 참호에 매몰되었다가 구조된 후 외상 후 스트레스 장애를 겪는다. 새벽마다 군가를 목청이 찢어지게 부르거나 전쟁 3년간의 기억을 되찾기 위한 강박성 행동을 한다. 상처 받은 남성들을 넉넉하게 껴안고 밥을 주는 안나 아주머니도 남편의 폭력을 견디지 못해 아이들을 두고 가출했던 상처 받은 인물이며, 집 나간 어머니를 찾아다니는 말더듬이 유정, 성직자 이맘, 맹랑한 녀석 등도 낯선 곳에 '부려진' 상처 받은 인물들이다.

이처럼 이 소설에 등장하는 인물들은 한결같이 낯선 곳에 부려진 뿌리 뽑힌 자들인데, 그들을 관찰하는 존재는 '나'이다. '나'는 다른 인물들을 관찰하면서, 자신의 뿌리, 고향, 부모, 흉터의 기원을 찾아간다.(이미림, 2013:493-494) 소설에서 '나'는 "얼굴에는 버짐이 피고 머리에는 기계총 자국이 남"아 있으며 오른쪽 쇄골 아래에 움푹 팬 흉터가 있는 학대받고 버려진 아이이다. 그러기에 '나'는 세상과 사람들을 전혀 믿지 않고 저주하며 살아왔다.

전쟁고아인 '나'는 세상 사람들로부터 싸구려 애정과 동정을 받으며 살아가지만, 전쟁 중에 입은 흉터 때문에 늘 놀림을 당한다. '나'가 살아온 삶에서 "고아를 믿는 사람은 없었"으며, 세상 사람들은 '나'에게 "이 세상에 태어나서는 안 될 돌연변이를 보는 듯한 경멸을"(91) 퍼부었다.

> 나는 내 몸에 남은 흉터들의 기원을 모른다. 몇 개는 기억한다. 왼쪽 발 정강이에 난 흉터는 기록에 따르면 세 번째 고아원에서 얻었다. 장마였고 외부 화장실의 블록담의 기반이 꺼지면서 삼 미터가량이 무너졌다. 금 간 부위별로 뭉텅이로 쓰러졌다. 그리고 그만큼 바깥세상이 고아원으로 해일처럼 밀려왔다. 그곳에 있던 아이들 가운데 자신이 언제부터 그곳에 살게 되었는지를 아는 녀석은 드물었다. 무언가를 머릿속에 각인시킬 수 있는 능력을 채 갖추기도 전부터 고아원에 부려졌기 때문이다.(15-16)

위의 예문에서 알 수 있듯이, 나는 "무언가를 머릿속에 각인시킬 수 있는 능력을 채 갖추기도 전부터 고아원에 부려졌"다. 부모와의 관계망 없이 고아원에 부려짐으로써 '나'는 철저하게 뿌리 뽑히고 벌거벗은 존재로 살아갈 수밖에 없게 되었다.

> 어차피 나는 고향이 없었다. 그리워해야 할 원형의 풍경도 회귀를 꿈꾸게 하는 낯익은 사물에 대한 기억도 없었다. 그러므로 어딜 가나 내겐 고향이고 모국이다. 누굴 만나든 그가 바로 내 오랜 벗이고 가족이다. 그건 곧 어떤 곳도 나의 고향이 아니며 그 누구도 나의 벗이나 가족이 아니라는 뜻이기도 하지만.(54)

위의 예문에서 알 수 있듯이, '나'는 전쟁고아이기에 고향이나 낯익은 사물에 대한 기억도 없다. 철저하게 낯선 곳에 부려졌기 때문이다. 그러나 '나'는 하산 아저씨와 함께 낡고 퇴락한 산동네 다세대주택에서 살면서, 그 동네에서 살아가는 거의 대부분의 사람들이 보이지 않는 흉터와 상처를 안고 살아간다는 것을 점차 알아 가면서 삶에 대한 태도를 조금씩 변화시킨다. 왼쪽 턱에 새끼손가락 굵기의 흉터가 있는 야모스 아저씨, 상처투성이 손에 뭉개지고 짓이겨져 원래의 형태를 잃은 귀를 가진 하산 아저씨, 전쟁으로 인해 전쟁 동안의 기억을 상실한 대머리 아저씨, 자신과 동생을 버리고 도망친 엄마로부터 상처받은 맹랑한 녀석, 남편의 폭력으로 인해 상처를 받았던 안나 아주머니 등이 갖고 있는 상처를 발견하고, 그들에 대한 동정의식 속에 점차 자신의 아픔을 치유할 수 있는 계기를 마련한다.

> 하산 아저씨는 홀로 선 나를 보았다. 내가 다른 아이들처럼 낯선 사람을 보고도 숨지 않은 이유는 원장의 명령 때문이 아니었다. 그런 명령쯤이야 무시하고 숨을 수도 있었다. 하산 아저씨의 눈빛 때문이었다. 그건 일찍이 내가 한 번도 경험해보지 못한, 해독이 불가능한 눈빛이었다. 고통과 슬픔, 기쁨과 희열 같은 게 한 번도 머물러본 적이 없는 듯한, 그가 보아야 할 모든 것이 본래 그 안에 담겼기에 굳이 세상을 투시할 필요가 없는 듯한, 그런 눈에서만 볼 수 있는 눈빛이었다.(94-95)

위의 예문에서 알 수 있듯이, 하산 아저씨는 무언의 응시와 기다림으로써 '나'가 타자의 상처를 이해하고 스스로를 받아들일 수 있게 한다. 하산 아저씨의 눈빛은 "고통과 슬픔, 기쁨과 희열 같은 게 한 번도 머물러본 적이 없는 듯한, 그가 보아야 할 모든 것이 본래 그 안에 담겼기에 굳이 세상을 투시할 필요가 없는 듯한"것이었는데, 그런 눈빛은 하산 아저씨의 트라우마를 보여준다.

'나'가 하산 아저씨와 함께 살게 된 산동네는 모두가 배고프고 허기에 시달리는 철저하게 버림받은 자들의 공간이다. 그 공간에서 그들은 타자와 관계적 삶을 살지 못한 채, 철거되는 산동네처럼 진즉 삶의 뿌리가 무너진 자들이다.

> 저 동네에 살던 사람들은 이런 광경을 보지 못할 것이다. 그들은 뒤로 돌아보지 않고 떠나야 했을 테니. 아니, 어쩌면 그들 마음속에서는 이미 무너졌을 테니 굳이 눈으로 확인할 필요가 없었을지도 모른다.
> 철거되는 산동네에 내 흉터들이 반응했다. 나는 흉터를 손가락으로 만지며 물었다. 너와 비슷한 거냐고. 흉터는 대답하지 않았다. 나는 스크랩북을 들고 다녔다. 내가 원하는 얼굴이 무엇인지 나도 몰랐다.(215-216)

위의 예문에서 알 수 있듯이, 산동네에 살던 사람들은 그들이 살던 동네가 철거되기 전에 이미 마음이 무너진 뿌리 뽑힌 자들이다. 뿌리 뽑힌 자들로서 그들은 타자와의 건전한 관계를 형성하지 못한 채, 부박한 삶을 살아갈 수밖에 없다. 그들이 한국인이든 아니든 간에.

"……전쟁 때였다. 보급은 끊어지고 우리 중대는 고립되었다. 적군은 강했고 우리는 지쳤지. 배고픔조차 느낄 수가 없었다. 배 속이 텅 비어서 허깨비가 된 기분이었어. 포탄을 피할 곳도 없는 민둥산이었지. 그저 신의 가호로 포탄과 총탄이 나를 비켜가길 바랄 뿐이었다. 그때 내 옆에서 포탄이 터졌지. 내 몸이 붕 떠올랐다가 어디론가 내팽개쳐졌지. 포연이 걷히고 적들의 사격이 뜸해졌을 때 나는 내 입속에 무언가가 들어 있는 걸 깨달았다. 나는 그걸 조심스럽게 씹었다. 달콤했어. 그게 포탄에 맞아 찢겨진 사람의 살점이라는 건 한참 뒤에야 알았다. 전쟁이란 사람이 사람을 먹는 거라는 생각이 들었지. 그렇게 억지로 사람의 입속에 사람의 살점을 쑤셔넣는 거라는 생각이 들었던 거야. 그런데 오늘 꼭 이 고기가 그때의 사람 살점과 같은 맛이구나."(213-214)

위의 예문은 하산 아저씨가 한국전쟁에서 입은 정신적 상처, 즉 억지로 입속에 사람의 살점이 쑤셔 넣어진 후, 지독한 배고픔 때문에 자신도 모르게 그것을 씹었던 상처를 보여준다. 이 상처 때문에 하산 아저씨는 전후에도 터키로 가지 못하고, 한국에서 이방인으로 살아왔다.

야모스 아저씨는 내전이 끝난 뒤 고향에 돌아갔다. 그리고 도망치듯 그곳을 빠져나왔다. 한국에서 전쟁이 터지자 한국 파견 그리스군에 자원했다. 그는 그렇게 고향에서 한 걸음이라도 더 멀리, 멀리 달아나고 싶었다. 그래서 지구의 반대편이나 마찬가지인 여기 된장의 나라에 오게 된 것이다. 오! 아저씨, 너무 멀리 오셨군요.
"내가 저지른 최악의 과오는 전쟁을 도피처로 삼은 거란다."
야모스 아저씨는 눈을 지그시 감았다. 감은 눈 옆으로 눈물이 새어 나왔다. 그리고 잠들었다.(103)

위의 예문은 비행기 조종사로서 일하면서 오인 사격으로 "일가족을 총으로 드르륵 갈겨서 이 세상에서 지워버리고 온"(103) 상처를 안고 있는 야모스 아저씨가 인생에서 최악의 과오가 전쟁을 도피처로 삼은 것이었음을 보여준다. 전쟁을 도피처로 삼았기에 야모스 아저씨는 전쟁터라는 "신이 없는 땅에서 살아 돌아가지 못할 수도 있다는 생각"을 하게 되었다. 전쟁 후에도 야모스 아저씨는 일가족을 몰살했다는 죄책감 때문에 살아도 산 것 같지 않은 유폐된 삶을 낯선 곳에서 부려진 채 살아가고 있다. 삶에서 상처를 받고 낯선 곳에서 유폐된 것처럼 살아가는 것은 안나 아주머니도 마찬가지이다.

"자네, 몸은 성하신가?"

안나 아주머니가 살풋 고개를 끄덕였다.

"내 긴 말은 않겠네. 그놈은 죽었어. 지난 그믐밤이었네. 술 마시고 논에 갔다가 수로에 빠졌어. ……미련이 없다는 거 잘 아네. 하지만 어디 아비 마음이야 그렇겠는가? 소식이라도 전해야 도리를 다할 것 같은 기분이었다네. 자네, 이제는 용서해주게나. 그놈이 극락왕생까지는 아니더라도 편히 쉴 수 있기를 빌어주게나."

안나 아주머니는 대답하지도 고개를 끄덕이지도 않았다. 그는 한숨을 내쉬었다.

"내 새끼들은 자네 새끼들이기도 하지. 그놈이 죽었으니 두려워할 것 없다네. 언제든 새끼들이 보고 싶으면 찾아오게나. ……그럼, 난 이제 가네."(154)

위의 예문에서 알 수 있듯이, 안나 아주머니는 남편의 폭력을 견디지 못해 자식들을 떠나 무작정 가출을 했지만, 늘 마음속에 자식들에 대한 미안함을 천형처럼 안고 살아왔다. 그러기에 그녀의 삶도 뿌리 뽑힌 채 정주하지 못하고 있다.

맹랑한 녀석의 아버지는 만성 천식을 앓아 가래 끓는 소리를 냈으며 빈약한 젖가슴을 지닌 어머니는 달콤한 젖 대신에 밀기울 죽을 먹이거나 그마저 귀찮으면 오염된 물에 미숫가루를 타고 사카린을 녹여 그럭저럭 단맛이 나긴 하지만 밍밍하기 짝이 없는 걸 먹였다.

맹랑한 녀석의 부모는 아이를 여럿 낳았으나 모두 잃었다. 이번에도 희망을 품지 않았다. 엄마 배 속에서 이미 영양실조에 걸린 아이는 도로에 납작하게 붙어 형태만 남은 개구리를 연상시켰다. 애를 쓰거나 말거나, 제 운명을 타고났으려니 싶어 맹랑한 자식을 방치하다시피 했다.(43)

위의 예문에서 알 수 있듯이, 맹랑한 녀석도 자식을 방치했던 부모로부터 상처를 받았기에 세상과 소통하지 못한 채 늘 혼자서 지내왔다. 그것이 운명이라 생각하면서, 사람이 아닌 고양이와 대화하면서 살아왔다. 이런 그의 상처는 풍족하게 오랜 세월을 살아온 사람들에 대한 두려움으로 구체화된다.

"대머리 아저씨 말야, 기억을 못한대. 전쟁이 일어났던 날부터 휴전이 성립되었던 날까지. 삼년 간의 기억이 지워졌대. 기록에는 참호에 매몰되었다가 구조된 걸로 나와 있대. 그런 걸 '외상 후 스트레스 장애'라고 해. 자신이 겪었던 끔찍한 사건들을 매번 되풀이해서 겪는 거지. 감당하기 힘들다고 여겨지면 우리의 뇌는 아예 모든 걸 지워버리거든. 그러니까 대머리 아저씨에게는 모든 세월이 전쟁이 일어났던 그때로 귀속되어버린 거야. 다른 기억들은 쓸모가 없어.(중략) 그런데 자신의 청년시절을 삼 년씩이나 잃어버린 사람이 느끼는 고통은 무엇에 견줄 수 있을까. 그걸 생각하는 중이었어."(142)

위의 예문은 전쟁에 참전했던 대머리 아저씨가 전쟁의 공포 때문에 전쟁 3년 동안을 기억하지 못하는 외상 후 스트레스 장애를 겪고 있음을 보여준다. 전쟁의 공포 때문에 대머리 아저씨는 감당하기 힘들었던 그때의 기억을 지워버린 채, 모든 세월이 전쟁이 일어났던 그때로 귀속되어 살아가고 있다. 전쟁이 일어났던 그때로 모든 것이 귀속된 처참한 삶을 견디기 위해 "대머리 아저씨는 노래를 부르면서 간신히 견디는 거야. 그렇게라도 하지 않으면 이미 산산조각이 나서 사라져버렸을 거니까."

안나 아주머니가 유정에게도 꼭 함께 가야 한다고 말했다. 그는 대답하지 않았다. 하산 아저씨가 저녁을 권했지만 유정은 나를 보며 한마디를 툭 던지는 것으로 거절을 대신했다.
"동생."
유정에겐 동생이 있다. 그에게는 보살펴야 할 누군가가 있는 것이다. 그가 슬퍼할 수 있는 권리는 시효가 지났다. 슬픔에 시효가 없다는 점이 인간이 지닌 권리를 초라하게 만든다.(188-189)

유정과 나는 뒤통수가 닮았다. 유정은 확신하는 듯했다. 그는 어머니가 걸어갔던 길을 걷는 것이었다. 그는 왜 어머니 홀로 그 길을 걷게 내버려두었는가를 자책하는 것이었다. 나는 그가 누군가 어머니를 보았다고 말해주길 기대하며 같은 길을 반복해서 오가는 게 아닐 거라고 생각했다. 그는 어머니가 되어보고 싶었던 것이다.(190)

위의 예문에서 알 수 있듯이, 가출한 엄마를 찾아다니는 말더듬이 유정에게는 보살펴야 할 동생이 있다. 그 자신도 보호받지 못하고 있음에도 불구하고 말이다. 유정은 가출했던 어머니가 걸어갔던 길을 가면서 어머니가 홀로 그 길을 걷게 내버려둔 것에 대해 자책을 한다. 유정은 "가로막는 사람도, 붙잡는 사람도 없는 이 거리"에서 어머니의 흔적이라도 발견하고 싶었기 때문이다. 유정은 보살펴야 할 동생에게 어머니가 되어 자신에게 주어진 슬픔을 받아들인다. 어머니라는 타자를 이해할 수 있기에.

항구적으로 지속되는 슬픔 속에 유정은 소외된 자들이 살아가는 공간을 '돌출된 늪'으로 생각한다. 소외된 자들이 살아가는 공간이 처음부터 늪이었던 것은 아니지만, 그 늪은 삶에 정착하지 못한 채 뿌리 뽑혀 살아가는 그들을 끊임없이 집어삼킨다. 그러기에 그들이 사는 공간은 "그 자체가 하나의 거대한 입이다. 특이한 게 있다면 배출구가 없다는 것. 늪은 자신이 삼킨 것들로 끊임없이 몸집을 불려"(124-125)가는 곳이다.

그들을 집어삼키는 늪과 같은 공간에서 소외된 자들은 종교적 은총도 받지 못한다. 그들이 사는 곳은 여전히 가난과 질병이 만연해 있기 때문이다. '성경'은 소외된 자들이 오랜 세월 동안 읽어왔음에도 그들에게는 쓸모없는 것이 되고 있다. "『성경』은 전쟁을 막지도 못했고 살인을 막지도 못했으며 사람이 사람을 억압하고 착취하는 것 역시 막지 못했다. 여전히 세계에는 가난과 기아와 질병에 시달리는 사람이 수두룩하다."(203) 그렇기 때문에 소외된 자들이 거주하는 다문화적 공간에서 소외된 자들은 신마저도 자신들을 외면했다고 생각한다. 그럼에도 불구하고 다른 방법이 없기 때문에 여전히 신이 자신들을 나중에 구원해 줄 것이라는 잔인한 믿음을 갖고 살아간다.

다문화적 공간에서 살아가는 소외된 자들은 자신이 "늘 쓸모 있는 무언가가 되기를 바랐다. 밤이 되면 수십만 년 이어져온 습관을 따라 왜 그런지 이유도 모른 채 조금은 허전한 마음으로 밤이 지나 아침이 오면 상황이 나아지길 바라며 잠을 청했다."(173) 그러나 그들의 삶은 여전히 뿌리 뽑혀 있다.

집으로 돌아가는 길이었건만, 나는 낯선 동네에 들어선 피난민처럼 불안했다. 과연 이곳은 내게 얼마나 호의적일까. 호의적이지 않아도 좋았다. 적대적이지만 않다면 상관없었다. 트럭이 버스정류장을 지날 때 유정도 그런 기분이었던 것 같았다. 버스정류장 역시 하나의 기착지에 불과하다는, 영원한 출발점도 영원한 종점도 없다는, 그런 생각들이 떠올랐으리라. 우리가 사는 이 삶은 무엇의 기착지일까. 생의 앞과 뒤에는 무엇이 있을까.(204-205)

위의 예문에서 알 수 있듯이, 다문화적 공간에서 살아가는 소외된 자들은 삶의 기착지를 모르는 채, 그리고 생의 앞과 뒤에 무엇이 있을지도 모르는 채 호의적이지 않은 낯선 곳에 부려져서 살고 있다. 부려져서 사는 삶이란 우월한 시선을 가진 타자에게 철저하게 보여지고 평가되는 슬픈 삶이다.

(2) 다문화적 공간에서의 타자에 대한 인식과 갱생적 삶

다문화적 공간에서 살아가는 인물들은 인종, 종족, 국적, 종교, 성적 취향, 계층 등에 따라 이분법적으로 분리된 심리적 경계 속에서 살아간다. 그 경계 속에서 다문화인들은 타자들과 소통하지 못한 채 언제든 다른 곳으로 '부려질' 수 있는 이방인으로 살아가면서, 주류 한국인들에게 냉대와 차별을 당하고 있다. 그러기에 다문화인들의 마음에는 사막이 있다. 그 사막은 "눈에 보이지 않고 손으로 만질 수 없는 부분"(208쪽)이며, 세월이 만든 지형이다. 세월이 만든 마음속의 사막은 소외된 다문화인들을 더욱 메마르게 한다.

메마른 가운데 다문화인들은 자신들을 착취했던 사람들을 이해할 수 있는 통로를 마련한다. 그것은 그들을 착취했던 사람들이 "험악하게 인상을 쓰고 칼날 같은 말을 뱉어내는데도 그들이 무섭지가 않았어. 맹목적인 분노만이 느껴졌거든. 그런 분노는 대개 자신을 향하게 되거든. "(144-145)이라고 생각했기 때문이다.

소외된 다문화인들을 착취하고 상처 주었던 사람들은 상처받은 다문화인들을 내려보는 위치에서 끊임없이 상처를 준다. 그러나 다문화인들 가운데 하산 아저씨는 자신에게 상처를 준 주류 한국인들에게 항변을 하지 않으면서 무언으로 그것을 감내한다.

> 상처의 치유는 그런 식으로 유예된다. 정작 상처 입은 사람들은 그걸 하루라도 빨리 잊기 위해 태연한 척 애를 쓰지만 타인의 시선에서 자유로울 수는 없다. 상처가 낫기도 전에 새로운 상처가 생긴다. 그런 식으로 상처가 증식하면 드디어 온몸이 상처투성이가 된다. 그때부터 우리는 누군가에게 상처를 되돌려주기 시작한다. 하지만 하산 아저씨는 스스로 부서질지언정 상처를 되돌려줄 사람은 아니었다. 나는 알 수 있었다. 정당한 항변 한마디 하지 못하는 건, 그가 스스로 고통을 감내하는 데 익숙하다는 증거였다. 아, 그건 또 얼마나 보편적인 예외이던가.(107-108)

위의 예문에서 알 수 있듯이, 하산 아저씨는 스스로 부서질지언정 자신에게 상처를 준 사람들에게 상처를 되돌려주는 사람은 아니다. 그는 스스로 고통을 감내하면서, 무언의 응시와 기다림으로 다른 사람들의 상처를 치유해준다. 산동네에 사는 무슬림 중 유일하게 코란을 다 외우고 있는 하산 아저씨는 모스크 예배에 참석하지는 않지만 날마다 기도 시간에 맞추어 기도를 하는 독실한 신자이다. 그는 무슬림으로서 금기 식품인 돼지고기를 팔면서 생계를 유지하며, 독실한 신자이면서도 모스크 근처에는 가지도 않는 모순된 행동을 하기도 한다. 그러나 그는 형식보다는 본질을 지향하는 삶의 태도를 보여준다고 할 수 있다.(곽경숙, 2014:36) 그는 경계의식이나 편견에서 벗어나 삶의 본질, 즉 사랑을 실천하려고 하기 때문이다. 그러기에 그는 전쟁고아인 '나'를 입양하여 양육할 수 있었다.

하산은 "가난과 사랑은 바지 주머니 속의 송곳 같다고" 생각한다. "내비려두어도 언젠가 주머니를 뚫고 나와 드러나기 마련이"(46쪽)기 때문이다. 내버려두어도 언젠가 주머니를 뚫고 나와 드러나기 마련인 사랑의 실천을 통해 하산은 상처 입은 다른 사람들을 타자로 수용하면서, 그들과 함께 상처를 나누어 짊어지고자 한다. 하산에게 삶이란 타자를 포괄하는 것이 아니라 타자를 수용하고 배려하는 타자적 관계 속에서 이루어지는 것이다.

> 그날 밤 나는 기도를 마친 하산 아저씨에게 물었다.
> "아저씨는 매일 신을 만나나요? …… 그런데 왜 저한테는 오지 않는 거죠?"
> "…… 신은 네 안에서 잔다. 신을 억지로 깨울 필요는 없단다. 눈이 부셔 스스로 일어나게 해야지."
> "어떻게 해야 눈이 부셔 일어날까요."
> "네 영혼을 닦아야지. 마룻바닥을 닦듯 거울을 닦듯 한 점 빛이라도 태양처럼 반사시킬 수 있도록 깨끗하게 닦아야지."
> 영원히 잠든 채 일어나지 않아도 좋았다. 잠든 동안은 깨어나리라는 희망이 있으니까.(206-207)

위의 예문에서 알 수 있듯이, 하산 아저씨는 자신의 영혼을 깨끗하게 닦아 신이 눈이 부셔 스스로 일어나게 하는 삶이 진정한 것임을 말한다. 영혼을 닦아 삶의 형식이 아닌 본질을 살찌우고, 신과 함께 하는 삶이 진정한 것임을 말한다. 그것은 타자를 수용하고 배려하는 데서 가능하다.

> 나는 하산 아저씨에게도 남모르는 흉터가 있냐고 물었다. 하산 아저씨는 뒤돌아보지 않고 말했다.
> "세상에 흉터 없는 사람은 없단다. 모든 상처는 아무리 치료를 잘 해도 흉터가 남게 마련이다. 이 세상은 사람들로 이뤄진 가시덤불이라서 지상에 단 일 초를 머물더라도 상처 입지 않을 수가 없단다."
> "말 돌리지 말고 있는지 없는지만 말씀해주세요."

"왜 없겠니. 나도 많이 있다. 희미한 것도 있고 선명한 것도 있지. 하지만……흉터에 집착하지 말거라. 네 흉터는 그걸 바라고 있는 거야. 네가 집착해야 오래 남을 테니."(111)

위의 예문에서 알 수 있듯이, 하산 아저씨는 세상의 모든 사람들이 흉터, 즉 상처를 안고 살아가고 있음을 말한다. 그 상처가 희미할 수도 있고 선명할 수도 있지만, 그 상처에 집착하면 삶이 더욱 망가질 수 있음을 말한다. 이를 통해 하산 아저씨는 자신의 상처에만 집착하는 삶이 아닌, 타자의 상처를 보고 그것을 함께 하는 삶의 의미를 '나'에게 전달한다.

하산의 이러한 삶의 방식은 타자의 존재를 인정하고 타자와 관계론적 삶을 이루고자 하는 것이다. 타자와의 관계론적 삶을 통해 주체는 자신에게만 한정된 세계관이 아닌, 총체적인 삶을 인식할 수 있는 세계관을 전유할 수 있다. 세상에는 타자의 시선에 의해 차별받음으로써 본디의 빛깔을 잃은 채 소외된 자들이 너무 많다. 이처럼 소외된 자들이 숨을 쉬고 숨을 수 있게 하는 삶이 하산이 지향하는 삶이라 할 수 있다.

그림자는 그것이 드리운 사물을 더욱 선명하게 해준다. 누런 흙바닥은 더욱 누렇게, 붉은 벽돌은 더욱 붉게, 푸른 물빛은 더욱 푸르게. 강렬한 햇살을 핑계 삼아 우리가 백안시했던 그 모든 것들이 본디의 빛깔을 되찾을 수 있도록 해준다. 그림자는 지상에 존재하는 것들, 햇살을 피할 수 없는 것들의 숨통을 틔워주고 스스로를 감춰 스스로를 드러나게 해준다. 아무도 보지 않는데 숨을 곳을 찾는 사람처럼 경황이 없다면 그림자만이 최후의 안식처이다. 거기에 이미 숨을 곳을 찾아든 무언가가 있을 테니.(61)

위의 예문에서 알 수 있듯이, 많은 사람들은 인종, 종족, 종교, 계층 등에 따라 타자들을 차별하고 백안시해 왔다. 타자들에게 차별받았던 소외된 자들은 본디의 빛깔을 잃은 채 스스로를 감춘 채 살아왔다. 그러나 타자와의 소통, 타자에 대한 배려, 타자에 대한 사랑은 소외된 자들이 스스로를 드러내어 숨 쉬고 쉴 수 있게 할 것이다. 타자에 대한 배려와 사랑은 자신을 차별하고 미워했던 자들에게도 해당된다. 타자에 대한 배려는 근본적으로 타자에 대한 연민에서 비롯된다. "지금 우리와 함께 살아 있는 자들 가운데 백 년 뒤에서 이곳에서 숨 쉴 자는 단 한 명도 없단다. 우리 모두 이 아름다운 하늘과 땅과 사랑하는 사람을 두고 이곳을 떠나야 하는 존재"(96쪽)이기 때문이다.

상처를 지닌 존재 간의 만남은 그 상처를 공유함으로써 서로를 이해할 수 있게 한다. 부모에게 버림받은 전쟁고아인 '나'는 상처투성이의 하산의 손을 보면서, "수분이 빠져나가 거죽만 남은 늙은 손에 새겨진 칼자국들은 손바닥에만 있어야 할 운명선들이 그곳을 벗어나 손 전체를 종횡무진으로 가로지르"게 함을 생각한다. 그리고 "뭉개지고 짓이겨져 원래의 형태를 잃은 하산 아저씨의 귀를 슬쩍 만져보"면서, "고통스러운 얼굴을 그대로 스크랩한다면 비로 이런 느낌일 거라고 생각"(48-49쪽)한다. 그러면서 '나'는 점차 하산 아저씨뿐만 아니라 다른 사람들의 상처를 이해한다.

많은 사람들은 불행과 비극이 온전히 타인의 것일 때 동정을 베푼다. 그러나 그 동정은 진정한 것이 아닌 가짜이다. 사람들은 자신과 닮은 타인을 진심으로는 좋아하지 않으며, "자신과 닮은 이들 – 가난하고 억압받고 무시 받는 사람들, 그런 사람들을 통해 확인할 수 있는 건, 인간이 그처럼 한없이 나약하다는 것, 저 불결하고 끔찍한 인간과 내가 전혀 다르지 않는 한 인간에 불과하다는 것"(50쪽)에 두려움을 갖는다. 그러기에 자신과 비슷한 타자에 대한 멈추지 않는 혐오감 속에 타자를 차별한다. 타자에 대한 배려가 없이. 이런 사람들과 달리 하산은 그 스스로가 '먼 길을 돌아 이곳에 온 사람'임에도 불구하고 자신의 상처를 스스로 감내하면서 전쟁의 상처를 안고 있는 '나'를 입양하여 양육함으로써 타자에 대한 사랑을 실천한다.

하산 아저씨가 '나'를 입양하여 타자에 대한 사랑을 실천하는 것은 "우리가 타인을 거울로 삼아야 하는 이유는, 우리 내부의 모순을 모순으로 여길 능력이 없기 때문"이며, "타인의 모순된 행동을 통해서 나를 유추해볼 수밖에 없기 때문"이다. 그리고 "타인을 거울로 삼지 않는다면 우리는 스스로를 미지의 영역에 내버려둔 채 한평생을 살아야 할"(170쪽) 것이기 때문이다.

"그 사진들로 뭘 할 거냐?"
"모르겠어요. 그냥 언제까지고 이렇게 수집만 할지도 몰라요."
"낯익은 얼굴이 없다고 해도 실망하지는 말거라. 너의 기억을 일깨우는 얼굴이 없다 해도 네 기억은 오롯이 너의 것이니까 사진들에 의지할 필요는 없단다."
"그런 게 아니에요. 나는 아무것도 기대하지 않아요."
"한 가지가 아쉽구나. 너는 수없이 많은 사람들의 다양한 표정을 수집하고 있지. 하지만 단 한 사람이 수천 가지의 표정을 지을 수 있다는 걸 잊어서는 안 된다."(149)

위의 예문에서 알 수 있듯이, 하산은 "단 한 사람이 수천 가지의 표정을 지을 수 있다는 걸" 강조한다. 그는 타자에 대한 진정한 이해는 많은 타자들을 만나는 것도 의미 있지만, 보다 의미 있는 것은 한 사람의 무수히 다양한 내면과의 만남임을 강조한다. 한 사람의 무수히 다양한 내면과의 만남을 통해 사람과 사람을 연결할 수 있는 보이지 않는 끈을 발견할 수 있기 때문이다.

"너는 사람과 사람을 연결해주는 보이지 않는 끈을 발견한 것 같구나."

"그걸 가르쳐준 사람은 바로 아저씨에요. 보세요, 아저씨. 아저씨 얼굴을요. 아저씨는 어떤 한국인보다 더 한국인답고 어떤 터키인보다 더 터키인다워요."

"한국인인지 터키인인지 분간이 되지 않는다는 말이겠지."

"맞아요. 분간할 수 없게 된다는 것. 아무나 그렇게 될 수는 없는 거잖아요."

"네 그림 속에서는 누구나 그렇게 될 수 있는 것 같구나."

"그래서 그림이에요. 현실에서는 불가능한 꿈같은 거죠."

"네가 아는 현실을 옮긴 거라고 생각했다."

"안다고 해서 실제로 존재하는 건 아니잖아요. 사랑, 우정, 평화, 자유…… 그런 말은 알지만 그걸 실제로 본 적은 없는 것처럼요."

"난 너한테 그런 걸 가르쳐준 적이 없다. 하지만 네가 이런 걸 알게 될 거라고 짐작은 했다."

(중략)

"너를 난폭하게 만든 건 다른 누구도 아니고 바로 너 자신이란다."

하산 아저씨는 나를 끌어당겨 자신의 넓은 가슴팍에 품었다. 그의 가슴팍은 단단하지 않았다.

"네 흉터는 그냥 흉터가 아니란다. 그 흉터는 역사가 날염된 것이야. 내 몸의 모든 흉터들 역시 내 개인사가 날염된 것들이지."(220-221)

위의 예문에서 알 수 있듯이, 사람과 사람 사이의 보이지 않는 끈은 다문화인들이 혼종되면서 서로를 이해할 수 있게 한다. 그러기에 사람들은 사랑, 우정, 평화와 같은 것들을 실천하고자 한다. 그것이 현실에서는 어렵다 할지라도 말이다. 현실에서 이루어지기 힘든 사랑, 우정, 평화와 같은 것들을 실천하고자 서로의 몸에 있는 상처들을 수용하고 어루만지는 것이다. '나'는 얼굴 지도를 통해 자신 안에 들어와 있는 무수한 타자들을 발견한다. 그러한 타자들의 발견을 통해 '나'는 과거와 현재라는 시간과 그 시간 속에서 펼쳐졌던 역사적 사건과 만나, 타자의 상처를 수용하고 어루만지면서 이루어져 온 인간의 역사를 이해한다.

나는 하산 아저씨에게 당부하고 싶었다. 이제 스스로를 사랑해도 된다고. 아저씨는 충분히 그럴 자격이 있다고. 그럴 자격이 없는 자들이 너무 오랫동안 사랑에 대해 말해왔다고. 그럴 자격이 없는 자들이 너무 오랫동안 자기애를 왜곡해왔다고.(228-229)

하산 아저씨는 전쟁 때의 트라우마 때문에 고국에 돌아가지도 못한 채 낯선 땅에서 병든 채 살아가고 있다. 그러나 하산 아저씨는 형식이 아닌 내면을 지향하는 삶을 통해 자기애가 아닌 타자애를 실천해 왔다. 그러기에 '나'에게 하산 아저씨는 이제 <u>스스로를</u> 사랑해도 되는 존재로 여겨진다. '나'의 상처와 하산 아저씨의 상처가 만나 하산 아저씨와 '나'는 역사가 새겨준 과거의 상처와 또 지금도 진행형인 개인의 상처에 대해 함께 아파하고 품어줄 수 있는 진정한 타자적 관계를 형성한다.(곽경숙, 2014:38)

"다행이구나. …… 나를 아버지라 불러다오."
"……부끄럽지 않아요? 아버지가 되기엔 너무 늙었잖아요."
"그래서 싫다는 게냐?"
"누가 싫대요."(중략)
"고마워요. 아버지."
"고작 그거냐?"(중략)
"쳇, 다 늙어서 아버지가 된 걸로 만족하세요."
"부족해. 난 늘 목이 말랐다. 갈증 때문에 가슴이 터지는 것 같았어. 지금도 그렇구나. 아들아, 내게 입 맞춰주렴. ……그래, 그렇게. ……사랑한다."
"저도 사랑해요."
"……"
"제 말 들으셨어요? 사랑해요. ……사랑한다구요!"
나는 내 몸속으로 의붓아버지의 피가 흘러들어온 걸 느꼈다. 뜨거웠다. 인간의 모든 기억들이 이처럼 단순하고 정직하게 이어진다는 걸, 나는 그때 처음 알았다. 나는 훗날 내 자식들에게 나의 피가 아닌 의붓아버지의 피를 물려주리라. 병실 구석에 섰던 이맘이 다가와 나를 껴안았다. 그날 나는 이 세계를 입양하기로 마음먹었다.(235-236)

위의 예문에서 알 수 있듯이, '나'는 자신의 상처를 진심으로 보듬어주었던 하산 아저씨의 상처를 이해하면서, 그를 아버지로 인식한다. 이것은 국적이나 인종, 나이 등에 상관없이 타자를 인정하고, 자신이 타자와 내적인 관련을 맺고 있는 존재라고 여기는 데서 가능하다. 이를 통해

'나'는 타자의 고통이나 행복은 자신과 상관없다고 생각하던 삶에서 벗어나 진심으로 타자를 사랑하는 존재로 성숙하게 된다.

그러기에 '나'는 하산의 사후에 그를 대신해서 터키 독립투쟁의 영웅인 아타튀르크를 추도하기 위해 모스크를 찾아 기도를 한다. '나'의 기도는 자신 안에 들어와 있던 하산의 존재와 그의 사랑을 인정하고, 더욱 많은 사람들을 사랑하기 위한 것이다. '나'의 이런 행위는 무슬림이면서도 정육점을 운영하고 모스크 예배에도 참석하지 않았지만 그 누구보다도 간절하게 신에게 기도했던 하산 아저씨의 사랑을 실천한 것이라 할 수 있다. '나'의 행위는 이제 자신만을 위한 것이 아닌 자기 안에 들어와 있는 수많은 타자들을 향해 열린 것이기 때문이다.

'나'가 자기 안에 들어와 있는 수많은 타자들을 향해 열리게 만든 사람은 하산 아저씨뿐만이 아니다. 안나 아주머니도 '나'가 타자들을 이해하고 수용할 수 있게 하고 있다. 이 소설에서 안나 아주머니는 그 자신도 상처를 안고 있지만, 상처 입은 인간들을 회복시키는 신비한 능력을 가지고 있는 '가이아'이다. 안나 아주머니는 곁방살이하는 야모스 아저씨에게 늘 공짜 밥을 주고, 난폭한 '나'의 상처를 품고 위로해준다. 그리고 작품의 결말 부분에서는 다문화적 공간에서 소외된 많은 이들을 모아 식당에서 밥을 주고, 그들과 함께 소풍을 간다.

> 안나 아주머니는 소꿉놀이를 하는 것처럼 즐거워했다. 나는 말 안 듣는 멍청한 자식이었고 하산 아저씨는 게으름뱅이 시아버지였으며 야모스 아저씨는 빈털터리 남편이었다. 안나 아주머니는 이 하찮은 세 사내 위에 군림하는 여왕이었는데, 집안의 대소사를 주관하는 가장으로서 무능한 다른 식구들의 보호자를 자처했다. 얼마나 무능한지 세 사내는 밥상을 차릴 줄도 몰랐다. 가만히 앉아서 밥상이 차려지길 기다리고 반찬 투정을 하는 게 우리에게 주어진 임무였다. 내게는 특별히 음식을 흘리면서 먹을 것을 요구했다. 그러면 안나 아주머니는 기꺼이 턱받이를 목에 채워주고 밥을 떠 먹여 줄 거였다.(163)

위의 예문에서 알 수 있듯이, '가이아'로서 안나 아주머니는 특유의 치유능력으로 소외되고 뿌리 뽑힌 자들을 회복시킨다. 그러기에 안나 아주머니는 야모스 아저씨, 하산 아저씨, '나'등을 보호하는 보호자를 자처하면서, 위로한다. 안나 아주머니에게 인종이나 계층, 성별, 종교 등은 '차이'일 뿐 '차별'로 이해되지 않는다.(곽경숙, 2014:35) 한국인들은 정육점 문턱을 경계로 이쪽과 저쪽의 세계를 구분하지만 안나 아주머니는 그러한 세계를 구분하지 않는다.

물론 안나 아주머니도 자신이 살고 있는 공간에서의 사람들이 모두 소외되어 있으며, "어차피 이곳에서 행복이란 녀석은 장님이거든. 엉뚱한 녀석들 귀나 만질 줄 알지 우리 같은 사람들을 방문하는 법이란 없으니까."(139-140쪽)라고 생각하고 있다. 그러한 생각은 그녀 자신이 안고 있던 상처 때문이다.

> 나는 무릎을 굽히고 안나 아주머니 앞에 앉아 풍성한 가슴에 볼을 댔다.
> "괜찮지 않다. 괜찮을 리가 있겠니? 어른도 때로는 아이처럼 울어야 살 수 있는 거란다. 언젠가는 듣게 될 소식이었고 만나게 될 사람이었다. 한때 내가 시아버지라고 불렀고 나를 며느리라 불렀던 사람이란다. 이렇게 될 줄 알았고 예정된 일을 겪은 것뿐이라. 안다고 해서 아프지 않은 건 아니지만 말이다. 하지만 ……나는 네가 더 걱정이구나. 너도 언젠가, 어쩌면 머지 않아, 아주 가까운 날에 너의 과거와 대면하게 될 거다. 그때 네가 감당해야 할 고통, 여태 마음 깊숙이 갈무리했던 기억들이 풀려나와 네 몸 구석구석에 독약처럼 퍼져 너를 아프게 할 고통이 나는 벌써부터 눈물겹구나…… 사랑한다, 애야."
> 안나 아주머니는 사람의 몸에서 일어나는 지진의 근원은 과거라고 말하는 듯했다.(155-156)

위의 예문은 남편의 죽음을 알리러 온 시아버지를 보낸 후 안나 아주머니가 마음의 상처 때문에 괜찮지 않음을 보여준다. 과거의 상처가 덧난 안나 아주머니는 자신의 상처도 상처지만, 아주 가까운 날에 과거에 대면하게 될 '나'를 더 걱정한다. 과거의 상처와 대면하면서 '나'가 감당해야 할 고통을 걱정한다. 이런 안나 아주머니의 모습은 상처 입은 인간들을 회복시키는 '가이아'의 전형이라 할 수 있다.

> 한 꺼풀 옷으로 감싸인 안나 아주머니의 몸에는 내 몸에 새겨진 것보다 훨씬 많은 흉터가 있었다. 하지만 사실 우리 가운데 누구도 그걸 직접 목격한다거나 입으로 말할 용기를 지닌 사람은 없었다. 그래서 하산 아저씨는 눈썹을 움직이는 묘기를 보이면서 시아버지답게 다정한 말을 건넸고, 야모스 아저씨는 남편답게 어깨를 빌려주었으며, 나는 자식답게 대체 지금 눈앞에서 벌어지는 일의 의미가 무엇인지 알 수는 없지만 엄마가 우니까 나도 슬프다는 식으로 안나 아주머니의 두툼한 팔뚝을 붙잡고 거기에 볼을 댔다.(165)

위의 예문은 자신을 감싸주는 안나 아주머니의 몸에 있는 상처들을 '나'가 이해하는 모습을 보여준다. '나'의 이해는 안나 아주머니의 상처가 무엇인지를 직접 입으로 말하는 것이 아니라, "지금 눈앞에서 벌어지는 일의 의미가 무엇인지 알 수는 없지만 엄마가 우니까 나도 슬프다는 식"이다. 이런 식의 이해는 무언을 통해 타자의 상처를 진정으로 포용하고 연대감을 형성하는 것이다. 이러한 연대감을 통해 다문화인들은 타자와의 관계론적 소통을 하면서, 대안가족을 형성한다. 가족은 혈연으로 이루어지는 것이 아니라 자신과 똑같은 흉터가 있는 하산 아저씨와 안나 아주머니 등과 같은 존재들과 함께 하는 것이다. 상처 받은 타자와의 관계맺음은 굳이 긴 말을 필요로 하지 않으며, 상처를 갖고 있는 안나 아주머니와의 관계맺음을 통해 '나'는 안나 아주머니가 원하면 기꺼이 그녀의 아들이 되어줄 수 있다고 생각한다. 각자 상처를 갖고 있는 "어미와 자식은 그렇게 닮은 흉터를 지녀야 하는"(162) 것이기 때문이다.

> "놀랍지도 않다. ……당신도 밥 드실라우? ……안 먹겠다고? 맘대로 하시우. 한 그래도 이제 더는 밥도 국도 없으니깐. 근데 왜 이렇게 마음이 허전한지 모르겠구나."
> "왜 마음이 허전해요?"
> 안나 아주머니는 고개를 숙여 나를 보더니 싱긋 웃었다.
> "이렇게 사람들이 많이 올 줄 알았다면 말이다. 좀더 좋은 고기를 준비해두는 건데. 저 사람들한테 질 나쁜 고깃국을 먹였다는 사실이 못내 안타깝구나. 언제 다시 우리가 이렇게 한식구처럼 모여서 밥을 먹을 수 있겠니."
> 나는 그 순간의 안나 아주머니 얼굴을 가슴속에 스크랩했다. 식당 안 사람들의 얼굴도 모두 스크랩했다. 세월이 흐른 뒤 반드시 나는 이들을 꺼내 오늘 이 시간을 추억하게 될 것이다.(179-180)

위의 예문에서 알 수 있듯이, 안나 아주머니는 남편의 죽음을 알리고 간 시아버지 때문에 충남식당을 하루 휴업했는데, 그날 그녀의 식당에는 '휴업' 표지에도 불구하고 소외되고 배고픈 사람들이 몰려든다. 그녀가 주는 음식은 단순히 배고픔을 충족시키는 것이 아니라, 소외되고 상처받은 사람들의 영혼을 회복시켜 주는 생명의 양식으로 기능하기 때문이다.(곽경숙, 2014:36) 그러기에 안나 아주머니의 식당에 몰려든 사람들은 상처 입은 존재들로서 서로의 영혼을 끈으로 연결한다. 이를 통해 그들은 타자가 자신과 상호의존적 관계를 맺고 있다는 탈자기중심적 사고방식을 갖게 된다.

안나 아주머니는 "가난하다고 해서 지킬 만한 가치가 없는 게" 아니라는 것을 웅변하면서, '한 식구'처럼 산다는 것이 얼마나 중요한지를 역설하고 있다.

> 나는 식당 문 앞에 우두커니 선 안나 아주머니의 실루엣을 눈으로 더듬었다. 식당에서 쏟아

져 나온 빛이 만들어낸 풍성하고 부드럽고 서글픈 곡선. 왕국을 지키기 위해 스스로 보초를 선 여왕. 그곳은 세상에서 가장 가난한 왕국이었다. 가난하다고 해서 지킬 만한 가치가 없는 게 아니라는 걸 안나 아주머니는 말없이 웅변했다. 만약 안나 아주머니가 정말 그런 말을 하고 싶은 거라면, 저 식당 안 사람들은 안나 아주머니를 위로하기 위해 머나먼 나라에서, 똑같이 가난한 나라에서 달려온 사절들일 것이다.(180-181)

위의 예문에서 알 수 있듯이, 상처받은 타인들을 배불리 먹이고 어루만져 주는 안나 아주머니의 왕국은 세상에서 가장 가난한 왕국이다. 그러나 그 가난한 왕국에서도 지켜야 할 가치는 타자에 대한 배려와 사랑이다. 상처받은 인간 군상끼리의 배려와 사랑이다.

　　그 안에 소풍을 위한 주방도구가 들어갔다.(중략)
　　대머리 아저씨가 고지를 점령한 소대장처럼 먼저 올라 팔을 아래로 뻗었다. 하지만 아무도 그 손을 잡고 올라타지는 않았다. 저마다 각자 바퀴를 딛거나, 툭 튀어나온 곳만 있다면 그곳을 발판 삼아 짐칸에 올랐다. 안나 아주머니는 고양이를 안고 조수석에 탔다. 짐칸에는 나와 하산 아저씨, 야모스 아저씨, 대머리 아저씨, 그리고 맹랑한 녀석, 이렇게 다섯 명이었다. 유정이 트럭 뒤에서 머뭇거렸다. 뒤늦게 나타난 전도사는 여전히 머리를 쥐어뜯었는데, 유정이 머뭇거리는 이유가 트럭에 오르지 못해서인 줄 알고 그를 번쩍 들어 짐칸에 실어버렸다. 그렇게 유정도 짐칸에 올랐다. 전도사는 뒤를 한 번 돌아본 뒤 맨 마지막에 올랐다. 야모스 아저씨가 출발하자고 소리쳤다. 아저씨, 이건 그리스로 가는 게 아니라구요.(190-191)

위의 예문에서 알 수 있듯이, 안나 아주머니의 왕국에서 상처받은 인간 군상들은 그들끼리 소풍을 떠남으로써 진정으로 '한 식구'가 된다. '한 식구'가 되어 그들은 모두가 경계의식이나 편견을 버리고 각자의 상처를 치유할 수 있는 계기를 마련한다. 이러한 계기를 통해 그들은 다문화적 공간에서 갱생할 수 있는 토대를 마련할 수 있다.

　　나는 안나 아주머니가 가리킨 벽, 메뉴판 아래에 얼굴로 이루어진 세계지도를 붙였다. 사람들의 얼굴사진만으로 그가 어떤 종족인지 민족인지 판단할 수 있는가? 결론은, 없다. 그러므로 사람은 본성적으로 누군가를 인종적으로 판단하는 능력이 없다. 그건 우리가 곧 인간을 인간으로 여기는 능력만을 지녔다는 뜻이기도 했다. 흑인 백인 황인으로 나누는 게 후천적인 학습의 결과라는 뜻이기도 했다. 그러나 우리는 또한 후천적으로 그가 부유한지 가난한지를 판단하는 능력을 습득하게 된다. 궁티가 흐르는 얼굴과 부티가 흐르는 얼굴을 구분하는 능력 말이다. 인간에게 부여된 능력이 신에게서 비롯된 것이라면, 신은 얼마나 위대하고 영특한가. 훗날 자신에게 비난으로 돌아올지도 모르는 능력들을 인간에게 선천적으로 부여하지 않았으니 말이다.(222)

위의 예문은 사람들은 인종, 종교, 계층 등을 포괄하는 다문화적 공간에서는 서로를 구분할 수 없음을 얼굴지도를 통해 말하고 있다. 또한 다문화적 공간에서는 얼굴 사진만으로 종족이나 민족, 인종 등을 구분할 수 없으며, 인간을 인간으로만 여기는 능력만이 우리에게 있음을 말하고 있다. 이러한 다문화적 공간에서 서로는 차별이 아닌 차이를 지닌 존재가 되며, 그러한 존재로서 우리는 선천적으로 서로를 경계 짓지 않음을 말하고 있다. 우리가 타자를 경계 짓고 차별하는 것은 후천적인 학습의 결과인데, 그러한 차별은 가난한 안나 아주머니의 왕국에서는 있을 수 없다. 안나 아주머니의 왕국은 다문화인들이 서로의 차이를 인정하고 상처를 어루만지면서, 타자와 관계론적 삶을 살아가기 때문이다. 아울러 타자와의 관계론적 삶을 통해 정체성을 새롭게 갱신할 수 있는 길로 나아갈 수 있기 때문이다.

(3) 타자와의 소통을 위한 발화를 통한 다름과 차이의 포용

인간은 자신이 처한 환경을 인식하고 그 환경에 알맞은 언어표현을 활용하여 발화한다. 그러기의 인간의 발화는 그 자체로 의미를 갖기보다는 그 발화를 받아들이는 다른 사람과의 관계 속에서 어떻게 소통되느냐가 중요하다. 인간 발화의 소통 과정은 '인간-언어-환경'이라는 복합적인 관계망 속에서 개인이 처한 맥락에 따라 다양한 차이를 드러내며, 이 때문에 언어적 발화에 의한 갈등과 충돌이 생겨나기도 한다.(곽경숙, 2014:41)

그런데 인간 삶에서 상처받고 소외된 자들은 타자와 소통하기 위해 적극적으로 발화를 하기보다는 침묵이나 비언어, 욕설, 말더듬, 피진어, 반복어 등과 같은 비표상적이고 미분화된 발화를 통해 타자의 언어로 고정된 권력관계의 기능을 붕괴시키고자 한다.(이미림, 2013:503) 상처받고 소외된 자들의 언어는 문화적 차이와 의사소통의 부재로 인해 경계언어로서 피진어[11]가 된

---

[11] 피진(pidgins)의 현상은 국제교류가 이루어져 국경을 넘어선 언어활동이 이루어지는 상황에서 형성된 경계언어로 중국인이 'business'를 '피진'이라고 부른데서 유래한 말이다. 피진어 자체가 교육과 접촉, 국제교류, 식민지 건설에서 나타난 언어이다.(신승철, 2011:199;이미림, 2013:503에서 재인용)

다. 피진어로 발화하는 소외된 자들의 언어는 소수언어로서, 표준언어 주변에서 끊임없이 생성된다. 또한 권력언어의 입장에서 볼 때, 말더듬기에 해당되며(이미림, 2013:504), 끊임없는 변이의 과정을 거친다. 따라서 소외된 자들의 피진어는 그들이 언어권력의 주변에 있으며, 타자이자 경계인으로서의 정체성을 갖고 있음을 보여준다.

손홍규의 《이슬람 정육점》에서 소외된 자로서 말더듬기에 의해 타자로서의 언어를 구사하는 존재는 유정이다. 연탄장수 부모를 둔 유정은 수다스러운 말더듬이다. 유정은 사람들과 말을 할 때는 말을 더듬지만 동물의 말을 알아들을 수 있는 능력을 갖고 있다. 그는 동물원의 동물들을 통해 "입을 꾹 다문 세계도 사실은 끊임없이 무언가를 말하고 있다는 걸"알려준다. 유정은 동물들 앞에서 자신이 우월한 인간임을 내세우지 않고 동물들을 애정으로 대하면서 동물들과 동등한 입장에서 그들의 말을 알아듣는다. 그렇기 때문에 유정과 동물들은 종차(種差)라는 한계를 넘어 서로 대화할 수 있는 사이가 된다.(곽경숙, 2014:42)

유정은 "동물의 언어를 우리말로 바꾸어, 더 정확히 말하자면 부모에게 물려받은, 녀석이 살던 곳에서 배운, 지금 이 동네 사람들이 쓰는- 다양한 억양과 정체불명의 낱말들이 섞인 언어로 바꾸어 내게 들려주었다."(30-31쪽) 유정은 이런 말하기를 통해 자기중심적 발화가 아닌 상대자를 배려하는 발화를 하며, 침묵하거나 말을 더듬는 언어의 정확성을 이야기한다.

> 유정은 언어의 부정확성에 대해 고민하는 중이었다. 그는 말로 표현한 모든 것들이 사실은 아무것도 표현하지 못한다는 생각을 했다. 그게 유정의 고민이었다.
> "언어가 모든 걸 말해줄 수는 없겠지만, 말하지 않으면 안 되는 것도 있는 거겠지."(115-116)

위의 예문에서 알 수 있듯이, 유정은 말로 표현한 모든 것들이 사실은 아무것도 표현하지 못한다는 생각을 하면서 언어의 부정확성에 대해 고민한다. 언어적 발화가 모든 것을 말해줄 수는 없기에, 침묵이나 말더듬 같은 비언어적 발화가 오히려 더 정확할 수도 있음을 말한다.

> 자신이 말로 표현한 것들이 상대방에게 자신의 의도대로 전달될 수 있을지 확신하지 못했다. 그는 모든 걸 언어로 환원하는 사람들을 두려워하고 경멸했다. 언어가 날카로운 화살이 되어 상대방에게 상처를 줄 수 있다는 걸 고려하지 않는 사람도 마찬가지로 두려워하고 경멸했다. 그러나 유정은 남을 진정으로 두려워할 수는 있을지언정 경멸할 수는 없는 녀석이었다. 타인을 두려워할 수만 있는 사람은 결국 스스로를 경멸할 수밖에 없는 것인지도 모른다. 유정

은 자신이 견딜 수 없을 만큼 밉다고 했다. 그는 자신이 얼마나 사랑스러운 존재인지를 모른다.(116)

위의 예문에서 알 수 있듯이, 모든 것을 언어로 환원할 수는 없다. 표현한 모든 것들이 상대방에게 발화자의 의도대로 전달되는 것만은 아니기 때문이다. 또한 언어는 그 자체가 날카로운 화살이 되어 상처받은 자들에게 상처를 줄 수도 있다. 그러기에 언어는 어떤 것이 정확한지 또는 효과적인지를 단정할 수 없다. 이러한 유정의 생각들은 그가 말더듬이가 되게 했다. 가장 효과적인 발화는 마음과 마음이 그대로 이어지는 타자와의 소통인데, 그러한 소통은 이질적인 사람들이 한데 어울려 사는 다문화적 공간에서 더욱 필요하다. 다문화적 공간에서 살아가는 자들은 상처받고 소외된 자들로서 권력언어에 의한 발화가 아닌 각자의 배경을 토대로 하는 발화를 행한다. 그러기에 자칫하면 서로에 대한 이해나 협력보다는 폭력적 담론이 초래될 가능성이 농후하다.

각자의 문화적 배경을 토대로 하는 다문화적 공간에서의 발화 행위는 언어가 날카로운 화살이 될 수 있음을 고려하는 가운데, 언어의 정확성보다는 소통성에 중점을 두어야 한다. 타자와의 소통을 고려하는 발화 행위를 통해 다문화인들은 서로의 상처를 이해하고 어루만질 수 있기 때문이다.

우리 삶을 지배하는 건 비속어가 아니라 일상어였다. 이 세상은 단순한 언어가 승리하게끔 만들어졌다. 돈, 사랑, 명예, 우정, 행복……평범한 언어가 지배하는 세상은 평온한 대신 지루하다. 비속어도 소용이 없다. 식당 안을 떠도는 수많은 비속어들도 어느새 식상해지면서 관용어가 되기 때문이다. 비속어마저 일상어에 포획되어 날카로움과 저속함을 잃어버리고 점차 일상어에 편입된다.(151)

위의 예문에서 알 수 있듯이, 다문화인들의 발화는 그것의 정확성보다는 효과적인 전달에 초점이 있다. 돈, 사랑, 명예와 같은 평범한 언어가 지배하는 발화가 아니라 일상어가 지배하는 발화가 다문화인들의 언어 공간이다. 이 공간에서 비속어나 평범한 언어는 일상어에 포획되어, 생활 속에서 닳아진다. 그러기에 다문화인의 언어 공간에서는 화려한 수사가 아닌 생활과 직결되는 일상어가 주도권을 갖게 된다.

손홍규의《이슬람 정육점》에서 다문화적 언어 공간에서 독특한 언어 표현을 하는 존재는 유정뿐만이 아니다. 전쟁고아인 '나'는 친구가 없어 새들과 대화를 하며 지낸다. "구구구구, 끼룩 끼룩, 쩩쩩쩩쩩, 비오비오, 까옥까옥, 지지배배, 찌르륵찌르륵" 등의 의성어로 고독을 극복하려는 '나'는 자신을 지켜보는 유정과 친해지며, 야모스도 사람보다는 새가 되고 싶어한다. 또한 노란 줄무늬 고양이와 친구로 지내는 맹랑한 녀석도 반복어와 무의미어를 통해 경계인들처럼 일상에서는 소외되지 않은 비표상적 사유체계를 드러낸다.(이미림, 2013:504) '나'가 어떤 동물의 말이 가장 알아듣기 어렵냐고 묻자, 유정은 '사람'이라고 대답한다. 사람은 타인을 복종으로 유인하거나 내려다보는 시선으로 통제의 대상으로 삼고자 하는 주체의 시선(슬라보예 지젝 외, 라깡정신분석학회 역, 2010:11)을 갖고 있기 때문이다. 유정과 맹랑한 녀석의 대화에서도, 쌀집 둘째 딸에게 실연의 상처를 당한 맹랑한 녀석은 염세적인 반복어를 사용한다.

> "저 아래 위그드라실이라 불러도 좋을 거대한 물푸레나무가 있어. 그곳에 가면 너에게 지혜를 건네줄 현자를 만날 수 있을 거야."
> "죽을 건데 뭐."
> "유정이 신기한 동물을 발견했대. 눈이 하나야. 이마 한가운데 박혀 있대. 몸이 줄어드는 마법에 당한 키클롭스가 분명해. 보고 싶지 않니?"
> "죽을 건데 뭐."
> "운동화 뒤축을 그렇게 구겨 신으면 오래 신지 못해."
> "죽을 건데 뭐."
> "이 책 좀 봐, 멋지지 않니?"
> "죽을 건데 뭐."
> "이따 밥 먹고 보자."
> "죽을 건데 뭐."
> "젠장, 죽을 때 죽더라도 할 건 하고 죽어라."
> "죽을 건데 뭐."
> 맹랑한 녀석은 유머 감각을 잃었다. 희극 배우의 얼굴로 비극을 연기했다.(87)

위의 예문에서 알 수 있듯이, 쌀집 둘째 딸에게 실연의 상처를 당한 맹랑한 녀석은 모든 대화에서 "죽을 건데 뭐."라는 염세적인 반복을 계속하고 있다. 이를 통해 맹랑한 녀석은 통상적인 언어 관습을 파괴하면서 탈기표적인 무의미를 나열하고 있다. 대상이나 사물의 의미와 무관한 탈기표적인 무의미를 반복하는 양상은 맹랑한 녀석의 대화에만 있는 것은 아니다. 수전증에 관절염을 앓고 허리가 굽은 술주정뱅이 열쇠쟁이 영감도 헛소리를 하며 대상과 상관없는 같은 말을 반복할 뿐이다.

> 나는 주정뱅이 노인에게 물었다.
> "제가 누군지 아세요?"
> "코끼리."
> "어떤 코끼리요?"
> "분홍색 코끼리."
> "뭐 하고 있어요?"
> "지나가고 있어."
> "어디로 가고 있어요?"
> "……"
> 나는 티셔츠의 목둘레를 잡아당겨 쇄골 아래 흉터를 드러냈다. 그 흉터는 역사가 날염된 것이었다. 나는 드러난 흉터를 손가락 끝으로 가리키며 물었다.
> "여기 이 자물쇠에 꼭 맞는 열쇠는 없나요? 끼워서 돌리면 감쪽같이 흉터가 사라지는 만능 열쇠 말예요. 그런 건 없나요?"(222-223)

위의 예문에서 알 수 있듯이, 술주정뱅이 열쇠쟁이 영감도 대상과 무관한 반복적인 표현만을 하고 있다. 이러한 발화는 생명이 없는 언어이며, 논리적인 권력언어와는 거리가 멀다. 맹랑한 녀석의 염세적이고 무의미한 발화의 반복, '사람'의 언어가 가장 알아듣기 어렵다는 유정의 말, 새들과 사귀며 새들의 언어를 이해하는 '나', 대상과 무관한 반복적인 발화를 일삼는 열쇠쟁이 영감 등의 발화는 모두 하위계급의 의사표현으로 권력언어가 아니다. 그들의 발화는 아이, 동물, 비정상인, 이주자 등의 것으로, 그들이 타자화되어 경계인에 머물러 있음을 드러낸다.(이미림, 2012:386) 그들은 동물과 소통하는 대화, 더듬거림, 침묵, 반복어, 비속어 등의 다의미적 언어뿐만 아니라 몸짓, 표정, 춤 같은 비언어적 발화를 통해 자신들이 주변인 혹은 타자적 존재라는 연대성과 동질감을 드러낸다. 또한 소통이 불가능한 타자의 언어, 경계언어를 통해 중심의 권력언어를 전복하고 해체하여 서로의 차이와 다름을 인정한다. 이는 다문화적 언어 공간에서 서로의 차이와 다름을 인정하기 위한 언어적 장치로서 동물과 소통하는 대화, 더듬거림, 침묵, 반복어, 비속어 등을 사용하고 있다는 의미이다.

나는 유정을 보고 알았다. 우리가 말을 더듬지 않는 이유는 상처가 없어서가 아니라는 걸, 혹은 상처가 치유되어서도 아니라는 걸. 사실은 더 큰 상처로 고통받기 때문일 수 있다는 걸. 유정은 어머니가 사라진 뒤 말을 더듬지 않았다. 어머니, 어머니. 그는 이 낱말을 더듬는다는 생각조차 괴로웠던 거다. 그 사실을 우리 모두 알았으나 누구도 입 밖으로 꺼내어 말하지 않았다. 나는 그들의 침묵이 정겨웠다. 유정도 그게 고마웠을 것이다.

　나의 언어가 입안에서 자란 송곳니와 어금니처럼 상대방을 물어뜯고 짓이기고 씹어버리기 위한 것이라면 유정의 언어는 사랑니였다. 그의 언어는 잇몸 속에 갇혀 웅얼대는 소리 없는 언어였다. 그것은 모로 눕거나 똑바로 자라거나 살점을 뚫지 못하고 미성숙한 채로 나이 들어 종내는 그곳에서 썩어버릴 터였다. 유정은 언제까지고 아플 것이다.(206)

위의 예문에서 알 수 있듯이, 서로의 차이와 다름을 인정하는 발화는 상대방을 물어뜯고 짓이기고 씹어버리기 위한 것이 아니다. 그보다는 잇몸 속에 갇혀 웅얼대는 소리 없는 언어일지라도, 상대방을 배려하는 발화이다. 그러기에 그러한 발화를 수행하는 존재는 타자로부터 상처받으면서, 자신의 발화 의도가 정확하게 전달되기를 바랄 뿐이다. 그러나 그 바람은 쉽사리 이루어질 수 없는 것이기에 발화자는 상처받고 아플 것이다. 이처럼 《이슬람 정육점》에서 작중인물들의 발화는 언어의 획일화를 지배하는 권력이나 동일성의 법칙에서 어긋난 차이와 다름을 존중하는 것이며(이미림, 2013:507), 그것은 권력언어에 대한 저항의 역할을 수행한다.

다) 외에 빠진 다문화인들의 삶 이해하기: 김재영의 《코끼리》 읽기

김재영의 《코끼리》는 열악한 노동환경 속에 한국의 중소업체에서 일하는 이주노동자들의 처참한 생존환경을 전형적으로 보여주는 소설이다. 이 소설은 자본을 쫓아 한국에 온 이주노동자들의 유목적인 삶과 그들이 처한 처참한 생존환경을 통해 한국사회가 당면한 다문화주의를 보여주면서 노동에 대한 자본의 착취 문제를 정면으로 고발하고 있다.(고봉준, 94)

이 소설의 공간적 배경은 '식사동 가구공단'인데, 이곳은 네팔, 중국, 파키스탄, 방글라데시, 미얀마, 러시아, 베트남, 이란, 스리랑카, 우즈베키스탄, 인도 등 신자유주의 시대에 자본을 찾아 온 이주노동자들이 집단적으로 거주하는 곳이다. 이곳에서 이주노동자들은 이방인으로 살아가면서, 서로를 헐뜯고 속이고 폭행하는 등 비교육적인 환경을 만들어간다.

주인공 '나(아카스)'가 살고 있는 "십여 년 전까지 돼지 축사로 쓰였다는, 낡은 베니어판 문 다섯 개가 나란히 붙어 있는 건물"은 여러 나라에서 온 이주노동자들이 섞여 살아가는 곳이다. 1호실에는 미얀마 아저씨들이, 2호실에는 방글라데시 아주머니가, 3호실에는 네팔에서 온 비재 아저씨가, 4호실에는 네팔에서 온 아버지와 '나'가, 5호실에는 러시아에서 온 아가씨 마리나가 살고 있다. 그들은 그곳에서 척박한 생활환경만큼이나 참담한 삶의 상황들에 처해 있다. 즉, 거대한 소용돌이인 '외'에 빠져 살아가고 있다.

(1) 이주노동자들의 열악한 삶

김재영의 《코끼리》(2014, ㈜아시아)는 외국인 노동자의 아들인 아카스의 시선을 통해 한국에 이주해 온 외국인 노동자들의 척박한 삶의 환경과 아픔을 보여주고 있다. 고양시 식사동 이주노동자들의 숙소를 통해 그들의 척박한 생존과 노동 환경을 드러내면서, 이주 이전의 삶과 이주 이후의 삶을 밝음과 어둠의 이미지로 대비시켜 그들의 삶이 이주 후에 얼마나 망가지고 있는지를 여실하게 보여준다.

> 지난 여름, 장판 밑에서 시작된 곰팡이는 방바닥에 놓인 세간과 벽에 걸린 옷가지로 번져나가더니 기어코 아버지의 폐와 내 종아리까지 침범했다. 아버지는 기침을 해댔고 나는 종일 종아리를 긁어댔다. 우리는 슬레이트 지붕 위로 무섭게 쏟아지는 빗소리를 들으며, 창문 반대편에 걸린 달력 사진을 바라보는 걸로 지루한 여름을 견뎠다. 투명하고 생생한 햇빛, 푸른 티크 나무숲, 눈 덮인 안나푸르나, 잔잔하게 물결치는 페와호, 그리고 사탕수수를 빨아먹으며 웃고 있는 아이들……
>
> 아버지와 나는 십여 년 전까지 돼지축사로 쓰였다는, 낡은 베니어판 문 다섯 개가 나란히 붙어 있는 건물에서 살고 있다. 쪽마루도 없는데다 처마저 참새 꼬리처럼 짧아 아침이면 이슬에 젖은 신발을 신고 학교에 가야 한다. 며칠 전 주인아주머니는 누런 갱지에 '빈 방 있음'이라고 써 3호실 문짝에 붙여놓았다.(10-12)

위의 예문에서는 고양시 식사동 베니어판촌에 살고 있는 이주노동자들의 암울한 삶이 곰팡이를 통해 생생하게 전달되고 있다. 창문 반대편에 걸린 네팔의 풍경을 찍은 달력을 바라보면서 곰팡이가 방안 곳곳에 번져나가고 아버지의 상한 폐, 아카스의 종아리를 침범한 곰팡이가 자아내는 암울하고 척박한 이주노동자들의 생존 환경을 묘사하고 있다. 이를 통해 떠나 온 고향, 즉 네팔에서의 삶이 얼마나 행복했었는가를 보여주면서, 이주 이전의 삶으로 되돌아가고픈 이주노동자들의 회한과 향수를 그리고 있다.

아카스의 아버지 어루준은 띠안 축제를 마치고 생일날 아침에 고향을 떠나 한국에 노동자로 왔다. 어루준이 살았던 네팔의 여름 햇빛은 정수리로 내려오고, 가을 햇빛은 가슴에 와닿는 곳이었으며, 그가 고향을 떠난 것은 성글성글한 햇살이 비스듬히 내려와 심장에 꽂히는 가을이었고, 당시 그는 심장이 사납게 뛰는 스물여섯이었다.

> 밤마다 아버지는 낡은 춤바를 입고 고향 마을로 찾아가는 꿈을 꾼다.(중략) 하지만 다음날 공항에서 비행기에 오르려고 하면 누군가 아버지 앞을 가로막으며 거칠게 끌어낸다고 했다. "난 한국으로 돌아가야 돼. 거기 내 가족이 있어. 제발, 보내줘. 일자리도, 이웃도, 내 청춘도 다 거기 두고 왔단 말이야. 제발……!" 잠꼬대 끝에 몸을 벌떡 일으키는 아버지는 매번 황급히 사방을 둘러본다.(44-46)

어루준은 이제 한국에서 밤마다 고향에 돌아가는 꿈을 꿀뿐 실제로는 고향에 돌아갈 수 없다. 돈도 없을뿐더러 몸도 마음도 많이 망가졌기 때문이다. 그가 꾸는 꿈은 이주노동자로 청춘을 바쳤고, 가족과 이웃들이 모두 있는 한국이 애증의 대상임을 보여준다. 또한 한국에서의 고달픈 삶과 척박한 환경에서 벗어나고자 하는 대상적 욕구를 드러낸다.(송현호, 2009:234)

> 뱃속에서 울리는 끄르륵 소리를 들으며 나는 공장이 늘어선 골목으로 들어선다. 메마르고 갈라진 시멘트 길, 칙칙한 작업복 차림의 사람들, 공장 지붕 위로 떨어지는 회뿌연 잿빛, 그리고 이따금 사나운 짐승처럼 달려가는 짐 실은 트럭들 사이에서 현기증을 느낀다. 오늘처럼 학교에서 급식을 하지 않는 토요일엔 늘 이렇다. 아침에 먹은 치아 한 잔으로는 오후까지 견디기가 쉽지 않다.(중략) 염색공장에서 나오는 새빨간 물이 도랑을 붉게 물들이며 흘러간다. 김이 모락모락 나는 게 갓 잡은 돼지 피처럼 보인다. 헛구역질이 난다. 입 안에서 쏩쓰름한 위액이 느껴진다. 내가 죽게 된다면 아마 코부터 썩을 거다. 태어나서 지금까지 냄새 속에 살았으니까.(24-26)

이주노동자들은 굶주림 속에, 흐리멍덩한 하늘, 깨진 벽돌더미, 냄새나는 바람, 공장에서 나오는 시끄러운 소음, 페인트 냄새, 가구공장의 옻 냄새, 염색공장에서 나오는 새빨간 물, 붉게 물든 도랑, 김이 모락모락 나는 오염물질 등으로 가득 한 척박한 삶의 공간에서 살아간다. 이런 공간에서 그들은 사람다움을 느끼지 못한 채, 서로 간에 신뢰를 형성하고 살아가기보다는 서로 헐뜯고 속이면서 살아간다. 그러기에 그들의 삶은 무질서하고 서로를 경원시하는 것이다.

사실 알리는 비재 아저씨 아들의 생명을 훔쳐 도망간 거나 다름없다. 아저씨는 막내아들의 심장수술 비용을 마련하려고 여기 왔으니까. 이 마을에선 불행이 너무나 흔해 발에 차일 지경이다. 그래서 웬만한 일에는 누구도 신경 쓰지 않는다. 하지만 비재 아저씨가 그날 새벽에 내지른, 절망과 분노에 찬 비명 소리는 한동안 잊히지 않을 것 같다.(12-14)

위의 예문은 이주노동자들이 서로를 속이면서 돈을 훔치고 달아나는 상황을 보여준다. 그들에게 불행은 너무나 흔해 발에 차일 지경이며, 웬만한 일에는 누구도 신경 쓰지 않는다. 이런 상황에서 같은 이주노동자인 알리가 비재 아저씨의 돈을 훔친 것은 비재 아저씨 아들의 생명을 훔친 것이나 다름 없다. 비재 아저씨의 돈은 막내아들의 심장수술 비용이었기 때문이다.

네팔에서 천문학을 공부하다 온 아버지는 별이나 달을 보고 현재의 위치를 가늠할 줄 안다. 구름의 모양이나 색깔, 두께를 보고 날씨를 예측할 수도 있다. 그러나 아버지는 이곳에서 별을 연구하는 대신 전구를, 하루에 수백 개씩의 전구를 만들었다. 아침부터 저녁까지 긴 대롱을 입에 대고 후, 후, 숨을 불어넣었다.(중략) 지금보자 더 어렸을 때 나는 아버지가 하는 일을 몹시 자랑스러워했다. 어쩌다 동전이라도 손에 들어오면 풍선껌을 사서 아버지처럼 후후 방울을 불어댔다. 그러나 지금은 아니다. 아버지의 폐에서 나와 입술 끝에서 내뱉는 바람으로 만들어 낸 전구들은 금세 아버지 곁을 떠나 휘황한 백화점 건물에서, 거리의 간판에서, 혹은 야시장에서 환호성을 질러대듯 반짝였다. 그런 밤에도 아버지는 나달나달해진 폐를 쓰다듬으면서 흐린 형광등 아래로 기어 들어왔다. 아버지한테서는 짐승 냄새가 났다. 땀과 화학약품과 욕설에 전, 종일 쉬지 않고 일한 몸뚱이가 풍기는 고약한 단내.(68-70)

아카스의 아버지 어루준은 한국인이 때리면 맞고 욕하면 들으면서 지난 십 수 년을 한국에서 살아왔다. 그러면서 그것이 이주노동자가 한국에서 살아가는 현명한 방법이라고 생각한다. 어루준은 네팔에서 천문학을 공부했지만, 한국에서 전구를 만들다가 폐를 상하고 땀과 화학약품, 욕설에 절면서도 종일 쉬지 않고 일해야만 하는 고단한 생존 환경을 무덤덤하게 받아들인다. 이런 어루준의 태도는 그가 한국에서의 노동에 대해 환멸감을 가지면서도 식사동 가구단지를 영원히 떠날 수 없음을 암시한다.(송현호, 2009:236) 한국은 그가 돌보아야 할 가족이 있고 애증의 대상인 공장이 있기 때문이다.

어루준은 한국행을 후회하면서 살아간다. 그는 "머리를 굴려 이 지옥에 떨어졌어. 다른 청년들처럼 산에서 염소를 기르거나 들에서 농사일을 했더라면, 강물에 몸을 씻고 집으로 돌아와 구수한 달(콩 수프), 바트(밥) 냄새를 맡으며 신께 감사할 줄 알았다면……."(26쪽)이라고 자신의 지난 행동을 후회한다. 이러한 그의 태도는 한국에서의 삶을 받아들이지 못하면서도 네팔로 다시 돌아가지도 못하는 패배적인 삶의 방식을 보여준다.

> 멀리 알루미늄 공장 쪽에서 누군가 걸어오고 있다. 자세히 보니 쿤 형이다. 사 년 전에 한국에 들어온 그는 나보다 열두 살이 위인 스물다섯이다.(중략) 아버지는 그가 몹시 힘들게 지냈다는 걸 금방 알아차렸다. 그의 얼굴 표정에서 산업연수생 시절에 겪었던 어려움이 그대로 드러났다. 지하방에서 휴일도 없이 하루 열여섯 시간씩 일하다가 한밤중에 창문으로 도망쳤다는 그의 몸은 시퍼런 멍과 상처로 얼룩져 있었고 화덕처럼 뜨거웠다.(28)

위의 예문은 사 년 전에 산업연수생으로 한국에 온 쿤이 얼마나 많은 착취를 당하면서 한국의 산업 현장에서 일했는가를 고발하고 있다. 쿤은 지하방에서 휴일도 없이 하루 열여섯 시간씩 일하면서 임금도 제대로 받지 못하다가 한밤중에 창문으로 도망쳤다. 이러한 이주노동자들의 노동환경은 한국인들이 이주노동자들을 얼마나 착취하고 있는지를 보여준다.

> 간지럼을 잘 타는 쿤은 흐으, 흐으, 김빠진 웃음을 내뱉더니 할 수 없이 그 비밀을 펼쳐 보인다. 흰 붕대에 감긴 손이 허공으로 불쑥 솟아오른다.
> "왜 이래?"
> "어제 일하다가 그만……. 다행히 손가락 세 개는 남았어."
> 쿤은 아무렇지도 않다는 듯이 말하려고 애쓴다. 하지만 결국 알아들을 수 없는 말을 내뱉는다. 박치니가(씨발)! 그는 발끝으로 돌멩이를 세게 걷어찬다. 찰랑, 흩날리는 노란 머리카락 사이로 새로 돋는 까만 머리카락이 보인다. 그는 이제 더는 염색을 하지 않을 거다. 여기까지 와서 프레스에 손가락을 잘리는 미국 사람은 없을 테니.(34-36)

위의 예문에서 알 수 있듯이, 이주노동자들이 일하는 산업현장은 열악하기 그지없어서 그들은 무수히 신체적 훼손을 당한다. 쿤처럼 공장에서 일하다가 손가락이 절단되는 사람이 부지기

수였던 것이다. 이주노동자들의 척박한 노동 상황은 아카스가 묻어 놓은 그들의 손가락 무덤을 통해서도 전형적으로 드러난다.

> 벌써 다 썩어버렸나? 돈을 훔쳐 달아난 알리의 손가락을 초여름에 다섯 개나 묻었는데 하나도 없다. 작년에 묻은 베트남 아저씨 손가락은 말할 것도 없고. 좀 더 깊이 땅을 파려고 팔에 힘을 준다. (중략) 순간 하얀 뼈다귀들이 무더기로 쏟아져나온다. 그러면 그렇지. 나는 주머니에서 손가락을 뼈다귀들 틈에 놓는다. 물든 감잎 하나가 손가락 위로 살며시 내려앉았다. 나는 구덩이에 흙을 푹, 밀어넣는다. 수돗가 쪽으로 침을 퉤 뱉고 나서 두 손을 모은다. '파괴의 신 시바님, 이 정도면 충분해요. 더는 제물을 바라지 마세요. 특히 아버지하고 제 손가락만큼은 절대.'(36-38)

작업 중 잘린 이주노동자들의 손가락들을 묻는 것은 이주노동자들의 희망마저 절단된 현실을 상징적인 행위이다. 하얀 뼈다귀들이 무더기로 쏟아질 만큼 많은 이주노동자들은 척박한 산업현장에서 신체적 훼손을 당하면서 비애를 경험했다. 그들의 비애는 돈을 벌어 인간다운 삶을 살아보겠다는 의욕에서 비롯된 것이다. 한국인들이 하기 싫어하는 험한 업종의 일을 하면서 성실하게 노력했지만, 그들은 자신들을 인간으로 대접하지 않는 한국인들의 편견과 멸시 속에 신체적 훼손을 당한다. 그러면서 그들은 고향에 돌아갈 수도 없는 처지가 되어, 꿈을 잃고 절망 속에서 겨우 목숨을 부지하며 살아간다.

이주노동자들의 이런 삶은 러시아에서 온 마리나를 통해서도 확인할 수 있다. 마리나는 식사동 가구단지 5호실에서 살고 있는데, 그녀의 이름은 러시아말로 바다란 뜻을 지니고 있다. 그녀는 어릴 적에 온 가족이 집 둘레에 사과나무, 체리나무, 슬리바나무를 심고 주말이면 근교까지 자전거를 타고 가 송이버섯을 따면서 살았다. 유치원에서 아이들에게 춤과 노래를 가르치면서 살다가 아버지가 체첸전쟁에서 죽고 혼자 생계를 책임지던 어머니마저 병들자 한국행 배를 탔다.

> 골목 모퉁이 은밀한 곳에 다다르자 빅토리아 관광나이트클럽 포스터가 붙어 있다. 어슴푸레한 가로등 불빛 아래 벗은 마리나 모습이 도드라진다. 젖가슴을 반 이상 드러낸 까만 브래지어와 반짝이 팬티를 입은 마리나는 엉덩이 뒤쪽으로 공작꼬리처럼 생긴 화려한 인조 깃털을 매달고 있었다. 대리석처럼 하얗고 긴 팔다리는 압사라 춤을 추듯 기묘하게 꼬여 있다. 금발 머리를 틀어 올리고 입술을 빨갛게 칠해 쉽게 알아볼 수 없게 분장했지만 그녀의 보랏빛 눈동자만은 숨길 수가 없다.(78-80)

위의 예문에서 알 수 있듯이 병든 어머니와 여동생 까따리나가 하바로프스키에 살고 있는 마리나는 지금 빅토리아 관광나이트클럽에서 일하고 있다. 그녀는 이주 이전에 체첸전쟁에 의해 가정의 행복을 상실했다. 순전히 돈을 벌기 위해 한국에 왔지만 그녀는 "상처가 난 채 억지로 웃는 것 같은 이상한 모습이 되어" 살고 있다. 여전히 밑바닥 삶을 살면서 그녀는 코리안드림이 얼마나 허망한 것이었는지를 절감하고 있다. 마리나의 이런 모습은 코리안드림을 쫓아 한국에 온 수많은 이주 여성들이 매춘의 늪에 빠져드는 한국 사회의 어두운 그림자를 보여준다.(송현호, 2009:243)

한국에 이주해 온 외국인 노동자들은 모두 '외'에 빠져 살고 있다. 그들은 한국에 와서 한국인들이 꺼려하는 힘든 업종에서 일하고 있지만 돈을 모으기는커녕 오히려 고향에 돌아갈 수조차 없게 된 처지에 있다. 불법 이주노동자들을 착취하는 한국 기업가들의 악행 때문에 그들은 벌거벗은 존재로 인간다움과 정체성을 상실하고 있다.

검은 색연필로 여러 번 덧그린 커다란 원은 마치 '외'처럼 보인다. '외'는 미얀마 말로 '소용돌이'란 뜻이다. 1호실 미얀마 아저씨들은, 한국에 온 외국인 노동자들은 모두 '외'에 빠진 거라고 말한다. 나는 아버지의 소용돌이 삶 속에 태어났으니까 새끼 외다. 하지만 한국에서, 조선족 어머니 자궁에서 태어났으니 반쪽 외다. 물론 그렇다고 해서 내가 학교나 마을에서 외 취급을 받지 않을 거란 착각을 할 정도의 머저리는 아니다.(18)

위의 예문에서 알 수 있듯이, 외국인 노동자들은 한국에서 인간다움과 정체성을 상실한 채 모두 '외'에 빠져 있다. 본래의 자기다움을 잃고 인간이기를 스스로 포기하면서, 이주노동자들끼리 서로 헐뜯고 속이고 돈을 빼앗는다. 그들은 외에 빠져 스스로 빠져 나오지 못한 채 스스로 인간다움 삶을 포기하고 있다.

검은 물체가 소리 없이 노랭이 뒤를 따른다. 퍽 소리와 함께 노랫소리가 뚝 끊긴다. 검은 물체는 쓰러진 노랭이 앞가슴에서 심장을 뜯어내듯 지갑을 뺏는다. 희미한 달빛 아래 입을 벌리고 웃는 얼굴이 얼핏 보인다. 비재 아저씨다. 나는 눈을 질끈 감는다. 눈꺼풀 안쪽으로 은색 코끼리 한 마리가 나타난다. 구덩이에 발이 빠진 코끼리는 큰 귀를 펄럭이며 빠져나오려고 안간힘을 쓰고 있다. 하지만 발버둥 칠수록 뒷다리는 점점 더 깊이 빨려 들어간다. 구덩이는 삽시간에 시커먼 늪으로 변하더니 뭐든 집어삼킬 태세로 거세게 휘돌아간다. 아, '외'다. 현기증이 일도록 빠르게 소용돌이치는 '외……' 코끼리는 맥없이 빨려 들어간다. 미처 비명을 지르지 못

하고 눈을 부릅뜬 채. 눈앞이 온통 까맣다.(86)

막내아들의 수술비를 알리에게 도둑맞은 비재 아저씨는 삶에 대한 의욕을 상실한 채 마당에 있는 늙은 감나무 밑에 앉아 먼 산을 바라보며 실성한 사람처럼 지냈다. 그러다가 그는 막내 아들의 수술비를 마련하기 위해 노랭이 나딤 몰라를 살해하고 돈을 빼앗는다. 위의 예문에서 알 수 있듯이, 비재 아저씨는 노랭이의 돈을 빼앗으면서 순수한 영혼을 상실하고 '외'에 빠져든다. 그가 순수한 영혼을 상실한 채 살인을 하면서 돈을 빼앗는 것은 코끼리가 늪에 빠진 것과 같다. 늪에 빠진 코끼리는 스스로 빠져 나오지 못한 채 죽어간다. 그처럼 늪에 빠진 이주 노동자들은 인간다움과 정체성을 스스로 상실한 채 돌아갈 고향마저 없어지고 만다. 이와 같은 그들의 참담한 삶의 환경은 주류 한국인들에게 그들이 벌거벗은 존재와 같이 여겨지고 있으며, 그들 서로간의 배척이 팽배했음을 여실하게 보여준다.

(2) 타자적이고 벌거벗은 삶

이주노동자나 그 자녀들은 한국에서 주류 한국인들에게 의해 차별과 인간 이하의 취급을 받고 있다. 그러기에 그들의 삶은 주류 한국인들에게 배척의 대상이 되면서 타자적이고 벌거벗은 상태에 있다.

> "너 소영이 짝이지? 이 더러운 자식!" 어제 오후 집으로 돌아오는데 6학년 소영이 오빠가 다짜고짜 내 멱살을 잡았다. 그러고는 똥 닦는 냄새나는 손으로 왜 소영이를 만졌느냐고 다그쳤다. 난 그런 적 없다고 했다. 연필이 굴러가서 잡으려다가 실수로 손등을 건드린 거라고 구차한 기분이 들 정도로 차근차근 설명했다. 소영이 오빠는 거짓말 마 새꺄, 라며 주먹을 날렸다.(18)

위의 예문은 아카스와 같은 반인 소영이 오빠가 아카스에게 극도의 거부감을 보이고 있음을 나타낸다. 한국인들은 자신들보다 가난한 나라에서 왔거나 그러한 사람들의 자식인 아카스와 같은 다문화인들을 무조건적으로 배척하는 인종주의적 차별을 행한다. 이러한 인종주의적 차별은 슬라보예 지젝이 언급한 이데올로기적 판타지, 즉 인종주의적 차별을 다문화주의로 합법화하는 한국인들의 앵똘레랑스를 전형적으로 보여준다.

늬들은 손으로 밥 먹고 손으로 밑 닦는다면서? 우엑, 더러워. 놀려대는 반 아이들 목소리가 들리는 듯하다. 그건 사실이 아니다. 밥은 밑 닦는 왼손이 아닌 오른손으로 먹는다.(중략) 닳아 버린 지 오래여서 지장을 찍으면 짓이겨진 꽃물자국 같은 게 묻어난다. 사람들은 지문이 없으니 영혼도 없다고 생각하나 보다. 그렇지 않다면 노끈에 꿰인 가자미처럼 취급당할 리가 없다. 야 임마, 혹은 씨발놈아, 라는 이름의 외국인 노동자 한 궤미. 말링고꽃을 좋아하고 민요 〈러섬 피리리〉를 구성지게 부르는, 안나푸르나의 추억을 가진 '어루준'이란 이름의 사람은 처음부터 있지도 않다.(20)

한국에서 외국인 노동자들은 "야 임마", "씨발놈아"라는 이름으로 불리며, 노끈에 꿰인 가자미처럼 취급당한다. 그러기에 그들은 지문과 영혼이 없는 존재로 여겨진다. 이러한 현실은 그들이 안나푸르나의 추억을 가진 고유한 이름을 가진 존재로 전혀 인정받지 못하는 척박한 생존 환경에 있음을 보여준다. 이러한 환경은 그들이 주류 한국인들에게 철저히 보여지고 평가당하는 벌거벗은 존재로, 그 존재성과 정체성이 송두리째 부정당하고 있음을 반영한다. 아울러 외국인에 대한 한국인들의 이중적인 태도가 만연해 있음을 보여준다.

쿤은 지금 리바이스 청바지에 나이키 점퍼를 입고 있다. 동대문시장에서 산 짝퉁이지만 제법 그럴듯해 보인다. 그는 이목구비가 뚜렷하고 피부가 흰 아르레족이라 머리를 노랗게 염색하니 얼핏 미국 사람처럼 보인다. 하긴 일부러 그렇게 보이려고 염색을 했을 테지만. 언젠가 명동에 다녀온 그가 입술을 비틀며 말했다. "한국 사람들은 단일 민족이라 외국인한테 거부감을 갖는다고? 웃기는 소리 마. 미국 사람 앞에서는 안 그래. 친절하다 못해 비굴할 정도지. 너도 얼굴만 좀 하얗다면 미국 사람처럼 보일 텐데……."(30)

한국인들은 동남아에서 온 이주노동자들에게는 '씨발놈' 대접을 하면서도 미국인들에게는 선망의 시선을 보내는 모순적인 인종주의적 편견을 갖고 있다. 이러한 편견을 알기에 쿤은 머리에 염색을 하면서 백인 행세를 하려고 했다. 한국인들은 백인에 대한 열등감 속에 그들을 우월한 존재로 여기기 때문이다. 한국인들이 백인들을 우월한 존재로 여기기에 아카스도 얼굴을 탈색시켜서라도 백인처럼 보이고자 한다.

그 뒤로 나는 저녁마다 물에 탈색제 한 알을 풀어 세수했고 저녁이면 내가 얼마나 하얘졌나 보려고 거울 앞으로 달려갔다. 푸른 새벽 공기 속에서 하얗게 각질이 일어난 내 얼굴을 볼 때면 가슴이 설레었다. 내가 바라는 건 미국 사람처럼 되는 게 아니었다. 그냥 한국 사람만큼만 하얗게, 아니 노랗게 되기를 바랐다. 여름 숲의 뱀처럼, 가을 낙엽 밑의 나방처럼 나에게도 보호색이 필요했다. 남의 눈에 띄지 않고 조용히 살아갈 수도 있도록. 비비총을 새로 산 남자애들의 첫 번째 표적이 되지 않고, 적이 필요한 아이들의 왕따가 되지 않고, 달리기를 할 때 뒤에서 밀치고 싶은 까만 방해물로 비치지 않도록.(30-32)

위의 예문에서 알 수 있듯이, 아카스는 탈색제를 물에 풀어 세수를 했다. 오로지 얼굴이 하얘지기 위해서. 아카스의 이런 행동은 한국에서 소수자로 살아가는 이주노동자 가족의 비애를 보여준다. 그의 행동은 한국인들이 백인들의 인종 차별을 비판하면서도, 스스로는 동남아시아나 아프리카 등에서 온 외국인들을 차별하는 모순적인 태도에 대한 성찰을 제기한다. 한국사회에서 주류가 아닌 소수자, 다문화인으로 산다는 것이 얼마나 뼈아픈 고통인지를 성찰하게 한다. 아울러 한국인으로서 우리가 다문화인들을 배타적 타자가 아닌 상생과 배려의 대상인 대타자로 여겨야 함을 성찰하게 한다.

난생 처음 반 친구한테 초대받아 갔던 바로 그 집이다. 어느 날 그 애는 자기 집에 같이 가겠느냐는 뜻밖의 말을 했다. 그 말을 하고 나서 그 애는 누가 볼까 봐 겁내는 듯한 표정으로 사방을 둘러보았다. 그러고는 못 알아들은 것 같은 멍한 얼굴을 하고 있는 내게 바짝 다가와 귀에 대고 낮게 속삭였다. 아니, 작지만 몹시 퉁명스런 말을 내동댕이쳤다. 우리 엄마가 너더러 한번 들르래. 그 애는 열 발자국쯤 앞서서 걸으며 가끔 내가 잘 따라오고 있는지 확인했다. "헬로, 나이스 투 미튜." 친구 어머니는 빨갛게 칠해진 입술을 실지렁이처럼 꿈틀댔다. 잇몸을 드러내며 크게 웃는 입과 차고 날카로운 눈이 묘하게 합해진 얼굴이었다. 우물쭈물하다가 안녕하세요, 라고 인사를 했다. 그러자 아줌마 표정이 일그러졌다. "너 영어를 잘 못하니? 외국 애라고 해서 영어를 잘 하는 줄 알았는데." 아주머니는 이제부터 영어로만 말하라고 했다. 그러지 않으면 떡볶이와 스파게티를 주지 않겠다면서.(82-84)

위의 예문에도, 영어를 할 줄 아는 백인과 영어를 할 줄 모르는 하얀 동남아인을 철저하게 차별하는 한국인의 태도가 나타나 있다. 아카스를 초대한 친구는 누가 볼까 봐 겁내는 듯한 표정으로 아카스를 집에 초대했고, 친구의 엄마도 영어를 못하는 아카스를 대놓고 멸시한다. 이러한 태도는 영어에 집착하는 한국인들의 전형적인 사대주의를 반영하면서, 영어를 할 줄 모르는 외국인에 대한 극도의 혐오감을 보여준다.

난…… 태어난 곳은 있지만 고향이 없다. 한국에 네팔 대사관이 없어 아버지는 혼인신고를 못했다. 그래서 내겐 호적도 없고 국적도 없다. 학교에서조차 청강생일 뿐이다. 살아 있지만 태어난 적이 없다고 되어 있는 아이……(46)

위의 예문에서 알 수 있듯이, 아카스는 한국에서 태어난 한국인이지만 호적도 없고 국적도 없는 존재이다. 이런 그의 존재성은 그의 삶이 한국에서는 외에 빠져 있으며, 실존 자체가 철저하게 부정당하고 있음을 나타낸다. "살아 있지만 태어난 적이 없다고 되어 있는 아이"이기 때문이다. 그런 아이로서 아카스는 한국에서 어떤 것도 주체적으로 할 수 없는 철저하게 타자적 존재일 뿐이다. 철저하게 타자적 존재로 여겨지는 것은 아카스뿐만 아니라 그의 아버지도 마찬가지이다.

"안녕?" 창문에 매달린 코끼리는 여전히 말이 없다. 무심한 눈길로 먼 곳을 쳐다볼 뿐. 일곱 개의 코를 가진, 퍼체우라에 은사로 화려하게 수놓인 그 코끼리는 원래 신들의 왕 인드라를 태우는 구름이었다고 한다. "그래서요?" 창문에 퍼체우라를 달다가 그 이야기를 들은 나는 흥분해서 아버지를 재촉했다. "어느 날 창조주 브라마가 '세계의 알'을 깨뜨리면서 코끼리의 격이 낮아져 그만 우주를 떠받치는 기둥이 되었단다."(중략) 순간 못대가리에서 미끄러져 엇나간 망치가 아버지 손톱을 찧었다. 손톱 끝에 침을 바르고 통증을 참던 아버지는 떨어진 못을 찾으려고 두 손을 뻗어 바닥을 더듬었다. 문득 아버지가 코끼리처럼 여겨졌다. 구름보다 높은 히말라야에서 태어나 이곳, 후미진 공장지대에서 살아가고 있으니……(38-40)

위의 예문에는 창조주 브라마가 '세계의 알'을 깨뜨려 격이 낮아진 코끼리가 우주를 떠받치는 기둥이 된 네팔의 신화가 이야기되고 있다. 격이 낮아져 신들의 왕 인드라를 태우는 구름이었던 코끼리가 우주를 떠받치는 기둥이 된 것처럼, 아카스의 아버지도 구름보다 높은 히말라야에서 태어나 후미진 식사동 가구단지에서 살아가고 있다. 이런 그의 상황은 주류 한국인들에게 철저히 차별을 받으면서 타자적 존재로 여겨지고, 벌거벗은 존재로 살아가는 삶의 척박함을 보여준다. 또한 네팔에서 천문학을 공부했음에도 그것과는 전혀 상관없는 공장 노동자로 살아가는 그의 처연한 현실을 보여준다. 이주 노동자들이 처한 척박한 삶의 환경은 한국인들에게는 당연한 것으로 여겨진다. 그들은 이주 노동자들을 인간으로 취급하지 않기 때문이다. 이런 한국인들의 태도는 필용이 아저씨의 말을 통해 구체화된다.

머리카락이 빠져 정수리가 훤한 필용이 아저씨는 손사래 치며 취한 목소리로 말한다. "염병, 그만들 해라. 니들 쐴라대는 소리 땜에 내가 꼭 넘의 나라에 와 있는 거 같잖여. 니들, 이 나라가 워떻게 오늘날 여기꺼정 왔는 줄 아냐? 옛날에 내가 공장에서 일할 땐 손가락은 유도 아녔어. 팔뚝이 날아가고 모가지가 뎅겅뎅겅 했으니까."(중략) "인제 한국 놈들은 이런 데서 일 안 혀. 막말로 씨발, 험한 일이니까 니들 시키지 존 일 시킬려고 대려왔간?"(중략) "늬들도 자르면 피 나오고 누르면 똥 나오는 사람이다, 이거냐? 웃기는 소리들 마. 한국 놈들한테도 안 해준 걸 늬들한테라고 해주겠냐? 아니꼬우면 돌아가. 젠장, 어차피 늬들도 고국으로 돌아가서 공장 차리고 사장되려고 여기 왔잖냐. 노동자들을 어떻게 다뤄야 되는지 눈 똑바로 뜨고 배워 가. 다 산 교육이여."(52-54)

위의 예문에서 알 수 있듯이, 필용이 아저씨로 대변되는 한국인들은 이주 노동자들을 한국인들과 동등하게 대접할 생각이 전혀 없다. 한국인들은 이주 노동자들이 인간 이하의 취급과 신체적 훼손을 당하는 것은 돈을 벌기 위해 왔으면 당연히 거쳐야 할 것이라고 생각한다. 이주 노동자들을 험하게 다루어 한국인들의 힘을 과시하고, 그들에게 한국이 얼마나 잘사는 나라인지를 각인시키고자 한다. 그러나 한국인들의 이런 태도는 이주노동자들의 반발을 살 뿐만 아니라 그들을 벌거벗은 타자적 존재로 여기는 것의 문제점을 노출할 뿐이다. 이주 노동자들을 그렇게 대접할수록 이주 노동자들은 한국 사회가 전혀 예상치 못했던 많은 사회적 문제들을 야기하는 문제적 인간들이 되기 때문이다. 그러기에 우리는 이주 노동자들을 배려와 상생의 존재로 여기면서 그들의 인간다움을 도모하는 소통적 관계를 형성할 필요가 있다.

3) 다문화 청소년소설에 대한 이해를 통한 정체성 형성

지금까지 논의한 다문화 청소년소설들인 《완득이》, 《이슬람 정육점》, 《코끼리》 등은 청소년 인물이 주인공으로 등장하며, 다문화 가정과 공간에서 그들이 성장하는 과정을 보여준다. 그러나 세 편의 소설들에 등장하는 주인공들은 일반적인 성장소설에 등장하는 주인공과는 다른 다문화적 배경을 갖고 있다. 그러기에 그들의 성장은 일반 성장소설에 등장하는 주인공과는 다른 복합적·중첩적인 타자성을 갖는다.(이미림, 2013:392)

일반 성장소설에서 주인공은 성장의 계기가 되는 특별한 사건들에 직면하고, 그 사건들에 대응하는 과정에서 자기 발견과 자아각성, 세계에의 편입 등을 통해 성장과 정체성 형성을 한다.

그러기에 일반 성장소설의 주인공은 편모나 편부, 조부모 등과 함께 살아가는 이혼 가정이거나 미혼모 가정의 자녀인 경우가 많다. 일반 성장소설의 주인공들은 일반 가정의 아이들보다 열악한 환경에서 어른의 보호나 관심을 받지 못한 채 혼자서 세상을 일찍 알아버린 조숙한 10대, 즉 영어덜트(young adult)이다.

앞에서 논의한 세 편의 다문화 청소년소설에 등장하는 주인공은 모두 어머니가 부재한다. '완득이'는 어머니의 존재를 모르다가 17년만에 나타난 어머니를 받아들이며,《이슬람 정육점》에서 '나'는 전쟁고아이기에 어머니의 존재를 모른다. 그리고《코끼리》에서 아스카는 가난한 형편 때문에 가출한 조선족 어머니를 두고 있다. 따라서 세 편의 소설들에서 주인공의 어머니는 늘 부재하는 존재이며, 주인공은 어머니의 모성애를 느낄 수 없었다. 완득이나 아스카의 어머니는 결혼 이주 여성으로 가난에서 벗어나기 위해 한국에 왔지만, 차별과 냉대의 시선 때문에 가족을 지킬 수 없었던 가족 해체의 원인이 되기도 한다.

주인공의 성장과 관련지어 볼 때,《완득이》는 낭만적 서사를 통해 행복한 결말을,《이슬람 정육점》은 전쟁고아인 '나'가 의붓아버지인 하산 아저씨의 죽음 이후 그를 가족으로 받아들이고 이해하는 양상을 보여준다. 그리고《코끼리》에서 아스카는 비재 아저씨의 강도짓을 목격하면서 어른들의 위악적인 세계를 알아간다.

《완득이》에서 완득이가 성장하게 된 것은 세상에서 숨어 살던 그를 세상 밖으로 끌어내려 했던 담임 동주 선생때문이기도 하지만, 17년 만에 나타난 어머니를 '그분'이라고 칭하지 않고 '어머니'라고 부르는 데서 직접 드러난다.《이슬람 정육점》에서 '나'는 소외된 사람들을 모두 껴안는 '가이아'같은 안나 아주머니, 자신을 입양하여 무언과 응시의 기다림으로 양육해 준 하산 아저씨를 통해 성장의 계기를 마련한다. '나'는 안나 아주머니를 비롯한 다양한 군상의 인간들과 함께 소풍을 다녀오고, 의붓아버지 하산의 죽음 이후 자신도 '세계를 입양'하기로 하면서 성장을 통한 새로운 정체성 형성으로 나아간다. 전쟁고아로서 낯선 곳에 부려졌다는 의식에 시달리면서 모든 것을 체념하고 그 어떤 기대도 갖지 않았던 '나'는 다문화적 공간에서 다른 사람들의 상처를 발견하고 사람과 사람 사이에는 보이지 않는 끈이 있음을 깨닫는다. 이런 깨달음을 통해 '나'는 한국인이지만 터키인에게 입양된 전쟁고아라는 의식에서 벗어나 타자에 대한 배려와 사랑을 생각하는 사려 깊은 아이로 성장한다.《코끼리》에서 아스카가 성장하게 된 것은, 막내아들의 수술비를 알리에게 도둑맞은 뒤 실성한 사람처럼 지내던, 비재 아저씨가 공터에서 림보 아저씨에게 강도짓을 하는 장면을 목격하면서, 현기증이 일도록 소용돌이치는 삶의 '외'를 인식하면서부터이다. 어른들의 위악적인 '외'와 같은 삶을 보면서 아스카는 충격을 받고 세상의 선

악, 미추, 불의의 발견을 통해 성장의 길로 나아간다.(이미림, 2013:393)

　세 편의 소설들에서 주인공인 소년들의 아버지는 난쟁이, 한국전쟁에 참전한 터키 출신 무슬림, 네팔 출신 이주노동자 등인데, 그들은 모두 주류 한국사회에서 배제되고 소외된 자들이다. 그러기에 주인공들은 아버지에 대한 존경보다는 소외된 자인 그들에 대한 거리감과 연민의 감정을 갖는다. 연민을 통해 주인공들은 아버지의 삶을 점차 인정하면서 아버지에 대한 동일화를 통해 가족의 의미를 깨닫는다. 가부장적 권위를 갖지 못하는 난쟁이, 전쟁 후 고국에 돌아가지 못한 무슬림, 이주노동자들인 아버지들은 아내가 가출하는 상황을 견딜 수밖에 없었다. 이런 아버지들에 대해 주인공인 아들은 사회로부터 소외당하는 아버지를 연민의 시선으로 바라보는 성숙의 과정을 경험한다.

　'완득이'의 아버지는 난쟁이로서 사람들로부터 '야, 너, 이봐' 등으로 불리며, 어른이 아닌 애로 취급당한다. 완득이의 아버지는 난쟁이, 카바레 춤꾼, 노점상, 가출한 아내, 가난이라는 조건을 가진 존재로서 철저하게 다른 사람들로부터 배척당하는 존재이다. 그러기에 완득이는 아버지를 사랑해서가 아니라 아버지를 놀리는 사람들이 싫어서 그들과 싸움질을 했다.《이슬람 정육점》에서 '나'는 다른 사람들을 위협하거나 가슴에 무기를 품은 적도 없는데 단순히 콧수염이 있거나 눈이 더 깊고 그윽해서 다른 사람들로부터 배척당하는 의붓아버지에 대해 연민의 시선을 갖는다. 그러기에 '나'는 의붓아버지가 죽기 전에 그를 '아버지'라고 부르면서 의붓아버지의 상처를 이해한다.《코끼리》에서 아카스는, 구름보다 높은 히말라야에서 어루준이라는 이름을 가졌던, 천문학을 공부했던 아버지가 한국에서 이주노동자로서 식사동 가구단지의 악취나는 곳에서 손가락에 지문이 없을 정도로 일을 해야 하고, "야 임마, 씨발놈아"라고 불리는 것에 가슴 아파한다. 조선족 엄마는 가출했지만, 늘 히말라야의 설원과 브라만 신을 태웠던 구름인 코끼리가 격이 낮아진 것처럼 '외'에 빠져 살아가는 아버지에게 사랑과 연민의 시선을 보낸다. 이러한 시선을 통해 아스카는 성장하면서 다문화인에 대한 차별에 분노한다.

　세 편의 소설에 나타난 가족 관계를 보면,《완득이》에서는 베트남 출신 어머니가 17년 만에 다시 나타남으로써 가정이 해체되었다가 다시 구성될 수 있는 전기가 마련되고 있다.《코끼리》에서 아스카의 가정은 이주자이자 주변인끼리 결혼했던 조선족 어머니가 가난을 견디지 못해 가출함으로써 해체되었다.《이슬람 정육점》에서는 전쟁고아인 '나'가 자신을 입양하여 양육하는 하산 아저씨를 의붓아버지로, 자신을 보살펴주는 안나 아주머니를 어머니로 인식함으로써 대안가족을 형성한다.

　이처럼 세 편의 소설에서 주인공인 소년들은 어머니의 부재 속에서 성장하였지만, 17년 만에 나타난 어머니를 받아들이고, 안나 아주머니를 어머니로 인식하고, 급격한 소용돌이에 휘말리는 '외'같은 세상의 악을 인식하면서 성장하게 된다. 그러나 그들의 성장은 매우 가혹하고 고통스러운 다문화적 공간에서 소외된 자의 입장에서 이루어진 것이다. 소년들은 소외된 자이지만 어른들의 상처를 이해하면서, 부조리하고 차별적인 세상에 대한 분노뿐만 아니라 세상과의 화해를 통한 주체의 갱신 및 형성을 도모한다. 주체의 갱신 및 형성을 통해 그들은 한국 사회의 구성원으로서 살아갈 수 있는 힘을 얻게 된다.

지금까지 논의한 것처럼, 다문화청소년소설에는 다문화인들에 대한 우리 사회의 제노포비아와 앵똘레랑스가 드러나 있다. 우리의 사회의 이런 태도는 우리와 다문화인들과의 공존을 어렵게 하며, 관용과 타자의 윤리, 배려 등에 의한 타자성의 실천을 힘들게 한다. 따라서 우리는 순혈주의와 다문화인에 대한 타자의식에서 벗어나 다름과 차이의 태도로 다문화인들을 인정하고 받아들여야 한다. 틀림과 차별의 태도에 의한 동화주의의 정책이 아니라, 다름과 차이의 존중을 통한 공존의 정책과 실천이 필요하다.

(11)

청소년소설에 나타난 청소년의
가출 양상과 청소년의 성장

1) 청소년의 삶과 가출

오늘날 청소년들은 그 어느 때보다도 어려운 여건 속에서 살아가고 있다. 청소년들의 건전한 성장과 발달에 저해가 되는 많은 유해 환경들이 도처에서 조성되고 있으며, 이러한 환경 속에서 청소년들은 정체성의 혼란과 일탈 행위를 경험하고 있다. 이러한 현상의 이면에는 경제적 양극화에 따른 가정 경제의 파탄과 그에 따른 부모의 이혼, 지나친 학업 부담 등이 원인으로 자리 잡고 있다. 그 결과 많은 청소년들은 가출이나 자살 등과 같은 행위를 통해 그들이 처한 사회 현상에 대응함으로써 우리 사회의 일그러진 단면들을 표출하고 있다.

가출이나 자살, 일탈 행위를 직접적으로 하는 청소년뿐만 아니라 잠재적으로 그러한 성향을 갖고 있는 청소년들이 점차 증가하고 있다는 데서 우리 사회의 근본적인 문제 상황을 알 수 있다. 청소년들의 문제 행동 중 가장 두드러진 것은 가출인데, 가출 청소년 수는 최대 10만 명까지 추정되고 있다.(김지현, 2002) 청소년들의 가출은 문제 집단에서만 발생하지 않고 평범한 청소년들도 가출 충동을 강하게 갖고 있다는 데에 그 심각성이 있다. 따라서 이제 우리 사회는 청소년들의 가출을 일부 청소년들의 일탈 행위로만 볼 것이 아니라, 청소년 전체가 잠재적으로 갖고 있는 문제라고 인식할 필요가 있다. 다행히 최근에 많은 학교에서는 위클래스(wee class)를 통해 상담을 강화하여 청소년들의 일탈 행위와 가출 충동을 방지하려는 노력들을 하고 있다. 그러나 여전히 많은 청소년들은 가출을 하고, 가출로 인해 많은 일탈 행위를 하고 있다. 특히 여학생들의 가출은 성 매매나 성경 험 등으로 이어짐으로써 미혼모의 양산으로 이어지는 부정적인 상황을 가중시키는 요인이 되고 있다.

청소년 가출은 일반적으로 18세 미만의 청소년이 부모나 보호자의 동의 없이 집을 떠나 24시간 동안 집에 들어가지 않는 경우로 정의되지만(나동석·이용교, 1991), 가출의 기준 시간을 24시간이 아닌 8시간 이상으로 보는 경우도 있다.(Brennan, Huizinga & Elliot, 1978) 그러나 많은 청소년들이 부모의 동의와는 무관하게 부모의 방임이나 가정 내의 문제로 인해 가출을 하는 경우가 있다. 아울러 자신 및 주변 환경에 대한 불만이나 갈등 때문에 보호자의 승인 없이 무단으로 가출을 한다. 그리고 도벽, 부모나 동료 친구의 학대, 게임 중독, 약물 남용, 정서 장애 등의 복합적인 요인에 의해 가출을 한다.

어찌되었든 청소년의 가출은 18세 미만의 청소년이 보호자의 승인 없이 집을 나와 24시간 정도 집에 들어가지 않는 것이라 할 수 있다. 따라서 청소년의 가출은 일차적으로 스스로의 선택에 초점이 주어진다. 그러나 청소년의 가출은 스스로의 선택에 의해서만이 아니라, '집에서 밀어내는 역동성'(김영순·김혜원, 2007:44)에 의해서도 일어난다. 또한 청소년 문화권에서 끌어당기는 역동성도 원인이 된다.

2000년대에 들어와서 청소년들의 가출은 날로 증가세에 있다. 2004년 기준으로 신고 된 청소년 가출은 1만7천 명 정도였는데(청소년백서, 2005), 신고 접수되지 않은 것까지 포함하면 그 숫자는 훨씬 많을 것으로 추정되고 있다. 김지현(2002)의 연구에 따르면, 가출 경험이 있는 청소년은 7만 5천명에서 10만 명에 이를 것으로 추정되며, 초등학생까지 포함하면 약 10만 명에서 15만 명 정도의 학생들이 가출을 경험한 것으로 추정된다. 또한 남자 청소년보다는 여자 청소년의 가출이 더 많은데, 2005년의 경우에는 청소년 가출 중 53.4%가 여자 청소년이었다.(청소년백서, 2005) 그리고 전국의 청소년 쉼터에 대한 조사 결과에서도 쉼터를 이용한 가출 청소년 중에서 여자가 남자의 2.5배 정도였다. 이러한 결과는 여자 청소년이 남자 청소년에 비해 향락 유흥업소에 유입되어 성적 착취의 대상이 될 가능성이 높음을 보여준다.(김지현, 1996)

한편 청소년들은 가출 후 흡연, 절도, 폭력, 성 관계, 성 매매 등과 같은 다양한 문제 행동들을 하며, 최근에는 사회 문제로까지 대두되고 있는 청소년들의 단체 인신매매와 성 폭력, 살인 등의 문제 행동들이 늘어나고 있다.

이처럼 많은 청소년들이 가출로 여러 사회적 문제들을 야기하게 된 요인에는 가정 문제, 학교 부적응이나 학교 폭력, 부정적 자아 형성 등과 같은 여러 가지가 있다. 우선 가정 문제부터 살펴보면, 가출 청소년들을 대상으로 한 사례 연구에서, 가출 청소년들은 가출의 동기로 가정

폭력과 가족 불화, 가족의 해체 등을 들고 있다. 부모의 억압적인 양육 방식, 부모의 학대, 가정 폭력, 가족 간의 의사소통 부재 등으로 고통 받다가 많은 청소년들은 가출을 한다. 아울러 가정의 낮은 경제적 수준 때문에 가족이 해체되고, 그 과정에서 가족으로부터 방치된 청소년들이 가출을 하기도 한다. 낮은 경제적 수준은 가족의 불화를 조장하고, 청소년들에게 성취나 자아 실현에 장애를 유발한다. 또한 부모의 무능력, 음주벽, 가정 폭력 등을 유발하여 청소년의 가출을 조장한다.

한편 2000년대 들어서서 한국 사회는 이혼율이 급격하게 증가하고 있는데, 이에 따라 부모의 부재나 편부모 가정, 조손 가정, 가족의 재구성 등이 늘어나고 있다. 이러한 현상 속에서 많은 청소년들은 가정에서 위안을 얻지 못한 채, 가출을 통해 부정적 현실을 타개하려고 한다. 실제로 사례 연구에 따르면, 가출 청소년의 1/5 정도는 결손 가정 출신이었다. 이처럼 기존 가족의 해체에 따른 결손 가정의 형성은 청소년의 가출에 심대한 영향을 끼치고 있으며, 청소년의 부정적 자아 형성을 조장하고 있다.

다음은 학교 부적응이나 학교 폭력에 의한 청소년 가출 현상에 대해 살펴보자. 오늘날의 청소년들은 지나친 입시 위주의 학교생활로 인해 극심한 스트레스를 경험하고 있다. 쉴 틈 없이 학교와 학원을 오가면서 상급학교 진학에 대한 엄청난 부담을 안고 있다. 이러한 부담 때문에 많은 청소년들은 가출 충동을 느끼고, 또 실제로 가출을 한다. 특히 소위 헬리콥터 엄마들의 간섭과 성적 강요 때문에 많은 청소년들은 가출 충동을 갖고 있다. 이러한 상황에서 청소년들은 또래 청소년들에게 많은 영향을 받아 가출을 하기도 한다. 아울러 또래나 선후배 청소년들과의 부정적 관계 형성에서 비롯되는 학교 폭력때문에 가출을 하기도 한다. 또래나 선후배 청소년들이 폭력을 행사하고, 이를 부모에게 말하지 못하는 청소년들이 가출이나 자살을 한다. 청소년들의 학교 폭력이 날로 심각해지고, 학교 폭력 피해 학생들이 자살을 하는 경우가 많아짐으로써 학교 폭력은 매우 심각한 사회문제로 대두되고 있다.

또한 학교에서 형성된 부정적 문화 때문에 청소년들은 가출을 한다. 예컨대, 또래나 선후배들과의 관계 속에서 부정적 문화를 경험한 청소년들이 그러한 경험의 유혹 때문에 가출을 하는 경우를 들 수 있다. 이 경우의 가출은 청소년들이 스스로 부정적 문화가 주는 쾌락에 매몰되어 집단적으로 이루어진다. 비행 친구와의 접촉이나 친구에 대한 애착, 이성 친구의 비행 등과 같은 유인 때문에 청소년들의 가출이 집단적으로 이루어진다.

다음은 부정적 자아형성에 따른 청소년의 가출에 대해 살펴보자. 낮은 충동 억제, 신경증, 자기애적 인격 장애, 부정적 자아형성 등을 보이는 청소년들은 학교생활이나 가정생활에 잘 적응하지 못한다. 뿐만 아니라 그러한 청소년들은 가출과 더불어 비행과 부적응 행동을 일삼으며, 일상적인 의사소통을 잘 하지 못하는 은둔형 외톨이가 되기도 한다. 이러한 청소년들은 자아 존중감이 낮고, 가정과 학교에서 반복된 좌절로 인해 규범성이 낮으며, 방어적이고 충동적이다. 또한 부정적으로 형성된 자아에 대해 심각한 열등감을 가진 채 자살이니 가출의 충동성을 매우 강하게 갖고 있다.

이상에서 살펴본 청소년 가출의 현상과 그 원인을 통해 청소년 가출에 대한 대안을 모색할 필요가 있다. 우선 가정 문제와 관련지어 살펴보면, 가정 폭력이나 가정 불화, 낮은 경제적 수준에 따른 가족의 해체 등으로 인해 청소년들은 가출을 경험하는데, 이러한 현상을 해소하기 위해서는 무엇보다도 가족 간의 대화가 절실하다. 가족 간의 대화를 통해 청소년들은 부모의 어려움이나 자신의 어려움을 이해할 수 있고, 그러한 과정에서 가족 간의 유대감을 형성할 수 있다. 또한 가정 폭력이나 가정 불화를 약화시키면서, 가족 구성원 간의 소통을 통한 가족애를 확인할 수 있다. 아울러 부모들의 반성도 절실하다. 청소년들에 대한 양육으로만 부모됨을 다하는 것은 아니기 때문이다. 진정한 부모됨이란 양육뿐만 아니라 청소년들과의 대화를 통한 인정이기 때문이다. 청소년에 대한 인정은 청소년들이 가족 구성원이라는 인식을 하면서 가족애를 경험할 수 있게 할 것이다.

한편 학교 폭력이나 학교 부적응과 관련지어 살펴보면, 많은 청소년들은 학교 폭력의 피해자이자 가해자이기도 하다. 따라서 학교에서는 위클래스나 상담 교사를 활용해 학교 폭력의 심각성을 청소년들에게 교육하고 청소년들이 상대방을 배려하고 존중할 수 있는 인성 교육을 강화해야 한다. 인성 교육의 강화 속에 청소년 스스로 학교 폭력의 피해자이자 가해자가 될 수 있음을 주지시키면서, 학교 폭력을 추방할 수 있는 구체적인 실천 방안들을 마련해야 한다. 그리고 많은 청소년들이 지나친 학업 부담 때문에 학교에 부적응하는 경우가 많은데, 이러한 청소년들이 학업 부담을 덜고 소위 '즐거운 학교생활'을 할 수 있는 다양한 프로그램을 마련되어야 한다. 다행히 최근에는 다양한 체육 활동이나 예술 활동을 통해 청소년들이 심신의 스트레스를 풀 수 있는 기회들이 많이 제공되고 있다.

그러나 학교 부적응에 따른 청소년들의 가출을 보다 근본적으로 예방하기 위해서는 입시 위주의 교육정책이 획기적으로 개선되어야 한다. 청소년들이 각자의 소질과 잠재능력을 일찍 개발하여 대학 진학에 대한 부담에서 벗어날 수 있도록 하고, 대학을 졸업하지 않아도 취업할 수 있는 다양한 경로가 마련되어야 한다. 이를 위해서는 가정이나 학교뿐만 아니라 사회 전체적으로 청소년의 진로에 대한 논의와 합의가 이루어질 필요가 있다. 또한 가정 내에서도 부모들이 청소년들에게 성적 지상주의를 강요하지 않는 분위기와 환경이 마련되어야 한다. 물론 부모들의 인식 전환도 필요하다.

다음은 부정적 자아형성에 따른 가출의 양상에 대해 살펴보자. 청소년들은 사춘기를 경험하면서 질풍노도의 시기를 거치고, 그 과정에서 자아형성을 한다. 그런데 많은 청소년들은 자아에 대한 부정적 이미지를 형성함으로써 좌절감과 그에 따른 부정적 상황에 직면한다. 청소년들이 좌절감을 경험하게 된 배경에는 가정불화나 가족의 해체, 가정의 낮은 경제적 수준 등이 자리 잡고 있으며, 이러한 것들 때문에 많은 청소년들은 낮은 충동 억제, 신경증, 부적응 행동을 보인다. 또한 충동 조절능력이 약해 부정적 자아형성을 하고, 방어적이고 충동적인 가운데 비행을 일삼는다. 이와 같은 부정적 자아형성에 따른 청소년의 가출을 예방하기 위해서는 청소년들과의 꾸준한 대화가 필요하다. 부정적 자아형성은 단기간에 치유될 수 있는 것이 아니기 때문이다. 이를 위해서는 학교나 사회 기관에서 시행하고 있는 다양한 상담프로그램이 청소년들에게 많이 제공되어야 하며, 상담에 관한 내용은 익명성이 보장되어야 한다. 아울러 청소년들이 부정적 자아상을 개선할 수 있는 다양한 체험 활동을 제공하여, 청소년들이 부모나 교사, 또래 등과 다양하게 접촉하고 소통할 수 있는 기회를 갖도록 해야 한다.

2) 청소년 가출의 형상화로서 청소년소설

질풍노도의 시기를 겪고 있는 청소년들은 여러 가지 원인으로 가출을 하는데, 그 원인으로 들 수 있는 것들은 가정 문제, 학업 부담, 또래나 선후배와의 부정적 관계 형성 등이다. 이러한 원인 때문에 가출을 하는 청소년들은 일탈 행위나 부정적 자아 형성을 통해 잠재적인 사회 문제들을 양산하고 있다. 특히 여자 청소년의 가출은 가출 후 성 매매나 무책임한 성 관계, 그리고 그에 따른 임신과 출산, 영아 유기 등과 같은 사회적 문제를 유발하는 요인이 되고 있다.

청소년의 가출과 그에 따른 여러 문제들은 청소년소설에서 다양하게 형상화되고 있다. 청소년을 위한, 청소년들이 당면한 삶의 다양한 이슈들을 형상화하는 청소년소설은 청소년들의 가출과 그에 따른 여러 문제들을 형상화함으로써 청소년 독자들이 그들의 현재 삶을 보다 잘 이해할 수 있는 계기를 제공한다. 또한 청소년 독자들이 청소년소설에 형상화된 청소년 인물의 삶을 자신의 삶에 연계하여 현재의 삶에 대한 성찰을 할 수 있게 한다. 그리고 청소년 독자들이 현재의 삶에 대한 성찰을 통해 서사적 정체성을 갱신할 수 있게 한다.

정체성의 문제를 청소년소설과 같은 서사와 관련지어 논의할 수 있는 근거는 리쾨르의 논의이다. 리쾨르(P. Ricoeur)는 정체성을 동일성(sameness)으로서의 정체성과 자기성(selfhood)으로서의 정체성으로 나누어 논의하면서, 이 두 가지가 변증법적으로 연관된다고 했다. 리쾨르가 말한 동일성으로서의 정체성은 다수가 아니라 하나이자 유일한 것이라는 수적인 정체성, 극단적인 유사성으로 인해 서로 대체될 수 있는 질적인 정체성, 시간을 통한 변화에도 불구하고 첫째 단계와 마지막 단계가 중단되지 않는 연속성, 다양성에 반대되는 것으로서 시간 속에서의 영구성 등과 같은 네 가지로 나뉜다.

한편 자기성으로서의 정체성은 '누구'의 문제와 관련되어 있다. 누가 이것을 하였는가? 즉, 어떤 행위를 어떤 행위자에게 돌리는 것으로, 이러한 귀속에는 도덕적인 평가가 포함된다. 동일성으로서의 정체성은 '내가 누구인가?'라는 문제에 답을 제공하지 못한다. 그 문제에 대한 답은 자기성으로서의 정체성을 통해서 가능하다. 자기성으로서의 정체성은 영구적인 어떤 것에 의존하지 않으며, 정체성의 불변하는 중핵에 관한 주장을 함의하지 않는다.

자기성으로서의 정체성은 타자와의 도덕인 관계를 전제로 한다. 자기성으로서의 정체성은 자기-항상성(self-constancy)을 표현하면서, 타자에게 실존적으로 응답을 한다. 그러므로 자기성으로서의 정체성은 타자성과 관련된다. 물론 이때의 타자성은 내가 아닌 타자만을 의미하지 않고, 자아 안에 있는 타자성까지를 포함한다. 그러기에 이때의 타자성은 다의적인 성격을 갖는다.

리쾨르 관점에서의 정체성은 서사적 정체성이다. 서사적 정체성은 자신의 삶의 이야기를 말하고, 다시 말하는 과정에서 형성되는 서사적 존재로서의 정체성이다. 서사적 존재로서 인간 존재는 타자나 타자화된 자아에게 자신의 삶의 방식과 태도, 현실 등을 말함으로써 정체성에 대한 성찰을 도모한다. 따라서 서사적 정체성은 과정 중에 있으며 비종결적이고, 에피소드가 일어남에 따라 지속적으로 재생성된다. 그리고 서사적 정체성은 주체가 자신의 삶의 이야기를 말함으로써 끊임없이 재구성된다. 이러한 서사적 정체성은 어떠한 정체성이 자신의 진정한 주체라는 것을 말하는 것이 아니다. 주체는 지속적으로 자신의 삶의 이야기를 해석하고 재해석함으로써, 자신이 누구인가를 만들어가고 있다.

서사적 정체성은 타자들과의 상호작용을 통해 구성된다. 우리는 타자의 이야기를 듣는 주체이며, 타자는 우리의 이야기를 듣는 주체이다. 타자는 우리 이야기의 저자이며, 우리는 타자 이야기의 주체이다. 서사에는 우리 자신과 타자의 이야기가 얽혀 있다. 우리의 삶에 대한 이야기에는 타자, 사회, 문화의 이야기가 포함된다. 서사적 정체성은 주체 내부에 고정된 실체를 발견하는 문제가 아니다. 서사가 타자와의 관계의 이야기이기 때문에, 주체의 정체성은 타자와의 관

계에 의해 지속적으로 만들어진다.(고미숙, 2003:23)

　청소년소설에 형상화된 가출을 경험한 인물과의 타자적 관계 형성을 통해 청소년 독자는 한 번쯤 가졌었던 가출 충동의 실체를 보다 분명하게 인식할 수 있다. 또한 자신의 현재 삶은 과정 중에 있으며 비종결적이며, 수많은 에피소드가 발생함에 따라 지속적으로 재생성된다는 것을 이해할 수 있다. 특히 청소년 인물이 경험하는 가출의 원인과 그에 따른 다양한 문제 상황들에 대한 심화된 이해를 통해 '지금-여기'에서의 삶에 대한 통찰을 보다 의미 있게 할 수 있다.

　물론 청소년 독자가 청소년소설에 형상화된 청소년 가출의 문제를 좀 더 잘 이해하고 해석하기 위해서는 서사적 추론을 통해 작품에 대한 타당한 해석을 해야 한다. 이를 위해 청소년 독자는 자신이 직접 경험하지는 않았지만 가출을 감행하는 청소년 인물의 내적 심리와 가출을 감행하게 하는 원인들을 파악할 필요가 있다. 이러한 것들에 대한 파악을 통해 청소년 독자는 가출의 문제가 청소년 인물의 내적 결핍에서 발생할 뿐만 아니라 가정과 사회의 여러 모순들에 의해 발생하는 것임을 이해할 수 있다. 나아가 청소년 가출을 예방하기 위해서는 청소년들에 대한 다양한 상담 프로그램이 개발되어 청소년과의 소통이 이루어져야 함을 이해할 수 있다.

　이 글에서는 청소년소설에 형상화된 청소년 가출의 양상을 가족의 해체나 부정적 가정 상황, 학업 부담, 부정적 또래 문화 등으로 나누어 살펴볼 것이다. 아울러 가출을 감행한 청소년 인물의 내적 심리를 분석하면서, 그들이 가출을 감행하게 된 원인들을 부모나 교사, 또래 친구 등과 같은 타자들과의 관계를 통해 밝힐 것이다.

3) 청소년의 학업 고민과 가출의 양상

가) 친구의 가출을 통한 가족의 의미 확인

　이상운의 《바람이 불어, 내가 원치 않아도》(2009, 바람의 아이들)는 상처투성이의 두 소년이 나누는 위태롭고 불안한 우정을 이야기하고 있다. 오래 전 돌아가신 아빠 때문에 힘들어 하는 현태와 어른들이 제시하는 빛나는 미래 때문에 그날그날을 무기력하게 살아가는 지훈. 과거와 미래 사이에 끼어 옴짝달싹 못하는 현태와 지훈은 너무나 다르지만 또한 그 이유 때문에 가까워진다. 조심스럽게, 아주 조금씩 서로를, 자기 자신을 똑바로 응시하던 아이들은 너무나 어둡고 무겁고 가혹한 현실 때문에 좌절하고 만다. 그 좌절 끝에 남은 것은 둘 사이에 나눈 먼 훗날을 위한 약속과 자기 자신을 믿고 한발 한발 걸어 나가야 한다는 깨달음이다. 이것이 바로, 어둡고 답답한 터널 속을 걷고 있는 아이들에게 친구가 필요한 이유다.

이 소설에서 지훈이는 학업에 대한 엄마의 지나친 강요와 친구조차 사귈 수 없는 처지, 그리고 같은 학원에 다니던 친구의 자살 등으로 인해 압박감을 견디지 못하고 가출을 한다. 지훈은 자신이 공부하는 기계처럼 살아야 하는 현실을 도저히 견딜 수 없어 가출을 한 것이다. 지훈이가 가출을 한 뒤, 지훈을 찾기 위한 그 엄마의 노력, 그리고 현태가 지훈이를 어른들 몰라 만나 지훈이를 설득하는 것, 지훈이에게 편지를 쓰는 것 등으로 플롯이 전개된다.

경찰이 고개를 돌려 나를 바라보았다.
"지훈이가 집을 나갔대."
평범한 얘기는 아니었다.
아니, 그놈과 관련해서는 엄청나게 놀라운 소식이었다. 믿기지 않았다. 그 마마보이가 가출을 했다니…… 그런데 왜, 나보고 어쩌라고? 나는 놀라움을 숨긴 채 어깨를 으쓱했다.(13)

위의 예문에서 알 수 있듯이, 현태는 지훈이가 가출했다는 사실을 지훈의 엄마와 함께 학교에 온 경찰을 통해 알게 된다. 그러면서 현태는 마마보이였던 지훈이가 가출했다는 사실에 놀라면서, 자신조차 사귀지 못하게 했던 지훈의 엄마에 대한 반감을 드러낸다. 현태가 생각하기에 마마보이였던 지훈이가 가출한다는 건 상상할 수 없는 일이었다. 그것은 현태가 알고 있는 지훈이가 할 수 있는 일이 아니었기 때문이다.

현태는 불의의 교통사고로 아버지가 돌아가신 뒤 방황을 하다가 지금은 헬스클럽으로 바뀐 권투 도장에서 샌드백을 두드리며 점차 안정을 찾아간다. 현태가 다니는 헬스클럽의 강준영 관장은 현태 아버지와 같은 고향 출신이면서 현태 아버지가 교통사고를 당하던 날 동행을 했던 인물이다. 그러기에 관장님은 현태 아버지에 대한 마음의 빚 때문에 현태를 아들처럼 대한다.

지훈이가 가출을 하자 지훈이 엄마는 조그만 단서라도 얻기 위해 현태를 찾아왔다. 그러나 현태는 지훈이 자신과 사귀는 것을 반대했던 지훈이의 엄마에게 노골적인 반감을 보이면서 지훈이를 겁쟁이로 만든 사람이 지훈이 엄마라고 말한다. 그리고 겁쟁이 지훈이가 가출을 한 것도 지훈이 엄마 때문이라고 말한다. 그렇지만 현태는 지훈이의 엄마에 대한 분노뿐만 아니라 연민도 느낀다. 한편으로는 지훈이 엄마가 안 돼 보이면서도 다른 한편으로는 화가 치밀었기 때문이다. 현태가 생각하기에 지훈이가 가출을 하도록 학업에만 내몬 사람이 지훈이 엄마였기 때문이다.

한편 지훈이는 가출하기 전에 수첩에 현태를 보고 싶다고 적어놓았다. 지훈이 생각하기에 자신을 가식 없이 진정한 친구로 대해 준 사람은 현태뿐이었기 때문이다.

그 바보 같은 놈은 도대체 무슨 생각으로 가출을 했을까?

이젠 정말 그 녀석이 걱정되기도 했다. 일 년 사이에 완전히 확 바뀌어 버릴 수 있는 게 인간이긴 하지만, 그 녀석이 그렇게 되었을 가능성은 도무지 생각할 수 없었다.(중략)

나를 조금이라도 생각했다면 최소한 한 번쯤은 연락을 해 줬을 텐데. 더구나 가출 같은 걸 하게 될 정도로 급박한 상황이라면 말이다. 자기 입으로 자신은 단 한 명의 친구도 없으며, 어쩌면 내가 자기 인생 최초의 친구인지도 모른다고 말했으면서……(31-32)

위의 예문에서 알 수 있듯이, 현태는 지훈이가 일 년 전에 만난 모습과는 많이 달라졌을 것이라고 생각한다. 겁쟁이였던 지훈이가 가출을 하고, 가출을 하기 전에 자신에게 연락조차 하지 않았기 때문이다. 지훈이가 처음에 현태에게 자기 인생 최초의 친구는 현태라고 말했을 때, 현태는 그 말에 쉽게 공감이 가질 않았다. 자신처럼 아버지가 없는 것도 아니고, 지나치게 하얀 얼굴이나 걸핏하면 눈물을 보이는 것도, 자기 엄마 말이라면 꼼짝도 하지 못하는 것도 모두 싫었기 때문이다. 그럼에도 불구하고 현태는 지훈이에게 계속 관심을 갖게 되었는데, 그것은 자신을 따르는 지훈이의 진정성을 보았기 때문이다.

현태는 지훈이를 중학교 3학년 1학기 반장 선거 때 처음 유심히 보게 되었다. 그때 지훈이는 반장 선거에 나왔지만 반장을 하고 싶지 않다고 하면서 몹시 슬퍼 보이는 표정을 지었다. 그런 지훈이를 보면서 현태는 좀 이상하다는 생각을 하면서, "난 하기 싫으니까 억지로 시키지 마, 하고 소리쳤어야지."(35쪽)라고 생각했다. 그렇지만 지훈이는 그렇게 하지 못했다.

반장 선거가 있던 주 토요일에 반장에 뽑힌 지훈이가 반장 턱을 냈는데, 현태는 지훈이가 낸 고급 피자 한 조각과 캔 콜라를 먹지 않겠다고 했다. 그런 현태에게 지훈이는 계속 엉거주춤한 자세로 서 있으면서 화가 난 것 같기도 하고 곧 울 것 같기도 한 얼굴을 하고 있었다.

그랬던 지훈이가 그날 오후 현태가 문방구 앞을 지날 때 큰 소리로 현태를 불렀다. 뜻밖에도 지훈이는 교실에서와는 달리 제법 씩씩해서 현태를 당황하게 하면서, 진심으로 현태를 반가워하는 표정을 하고 있었다. 그러면서 지훈이는 반장 선거 때 누가 담임 이름을 써 냈는지를 몹시 궁금해 하면서 즐거워한다. 그러다가 지훈이가 어렵게 말문을 열어 현태에게 친구를 하자고 한다.

"야, 김현태. 저……"
넌 말을 끝맺지 못하고 머뭇거렸어.
"왜? 뭐야?"
"저……우리……친구하지 않을래?"
넌 여러 가지로 나를 놀라게 하는 놈이었어.(중략)
"넌 이미 친구가 많지 않아?"
내가 말을 이었지만 넌 눈을 내리깐 채 가만히 있기만 했어. 그리고 두 세 박자 늦게 고개를
저으며 시무룩하게 말했어.
"난 친구 없어. 아무도 없어."
그 말과 함께 네 눈에 물기가 고여 들고 있었어.(45)

위의 예문에서 알 수 있듯이, 지훈이는 자유롭고 씩씩한 현태가 부러워 서로 친구하자고 한
다. 그런 지훈이에게 현태는 "넌 이미 친구가 많지 않아?"라고 하자, 지훈은 자신은 아무도 친
구가 없다고 했다. 그러면서 몹시 서러워하는 표정을 지었다. 그렇게 해서 현태와 지훈이는 친
구가 되었다. 친구로서 현태가 본 지훈이는 고급 아파트 단지에 살고, 아빠는 대기업의 고위직
에 있는 분이고 엄마는 성악을 전공한 주부이지만 전혀 행복해 하지 않았다. 성적도 전교 삼등
안에 들어서 과학고에 가려고 하지만, 엄마의 지나친 공부 강요 때문에 몹시 우울해 보였고 표
정 변화가 몹시 심했다.

잘 사는 집안의 공부 잘하는 아이였던 지훈이를 보면서 현태는 자신의 처지를 생각하게 되
었다. 지훈이를 보면서 현태는 자신의 현실이 어떤지, 자신의 집이 어떤 모습인지, 자신이 어떤
애인지를 더 의식하게 되었고, 지훈이가 자신을 보면서 부러워하는 이유를 잘 알 수 없었다. 현
태가 생각하기에 자신의 생활은 카페를 하는 엄마의 아들로서 외톨이며 끝없이 이어지는 지겨
운 일상을 반복하고 있었을 뿐이었으니까 말이다.

지훈이 너를 알게 된 그 봄에, 난 엄마의 인생이 회색빛이라고 생각하고 있었어.
관장님의 인생도 회색빛이라고 생각했지.
하지만 아빠의 인생은 오래 전에 이미 암흑이었어.
난 그게 슬펐고 화가 났어.

난 내 인생도 회색빛이라고 생각했으며, 그렇게 생각할 수밖에 없다는 것이 슬펐고 화가 났어.

그런데 얼굴이 하얀 네가 그런 회색빛으로 자꾸만 기어들어 오려 하고 있었던 거야.

난 한동안 너의 관심을 무시했어.

말을 걸어도 대꾸를 해 주지 않았지.

너 같은 애는 오래 전에 암흑이 되어 버린 아빠를 둔 나같은 회색빛 애를 이해할 수 없을 거라고 생각했으니까.(55-56)

위의 예문에서 알 수 있듯이, 현태는 아빠의 인생이 오래 전에 이미 암흑이었고, 엄마와 자신의 인생은 회색빛이라고 생각하고 있다. 아빠가 없는 가운데 살아가는 것은 미래에 대한 희망을 꿈꿀 수 없을 만큼 많은 아픔을 주었기 때문이다. 그런 현태에게 지훈이 끼어들려고 하자, 현태는 오래 전에 암흑이 되어 버린 아빠를 둔 자신 같은 회색빛 애를 지훈이가 이해할 수 없을 것이라고 생각했다.

한편 지훈이가 현태를 따른 것은 자신에게 없는 자유가 현태에게는 있다고 생각했기 때문이다.

"음……넌……자유인 같아."

내가 웃음을 터뜨리자 넌 정색을 하고 말했어.

"왜 웃어? 농담 아니야."

"내가 자유로운지 네가 어떻게 알아"

"뭐, 그냥 느끼는 거지. 그냥, 내 느낌에 넌 확실히 자유인이야. 자유인."

"자유, 글쎄…… 난 아빠가 있는 애들은 다 부럽던데?"

"뭐, 아빠?"

넌 내 말을 알아듣지 못했고 난 재빨리 말머리를 돌려 버렸어.

"하여간 넌 어떤데?"

"난……그냥 감옥이야. 공부 감옥!"

그러면서 넌 시계를 보았고, 난 최소한 그런 속박으로부터는 자유롭다고 생각했어.(62-63)

위의 예문에서 알 수 있듯이, 지훈이가 현태를 부러워한 이유는 자신처럼 공부 감옥에 살지 않고 자유롭게 살고 있어서이다. 그러기에 지훈이는 현태를 자유인이라 칭하면서, 공부 감옥의 속박으로부터 벗어나고자 한다. 그러나 그것은 지훈에게는 불가능한 것이다. 고급 차를 몰면서 자신의 공부 뒷바라지에만 전념하는 엄마가 있기 때문이다. 반면에 현태는 아버지가 있는 지훈이를 부러워한다. 그러기에 현태는 지훈이가 아빠하고 별로 친하지 않으며, 아빠의 얼굴을 거의 볼 수 없다고 하는 것을 이해할 수 없었다. 또한 자신의 엄마와 아빠 사이가 별로 좋지 않다고 한 지훈의 말도 제대로 이해할 수 없었다. 자신에게는 아빠가 없을 뿐만 아니라, 지훈이도 그 자신의 엄마와 아빠를 다 이해하지 못하고 있다고 생각했기 때문이다.

> 넌 자주 여행가가 되는 게 꿈이라고 했어.(중략)
> 넌 정말 네 말처럼 자유를 원하고 있었던 것 같아.
> 그래서 네가 보기엔 엄청나게 자유로워 보이는 나와 가까워지고 싶었던 거야. 그렇지?
> 난 너를 조금씩 불쌍하게 여기게 됐어. 그리고 네 꿈이 이루어지기를 바라게 됐어. 하지만 네 꿈이 그저 꿈으로 끝날 거라는 생각이 더 많이 들었어. 오로지 네 공부 뒷바라지로 하루 이십사 시간을 보낸다는 네 엄마가 그걸 원하지 않을 테니까.(66-67)

위의 예문에서 알 수 있듯이, 지훈이의 꿈은 여행가가 되는 것이다. 여행가가 되어 마음껏 자유를 누리고 싶었기 때문이다. 그러나 현태가 보기에 지훈이의 꿈은 이루어질 수 없는 것이었다. 지훈이 엄마가 오로지 지훈이 공부 뒷바라지로 하루 이십사 시간을 보내면서 지훈이를 공부 감옥으로 넣고 있었기 때문이다.

초등학교 6학년 때 현태는 일주일에 한번은 친구들의 코피를 터뜨려줄 정도로 문제아였다. 남들에게는 다 있는 아빠가 자신에게만 없었기 때문이다. 그러다가 현태는 처음으로 엄마가 몹시 불쌍하게 보였고, 언젠가 돌아올 것만 같던 아빠가 불에 타서 없어졌다는 걸 알게 되자 주먹질을 그만두었다. 그리고 친구가 되자고 온 지훈이를 받아들였다.

> 난 네가 TV드라마에서나 본 그런 아이들 중의 하나였어. 잘 사는 집에, 전교 일이 등을 다투고, 하루 이십사 시간이 모자랄 정도로 집과 학교와 학원 사이를 자가용에 실려서 끝없이 뱅글뱅글 돌고 있는 아이들.(중략)
> 넌 행복해 보이지 않았어. 내가 본 넌 불안하고 울적해 보였어. 만나는 횟수가 늘어날수록, 네가 네 속을 더 자주 드러내 보일수록 그렇게 느껴졌어.(72-73)

현태가 본 지훈이는 TV드라마에서 본 아이들과 같았다. "잘 사는 집에, 전교 일이 등을 다투고, 하루 이십사 시간이 모자랄 정도로 집과 학교와 학원 사이를 자가용에 실려서 끝없이 뱅글뱅글 돌고 있는 아이"였기 때문이다. 그러나 현태에게 지훈이는 행복해 보이지 않았을 뿐만 아니라 불안하고 울적해 보였다.

> "왜 자꾸만 우울해?"
> "우울하니까."
> 넌 앵무새처럼 반복했어.
> "공부하기 싫은 거야?"
> "그런 것 같아."
> "그럼 안 하면 되잖아. 하기 싫은 걸 왜 해?"
> "그래서 네가 자유인이라는 거야. 하지만 난 못해."
> "왜 못해, 인마? 그냥 안 하면 안 하는 거지."
> "난 자유가 없어. 엄마한테 미안해서 못 그래."(75)

자유가 없는 자신을 답답해하면서 지훈이는 공부가 하기 싫어졌다. 잠시 휴식을 취하면서 충전을 해야 하지만 그럴 여유를 엄마가 주지 않기 때문이다. 그래서 지훈이는 자유인인 현태를 마냥 부러워한다. 그런 지훈이를 보면서 현태는 자신과 지훈이는 결국 서로 다른 길을 갈 것이므로 더 이상 서로 어울리는 것은 의미 없다고 생각한다. 공부 잘하고 순한 편이며, 잘사는 집의 아이인 지훈이는 좋은 고등학교와 대학을 나와서 좋은 직업을 가진 어른이 될 것이지만, 자신은 가까운 고등학교에 진학하고, 대학에 갈 수 있으면 가고 불가능하면 안 가서 그럭저럭 살아갈 것이기 때문이다.

그렇게 하여 현태는 지훈이와 헤어졌었다. 그랬는데 이제 가출한 지훈이가 자기를 찾고 있다. 그러기에 현태는 난생 처음으로 가출을 한 지훈이를 만나기로 한다. 장소는 예전에 자주 갔었던 장소일 것 같았다. 그 장소에 가서 현태는 지훈이를 만나 지훈이가 가출하게 된 이야기를 듣는다.

> "어떤 애가 죽었어…… 같이 과외 받던 애……."
> 착 가라앉은 목소리였다.
> 입술이 파르르 떨렸다. 몸도 떨고 있었다. 추워서 그런 건 아닌 것 같았다.
> "……그 애 얼굴이 머리를 떠나지 않아……나도 그렇게 될까 봐 무서웠어……."

그리고 입을 닫았고, 또 울었다.(86)

지훈이가 가출하게 된 것은 같이 과외 받던 애가 죽었는데, 자신도 그렇게 될까 봐 무서웠기 때문이다. 이러한 지훈이는 학업에 대한 엄청난 스트레스를 이기지 못하고, 돌출적 행동을 하게 된 전형적인 모습을 보여준다. 아울러 청소년들을 학업을 위한 '기계'로만 여기는 어른들의 잘못된 행동의 결과를 보여주기도 한다.

"현태 네 생각 많이 했어. 내가 죽으면 넌 나를 겁쟁이라고 욕하겠지?"
녀석은 터널 아래 도로 쪽에 시선을 고정하고 있었다.
"그래, 욕할거야. 설마…… 죽으려고 집 나온 거야?"
"몰라, 아니……아니지만 혹시라도……."
"헛소리하지 마, 인마. 죽긴 왜 죽어, 자식아."(87)

위의 예문에서 알 수 있듯이, 지훈이는 가출한 후 자살까지도 생각하고 있다. 그리고 현태가 자신을 겁쟁이라고 욕할 거라고 생각하고 있다. 이러한 지훈이는 극도의 불안감과 두려움에 젖어 냉철한 판단을 할 수 없는 상태에 빠져 있다. 이런 지훈이에게 현태는 죽지 말라고 용기를 준다.

잘 지내, 김지훈.
난 너를 이해하려고 나름으로 애썼어. 아직도 넌 내게 안개 속에 있는 녀석이지만, 네 덕분에 오히려 나를 많이 알게 되었지.
약속한 대로, 언젠가 우리 함께 여행을 떠나자. 언젠가, 네가 좋아하는 말로 '나중에'…….
그때 네 얘기를 들려줘. 사이가 나쁘다는 네 엄마와 아빠에 대해서도. 이건 네가 나에게 진 빚이야.
그러니까 김지훈.
죽지 마!
알았어, 자식아!(175-176)

위의 예문에서 알 수 있듯이, 현태는 가출한 지훈이를 진심으로 걱정하면서 지훈이가 죽지 않기를 바라고 있다. 또한 지훈이를 통해 자신을 더 많이 이해하게 되었음에 대해 고마워한다.

그리고 나중에 함께 여행을 가자고 한다. 이러한 현태의 말들은 가출한 친구에게 용기를 전하는 말이며, 청소년들을 학업 기계로만 여기는 어른들의 행동에 대한 성찰을 촉구한다. 청소년들은 학업을 해야 하기도 하지만, 자신을 성찰하고 여유를 갖고 적절하게 휴식도 해야 하기 때문이다.

이상운의 《바람이 불어, 내가 원치 않아도》는 지훈이를 통해 학업 부담 때문에 가출한 청소년의 심리 상태를 여실하게 보여준다. 특히 청소년들을 공부하는 기계로만 여기는 부모의 잘못된 행동과 그에 따른 청소년들의 마음의 상처를 보여줌으로써, 우리 사회가 청소년들의 가출에 대해 어떤 태도를 취해야 하는가를 성찰하게 한다. 아울러 공부를 해서 좋은 대학 가고 좋은 직장을 얻어야 하는 청소년기의 이슈들을 보여줌으로써 청소년들이 당면하고 있는 이슈들을 어떻게 해결해야 하는가에 대한 성찰도 제기한다.

나) 학업 고민에 따른 가출과 가족의 의미 확인

입시 위주의 지나친 경쟁으로 인해 청소년들은 학교 안팎에서 많은 고민들을 하고 있다. 이러한 고민 과정에서 많은 청소년들은 가족과는 대화를 하지 않은 채 친구들과만 대화를 하거나 심지어는 가출을 하기도 한다. 가출을 함으로써 청소년들은 학업을 포기하거나 일탈 행동을 통해 좌절을 드러내기도 한다. 이를 반영하여 상당수의 청소년소설들은 청소년들이 가출 과정에서 가족의 의미를 확인하고 다시 가족의 품으로 돌아오는 과정을 보여준다. 청소년들이 가출 후에 가족의 의미를 확인하고 다시 가족으로 품으로 돌아오는 과정은 김혜정의 《가출 일기》(문학수첩, 1997)를 통해 확인할 수 있다.

이 소설은 서울 의대를 수석으로 합격하기를 바라는 어머니의 압력 때문에 중압감을 견디지 못하고 가출한 치현, 부모의 무관심과 외도 때문에 가출한 훈, 경제적 파탄 때문에 가출한 아저씨 등을 주요 인물로 하고 있다. 사립고등학교 이사장의 손자인 채치현은 중학교 때 사귄 가장 친구인 세일이마저 어머니 때문에 만나지 못한 채 공부하는 기계처럼 살아간다.

이 소설의 주인공 치현은 공부만을 강요하는 엄마에 의해 '공부하는 기계'가 되어 친구조차 사귀지 못하는 상황에 처해 있다. 그러기에 주인공은 학교에서 점차 소외감을 느끼고 공부만을 강요하는 엄마가 자신을 숨 막히게 하는 존재라고 여기게 된다.

아이들은 수군거렸다.

"저 자식은 무조건 만점이래."

"뭐가?"

"너 몰랐어? 체육 실기 점수 말야."

그랬다. 체육 시간에 교실에 남아 있어도 내 체육 점수는 언제나 만점이었다. 모든 게 어머니와 담임 선생님이 꾸민 결과였다.(12-13)

위의 예문에서 알 수 있듯이, 주인공은 체육 실기를 잘하지 못하는데도 어머니와 담임선생님이 꾸며서 체육 실기에서 만점을 받았다. 그런데 이런 주인공을 친구들은 수군거리면서 놀린다. 그런 친구들을 보면서 주인공은 한없는 자괴감에 젖는다.

그 시간이면 또 어머니는 어김없이 내 방문을 열곤 했다. 내가 잠에서 깨어 공부를 시작했는지 확인하는 것은 어머니의 중요한 일과 중 하나였다. 그러니까 어머니의 가장 큰 관심사는 나와 내 동생 나리의 공부였다.(중략)

하루하루를 난 감방에 갇힌 죄수처럼 어머닌 교도관처럼 생활했다. 더도 덜도 아닌 두 시간의 잠을 자는 것만으로도 나는 벌떡 일어나 책상에 앉아야 했고 잠이 적다고 투정을 부리는 건 꿈에도 생각해 본 적이 없다.(25-26쪽)

위의 예문에서 알 수 있듯이, 치현이는 감방에 갇힌 죄수처럼 공부하는 기계로 살아간다. 그러다가 그는 가출을 꿈꾸면서 숨 막히는 학업 상황에서 벗어나고자 한다. 가출을 통해 "모든 걸 잊고 싶을 뿐"이고, "어머니의 내 공부에 대한 지나친 욕심, 선생님의 빗나간 친절, 아버지의 무관심 따위를 이젠 모두 잊어버리고 싶을 뿐"(13쪽)이다. 치현은 일등병에 걸린 집안 분위기에서 그대로 살다가는 질식해 버릴 것 같은 생각 속에 가출을 늘 꿈꾼다. 그런 그의 기분은 얼굴에 그대로 나타난다.

그 무렵 내 얼굴이 늘 침울해 있자 어느 한 녀석이 날 지목하며 말하는 것이었다.

"저 녀석 가출하는 것 아냐? 어제 그 드라마에 나온 애랑 비슷하다니까."

가출을 소재로 다룬 드라마를 본 모양이었다. 녀석은 드라마에 나온 가출 학생과 내가 너무 흡사하다는 주장을 펴고 있었다.(중략)

그 순간부터 내 머릿속은 가출이란 단어 하나로 가득 차 왔다. 지금까지 어머니를 비롯한 집안 어른들의 말을 거역한 적이 없을 만큼 난 착한 아이였다. 다른 사람과 똑같은 감정을 갖고 있으면서도 내 주장을 한 번도 펴본 적이 없었다. 그건 정말 이상한 일이었다.(52-53)

위의 예문에서 알 수 있듯이, 치현은 공부를 강요하는 집안의 분위기 때문에 질식할 것 같은 기분에 젖어있다. 이런 그의 기분은 얼굴에 그대로 나타났기에, 친구들은 그가 가출할 것 같다는 말을 한다. 그 말을 들으면서 치현은 가출을 꿈꾸다가 가출을 감행했다. 가출을 통해 그는 그와는 전혀 다른 삶을 살아온 사람들을 만나게 되는데, 그가 처음 만난 사람은 경제적 파판 때문에 가출하였지만 딸을 그리워하는 아저씨이다.

아저씨는 아직까지 잠을 자고 있다. 걱정이 가득한 아저씨의 잠자는 얼굴에는 내가 아직까지 본 적이 없는 삶의 고뇌 같은 게 보인다.

그에 비하면 나는 정말 유치하기 이를 데 없는 고민만을 해온 건 아닐까. 적어도 나는 생존이나 생계의 문제로 고통을 받은 적은 없지 않은가. 그저 그걸 당연한 내 몫인 양 받아들이지는 않았는가.

어쩌면 인생에서 뜻대로 되는 것은 하나도 없는 것인지도 모른다. 나뿐만이 아닌 이 아저씨 역시 왜 사느냐고 누가 묻는다면 어떤 대답을 할 수 있을까. 그냥 아무 말도 하지 못할 것이다.(88)

치현은 아저씨와의 대화를 통해 인생에 대한 성찰을 하면서 인생에서 뜻대로 되는 것은 하나도 없음을 깨닫는다. 이런 깨달음을 통해 치현은 자신이 생존이나 생계의 문제로 고통 받은 적이 없기 때문에 정말 유치한 고민만을 해왔다고 생각한다. 그러면서 치현은 인생에서 도망자가 되어서는 안 된다는 아저씨의 말을 귀담아 듣게 된다.

아저씨는 계속 바다만 바라보고 있다.

"학생하고 난 도망자야. 도망자는 잡히면 더 이상 도망자가 아니지. 우리도 언젠가는 잡히겠지. 하지만 진정한 도망자는 말이야. 남들이 잡기 전에 스스로 잡혀 주는 거야."

모처럼 입을 연 아저씨는 무슨 뜻인지 알 수 없는 '도망자론'을 펼치고는 씁쓸하게 웃었다.

도망자. 그래, 나 역시 도망자다. 어머니는 나를 쫓고 있다. 그게 길어지면 포기할지도 모른다. 독하기로 말하면 어머닐 따라 올 사람이 없다. 설령 자식이라도 매몰차게 정을 끊을 수 있지 않을까.

"학생 어머니가 지독하게 공부를 강요한다고 했나?"

"예."

"그렇다면 어머니는 학생을 무척이나 사랑하는 걸세. 사랑하지 않고는 지나치게 간섭할 필요가 없거든."(91쪽)

위의 예문에서 알 수 있듯이, 경제적 파탄 때문에 집에 두고 온 딸을 그리워하는 아저씨는 도망자론을 펼치면서 치현의 어머니가 치현이를 사랑했음을 말한다. 간섭은 사랑의 다른 표현이기 때문이다. 그 아저씨는 치현에게 집으로 돌아가라는 말을 하면서 먼저 집으로 간다. 그렇지만 치현은 집에 가지 못한다. 어머니가 자신을 용서하지 않을 것 같았기 때문이다. 이러한 치현의 심리는 어머니와 아들의 관계가 정상적이지 못함을 보여준다. 어머니는 아들을 공부하는 기계로만 여겼기 때문이다. 그러다가 치현은 여러 번 가출을 감행한 또래의 친구인 훈이를 만난다.

녀석의 목소리가 지극히 가라앉아 있다. 사과를 하고 싶지만 말이 떨어지지 않는다. 그런데 녀석이 먼저 입을 연다.

"아빠는 조그만 중소기업체를 운영하고 있어. 엄마는 레스토랑을 경영하고 잘 사는 편이야. 난 가출을 여러 번 했어. 이번이 다섯 번째야. 중1 때 초까지만 해도 그렇게 공부를 잘 하지는 않았지만 범생이란 소리 들었어. 근데 왜 이렇게 되었을까? 항상 혼자였어. 친구들은 많았지만 집에 가면 엄마, 아빠가 없었어. 두 분 모두 사업을 하느라 시간이 없다는 건 알아. 그래도 좀 너무 하는 편이었어."

"어떤 점에서? 고의적으로 너에게 관심을 안 두거나 사랑하지 않은 건 아니잖아?"

"넌 이상한 놈이구나. 어떤 부모도 자식을 사랑하지 않는 부모는 없어. 다만 사랑을 표현하는 방법에 차이가 있을 뿐이야. 넌 너네 부모가 너를 사랑하지 않는다고 보니? 그런 생각이야말로 어리석지."(124-125쪽)

훈이가 다섯 번이나 가출을 한 것은 부모의 무관심 때문이다. 부모는 집에서 자식과 소통할 수 있는 시간을 거의 갖지 않았기 때문이다. 이러한 가족 관계는 정상적이라 할 수 없으며, 청소년의 일탈과 가출을 촉발시킨 책임이 부모에게 있음을 드러낸다. 치현의 가출이 엄마의 지나친 공부 강요 때문이었듯이 말이다. 그러나 강요하거나 무관심한 부모라고 할지라도 청소년은 부모만을 탓하지는 않고 자신만의 인생을 꿈꾼다. 그것은 치현이 훈이에게 자학을 끝내고 집으로 돌아갈 것을 요구하면서, 미래를 생각하도록 하는 데서 확인할 수 있다.

훈이가 화가가 되기로 결심한 것은 내가 얻어낸 가장 값진 결실이라 할 수 있다. 나를 만나 꿈은 찾은 친구가 있다는 건 정말 기쁜 일이다.

"치현아, 너도 집에 들어가서 잘할 수 있지? 만약 너희 어머니가 이전처럼 하길 원해도 말야. 나도 하는데 네가 못 하겠냐?"

"그래, 자신 있어."

그러나 난 사실 자신이 없다. 계속 그런 생활을 버텨나갈 자신도 없지만 더욱 자신 없는 건 집에 들어가는 일이다. 어머니는 날 받아주지 않을지도 모른다.(243쪽)

위의 예문에서 알 수 있듯이, 훈이가 화가가 되기로 결심하고 집으로 들어가기로 한 것은 치현의 덕분이다. 그러나 친구와의 관계를 통해 미래의 꿈을 찾게 된 훈이와는 달리 치현이는 집으로 들어갈 자신이 없다. 그것은 엄마가 자신을 받아들여주지 않을 것이라는 두려움 때문이다. 이러한 두려움 때문에 치현이는 자살을 결심한다.

비록 난 세상을 떠나고자 하지만 세상에 감사함을 느낀다. 뒤늦게 사랑이 무엇인지를 가르쳐 준 세상을 난 사랑한다.

17년간의 삶에서 이제야 세상에 대한 사랑을 느낀다. 모든 게 아름답게 보인다. 창문을 열고 하늘을 보았다. 오늘따라 별이 몇 개 보인다. 내 마지막 길을 축복하기 위해 나온 별 같다.

이제 흰 옷으로 갈아입어야겠다. 흰색의 옷을 입고 깨끗하게 가고 싶다. 흰색의 바지를 입고 셔츠를 흰 티 위에 입었다. 입던 옷에서 수면제를 꺼내고 다시 잘 개어 가방에 넣었다.(258쪽)

자살을 감행하기로 한 순간에 치현이는 세상에 대한 사랑을 느낀다. 그것은 가족의 울타리를 벗어나 그가 만났던 아저씨, 훈이 등과의 관계를 통해 삶을 지탱하는 것은 사랑임을 깨달았기 때문이다. 그런 상황에서 치현이는 자살에 성공하지 못한다. 훈이가 치현이의 가족들에게 연락을 했기 때문이다. 자살을 하지 못했지만 치현이는 그 사건을 통해 엄마의 사랑을 느끼면서 세상을 살아갈 힘을 얻고, 가족의 울타리로 돌아오게 된다. 그 결과 치현이는 부모와의 화해를 통해 가족의 소중함을 깨닫고 세상을 견디게 하는 것은 가족의 사랑임을 깨닫는다.

한참 동안이나 말을 하려고 몸을 뒤채다 밝은 햇살이 눈꺼풀을 간질이는 순간 나는 퍼뜩 눈을 떴다.

"치현아! 선생님 우리 치현이가 눈을 떴어요. 여보! 치현이가……어서 와 봐요. 보이죠?"

"어머……니!"

"그래, 아무 말 마라. 눈을 떴구나. 그래, 이 엄마가 잘못 했다. 하느님, 감사합니다. 정말 감사합니다."

어머니가 내 손을 꽉 움켜쥐었다. 아버지도 다가와 내 다른 한 손을 움켜쥐었다. 아버지의 눈에도 눈물이 고여 있었다.(중략)

"치현아, 이 엄마도 너를 누구보다도 사랑한다. 그러니, 안심해라."

어머니가 처음으로 나에게 사랑한다고 말했다. 처음이었다. 나를 사랑한다는 말은. 어떤 생각도 떠오르지 않았다. 눈물만 자꾸 난다.(260-261쪽)

위의 예문을 통해 알 수 있듯이, 치현이 가출을 한 것은 어머니의 지나친 공부 강요 때문이었는데, 그것을 해소하는 것은 사랑의 표현이다. 이를 통해, 이 소설은 학업 고민 때문에 가출하는 청소년들에게 필요한 것은 가족의 사랑이며, 그러한 사랑을 통해 청소년들이 힘든 현실을 견딜 수 있음을 보여준다. 학업에 대한 고민 때문에 가출을 감행하는 청소년들에게 필요한 것은 가족 간의 사랑과 신뢰이며, 그 사랑과 신뢰를 통해 청소년들은 힘든 학업의 과정을 견뎌낼 수 있다.

4) 가정불화와 가족의 해체에 따른 가출의 양상

구병모의 《위저드 베이커리》(2009, 창비)는 아버지의 불륜으로 인해 자살한 어머니와 그 과정에서 가출을 한 청소년 인물을 통해 가정불화와 가족의 해체에 따른 청소년의 방황을 보여준다. 이 소설에서 주인공은 어머니의 자살 이후 재혼한 아버지와 함께 초등학교 교사인 새엄마와 함께 살아간다. 그러다가 새엄마의 차가운 시선을 견디지 못하고 가출하여 마법의 빵집인 위저드 베이커리에서 마법사와 함께 살아간다. 그 후 마법사가 잠시 위저드 베이커리를 폐쇄하자 집으로 돌아가지만, 집에서 아버지가 새엄마의 딸을 성폭행하는 사건으로 인해 새엄마에게 다시 쫓겨난다. 그 후 아버지는 성폭행 사건으로 인해 교도소에 들어가게 되고, 할머니와 함께 살게 된다. 그 과정에서 주인공은 가출을 할 수밖에 없었던 자신을 받아들여준 마법사를 진정으로 이해하면서, 자신이 한때 생활했던 위저드 베이커리에서 더 이상 어린애가 아닌 청년으로 성장하게 된다.

……대체 누구에게 물어본다는 거지?

이대로 돌아가 집 현관문을 연다는 건, 그곳에 내 얘기를 들어줄 사람이 아무도 없음을 확인하는 일이었다. 그러기에 지금 이 난감한 가게에서 빵을 사갖고 나온 거잖아. 빵 한 입에 우유 한 모금 물고서, 건조하지도 눅눅하지도 않은 오늘분의 감정을 꼭꼭 씹어, 마음속 깊숙이 담아둔 밀폐 용기에 가두기 위해.(13)

위의 예문에서 알 수 있듯이, 주인공은 자신의 얘기를 들어줄 사람이 집에는 아무도 없기 때문에 스스로 먹을 것을 사서 먹으며 살아간다. 또한 건조하지도 눅눅하지도 않은 매일의 감정을 마음속 깊이 담아둔 채 살아간다. 그러기에 주인공은 점점 실어증을 앓게 되며, 부적응아가 되어 방황을 한다. 그러던 차에 주인공은 우연히 한밤중에 빵집 위저드 베이커리로 들어간다.

달리면서 생각한다. 갈 데가 없어. 피씨방 같은 데서 밤이라도 보내야 할 텐데, 너무 갑작스럽게 터진 일이어서 백원짜리 동전 하나도 못 들고 나왔다. 말할 일이 없으니 쓸 일도 거의 없는 휴대전화는 책상 옆 가방 속에 둔 채로다. 그게 있었다 한들 사정이 달랐을까. 친구라고 부를 만한 누군가가 있기를 해, 나의 더듬거리는 말마디의 행간 속에서 아무것도 묻지 않고 두 팔 벌려줄 누군가가 나한테 있기를 하냐고. 마지막으로 소식을 들은 지 육 년쯤 되는 이모와 외할머니는 이제 연락처는 관두고 생사도 모른다. 나는 언제까지, 어디까지 달릴 수 있을까. 그런 공간적 한계를 깨달았을 때 떠오른 곳이 여기였다.(중략)

무슨 빵집이, 이런 길에서 한밤중에 빵 먹는 사람이 어디 있다고 24시간 영업을 해요?(19)

새엄마의 딸을 성추행했다는 누명을 쓰고 새엄마에게 급작스럽게 쫓겨난 주인공은 갈 데가 없는 가운데 참담한 심정에 빠진다. 또한 엄마가 돌아가신 뒤에 더욱 심해진 말더듬 때문에 친구 하나도 없는 상황에 있다. 엄마가 돌아가신 뒤에 소식조차 끊긴 이모와 외할머니는 이제 생사도 모른다. 그러다가 주인공은 문득 빵집 위저드 베이커리로 간다. 그러면서 그는 자신이 유년기적 동화와 같은 삶을 잃은 것이 이번이 처음이 아니라 여섯 살 때 엄마로부터 버림받았을 때부터였음을 깨닫는다.

무엇보다 엄마가 나를 떼어놓고 간 이유부터 알아야 했다. 우리 집도 당장 내일 먹을 양식이 없어서 한 입이라도 줄여야 하나? 처음 어린이의 생각은 거기까지밖에 가닿지 않았다.

구체적이고 논리적인 생각으로 형상화되지는 않았지만 점점 어렴풋이 짐작되었다. 지금 내

가 처한 상황과, 엄마의 화장대 위에 놓인 약봉지 사이에 어떤 상관관계가 있다는 것을. 엄마
는 고칠 수 없는 큰 병에 걸렸을지 모른다. 그래서 나한테 병을 옮기지 않기 위해 내게는 비밀
로 하고 여기다가 나를……

　집어치워.(103-104)

　엄마가 여섯 살 난 나를 청량리 많은 인파 속에 버린 것은 아버지와의 극심한 불화 때문이
었다. 아버지가 불륜을 저질렀고, 그것을 참을 수 없었던 엄마는 자살을 결심했기 때문이었다.
자살을 결심한 엄마는 아들을 차마 죽일 수 없어서 청량리의 많은 인파 속에 아들을 버렸던
것이다.

　여섯 살의 어린 나이였기에 주인공은 엄마의 부재가 무엇을 의미하는지를 깨닫지 못했다. 또
한 아버지가 어떤 잘못을 저질렀는지, 그리고 아버지의 잘못 때문에 엄마가 음독자살을 시도했
다는 것도 이해할 수 없었다. 그러던 삼 개월 뒤의 어느 날 엄마는 결국 자살을 하고 말았다.

　　삼 개월 뒤의 어느 날, 어린이집에서 돌아와 보니 엄마가 또 없었다. 대신 낯모르는 아저씨
들이 서너 명 와서 우리 집 구석구석을 사진으로 찍어대고 있었다. 정신을 잃은 외할머니가 거
실 구석에 뉘어져 있었고, 집 안에서는 원인을 알 수 없는 지린내가 진동했으며, 천장의 샹들
리에에는 아빠의 허리띠가 동그란 고리 모양으로 묶인 채 흔들리고 있었다.

　　저게 왜 저기 걸려 있지?

　　알 수 없었다. 분명한 건 엄마가 사라졌으나 내 몸은 집에 있었기에 나는 어디까지나 안도
하고 있었다는 사실이다. 엄마가 없었음에도 나의 현실 자체는 달라진 게 없다는 느낌. 엄마의
껍데기와 사는 거나, 엄마가 없는 거나 뭐가 다른데.(110-111)

　아버지의 불륜을 도저히 용서할 수 없었던 엄마는 결국 아빠의 허리띠로 목을 매 자살하고
만다. 어린 나이였기에 주인공은 엄마가 부재한다는 것이 무엇을 의미하는지 알지 못하는 가운
데, 그동안 껍데기로만 살아온 엄마의 부재가 자신의 현실에 별다른 영향을 주지 못한다고 생
각한다. 그래서 주인공은 엄마가 없는 것이나 껍데기뿐이었던 엄마와 같이 사는 것이 별다른
차이가 없다고 생각한다. 그러나 주인공의 이런 판단은 잘못된 것이었다. 주인공의 아버지는
가족 누구에게도 살갑게 대하지 않았으며, 엄마의 부재는 매일의 삶에서 더 부각되었기 때문이
다. 아버지는 이른 출근과 늦은 퇴근으로 가정 경제에 복무할 뿐 주인공에게 특별한 관심을 보
이지 않은 채 거의 대화를 하지 않았다.

그랬던 아버지는 엄마가 자살한 후에 초등학교 교사인 배 선생과 재혼을 한다. 겉으로는 아들을 위한다는 명목 아래.

> "아버지는 호화로운 재혼식을 올리기가 남들 보기 민망하다며 그냥 합가하여 살림을 바로 차리고 싶어 했다. 그러나 배 선생은 자기가 피치 못할 사정으로 야반도주한 불쌍한 여자도 아니고, 보쌈당해 온 과부도 아닌데 혼인신고만 간략하게 하고 구차하게 살림부터 살아야겠느냐고, 반드시 내가 보는 앞에서 비눗방울과 드라이아이스 기체가 운무를 추는 성대한 결혼식을 올릴 것을 주장했다. 그리고 신부에게 축하의 꽃을 건네주는 화동은 나여야 한다."(23-24쪽)

위의 예문에서 알 수 있듯이, 새엄마인 배 선생은 최초의 결혼 생활이 실패로 돌아간 뒤 그것을 새 남편에게서 보상받고 싶어 했으나, 아버지는 기대에 부응해주지 않았다. 아버지는 단지 '남는 장사'를 위해 결혼한 거였다. 아버지는 따로 사는 할머니를 챙겨 주고 살림을 도맡아주며 사회적 지위까지 괜찮은 여자를 얻기 위해 결혼 시장에 목돈을 지불했을 뿐이었다.

그러기에 아버지에게 불만이 많은 배 선생은 아들인 주인공에게 편하게 대하지 않았으며, 그런 배 선생을 견뎌야 했던 주인공은 언젠가 스스로를 감당할 수 있는 나이가 되면 가정을 떠나기로 결심한다. 그러기에 주인공은 자신이 자라 스스로 떠날 때까지만 배 선생이 자신을 화석 취급하면서 참아주기를 바랐다. 그렇지만 새로운 가족을 구성한 배 선생과 주인공의 관계는 점점 삐걱거릴 뿐이었다.

> "무슨 생각으로 옛날 가족이 찍은 사진이 아직까지 내 눈에 띄는 데 있냐고?"
> "그러니까……아버지한테 하실 얘기를 왜 저한테."
> "너는 이 집 사람 아니냐? 지금 여기 아버지가 어디 있어? 내가 지금 못할 말 하는 거니?"
> "아…… 그렇다는 건 아닌데……."
> "네 아버지 일인데 네가 모르면 누가 안다는 거야? …… 왜 그런 눈으로 봐? 기분 나쁘게. 내가 이런 말 할 자격이 없다고 생각하나 보지. 설명할 가치도 없다거나. 그럼 네가 여기 나하고 있을 이유도 없겠지. 네 방에 가 있어."
> 그런 소소한 일들을 시작으로 집에서 내가 머물 공간은 점점 줄어들었다.(31-32)

배 선생은 옛날 가족이 찍은 사진이 자신의 눈에 띈다는 이유로 주인공을 구박한다. 또한 사소한 일들로 주인공을 구박하면서 주인공이 집에서 머물 공간이 점점 줄어들게 한다. 그 결과 주인공과 배 선생은 각자가 들이마실 공기를 침범하지 않는 관계를 유지하고자 한다. 주인공은 "잠잘 곳과 먹을 곳이라는 최소한의 의식주 문제를 해결함으로써 안정적인 미래로의 발판을 제공받고, 배 선생은 남편을 갖게 되어 자신의 딸과 함께 사회적으로나 법적으로 여러 가지 보호 및 보장을 받는 일. 지나치게 팽팽하지도, 하염없이 느슨하지도 않은 적당한 긴장감. 그런 테두리나 조건 안에서 우리는 '우리'일 수 있었다."(28-29쪽)

그러나 주인공과 배 선생은 '우리'로 살아갈 수가 없었다. 배 선생은 사소한 일들로 끊임없이 주인공에게 압박을 하였기 때문이다. 그러기에 주인공은 집에서 자신의 입지가 좁아짐을 느끼면서 점차 가출을 생각하게 된다.

> 무엇보다도 신변의 위협……까지는 과장이라 쳐도 집안에서 나의 좁은 입지를 느끼게 된 것은, 언젠가 배 선생이 내가 집에서 입는 옷까지 간섭하기 시작했을 때부터다.(중략)
>
> 공간 확보에 대한 배 선생의 욕망은 점차 구체적으로 나타났다. 사람이 내 사람이라 생각되지 않을 때, 자리가 내 자리 아닌 것만 같을 때 더욱 증폭되는 공간에의 욕구. 배 선생의 과장된 손짓 한 번, 누추한 몸짓 한 번마다 '여긴 내 집이고 여기 안주인은 나야!'라는 비명이 들려왔다. 그 비명 너머로, 자라나는 무희의 시무룩한 얼굴이 보였다. 그걸 걱정하고 있는 거야? 내가 당신의 영역을 침범해서 여동생을 해코지하기라도 할까 봐? 정말로 그게 걱정된다면 나를 이렇게 대해서는 안 되잖아.(37-38)

위의 예문에서 알 수 있듯이, 배 선생은 점차 집안에서 자신의 공간에 대한 욕구를 키워간다. 그 와중에 주인공은 자신이 집에서 배 선생의 영역을 침범하기라도 한 것 같은 자괴감을 가질 수밖에 없었고, 자신이 여동생을 해코지라도 할까 봐 걱정하는 배 선생을 견디기 힘들어진다. 또한 배 선생과 자신의 관계를 아버지에게 말할 수 없어서 괴로워한다. 배 선생은 집에서 주인공을 효율적이고 경제적인 태도로 멀리하면서 많은 마음의 상처를 준다. 겉으로는 보랏빛 멍조차 보이지 않으나 실은 심각한 내상을 안겨주는 타격처럼 말이다.

그러나 주인공을 벌레 보듯 하는 배 선생과 주인공의 어그러진 관계마저도 오래 가지 못한다. 배 선생이 자신의 딸 무희를 주인공이 성추행했다고 오해했기 때문이다.

> 아니에요! 아냐! 내가 왜! ……이런 외침, 항변이 목구멍 밖으로 터져 나왔는지 어땠는지 알 수 없었다. 바로 이어서 무수히 내 머리를 후려치는 주먹이, 손바닥이 감각과 인식을 방해

했다.(중략) 아버지가 이쪽을 보고 있었다. 적어도 아버지의 부인을, 그렇게 할 수는 없었다. 주먹이 떨어지는 압력을 조금 덜기 위해서 까지는 아니지만 어쩌다 보니 그 자리에 무릎을 꿇고 엎드리게끔 되었다. 목덜미로, 등으로 슬리퍼 신은 발이 쏟아졌다.(중략)

아버지의 얼굴은 무희의 말을 딱히 믿는 것처럼 보이지는 않았으나, 그렇다고 해서 나를 감쌀 만큼 자애와 이성에 가득 차 있지도 않았다. 전체적으로는 모호함으로 넘쳐 있었다.

나, 아닌 거 알죠? 내가 그럴 리 없다는 거 믿어줄 거지요? ……이것도 말이 되어 내 몸 밖으로 나왔는지, 머릿속에서만 맴돌았는지 알 수 없었다. 하여튼 분명한 것은 마침내 발길질을 거둔 배 선생이 격앙된 얼굴로 아버지 옆을 지나쳐 송수화기를 들었다는 것이다.

"……여보세요? 거기 경찰서죠. 소년범을 신고하려고 하는데요."(53-54)

위의 예문에서 알 수 있듯이, 배 선생은 자신의 딸 무희를 주인공이 성추행했다는 오해 속에 주인공에게 폭력을 행사한다. 무희의 말을 신뢰할 수는 없었지만, 무희는 고통스러운 순간을 벗어나고 싶은 마음에 순간적으로 곁에 있는 주인공을 지목했기 때문이다. 그럼에도 불구하고 주인공은 적극적으로 해명하지 못한 채 집에서 쫓겨나 가출을 한다. 그러던 와중에 아버지는 아무런 반응을 보이지 않는다. 아버지는 단지 주인공의 시선을 피하며 뒷짐만 지고 있었을 뿐이다.

그러는 사이사이 생각하곤 했다. 아버지와 배 선생은 이제 더 이상 나를 찾지 않을까. 알고 보면 지척의 거리에 있는, 겉보기엔 보잘것없는 동네 제과점에 몸을 숨기고 있는 나를.

그날, 마법사의 오븐 속으로 들어오던 날 밤.

그가 문을 연 오븐은 끝이 보이지 않는 어둠의 아가리를 벌리고 있었다. 그 안에 들어가 앞으로 포복 전진을 하는 대신 그 자리에 그대로 몸을 웅크리고 있다 해도 저절로 어둠에 집어 삼켜질 것 같았다. 정말 그대로 깊이 들어가도 되는 건지 나는 의문이 들었다. 선택의 여지가 없기에 그저 나아갔을 뿐.(65)

배 선생한테 집에서 쫓겨난 주인공은 마법사의 빵집으로 들어갔다. 선택의 여지가 없어 마법사의 빵집 오븐 속으로 들어간 주인공은 배 선생과 아버지가 자신을 찾지 않을 것이란 생각에 참담한 심정을 느낀다. 참담한 가운데 들어간 마법사의 빵집 오븐 속에서 주인공은 이상하리만치 편안하고 긍정적인 심정이 된다. 절대신이나 영혼처럼 눈에 보이지 않는 것도 믿을 수 있을 만큼 절박한 가운데, 주인공은 눈에 보이는 마법사의 빵집을 믿으며 그 안에서 새로운 정처를 마련한다.

마법사의 빵집에는 낮 동안 인간이었다가 해가 지면 새의 모습으로 돌아가는 파랑새가 있었다. 마법사는 거의 잠을 자기 않으면서 낮 동안 홈페이지에 쌓인 주문을 처리하기 위해 밤에 재료를 가공하고 택배 포장을 한다. 주인공은 위저드 베이커리에서 주문서 출력이나 단순 포장 업무를 하면서 지낸다. 마법사는 썩 개운치 않은 채로 수면 부족에 시달리면서 자기 목숨을 노리는 것들과 싸워야 한다. 마법사는 눈으로 보이지 않는 우주의 모든 요소에 오감이 열려 있는 자이기 때문이다. 마법사는 양극성의 원리에 의해 하나의 힘이 그와 반대 극에 있는 다른 힘을 자석처럼 끌어당긴다는 것을 실천하며 살아간다. 마법사는 그 자기장 안에서 생동하는 원소의 움직임까지 감지할 수 있다. 그리고 자기 자신도 우주를 구성하는 대원리에 종속된 한 개의 원소에 지나지 않음을 알고 있다. 의지와 무관하게 누군가는 탄생하고 누군가는 흙으로 돌아가 분해되는 것처럼, 자신이 아무리 숙명을 거부해도 어느새 그것에 따라 움직이고 있음을 알고 있는 것이다.

이런 마법사의 삶을 지켜보면서 주인공은 자신이 왜 위저드 베이커리의 오븐 속에서 생활하게 되었는지를 성찰한다. 그러면서 주인공은 자신의 현재 생활은 자신의 의지가 아니며, 자신의 잘못이라면 자신이 쫓겨나던 날 단지 거기 있었을 뿐이라는 것을 생각한다. 그러기에 주인공은 배 선생이 단지 거기에 있었을 뿐인 자신을 오해하고 쫓아냈는지를 이해할 수 없다. 물론 주인공은 자신이 언제까지나 위저드 베이커리의 오븐 속에서만 생활할 수 없다는 것도 알고 있다.

지금의 나는 마법사네 빵가게라는 안전한 결계 속에서 땅에 떨어지기를 도리질하고 있다. 이곳에 평생 머물 수 없고 언젠가는 내려와야 하는 걸 아는데. 내가 움직이지 않으면 아무것도 바뀌지 않는데. 알고는 있다. 내가 집으로 돌아가야 싸움의 끝을 볼 수 있고, 아버지 또는 배 선생과 삼자대면을 해야 할 것이며, 그동안 배 선생이 어떤 조치를 취했느냐에 따라 약간의 복잡한 조사를 받을지도 모른다는 걸. 그리고 이 가족이란 명분과 틀을 지키기 위해서 나는 영문도 모른 채 잘못을 빌어야 할 것임. 그런데 배 선생이 그때까지 나에 대해 오해를 하고 있다면, 과연 나의 아버지와 결혼생활을 유지하려고는 할지 의문이었다.

그래도 이 모든 일에서 피해 갈 수는 없다는 것을.

현실은 쓴데 입속은 달다.(139-140)

주인공은 자신이 평생 동안 오븐 속에서만 머물 수 없고, 언젠가는 떠나야 한다는 것을 알고 있다. 그리고 자신과 배 선생의 싸움은 자신이 집으로 돌아가야 끝이 날 것이며, 가족이란 명분과 틀을 지키기 위해서는 자신이 영문도 모른 채 배 선생에게 잘못을 빌어야 할 것임을 알고 있다. 그러나 그것은 주인공이 할 수 없는 일이다. 주인공은 단지 그날 거기에 있었을 뿐이었으니까. 그러기에 주인공에게 현실은 쓴 것이 된다. 그렇지만 주인공은 자신이 영원히 가족의 무리에서 쫓겨난 채로 살아가는 것에 대한 두려움을 갖는데, 그 두려움은 꿈의 형태로 나타난다.

눈을 떴다. 현실로 눈을 뜬 게 아니라 일종의 장면 전환과도 같이 시공이 넘어가 두 번째 꿈을 꾸고 있음을, 눈앞의 화목한 가족을 보고 알 수 있었다. 그 가족은 나라는 구성원이 빠짐으로써 비로소 행복해 보였다.

아버지와 배 선생과 무희가 한 식탁에 원을 그리며 앉아 있었다. 여느 가족과 조금도 다를 바 없는 단란한 저녁 식사 풍경이었다.

나는 내 몸을 내려다보았다. 현실의 나이와 일치하는 몸으로 돌아와 있었다. 그런데 식탁에 앉은 아버지와 배 선생은 조금씩 더 나이 들어 보였으며, 무희도 거의 내 나이만큼 훌쩍 자라 있었다. 무희는 어깨를 덮는 긴 생머리에 감색 교복 차림이었다. 어찌된 일인지 알 것 같았다. 그것은 내가 없어주기만 하면 행복하게 그려질 그들의 미래 구상도였다.

그걸 보는 순간 나는 꿈에서 깨어 현실로 돌아가더라도 몸은 영원히 돌아갈 곳이 없을지 모른다는 걸 깨달았다.(153)

위의 예문에서 알 수 있듯이, 주인공의 꿈에서 아버지, 배 선생, 무희 등은 모두 행복한 가족의 모습을 보이고 있다. 그러면서 그들은 주인공이 없어주기만 하면 행복하게 가족생활을 할 수 있는 것처럼 보인다. 이러한 그들의 모습은 주인공이 가족의 틀에서 영원히 벗어나는 것에 대해 갖는 두려움을 무의식적으로 보여준다. 또한 그날 단지 거기에 있었을 뿐 아무런 잘못도 없는 주인공이 자신의 처지에 대해 억울해 하고 있음을 나타낸다. 그러기에 주인공은 마지막 한 가닥 희망의 끈을 아버지에게서 찾고자 한다. 그러나 주인공이 생각할 때 아버지는 자신의 아버지이기를 포기한 채 배 선생의 남편이기를 선택했다. 주인공에게 아버지, 배 선생, 무희 등은 저편에 서 있는 사람들이고, 자신은 이쪽에서 비틀거리며 서 있다.

내가 돌아갈 곳은 일종의 화해와 미래에의 바람직한 전망을 목적으로 한 곳이 아니다. 부딪칠 것은 오로지 오해로 인한 냉대 아니면 폭력. 그 시간을 무사히 견뎌낸다면, 그리고 내가 아무런 잘못도 없음이 밝혀지고 나면, 그다음에는 계획보다 좀 이르긴 하지만 아버지에게 부탁해야지. 세 분이 사시고 저 이 집에서 떠나도 되나요? 아버지는 귓등으로도 안 들을 테고, 배 선생은 지금 어디서 대놓고 시위하는 개수작이냐고 소리를 지를 테지. 여보, 애 말하는 거 들었지? 당신 아들이 처음부터 나와 무회를 옆집 강아지만도 못하게 봤다는 거 알겠지? 당신부터가 내 아들, 네 엄마, 하고 싸고돌았으니 그런 거 아냐? 그렇게 말함으로써, 처음부터 당신을 인정하지 않고 마음을 닫아건 게 내 쪽이며 가정을 무너뜨린 주범이 나라는 걸 효과적으로 드러낼 테지.(201-202)

주인공은 자신이 돌아갈 가족은 화해와 미래에 대한 바람직한 전망을 목적으로 하는 곳이 아니라, 오해로 인한 냉대와 폭력이 있는 곳이라고 생각한다. 주인공이 자신을 인정하지 않고 마음의 문을 닫아걸고서 가정을 무너뜨린 주범이라고 배 선생은 생각하고 있기 때문이다. 그러기에 주인공은 집으로 돌아갈 수가 없다. 주인공은 집에서 자신을 인정해 주는 존재를 만나지 못했지만, 위저드 베이커리에서 마법사는 주인공을 인정해 준다.

"일단 인사는 해둘게."
점점 아래로 떨어뜨리고 있던 내 눈을, 그가 허리를 깊이 숙여 똑바로 마주 들여다보고 말했다. 나는 서러움도 체념도 아닌 순수한 기쁨과 감격 때문에 눈물을 그치지 못했다. 누군가 이런 단순한 한마디로 나를 오해 대신 인정해준 적이 있었던가. 그것은 또한 끝나지 않을지 모른다고 생각했던 긴 밤의 시련을 견딘 나 자신에 대한 인정의 의미이기도 했다. 나는 스스로를 칭찬하는 데에 너무 인색했던 모양이다.(165)

마법사는 자신을 대신해서 마신들의 공격을 견뎌낸 주인공을 인정해 준다. 그러기에 주인공은 순수한 기쁨과 감격 때문을 눈물을 흘린다. 그리고 그 눈물이 자신의 존재성에 대한 성찰을 촉진하는 계기가 됨을 인식한다. 그러면서 배 선생에 대한 자신의 감정이 뜨거운 물에 닿은 소금처럼 녹아 사라질 수 없는 걸 안타까워한다. 그러나 주인공은 자신과 배 선생 간의 감정의 골이 영원히 사라질 수 없는 것임을 생각한다. 이런 생각 속에 주인공은 위저드 베이커리의 오븐에서 계속 지낼 수는 없다는 것을 인식한다. 오븐에서 계속 생활하는 것은 계속적인 절망이나 무력감만 주기 때문이다.

나는 끝까지 이들의 짐이 되다가 하릴없이 가는구나.
내가 조금만 더 훌륭한 사람이었다면. 아니, 최소한 지금보다는 나은 사람이었다면…… 아니

거기까지 갈 것도 없이 내가 최소한 나 자신이기만 했다면. 그랬다면 지금 같은 절망이나 무력 감은 없었을까. 나라는 인간이 얼마나 도움이 안 되고 하찮은 존재인지를 깨닫는 순간과 마주 하는 일은 견디기 힘들다.(193)

주인공은 위저드 베이커리의 오븐에서 생활하는 자신이 마법사와 파랑새에게 짐만 될 뿐이 며, 자신이 최소한의 자리를 집에서 지킬 수만 있었다면 지금 같은 절망이나 무력감을 느끼지 않았을 것을 인식한다. 아울러 자신이 아무에게도 도움이 안 되는 하찮은 존재임을 참담한 심 정으로 깨닫는다.

주인공의 이런 참담한 심정을 알기에 마법사는 주인공에 타임 리와인더를 조건 없이 선물한 다. 마법의 빵 타임 리와인더는 인생의 과거 어떤 한 순간으로 되돌아가서 선택을 다시 할 수 있게 하는 빵이다. 그런 빵을 얻은 주인공은 자신이 되돌리고 싶은 순간으로 배 선생을 만나기 이전을 선택한다. 운명은 돌이킬 수 없기에 엄마를 살아오게 할 수는 없다는 것을 알기에 말이 다. 또한 배 선생을 만나기 이전이 안 된다면 최소한 배 선생과 미묘하게 사이가 틀어지기 전의 시점으로 돌아가고 싶어 한다. 그러면서 주인공은 자신과 배 선생의 관계가 왜 틀어졌는지에 대한 성찰을 한다.

아무도 탓할 것은 없다. 처음부터도 서로 잘해 보자거나 친해지자는 노력 대신 우리는 각자 택했던 것이다. 배 선생은 통제와 압력 또는 권력에의 욕망을, 나는 나대로 거기에 전혀 감응 하지 않는 냉소와 무관심을. 배 선생의 일련의 태도들은 약간 왜곡되긴 했으나 그것도 나름대 로 '내 엄마가 되고 싶어 하는'(엄마의 요건 가운데 지배력 행사에만 집착한?) 몸부림의 일종이었을 터다. 내가 아버지에 대한 한 점의 분노도 없이, 가족의 기원과 속성에 순종하며 그녀의 욕망 아래로 미끄러져 들어가 주었더라면 모든 일이 지금과는 달라졌을까.(213)

주인공은 자신이 가족의 기원과 속성에 순종하고 배 선생의 욕망을 순순히 따랐더라면 모든 일이 지금과는 달라졌을지도 모른다는 생각을 한다. 그러면서 주인공은 배 선생은 통제와 압력 또는 권력에의 욕망을, 자신은 배 선생에게 전혀 감응하지 않는 냉소와 무관심을 보였기 때문 에 아무도 탓할 것이 없다고 생각한다. 그렇지만 주인공은 더 이상 위저드 베이커리의 오븐 속 에서만 지낼 수는 없었기에 집으로 돌아간다. 그러나 집으로 돌아가서 그가 본 것은 무희에게 성추행을 하는 아버지의 모습이었다.

무희가 침대에 앉아 창문에 머리를 기댄 채 얼굴을 찡그리며 뭐라고 중얼거리고 있었다. 뒤통수밖에 보이지 않는 남자가 무희의 옷 속에 손을 넣고 있었다. 도와줘야 한다, 소리를 지르고 상대를 쫓아내야 한다.(중략)

나는 거기서 혼란인지 경악인지 알 수 없는 요소로 가득 찬 아버지의 얼굴을 보았다. 나 또한 같은 얼굴을 하고 있었을 테지만, 이게 어떤 상황인지 못 알아차릴 만큼 내가 머저리는 아니었다. 오욕칠정과 백팔번뇌를 한 그릇에 쑤셔 넣은 듯한 아버지의 표정과, 문밖을 뛰쳐나가려면 나를 지나쳐야 하기에 그러지 못하고 있는 무희가 옷을 추스르는 소리와, 어깨에서 종이 봉투 끈이 미끄러져 내리는 감각.

이제 나는 비로소 알 수 있었다. 꿈속에서조차 나의 봉변에 무표정하거나 무관심했던 아버지의 얼굴. '안 좋은 소문나고 여자애 앞길 망치게 뭐 하러 걸고 넘어져…….' 비열하지만 실용적이기까지 했던 충고. 그 말의 의도는 바로.(214-215)

위의 예문에서 알 수 있듯이, 아버지는 어려서 반항할 수 없는 무희를 성추행하다가 우연히 집에 들른 아들에게 그 장면을 들킨다. 주인공은 어린 무희를 도와주어야 한다고 생각하지만 행동하지 못한다. 그러다가 아버지의 얼굴을 본 순간 자신이 배 선생에게 쫓겨나는 봉변을 당하는 순간에 무표정하거나 무관심했던 아버지를 이해하게 된다. 그런 아버지에게 배 선생은 온갖 저주를 퍼부으면서도 모든 일이 주인공 때문이라고 말한다.

"네놈이…… 다 네놈 때문에!"
그러니까 왜 그게 다 나 때문이냐고. 배 선생이 나한테로 몸을 던지는 것이 슬로모션으로 비쳤다. 거의 동시에 나는 무릎을 굽혀 바닥에 떨어진 타임 리와인더를 줍고 있었다. 이제 입에 넣어야 한다. 부수어야 한다. 잠깐, 언제로 돌려? 몇 년도로? 우리가 처음 만난 게 언제였더라? 아 씨발! 이 모든 생각이 0.1초 사이에 머릿속을 뒤흔들며, 어느새 나도 모르게 절규하고 있었다.
"돌아가! 돌아가! 돌아가! 돌아가! 돌아가!"(218)

배 선생은 집안에서 벌어진 모든 일이 주인공 때문이라고 말한다. 주인공은 아무 일도 하지 않았고 단지 거기에 있었음에도 불구하고 말이다. 그러면서 배 선생은 주인공에게 "돌아가!"라고 외치면서 주인공을 가족의 구성원으로 인정하지 않는다. 이렇게 됨으로써 배 선생과 아버지, 그리고 무희만으로 이루어진 단란한 가정도 파탄나고 만다. 배 선생이 아버지를 경찰서에 신고

함으로써 아버지는 회사에서 면직되었고, 징역 2년에 집행유예 3년을 선고받았기 때문이다. 그리고 배 선생은 무희를 데리고 집에서 뛰쳐나갔기 때문이다. 그러던 와중에 주인공은 아버지의 변호사 비용과 이혼 위자료 등을 처리하다 집이 통째로 경매에 넘어가 재개발의 광풍에서 가장 멀리 떨어져 있는 지역의 다세대 주택 1층 방을 얻게 되었다.

> 그로써 나는 내 곁에 있었거나 내게 걸려 있던 마법이 모두 풀린 듯한 느낌이 들었다. 사실 타임 리와인더가 부서졌을 때부터, 아니 그들이 떠났을 때부터 마법은 모두 사라져 버렸는데도.
> 상황이 최악의 정점까지 치닫고 나서 이틀 뒤, 위저드 베이커리에 가보았더랬다. 빠르기도 하지. 가게는 비워져 있었고 유리문은 열린 채로 휑뎅그렁한 내부를 고스란히 드러냈으며, 간판도 떼어져 있었다. 쇼윈도에는 견고딕체로 '내부 수리 중'이라고 쓰인 A4 용지가 붙어 있었다. 두 명의 일꾼이 가게 안팎을 드나들며 벽과 바닥을 떼려 부수고 있었다.
> 결국 내게 남은 것은 그들에 대한 기억과, 그가 준 물건 두 가지. 이제는 아무 데도 쓸 수 없는 그저 머랭 쿠키 조각밖에 안 되는 것과, 나를 닮은 부두인형.(240)

배 선생이 아버지와 이혼을 하고 아버지를 콩밥 먹인 후, 주인공은 자신에게 걸려 있던 모든 마법이 풀린 듯한 느낌을 갖는다. 그 과정에서 그는 자신이 한동안 머물렀던 위저드 베이커리에 갔지만 가게는 비워져 있었고 내부 수리 중임을 확인한다. 그 확인을 통해 주인공은 위저드 베이커리에서 지낸 기억과 마법사가 자신에게 준, 이제는 아무 데도 쓸 수 없는 머랭 쿠기 조각과 자신을 닮은 부두 인형만이 남아 있음을 확인한다. 또한 새로운 학교로 전학을 간 뒤로 주인공은 그동안 묶여 있던 주술에서 조금씩 풀려나듯 말이 나오기 시작하는 경험을 한다. 그리고 삼년이 지난 후 주인공은 지금까지 자신이 잘 견뎌왔음을 인식한다.

> 세월이 흘러도 나이를 먹지 않는 그들이, 지금의 나를 보면 뭐라고 할지를 생각한다.
> 머릿속에서 이성의 목소리가 내게 말을 건넨다. 추억은 그대로 상자 속에 박제된 채 남겨두는 편이 좋아. 그 상자는 곰팡이나 먼지와 함께, 습기를 가득 머금고서 뚜껑도 열지 않은 채 언젠가는 버려져야만 하지. 환상은 환상으로 끝났을 때 가치 있는 법이야. 한때의 상처를 의탁했던 장소를 굳이 되짚어가는 건 앞으로 나아가는 데에 도움이 되지 않아. 아직도 어린 시절의 마법 따위를 믿는 녀석은 어른이 될 수 없다고.
> 그러나 나는 그 목소리를 무시하고 더욱 빨리 달린다. 추억이라니. 환상이라니. 그 모든 것은

내게 있어서는 줄곧 현재였으며 현실이었다. 마법이라는 건 또한 언제나 선택의 문제였을 뿐 꿈속의 망중한이 아니었다.

위저드 베이커리의 간판이 멀리서부터 보였다. 이렇게 달리니 꼭 언젠가 그날 같아서 웃음이 난다. 그러나 그때는 나를 붙드는 현실에서 격렬히 도망치다가 그곳에 다다랐을 뿐이다.

지금은 나의 과거와, 현재와, 어쩌면 올 수도 있는 미래를 향해 달린다.(248)

집으로 돌아온 지 삼 년이 지난 현재 주인공은 추억은 추억으로만 남겨두는 것이 좋겠다는 생각 속에 자신이 한때 머물렀던 위저드 베이커리로 굳이 다시 가는 것은 미래에 도움이 되지 않는다고 생각한다. 또한 이제는 자신이 어른이 되어야 한다는 생각을 한다. 이러한 생각은 주인공이 가족의 불화와 해체를 겪으면서 가출을 하기도 했지만, 이제는 그 스스로 어른이 되어야겠다고 마음먹음으로써 성장하고 있음을 드러낸다. 그러기에 주인공은 자신이 과거에는 자신을 붙드는 현실에서 격렬히 도망쳤지만, 지금은 미래를 향해 달려야 한다고 생각하는 것이다.

지금까지 살펴본 것처럼, 구병모의 《위저드 베이커리》에서 주인공은 아버지의 불륜 때문에 엄마가 자살하고, 그 후 아버지의 재혼 때문에 같이 살게 된 배 선생과 어긋남으로써 집에서 쫓겨나 가출을 하게 된 과정을 그리고 있다. 그리고 가출 후 주인공이 한동안 지냈던 환상적인 공간인 위저드 베이커리의 오븐과 마법사를 통해 주인공이 성장하는 모습을 그리고 있다. 이 소설에서 주인공은 무희를 성추행했다는 배 선생의 오해 때문에 집에서 쫓겨나 마법사의 빵집에서 지내면서 아버지, 배 선생, 무희 등이 자신만을 제외한 채 단란한 가정을 이루는 것에 대한 두려움을 드러낸다. 또한 무희의 성추행과 관련하여 자신은 아무런 잘못이 없는데도 자신을 냉대와 억압으로 대한 배 선생 때문에 최소한의 자리마저 뺏긴 것에 대한 억울함을 보인다. 이런 감정 속에 주인공은 마법사가 준 타임 리와인더를 통해 배 선생을 만나기 전, 아니 배 선생과 어그러지기 전으로 되돌아가고자 한다. 그러나 무희를 성추행한 사람이 아버지임이 밝혀지면서 그마저도 이루어지지 않는다.

주인공은 아버지가 감옥에 가고 배 선생과 무희가 떠난 뒤에야 원래의 집으로 돌아갈 수 있었지만, 집으로 돌아간 뒤에는 마법의 주술에서 풀려나듯 점차 말이 나오고 자신의 의지를 확인할 수 있었다. 이러한 주인공의 모습은 그의 성장이 험난한 통과제의 과정을 통해 이루어진 것이며, 그의 성장은 가족의 해체 과정에서 쫓겨남과 가출을 대가로 한 것임을 드러낸다. 또한 주인공의 성장은 그가 기억하고 싶지 않은 과거를 토대로 하지만, 그가 미래를 향해 달려갈 수 있는 힘을 주기도 한다.

5) 부정적 자아 형성에 따른 가출의 양상

청소년 인물이 부정적 자아 형성에 의해 가출하는 양상은 전아리의 《직녀의 일기장》과 이근미의 《17세》에서 확인할 수 있다.

가) 가출을 통한 타자 이해

전아리의 《직녀의 일기장》(현문미디어, 2008)은 오빠에 대한 엄마의 편애로 가정에서도 학교에서도 문제만 일으키는 열여덟 살 소녀 직녀의 이야기를 담고 있다. 직녀의 유일한 후원자는 미국에서 독신으로 지내는 고모다. 고모는 전적으로 직녀의 편이 되어 그녀에게 무조건적인 사랑을 베푼다. 직녀는 학교에서도 문제아로 여겨지면서 학생 주임 선생에게 수시로 불려간다.

> 민정이는 세탁기에 빨랫감을 쑤셔 넣듯 연주와 나를 자기 방 안으로 들이민다. 방 안은 문제집이 쌓인 책상과 이불이 잘 개켜진 침대로 남은 공간이 없다. 연주는 책상 서랍을 열어 구경하기 시작한다.
> "내가 말 안 했나? 우리 아빠 가수야. 한때 밤무대에서 날렸어."
> 민정이가 교복을 벗어 옷걸이에 걸어 두며 말한다. 민정이는 어렸을 때 엄마가 돌아가셨다. 사실 우리 셋이 친해진 데에는 가정환경 상의 공통점도 작용했다. 엄마가 없는 민정이와, 아빠가 따로 사는 연주, 그리고 홀대 받는 나.(44-45)

위의 예문에서 알 수 있듯이, 직녀는 자신이 집에서 홀대받고 있다고 생각한다. 학교에서도 문제아로 낙인 찍혀서 힘들게 생활하고 있고, 집에서 홀대를 받고 있다. 이것은 집에서 엄마가 오빠를 극도로 편애함으로써, 그리고 그에 대한 반발로 직녀가 자꾸 문제를 일으킴으로써 벌어진 일이다. 아울러 직녀의 아빠와 엄마가 소통하지 않은 채 계속 멀어지면서 살아가기 때문이기도 하다.

> 나는 고기와 함께 깍두기를 씹으며 생각한다. 아빠가 엄마에게 거짓말을 하지 않는 것은 어쩌면 거짓말을 할 필요성을 느끼지 못하기 때문이 아닐까. 그러고 보면 거짓말조차 필요 없는

관계란 꽤 슬픈 것 같기도 하다. 민정이의 말대로, 선과 선이 한 번 맞물리고 나면 그 뒤로는 계속 멀어지기만 하는 것이 사실이긴 하지만, 둘 중 한 개의 선이 몸을 구부려 곡선이 되기만 하면 다시 만나는 것쯤은 별거 아닐 텐데.(32-33)

위의 예문에서 알 수 있듯이, 직녀의 아빠는 엄마에게 거짓말을 하지 않는데, 그것은 거짓말을 할 필요성을 느끼지 못하기 때문이다. 그리고 직녀의 아빠가 그러한 필요성을 느끼지 못한 것은 직녀의 아빠와 엄마의 관계가 한 번 맞물리고 나서 계속 멀어지기만 하는 두 개의 선과 같은 소통 부재의 상황에 있기 때문이다. 이러한 와중에 직녀는 점점 더 문제아가 되어간다.

오늘, 나는 가출을 했다. 발단은 학교 근처 영화관에서 학생부실로 걸려온 전화 때문이었다. 어제 저녁 우리 학교 교복을 입은 아이들이 패싸움을 벌였다는 신고가 들어왔다. 주임 선생은 다짜고짜 나를 비롯한 몇 명의 문제아 후배들을 호출했다. 후배들은 수업을 땡땡이치게 되어서 좋다며 저희들끼리 킬킬거렸다. 나는 두 시간쯤 심문을 당하다가, 결국 어제 저녁 집에서 컴퓨터를 하고 있었다는 사실이 증명되고서야 풀려날 수 있었다. 집에 돌아가자 엄마는, 마치 내가 어제 일을 벌인 주동자라도 되는 듯 혀를 찼다.
나는 가방을 챙겨서 조용히 집을 나왔다. 당장의 생활비를 위해 오빠의 비상금을 들고 나오는 것도 잊지 않았다. 오해를 하고도 도통 사과할 줄 모르는 어른들에게는 신물이 났다. 뿐만 아니라 문제가 불거질 때마다 당연한 듯 불려 나가게 되는 내 처지도 답답했다. 집과 학교를 떠나 새 인생을 시작하리라. 보란 듯 돈을 벌어서, 나를 무시하던 사람들을 비웃어 줄 생각이었다.(90-91)

위의 예문에서 알 수 있듯이, 직녀는 학교에서 문제아로 각인되었기 때문에서 문제가 발생할 때마다 불려간다. 직녀 자신과는 무관한 일에도 말이다. 그러한 와중에 직녀는 문제가 불거질 때마다 당연한 듯 불려 나가게 되는 자신의 처지를 답답하게 생각하면서, 보란 듯 돈을 벌어서 자신을 무시하던 사람들을 비웃어 주고 싶은 생각에 가출을 감행한다. 직녀가 가출을 감행하게 된 데에는 직녀를 부정적으로 대하는 엄마나 주임 교사 등과의 관계에서 생겨난 부정적 자아 이미지에 대한 방어 본능이 작용하고 있다. 자신을 무시하는 사람들을 보란 듯이 비웃어 주고 싶은 자기애와 자기 방어 본능이 작용하고 있는 것이다.
자기애와 자기 방어 본능 때문에 가출을 한 직녀는 일찍이 가출을 해서 살고 있는 선영에게 간다. 선영에게 간 직녀는 가출한 다른 애들과 접촉하면서 술도 마시는 등 일탈 행위를 한다.

선영이가 가출을 한 것은 열다섯 살 때다. 중학교 때 선영이는 싸움도 못하는 주제에 만사에 끼어들기를 좋아해서 애들에게 자주 얻어터지곤 했다. 먹는 건 엄청 밝히는 게 항상 돈 한 푼 없이 놀러 나온다고, 연주는 대놓고 선영이를 구박했다. 애들과 같이 어울려 다니는 자리에는 항상 선영이가 있었지만, 나는 은근히 선영이를 무시하는 축에 속해서 정작 긴 대화를 나누어 본 적이 없었다. 그 애는 할머니와 아빠와 함께 셋이 살았는데, 몸에 얼룩진 멍 자국 때문에 여름에도 긴소매 블라우스를 입고 다녔다. 걔네 아빠의 손버릇은 동네에서 유명했다. 소주병을 들고 마시면서, 안주 삼아 선영이를 때리고 학대하는 것이 취미였다.

　　열다섯 살의 생일, 선영이는 카센터에서 일하던 네 살 연상의 남자 친구를 데리고 집으로 들어갔다. 그리고 할머니와 아빠가 보는 앞에서 짐을 챙겨 집을 나왔다고 했다. 나오기 직전에 부엌에 꽂혀 있던 자기 수저를 화장실 변기에 풍덩 빠뜨렸다는 이야기는 그 뒤로 여러 차례 들었다. 선영이네 아빠가 술에 취해 휘청거리며 골목 밖으로 따라 나왔지만, 피부가 가무잡잡한 그 애의 남자친구가 떠다밀어 보기 좋게 나동그라졌다고 했다.(94-95)

　　위의 예문은 직녀의 친구 선영이가 가출하게 된 배경과 과정을 보여주고 있다. 선영이는 중학교 때 다른 친구들에게 구박을 많이 받았으며, 집에서도 술주정뱅이인 아버지에게 많은 학대를 당했다. 그래서 선영이는 열다섯 살의 생일날 카센터에서 일하는 네 살 연상의 남자 친구와 함께 할머니와 아빠가 보는 앞에서 짐을 챙겨 집을 나왔다.

　　"나는 처음부터 빼앗긴 건 있어도 받은 것은 없었어. 그런 내가 더 잃을 게 뭐가 있다고 겁이 나겠니? 억울하고 불공평해. 똑같은 출발선에서, 똑같은 시간에 달리기를 시작했음 나도 여기까지는 안 왔다고."

　　선영이도 많이 컸다. 슬금슬금 눈치만 봤던 예전과 비교하면 눈빛도 꽤 살벌해졌다. 잃을 게 없는 사람은 세상에 무서운 게 없는 법이다. 학교에서도 그런 상대와는 정면으로 맞부딪치지 않는 편이 좋다는 것쯤은 경험을 통해 알고 있다. 그리고 선영이의 뒷말은 나도 공감한다. (96)

　　위의 예문은 선영이가 가출 후 생활하면서 느낀 것을 서술하고 있는데, 선영이는 자신이 빼앗긴 것은 있어도 받은 것은 없다고 생각한다. 아빠의 학대와 친구들로부터 놀림을 받았던 선영이는 자신이 억울하고 불공평한 세상을 살아왔으며, 그러한 불공평함 때문에 가출했음을 말한다. 또한 자신은 잃을 게 없기 때문에 세상에 무서운 게 없다고 말한다. 이러한 선영의 말은 세상에 대한 부정적 인식을 통한 부정적 자아를 형성하게 되었음을 보여준다. 세상으로부터 인정받지 못한 불공평한 삶을 살아왔으며, 그렇기 때문에 잃을 게 아무 것도 없다는 부정적 자기 인식과 자기애를 보여준다. 그렇지만 선영이는 자신이 떠나온 후 아빠가 어떻게 살고 있는지 궁금해서 몰래 자기 집에 간다. 그런데 선영이의 아빠는 재혼을 해서 열심히 교회를 다니면서 새로운 사람이 되어 있었다.

> "새아빠? 혹시 만날 술 먹고 소리 질러 대는 그런 사람이니?"
> 내가 묻는다. 그러자 사내애는 이상하다는 듯이 나를 쳐다본다.
> "아니요. 찬송가 아저씨 몰라요? 교회 중창단에서 유명한데."
> 나는 다른 사람인 모양이라고 선영이에게 눈치를 준다. 그러나 사내애의 눈높이로 허리를 구부린 선영이는 더 꼬치꼬치 캐묻기 시작한다.
> "쟤 할머니랑도 같이 살지?"
> "쟤네 새 할머니 봄에 죽었는데. 치매 걸려서 우리한테 막 형 누나라고 하면서 쫓아다니다가 죽었어요."
> 사내애가 말했던 찬송가 아저씨는 동네 슈퍼 아줌마도 알고 있었다. 그는 신앙심이 깊어 꼬박꼬박 교회에 나가 중창단 활동을 한다고 했다.
> "그 집 할머니 돌아가신 뒤에 술을 딱 끊었어. 술을 안 마시니깐 그렇게 부끄럼을 많이 타고 얌전한 사람일 수가 없어. 어찌나 노래를 잘하는지, 그 노래 들으러 교회 가는 사람도 많어."
> 슈퍼 아줌마는 낄낄거리며 말한다.
> 선영이는 그만 돌아가자고 했다.(100-101)

위의 예문은 슈퍼 아줌마의 말을 통해 선영이의 아빠와 할머니의 근황을 제시하고 있다. 선영이의 아빠는 술을 끊고 신앙심이 깊은 삶을 살고 있으며, 할머니는 돌아가셨다. 신앙심이 깊어진 아빠와 돌아가신 할머니에 관한 소식을 들으면서 선영이는 자신의 현재 삶에 대한 회한을 갖는다. 그러기에 선영이는 직녀에게 집으로 돌아가라고 말한다. 이러한 선영이의 모습은 가출이란 가족과 인연을 끊고 매우 힘든 삶을 견디는 것이며, 가족과의 인연을 끊는다는 것이 얼마나 힘든 것임을 보여준다.

한편 직녀는 자신을 무시하는 엄마와 주임 선생에 대한 반항으로서 가출을 했지만, 그 가출을 계속 이어갈 용기는 없었기에 집으로 돌아온다. 직녀의 엄마는 집으로 돌아온 직녀를 때리지 않고, 직녀를 이해한다.

집으로 돌아온 나는 일주일간의 용돈이 차압되었다. 엄마는 나를 때리지는 않았지만 앞에 앉혀 두고 한 시간가량 말없이 한숨만 쉬었다. 아빠는 엄마 몰래 용돈을 쥐어 주면서, 제대로 날 수 있는 날개를 갖기 전에 둥지를 나가는 것처럼 어리석은 일은 없다고 좋은 말로 타이르셨다. 핸드폰을 손에 쥐자 비로소 집에 돌아왔다는 실감이 났다.

나는 주임 선생에게 복수를 할까 싶었던 마음을 지웠다. 연주가 알아낸 바에 의하면, 모 고등학교 1학년에 재학 중인 주임 선생의 딸도 나에 버금가는 문제아라고 했다. 주임 선생이 다른 학교 학생부실에서 머리를 조아리는 모습은 상상만 해도 웃음이 났다.(105)

위의 예문에서 직녀의 아빠는 "제대로 날 수 있는 날개를 갖기 전에 둥지를 나가는 것처럼 어리석은 일은 없다"고 하면서 직녀를 타이른다. 이러한 아빠의 모습은 직녀의 처지를 이해하는 것이고, 그러한 이해를 통해 직녀와 소통하려는 노력을 보여준다. 한편 그런 아빠의 이해를 받은 직녀는 주임 선생을 이해하게 된다. 주임 선생의 딸도 자신에 버금가는 문제아이며, 주임 선생도 그 딸의 아버지로서 많은 어려움이 있을 것임을 이해할 수 있기 때문이다.

이 소설에서 가출을 한 직녀는 선영이와의 만남을 통해 다시 집으로 돌아오면서 아빠의 이해를 받았고, 그 자신은 주임 선생을 이해하게 되었다. 이러한 직녀의 모습은 그의 가출이 타자와의 새로운 관계 형성을 위한 계기가 되었으며, 자아 성찰의 한 방편이 되었음을 보여준다. 아울러 직녀가 가출 이전과는 달리 자신의 삶을 새롭게 형성하는 계기도 되었음을 보여준다.

나) 딸의 가출을 통한 가족애의 의미 확인

이근미의 《17세》(동아일보사, 2007)는 각기 가출을 했던 엄마와 딸의 이야기를 담고 있다. 이 소설은 17살인 딸, 다혜가 가출하자 엄마 무경이 자신의 17세 때 이야기를 딸에게 이메일로 보내는 액자구성을 취하고 있다. 다시 말하면, 가출한 17세의 딸에게 엄마가 보내는 이메일의 내용과 현실 속에서 엄마의 삶에 관한 서술이 교차하는 진술 방식을 보여준다. 엄마가 보낸 이메일에는 과거 소녀였던 무경의 삶이 고스란히 드러나 있다.

이 소설은 뜻대로 되지 않는 삶에 좌절하면서도 묵묵히 자신의 자리를 찾아갔던 소녀 무경의 이야기를 통해 성장의 과정과 어른이 되는 것의 의미를 전달하고 있다. 고등학교에 가지 못하고 꿈꾸었던 것과는 전혀 다른 장소인 공장의 실험실에 취직해서 어른들의 세계를 속속들이 바라보았던 무경은 '삶에 대한 갈망' 혹은 꿈의 의미를 끊임없이 찾았다. 이러한 과정을 통해 무경은 10대에서 20대를 넘어서면서 학업을 마치고 취직을 하고 결혼을 하는 성장의 내력을 담담하게 보여준다. 아울러 이메일로 딸에게 전하는 자신의 이야기를 통해 옛날에는 갖지 못했던 갈망의 대상이 이제는 딸임을 아프게 깨닫는다. 이런 깨달음을 통해 무경은 독자가 오늘날의 사회에서 진정한 가족 관계란 무엇인지를 성찰하게 한다.

소설에서 서술자인 엄마 무경은 30년 전에 가출을 했던 자신의 경험과 딸의 가출을 병치하여 서술하고 있는데, 이러한 서술을 통해 엄마의 가출과 딸의 가출이 서로 비슷하면서도 다름을 말하고 있다. 또한 이혼 후에 딸과 함께 살지 않다가 어느 날 갑자기 딸과 같이 살게 되면서 딸의 이야기를 듣지 못했던 엄마의 뒤늦은 후회도 보여주고 있다.

이 소설은 "딸이 집을 나갔다. 30년 전 내가 그랬던 것처럼. 17세, 나이는 같으나 방식은 달랐다. 나는 어머니에게 알리지 않았으나 딸은 컴퓨터 화면에 '저, 가출합니다.'라는 큰 글자를 오른쪽에서 왼쪽으로 계속 넘어가게 만들어놓고 나갔다."(9쪽)로 시작하고 있다. 이를 통해 이 소설은 전적으로 가출과 관련된 플롯이 전개됨을 제시하면서 가출 후 얼마 지나지 않자 스스로 집으로 돌아왔던 자신과 딸의 가출이 어떻게 다를지를 독자가 추론하게 하고 있다. 아울러 "하긴 아이가 겨우 "엄마"라는 말을 익혔을 때 그 곁을 떠난 내게 중요한 무언가가 남아있을 리 없다. 딸을 위해 힘든 결혼생활을 견디겠다는 결심 따위를 할 틈도 없이 쫓겨난 나에게. 나는 딸에게 과연 무엇이었을까. 뭐가 뭔지 모르겠다."(10쪽)를 통해 엄마와 딸이 처음부터 같이 살지 않음으로써 서로 간의 소통이 부재했었음도 제시하고 있다.

> 자그마한 여자아이를 가슴에 심고, 그냥 그렇게 살고 있을 때 느닷없이 딸이 내게로 돌아왔다. 고모 손에 이끌려온 열두 살 난 여자아이를 맞아들인 날, 황막하고 서먹했다.(중략)
>
> 딸은 우리가 함께 맞는 여섯 번째 생일을 닷새 앞두고 돌연 내 곁을 떠났다. 딸이 집을 나간 사실을 확인했을 때 나에게 가장 먼저 든 감정은 '체념'이었다. 딸은 좁디좁은 복층 원룸의 2층 공간에서 소녀시절을 나고 싶지 않았을 것이다.(중략)
>
> 딸은 30년 전 나와 똑같은 말을 읊조리면서 집을 나갔을 것이다.
>
> "내가 집을 나가는 것은 너무도 당연해."
>
> 열일곱 푸른 날에 세상이 뜻대로 안 된다는 걸 인정하고 싶지 않았을 테니까, 그래도 세상은 꿈꾸는 대로 된다고 믿고 싶었을 테니까, 너무 빨리 모든 것에 항복하고 싶지 않았을 테니까.(10-11)

엄마(서술자)는 열두 살이 된 딸을 어느 날 느닷없이 맞이하게 되었는데, 그날 황막하고 서먹한 기분을 느꼈다. 그리고 함께 6년을 살던 어느 날 딸이 가출했을 때 엄마는 체념을 했다. 딸과 자신을 이어주는 근본적인 끈이 없다고 생각했기 때문이다. 아울러 서술자는 과거 자신의 가출이 부정적 자아 인식에 따른 것이었듯이 딸의 가출도 부정적 자아 인식에 따른 것이었음을 서술한다. 서술자는 딸이 부정적 자아 인식을 하게 된 것은 서술자 자신이 오랜 기간 마음속으로 딸을 지우는 연습만 하고 있었기에, 딸과 함께 사는 일에 쉽사리 적응하지 못했기 때문이라고 생각한다. 그러기에 딸의 가출 앞에서 서술자는 모든 것이 자신 없어지고, 자신의 삶의 끈이 흔적도 없어질 것이라는 두려움을 갖는다.

'저, 가출합니다.'
평소 말이 없던 딸은 컴퓨터 화면에서 쉬지 않고 떠들어대고 있다. 컴퓨터 옆에 딸의 휴대전화가 얌전하게 놓여 있다. 지난 여름 방학 때 아르바이트를 하여 스스로 산 휴대전화를 놓고 나간 것은 아예 나와의 연결고리를 끊겠다는 의미다.
'저, 가출합니다. 저, 가출합니다. 저, 가출합니다…'
딸은 지금 어디를 헤매고 있는 것일까. 딸의 외침을 들으면서 내 의도와 상관없이 헤어진 딸과 아무 계획없이 다시 만난 이후, 딸을 위해 노력한 게 너무 없다는 것을 아프게 되새겨야 했다.(12-13)

딸은 가출하면서 그 사실을 컴퓨터 화면을 통해 알렸고, 여름 방학 때 아르바이트를 하여 스스로 산 휴대전화를 놓고 나감으로써 엄마와의 연결고리를 끊고자 했다. 딸이 엄마와의 연결고리를 끊고자 한 것은 자신이 어느 날 갑자기 엄마 앞에 나타나 엄마의 삶을 힘들게 하고 있다는 부정적 자아 인식을 했기 때문이다. 한편 엄마는 가출한 딸과 소통할 수 있는 다리를 찾고자 한다. 그 다리를 찾아야만 자신의 존재성을 부정당하지 않을 수 있기 때문이다.

'네가 가출을 했던 그때 얘기를 다혜에게 진솔하게 들려주지 그러니.'
가슴 저 밑바닥에서 또 다른 내가 나에게 말을 거는 듯했다. 그 순간 결심했다. 내가 왜 가출을 했고, 집으로 돌아온 뒤 나의 소녀시절을 어떻게 보냈는지. 그 얘기를 가감없이 들려주기로. 아이로니컬하게도 나는 그때 가장 열심히 살았고, 가장 빛났고, 가장 즐거웠다. 할 수만 있다면 그때로 돌아가고 싶은 마음이 들 정도로. 어쩌면 내 곁을 떠난 것이 다혜에게 행복일 수도 있다. 그렇게 생각하니 마음이 놓이면서도 허전했다.

방법을 찾았다고 생각했으나 다시 막막해졌다. 아련하기도 하고 슬픔이 북받쳐 오르기도 했다. 무덤덤하기만 했던 내가 소녀시절로 돌아간 듯 갑자기 감정의 기복이 심해졌다. 즐거웠지만 가슴 아렸던 그 시절을 되돌아보려는 생각만으로 나는 다시 소녀가 된 걸까? 가출한 다혜와 대화를 시작하려는 소녀 무경이.(18-19)

위의 예문에서 알 수 있듯이, 서술자는 30년 전에 자신이 가출했던 이야기를 딸에게 진솔하게 들려주어 딸과 소통할 수 있는 다리를 연결하고자 한다. 서술자는 즐거웠지만 가슴 아렸던 자신의 소녀 시절을 회상하면서 가출한 딸과의 대화를 시작한다. 대화의 시작을 통해 서술자는 자신의 지난 삶을 통해 만들어 왔던 정체성을 성찰하면서, 딸의 정체성에 대한 인식을 점차 해나간다.

소녀 시절에 공부를 꽤 잘했던 서술자는 부산에 있는 학교에 가서 공부를 하고 싶어 했다. 그러나 어려운 가정 형편 때문에 부모님이 허락하지 않자, 그 일로 괴로워하면서 부모에 대한 원망 속에 부정적 자기 인식을 하게 되었다. 그랬던 서술자에게 어느 날 외삼촌이 와서 자신을 부산에 데려가서 공부시키겠다는 말을 듣고 꿈같은 희망을 잠깐 동안 가졌었다. 그랬지만 외삼촌은 서술자가 고등학교에서 첫 3월을 보내기도 전에 외숙모와 이혼을 한 뒤 다니던 회사를 그만두고 어디론가 떠나버렸다. 이 때문에 서술자는 부산으로 학교를 갈 수도 없었고 여상에 갈 수도 없게 되었다. 이러한 상황에서 서술자는 극도의 자기 부정 속에 가출을 하게 된다.

가출을 한 서술자는 부산여고에 가지 못한 것에 대한 회한 때문에 무작정 부산에 간다. 부산에 가서 서술자는 한 무리의 여고생들을 보면서, 세상이 겨우 열일곱 살인 자신을 거절한 것에 대한 억울함을 느낀다. 아울러 삶의 목표를 상실한 채, 꿈조차 꿀 수 없게 되었다는 삶의 현실이 주는 잔인함을 확연히 깨닫는다. 그러한 깨달음 속에 열일곱이었던 서술자는 삶의 정처를 잃었다.

그러다가 서술자는 중학교 때 친구였던 성희의 주선으로 부산의 국제시장에 있는 메리야스 도매점에서 재고 정리하는 일을 돕게 되었다. 그렇지만 일주일에 한두 번, 그것도 몇 시간 만에 끝나는 일이어서 돈을 거의 벌 수 없었고, 이 때문에 돈이 모자라 집에서 가져온 걸 조금씩 헐어서 써야 했다. 그런 가운데 서술자는 사명화섬이란 회사에 취직을 한 후 용기를 내서 집으로 스스로 돌아갔다. 세상이 생각보다 훨씬 만만하지 않으며, 부산여고에 진학해서 대학을 가고 싶다던 꿈을 포기하고 공장에서 일을 하기로 결심하면서 집으로 돌아간 것이다.

"나가서 영영 안 오는 애들도 있는데 얼마나 기특해."

아마도 내가 나간 사이 걱정을 많이 한 듯 두 분은 서로에게 신호를 보냈다. 어머니 눈가에 슬쩍 이슬이 맺히는 듯하더니 곧 부엌으로 들어가 예전과 똑같이 소리질렀다.

"가시나 철들었네. 밥도 다 해놓고. 경아 상 펴라."

부모님은 아무것도 묻지 않고 평소대로 나를 대했다. 저녁을 먹고 나서 내가 사명화섬 합격증을 내놓자 어머니는 그제야 안도하는 표정을 지었다. 이제 내가 더 이상 고등학교 문제로 가출 같은 건 안 할 게 분명하다고 생각하는 모양이었다. 내 가출은 그렇게 몇 달만에 끝났고, 나는 전혀 뜻밖의 세계로 진입하게 되었다.(34)

위의 예문에서 알 수 있듯이, 서술자는 부산여고에 진학에서 대학에 가고 싶다던 꿈을 포기하고 전혀 뜻밖의 세계인 공장에 취직하게 되었다. 서술자의 취직에 대해 부모들은 안도해 한다. 서술자가 더 이상 고등학교 문제로 가출 같은 건 안할 것이라고 생각했기 때문이다. 아울러 어려운 가정 형편에 도움이 되는 선택을 했다고 생각했기 때문이다.

한편 공장에 취직한 서술자 소녀 무경은 그곳 사람들이 열일곱 살의 나이에 생활 전선에 나선 자신을 안쓰럽게 여기는 것을 느낀다. 아울러 그곳 사람들이 자신을 경쟁 상대가 아닌 안쓰러운 존재로 여기면서 친근감을 표하는 것을 느낀다. 또한 또래 집단에서 자의적으로 빠져 나와 취업 전선이라는 미래로 너무 빨리 와버렸음을, 그러기에 자신이 가기 싫었던 여상 출신들이 오는 자리에 자신이 안착하게 되었음을 알게 된다. 그리고 자신은 "여상 출신들이 오는 이 실험실에서 나는 영영 고무줄놀이의 정식 멤버가 되지 못하고 따르뱅이로 남아야 한다는 결론"(42쪽)을 얻게 된다.

그렇지만 소녀 무경은 갑자기 나이를 먹어 버린 취업 생활에 점차 적응하고 나름대로 즐거움을 느끼면서 부산여고에 진학하지 못했다는 괴로움을 잊어간다. 아울러 매달 받는 월급이 새로운 차원의 삶을 선사함을 느낀다. "부모에게 차비조차 얻어서 다녀야 했던 내가 돈을 벌게 되면서 급기야 독립적인 인간으로 부상하는 기분"(61쪽)을 느꼈다.

또한 소녀 무경은 외모가 사회에서 중요한 판단 기준이 된다는 것을 심각하게 받아들인다. 특히 소녀 무경은 "예쁘다는 것만으로도 사람이 달리 평가받을 수 있다는 사실을 깨닫게 해준 건 성희"(70쪽)를 통해 외모에 대한 일반 사람들의 판단 기준이 어떠한지를 인식한다. 아울러 사회는 학교와 전혀 다른 기준이 적용된다는 게 엄연한 현실임을 깨닫는다. 그러면서 소녀 무경은 자신이 살면서 얼마나 많은 기준에 의해 재단될 것인가를 생각하면서 공장의 실험실 생활에 점차 싫증을 느낀다. 그러기에 소녀 무경은 "문득 실험실의 모든 사람이 똑같은 행동을 반복하고 있다는 사실을 깨달았다. 실험실에서는 늘 같은 실험이 되풀이됐다. 나는 여상에 가는 것보다 훨씬 더 따분한 선택을 했다는 사실을 그제야 알아 차렸다."(78쪽) 이를 통해 소녀 무경은 인생이 수많은 단조로운 일들의 반복으로 구성되는 것을 알게 된다.

그러다가 소녀 무경은 성희, 연우 등의 공장 친구들과 함께 단체 미팅을 하고, 그 과정에서 진중한 남자 형묵을 알게 된다. 형묵은 대학 입시를 준비하기 위해 한 달에 한 번만 집에 가면서 열심히 생활하고 있다. 그런 형묵을 보면서 소녀 무경은 자신이 잊고 있던 꿈을 다시 생각하지만, 자신이 그 꿈에서 너무 멀리 떨어져버렸음을 깨닫는다. 그러면서 소녀 무경은 자신이 공부에 마음이 가지 않으면, 지금의 자신은 마음이 "실험실에 있다는 사실, 그것만 기억하자. 하지만 또 하나 아직도 여전히 차연에게 내 마음이 가있는 것, 그건 어쩔 셈인가."(167쪽)라고 생각한다. 그러기에 소녀 무경은 중학교 때 친구였으며, 지금 부산여고에 다니는 하영에게 특별히 할 말이 없다.

한편 소녀 무경의 친구인 연우는 다 쓰러져가는 집에 알코올 중독자인 아버지와 어린 동생과 함께 살고 있다. 연우의 어머니는 그녀가 중학교 2학년 때 집을 나갔고, 그 때문에 그녀는 고등학교 갈 수 없어서 공장에 취직했던 것이다. 공장에 다니는 연우는 아버지만 버리지 않고 자식들까지 버린 엄마를 이해하지 못한다. 그리고 연우가 책을 읽는 것은 현실에서 도피하고 싶기 때문이다. 책에는 다른 세상이 있기 때문이었다.

그랬던 연우는 자신의 처지를 이해하고, 자신의 아버지가 가는 마지막 길을 챙겨주었던 트럭 아저씨와 열아홉 살의 나이에 살림을 차린다. 연우는 사랑과 인생 등이 별거 아니라는 생각을 하면서, 자신을 사랑해 주고 자신의 동생을 돌봐주는 아저씨가 좋았기 때문이다. 그런 연우를 보면서 소녀 무경에게 연우는 불안하게 보인다. 소녀 무경은 "열아홉 살에 살림을 차릴 수밖에 없을 정도로 심신이 지쳤으니 그렇게 보이는 것도 무리는 아니겠지만. 정말 연우는 가슴이 뛰었고 사랑이 별거 아닐까? 정말 인생이 별거 아닐까? 연우는 너무 빨리 결정하고 너무 급하게 단정을 내리고 있다. 어쩌면 연우는 판단을 정지하기로 결심했을지도 모른다."(293쪽)고 생각한다. 또한 연우의 꿈이 다 사라져버리는 것이 억울하다고 생각한다. 자신의 꿈이 사라져가는 것도 억울한데 말이다. 그런 소녀 무경에게 연우는 무경이 부담스럽고 지루하다고 말한다.

'너란 애 부담스럽고 지루하거든.'
성희도 그래서 말없이 떠난 걸까? 내가 무슨 말을 할지 너무 뻔하니까? 혼란스러웠다. 그제야 깨달은 것은 내가 학생이 아니라는 자격지심 때문에 더 교과서처럼 살려는 강박에 젖어 있다는 점이었다. 정말 나는 그렇게 살고 있는 듯했다. 소녀도 어른도 학생도 아닌 채 혼돈하고 있는 날 연우는 꿰뚫어보고 있었던 것이다.(296)

연우는 소녀 무경이 부담스럽다고 말했는데, 그 이유는 무경이 학생이 아닌데도 더 교과서처럼 살려고 하기 때문이다. 교과서처럼 살려고 하는 소녀 무경은 실상 소녀도 어른도 학생도 아닌 채 방황하고 있다. 그런 방황은 부산여고에 진학하려는 꿈을 스스로 포기한 채, 어른도 소녀도 아닌 어정쩡한 생활을 하고 있는 데서 연유한다.

그러면서 소녀 무경은 세상은 계속 변하는 데 그에 대처하지 않으면 안 된다는 것을 인식하면서, 미래를 준비하면서 살아야 한다는 생각을 하게 된다. 그게 대학이 됐든 무엇이 됐든 간에 말이다. 그러기에 소녀 무경은 미팅을 통해 알게 된 형묵을 좋아해서가 아니라 열심히 공부하는 그에게 자신이 자극 받고 있음을 느낀다.

한편 소녀 무경은 자신에게 힘든 사랑이 과연 언제 찾아올지 궁금해 한다. 특히 성희와 차현의 사랑을 보면서 더더욱 자신의 사랑을 궁금해 한다. 성희와 차현의 사랑은 차현이 공장에서 일하다가 한쪽 팔을 잃은 후 식어간다. "성희는 점점 말을 잃어가더니 차현이 회사로 복귀할지도 모른다는 소문이 돌자 돌연 사직하고 말았다. 내가 없는 사이 큰 봉투 하나만 남기고 기숙사를 떠나버렸다."(273쪽) 성희는 한쪽 팔을 잃은 차현을 받아들일 수 없었기에 차현을 버리고자 공장을 떠나버린 것이다.

한편 소녀 무경은 한쪽 팔을 잃은 차현이가 꿈을 모두 잃어버린 것을 안타까워한다. "꿈을 꿀 수 있다는 게 얼마나 행복한 일인지 아니? 차현의 목소리가 계속 따라왔다. 나도 한때 꿈을 꿀 수 없게 된 현실을 가슴아파했다. 부산으로 진학할 수 없게 되었다는 뉴스를 듣고 절망의 늪에서 아무 생각도 할 수 없었던 때가 있었다. 차현의 고통에 비하면 그때 내 고통은 투정에 불과할 수도 있겠지만. 다시 세상으로 나선 차현이 팔 하나로 살아가야 할 세상에 익숙해지길 간절히 소망했다. 내가 해줄 수 있는 건 그것뿐이었다."(308-309쪽)

한쪽 팔뿐만 아니라 꿈조차 잃은 차현을 보면서, 소녀 무경은 자신이 지금 무슨 꿈을 꾸고 있는지를 생각한다. 특별히 마음 가는 데도 없고 열망도 생기지 않은 자신에 대해 실망하면서 소녀 무경은 자신의 미래에 대한 부정적 인식을 키워간다. 그러던 중 소녀 무경은 검정고시에 합격해서라도 대학에 진학하겠다는 열망을 되살린다.

갑자기 가슴이 뻥 뚫리는 것 같았다. 내가 찾던 갈망의 끈을 이제야 발견한 느낌이었다. 사랑이 아니라 공부였어, 그래 그게 어울려, 나의 터닝포인트, 나는 입 속으로 그렇게 읊조렸다.

"꼭 나랑 같이 공부하자. 너는 머리가 좋으니까 내년에 검정고시에 합격할 수 있을 거야. 나랑 같이 대학입시 치면 되겠다. 우리 같이 대학 가자."

나는 믿어지지 않았다. 듣기만 해도 가슴 뛰던 그곳, 하지만 나에게 좌절을 안겨준 그것이 이제야 나에게 손짓하고 있다. 갑자기 눈물이 주르르 흘렀다. 하영은 향긋한 냄새가 나는 손수건으로 내 눈물을 닦아주었다. 그 냄새를 맡으며 그제야 나는 아직 내가 소녀라는 걸, 꿈을 가져야 할 때라는 걸 깨달았다.(321-322)

위의 예문에서 알 수 있듯이, 소녀 무경은 검정고시에 합격해서 대학에 가겠다는 열망을 되살림으로써 자신이 아직 소녀임을, 그리고 꿈을 가져야 할 때라는 것을 깨닫는다. 그러나 그러한 깨달음이 실천되기까지에는 많은 시간이 걸렸다. 소녀 무경이 방송대를 졸업하고 스물일곱 살에 다시 취직하기까지에는 많은 우여곡절이 있었기 때문이다. 선생님이 되겠다던 하영은 졸업하자마자 결혼을 해 버렸고, 자신은 공장에 다니면서 방송대를 다니느라 많은 시간이 걸렸다. 이 때문에 결혼 적령기를 놓친 무경은 "결혼 안 해?"라는 얘기를 귀가 아프게 듣다가 서른을 몇 달 앞두고 결혼을 했다. 맞선을 통해 만난 납품업자와 사랑이 아닌 게 분명한 무덤덤한 감정에 기대 결혼을 했던 무경은 그 결혼에서 마음의 상처와 딸 다혜만을 넘겨받았다. "맞선을 보고 사랑이란 과정을 생략한 채 스물아홉 가을에 떠밀리듯 한 결혼은 얼마 가지 못했다. 마치 연속극처럼. 신통찮은 납품업자였던 그도 나처럼 서른셋이라는 나이가 버거워 결혼을 선택했을 뿐, 사랑 따위에는 관심이 없었"(185쪽)기 때문이다.

그런 결혼을 끝내기 위해 무경은 다혜를 포기했는데, 그 일이 어떤 식으로도 정당화될 수 없다는 것을 딸이 가출한 뒤에야 깨달았다. 딸이 훌쩍 커서 자신에게 왔을 때 매우 서먹했고, 그 때문에 딸에게 쉽게 정을 주지 못했기 때문이다. 의무감으로 자신을 대하는 무경의 태도를 딸은 재빨리 인식했고, 그 과정에서 부정적 자기 인식을 할 수밖에 없었다. 또한 부정적 자기 인식으로 인해 딸은 가출을 했다. 딸은 엄마의 숨소리조차 신경 쓰며 살았기 때문이다.

딸이 가출한 후 엄마 무경은 딸을 자신보다 더 못한 환경에 처하게 했다는 회한 속에 딸에게 이메일 편지를 쓴다. 딸에게 이메일 편지를 쓰면서 엄마 무경은 이상하게도 편안함을 느끼면서 딸과 자신을 이어주는 다리를 발견한다. 엄마 무경이 쓴 편지를 딸 다혜는 처음에는 읽기만 한다. 그렇지만 딸이 자신이 쓴 편지를 읽었다는 사실을 확인한 엄마 무경은 딸과 소통하고 있다는 생각에 안심을 한다. 엄마 무경이 딸에게 편지를 쓰는 일은 그녀를 흥분시키면서 꿈이 있었던 소녀 무경을 떠올리게 한다. 그러기에 무경은 자신이 딸과 똑같은 나이에 엉뚱하게 다른 길로 갔지만 열심히 살았다는 것을 딸에게 알리고 싶어진다. 또한 딸이 어떤 선택의 순간을 맞이할 때는 진지했던 과거의 소녀 무경을 떠올려 주길 간절하게 바란다.

한편 엄마 무경은 영화 〈사마리아〉를 통해 딸 같은 소녀들의 몸을 주무른 뒤 다시 만지고 싶어 다음에도 만나자며 돈을 건네는 어른들의 위악성을 인식한다. 또한 "제 몸을 팔아 돈을 만들고 그 돈을 아무 죄의식 없이 쓰는 아이들, 아이들에게 돈을 주고 들키지만 않으면 된다고 생각하는 어른들"(85쪽)을 떠올리면서 그런 시대에 딸이 가출했음을 인식한다. 이러한 인식 속에 하루 빨리 딸이 집에 돌아오기를 기다리던 엄마 무경은 딸을 알고 있는 가출 소년 진구의 이메일 편지를 받는다. 진구는 다혜처럼 열일곱 살이고 세 번째 가출을 한지 3개월쯤 되는 소년이다. 진구의 편지에 따르면, 다혜는 무사하며 아직 아르바이트 자리를 얻지는 못했지만 함께 가출한 친구랑 작은 방을 얻어서 살고 있다. 편지에서 진구는 엄마 무경이 다혜를 급히 찾으려 하지 말고, 다혜가 밖에서 부딪치고 느낀 다음 자기가 집에 들어가고 싶은 마음이 생길 때까지 기다려주라고 말한다. 가출한 뒤에 끌려서 집에 가면 얼마 안 되어 다시 가출을 하게 되기 때문이다.

다혜의 마음을 잘은 모르겠지만 돈을 많이 벌고 싶은가 봐요. 일단 다혜의 목표는 돈을 많이 버는 거 같은데 그렇다면 조심해야 할 점도 있죠. 어머니가 놀라실까봐 말씀은 못 드리겠지만 사실 위험한 일을 하는 애들이 있거든요. 제가 유의해서 보고 있겠습니다. 다혜는 어쩌면 사랑을 아주 늦게 하려는 제 결심을 허물어뜨릴지도 모를 아이거든요.
다음 편지도 보내주실 거죠? 꼭 읽고 싶어요. 안녕히 계세요.(156쪽)

진구의 편지를 통해 엄마 무경은 딸 다혜가 돈을 많이 벌어 자신의 꿈을 펼치고 싶어 한다는 것과 진구가 다혜를 좋아하고 있음을 알게 된다. 엄마 무경은 진구의 충고대로 딸이 있는 곳을 알아내기 위해 노력하지 않기로 한다. 수소문하여 다혜를 데리고 온다고 해도 그 애가 집에 마음을 둘 것인지에 대한 확신이 없었기 때문이다. 그러면서 딸 다혜가 프린트까지 하여 자신의 글을 읽는다니 더 열심히 편지를 쓰는 것 외에 다른 방법이 없다고 생각한다. 아울러 어딘가에 있을 딸을 찾아 나서 데리고 와도 그 애의 마음을 붙들 자신이 없다는 사실을 인식한다.

진구의 편지를 읽으면서 엄마 무경은 컴퓨터 때문에 기분이 좋아진 다혜가 전에 없이 말을 많이 하던 날을 떠올린다.

　다혜가 투정 섞인 말을 건넬 때 나는 좀더 받아주지 못하고 "팔자도 좋은 애들이구하"라고 일축했다. 내가 부산에 있는 고등학교에 가려고 갖은 애를 썼던 사실을 그 순간 까맣게 잊고 있었다. 어머니에게 온갖 투정을 다 부렸던 나는 정작 딸의 말을 담을 마음바구니조차 마련해 놓지 않았던 것이다. 다혜는 그날 씁쓸한 표정을 짓더니 곧바로 침묵했다.(중략)

　위의 예문에서 알 수 있듯이, 엄마 무경은 투정 섞인 딸의 말을 많이 받아주지 않은 채 일축해버렸다. 엄마의 일축에 딸은 씁쓸한 표정 속에 곧바로 침묵을 했는데, 이것은 엄마와 딸이 소통하지 못하고 있음을 보여준다. 엄마 무경은 딸과 함께 살게 되면서 의무감만을 생각하고 있었기 때문이다. 그러기에 딸 다혜는 자신이 간절히 원해도 이룰 수 없는 게 있다는 사실을 잔인하게 알게 되었고, 이것은 그녀가 부정적 자기 인식을 하게 되는 계기가 되어 가출의 원인이 되었다.

　가출한 딸과 소통하지 못했다는 회한 때문에 엄마 무경은 딸에게 계속해서 이메일 편지를 보낸다. 그러던 어느 날 딸이 답장을 쓴 것을 보고 깜짝 놀란다. 편지에서 딸은 자신의 엄마가 자신을 찾아 삼만 리를 헤매지도 않을 것이고, 경찰서에 신고하지도 않을 것이라고 짐작했음을 말한다. 또한 자신이 가출한 것은 자신이 간절히 원해도 이룰 수 없는 게 있다는 것을 인식했기 때문이었음을 말한다.

　도대체 왜 떠났니?라고 다시 물으신다면 죄송하지만 늘 떠나고 싶었다고 말씀드릴 수밖에 없어요. 사실 우린 같이 살아야 할 이유가 없잖아요. 엄마도 저도 떨어져서 잘 살았잖아요. 그런데 제가 갑자기 엄마 삶에 끼어들어 부담을 주고 있다는 거, 잘 알고 있어요. 제가 모른 척하고 엄마의 도움을 받아 고등학교를 마치면 저야 편하겠죠. 하지만 요즘 장사도 안 되는데 제가 얹혀살기에는 너무 염치가 없었어요. 그래도 제가 고등학교 정도는 마치고 떠나야 엄마 마음이 홀가분하실 텐데, 일이 이렇게 되고 말았네요.
　하지만 지금 홀가분해하셔도 아무도 엄마를 탓할 수 없어요. 엄마가 저에 대한 의무감을 갖고 계시다는 거 잘 알아요. 걱정 마세요. 고등학교 졸업은 다른 방법으로도 가능하거든요.(239-240)

　위의 예문에서 알 수 있듯이, 딸은 엄마 무경이 자신을 의무감으로 대했으며, 자신이 고등학교를 졸업해도 별다른 비전이 없다고 생각했음을 말하고 있다. 또한 어느 날 갑자기 엄마 삶에 끼어들어 부담을 주고 있음을 깨달았다고 말하고 있다. 또한 자신은 어릴 때부터 고생을 많이 해서 철없는 애들처럼 나쁜 길로 빠지지 않을 것임도 말하고 있다. 그리고 처음으로 자신이 가졌던 꿈을 엄마에게 말한다.

전 사실 그림을 그리고 싶었는데 우리 형편에 가당치도 않은 꿈이라는 걸 깨닫고 포기했어요. 그래서 한 번도 그림 얘기를 꺼내지 않은 거예요. 좀 여유가 생기면 검정고시 봐서 2년제 대학에 가려구요. 산업디자인쪽에 아주 강한 학교가 있어요. 들어가긴 힘들지만 졸업하면 취업률이 100%예요. 거기 나와서 취직되면 그때 본격적으로 그림을 그릴까 해요.(중략)
단지 딸이라고 하여 엄마가 무거운 짐을 질 이유는 없는 거니까요. 특히 우리 사이에서는. 무엇보다도 지금 형편에 제가 대학에 가는 건 무리라고 생각해요. 엄마가 넉넉하다면 제가 눈 딱 감고 신세진 뒤 나중에 갚을 수도 있겠지만 지금 그럴 형편이 못되잖아요. 이런 상황에서 제가 미술대학이 아닌 다른 데 가서 시간을 낭비하면 정말 억울하잖아요. 애써서 보내주셔도 저는 감사하지 않고, 나중에 그 사실을 알면 엄마도 화나고 억울할 거잖아요. 제가 얘기를 하면 엄마가 무리를 해서 저에게 미술공부를 시켜주시겠지만 그러면 엄마는 파산하시겠죠. 가게도 처분하고 집 보증금도 저에게 밀어 넣어야 할 거예요. 그건 정말 제가 바라는 일이 아니에요.(241-243)

딸은 자신의 꿈이 그림 그리는 것이었음을 처음으로 엄마에게 말한다. 또한 딸이라고 해서 엄마에게 무거운 짐을 지우고 싶지 않았음을 말한다. 엄마의 형편이 좋지 않으며, 자신이 대학에 가는 건 엄마 형편에 무리라고 생각했음을 말한다. 이런 딸의 편지를 읽으면서 엄마 무경은 자신도 열일곱 살에 다 컸다고 생각했던 것처럼 딸 다혜도 그렇게 생각하고 있음을 알게 된다. 그러기에 엄마 무경은 딸의 편지를 읽고 딸이 무사히 잘 있다는데도 가슴이 답답하고 뒤통수를 한 대 맞은 듯한 느낌을 갖는다. 자신의 속을 너무 빤히 들여다보고 있으면서 자신과 대화하고 싶어 했던 딸과 대화하지 않았던 것에 대한 회한을 가졌기 때문이다.

이런 기분 속에 엄마 무경은 딸의 마음 하나 읽지 못한 자신에 대해 극도로 혼란스러워한다. 그러면서 엄마 무경은 자신에게는 편지를 완성하는 것 외에 다른 방도가 없음을 인식한다. 딸 다혜가 인터넷 속에서 소녀 무경이를 기다리고 있기 때문이다. 또한 편지를 쓴 뒤에 본격적으로 딸을 찾아 나서기로 한다. 딸이 자신의 존재이유였음을 인식했기 때문이다.

"내 딸이에요. 꼭 찾아주세요. 얘 없으면 나 죽어요."

전단지를 내미는 내 얼굴을 절박함으로 범벅이 되게 만들 자신이 생겼다.

양 씨는 다혜가 사는 동네가 어딘지 알 것 같다며 나의 하명만 기다리는 중이다. 그는 요즘 소년처럼 얼굴에 홍조를 띠고 다닌다. 다혜만 돌아오면 우리는 멋진 가정을 이룰 수 있을 거라는 기대에 부풀어.

어쩌면 화장을 하고 다닐지도 모를 내 딸과 막다른 골목에서 마주쳤을 때 내가 불쑥 전단지를 내밀면 딸은 뭐라고 말할까.

아마도 이렇게 말하지 않을까?

"저는 지금 최선을 찾는 중이에요."(351-352)

위의 예문에서 알 수 있듯이, 엄마 무경은 딸의 얼굴을 넣은 전단지를 만들기로 한다. 딸과 자신 사이를 가로막고 있는 어두운 기운을 더 이상 인정하고 싶지 않기 때문이다. 엄마 무경은 이제 딸이 자신의 존재이유임을 인식했기에 딸이 없으면 자신이 죽을 것 같은 절박한 기분에 젖는다. 또한 딸만 돌아오면 자신이 딸과 함께 멋진 가정을 이룰 수 있을 것 같은 기대를 갖는다.

이 소설은 가족 해체의 시대에 가족이라는 끈을 놓치지 않고 살아가는 것이 얼마나 중요한가, 그리고 얼마나 어려운 것인가라는 문제의식을 보여준다. 오늘날의 사회에서는 부모가 가출한 자식들을 찾는다. 과거 시대에는 부재하는 아버지나 어머니를 자식이 찾았는데 말이다. 이러한 시대에 무경은 "내 딸이에요. 꼭 찾아주세요. 얘 없으면 나 죽어요."라고 절규함으로써 가족 해체 시대에 부모들이 보여주어야 할 태도를 드러낸다.

이처럼 이 소설은 가족 해체 시대에 가족이라는 끈이 삶에서 매우 본질적인 것이며, 가족 해체를 극복하기 위해서는 매우 많은 시간과 노력이 필요함을 여실하게 보여준다. 따라서 이 소설을 읽는 독자는 가족 해체의 원인과 그것의 극복, 아울러 그 과정에서 요구되는 시간과 노력의 의미에 대한 성찰을 통해 가족의 진정한 의미를 되새길 수 있을 것이다.

(12)

청소년소설 읽기를 통한 정체성 갱신과
성장의 의의

오늘날 우리의 삶은 정신없이 펼쳐지는 일상에서 너무나 바쁘게 전개되고 있다. 그 가운데서도 대학입시를 준비하고 미래의 삶을 설계하고 도모해야 하는 청소년들의 삶은 정상적인 여유조차 누리지 못한 가운데, 수많은 난제들과 고민 속에서 전개되고 있다. 그 때문에 청소년들의 삶은 대학 입시에 모든 것을 저당 잡힌 채 견뎌야만 하는 시간들로 채워지고 있다. 그 과정에서 많은 청소년들은 삶의 의미를 온당하게 찾지 못한 채 방황하면서 소중한 시간들을 낭비하고 있다. 그런데 문제는 삶의 시간들에서 방황하는 청소년들의 숫자가 날로 많아지고 있다는 점이다. 이러한 문제는 삶이 갖는 의미를 청소년들이 충분히 인식하지 못한 채, 삶을 그저 견디고 채워가야 하는 것으로만 인식하고 있기 때문에 일어나고 있다. 자신의 삶을 객관화시켜 성찰하는 시간을 갖지 못한 채 그저 주어진 시간들을 채우고 견뎌야만 하는 것으로 청소년들이 여기고 있기 때문에 이러한 문제가 생겨나고 있다.

청소년들이 처한 이러한 상황을 해소하기 위해서는 그들이 각자의 삶을 객관화시켜 성찰할 수 있는 기회를 제공하면서, 그러한 성찰을 통해 의미 있게 새로운 삶을 설계할 수 있도록 할 필요가 있다. 이를 위해서는 우선 청소년들이 그들의 삶에 대한 성찰을 통해 정체성을 갱신하고, 그러한 갱신을 통해 의미 있는 삶의 설계와 실천을 지향할 수 있도록 해야 한다. 이를 위해서는 청소년들이 자기중심성에서 벗어나 타자와의 대화적 관계 형성을 통해 삶에 대한 확장된 인식을 하고, 삶에 대한 상상력을 발휘하여 새로운 삶을 모색하고 영위할 수 있는 가능성을 제공할 필요가 있다. 이를 위해 의미 있는 자료는 청소년들이 독자로서 타자의 삶을 객관적으로 인식하면서 삶의 다층적인 현상을 성찰하는 가운데 자아 성장을 도모할 수 있게 하는 자료인 청소년소설이다. 청소년소설은 독자로서 청소년들이 타자의 삶에 대한 확장된 인식을 통해 자아 이해의 확장과 심화를 통한 자아 성장의 기반을 제공하는 자료로서 기능할 것이기 때문이다. 이런 점에서 볼 때, 정체성을 형성하고 갱신하여 새로운 삶을 설계하고 실천해야 하는 청소년들에게 청소년소설은 많은 가치를 갖는다고 할 수 있다.

저자는 이 책을 통해 청소년들이 특정한 계기에 의해 성장을 도모하면서 정체성을 갱신하는 양상을 "시련으로서의 여행과 모험을 통한 성장과 정체성 형성", "가족의 해체와 분리를 통한 성장과 정체성 형성", "원형적 공간과 시간으로부터의 분리를 통한 성장과 정체성 형성", "자기, 타자, 세계와의 새로운 관계 형성을 통한 성장과 정체성 형성", "사춘기적 자아와의 결별을 통한 성장과 정체성 형성", "학교폭력에 대한 대응을 통한 성장과 정체성 형성", "첫사랑과 거침없는 성 담론의 표출을 통한 성장과 정체성 형성", "성폭력과 임신, 동성애 등에 대한 대응을 통한 성장과 정체성 형성", "가족 해체 과정에서 가족의 의미 발견을 통한 성장과 정체성 형성", "다문화 사회에 대한 인식을 통한 성장과 정체성 형성" 등을 통해 구체적으로 살펴보았다. 이러한 것들을 살펴봄으로써, 청소년소설에 형상화된 많은 청소년들이 그 시기의 핵심적인 이슈인 성장과 정체성의 갱신을 위해 분투하고 있음을 알 수 있었다.

그러한 분투는 일종의 통과의례처럼 이루어지기는 하지만, 날로 복잡해지고 치열해지는 경쟁으로 인해 성장과 정체성의 갱신을 위한 청소년들의 분투는 점차 어렵고도 어려운 과정에 놓여 있다. 이러한 상황에서 요구되는 것은 독자로서 청소년들이 갖추어야 할 타자 지향의 윤리이다. 타자 지향의 윤리는 타자에 대한 배려와 존중을 통해 자아의 위상을 설정하고, 그러한 위상 설정에 의해 자아의 성장을 위한 발판을 마련하는 것이다. 날로 치열해지는 경쟁의 상황에서 타자 지향의 윤리가 의미를 갖는 것은 주체로서 청소년들의 삶이 타자와의 얽힘과 관계맺음에 의해서 이루어질 수밖에 없기 때문이다. 이런 점에서 본다면, 청소년 독자들이 청소년소설을 읽는 과정에서 정체성을 형성하고 갱신하기 위해 우선적으로 고려해야 할 것은 타자인 작중인물의 관계 설정이다. 이 관계 설정은 청소년 독자가 자신과 작중인물이 맺는 간접적 표상의 문제를 어떻게 바라보는가에 따라 달라진다. 청소년 독자는 표상 활동을 통해 소설의 세계나 작중인물의 의식과 자신의 이념 체계간의 길항 상황을 경험한다. 이러한 경험 과정에서 청소년 독자들은 작중인물과 끊임없이 상호작용을 하면서 청소년 인물의 삶을 자신의 삶과 연계한다. 그렇기 때문에 청소년 독자가 청소년소설들을 읽는 행위는 작중인물의 파편적인 의식과 사건에 대한 이해를 하면서, 자신의 삶에 대한 성찰을 통해 존재론적 인식의 토대를 마련하는 행위라 할 수 있다. 또한 작중인물과 자신의 존재론적 차이에 대한 인식을 통해 하나의 윤리적 실천으로서 서사적 정체성을 형성하는 행위라 할 수 있다.

물론 청소년 독자들은 자기와는 이질적인 존재, 늘 현재하는 현존으로 소환할 수 없는 작중인물을 그 실체가 아닌 흔적으로 만난다. 그것도 극적인 성장의 순간에 만난다. 극적인 성장의 순간에 작중인물은 자신의 참 모습과 지향을 청소년 독자에게 보여주면서, 청소년 독자가 그 삶의 순간들을 성찰하게 한다. 또한 청소년 독자들이 존재론적 차원에서 작중인물의 삶을 자신의 삶과 연계하면서 작중인물을 자신의 삶을 성찰하게 하는 상관자로 여기게 한다. 작중인물을 자신의 삶을 성찰하게 하는 상관자로 여기면서 청소년 독자들은 자아를 객관적으로 이해하고 성장할 수 있는 토대를 마련할 수 있다. 나아가 '나는 누구인가'라는 질문에 대한 답을 마련하면서, 자신의 존재성을 고양할 수 있는 길로 나아갈 수 있다. 그리고 존재성의 고양을 통해 '어떻게 살 것인가'에 대한 답을 모색하는 윤리적 기투를 통한 잘삶의 길로 나아갈 수 있다.

이 책은 청소년소설 읽기를 통해 청소년들이 자신을 객관적으로 이해하면서 성장의 기반을 마련하여 정체성을 형성하고 갱신하기를 바라는 마음에서 집필되었다. 아울러 청소년 독자들이 다양한 청소년소설들을 읽으면서 각자의 마음에 응어리진 마음의 상처를 치유하고 건전하고 단단한 삶의 길로 나아가기를 바라는 마음에서 집필되었다. 그리고 상처받은 청소년뿐만 아니라 그렇지 않은 청소년들도 지친 삶에서 잠시나마 쉬어가는 그늘이나 그네를 발견하는 기분을 잠시나마 느껴보기를 바라는 마음에서 집필되었다. 이러한 필자의 마음이 많은 청소년들에게 전달되기를 바란다. 험난하고 고달픈 청소년기를 살아가는 모든 청소년들에게 희망과 기쁨이 넘치기를 진심으로 바란다.

참고문헌

고종욱(2014), 《까칠한 재석이가 사라졌다》, 애플북스.

공선옥(2010), 〈울 엄마 딸〉, 《나는 죽지 않겠다》, 창비.

구병모(2009), 《위저드 베이커리》, 창비.

김려령(2008), 《완득이》, 창비.

김숨(2010), 《나의 아름다운 죄인들》, 문학과지성사.

김인해 외 2인(2010), 〈외톨이〉, 《외톨이》, 푸른책들.

김재영, 미셸 주은 김 영역(2014), 《코끼리》, ㈜아시아.

김해원(2008), 《열일곱 살의 털》, 사계절.

김혜정(2008), 《하이킹 걸즈》, 비룡소.

김혜진(2005), 《프루스트 클럽》, 바람의 아이들.

박민규(2010), 《핑퐁》, 창비.

박상률(2001), 《밥이 끓는 시간》, 사계절.

박상률(2002), 《나는 아름답다》, 사계절.

박상률(2012), 《불량청춘 목록》, 자음과 모음.

박지리(2013), 《합★체》, 사계절출판사.

박현욱(2001), 「동정 없는 세상」, ㈜문학동네.

손현주(2011), 《불량가족 레시피》, 문학동네.

손홍규(2010), 《이슬람 정육점》, 문학과지성사.

신여랑(2006), 《몽쿠스 그루》, 사계절.

신여랑(2010), 《이토록 뜨거운 파랑》, 창비.

이경혜(2004), 《어느 날 내가 죽었습니다》, 바람의 아이들.

이경화(2004), 《나의 그녀》, 바람의 아이들.

이경화(2006), 《나》, 바람의 아이들.

이경화(2011), 《저스트 어 모멘트》, 탐.

이금이(2004), 《유진과 유진》, 푸른책들.

이금이(2006), 《주머니 속의 고래》, 푸른책들.

이금이(2011), 《소희의 방》, 푸른책들.

이금이(2014), 《우리 반 인터넷 소설가》, 푸른책들.

이상운(2006), 《내 마음의 태풍》, 사계절출판사.

이상운(2009), 《중학생 여러분》, 바람의 아이들.

이순원(1999), 《19세》, 세계사.

이옥수(2004), 《푸른 사다리》, 사계절.

이옥수(2009), 《키싱 마이 라이프》, 비룡소.

이재민(2003), 《사슴벌레 소년의 사랑》, 사계절출판사.

이제미(2010), 《번데기 프로젝트》, 비룡소.

이현(2007), 《우리들의 스캔들》, 창비.

임태희(2007), 《나는 누구의 아바타일까》, 사계절.

임태희(2007), 《쥐를 잡자》, 푸른도서관.

정유정(2007), 《내 인생의 스프링캠프》, 비룡소.

채지민(2006), 《내 안의 자유》, 사계절출판사.

강주정(2013), 「청소년소설의 성장 서사 연구」, 한국교원대학교 대학원 석사학위논문.

고미숙(2001), 「대화와 도덕교육」, 『교육철학』 26집, 교육철학회.

곽경숙(2014), 「『이슬람 정육점』을 통해 본 생태학적 다문화사회」, 『현대문학이론연구』 58권, 현대문학이론학회.

권덕하(2002), 『소설의 대화이론: 콘라드와 바흐찐』, 소명.

김경연(2000), 「독일 아동 및 청소년 문학연구」, 서울대학교 대학원 박사학위논문.

김경연(2001), 「청소년문학의 이해」, 문학과교육연구회, 『문학과교육』, 한국교육미디어.

김경연(2002), 「외국에서의 청소년을 위한 문학 생활화 방법」, 문학교육학」 9호.

김경욱(2011), 「이혼 8쌍 중 1쌍은 '다문화가정'」, 『한겨레신문』.

김명순(2009), 「청소년소설의 문학적 성격과 문제점」, 『현대문학이론연구』 36권, 현대문학이론연구학회.

김명순(2011), 「청소년의 성과 임신, 그 불편한 진실 드러내기」, 『아동문학평론』 제36집 1호, 한국아동문학연구원.

김민정(2012), 「아동기 공격성과 청소년 폭력의 연속성에 영향을 미치는 또래 · 학교 영역의 위험 및 보호요인에 관한 연구」, 『학교사회복지』 제23호.

김선호 · 김성은 · 김승현(2014), 「경계 공간의 재현: 이태원에 대한 뉴스 담론 분석」, 『기호학 연구』, 한국기호학회.

김성진(2010), 「청소년소설의 장르적 특징과 문학교육」, 『한국어교육학회 학술발표논문집』, 한국어교육학회, 103–110.

김세균 외(2006), 『유럽의 제노포비아』, 문학과학사.

김영순 · 김혜원(2007), 「청소년 가출의 실태와 관련 변인 분석」, 『한국청소년시설환경학회지』 제5권 제2호.

김지현(1996), 「소녀가출의 원인 분석 연구」, 서울대학교 대학원 석사학위논문.

김지현(2002), 「가출청소년 상담정책 연구: 한국청소년상담원과 전국청소년상담실의 역할을 중심으로」, 한국청소년상담원 연구보고서.

김지형(2009), 「순진함으로서의 '학생' 표상 고찰」, 『한국아동문학연구』 16집6.

김창군·임계령(2010), 「학교폭력의 발생원인과 대처방안」, 『법학연구』 제38집.

김혜영(2008), 「한국 가족의 다양성 증가와 그 이중적 함의」, 『아시아 여성연구』 제47권 2호.

김혜영(2011), 「다문화 시대의 독서교육」, 『한국사고와표현학회 학술대회논문집』 11호.

김혜정(2012), 「청소년문학에 나타난 가족해체서사 연구」, 『아동청소년문학연구』 10호.

김화선(2008), 「청소년 문학에 나타난 '성장'의 문제-김려령의 『완득이』를 중심으로」, 『한국아동청소년문학 연구』 3호.

나동석·이응교(1993), 「가출청소년 연구」, 한국청소년연구원 연구보고서.

나병철(2007), 『가족로망스와 성장소설』, 문예출판사.

나병철(2010), 「청소년 환상소설의 문학교육적 의미와 '가치의 세계'」, 『청람어문교육』 42권.

나병철(2011), 「청소년 환상소설의 통과제의 형식과 문학교육」, 『청람어문교육』 44권.

나철(1992), 「가출청소년의 가족문제 및 선도방향」, 한국청소년연구원 연구보고서.

남영옥(2001), 「청소년의 가출에 영향을 미치는 경계선 성격특성에 관한 연구」, 『청소년학 연구』 제8권 제2호.

마단 사럽, 김해수 옮김(1994), 『알기 쉬운 자끄 라캉』, 백의신서.

마단 사럽, 전영백 역(2005), 『후기 구조주의와 포스트모더니즘』, 조형교육.

민병기(2011), 「한국 속의 이방인들 5-'중도입국자녀들'」, 『문화일보』

박경태(2008), 『소수자와 한국사회』, 후마니타스.

박기범(2012), 「공선옥의 청소년소설에서 발견되는 교육적 가치」, 『청람어문교육』 46권.

박진(1999), 「기억의 축제」, 이순원, 《19세》, 세계사.

선주원(2002), 「상상력 형성을 위한 이해와 표현으로서의 소설교육」, 한국문학교육학회, 『문학교육학』 제10호, 역락.

선주원(2008), 『청소년 문학교육론』, 역락.

선주원(2005), 「범교과적 관점에서의 청소년 문학교육 연구」, 『청람어문교육』 30집, 청람어문교육학회.

성경수(2010), 「청소년 문학과 문학교육」, 한국교원대학교 대학원 석사학위논문.

손승남(2002), 「자서전의 교육학적 가치」, 한국교육철학회, 『교육철학』제 28호, 한국교육철학회.

송현호(2009), 「〈코끼리〉에 나타난 이주 담론의 인문학적 연구」, 한국현대소설학회, 『현대소설연구』 42권.

신기은(2006), 「성장소설에 나타난 청소년의 자아정체성 연구: 성태도를 중심으로」, 수원대학교 교육대학원 석사학위논문.

신성철·백석기(2014), 「청소년의 가정폭력경험이 학교폭력에 미치는 영향에 대한 적응유연성의 조절효과」, 『한국치안행정논집』 제11권 제1호.

신승철(2011), 「경계언어와 특이성 생산」, 『시대와 철학』 제22권, 한국철학사상연구회.

엘리스 모던, 고미영 옮김(2003), 『이야기치료란 무엇인가?』, 청목출판사.

오세란(2013), 「청소년소설에서 반복되는 몇 가지 경향」, 『창비어린이』 43호, 창비.

유원식(2011), 「청소년소설에 나타난 갈등 양상 연구」, 단국대학교 대학원 석사학위논문.

음영철 · 진은경(2012), 「청소년소설에 나타난 성폭력의 치유양상 연구」, 『동화와 번역』 제24집.

이금주(2011), 「청소년소설의 서사적 특성과 장르 정체성 연구」, 인천대학교 대학원 석사학위논문.

이대규(1998), 『문학교육과 수용론』, 이회문화사.

이미림(2012), 「다문화성장소설연구—〈코끼리〉, 《완득이》, 《이슬람 정육점》을 중심으로」, 『현대소설연구』 51권, 한국현대소설학회.

이미림(2013), 「《이슬람 정육점》에 나타난 다문화적 사유와 타자지향적 응시」, 『한민족어문학』 64권, 한민족어문학회.

이영숙 · 박경란(2004), 「청소년의 성폭력 개념 및 원인에 대한 인식 연구」, 『한국가정과교육학회지』 16.

이옥수(2011), 「자전적 청소년소설의 서사화 과정 연구」, 고려대학교 대학원 박사학위논문.

이재실(1996), 「환상문학이란 무엇인가」, 『오늘의 문예비평』 23호, 문예비평사.

이형빈(1999), 「고백적 글쓰기의 표현 방식 연구」, 서울대학교 대학원 석사학위논문.

이희연(2013), 「학교폭력 경험에 관한 문화기술지」, 『학교사회복지』 25집.

임경순(2003), 「경험의 서사화 방법과 그 문학교육적 의의 연구」, 서울대학교 대학원 박사학위논문.

장욱(2004), 「토마스 아퀴나스의 폭력에 대한 이해」, 『가톨릭철학』 제6호, 한국가톨릭철학회.

전점이(2004), 「성장소설 읽기 지도 방법 연구」, 한국교원대학교 대학원 석사학위논문.

정선주(2014), 「소설 『완득이』를 통해 본 한국사회의 다문화 판타지 고찰」, 『한국다문화교육학회 학술대회지』, 2014집 5호.

조정문 · 장상희(2001), 『현대사회에서 가족은 무엇인가』, 아카넷.

존 듀이, 이홍우역(2010), 『민주주의와 교육』, 교육과학사.

주디스 허먼, 최현정 옮김(2007), 『트라우마』, 플래닛.

진중섭(1992), 「인물의 성장과정을 중심으로 한 소설교육 연구」, 서울대학교 대학원 석사학위논문.

차종옥(2002), 「성장소설을 통한 소설교육」, 아주대학교 교육대학원 석사학위논문.

최미령(2010), 「한국 청소년소설에 투영된 가족 이데올로기 연구」, 가톨릭대학교 대학원 석사학위논문.

최인자(2009), 「타자 지향의 서사 윤리와 소설교육」, 한국독서학회, 『독서연구』 제22호.

토도로프, 이기우 역(1996), 『덧없는 행복 – 무소/환상문학 서설』, 한국문화사.

통계청(1998), 『1995년 인주주택총조사보고서 전국편』, 부산시편.

한미화(2013), 「최근 출간된 청소년소설의 경향」, 『창비어린이』 43호, 창비.

허정(2012), 「『완득이』를 통해 본 한국 다문화주의」, 『다문화콘텐츠연구』 12집.

Carlsen, G.Robert(1980), *Books and the Teenage Reader*, 2d rev. ed., Harper and Row.

Crutcher, C(1992), 'Healing through literature', *In Author's Insight*, edited by D.R.Gallo, N.H.:Boynton:Cook; Heineman. Chapter 3.

David Cheal, 최연실·유계숙 옮김(1999), 『가족학 이론의 현황과 쟁점: 근대성 논의를 중심으로』, 도서 출판 하우.

Donelson, Ken & Alleen Pace Nilsen(1993), *Literature for Today's Young Adults*. 4th ed., Harpercollins College Publishers.

Early, M(1960), "Stages of Growth in Literary Appreciation", *English Journal 49(3)*.

Havighurst, Robert(1972), *Developmental Tasks and Education*, David Mckay.

슬라보예 지젝 외, 라깡정신분석학회 역(2010), 『사랑과 대상으로서 시선과 목소리』, 인간사랑.

프리드리히 엥겔스, 김정미 역(2007), 『가족, 사적 소유, 국가의 기원』, 책세상.

페이스 R. 엘리엇, 안병철 역(1993), 『가족사회학』, 을유문화사.

폴 리쾨르, 김동윤 옮김(1997), 「서술적 정체성」, 석경징 외 옮김, 『현대 서술 이론의 흐름』, 솔.